21世纪哲学系列教材

西方伦理思想史（第2版）

宋希仁　主编

中国人民大学出版社
·北京·

再版前言

《西方伦理思想史》一书自2004年1月出版至今已经6年了。根据这段时间对西方伦理思想史的研究和教材使用情况，我们感到有修订的必要。经本书责编推荐和出版社支持，我们对该书原版作了第一次修订。这次修订没有改变原书的基本框架和思路，主要修改了各章节的具体内容。第五章、第六章、第十一章有较大的删节和修改，其他各章有局部或个别地方的修改，个别章的章题和节题也有所改动。经过修订的新版，从内容到形式都有所改进。

主编　宋希仁

2010年3月29日

21世纪哲学系列教材

目 录

CONTENTS

导 言

> 事实上个别部分之所以有其优良的价值，即由于它们对全体的关系。这种情形在哲学里更是如此；在哲学史里也是如此。……我们要知道并预见它们的必然联系，在这种联系里，个别的事实取得它们对于一个目的或目标的特殊地位和关系，并因而获得它们的意义。因为历史里面有意义的成分，就是对"普遍"的关系和联系。看见了这个"普遍"，也就是认识了它的意义。
>
> ——黑格尔：《哲学史讲演录》第1卷·导言

一

提到伦理思想史，人们自然会想到历史上的伦理思想与现在的伦理学之间的联系。想到这一层是必要的。因为我们无论是研究伦理学或伦理思想史，都必须把握过去的思想和现在的思想之间的联系，只有从这种联系中才能理解思想和思想史的意义。历史上出现的每种具体的思想在它产生的时候，都是与它的时代背景、理论状况及思想者的个人特征相联系的，但它一经产生就进入了历史，亦即进入人类思想史的普遍联系，因而就具有了历史意义。本书就是从两千多年的西方伦理思想中梳理各种观点、思想和理论体系，阐述它们之间的递进关系和联系，从而展示西方伦理学形成和发展的轨迹。人们往往以为这其中的各种观点、思想和理论体系，原本是历史的陈迹，好像已离开现实非常遥远，但是事实上它们是构成无穷无尽变化发展的思想史的永恒要素，是无数有智慧的头脑创造的伦理思想精华，它们从未间断过与现实的联系，从一定意义上说，后来的伦理思想和伦理学理论体系只不过是它们发展的结果。研究思想史就是自觉地去把握思想之间的联系，如黑格尔所说："因为历史里面有意义的成分，就是对'普遍'的关系和联系。而看见了这个'普遍'，也就是认识了它的意义"①。我们庆幸历史给我们保留了这么悠久丰厚的传统，并要把这份珍贵的遗产传递下去。这就是我们撰写这本西方伦理思想史教材的初衷。

展示西方伦理思想的发展，主要是指在伦理思想的演变中产生的基本概念、范畴、原理和方法等方面的内容，即构成思想体系和理论体系的内容。它要在深入研究伦理思想代表人物、流派和著作的基础上，梳理出伦理思想发生、发展的基本脉络，说明伦理学理论体系的创立、发展及其对人类精神文明进步的意义。伦理思想史所要阐发的是每个发展阶段和每个思想体系的真实本质的内容，它不能像排列数字符号那样空疏，而要通过各个历史时期的人物、流派的思想和理论体系去体现，并要叙述在伦理思想、理论发展过程中有关思想、理论、方法方面的论争、批判、融合、借鉴和创新。至于相关的经济、政治、文化、制度以及个人条件等背景材料，只在必要的地方作适当的交代，犹如山水丹青，亦显亦隐，有主有次。

伦理学史的研究表明，伦理学史本身也就是伦理学，是历史上发展着的伦理学。我们通过对伦理思想史的研究，便可以导引我们了解伦理学本身的内容。换个角度看，研究伦理学思想史，也就是用发展的眼光去看历史上发展着的伦理学。这种梳理一方面要梳理出学科知识体系，描述该学科思想发生、发展的整体趋势和概貌；另一方面，还要注重发现那些曾经引起涟漪、激起波涛、带动历史潮流的思想和理论观点，特别是那些历史转折点上的闪光点。

伦理学要研究一定时期伦理关系形成和发展的规律性，研究个体和群体行为的特征，研究调节伦理关系原则的合理性和道德规范的正当性，要通过对必然性

① ［德］黑格尔：《哲学史讲演录》，1版，第1卷，11页，北京，商务印书馆，1981。

的认识和把握实现人的意志自由和合理的社会秩序。在这个意义上，也可以说伦理学是关于人的自由及其秩序的科学。然而，要理解这个规定，就需要全面了解西方伦理思想史。

伦理学有它的起源、传播、成熟、衰落和复兴的历史，有它的研究者、宣传者和反对者的历史。因此，作为伦理思想史就必然是各种分歧意见和理论观点的陈述、修正或交锋。但重要的是对伦理思想分歧的意义进一步获得更深刻的见解，真正理解伦理思想史中的分歧绝不是真理和谬误非此即彼的对立，而是人类对伦理、道德认识的过程，是人类精神的合乎规律的发生、发展和成熟的过程。正是在这个意义上，我们对西方伦理思想史的叙述尽可能地照顾到历史的连续性和学说的多元性，着重把握伦理思想发展的链条，在写法上有所调整，有所改进，有所补充，有所创新。

鉴于伦理思想史的特殊性，本书对从古代到现代、纵涉千年、包罗万象的内容要做适当的选择，有重点地叙述，有时甚至不得不抓“重中之重”，而其他内容都只是为突出重点所做的铺垫。伦理学的生长犹如一棵千年古树，越往后发展枝杈就越多，每到条件成熟的时候就会出现新的分支学科。本书主要是宏观地把握伦理思想史的主体，涉及学科分支的内容，只是点到为止，不再作单独分支学科的叙述。

二

如果说伦理思想史的研究本身就是伦理学的研究，那么我们研究了伦理思想史当然也就了解了伦理学本身。但是，我们要从两千多年的思想史中去发现伦理学的内容和形式，就必须具有伦理学是什么的概念，犹如我们要判断一个人的行为是否正当，就必须有“正当”的概念作标准或参照一样。

有这样一个惊人的事实：伦理学作为一个学科延续了两千多年，是人类最古老的学科之一，但是对“伦理”、“道德”这两个概念的界定至今仍是众说纷纭。甚至在两千多年间，直到德国古典哲学出现之前，还没有人想到给“伦理”和“道德”两个概念下一个确切的定义，对它们作出适当的区分。人们平常习惯上不加区分地使用这两个概念，这对于一般日常思想交流并无大妨害。但是，在学理的研究中就有所不同，在必要的时候和必要的地方还需要对它们进行严格的界定和区分。

伦理学是什么？一般地说，伦理学就是关于伦理的学说。按照中国传统的诠释，“伦”意味着辈分、等次、顺序；“理”是治理、整理、条理的意思。伦理是一种客观的关系，是一种特定的人和人之间的关系以及对这种关系的领悟和治理。就是说，只有形成客观的关系又通过人为的有意识的调节，才能构成伦理关系。这样，尽管伦理是指人与人之间的关系，但是如果人没有领悟这种关系是什么，或对这种关系没有自觉意识，也不能说形成了伦理关系，那只是存在着而已，或者说只是“自在”的，而不是“自为”的关系。

例如，父与子的关系，按照生命的存在，是先有父后有子，这是由血缘决定的不依人的意志为转移的辈分、等次关系，这是客观的物质性的关系。但是，单有这种客观的物质性的关系还不能构成人的伦理关系，因为动物也有这种关系；只有人具备自觉的意识和思想，能够领悟这种关系，并有相应的观念和规范调节维系这种关系，才能构成伦理关系。如在父子的关系中，为父应有义，为子应有孝，父子应有亲，或者父子应友爱、平等。这义、孝、亲、友爱和平等，就是调节或维系这种关系的道德观念或规范。这就是说，只有一方面有了客观的物质性的关系，另一方面又有主观的精神性的关系，两个方面统一起来才能构成人类的伦理关系。

再如，在社会生活中存在的个人与个人、个人与集体、个人与社会的关系，也都包含着一定的伦理关系。这种关系首先是物质性的生产关系，这是不经过思想而形成的客观的物质性的关系。正是这些客观的物质性的关系，要求有相应的道德观念和规范的调节，于是便有相应的要求个人行为的道德规范，以至有相应的约束个人行为的法律规定。个人是生活在社会中的，个人固然可以有个人的自由、自主行为，但在社会生活中又必须照顾到他人的自由和自主行为，必须照顾到社区、社会的伦理关系和合理秩序。有关系就有要求，有要求就有“应该如何”的行为规范。人在社会上，必然生存于各种客观的关系之中，但是只有对所在关系有所领悟和认同，才能使之成为伦理关系，成为自觉的、主动的、人伦性的关系。这就是说，伦理关系是通过人的领悟、认同和自觉维系的客观关系。道德和法律都是维系和调节这种伦理关系的方式，同时又是个人应有的德性或操守。那些被社会所确定并推广的道德、法律观念和规范的总和，就是作为社会道德和法律的意识形态。个人自觉地遵照伦理关系的要求并养成良好的行为习惯，就是美德。德性是处于伦理关系中的人所应有的领悟和操守，用黑格尔的话说，“德是伦理的造诣”。

对“道德”和“伦理”两个概念的认识和区分，是一个复杂的历史性进展。本来，在古希腊时代，亚里士多德在讲授伦理学时，把人的德性分为伦理的德性和理智的德性，实际上就是大体区分了伦理和道德。所谓“伦理的德性”，就是指在城邦伦理关系中形成的德性。所谓“理智的德性”，则是指不经过伦理关系的天生的智慧之德。这后一种德性，按照现代人的认识也并非天生，实际上主要还是社会生活和交往的结果。亚里士多德之后的道德思考回到自我意识，但罗马时代的世界主义和法律体系却特别注重了人的外在关系的调节。中世纪基督教教义寻求天国伦理，注重人和上帝的关系，而使人与人的关系从属于上帝。经过文艺复兴的启蒙，近代的道德思考又回到人自身，重新重视人与人的关系。从英国、法国到德国，逐渐从自然法转向社会法；从通过人研究社会到通过社会研究人及人和人的关系；从经验的描述和概括到思辨的理论体系。道德哲学或伦理学实际上已在研究社会的伦理关系和调节方式，在研究个人的德性和行为的道德性，在其思想和著作中已隐含着对“伦理”和“道德”两个概念的区分。但是真正从伦理关系上去研究伦理和道德并建立了相应的伦理学体系的，只有黑格尔。黑格尔在他的《法哲学原理》中，把客观精神的发展看作伦理发展的过程，伦理关系本质上只是现实合理性的秩序中的关系，法和道德都是伦理关系发展过程的阶段或环节，德是在这个过程中的主体意志的主观规定，而主体只有进入客观的伦理关系才能形成现实的德，所以德只是“伦理的造诣”。恩格斯说，黑格尔的法哲学就是他的伦理学，即关于伦理的学说。这无疑是给伦理学提出了一个科学的界定，但这个界定还有待进一步阐述。

能不能有一个统一的定论？看来很难，因为理论来源于生活又说明生活，概念的严格界定和统一也只能限制在有限的学理范围内，超出这个学理范围就是经验和习俗的天下了。不过，对于我们讲述西方伦理思想史这件事来说，还是应该有个明确的说法，不然难以梳理和把握众说纷纭、变化多端的西方伦理思想，或者会简单地把黑格尔的伦理学体系看作例外甚至荒诞。

三

西方伦理思想在历史上的发展波澜曲折，异说纷呈，历史悠久，从总体上看，明显地具有前后相继的递进性和逻辑的一贯性。尽管追溯文化源头可见东方文化的影响，但希腊文明却是西方伦理文化的摇篮。西方伦理思想就是发源于古代希腊并在西欧、北美演变和发展的各种道德思想和伦理学说。自亚里士多德作出学科划分以后，该学科研究所涉及的问题很多，如人的本性、善的本质、行为法则和规范、德性的分类、意志自由、道德义务和良心、幸福和终极关怀、道德的结构、道德判断、道德价值、伦理关系、权利和义务、理想人格、自由和必然的关系等。由于对基本问题的回答在观点和方法上的分歧，又形成了许多学派，如自然主义、快乐主义、幸福主义、德性主义、信仰主义、经验主义、理性主义、情感主义、直觉主义、功利主义、意志主义、进化主义、理想主义、利己主义、利他主义、个人主义、社会主义等。

一般来说，古希腊伦理思想反映着进入文明时代的欧洲先进民族的伦理精神。其主要特征是探求善的本质、普遍的行为法则和城邦公民应有的品德，在奴隶制的范围内寻求自由和公正的城邦秩序。在理论形态上，呈现出百家争鸣、百花齐放的局面，涌现出一大批著名的伦理思想家，产生了人类历史上第一部真正的伦理学著作《尼各马科伦理学》，对人类伦理思想的发展起了极其重要的作用。

中世纪伦理思想是在封建专制主义和教会神学统治下发展的。它的基本任务是解释和论证《圣经》的道德观念和伦理原则；注重个人对上帝的关系和灵魂拯救，形成了适应封建领主和教会统治需要的神学伦理思想体系，宣扬上帝是美德的体现和最高价值标准。虽然它包含着古代伦理所没有的人的自由、平等的教义，但是它在教会统治和君主专制范围内，实际上推行的是信仰主义和权威主义的伦理。

值得注意的是，从古希腊经过希腊化时期和罗马帝国时代到中世纪的两千多年间，伦理思想逐步走向了极端：从感性主义发展到理性主义，再走到神秘主义；从快乐主义发展到制欲主义，再走到禁欲主义；从现世的个人原则发展到理想的世界原则，再走到超世的上帝原则；从伦理主观主义发展到伦理客观主义，再走到伦理绝对主义。起初说“人是万物的尺度”，后来说“理念是万物的尺度”，再后来就喊出“上帝是万物的尺度”。事到极端必自反。随着近代资本主义经济的发展和社会转型，哲学和伦理学又回到对人自身的思考，欧洲各国相继发生了提倡人道主义的启蒙运动，对神学和封建伦理思想进行了猛烈的抨击，并代表新的时代要求提出了以人为本的自由、平等思想，强调尊重人的价值、人的尊严、人的权利和世俗生活幸福，对西方伦理思想的转型起了革命性的推动作用。

近代西方伦理思想是继古希腊之后伦理思想发展最活跃、最富于生命力的阶段。它批判地继承了前两个历史时期伦理思想发展的成果，注意到主体德行和客观法则的统一，比较自觉地探讨了在资本主义制度下，个人与他人、个人与社会和国家的关系，特别是关于公民社会的复杂关系以及公民的权利和义务，建立了更加完整的伦理学体系。它从各个方面和各个角度，对善恶本原、个体道德和社会伦理进行了广泛、深入、系统的探讨，充分表达了那个时代的伦理精神，并力图按照这种精神建设理想的市民社会。

近代西方国家所建设的市民社会，是在资本主义经济、政治和文化迅速发展的基础上，力求使市民的自由和社会的秩序相适应，在道德上表现出一种追求自由与礼法统一的伦理精神。它给公民个人以权利，同时要求公民尽到自己的义务。在这里，公民个人有权以这样那样的方式生存和发展，社会也有权要求个人按照适当的方式去完成应做的事情。就是说，一方面，市民社会必须保障它的成员的个人自由和权利；另一方面，个人也必须遵守市民社会的秩序，接受道德和律法的规范。从这种意义上说，西方伦理学的各种理论体系，无非是站在不同立场上，力图反映社会利益关系的要求，表达某种合理的伦理精神。如果把这种伦理精神化为一个道德调节的实践原则，那就是以强调个人权利和自由为基础的个人利益与他人利益、私人利益与公共利益相结合的原则。各派伦理学说尽管在哲学、政治观点上有种种分歧，但主张这种结合的伦理学则是几百年来的主流倾向。

四

学习和研究西方伦理思想史，并不是直接认同一般经验性知识。它是包含着人类的生活经验和常识，但是它已是上升到哲学高度的经验和常识，因而应有相应的、适当的态度和方法。

翻开西方伦理思想史就会看到，两千多年来，各种思想、学派分歧不断，互相论争，相递取代，这种情况并不是说明伦理学、道德哲学的各种学说是无谓之争，不能把伦理思想史看作过时了的迂腐思想的陈列馆，或简单地看作真理对谬误的否定和推翻，而应该看作人类道德思考和伦理思想发展的合乎规律的过程。真理、善是在发展中完成的。不能把某个时期的理论和某个被推崇的体系看作就是完成了的最后的体系，能够永恒占据道德哲学的殿堂。因此不能满足于一些思想观点的堆积，而要找出一个时代的伦理思想的精华，找出伦理思想发展的规律性，作为学习和研究的借鉴。

应该看到，研究伦理思想史就是研究伦理学。伦理思想史的进步和发展就标志着人类对自己和自己生活于其中的社会“应当如何”的觉醒。应该通过对各种争论的分歧、比较和引申，进一步得到对自己和对社会生活更深刻的认识，以至把握一种更高级、更科学的现代伦理精神和道德观。

对待历史上的东西，一定要从历史上去看待。在历史的发展中，每一种伦理思想体系或伦理学说，都有它特殊的历史条件和环境，因而都有其特殊的地位和作用、特殊的意义和价值。必须这样去认识它、评价它。只有这样，才能有对历史的东西的公正态度。这里应该特别强调的是，要有历史感，不要有超历史感、非历史感。研究思想史，是研究古人的思想，那是千百年前的思想，我们现代人与千百年前的古代人自然有一条鸿沟。我们研究古人的思想、行为和生活，最容易犯的毛病就是常常自觉或不自觉地把现代人的思想、行为和生活方式加给古人，把现代人的理解、感情、情调，都混杂或寄托到古人的思想体系中去。这样就不能自觉地把握伦理关系和道德现象的时代特征，不能区别不同伦理思想、范畴、命题、原则等的时代差异和特殊意义，自然也难以解释伦理思想发展的规律性。有历史感，才能实事求是地考其源流，别其得失，使伦理思想史的研究给人们以经验、知识和哲理的启示。

对待历史人物，要注意他的一生历史经历和思想演变。历史是复杂的运动，社会变革时期的情况更为复杂。因此，在社会生活中活动的历史人物、伦理思想家也是复杂的，甚至是多变的。同一个阶级的人会有很不同的经历和思想面貌，同一个人在几十年时间里也会有很大的变化，甚至前后言行判若两人。他们的政治态度和学术思想有联系，但也有区别，可以分开评述，即使联系起来，也应分出主要的东西和次要的东西、本质的东西和非本质的东西。对其思想发展可以分阶段评价，分方面进行分析，要力戒简单化、教条化。我们的认识和评价，应该是科学的。

第一章 古希腊伦理学的先声

每天探讨德性以及相关的问题，对于人来说是一种至高之善，没有经受这种考察的人生是没有价值的人生。①

——苏格拉底

一个人得到的首要的和最大的胜利就是战胜他自己。

——柏拉图《法律篇》

在古希腊伦理思想史上，最初把人的生存方式的客观意义和人的行为的道德价值作为问题进行理论探讨的，是苏格拉底（Socrates，公元前469—前399）。因此，西方伦理思想史上，一般认为苏格拉底是西方伦理学的奠基者。然而，苏格拉底的伦理思想，并不是他一个人智慧的产物，那是他所处的历史时代和希腊民族精神的结晶。古希腊特殊的国家形态，城邦的历史文化背景，以及苏格拉底以前古希腊人从神话宗教到自然哲学，从自然哲学到人文关

① 参见柏拉图：《申辩篇》，38a，O. C. T. Oxford，1995。以下的柏拉图著作与此同。

怀，即西方合理主义产生与发展的思想文化背景，孕育了苏格拉底的伦理思想。本章的主要内容是阐释西方伦理思想史在这个最初阶段的发展轨迹，明确苏格拉底的存在对于西方伦理思想史的重要意义。

第一节　从神话到哲学的道德思考

古希腊人的早期道德思考，主要表现在他们对希腊神话传说中关于诸神的行为规范的描述，以及神话英雄们所展现出来的人格魅力的颂扬。在很长的历史岁月中，希腊神话所传颂的道德内容，支配着城邦公民的精神生活。但是，随着城邦社会的发展、经济的繁荣以及外来文化的影响，这种拥有古老传统、带有强烈宗教性的封闭式价值体系渐渐地满足不了人们对新的精神生活的需求，于是逐渐形成了一股批判旧思想、寻求新道德的社会思潮。立足于合理主义精神的自然哲学从这种批判精神中脱颖而出，道德思考从此开始了从神话向哲学的演变，随后又发生从自然关注向人文关怀的转变。

一、城邦的特点与道德精神

希腊的城邦（polis），是由各种大小不一的氏族结合起来而形成的特殊的古代国家形态。一般认为，城邦最初出现在公元前 8 世纪前后的荷马（Homeros，公元前 700?）时代。① 它是以一种反君主专制的国家形式而诞生的。在此之前的公元前 15 世纪至公元前 13 世纪，希腊半岛上有过爱琴海文明的繁荣时期。② 构成这个文明的各种王国逐渐衰亡之后，希腊的各个氏族分散到各地，它们之间相互结合，逐渐形成了各种规模大小不一的共同体，这就是城邦的雏形。古代国家形成的一般模式是：由氏族走向统一国家。但是，在古代希腊，这个模式却不能成立。因为它们在氏族相互结合之后，不是马上形成统一国家，而是先以城邦的形式出现。也就是说，城邦是不同于统一国家的一种国家形态，这是古代希腊的历史特点。可以说，城邦这种共同体，是世界历史上只有在古代希腊才可以见到的一种独特的国家形态。

① 荷马时代的正确时期不详。由于确定年代的资料在作品中找不到，所以，人们通过各种手段来推测。但是，现在世界上一般通用的说法是，荷马应属于公元前 700 年以前的人。那么，城邦的出现也应在公元前 8 世纪初。

② 一般称这个时期的希腊文化为迈锡尼文化。

古希腊城邦除了雅典和斯巴达的规模比较大一些之外，其他的都是规模比较小的城市国家。① 城邦规模较小，有其外在和内在的原因。外在的原因来自于希腊半岛的自然条件。希腊本土山地多，且多为石灰岩地貌，容易受到雨水的侵蚀，这就形成了众多的山谷，造成地域间的隔断，无法形成较大面积的平地。而城邦的基础是建立在拥有土地的农民②形成的共同体之上，要使农民们都能分割到相应的土地，过多的人口必然需要大面积的耕地，这在平地面积较小的希腊半岛是做不到的，因此要形成规模较大的共同体显然不太可能。但是，城邦规模小的原因不仅仅是由于这种外部条件的限制，更重要的是由于城邦的性质，即城邦属于一种具有强烈氏族倾向的血缘共同体。一般认为，希腊神话世界就是希腊城邦形成初期的一种历史写照。在希腊的各个城邦，都供祀有一位或者多位的神祇，这种信仰形态起源于城邦形成过程中各个氏族所拥有的“共同的炉灶”。所谓“共同的炉灶”，最初只是每个家族成员共同生活的场所，随着家族人口的增加，家族不断分家，同一个家族内便出现了多数不同的家庭，逐渐形成为一个氏族集团。这样，原有祖先使用过的“炉灶”就成了氏族成员血缘连带的象征，并作为氏族成员生活的神圣场所，体现着氏族的全体性。氏族成员就以这种“共同的炉灶”为中心，举行各种祭祀祖先的活动。在这种祭祀的发展过程中，赋予祖先以巨大力量的神祇逐渐成了氏族的共同神祇。以这个神祇为核心，便形成了一个拥有共同信仰者的共同体，这就是早期城邦的雏形。而城邦往往不是由一个氏族发展起来的，而是在多个氏族相互认同和结合之后形成的，这样，一个城邦就会存在多位保护神。由于分散到希腊各地的氏族很多，希腊自然就成了众多神祇君临的大地。而这些神祇的故事通过荷马史诗的吟诵被流传了下来，荷马史诗也就成为希腊人信仰生活的全部内容。

从上述城邦形成的历史来看，由氏族以及氏族结合发展起来的血缘共同体，无论人口如何增加都是有限的。虽然一个城邦可能拥有多个氏族的融合，但是这种融合一般不是来自于征服，而是来自于相互的认同。这些因素制约了城邦发展的规模，造成古代希腊版图上独特的、拥有众多小国寡民的历史奇观。这样一种城邦的形成过程，也决定了城邦的内在机制，那就是城邦全体成员具有强烈的血缘意识的共同体倾向。在这样的共同体社会里，长期共同生活形成的风俗、习惯以及各种行为规范便成为人们的行为准则，构成了共同体和谐秩序的基础。血缘

① 比如说，亚里士多德说过：10 人成不了城邦，然而 10 万人就不是城邦。可见，城邦的规模是比较有限的。柏拉图甚至提倡理想国家（城邦）的人口数应为5 040人。

② 这里所说的农民，指的是拥有土地的奴隶主。

纽带维系着人与人之间的横向联结，而城邦的历史则铸就了人们的纵向一体。正因为如此，要获得城邦公民权的条件规定非常严格。城邦里除了市民（即公民）之外，还有从事生产劳动的奴隶和进行商业活动的外国人，虽然这些人对城邦的繁荣和发展起到了不可或缺的作用，但他们却都没有城邦的公民权，不是城邦的公民。①

就这样，城邦全体公民形成一体同心的凝聚力，在实际生活中是通过他们拥有一致的信仰内容来维系的。城邦不仅仅只是一种国家组织，也是一个教会般的祭祀场所。在古代君主制国家里，一般都设有专职的祭司主持各种祭祀活动，而希腊城邦里却没有这种圣职者存在。在城邦里，每一个公民都可以成为祭祀的主人，不需要任命专职的祭司。对于他们来说，政治与祭祀是一体的，两者不可分割。正是由于构成城邦公民行为习惯的中心内容是他们所拥有的共同信仰，而他们信仰的内容又是来源于诗人们所提供的有关神话传说，所以，荷马的两部史诗，对于城邦公民来说就成了《圣经》般的存在②，史诗里被传颂的英雄以及诸神对于人的命运的君临，为城邦公民树立了道德楷模和宗教原则。因此，我们要了解城邦的道德内容以及伦理秩序，就必须注意在他们的信仰内容里所体现出来的道德精神。

荷马的两部史诗《伊利亚特》和《奥德赛》是希腊文化不朽的巨著③，它们在很长的岁月里，滋育着希腊人的民族精神。史诗里描绘的英雄形象，作为希腊人的人格理想的典范，决定了他们的道德内容和价值取向。诗中对于英雄们的英勇尚武、舍生取义、崇尚智慧和认同命运的讴歌，体现了希腊民族的英雄主义审美倾向和主智主义特点。由于这些内容通过对于英雄们的战友之爱、祖国之爱和家族之爱展现出来，使其获得了丰富的情感内涵。

两部史诗主要突出了对阿基琉斯、赫克塔尔、奥德修斯三位英雄的描写。其实，这三位英雄分别蕴涵着希腊人扩疆夺土、征服陆地和海洋的历史过程。阿基琉斯和赫克塔尔代表着他们征服陆地的两个不同阶段的特点，而奥德修斯则体现了希腊人开辟西部海路的艰难历程。

《伊利亚特》的内容多是一些杀戮与死亡的血腥场面的描写。荷马在这里没

---

① 比如雅典在伯里克利统治时期制订了一项法律：只有出生于城邦市民家庭的男子，其祖父和父亲都是城邦的公民，且祖先的墓地也在城邦里，这样的人才能够获得公民权，成为城邦的市民。

② 之所以称为《圣经》般的存在，是因为希腊人从孩童时代开始，就在受荷马史诗内容的教育下长大。史诗里关于诸神的故事，成了他们关于神的理想，以及神与人的关系的各种观念的基础。

③ 荷马的两部史诗是否属于荷马之作是一个有争论的问题。从两部史诗里所描写的风俗习惯来看，某些地方上下相隔500年，因此，不可能出自同一个作者。

有体现出对于敌我双方有什么情感因素的倾斜，而是对敌我双方的英雄都倾注了相同的激情和赞美。阿基琉斯完全是作为未开化民族的英雄形象，突出他的英雄个人主义倾向。而赫克塔尔则是以都市的市民英雄出现，在描写上力求体现他的英雄集体主义内涵。虽然两位英雄的特点不同，但他们的本质是一致的，那就是他们拥有共同的英勇无畏、舍生取义的人格魅力。战友帕多罗克洛斯之死，使阿基琉斯由自尊心受辱的愤怒而转化成对敌人的刻骨仇恨，战友之爱代替了名誉之心，从而燃起了复仇的怒火。明知自己如果杀死了仇敌赫克塔尔，自己也必然无法逃脱死亡的命运，他仍然义无反顾地为了友情重归战场。但是，阿基琉斯的英雄行为是属于个人主义的行为。他既可以由于自己的战利品被统帅阿伽门农所夺而拒绝出阵，任凭自己的远征大军节节败退，也可以因为自己的亲密战友帕多罗克洛斯的战死而奋起复仇，为远征军带来胜利。这种行为完全依赖于个人的情感，并体现了他个人的存在对于远征大军的重要意义。然而，英雄赫克塔尔则不同，他同样知道阿基琉斯是冲着自己而来的，自己的战斗力不及阿基琉斯，如果恋战必死无疑。可是，面对着自己的战士不断被阿基琉斯的仇恨所吞灭，为了自己的祖国和人民，为了许许多多的父亲、母亲、妻子和孩子，他拒绝了退入特洛伊城内，以死之觉悟与阿基琉斯决一死战。很明显，赫克塔尔的英勇无畏来自于他的祖国之爱。在他身上，英雄个人主义被英雄集体主义所代替。值得注意的是，荷马在描写赫克塔尔的祖国之爱时所展现出来的英勇、无畏的气概，与帕里斯的卑怯、懦弱的品性形成了对比，为人们展现了鲜明的人格高卑和道德善恶。正如有的学者所指出的，在荷马史诗里，甚至连战士的死亡姿势也保持着战斗的造型。这些内容充分体现了希腊民族的骁勇尚武的道德倾向。

《奥德赛》讲述的是英雄奥德修斯在特洛伊战争后归乡的故事。如果与前两位英雄相比，可以说荷马在奥德修斯身上倾注了更多的讴歌。奥德修斯既是希腊殖民者的象征，也是希腊人挑战神秘大海的冒险者的象征。他作为西方人冒险和征服的典范，最初揭示了希腊人把人的勇敢、忍耐和智慧看作带来胜利保障的见解。英雄奥德修斯虽然英勇善战，然而，更重要的是他的足智多谋。希腊远征大军的最后胜利取决于他的“木马计”。在10年的归途中，他就是凭着自己的智慧和忍耐，才能够逃脱一个又一个的劫难，最终如愿以偿地回到了眷恋已久的故土。因此，按照荷马史诗的描写，智慧女神雅典娜始终跟随和保佑着他。在他的智慧里，有时不免带有狡诈、阴险和残酷的因素，然而，荷马对于这种作为人为了达到目的而不择手段的行为，给予了充分的道德宽容。这也体现了希腊民族征服过程中的惟我道德倾向。这种道德思考，与后来苏格拉底所提倡的人的行为与结果都离不开善之本质的追求显然不同。在奥德修斯身上，智慧胜过勇敢，谋略高于尚武。奥德修斯的智慧不但使他战胜了自然，也使他战胜了社会，希腊人崇尚智慧的主智主义精神在这里得到了最初的表现。再者，奥德修斯的勇敢、忍耐和智慧又是服务于他对家族、故土的眷恋的，这就成就了他的家族、祖国之爱。最后，诗人对于英雄的艰难归途，以女性之美德，其妻佩蕾罗培娅20年的守节作为最高的奖赏。这些内容，都体现出作为殖民者的早期希腊人的伦理思考和道德情感与理想。

然而，无论是《伊利亚特》还是《奥德赛》，史诗的全部内容都带着强烈的宿命论色彩。英雄们对于命运的认同体现了希腊人的宗教情感，那就是他们认为掌握着人的命运的神的意志是不可抵拒的。其实，希腊人长达10年的特洛伊战争就是来自于诸神的预谋；奥德修斯的10年归途与艰难也是因为触怒了海神而致，而他的每一个难关的突破也都离不开神的庇护。所以，诗中英雄们的生与死、磨难与脱险等，全部取决于诸神的意志。英雄们虽然知道自己的命运，却没有抵抗也无法抵抗，他们的服从表现出对于神的意志的畏惧和认同。希腊人的宗教观在这里得到了充分的体现。但是，荷马史诗里并没有关于诸神的起源和谱系的详细内容，主要是侧重描述神与人的关系以及神的意志对于人类社会的无所不在的君临。比荷马稍后的赫西奥德（Hesiodos，公元前700?）进行了这一工作。在他的《神谱》里叙述了宇宙生成与诸神的关系以及诸神谱系的形成，从而完成了统一的希腊神话体系，为希腊民族提供了全部的信仰内容，城邦公民也在此基础上形成了自己的道德思考，树立了相应的道德标准。正如克塞诺芬尼（Xenophanes，公元前560？—前470?）所说：所有的人最初都是根据荷马（史诗）开始学习的。[①]

二、自然哲学家的道德思考

随着城邦历史逐渐走向成熟，经济的发展与社会的繁荣以及外来先进文化的影响，为人们进行崭新的思考奠定了充分的物质基础。而逐渐形成的城邦公民自由、自立与自律的人文气象，也为他们重新审视世界提供了开放性的精神基础。这样，原来以神话为核心内容解释自然世界的思考已经不能满足人们的精神需求，于是，希腊人开始打破神话（mythos）[②] 思维的权威性，追求理性（logos）地、合理地思考自然世界，西方的合理主义思想就这样在古希腊城邦社会里孕育胎动。他们从对荷马史诗的伦理批判出发，开始了脱离旧思想寻求新规范的尝

① 参见残篇10。

② “mythos”中的“y”本来应该是长音，本章的所有希腊语写成罗马字时都一律以短音标记。以下同。

试，从而迎来了西方思想史上所谓“学问”的诞生。这是以泰勒斯（Thales，公元前624？—前546？）为始祖，被亚里士多德（Aristoteles，公元前384—前322）称为“自然学家”的人们所进行的一种关于自然世界的合理性解释。

自然哲学家们对神话思想的批判，源于神话的内容和特点存在着两个方面倾向的理由。从内容来说，荷马史诗里的诸神拥有与人同样的形态特征，并与人拥有同样的喜怒哀乐的情感。诸神们偷盗、乱伦、欺骗、嫉妒无所不为。诸神与人惟一不同的是：人是可死的而神是不死的。换句话说，神也不例外，人的习性中种种邪恶的要素同样拥有，只是在“不死”的名义下使其成为绝对的存在而已。可是，这样的神的观念一旦渗透到人的纯洁无瑕的心灵，就意味着人的行为的诸恶将在神的行为中得到全部的肯定，不可避免地将会给社会带来道德的混乱。克塞诺芬尼对诗人的批判明确地指出了这个问题。他说：“他们（荷马和赫西奥德）把所有的不法行为作为神的东西来叙述，（包括人的）偷盗、通奸以及彼此欺诈。”[①] 还有赫拉克利特（Heracleitos，公元前544？—前484？）的荷马批判[②]和后来柏拉图（Platon，公元前428—前348）的“诗人驱逐论”[③]，都与这些神话的内容有关。荷马之后的赫西奥德，在其《神谱》里逐渐地转向对自然世界起源的解释。从神话对世界起源的解释的特点来看，诸神是自然现象神格化的产物。赫西奥德对诸神谱系的体系化构筑，体现了诗人对于世界万物的产生和宇宙秩序的保持所进行的一种阐释。这种解释是建立在故事与想像的基础之上的一种思维，只是对于世界的始原（arche）无条件地赋予了诸神以时间上的先在性，把世界之初的权威给予了神。而究竟为什么神是世界的开始，究竟为什么神是永恒不死不灭的问题，却没有做任何有关根据和原理的说明。当这种关于世界的解释成为信仰的内容时，它就要求人们无条件地接受和相信，而不允许人们怀疑和批判[④]，这就成了一种人为的宗教式的世界观。由于这种世界观不要求学问只需要信仰，不允许人们思考只需要人们服从，所以，它必然不可能适应社会的发展和思想的进步。自然哲学家们就是在突破这种宗教式世界观的基础之上，开始了他们关于世界始原的合理性思考。

自然哲学家们不戴着神话的有色眼镜看自然，不对自然进行宗教的权威和信

---

① 残篇12。

② 参见残篇42。

③《国家篇》，第10卷。

④ 比如说，传说自然哲学家阿那克萨哥拉在雅典客居期间，由于他说太阳是炽热的金属块，因此受到雅典市民的控告，并被判处罚款和驱逐出境。而苏格拉底被告时其最重要的罪状之一就是“不信雅典的神祇”。

仰的润色。他们只是把自然当作自然，当作诉诸人的感觉的物质世界来认识。因此，他们在探索自然世界的本原时，其原理放在“逻各斯”（logos）里，即放在开放性的理论探讨里进行把握。也就是说他们不是凭主观的想像来理解世界，而是追求客观的合理性说明。最初的自然哲学家们主要是在对构成这个变化世界的根本物质是什么的原理探索之上，探讨变化的自然内部存在的不变的根本物质，并以这种物质作为世界的本原来解释变化不定、丰富多彩的自然世界，从而达到对于自然世界的统一的合理性把握。米利都学派的学说充分体现了这一点。泰勒斯以“水”，阿那克西曼德（Anaximandros，公元前 610？—前 540？）以“无限定者”，阿那克西美尼（Anaximenes，其壮年期为公元前 540？）以“空气”作为自然世界的本原物质。这种把握世界的方法被称为“一元论的世界观”。然而，同样是立足于以一个原理解释变化的世界，毕达哥拉斯（Pythagoras，公元前 570？—？）却以“数”作为宇宙世界的根本。他所说的“数”不仅仅是质料，还是一种性状和变化原则。因此，按照亚里士多德的四因学说，米利都学派的探索属于一种对“质料因”的寻求，而毕达哥拉斯则有寻求“形式因”的倾向。后来的赫拉克利特、恩培多克勒（Empedocles，公元前 492—前 432）、阿那克萨哥拉（Anaxagoras，公元前 500—前 428）、德谟克利特（Democritos，公元前 460？—前 370？）等人，则注重对宇宙和谐秩序的探讨，所以脱离了以一种“本原”解释丰富的自然的方式，而以多种“本原”的相互关系来把握自然的变化和多样性。正是这些以“本原”的相互关系解释自然的生成变化、寻求宇宙秩序的合理性说明，为后人理解自然哲学家们的伦理思想提供了线索。

由于自然哲学家们留下的著作残篇相当有限，除了德谟克利特有较多的体现伦理思想的残篇传世，其他人最多只是几句箴言被别人引用后得以流传。因此，要把握他们的伦理思想相当困难。特别是在自然哲学家的思考里，人只是自然界的一种自然存在，并没有其区别于其他自然物的固有性。也就是说，自然哲学家们缺少把人作为特殊存在的认识。但是，正是他们没有区别人与自然的不同，所以他们在解释自然变化时以人类社会的结构原理和人的存在原理对自然进行了拟人化阐释。这些阐释正体现了他们关于社会规范和道德伦理的思考。赫拉克利特认为世界的表象是充满斗争的，斗争是万物之父①，而内在于这种对立表象的深处是和谐，世界的和谐是由相互对抗力量的势力均衡构成的，犹如弓箭的弓与弦的关系。很显然，这里所说的“斗争”，已不是荷马史诗里那种英雄的绝对力量对另一种势力的彻底征服，而是一种相互之间的定立和保持，一方的存在离不开

① 参见残篇 53。

另一方力量的抗衡。因此，他认为宇宙中心的“活火”不是孤立存在的，它在由“火”向“空气”、“水”、“土”的生死转化过程中获得了永恒不竭的能源。① 这种自然观揭示了人们在社会生活中必须承认他者存在的价值取向，绝对的征服是不存在的，只有相互的认同才是自我存续的根本。世界的一切不是神也不是人能够创造和支配的，生死有定数，存在有法则。② 其实，在早期米利都学派的阿那克西曼德的自然观里就已有了这种思想的端倪。阿那克西曼德认为，世界的生成变化，是对立元素之间行为“不正”之后，必然产生的惩罚与偿还的相互报应的结果。③ 恩培多克勒的自然解释则更为明显地体现出人文社会的特征。他同样以“火”、“空气”、“水”、“土”这四种元素作为宇宙的根本物质。然而，他认为万物产生和消亡是这“四根”的混合和分离而致。这种混合和分离运动的原因来自于“爱与憎”的情感。当世界由“爱”的情感支配时，宇宙就达到最和谐的状态，犹如“球”一样完美无缺，而一旦“憎恨”的情感混入，世界的和谐就开始解体。“憎恨”支配着世界时，“四根”分离，万物消亡。④ 这种人文宇宙论应用到社会生活中，便告诫了人们，美好与和谐的社会秩序的形成和确立，取决于人与人之间的相互友善与敬爱，憎恨与争端是社会不幸的根源。

自然哲学家对世界的合理性解释虽然存在着诸多不同，然而，他们有一个共同的特征，就是认为万物有灵，米利都学派的“物活论”，阿那克萨哥拉认为植物是地中的生物，枯荣是其苦乐的表现。⑤ 尤甚者是毕达哥拉斯学派把灵魂看作世界的理性，认为肉体是灵魂的坟墓，通过“轮回转生”的思想把来世的意义提高到现实生活的首位，从而改变了希腊人传统的肯定现世的价值观。为了净化灵魂，他们在教团生活中提倡“节制”、“友爱”、“诚实”的美德。而作为灵魂净化的一个环节，他们潜心从事纯粹的“理论研究”，即避免感觉器官对认识的参与。他们认为，灵魂要想得到真正的满足，不是通过感觉和主观来获取，而是由于灵魂拥有智慧与节制，遵照“逻各斯”而做到理性生存时才能达到。这种价值观，为后来的苏格拉底呼吁人们“对灵魂操心”打开了道德思考的先河。

毕达哥拉斯学派的灵魂观，在德谟克利特的伦理学说里以提倡精神生活优先的内容出现。德谟克利特认为，在这个世界里真实的存在只有原子和虚空，连灵魂也只是一种物质性的东西，因此，一般认为他是原子主义者的唯物论者。但

① 参见残篇 76。

② 参见残篇 30。

③ 参见残篇 1。

④ 参见残篇 17。

⑤ 参见残篇 117。

是，他的唯物论并不彻底，而是立足于合理主义，强调精神的倾向仍然存在。他把灵魂所进行的认识划分为感觉的和思维的两种，认为来自思维的认识才是终极的纯正的认识。通过这种认识所获得的终极之善才会使人达到“清朗无影的心境”，即“朗悦”（euthymia）状态，也就是人的心情不受快乐、恐怖、迷信等一切的感情所困扰，达到绝对宁静的境界。这是人的幸福所在，也是人生追求的终极目标。很显然，这种思想充分体现了精神高于肉体的认识倾向。所以他说：“肉体之美如果没有知性的内涵那只是与动物同样的东西”①。但是，他的这种认识并不意味着对于肉体的完全否定。因为快乐的感情也是由于原子运动所产生的自然现象，如果对此否定，将会动摇他的原子论的基础。因此，他的这种生活理想与后来的犬儒学派以及斯多亚学派所提倡的禁欲主义修炼不同。相反地，德谟克利特认为人生要尽可能地享受快乐，减少痛苦。② 由于考虑到这种快乐不能完全在肉体中获得，因为肉体的快乐缺少果敢性与自制性，因此就需要在精神里做进一步的追求。这就说明幸福不属于外在之善，而是源于精神的属性，“幸福与不幸都是属于灵魂的”③。他的这种对精神的强调，并不意味着对外在之善的否定，只是认为如果外在之善不拥有知性，得不到遏制，就不能成为有价值、有益的东西而得到提倡。正是由此，他主张节制与适度的快乐，让肉体快乐与精神宁静相结合，使心情不会被外在之善的过分追求所迷惑，从而达到精神的“朗悦”的境界。值得注意的是，以精神优先为根本的德谟克利特的伦理学说，已把知性的欠缺作为恶与不幸的原因，指出了那是由于人的“无知”而致。他说：“罪恶的原因在于对美好的事物的无知”，为此，有的学者认为，这是苏格拉底的“知识即美德，无知即罪恶”思想的先声。

三、人文思想的兴起

自然哲学家们虽然为西方思想史带来了学问的诞生，他们以合理主义精神确立了希腊人对自然的理解从神话思考向哲学思考的转变，但是他们的哲学思考缺少应有的人文关怀，他们只把视线投向自然世界。在他们那里，人仅仅是自然界的一部分，看不到人类区别于自然物的固有特性。因此，他们的伦理思想只是从自然存在中理解人。即使像德谟克利特的哲学那样，对于人的行为、人的幸福问题已有所涉及，但也仍然与其他自然哲学家一样，并没有把人的问题、人生的问题作为问题直接地进行伦理探索。在希腊城邦，直接提出人的存在意义、体现人

---

① 残篇 105。

② 参见残篇 189。

③ 残篇 171。

文思考的，只有到“智者”学派出现之后才真正开始。以职业教师身份出现的“智者”们，顺应当时希腊社会的历史文化气象，把人们的视线从自然研究转向了对人类自身的关注，开始了人们的世界观从“自然（physis）”向“人本（nomos）”的转变。他们强调与追求人类存在的特殊性和固有性，提出了“人是万物的尺度”的思想。他们在雅典城邦所推行的崭新的自由教育，具有一种人文主义启蒙的意义，从而为苏格拉底伦理思想的诞生起到了催化作用。

具体地说，在公元前6世纪初诞生的自然哲学，把自然作为客观的存在进行把握，主要是围绕永恒不灭的本原存在，根据合理的自然法则理解这个变化的世界。在这种理解里，人的思考，人是如何接受这个自然世界的，等等，有关人的价值取向问题还没有锲入的余地。进入公元前5世纪，自然哲学家们的自然探索依然在继续进行着，并且关于自然世界的结构原理的解释还是放在对本原存在的把握之上。无论是对于经验的自然还是对于客观的自然，都没有把人作为独立的存在来思考。由于他们研究的中心只放在本原存在的问题上，对人的意识作用的诸种形态，如意志作用、感情作用等与客观存在相对应的主观能力很少引起他们的注意，即使被涉及也只是作为一种常识性问题被提起。特别是自然哲学经过爱利亚学派的严密的逻辑自恰性质疑，本原存在的资格得到了进一步的强化，其自身成了独立的、惟一的、永恒不变的存在。为此，所有属于人的经验的存在，都被看成只是人的臆见①和错觉，剥夺了其作为真实存在的资格，其结果是使人的独立存在的因素更加受到排除。然而，随着这种自然主义的自然观的确立和发展，关于这种思考的批判和反省也逐渐开始产生。那是因为，人的生活与其说关注那些原子或者元素的离合集散，追求本原存在，不如说承认自己感觉能够捕捉到的东西，无论其存在的真实性如何，至少可以说在我们经验的领域里是存在的，是不可否认的。我们感觉的世界既存在着运动，也呈现出众多的形态。我们承认现实中的各种色、香、味，这种经验事实是我们现实生活的基础。因此，不可避免地，一方面自然哲学家们客观的自然主义思考倾向越严重，另一方面，人们对于自己生活经验的意识也就会表现得越强烈。这种意识终于汇成一股思潮，于公元前5世纪中后期，在希腊城邦社会出现了关于“自然的”和“人为的”问题的论争。

自然与人为，这是一对古老的以各种形式被人们议论的对立概念。可是，在公元前5世纪中后期，这一对古老的对立概念被从政治的和伦理的角度提起，成

---

① 臆见（doxa）在我国一般被译成“意见”，这种译法不够理想。因为doxa的原意为“想当然”，译成“意见”不容易使人看出其在认识上的问题。所以，本书改译成“臆见”。以下同。

为这个时代政治变革与新旧思想对立背景的象征。如果说自然属于自身客观存在着的世界，那么，人的各种规范性约定，生活中的习惯与行为准则就是属于人的主观世界的产物。很显然，这里存在着自然主义立场与法的（nomos＝习惯、规范）立场的根本不同。由于法的立场属于人为的世界，而无论个人还是共同体，都与这种构成生活具体内容的行为规范直接相关。那么，这里的行为标准必将反映出个人或城邦的习惯和品性的特殊性。所以，这种价值标准也仅仅只能适合于行为者本身，而无法克服其仅仅只拥有相对意义的性质问题。当时，反映这种“人为的”社会思潮的有一部作者不明的题为《两论》的著作，其中作者列举了很多关于无论何事都可以拥有善恶两种判断的事例。比如，生病对一般人来说是一种坏事，但是，它却是医生收入的源泉，所以对医生来说是一件好事。同样，沉船对于船主来说是一种灾难，而对于造船的工匠却恰恰相反等。不管什么事情都是相对的，都可以有两种相反的价值判断。这种相对主义的价值观随着希腊与其他国家交往的频繁，了解到各国不同的风俗习惯之后，就更使人们信奉，遂之成为当时的一种社会思潮。就在这种思潮流行的社会背景下，一群被称为“智者”① 的职业教师出现在雅典城邦，活跃在青年们狂热的追随之中。

智者们既不是一个集团的活动，也没有形成规范的教育体系，他们的出生地和各自擅长的领域也不一样。但是，他们活动的舞台却都是经济和社会的繁荣都达到顶峰的城邦——雅典。他们选择雅典城邦，不仅仅只是因为雅典在政治和文化的繁荣方面都走在希腊社会的前列，更重要的是雅典自梭伦（Solon，公元前638？—前559？）改革之后，逐渐实现了奴隶主民主制度，其巨大成果在希波战争的胜利中得到了具体的体现。伯里克利（Pericles，公元前？—前429）执政时期，这种制度的繁荣已达到了顶峰。希波战争的胜利，使参加战争的平民阶层的意识得到高扬，那是因为按照传统的习惯，城邦的实权都掌握在世袭贵族和富有阶级的手里。而这次战争他们只是支付了税金，并没有直接参加战斗。直接与波斯大军作战的是平民阶级出身的水手和士兵。为此，一般的公民开始对自己的实力重新认定，感到对波斯的反侵略战争的胜利完全属于自己这些一般民众的胜利，从而产生了从来没有过的自信和参与国事的积极性。一旦公民们的自我意识得到如此的高涨，那么，在实行民主制度的雅典社会，至此为止门阀的高低、财

---

① “智者”的希腊语是sophistes，曾经被译成“诡辩家”，因为很长一段时间里，这个称号是哲学家们耻辱的代名词。其实，这个希腊语的原意并没有贬义，是一个褒义词。这个单词是动词sophizo的派生词，与名词sophia（智慧）和形容词sophos（智慧的）属于同一词根。sophizo的意思是“善于发挥智慧”（自动词），“使人智慧得到发挥”（他动词）。那么，sophistes的原意就应该是“善于发挥智慧的人”，或者是“使人智慧得到发挥的人”，即能够教育人的人，能够使人聪明的人。因此，后来被改译成“智者”。

产的多寡的价值标准就被重新审视，权力世袭的思考方式遭到了排除，人们对于个人的人格和实力，即“优秀性”的重视，成为一种新的个人评价的标准。这种社会意识与价值观的转变，为智者们的出现提供了最好的活动舞台。那些梦想着参与国家公共事务、登上城邦政治舞台的年轻人，开始寻找能够体现自己优秀性的知识或者技术。智者学派的普罗泰戈拉（Protagoras，公元前 490—前 420）就宣言要教育青年人学习“齐家治国之道，能在公共场合发挥自己的优秀性”①。这种优秀性，就是一种广义的“德性”（arete）。必须注意，无论普罗泰戈拉还是苏格拉底，他们所议论的“德性”问题，其意义更广泛，与今天道德意义上的狭义的德性有所不同，它是指称每一种自然存在的“固有能力”。比如，刀的德性是锋利，马的德性是腿快，鱼的德性是善游，等等。而人的德性应该是只有人才有的理性能力，通过使用理性而使作为人的智慧得到最大的发挥。

不过，在相对主义价值观占支配地位的人为的世界里，德性，即人的优秀性也只是特定社会自身的一种价值取向。比如，对于尚文的雅典与尚武的斯巴达来说，其对于人的德性的要求就会不同。在这种文化与社会的背景之下，作为外邦人的以普罗泰戈拉为首的智者们，究竟是否能够教育雅典的青年人掌握关于有用的、在社会生活中能体现自己德性的知识是受到质疑的。也许普罗泰戈拉自己也深知这个问题的存在，所以，他提出了有名的关于“人是万物的尺度”② 的学说。在这个学说里，他把人在自然中的存在提高到从来没有的高度。这是承认人的自身存在的独立性，赋予了自然世界之一员的人以理性存在的特权。在理论上如此，在实际教育活动中，智者们也主要是教给青年在国家社会生活中如何体现其能力的技术性知识，那就是“辩论术”的知识，以此来克服人们对于他们所传授的有关“德性”知识的质疑。因为辩论术是一种操纵“逻各斯”的语言技巧，自然哲学家和后来的苏格拉底、柏拉图也同样重视掌握这种技巧。但是，智者们追求的是使自己的理论能够达到说服别人的目的。而哲学家们则是通过“逻各斯”的技巧开拓通向真理的道路，两者不可混为一谈。然而，从对自己主张的有效性角度来看，无论其实际上是真是假，事实情况如何，只要别人能够觉得自己讲得有理，对方能够被自己说服，都可以达到预期的、体现自己能力的目的。特别是人的认识能力总是受制于自身的局限性，那么，只要自己拥有说服别人的技术，在所有的领域里都可以达到获得与那个领域的专家同样的评价。正因为如此，高尔吉亚（Gorgias，公元前 480—前 380）认为，

---

① 《普罗泰戈拉篇》，318e—319a。

② 残篇 1。

辩论的技术对于人来说是一种“最高的善”，因为它一方面“可以使自己获得自由”，另一方面“能够在社会生活中支配别人，使别人成为效忠自己的奴隶”①。很显然，从这个意义来说，学会了辩论术，就意味着使自己获得在社会上出人头地所必需的一种万能的手段，这就是智者们把教育的重心放在“辩论术”上的根本理由所在。正因为如此，智者们可以克服人们对于“德性”的相对主义问题而提出的诘难。

那么，为什么智者们所推行的教育拥有人文启蒙的意义呢？希腊城邦的传统教育是一种家庭式的教育。孩子小时候在母亲或奶妈为其讲述的荷马史诗的神话故事、伊索寓言、希腊的英雄传说里成长。这种教育世代相传，母亲传给孩子，孩子再传给下一代。男孩稍微长大一些，就跟随着父亲或长辈见闻各种社会生活，学习待人接物和遵守社会规范的道理。女孩稍微长大一些，就跟随着母亲学习作为女人必备的守家待夫的妇道。由于内容始终不变，这些教育便成为城邦公民必备的知识和教养。对于城邦来说，这种教育有利于公民团结一心，形成统一的价值观，从而遵守城邦的祖训和传统习惯。因此，可以说这几乎是城邦的一种“国策”。但是，很明显，这种教育不会关心每一个孩子想学什么，只注重其对于城邦社会是否有用，只是教育者单方面对被教育者进行灌输，不存在个人的选择和意志自由。与这种教育完全不同，智者们的教育是根据每一个青年的要求而进行的。并且只要交得起学费，不分门第和出身，对谁都是一视同仁地教给他们想学的东西。普罗泰戈拉在回答苏格拉底提问时说：“根据其需要的（知识）进行教育，其他对他们不需要的、无用的东西一概不教。”② 这就是说，智者们的教育是因人施教的。他们根据青年的个人特长和爱好，对其进行相应的教育，促使他们的能力能够得到最大的施展。因为个人所表现出来的求知欲，是一种自我目的性的需求。也就是说，不是为了某种需要而被迫接受教育，完全是根据自己的爱好而学习。在这样的教育里，里外关系不存在什么因果性，所以，这是一种“自由的教育”。亚里士多德说：“求知欲是人与生俱来的本性”③，这是人区别于其他动物，人之所以为人的固有能力，即“德性”的高度体现。那么，人的这种能力如果得到充分发挥的话，当然人的德性就会最大限度地体现出来。智者们所推行的自由教育，无论他们自己是否意识到它的意义，在客观上已经拥有了使人的德性、人的优秀性得以最大发挥的效果。因此，这样的教育具有一种人文主义

---

① 《高尔吉亚篇》，425、451d。

② 《普罗泰戈拉篇》，318e。

③ 亚里士多德：《形而上学》，980a。

觉醒的启蒙意义。不过，这里所说的人文主义（humanism），是植根于一种人作为人所必须达到的人性自觉的教养教育（paideia）精神。

其实，普罗泰戈拉在其关于人的诞生神话里①更为充分地体现了他的人文觉醒的思考。在这个神话内容中，人完全区别于其他动物，拥有了只有神才可以拥有的创造力（智慧与火）和思考力（虔敬与惩戒），这是人类社会得以形成、道德秩序得以保持的根本所在。这种思考已经把人从自然界的普通一员中独立出来，克服了自然哲学家们把人当作自然同类的自然主义缺点。在普罗泰戈拉看来，人虽然是自然世界的一员，但是人有权利按照自己的思考决定自己作为人的生活方式。人不但思考自然，同时思考人之所以为人的生存价值。因此，对于人来说，自然不仅是一种显现，而且是一种真实的显现，诉诸人的感觉的自然世界是真实的世界。"尺度说"体现的就是这种人的主观思考与对于自然界的特权意志，它完全属于人本主义（nomos）的世界观。但是，无条件的"尺度说"包含着自我与他者在认识上必然产生自相抵消的缺陷，从而决定了这种世界观带有彻底的价值相对主义的倾向。

第二节　伦理学的雏形

然而，智者学派对"人为性"的强调不可避免地走向人们价值判断的主观性的追求，这种倾向无法给社会带来客观的行为标准的确立。这样的人文主义思想造成了相对主义思潮的流行，其结果必然产生价值的无政府状态以及道德混乱。面对这种社会思想背景，苏格拉底与智者学派一样，同样以人的"德性"为主要探讨对象。但是，他认为价值标准必须从人的价值肆意性中脱离出来，追求客观的、普遍的道德理性。善恶、真伪、正邪等不仅仅只是一种人的价值判断，其自身必然有一种不变的本质，这种本质是超越于人的主观的多元性，拥有客观而普遍的存在。而对它的把握必须通过逻辑必然性的推演，在严密的"逻各斯"里寻找逼近真理的普遍定义。为此，他提出了"德性是知识"的客观道德论命题，并进行了他那关于人的道德行为和价值体系的客观标准的不懈追求。他把"善生"作为人和社会存在的最高目标，指出了"无知"是个人及社会的错误和不幸的根源。他从"目的论"的世界观出发，强调了人的"无知之自觉"，以及追求真正

① 参见《普罗泰戈拉篇》，320d—322d。

意义“善”的认识是获得幸福的根本所在，从而在理论上和实践上为伦理学的诞生奠定了坚实的基础。

一、苏格拉底的探索

苏格拉底

苏格拉底，作为西方哲学思想史上划时代的人物，被称为把哲学从天上呼唤到地上的人。关于他的各种传说很多，然而对于他的真实情况却无法给予正确的把握。因为除了公元前399年，在他70岁时被雅典民主制政权处刑，饮鸩而死，以及他一生述而不作，没有留下一行文字之外，其他的史实都无法确认。历史上有关他的生活和思想记载，主要是从阿里斯托芬（Aristophanes，公元前427—前388）、色诺芬（Xenophon，公元前430？—前355？或前354？）、柏拉图的著作里获得的。而这三种资料所描绘的苏格拉底形象却不尽相同。一般认为，阿里斯托芬的描写反映了当时社会对于苏格拉底的误解和评价，色诺芬记录了作为常人的苏格拉底，只有柏拉图是苏格拉底思想的真正理解者。虽然他对苏格拉底有美化、理想化的一面，但他仍然是为历史记载了哲人的苏格拉底。所以，我们要了解苏格拉底的伦理思想，也只有凭借柏拉图的著作中所提供的有关内容。

在柏拉图的哲学里，智者是最主要的批判对象，历史上赋予“智者”以恶名的，最初就是从柏拉图开始的。苏格拉底最主要的论战对象是普罗泰戈拉、高尔吉亚、希比亚斯（Hippias公元前5世纪）及其追随者们。前面已经说过，智者们的思想是立足于相对主义的价值观，代表这种价值观的是普罗泰戈拉的“尺度说”。普罗泰戈拉认为：“万物的尺度是人，是存在的东西存在的尺度，也是不存在的东西不存在的尺度。”① 这个命题的含义是，每一个人在自己的感觉里捕捉到的东西，对于他来说是怎样的存在就是怎样的存在。也就是说，离开了人的感觉和臆见的真理自身，由于其超越了人的存在，究竟是有还是没有我们无法把握，那么，人只有承认可感与可判断的事物。即使各人的主观感觉存在着不同，而对于各人毕竟是那样地显现着，那么，对于那人来说那就是真实的存在。很显然，这种思想是把真理放在人的臆见里寻求，从而否定了真理的客观标准。如果仅仅只是对于外界事物的认识，这种思想不会有太大的问题。而对于现实的国家社会生活和人的道德伦理规范来说，这种思想就具有极大的危害性。因为这种思

---

① 残篇1。

想意味着国家或个人只要自己认为是正确的，那就必须予以肯定；即使自己也觉得是不正确的，只要能够让别人感到自己是正确的，别人能够这么想，就可以把自己的思想或行为正当化。虽然普罗泰戈拉的"尺度说"是建立在人的正常的、良好的理性自觉之上的一种学说，可是，随着其相对主义价值观的发展，必然出现高尔吉亚式的抛弃事实内涵、只求利己结果的极端价值倾向。智者们声称自己是"德性的教师"，但他们所认定的"德性"，即"卓越性"，主要是通过"辩论术"来实现的。而对"辩论术"的操纵者来说，自己所论述的对象是否属于真正的知识并不重要，只要能够顺从大众的好恶，以巧妙的言辞取悦于人们，让对方或听众信服，就可以达到被别人承认其有能力的目的。

在《国家篇》里，柏拉图用"驯兽术"作比喻①，揭露了这种技术的本质特征。这样的价值观意味着自己的意图和欲望可以通过巧妙的说服手段达到现实化，特别是在实行民主制度的国家里，以及处于动荡多变的时代，其危害性是不可低估的。"强者正义论"就是这种价值观的极端例子。② 柏拉图认为，正义与节制等德性，本来属于人的固有本性的一部分，根据这种价值观必将这种本性隶属于人的自由意志的肆意性之下，个人或国家只要有权力或有能力使国民大众屈服或接受，强者就可以使自己的意志和行为正当化、合法化。这样，人们自然就会形成对于自己行为的本质善恶与否的轻视，一心追求利己主义价值观，从而不可避免地促使反道德论社会思潮的流行。就这样，以反对自然主义为出发点、追求人之存在固有特性的人本主义而出现的智者们，却使最能体现人之优秀性的善恶、正邪的价值判断能力，在其相对主义的价值体系里受到了否定。

面对这种思潮，苏格拉底痛感建立客观价值标准的必要性。人的能力、优秀性，即人的"德性"的意义，不能像智者们所追求的那样，只是取决于个人的自由意志与社会评价标准，而应该是超越于这种现象的外在机制，寻找内在的、本质的根据。那么，人的本质是什么？简单地说那就是人的灵魂机制。人的灵魂拥有生命和理性的两种机制。灵魂的生命原理不具有人的独特性，因为所有的生物都同样拥有这种机制。而只有理性原理才体现人的固有性。由此，要使人的固有能力得到完全的发挥，体现人之为人的优秀性，即德性，就必须关心灵魂。苏格拉底一生劝说、呼吁着人们"对灵魂操心"③，就是源于这种认识。人的"对灵

---

① 参见《国家篇》，493a—b。

② 参见上书，338c。

③ 《申辩篇》，29e、30b；《斐多篇》，107c；《克拉底鲁篇》，440c；《卡尔米德篇》，157a；《拉凯斯篇》，185e—186a。

魂操心”的具体表现，就在于采取有理性的行动，遵照理性的原则而生活。这就意味着人的生活必须努力追求正确行为的可能性以及道德原则的必然性的根据。这就充分体现了苏格拉底关于人的“德性”理解与智者们的理解根本不同。很显然，苏格拉底是通过关于人的本质的重新界定以及价值客观性的追求，使在智者们的相对主义价值观里丧失的道德标准和善恶尺度重新得到关注。

苏格拉底对于价值标准的追求，突出体现在他关于德性定义的探索里。亚里士多德指出了苏格拉底对西方哲学的两大贡献，即对普遍定义的追求与归纳推理的运用。普遍定义是一种本质定义，归纳推理就是透过所探讨问题的各种现象形态，通过“哲学问答法”寻求本质定义的议论推演过程。柏拉图的初期对话篇里有关苏格拉底对于人的诸“德性”探索过程都是在这个前提和方法中进行的。比如《美诺篇》里从“德性是否可教”的议论开始，逐渐引入了“德性是什么”的探索。因为如果不知道“德性是什么”，那么“德性是否可教”的问题就无法探讨。这种“是什么”的探索就是寻求对德性的本质把握。对于苏格拉底的这种提问，一般的人往往不解其意，都是按照“是怎么样的”形式回答，或者说也只能给出“是怎么样的”答案。因为“是什么”要求的回答是本质内容，“是怎么样的”只是这种本质的诸种现象形态，而人的现实认识所能把握的往往只有本质所表现出来的种种现象。因此，接受过智者教育的美诺在回答苏格拉底“德性是什么”的提问时，就列举了男人的德、女人的德，并指出老人有老人的德，小孩有小孩的德，自由人也有自由人的德。① 毋庸置疑，美诺所说的这些与性别、年龄、身份不同的人相对应的行为品性，以此作为人的德性的说明在我们现实生活中是被人们普遍认同的。所以，从某种意义上说也可以看成是人们思考“德性是什么”这个问题的一种答案。但是，这种回答却不是苏格拉底提出的关于“德性是什么”这个问题所要求的答案。现实中种种人的德性的表现，那只是反映德性“是怎么样的”外在显现，不是德性的本质。苏格拉底所寻求的是人的各种有关德性的不同现象（事例）里所共有的一种不变的本质，即“一切的德性，因此而成为德性的一种共有的形相（eidos）”②。苏格拉底的这种追求，对于习惯于生活在传统的行为规范里，对于自己的行为不做必然性根据思考的人来说无疑是一种道德自觉的启蒙，而对于信奉智者们强调的相对主义价值观的人来说，这种探索却具有建立一种客观道德原理的挑战性意义。

正是这种对于德性普遍定义的追求，苏格拉底提出了“德性是知识”的根本

---

① 参见《美诺篇》，71e—72d。

② 同上书，72e。

命题。人的德性的具体表现形式有很多，苏格拉底所探讨的主要问题是关于人的智慧、节制、正义、虔敬、勇敢等问题。这些人的行为都体现着人之优秀性的某种具体现象形态，而对于其内在的、共有本质的把握，就是关于德性知识的把握。那么，人在现实生活中所表现出的这些构成德性诸因素的共有本质是什么呢？简单地说那就是人的行为中对于“善美”的追求。因此，关于“善美”的知识就成了德性知识的根本所在。从这种认识出发，苏格拉底提出了“没有人是故意作恶的”著名道德命题。因为人的一切行为都是立足于对自己有利，觉得对自己是好的才去做。而现实中的人之所以会作恶，那是由于其“无知”所致。因为没有关于德性的知识，人才会把坏事当作好事，从而产生作恶的结果。那么，可以给人的行为带来“善”的结果的德性当然应该是一种知识，以此指导人们采取体现人之优秀性的行为。因此，“德性是知识”的思想就成了苏格拉底道德论的根本。

二、目的论的世界观

苏格拉底寻求德性的普遍定义，通过对“德性是什么”问题的探索，力图确立人的道德行为的客观标准。这种探索，是建立在对终极存在认识之上的一种追求。把他的这种探索放在自然哲学家的探索背景中来看，明显地带有“目的论”思想的倾向。

亚里士多德曾总结了人的探索必然围绕着四个原因来进行。所谓“四因”，就是“质料因”、“形式因”、“始动因”、“目的因”。前面说过，自然哲学家的探索主要注重于对构成世界的“质料因”或者“形式因”的把握。而对于“始动因”问题，诗人们把世界的起源理解为神的力量，自然哲学家则认为那是由于物质存在的“自动性”或者自然秩序的“必然性”原则所致。苏格拉底则不同，他从“目的因”的角度来把握这个世界。

世界上一种事物的出现，一般来自于质料与形式的结合。换句话说，质料和形式的结合是事物产生的必备条件。但是，人的探索不会只停留在寻找质料因（是什么?）与形式因（什么样?）的阶段。始动因（是谁?）与目的因（为什么?）的问题也会追问到底的。这种倾向是人之所以为人的一种表征。当然，上述的四种原因并不是以个别形式出现的，而是内在于事物之中起到相辅相成作用的。只是人们对事物进行具体分析时，才会发现这四种原因不可缺少。比如说要建造一座房子，木料、石料等质料是必不可少的，这是房子的“质料因”，即用什么材料来建造的问题。但是，这些材料要成为房子的材料，成为房子的质料因，那么房子的形状（形式因），建筑工、设计师（始动因），建造房子的动机（目的因）也是不可或缺的。只有这些因素结合起来，才能使木材、石料成为房子的材料。

不然，木材只是木材，石料只是石料，这些材料还有其他的使用方式，不一定就是用来造房子的质料。木材、石料只有在为了建造某种形状的房子而被使用时，才能成为房子的质料。而仅此还不够，还需要根据图纸进行房子的建设，由建筑工人把材料与形式（图纸）结合成一座现实的房子。但是，建房子总得有目的，没有这个目的（为什么建房），前三种原因就不会成为现实。就这样，四种原因必须形成一体，事物（房子）才能产生。

苏格拉底以前的自然哲学家的探索，只停留在对质料因和形式因的寻找之中。他们先提出世界的本原是什么物质，然后以此为根本来解释世界的秩序和变化，在这个前提下进行世界的内在结构和生成原因的分析，后人把这种理解世界的方式称作“机械论的世界观”，也就是说仅仅以物质及其运动为前提条件来说明一切自然现象的一种把握世界的思考方式。当然，自然哲学家们坚持“机械论的世界观”有其内在的理由。那是因为他们对于自然世界的生成变化运动进行合理性的解释时，如果进一步进行其他原因的探索，就必然要承认超自然力量的存在，那就会陷入神秘主义的怪圈。因为“始动因”和“目的因”在自然物质内部无法找到，那么，只有承认物质的运动变化来自于人的肉眼看不到的超自然存在的意志支配。也就是说，只有设想在这世界之外有神的意志的存在才能得到合理地说明。后来的自然科学排除外在的目的，努力对物质进行内在法则和自身运动与力量的探讨与还原，就是为了避免对世界进行合理的解释时陷入神秘主义的困境。

但是，对于探讨人的行为的目的何在，人的一切行为的基础和出发点是什么的苏格拉底来说，在这种解释方式里是无法找到答案的。苏格拉底想知道的是，世界为什么会是这种秩序井然的状态？应该成为这样状态的形成原理是什么？是以什么作为生成运动的目的？也就是说，形成这样世界的和谐秩序的目的是什么才是苏格拉底关心的焦点。比如说，苏格拉底“坐着”，按照自然哲学的说明方式，那就是从构成身体的各个部分的骨、肉、筋、腱等结构出发，进行能够“坐着”的理由和原因的探讨。而苏格拉底的视点则不同，他会追问我为什么“坐着”？为什么要在这里“坐着”？这对人来说可以想到的理由很多，因为累了想休息，是为了恢复体力；因为站着累，坐着舒适；更进一步可以说是为了追求身体的和谐与完美等。这就说明人或者世界在保持某种状态时都是源于某种目的。因此，苏格拉底的思考被称为“目的论世界观”。他的关于世界及其人的行为的探索，就是立足于对其“目的”的探讨之中。他认为一切的存在都是在追求其完美性，以“善”为目标是其存在的根本理由。例如，宇宙天体都以圆形保持着，那是因为这种形状最合理、最和谐，是天体追求完美的结果。那么，雅典公民判处苏格拉底死刑是因为他们认为苏格拉底对城邦有害，除掉苏格拉底对城邦有利，虽然事实恰恰相反，但他们认为是一件有益于城邦的好事才那么做的。而苏格拉底拒绝好友克里托的劝说，不愿意越狱逃亡国外（虽然实际上可以做到），那是因为他认为等待服刑是自己作为雅典城邦公民必须服从的公民道德，是为了履行城邦公民的一种最佳伦理行为选择，等等。如果对这些“目的”进行归纳，那就是关于存在的“最佳”状态，是人生的“善”行的追求。就这样，苏格拉底的“目的论世界观”，成为一种对“善美”知识的终极关怀。

从上述的“目的论世界观”出发，苏格拉底呼吁雅典公民：“真正重要的是，不仅仅只是活着，而是要活得好。”① 这里所说的“好”指的是“美好”、“正当”，与“善”是相同的。也就是说，人要追求“善”而活着，这就是苏格拉底著名的“善生”理想。苏格拉底认为，对于每一个人来说，如何做到使自己达到“善生”是人生最高的追求。而他的这种“善生”理想，是建立在以“善”为根本的幸福观之上的。“幸福”的希腊语是“eudaimonia”，这是名词，形容词为“eudaimon”，是与“eu prattein”（即“善行”）相关，属于同义语。很显然，人的幸福离不开人的行为之“善”。正因为如此，苏格拉底认为，人之所以希望拥有“善”，那是为了能够“幸福”的缘故②，而这种“善”必须通过现实中的善行来获得。所以，他强调“幸福”与人的“德性”密切相关。③ 他那“善人是幸福的，恶人是不幸的”④ 的道德命题正是源于这种思想。如果人的“幸福”与人的从善行为息息相关，那么，人要从善，就需要关于“善”的知识，不知怎样的行为是“善”，如何“从善”也就不得而知。但是，从苏格拉底的知识标准来看，这种“善”的知识并不是相对意义的关于“善”之现象的认识，而必须是绝对意义的，即具有“普遍客观性”的关于“善”之本质的把握。这种知识观决定了苏格拉底清醒地认识到，自己并不拥有关于真正意义上的“善”的知识。他发现，现实中所谓的“智者”或者自称为“智者”的那些人们同样也没有这样的知识。问题是现实中的那些智者却不认为或者没有意识到自己是“无知”的，他们只是生活在想当然的“臆见”之中。只有苏格拉底对自己的“无知”拥有冷静的自觉，就是这种自觉使他得到了“德尔斐”神殿神谕的肯定，认为人当中没有谁比他更聪明，这就是所谓苏格拉底的“自知其无知”⑤ 的由来。苏格拉底在“自知

① 《克里托篇》，48b。

② 参见《会饮篇》，204e—205a。

③ 参见《卡尔米德篇》，172a，174c，176a。

④ 《高尔吉亚篇》，470e，507c。

⑤ 《申辩篇》，21a。

其无知"的反省过程中，认识到"无知之自觉"是人的惟一可以称之为"智慧"的东西，而人只有拥有这种自觉才会追求关于"善"的真正意义的知识，才有可能踏上通向"幸福"的道路。后来的人们往往把刻在"德尔斐"神殿里的一句希腊人古老而著名的箴言"认识你自己"，当成是苏格拉底所说的话，其原因就在于此。因此，可以说真正赋予这句箴言比较深刻哲学意义的人正是苏格拉底。①而柏拉图哲学的出发点就是建立在苏格拉底"自知其无知"的认识之上的。

三、善生的追求

苏格拉底在理论上提倡"善生"的同时，在自己的行动上也进行着身体力行的实践。前面已经说过，苏格拉底认为，没有一个人是故意作恶的，人之所以作恶，是由于自己的"无知"而致。因此，对于人来说，虽然还不完全具备人的诸德性之根本"善"的真知，还不知道根本"善"是什么，但是，人却不能因为不知道而放弃追求，因为追求善是人之所以为人的根本标志，是人获得真正幸福的保证。人正是在探索过程中，由于对"善"之真知的执著与信念，才使自己避恶扬善，即使不知道"正义"是什么，也可以在行动中通过不行"不正义"而趋向"正义"，从追求"真知"与不行"不正义"的行动中获得善生。因此，苏格拉底说："如果人非要在实行不正义与接受不正义两者之中做出一种选择的话，我宁可选择接受不正义而绝不实行不正义"②。他就是从这种道德理想出发从容服刑，以对生的放弃完成了自己"善生"理想。

在现实生活中，苏格拉底的"善生"追求体现在两个方面：一方面，他不顾贫穷与误解，把自己生活的全部用来探索人的"德性"的知识。由于德尔斐的"神谕"，促成了苏格拉底的"自知其无知"思想的确立。但是，苏格拉底的认识并没有停留于此。他认为，神不仅仅只是指出了"自知其无知"是人的惟一有价值的智慧，同时神要赋予他以天职，那就是通过他让别人也达到对自己的"无知"拥有清醒的自觉。这是一种比自己优秀的存在者的神圣命令，如果不服从的话，就意味着选择了恶行。③ 因此，他每天出没在雅典的广场、市场、竞技场、剧场等人员集中的地方，与任何人以问答的方式对话，讨论人的各种德性问题。最初觉得对苏格拉底所提的问题已经知道并认为很好回答的人，最终都被苏格拉底问得无话可答，陷入思维的困境。因此，有良知的人由此开始重新思考本来认为自己已经懂得了的事情；而另外一些人，特别是那些平时被人们看成能人、有

① 参见杨适：《哲学的童年》，437页，北京，中国社会科学出版社，1987。

② 《高尔吉亚篇》，469b—c。

③ 参见《申辩篇》，29b。

智慧的人觉得苏格拉底吹毛求疵，故意让自己当众出丑，为此怀恨在心。这种情况，苏格拉底并非不知道，但是，他觉得自己不能违背神意而停止探索。所以他仍然像一只令人讨厌的牛虻一样，整天叮咬着雅典这匹被养得又肥又壮的血统高贵的惰马[①]，这就酿成了最终对苏格拉底的控告和审判。苏格拉底宣称："每天探讨德性以及相关的问题，对于人来说是一种至高之善，没有经受这种考察的人生是没有价值的人生。"[②] 他宁可放弃生命也绝不放弃这种追求。他承认自己与他人一样，对于所探索的对象是"无知"的。然而，他同时认为，这种知识已深藏于人的灵魂之中，是人与生俱来的东西，只要通过反复地问答、探讨，就会使人的这种灵魂之婴儿得以诞生。因此，提问者（教育者）犹如助产妇，被教育者就是"孕妇"，在灵魂里怀有真正的知识。这就是苏格拉底有名的教育"助产说"。

另一方面，苏格拉底在努力探索人的客观价值标准的同时，又把自己在言论上所宣扬的道德理念落实到具体的个人行动中。他宣称自己无论在什么情况下都不做不正义之事，这具体体现在他对人与对己的关系中。从对人来说，他一生惟有两次参加过雅典的现实政治事务，而这两次都是由于感到现实的政治行为是不正义的，所以他就冒着被牵连的危险拒绝实行。[③] 虽然他个人的力量没有办法改变事态的恶性结果，但是他维护了自己坚持正义的公民道德立场。而对于自己，苏格拉底除了在保卫祖国的战场上表现出冷静、沉着、英勇、无畏的战士气概之外，更重要的是他在面对被"众愚政治"所支配的雅典法庭和城邦社会强加给他的罪名时，为了不行"不正义"而视死如归。具体地说，在审判他的法庭上，他仍然不忘宣扬自己的道德观念。当他通过投票被宣告有罪时，本来可以为自己开脱申辩，但他没有那么做，结果导致了对他的死刑判决。最能体现苏格拉底绝对不行"不正义"这一道德理念的是，他在法庭上对自己的"量刑申告"和后来在狱中拒绝友人的"越狱逃亡"计划。在量刑申告时，苏格拉底面临着两难的选择。如果他认真地申告对自己的刑罚，就意味着他承认自己有罪。可他不但认为自己无罪，相反觉得自己对雅典城邦有功。因此，他不能申告一切对自己的刑罚。然而，如果他不申告，就意味着要违反雅典的法律，那样就是行"不正义"。面对自己的处境，他采取了两全的办法。既按法律的程序提出自己的申告，又使自己的申告与刑罚无关，并能间接地宣告自己是有功的人，从而维护了自己的一

---

① 参见《申辩篇》，30e—31a。

② 同上书，38a。

③ 参见上书，32b—e。

贯立场。这个申告就是著名的关于在国立迎宾馆里赐给他一顿“国宴”的申告。[①] 当然，苏格拉底也因此触怒了众陪审员，结果让告发者们如愿以偿，他被判处了死刑。色诺芬在回忆苏格拉底时感慨万千地说：“我不止一次感到奇怪的是，苏格拉底的原告们究竟使用怎样的语言说服了雅典的公民，使他们认为苏格拉底对城邦犯了死罪”。其实，根本不足为怪，是苏格拉底自己“说服了”雅典公民，因为他的申告决定了他将面对死刑的命运。如果说在法庭上苏格拉底放弃了一次生的可能性的话，那么，在处刑之前的狱中弥留之际，他再次放弃了生的机会。因为苏格拉底的友人和弟子们不服雅典法庭的不正义判决，所以安排好国外逃亡的去处，买通了狱卒，并派克里托进入狱中劝说苏格拉底，希望他能够越狱出逃国外。[②] 而苏格拉底却以国法与公民个人的关系，阐述了他的公民道德思想。他认为，他作为雅典城邦的公民，几十年来在城邦的保护下成家立业，接受教育，过着安定的生活，这就说明自己承认了城邦对自己的保护，同时也就意味着自己对城邦的法律没有异议。既然对自己的审判是以城邦法律的名义进行的，那么自己必须接受城邦法庭对自己的判决。这是公民的权利与义务的关系问题。公民有权利选择自己的城邦，既然选择了接受这个城邦法律的保护，那么就得履行城邦所赋予公民维护城邦法律的义务。如果自己不服从城邦对自己的判决而逃往国外，就会造成对城邦法律的否定和损害，城邦的基础就会由于自己的贪生而动摇。如果每一个公民都这样，那么城邦的法律就无法得以确立[③]，此其一。其二是，即使法律被恶用，一部分人借用法律的名义对自己实行了不正义的审判和判决，而如果自己越狱逃亡，就是同样以不正义的手段对付别人不正义的行为，这种“复仇”行为将违背追求正义的人的行为准则。[④] 因此，他认为，自己等待服刑是作为城邦公民应有的道德选择，也是他道德理想的必然选择。他提醒克里托，作为有道德理性的人，不应该只是追求活着，更重要的是要做到最好地活着[⑤]，那就是追求“善生”。就这样，苏格拉底以对生的放弃，完成了他所追求的关于城邦公民道德理想的确立。

苏格拉底的伦理思想，明显地体现出他作为城邦公民的特点。在希腊城邦时

---

① 参见《申辩篇》，36d。

② 参见《克里托篇》，44e—45c。

③ 参见上书，50a—54d。

④ 参见上书，49b—e。苏格拉底的这种“复仇禁止”的价值观，显然与希腊人传统的“复仇赞美”——比如，在荷马史诗里可以看到希腊人对英雄阿基琉斯为好友复仇的赞美——的价值观不同，它拥有崭新的道德意义。

⑤ 参见上书，48b。

代，个人与国家的关系是不可分割的。个人离开城邦这个共同体就失去了依存的母体，城邦的存亡与个人是一体的。城邦的公民没有独立的个人意识，个人是缩小的城邦，城邦就是扩大的个人。因此，个人的行为准则，就是城邦全体的行为准则；个人的伦理，就是城邦的伦理。这种特点是由前面说过的城邦成立的历史与作为血缘共同体的内在机制所致。苏格拉底把自己的伦理探索，植根于他那为城邦追求最大善的理解。他的“善生”的理想，不仅仅只是他作为个人的理想，也是以追求城邦全体的“和谐（善）状态”为前提的。这一点为柏拉图后来构筑“理想国”蓝图提供了思想的雏形。而他的道德原则与人格理想在面对生死的选择时，更加体现了个人与城邦一身同体的关系。所以，他选择了城邦而不是个人，因为个人是服从于城邦而存在的。

苏格拉底在狱中和他的弟子们

第三节　伦理思想的深化

苏格拉底被处刑之后，他的追求与人格在当时产生了巨大的影响。因此，他的信奉者们以他为理想，从各个不同的侧面学习和发展他的思想。由于他们所理解的苏格拉底只是主观的、片面的和外在的，而没有全面地把握和继承苏格拉底的思想，所以，他们的追求以及他们所形成的不同学派，一般被笼统地称为“小苏格拉底学派”。真正地从思想内涵上理解苏格拉底、并以其卓越的文学才能和诗人天赋把苏格拉底思想学术化、体系化和著作化的，只有雅典的哲学家柏拉图。

柏拉图

柏拉图是苏格拉底最伟大的弟子，他的哲学思想让起源于古希腊的西方哲学达到第一个高峰。20 世纪英国哲学家怀特海甚至认为，两千多年来的西方哲学都是对柏拉图哲学的注释。① 苏格拉底述而不作，他的思想主要是通过柏拉图哲学才得到传世的。柏拉图在自己的哲学对话篇里，把苏格拉底的道德追求概括为智慧、勇敢、节制、正义四种德性，被称为“四元德”。并把这“四元德”放在他的存在论与认识论的高度进行阐述和把握，从而确立了苏格拉底的哲学追求在伦理学史上的奠基性意义。苏格拉底提倡的在人的道德行为中“对灵魂操心”的问题，在柏拉图哲学里发展成为比较明确的“灵魂论”。他以灵魂先在于肉体的认识为基础提出了著名的“回忆说”，从而解决了苏格拉底探索中存在的逻辑困惑，开辟了对终极存在探索的道路。同时，也为自己的“理念论”思想的构筑奠定了理论基础。苏格拉底之死对柏拉图的冲击是巨大的，它促使柏拉图不得不思考在现实政治中如何实现正义的正确道路。那就是探索如何使正义的人在现实生活中得到肯定和保护，使其智慧和品德获得认可与推广，从而为全社会带来幸福的途径。他从“四元德”与灵魂的诸性能相对应的思考出发，描绘了一幅全体国民根据灵魂的素质进行社会分工，接受“哲人王”② 统一领导的理想国家的政治蓝图。

一、灵魂与四元德

柏拉图出身于雅典的奴隶主贵族之门，他父亲的家系可以追溯到雅典最后的国王，而母亲更是雅典民主政治的奠基者梭伦的后裔。到了柏拉图时代，亲属里还有很多人是当时雅典政治舞台的著名人物。然而他一生没有参与雅典的现实政治，那是因为他最尊敬的老师苏格拉底之死的缘故。传说柏拉图 20 岁时开始跟随苏格拉底，从此耳濡目染地学习着苏格拉底的哲学思想。28 岁时由于苏格拉底被审判并处以极刑，他因此离开了雅典到希腊各地游历了 12 年，40 岁时回到雅典，创办了阿卡德穆学园，开始把老师的教导与自己的政治理想相结合，为现实政治培养真正的政治家。80 岁时留下了最后一部尚未完成的政治哲学巨著《法律篇》，在友人的婚宴上平静地死去。

柏拉图的伦理思想，是把苏格拉底哲学中所探索的有关人的诸“德性”问题

① 参见 A. N. Whitehead：*Process and Reality*，Cambridge，1929，p. 53。

② 国内把“哲人王”翻译成“哲学王”，这种译法不妥。柏拉图说得很明确，哲人为王或者政治家从事哲学，在这里为王的是“哲人”而不是“哲学”。因此，本书采用“哲人王”的译法。以下同。

进行理论性阐述的结果。他的著作共有 36 部对话篇传世，学术界一般把其分为初期、中期、后期三个部分，其中初期对话篇被称为“苏格拉底对话篇”。在初期对话篇中，苏格拉底着重探索虔敬、友爱、节制、勇敢、思虑、正义等与人的行为相关的诸种德性。但是，这些探索都有一个共同的特点，那就是探索的最后都以没有答案而告终。前面已经说过，苏格拉底追求“德性”的普遍定义，即寻找普遍意义的客观知识。苏格拉底的知识标准是：人如果知道某一件事，那么一定能够对其所知道的事物给予充分的理论阐明。① 这里所说的“理论阐明”，必须是无论何时何地，在任何情况下都是驳不倒的绝对真理，而不是相对的理论。要使知识达到这种纯粹的把握，就必须对探索对象“是什么”有所认识，只有在认识了“是什么”之后，才能做到绝对客观的阐明。可是，苏格拉底自己不具备这种知识，而别人的回答也都不符合这个标准，这就决定了他的探索是找不到答案的。由于苏格拉底坚信这种知识存在，或者他认为这种知识必须存在，而他自己又不能给出答案，这就必然引起人们的批判。一部分人认为他是“弱论强辩”的诡辩家②，另一部分人则认为，他可以指出别人的错误而自己却总说不知道③，这是一种对别人装疯卖傻式的嘲讽。那么，更进一步，人们就提出疑问，如果自己不知道的话，从逻辑上来说是无法进行探索的。也就是说，人如果不知道某一种事物的话，根本就不会去探索。④ 犹如小孩如果从来没有见过或听说过有游戏机存在，就不会向父母吵着要游戏机一样。只有知道了有这种东西存在而自己又没有，才会有所追求。如果不知道那种存在是什么，即使在探索过程中遇到了其探索对象也无从辨认，就像不认识的人即使与自己相遇也不能相识一样。《美诺篇》就是围绕这种批判开始展开议论的。

苏格拉底的探索之所以存在上述的问题，主要是因为：首先，苏格拉底并没有对其探索对象进行理论性的界定。虽然苏格拉底已经指出众多的“德性”现象中有一个共同的“形相”（eidos），而有时也称之为“实体”（ousia）存在，但是，他无法明确地对这种存在以及这种存在与现象诸形态的关系作出理论性的阐明。其次，苏格拉底习惯于对事物进行正反、对立的区分，缺少对第三种现象存在的足够认识。比如，在美与丑、善与恶、正与邪等这些对立的现象之间，还有既非此也非彼的第三种现象存在。那就是，既不美也不丑，既不善也不恶，既不

① 参见《斐多篇》，76b；《拉凯斯篇》，190c。

② 参见《申辩篇》，19b—c。

③ 参见《国家篇》，506b。

④ 参见《美诺篇》，80d。

正也不邪的现象在现实中是存在的。虽然这个问题在初期对话篇的《吕西斯篇》中已经开始被提起，但是，这不能看作苏格拉底的思想，而应该属于柏拉图阐释的结果。因此，虽然我们认为柏拉图的初期对话篇属于“苏格拉底对话篇”，但那也只是经过柏拉图消化过的苏格拉底，带有柏拉图自己的理解和初期思想的萌芽。① 再次，苏格拉底对灵魂认识的不彻底性。虽然苏格拉底呼吁人们“对灵魂操心”，也因此有的学者称苏格拉底是“灵魂的发现者”②。但是，苏格拉底对灵魂怎样存在的理解不明确，特别是对灵魂不死的认识是有所保留的，并没有形成坚实的灵魂观。这在《申辩篇》中苏格拉底最后的“演说”里得到了充分的体现。苏格拉底认为死亡无非就是两种可能，一种是灵魂的迁居，另一种是永远的睡眠。③ 很明显，苏格拉底对灵魂不死的认识还没有足够的信念来维持。当然，这种现象的存在，主要由于希腊人传统的灵魂观所致。换句话说，苏格拉底并没有完全脱离希腊人传统的灵魂观。

上述问题中最重要的是关于对灵魂的存在如何把握的问题。因为苏格拉底认为人的灵魂里已经拥有了知识，并且呼吁人们“对灵魂操心”，那么，灵魂应该是怎样的一种存在？如果不进行理论性把握的话，那种与知识有关的“形相”问题，以及为什么要关心灵魂的问题就找不到答案。因此，柏拉图离开雅典出游，最重要的目的就是去拜访“毕达哥拉斯学派”，寻求答案。苏格拉底死后，对柏拉图影响最大的就是“毕达哥拉斯学派”的灵魂观和数论思想。

希腊人的传统思想，是对现世生活持肯定态度占支配地位的思想。也就是说，对于灵魂与肉体的结合状态，即人活着的时候，给予积极的肯定，因为这种状态人是可以体验和感觉到的。而灵魂离开了肉体，即人死后的灵魂，由于无处可依，就如一阵烟雾随风飘散，根本不知道将被风刮到何处，这是一种不安定的灵魂状态，因此，在希腊人的思想里没有灵魂单独存在的想法。这种倾向在荷马史诗里表现得较为明显。比如，在特洛伊战场上战死的勇将阿基琉斯的灵魂在黄泉下遇到奥德修斯的脱体之灵时说：“奥德修斯呀，千万别想到死，即使在黄泉的国度当上死人们的王，也不如活着做一个既没有充饥的粮食也不拥有耕耘的土地的农奴”④。这段话高度体现了希腊人传统思想中的肯定现世的世界观。在传统的希腊人看来，死后的灵魂是漂泊不定的亡灵，如影子无处依附，死的世界是

① “伯奈特—泰勒说”中所持的初期的对话篇就是忠实地记录了历史上的苏格拉底的观点，在学术界已经不被采用。

② G. F. M. Cornford：*Before and after Socrates*，Cambridge，1932，p. 52.

③ 参见《申辩篇》，40c—d。

④ ［古希腊］荷马：《伊利亚特》，第 23 卷。

一片凄凉的世界。战死后的英雄帕多罗克洛斯的亡灵来到了战友阿基琉斯的枕边，阿基琉斯要他靠近自己一点，并向他伸出依恋之手。可是，帕多罗克洛斯的亡灵却如一阵烟雾消失于地下，发出幽微的喊声。① 荷马史诗里的这些描写，充分反映了当时的人们对死后世界的理解方式与态度。

但是，到了公元前6世纪前后，在希腊出现了“复苏”的思想，即“再生”(anabiosis) 的思想和信仰。这种思想最初在今土耳其北部一带流行，是以土著农民为草木复苏的信仰而举行祭祀酒神的形式开始的。犹如草木枯萎后春天再复苏一样，参加这种信仰的人们相信人也会死而复生。最初，这种信仰是一种很野蛮的狂信的节日，信者们在漆黑的夜里，在山上挥动着由牺牲的鲜血燃烧而成的火炬狂舞，以让自己达到“神圣的狂乱”(hieromania) 状态，从而神志迷茫进入“忘我”境地。人达到“忘我”状态之后就意味着灵魂与肉体分开，而与神能够同体的只有灵魂。在这个“复苏”的信仰里，已经衰败的外观的肉体腐烂消失，其内在的灵魂却会死而复生，产生新生命。那么，根据这种信仰，人在活着的时候掌握主导权的并不是肉体，而是肉体中的灵魂。也就是说，灵魂成了生命运动的根本原理。奥尔菲教吸收了这个信仰，抛弃了其原有的野蛮性，把其改造成洗练而文明的教义，在公元前6世纪前后传入希腊。毕达哥拉斯学派继承了这种“再生”思想，把它作为教团的核心信仰。随着毕达哥拉斯学派影响的扩大，这种思想就在希腊世界传播开来。

由于灵魂“再生”思想的传入，使希腊人的灵魂观发生了根本的转变。因为灵魂再生意味着灵魂不死，那么，人与其肯定现世不如肯定来世，从而使人们产生了对彼岸世界的关注。前面已经说过，毕达哥拉斯学派认为，肉体是灵魂的坟墓，由于肉体玷污了灵魂，使灵魂失去了原有的纯粹性。而人在认识世界时如果使用肉体的感觉器官，就无法达到对世界的真正把握。因此，人在现实生活中需要对灵魂进行“净化”的修炼，以使灵魂在人死后能够脱离“轮回”，回归永生世界。柏拉图接受了毕达哥拉斯学派的这种灵魂观，为自己找到了把苏格拉底的探索进行理论化的途径。英国古典学者康福德认为，由于柏拉图接受了毕达哥拉斯学派的灵魂观，使他从另一个向度对苏格拉底产生了共鸣，那就是认识到苏格拉底所追求的“形相”、“本质”，并不是非实体性的，而是如亡灵般的东西，具有实体的、一种集团的本性，是那内在于其中的灵魂。

柏拉图吸收了毕达哥拉斯学派的灵魂观之后，进行了新的阐释，这主要体现在他对灵魂本质的理解上。他认为，纯粹以理性为本质的灵魂进入人的肉体之

① 参见［古希腊］荷马：《奥德赛》，第11卷。

后，就成为肉体的囚徒，经常被激情特别是欲望所左右，因此，被分割成理智、激情、欲望三个部分。欲望是一种对生殖、营养、占有的冲动，支配着肉体腰部以下的部分。激情是名誉与权力的冲动，由于对理智的命令比较服从，地位高于欲望，占有人的胸部。只有理智才拥有追求智慧与思虑、观照真理的能力，所以，坐镇人的头部。人的德性来自于灵魂的作用，灵魂的理智部分的德性是“智慧”，激情部分的德性是“勇敢”，欲望部分的德性是“节制”。为了使灵魂各个部分的德性得到正常的发挥，这些德性就必须有支配与被支配的关系存在。由于理智追求智慧，认识真理，所以它必须支配激情和欲望。激情部分听从理智的领导，以免走向极端把勇敢变成鲁莽与狂妄。欲望部分更应该服从理智的命令节制而克己。三个部分服从理智的指导，各自发挥自身的德性优势，使灵魂全体和谐一致，这时的灵魂就拥有了“正义”的德性。这样的人就是一个使正义的德性得到发挥的人。因此，柏拉图把苏格拉底关于人的德性的探索，归纳成智慧、勇敢、节制、正义这四种最基本的德性。就这样，柏拉图通过对毕达哥拉斯学派灵魂思想的吸收和发展，得到了对苏格拉底所追求的人的德性进行合理的理论阐释的根据。

二、从回忆说到善的理念论

有了明确的灵魂观之后，柏拉图为苏格拉底探索所必然面临的逻辑困难找到了出路。前面说过，苏格拉底总是强调自己是“无知”的。然而，“无知”的苏格拉底又如何能够进行探索呢？这是《美诺篇》中美诺提出的一个诘难。① 这个诘难当然也反映了当时的人们对苏格拉底批判的一种态度。对于这个问题，柏拉图更进一步指出，不仅仅是不知道的事物无法探索，就是知道的事物也不存在探索。因为如果人们对探索的对象已经知道的话，那也就不需要再探索。② 这就构成了人在探索时的“两难”境地。一般认为，知识是通过探索（学习）而获得的，也就是说，对不知道的事物（事情）通过探索而达到知道的状态。但是，这种看法如果进一步追究下去就是不合理的。因为，从逻辑上说，如果对某种存在不知道的话，对于认识者来说与不存在是一样的，那么，想要通过探索、学习获得关于有关它的知识也是不可能的。可是，在现实中人们对于学习的看法一般都认为，因为不知道才探索。这显然不太合理。然而，反过来说，如果已经知道了某种事物，也就不需要再进行探索了。所以，无论知还是不知都不可能探索。这种困惑反映了当时社会存在的一种对探索的否定论调。因此，才会有人批判苏格

① 参见《美诺篇》，80d。

② 参见上书，80e。

拉底尽在探索“天上、地下”不着边际的东西。[①] 从上述“两难”论调来看，如果不理解苏格拉底探索意义的话，这些批判不是没有道理的。按照对事物进行相对或相反“二分法”的思考方式，确实对这种论调找不到反驳的论据。但是，柏拉图却在其中找到了中间存在，那就是在人的“知”与“不知”之间，存在着“忘却”的第三种认识状态。人之所以探索，并且可以探索，就在于人拥有“忘却”的认识现象。那么，人的学习、探索，并不是以完全不知道、不认识的东西为对象，而是以曾经知道过而现在已经忘却的东西为对象的。因此，柏拉图说：“探索或者学习，其实从总体来看，那只是一种回忆。”这就是他那著名的“回忆说”（anamnesis）命题。[②]

其实，“回忆说”的内涵，与苏格拉底的“助产说”并没有太大的区别，倒不如说两者是异曲同工。只是“助产说”对于人的灵魂里所拥有的“知识”是从何而来，怎么来的没有做更多地深入阐释。主要原因在于苏格拉底的灵魂观并不明确。而在“回忆说”里，灵魂不死的思想是使其得以成立的根本。柏拉图的“回忆说”明确指出，灵魂是永恒不死的，人的灵魂里被忘却的知识，是灵魂进入肉体之前作为自身纯粹的存在时获得的。由于进入肉体后，灵魂在被肉体所玷污而失去纯粹性的同时，那曾经知道的东西也就随之忘却了。显然，柏拉图由于接受了毕达哥拉斯学派的灵魂思想，从而把苏格拉底的“助产说”理论化成完整的“回忆说”。由此可见，“回忆说”从外在表现上看直接是为了克服上述关于探索的“两难”论调提出来的，而其内涵却植根于对苏格拉底的本质探索的理解和阐发。

在《美诺篇》里，苏格拉底的关于“德性是什么”的探索，是一种关于“德性本质”的探索。这种本质，是美诺所列举的众多德性现象里所共有的一种单一的形相，只有把握这个“形相”，才能对现实中呈现的各种本质的属性，即现象（德性的事例）达到真正的认识。可是，在现实中，人们能够体验到只是美诺所列举的种种德性的事例，其共有的“形相”是无法把握的。所以，人们将与美诺一样，一旦被苏格拉底指出其所知道的只是事例，属于本质的部分属性而不是本质时，都会陷入理解和回答的困境之中。而苏格拉底自己也同样无法提供一个标准答案。那么，如果这个“困境”无法超越，也就是说，如果苏格拉底不能以某种理论来阐述：(1) 这种“形相”是存在的；(2) 是怎样的一种存在；(3) 并且证明，人们可能通过某种方式进行把握。那么，既无法说服像美诺一样的疑问

① 参见《申辩篇》，19b。

② 参见《美诺篇》，81d。

者，也不能体现苏格拉底探索的真正意义。柏拉图的“回忆说”就是为了解决这些问题而进行的理论尝试。

根据“回忆说”的观点，正如人们在认知某种事物的同时，想起与其有关的或者别的事物一样，人们在面对不同的事物时能够用一种共同的直觉进行共性的认知，这种认知就是对于内在于现象里所共有的“形相”的回忆。如鲜花有各种不同的种类和形态，然而人们却用同样的语言“鲜花”来认知。而鲜花、少女、风景，虽然其所呈现的形式各不相同，然而人们却同样地直觉其美，用一种感受“美”来把握它们。这里所说的“鲜花”和“美”，并不是现实中个别的可感觉事物，而是超越于这些可感事物而独立存在的一种“形相”。但是，这种“形相”是我们作为人而活着时从来没有体验过的存在。那么，人们只有相信这种存在是独立于人之外的存在，并且肯定人在出生之前曾经认识了这种存在。人的这种经验事实，恰恰可以用来证明，人的灵魂在进入肉体之前必然独立存在过，并且对于一切的真实存在已经拥有了知识。既然人拥有这种“回忆”的能力，那就同样可以通过现象世界的感觉事物，以此作为“回忆”的媒介，努力达到对于这种现象背后所共有的本质，即“形相”的认识与把握。就这样，柏拉图通过“回忆说”理论，达到了对于苏格拉底所追求的“形相”之存在的确认，同时也指出了对它进行探索的可能的途径，也就是上述（1）和（3）的问题得到了解决。但是，“回忆说”却没有办法提供关于（2）的答案。为了解决这个问题，柏拉图提出了他那最重要的哲学思想“理念论”。

我们在谈到柏拉图哲学时，与“理想国”思想并列的就是他的“理念论”。“理念论”在柏拉图的对话篇里，从初期到后期都可以看到他以不同形式进行论及。在柏拉图哲学里，“理念”是超越于我们可以感觉的、变化着的现象世界的永恒不变的存在。① 在《斐多篇》里，就有对“理念”定义般的叙述。柏拉图说：“其自身只有一种形态，同样的形态，同样的状态永远保持。无论什么场合，无论从哪一点来说，无论怎样状况下都是不会变化的。”② 因此，“理念”也被称作“本真存在”（ontos on=真实存在），或者“存在自身”。它超越于人的思维、臆见和想像而存在，又在众多的现象世界里捕捉到它之所以存在的显现，出现在

① “理念”的希腊语是“idea”，与此同义的就是“eidos”，译作“形相”。这两个单词都是由希腊语“eido”(“看”的意思）这个动词派生出来的名词。原来的意思是眼睛看得见的形状、形态，而柏拉图却用来指称去掉感觉要素的形状、形态。因此，可以说是柏拉图赋予这两个单词以新的含义。那么，“理念”的本意就是没有物质要素的形态或形状。柏拉图在论述“理念”问题时，往往把两个单词交替使用，所以，很难对两者作出区别。

② 《斐多篇》，78d。

事物的本质里，只有人的理性才能企及。比如，柏拉图经常提到“美的理念”，那是一种真正的美，不是现象世界里可见可感的那些“美的事物”，而是“美的本身”。它是众多“美的事物”，如鲜花、风景等现象里所拥有的一种共同的本质一样的存在。然而美的理念与美的本质又不同，因为“本质”存在于事物内部，而“理念”超越于事物而存在。事物的本质是“模仿”，或者是“分有”了“理念”才拥有与此相似的事物存在。因此，“理念”就是事物存在的根据，是现象世界的理想，柏拉图称“理念”为现象世界的“范型”。苏格拉底探索中所追问的“是什么”，就是要求对于这种“理念”的把握。人要想获得真正的“知识”，就必须以“理念”为对象，否则，一切认识都只是“臆见”。

但是，所有的“理念”并不是同等存在的，在“理念世界”（相对于现象世界）里，有一种“理念”是特殊的存在，那就是“善的理念”。如果说“理念”是现象世界存在的原因，那么，“善的理念”就是理念世界存在的根据。因此，“善的理念”被称为“理念之理念”，是理念世界最高的存在而君临一切。柏拉图在《国家篇》里以“日喻”对“善的理念”作了说明①，犹如自然界由于受太阳的照射，使自然万物成为可视的状态。那是因为，阳光在使眼睛拥有视力的同时也让被视物得以显现。更进一步，太阳不但赋予万物以光而且以热，从而促使万物成长，成为万物生成的原因。“善的理念”在理念世界的作用也与太阳一样，首先，它赋予思维存在的各种真理性与被认识的可能。其次，又赋予被思维存在之所以存在的依据。就这样，“善的理念”成为这两种因素得以成立的理由，也就是成为各种“理念”存在与被认识的原因。那是因为，万物之所以要分有“理念”，以“理念”为目标，都是为了追求完美，而要追求完美就必须“模仿”典型。众多的典型之所以成为典型，因为它是存在的最佳状态。这种最佳状态完全来自于“善”之赋予，“善”即最佳或者典范的终极。显然，这里所说的“善”已经超越了伦理学的意义，是一切存在的最高理想与根本。柏拉图以“善的理念”作为最高存在，无疑是对苏格拉底“目的论”世界观的一种存在论的阐释。

就这样，苏格拉底对“是什么”的追求，在柏拉图哲学里发展成为对“理念”存在的把握。苏格拉底所追求的“德性”的普遍定义，就是为了达到对“理念”的认识。柏拉图认为，现象世界的万物由于以“理念”为范型而存在，而众多“理念”又都是由于“善的理念”的存在而获得其存在的理由和被现象世界模仿的原因。因此，“善的理念”作为最高的存在，成为一切存在的终极目标。从伦理学的意义说，这种存在可以看作“神”，是一种无制约者，是一切正义、美、

① 参见《国家篇》，507a—509b。

善的原因。那么，人在现实社会的一切追求当然必须以“善”为目标，凡事都要以追求“善”为根本。“四元德”的本质就在于以获得“善”为旨归，苏格拉底所追求的关于“善生”的根本意义也就在于这里。

雅典学园

三、城邦伦理的理想设计

在柏拉图哲学里，最能体现其伦理思想的是他那有关理想城邦的构想。苏格拉底的伦理思想带有明显的自律性倾向，那是一种通过提倡个人道德行为的自我完善，从而达到城邦全体的良好风尚实现的道德理想。与此不同，柏拉图的伦理思想，却是立足于通过改革城邦的政治体制，明确各个阶层的社会分工，形成一个和谐的共同体后再来规定和实现个人的道德行为。也就是说，通过他律和自律相结合来实现全社会的道德完善。所以，可以说苏格拉底所追求的公民个人道德，到了柏拉图哲学已发展成为对城邦政治伦理的探讨。正因为如此，有的学者认为，《国家篇》体现了柏拉图“体制伦理”的思想。①

在柏拉图看来，无论智慧还是道德，现实中没有人能比得上苏格拉底，苏格拉底是最正义的人的典范。可是，即使是这样正义的人，也避免不了不正义的现实社会对他的排除和抹杀。那么，要使正义的人有用武之地，并得到正义的回报，不仅仅只是注重于个人的道德努力和行为自律，还必须建立一种理想的政治制度，为个人实现正义提供良好的社会环境。因此，柏拉图提出了著名的“哲人王”统治的理想城邦的蓝图。

前面说过，在古代希腊城邦社会，个人与国家的关系是一体的，是不可分割

① 参见姚介厚：《〈国家篇〉导读》，42页，成都，四川教育出版社，2002。

的。个人是缩小的城邦，城邦是扩大的个人。在个人的道德要求上，苏格拉底提倡“善生”的理想。个人的“善生”体现在现实生活中就是自我“正义”行为的追求和实现。个人“正义”的实现，离不开灵魂所拥有的诸德性的协调一致、和谐统一。就是说，人的欲望与激情服从理智的约束，理智探索人之为人的德性知识来指导人的行为，从而达到能够体现出人的智慧、勇敢和节制的协调与统一，成为一个正义的人。同样，理想的城邦也应该追求在全社会实现“善的状态”，让城邦全体和谐得如同一个人一样达到万众一心的状态。既然个人与城邦只是扩大和缩小的关系，那么，城邦的制度也必然与个人的灵魂存在着同构关系。个人的灵魂包括理智、激情、欲望三个部分，城邦的全体公民同样也可以分成三个等级，明确其支配与服从的相互关系。柏拉图认为，人的灵魂由于在进入肉体之前“观照”真实世界的时间不同，从而产生了素质上的优劣。那么，虽然人的灵魂都拥有理智、激情、欲望的冲动，但是，各人的冲动有所侧重，各不相同。有的人善于思考，热爱智慧；有的人充满激情，追求名誉和权力；而大部分人渴望满足低级的欲望，对金钱与美色情有独钟。这些都是每个人的灵魂素质优劣的具体表现。所以，对于他们的“德性”要求也不可能一样。擅长思考的人以追求“智慧”为德，富有激情的人以崇尚“勇敢”为德，而欲望强烈的人必然要求以“节制”为德。因此，理想的城邦，必须按照个人灵魂素质的不同，进行全体公民的社会职责分工。热爱智慧的人（哲人）应该作为领导（支配）阶层，统治城邦；崇尚勇敢的人必须形成军人（防卫）阶层，防止城邦的外侵和内乱；需要以“节制”约束其低级欲望的人，由于人数最多且热爱财色，所以适合于从事农、工、商业活动，构成生产阶层，为社会创造物质财富。这三个阶层形成两个阶级，领导阶层与军人阶层属于统治阶级，而生产阶层是被统治阶级。统治阶级的领导阶层追求真理，通过“回忆”最高存在的“善的理念”来制定法律，让现实社会的法律尽量地模仿和分有这种“善”，以“善”教育和指导城邦，为全体公民谋求真正的幸福。而军人阶层服从领导阶层的领导，听从其指示，做到既忠实地履行职责，使法律得到执行，又勇敢地守卫城邦，使城邦获得和平和安定。被统治阶层由于人数最多又热中于眼前利益，所以只能处于被统治地位。虽然他们以节制为美德，但是，还需要监督和管理。他们必须在军人阶层的保护和监管下，努力完成自己的物质生产职责。只要各个阶层各尽其责，不互相干扰和越位，国家全体的和谐就会与个人的和谐相一致，完全实现正义的理想社会。

柏拉图构筑的理想城邦的蓝图，是以实现全民获得幸福为目标的。那么，在城邦里实现三个阶层的社会分工，就不能通过武力的强制手段来进行。柏拉图认为，只要对全体公民从出生开始，进行教育与实践的双重考察，就可以分辨出其素质的优劣，以此为标准，来决定每个公民的社会分工。而城邦的各个阶层，只要充分发挥自己的职能，按照各个阶层的德性行事，就是个人的德性得到了最大的发挥，这也就是各个人在现实中行善的标志。前面介绍过，苏格拉底认为，人的幸福源于善的拥有，行善是幸福的根本。那么，如果全民都能各行其责，忠于职守，也就说明每个人都会是“幸福”的，不幸就会从城邦的现实中消失。柏拉图的“哲人王”统治的理想政治论，蕴涵着上述道德哲学的核心内容。

柏拉图的这种城邦伦理思想，是以“四元德”为基础，从“灵魂三分学说”发展而来的。因此，柏拉图的“理想国”又被人们称作“灵魂的国家体制”。他的这种城邦伦理的理想设计，既是一种苏格拉底所提出的政治与哲学相结合的现实化模式，也是一条苏格拉底所追求的“善生”理想的现实化道路。

不过，柏拉图与苏格拉底也存在着很大的不同。虽然苏格拉底的伦理思想也属于城邦伦理思想。但是，在苏格拉底看来，城邦公民都是一样的，没有个人之间的本质差异存在。因此，他对每一个公民提出了同样的伦理原则。苏格拉底在哲学探索的过程中，无论是谁，只要愿意都可以成为他的对话对象，共同探讨有关人的“德性”问题，这种态度充分说明了这一点。而柏拉图则不同，他强调个人素质的先天性的差异，认为人一出生就存着本质的优劣。这种思想通过《国家篇》里关于人的“金、银、铜”的三个种族之说[①]，以及根据人的素质不同进行社会分工的提倡等问题已经体现无遗。正因为这种不同，学者们称苏格拉底为“市井哲学家”，而称柏拉图为“贵族哲学家”。虽然两者都是在面对着“众愚政治”支配下日益走向没落的奴隶主民主制，殚精竭虑地思考着城邦的命运，也都提出“道德振邦”的道路，但是苏格拉底只热中于寻求自下而上的改革途径，而柏拉图却潜心构思着自上而下的改革蓝图。

柏拉图虽然对苏格拉底的伦理思想进行了理论性的阐释和深化，然而，柏拉图哲学里并没有关于伦理学体系的系统的构思和总结。那么，这个工作只有等待着他那伟大的弟子亚里士多德来完成了。

思考题：

1. 怎样理解智者学派教育运动的意义？
2. 怎样理解苏格拉底“善生”追求的道德内涵及其客观依据？
3. 试述柏拉图的灵魂观与城邦伦理的关系。

---

① 参见《国家篇》，415a。

参考文献：

1. Platonis opera（Oxford classical texts）
2. ［德］黑格尔. 哲学史讲演录. 第2卷. 北京：三联书店，1957
3. 汪子嵩等. 希腊哲学史. 第1卷. 北京：人民出版社，1988
4. 汪子嵩等主编. 希腊哲学史. 第2卷. 北京：人民出版社，1993
5. 叶秀山. 前苏格拉底哲学研究. 北京：人民出版社，1982
6. F. M. Cornford：*From Religion to Philosophy*：*A Study in the Origins of Western Speculation*，Cambridge，1972

第二章 尼各马科伦理学[①]

亚里士多德

关于这种善的知识岂不对生活有重大的影响？它岂不是，像射手有一个标记帮助他一样，更能帮助我们命中正确的东西？如果这样，我们就应当至少概略地弄清这个最高善是什么，以及哪一种科学与能力是以它为对象的。

——亚里士多德

在西方哲学史上，对伦理学做出了最伟大的贡献的是柏拉图的学生亚里士多德。亚里士多德对无所不包的哲学进行了科学的分类，对它的各个领域都做出了卓越的研究，但是他做出了最重大的哲学贡献的领域是伦理学。他第一次把伦理学从哲学中划分出来，使它成为一门独立的科学；他集前人伦理学思想之大成，综合创

① 《尼各马科伦理学》是苗力田主编的《亚里士多德全集》第8卷的译名，另有廖申白译注本，名为《尼各马可伦理学》，文中一般用苗本译名，凡引文取自廖申白译注本时，用廖本译名。

新，并第一次写出了专门的伦理学著作《尼各马科伦理学》（Ethica Nicomachea）、《欧台谟伦理学》（Ethica Eudemia）和《大伦理学》（Magna Moralia），形成了自己的伦理学体系。在这三部伦理学著作中，《尼各马科伦理学》最有代表性，不仅是他的最重要的伦理学著作，而且是人类思想史上第一部也是最重要的一部伦理学体系著作。在亚里士多德现今留存的10多种著作中，惟独这部伦理学著作结构严谨、眼光深邃、论证精密、内容丰满。这部著作奠定了亚里士多德作为西方伦理学创始人的地位，此前的伦理思想可以说都是他的伦理学的思想和理论准备。

第一节　理性主义的发展

古希腊伦理思想的主流大体上是在理性主义传统范围内发展的。古希腊哲学家一般都重视理性，这对伦理学的发展产生了很大的影响。尤其在苏格拉底、柏拉图和亚里士多德的伦理思想中体现得更为明显。即使是感性主义、快乐主义伦理学在论及欲望、情感和理性的关系时，也在一定程度上强调理性的重要性。所以，要理解亚里士多德的《尼各马科伦理学》，有必要首先了解一下古希腊理性主义的发展情况。

一、人的特有的活动

亚里士多德的伦理学思考的出发点是对于人的特有活动的性质的思考。在亚里士多德伦理学中，活动的最宽泛的意义是属于每种存在物的。每种存在物的活动，也像它的性质与能力一样属于它自身。无生命物也有它们的活动。但是无生命物的活动主要是就它们的对于人或生命物而言的合目的性来说的，例如石头的活动是用来造房子，竖琴或长笛的活动是用来演奏音乐等。每种生命物都有它特有的活动。一种生命存在物的活动也就是它的种属的功能，每个植物、动物个体都通过它的种属的功能的活动实现它的种属的特性，成为它之所是。所以，一种生命物就存在于它所特有的种属活动之中，这种活动也构成它同其他生命物种的界限。就生命存在物的活动的最大类别来说，植物的活动与动物的活动是两种基本的生命活动。植物共同的活动是营养和生长。动物共同的活动是它们各自种属的感觉和运动。如果植物与动物都有属于它们的特有的类的活动，那么人也有人特有的活动。人特有的活动不是他与植物和动物都分有的肌体的营养和生长的活动，也不是他和动物都分有的感觉与运动的活动。这种活动必定是只有人才有的。所以，人的活动在于他的灵魂的有逻各斯（理性）部分的活动。因为，理性是人特有的，如果可以假定人具有一种区别于植物和动物的更好的活动，就应当把它归之于灵魂的这个理性部分的活动。

这个特别属于人的活动，被亚里士多德称为实践的生命活动。实践的生命活动区别于营养的和感觉的生命活动。人的营养的和感觉的生命活动，即他的植物性和动物性的活动，是功能性的。就像在植物和动物那里一样，这类活动是不需要学习的。正如一个植物不需要学习怎样吸收营养使得植株生长一样，人也不需要学习怎样使自己的细胞组织从循环的血液中获得养分而生长。人的动物性活动的能力也是一样：人不需要学习怎样呼吸、怎样吮吸、怎样活动肢体。自然馈赠的这些能力，亚里士多德说，人是先以潜能的形式获得，然后才运用的。但是运用理性的活动不是这样。人是先运用它才获得它的。所以，实践的生命活动的含义就是实现活动，即通过运用理性而获得理性力量的活动。生命之德在生生不息，除非腐败的生命，每种生命都积极地实现着它的活动，成为它之所是。人"是"什么样的人决定于他的实现活动，即他在其实践的生命的活动中所实现的东西。所谓实现活动，其意义就是"积极地"通过运用来获得人的理性力量的活动。人的特有的生命活动本质上就是这样的实现活动。任何其他生命物都未曾达到具有理性和理性的活动的水平。就是这一点把人的活动的性质同所有低等生命物的活动区别开来。

在另一层意义上，实践的生命活动也区别于职业的活动。与乐师、木匠、鞋匠都各有一种职业的活动不同，实践的生命活动是人非职业的、作为一般的人的活动，这种活动的本质在于它是人的理性的活动或运用理性的活动。职业的活动，例如木匠、鞋匠的活动是特殊的运用理性的活动，这种活动是从事这类职业的人特有的。

人的理性部分又可以分为两个部分：一部分思考其原因和本质不变的事物，这部分的活动是理论理性的活动；另一部分思考可变的事物，这部分的活动是推理理性的活动。由于可变动的事物的性质不同，后一部分的理性活动又分为两种：一种是运用理性将可变动的材料做成产品的活动，即制作活动；另一种是运用理性来处理生活和交往事务的活动，即实践。所以人的实践的生命活动，在完全的意义上包括理论、制作和实践三种活动。三者之中，理论最高，实践最重要。理论是对不变的、必然的事物或事物的本性进行思考的活动。它是不行动的活动。实践和制作则是行动的，是改变事物的状态、直至达到某种更好状态的活动。制作由于关注于某种产品的制成，对人之成为人只具有片面的影响。实践则对人之成为人有全面的影响，它表达着人作为一个整体的性质（品质）。因为实践的事务都是在人能力以内的，并且，一个人怎样实践，他就成为一个什么样的人。人的生命实现活动首先是灵魂的一种合乎理性的实现活动与实践。一个人在实践上是否做得好，并不取决于他是否擅长某种制作活动。一个人可能在实践活动上有突出的优点，但是在具体制作活动上别无所长，就像荷马说玛基提斯时所说的："众神没有让他成为一个掘地者或耕夫，也没有让他在其他某件事上有智慧"①。

在人的生命实现活动中，亚里士多德认为，有一点特别突出地表现出来了。这就是：好的实现活动虽然同一般的实现活动同属一类，但它们之间的差别变得特别重要。活动进行得好，一个人就有智慧、有德性或有技艺，活动得不好，就变得愚蠢、邪恶或笨拙。好的和糟糕的琴师都出于操琴，好的和蹩脚的建筑师都出于建筑活动。在这点上，德性和技艺的情形是相同的。然而，由于上面说明的原因，行为和活动性质上的这种差别在实践上更为重要。好人和坏人都出于同样的实践。同样是同他人交往，有的人成为正义的人，有的人成为不义的人；同样是面对危险的处境，有的人成为勇敢的人，有的人成为懦夫；同样是对待快乐与感情的方式，有人变得节制而温和，有人变得放纵而愠怒。所以，我们应当重视实现活动的性质，因为我们是怎样的，就决定于我们的实现活动的性质。

二、对善理念的辩难

亚里士多德是希腊科学精神的集大成者，在哲学与伦理学上也是这样。他把全部科学分为三大类：理论的科学，包括物理学、数学和形而上学；实践的科学，包括伦理学、政治学和理财学；还有制作的技艺科学，例如有关机械的和艺术创作的技艺与科学等（亚里士多德与柏拉图一样认为存在这类生产性的技艺或科学）。前两类是哲学的科学。第一类科学可以说是以不变的或必然的事物为题材的。这类科学寻求题材中有充分确定性的东西。第二类和第三类科学的题材都是变动的并且因人的努力而有所不同，在这里思考只能期望获得同题材相适合的确定性。不过，第二类科学，即伦理学和政治学，又与制作的科学或技艺有很大不同。伦理学和政治学相关于实践，后者则只相关于制作产品的活动。亚里士多德通常只称第三类科学为技艺而不是科学。

对亚里士多德来说，伦理学是一种实践的研究，既不同于理论的研究，也不同于制作的研究。一切实践和制作活动，广义地说，一切运用推理理性的研究与活动，都追求某种善。伦理学就是研究这些活动所追求的这种善的。实践、制作与研究所追求的善都是具体的，并且在不同的活动中是不同的。以制作活动为

---

① ［古希腊］亚里士多德：《尼各马可伦理学》，廖申白译注，175页，北京，商务印书馆，2003。

例，它在医疗中是健康，在战斗中是胜利，在建筑中是一所房屋。善是具体的、现实的。这些具体的善的一个共同的特性是，它们都是人能够获得的。不能获得的善同实践和制作无关。例如，阳光在冬季是一种善，但是这种善不产生于一个人的实践或者制作的活动。在冬季坚持身体锻炼使一个人保持健康，这种善才是他可以获得的。获得这种善的活动是进行得好、有优点的活动，这种好或优点使它们同那些进行得糟糕的活动区别开来。这种好或优点在制作的活动上就是技艺，在实践上就是伦理德性。有技艺的活动使人获得制作活动上的善，伦理德性使人获得实践上的善。

显然，亚里士多德的这样一种对于善的概念的理解已经与他的老师柏拉图的理解大相径庭。对柏拉图来说，人是一种极不完善的存在物，他仅仅是那个完善的存在物的不完善的摹本：他丧失了原本的那种自足和积极精神；仅仅保留着原本的某些痕迹和对于原本的某些片断的记忆。这些记忆是永恒的，这表明记忆的原本是永恒的和完善的，也表明灵魂曾经在那个完善的世界生活过，曾经追随那些完善的存在见证和认识过那些善的事物。完善世界中的那些善的事物，即善的理念，是人的世界中一些事物被称为善的事物的原因。这些事物分有善的理念，它们使人回忆起他曾见到过的善的理念，这种回忆使得人把这些具体的事物称为善的。

撇开柏拉图的形而上学的种种细节，他关于具体的善事物被称为善的原因是完善世界中的善理念的理论有两个突出的特点：首先，善理念是独立于具体的善事物而存在的。它不存在于现实世界，而存在于灵魂曾生活过的完善世界。其次，善理念是现实世界中的具体事物被人们称为善的原因。人是因为具体的善事物分有善的理念，而称它们为善的。

关于是否存在完善的世界这一点，亚里士多德与柏拉图没有根本的对立。他承认完善的世界可能存在，并且显然也不反对称那个世界为神。在《尼各马科伦理学》中，这个完善世界从人的视角被设想为一个永恒的沉思的世界，它自身不动，但是给了人的世界一个最初的推动。至于人的灵魂在堕入这个肉体之前是否预先在那个世界生活过，亚里士多德不做任何断言，既不说是也不说否。那个完美世界同人的世界的惟一的联系是努斯（nous）和它推动的沉思，这种活动是人身上的神性的生活，也是人的一种神性的幸福。但是，按照亚里士多德的看法，这个完善的世界即理念的世界即使存在，也对于人没有什么帮助。神并不治理人的世界。例如，善的理念不能帮助一个人成为一个好木匠、好医生或好将军。它不是人们把某种事物称为善的原因。木匠、医生、军事家研究的都是具体的善，而不是善的理念。沉思理念的生活是最大的幸福。但是对一般的人来说，所能够获得的只是第二好的幸福——合乎伦理德性的生活。这种生活才完全是人的，因为人的本性是混合性的，伦理德性是理性与感情的混合，是适合于人的。

亚里士多德还指出这一点：在具体的善之外设定一个分离的善本身是不合乎柏拉图自己的哲学观点的。柏拉图和坚持柏拉图学说的人对于排列了先后秩序的事物从来不提出一个与这些事物分离的一般概念。因为，在先后秩序中的每一排序在先的事物都包含了排序在后的事物。柏拉图把善的事物看作具有先后秩序的，例如有实体意义上的善事物，如神、努斯；有性质意义上的善，如德性；有数量意义上的善，如适度；也有关系意义上的善，如有益。但是他却提出一个与这些具体意义的善事物分离的善自身的概念，这是自相矛盾的。这种矛盾特别表现在这一点上：如果真的存在这种分离的抽象的善自身，它必定是某一门科学的对象，对所有的善的研究都属于它。但是实际上，没有这样的一门科学。相反，各门科学所研究的恰恰是具体的善，而不是抽象的善自身。设定一个分离的善自身也许是为了说明存在着比具体的善更善的事物。然而就善自身与具体的善都是善而言，它们其实没有什么差别：持久的白并不比一天的白更白，持久的善也并不比短暂的善更善。

也许，善理念只是用来说明那些因自身缘故而被人们追求的善事物，即那些表现为活动的目的的事物的善的性质，而不是用来说明那些作为手段才是善的事物的。即使你这么想，亚里士多德说，也还是不能说明设定一个分离的善自身的概念有什么帮助。如果设想善理念里面包含着荣誉、智慧和快乐等事物，就会发现，这些自身就是善的事物的性质都是不同的。要说明这些事物都分有善自身，就如同要说明一种白既是分离的、又要显现于白雪和白漆中一样困难。因为实际上不存在这样的白，也不存在这样的善自身。如果设想善理念里面不包含任何这类具体的善，那么它就是空洞的。一个空洞的善概念对研究具体的善事物又能有什么帮助呢？

所以最终说来，用这种分离的善理念来说明具体的善既不合理，也没有任何帮助。如果确定了这一点，那么说一个分离的善理念是人们把荣誉、智慧、快乐这些事物看作善的原因——无论是说这些事物是产生于善理念的，还是说它们是追求着善理念的，就更不合理。结论也许应当是，说一个事物因自身的缘故而是善的，不是因为善理念，而是因为某种类比。例如，可以把一个事物中最好的部分比作它的善，这样就可以说视觉是身体的善，努斯是灵魂的善，等等。也可以像前面谈到的，把一个有突出优点的事物比作与它同类的事物的善，这样，好的操琴活动就是操琴活动的善，如此等等。不过，如何可能借助一种类比而确定善的概念的问题，需要通过形而上学来研究。伦理学和政治学的研究只是实践的研究。

三、理性与经验的结合

作为一种实践的研究，亚里士多德认为，伦理学与政治学的研究只能获得粗略的确定性，不可能提供精确的知识。不能要求它们像几何学那样精确。因为一则它们所考察的题材——德性、高尚、公正等行为，都包含着许多差异与不确定性。二则善的事物、德性对于人的影响也不确定：有的人由于富有而毁灭，由于勇敢而丧失生命。所以，当谈论这类题材并且从如此不确定的前提出发来谈论它们时，只能大致地、粗略地说明真：若题材与前提基本确定，结论便基本确定；若题材与前提不很确定，结论也就不很确定。

而一种研究的题材和前提如果不十分确定，它就需要运用经验的材料。例如，如果要研究那些引起快乐和痛苦感情的事务的性质，就需要借助经验。而伦理学的研究总是同这些引起快乐与痛苦的感觉的事务相关的。所以伦理学与政治学的研究既是一门需要经验的技艺，又是科学。它需要两个条件，经验与实践理性的发展。没有生活的经验便无法从事实践的研究，然而没有实践理性的发展，政治学就将仅仅是技艺而不是科学。

伦理学研究所以具有这种性质，按照亚里士多德的看法，原因在于它研究的是人和人的事务，而人的本性是混合的。人在本性上是混合的原因又在于人的灵魂中不仅有理性，而且有感情和欲望。理性的部分，尤其是那个引起思想活动的本原——努斯，只是很小的一个部分。它虽然很小，它的能力和荣耀却超过身体的其他部分。由于有这样一个部分，亚里士多德说道，人虽是有死的存在，但决不因此就只能想有死的存在的事，他可以追求不朽的东西，过沉思的生活。但是，由于灵魂有欲望和感情的部分，理性的部分总是受到欲望和感情的部分的拖累。因此，理性就分出一个推理理性的部分，这个部分又分出与实践和制作活动相适应的两种形式。在较早的著作《灵魂论》中，亚里士多德只将努斯分为实践的和理论的：努斯在人的身上是引起理性活动的东西，实践的努斯的推理活动是获得欲望所指向的那个目的，理论的努斯则没有自己的目的。这两者之间，他把理论的努斯，即理论理性，看作努斯的本体。努斯的本体，他说，是不受对象物的影响的；思想以及爱或恨，不是努斯自身的属性，而是那个具有这努斯的肉体的属性。亚里士多德认为，努斯也像整个自然界一样区分为两个方面：一方面是质料的、被动的，另一方面是形式的、主动的。这种主动或积极的努斯造就万物，作为某种状态，它就像光一样。因为在某种意义上，光使潜在的颜色变为现实的颜色。这样的心灵（努斯）是可分离的、不承受作用的和纯净的。实践的努斯，即实践理性，是衍生出来的、迁就和照顾着肉体的感情和欲望的理性。实践理性就本性来说是被动的：它的思考活动是受到对象物影响的；但是，它又是行动的：它的思考总是指向所欲求的那个目的的实现。理智本身即理论的努斯是不动的，动的只是“指向某种目的的实践的理性”。实践理性虽然是受动的，它同时也是使一个人在同感情和欲望相关事务上判断得正确的理性活动。在这些事务上，一个人的选择有适度的和不适度的，适度是由实践理性来确定的。

伦理学是对于人的实践的善的研究，所以它不是纯粹思辨的，而是实践理性的研究。人们研究什么是善、什么是适度，亚里士多德这样说，不是为获得知识，而是为使自己成为好人。伦理学研究总是同正确地判断与正确地选择密切相关。要在同感情和欲望相关的实践事务上学习正确地判断和正确地选择，就需要在生活与交往中形成好的行为习惯，就需要经验。因为，实践事务都是具体的、个别的，判断什么是善、什么是适度，都要就具体的时间、地点、方式、手段和程度等来说，在具体的实践事务上，经验是更直接的帮助。这同制作活动的情形是相同的。经验在实践上和制作活动上同样重要。亚里士多德把经验看作在具体事务上通过反复的制作活动或实践而获得的熟悉感觉。一个人对他熟悉了的事物才能够做出正确的判断。一个人受过专门训练，就会在那个专门的方面获得技艺的经验，就会在那个方面的事情上判断得好；受过全面的教育，才能理解什么对于人是善的，才能在这个总体的实践问题上判断得好。青年人由于在实践事务上缺少经验的积累，缺少基本的判断，所以不适合学习伦理学。青年人总是在理论科学的学习上进步较快，他们可以成为数学家，但是很难成为通晓自然的人，成为明智的人。经验总是慢慢地积累的。亚里士多德认为，这很可能是因为，理论科学的知识凭据抽象原理便可以融会贯通，对实践事务的性质的理解则必须借助日积月累的经验。青年人容易仅仅用抽象的原则理解生活，他们能够背诵这些原则的词句，但是不能用它们来理解实践生活事务的丰富性质。理解这样的性质对由于经验而变得明智的人来说就没有困难：“经验使他们生出了慧眼，使他们能看得正确。”①

所以，在亚里士多德看来，伦理学研究一定是理性与经验相结合的研究。这里说的理性，就是实践理性。实践理性的活动通过从人的全面的生活实践中获得经验，帮助他在具体的场合正确地判断什么对人才真正是善的，并基于这一判断来做出正确的选择。这个实践理性，仿佛是那个积极的（尽管并不行动）理论理性投射在实践事务上的一束光。它使实践事务显现出它的潜在的“颜色”。那潜在的“颜色”，也就是生活事实内涵的性质。亚里士多德似乎把事实理解为实践

① ［古希腊］亚里士多德：《尼各马可伦理学》，廖申白译注，185～186页。

事务的可以由观察来确定的联系。事实与生活是最后的主宰者，亚里士多德这样说道，在实践的研究中所提出的东西必须交给事实与生活来验证，如果它们与事实一致，就可以作为知识来接受，如果不一致，就只是一些意见。但显然，没有经验，生活事实的性质就是不可理解的。

所以，伦理学是混合性质的科学。无论是在经验方面还是在实践理性的思考上，研究都需要有基本的起点。伦理学研究的出发点或前提是多种多样的，是以多种方式获得的。这种起点就是对人而言是已知的、好的东西。事实、实践事务的性质、感觉、良好的伦理习惯以及实践理性从这些出发而获得的研究结论，都构成它的研究的出发点。而且，希望学习政治学的人，必须预先培养起良好的道德品性：爱所当爱的事物，恨所当恨的事物。所应当的也就是对一个好人而言是正确的。因为，一事物对一个好人而言具有的性质具有更大的真实性。一个人对一件事情的性质的感觉，本身就是一个始点。如果它对于一个人来说是足够明白的，他就不需再问为什么。受过良好道德教育的人已经具有或是很容易获得这些起点。

如果伦理学的研究是这样的性质，对伦理学问题的讨论方式就不同于对理论问题的确证。首先，如前面说过的，对于它就只能期求这种题材所能含有的确定性。在这点上，实践研究与技艺研究的情形也是相同的：它们研究的都是“人工”的题材，这类题材都只具有大致程度的确定性。其次，既然对这种变动的实践生活事务的理性的思考需要以全面的经验的理解为基础，普遍的意见就是必须尊重的。普遍的意见中通常含有对实践事务的“颜色”的某些值得尊重的理解，尽管普遍意见在表面上会不一致。需要首先找到那些具有一致性的普遍意见，这些意见表现着常识的一些根深蒂固的观念和真实意见。例如，人们普遍把善的事物区分为外在善、身体的善和灵魂的善三类；又如，关于幸福，人们都认为它就是最高的善，并且它的意思就是“过得好”和“做得好”。在存在不同的但是都值得尊重的意见的地方，就需要找到那些多少一致的方面，这正是实践理性的研究可以大有帮助的地方。这些不同意见常常出现在普通人的意见之间和普通人的意见同哲学家之间。亚里士多德说道，这些意见之中每一种意见都不大可能全错，它们至少部分地、甚至在主要方面是对的。同具有一致性的普遍意见一样，这些能够被实践理性阐发得多少一致的方面也构成伦理学研究的一类出发点。伦理学的研究不能违反这些出发点，而且它从这些以及其他前提推出的结论也只有获得这些出发点的支持才能成立。因为，如果前提是真实的，这些结论就能够得到普遍意见的支持。

四、从动物学到伦理学

对亚里士多德来说，伦理学是动物学的完成。出身于医生之家，亚里士多德从幼年起就对动物世界产生了浓厚兴趣。在小亚细亚旅行和这之后执教于马其顿宫廷期间，对动物活动的观察成为他主要的科学研究活动。他搜集了大约500种动物物种资料，并解剖了大约50种动物。他的《动物志》对他所解剖的大多数种类的动物都做了详细的描述，除了在个别的解剖学结论上和少数几个对于动物的活动和生成的说明上的错误之外，他对大部分动物及其活动的描述都惊人地精确。

动物学的研究使亚里士多德自然而然地倾向于把人理解为动物物种系列中的一个环节。动物分为有血和无血的。在有血的动物中，人、有毛四足类和鲸是胎生的；鸟类、爬行和两栖动物是有完善的卵的；鱼类只有不完善的卵。在无血的动物中，头足纲、甲壳类有不完善的卵，因为它们的卵在生出后还要继续生长；在更低等的昆虫类和软体动物中，出现了尚未发育出卵的和无性繁殖的动物；最低等的动物是海洋中那些植物性的动物，它们同植物已经没有严格的区别。而在植物中间，也存在一个向着动物界逐步延续的序列。

在亚里士多德看来，贯穿于从植物、动物到人这个生命物系列的东西就是灵魂。灵魂一词在希腊语中的意思就是呼吸或生命，因为呼吸被看作最基本的生命活动形式。例如，柏拉图把灵魂定义为发散的呼吸。在《灵魂论》中，亚里士多德概括了毕达哥拉斯派、阿那克萨哥拉和柏拉图等的观点，认为灵魂的最重要属性在于它是自己运动、感觉与非物性。看来这是那个时代各家学说的共同的主张。例如毕达哥拉斯派解释灵魂是自己运动的实体说，自己不能运动者必定不能促使它运动，所以一切事物的运动都有赖于那个被设想为能自己运动的灵魂。亚里士多德认为灵魂存在于植物、动物和人的理性的活动之中。因此就它的形式来说，便有植物性灵魂、动物性灵魂与理性的灵魂。在这三级灵魂中，亚里士多德说，都蕴涵着一联属的系列，每一在后的灵魂，都包含了那些在先的灵魂，例如动物性灵魂包含了植物性灵魂，理性灵魂包含了前面两种灵魂及其活动；同时每一在先的灵魂活动又成为在后的那种灵魂活动的前提，例如营养的活动是感觉活动的前提，等等。

沿着这样一个序列阐述伦理学，最大的问题在于，在动物那里不存在实践的问题，在人这里这问题是怎样出现的？在动物那里，除了与植物共有的营养与生长活动，发生了感觉的运动。动物的生活于是显示出两个部分，一部分是觅食的活动，另一部分是繁殖的行为。“一切动物的辛劳及生活都围绕这两个方面。”①有些动物由于只需要很少食物，除生殖为别无其他功能。觅食是维持动物肌体的

① 《亚里士多德全集》，第4卷，苗力田译，271页，北京，中国人民大学出版社，1996。

生存所必需的，繁殖是维持动物种系的延续所必需的。同时，进食与为繁殖而进行的交配都给动物带来自然的快乐，一切动物都追求这些快乐。但是，为什么在人这里，除了生存的活动，又产生了实践，即获得更好的生活的活动？

在前面所作的说明中，亚里士多德是这样说明这一点的：人特有的理性含有一种积极的部分，这个部分即积极的努斯，它不是受动的，它可以引起思想；它所引起的思想，将人特有的这种能力呈现为他非要借助运用这种能力的活动才能获得，并且将具有优点的活动同差等的活动的区别显示给人。这种说明表明了在人这里产生实践（以及制作）这种新的活动的原因，但是没有表明这种活动如何在人的动物性活动中生长出来。这种关联需要从亚里士多德对于人的动物性活动的另一项研究中寻找，这项研究使人的特有活动同动物性活动接续起来。这项研究是借助对这一点的说明展开的：人由于其动物的本性要过群居的生活。群居的生活，亚里士多德说，在各类动物中，例如在某些有足的哺乳动物、某些水禽甚至蜜蜂和蚂蚁中，都可以发现。在这些过群居生活的动物中间，又有些动物既有群居的生活，又有散居的生活。人也兼有这两种生活。人是政治的动物，生来要过政治的生活：先由两性结成共同的生活，由家庭而结成街坊，后又结成村坊，然后形成城市社会。共同的政治的生活，造成了广阔的空间，使人的好的、出色的生活实现活动同一般的活动通过某种共同的评价显示出实质的差别。伴随着这种变化，在人这里产生了对进行好的活动或过一种好的生活的欲望。语言的使用，造成人思考交往、制作和其他属于人自身的变动的事务的活动，造成人的实践性的努斯，即他的指向某种目的的努斯（理性），发挥其作用的巨大空间。欲望与实践的努斯，或者，在行动的方面，选择的努斯和理性的欲望，成为主宰人的实践的原因。选择是实践的有效原因，但不是最终原因，最终的原因是欲望与实践的努斯。这里需要补充的是，理性及它衍生的形式——实践理性，都是伴随着人的活动而逐步获得，即通过运用而获得的。所以，最终的原因仍然是人的活动。

第二节 初创的伦理学体系

对于亚里士多德的伦理学，我们不能简单地、直接地用现代常用的“伦理学”概念去理解。因为自他创立伦理学以来，“伦理学”这个概念已经有了两千多年的变化。亚里士多德所建立的伦理学有它特殊的内容和独特的体系。在《尼各马科伦理学》第2卷开头说："伦理德性则是由风俗习惯沿袭约束。""习惯"指个人行为方式、倾向，"风俗"指普遍的行为方式和倾向。大家都那样行为，就成为一个群体的风俗。伦理德性就是指沿袭下来的风俗习惯。亚里士多德把风俗"ethos"一词的拼写略加改动，就有了"ethike"一词。在这个意义上，伦理学就是指研究风俗习惯所形成的伦理德性的科学。

一、目的与至善

人的每种技艺与研究、实践与选择，都以某种善为目的。善就是这些活动所追求的目的。深层的解释就在于，活动是人存在的方式，人惟有在他的实现活动中才能展现其存在。善都是具体的，善也就是某种善的事物。它或者是已在的，或者是一个人希望它成为在的：它具有或是一个人希望它将具有某种（某些）他认为可归属于那类事物的好的性质，因而它与人的本质力量处于对应的关系中。一种善事物或者是已经作为类存在但处于一个人的能力之外，因而他正在通过发展自身能力的活动而获得的；或者是被期求在某个或某些方面比已经存在的事物更善，因而尚未存在并且正在通过他的活动而成为存在的或成为他的本质力量的对象的。人对一事物"是"或"显得"如何如何的判别都服从于某种对善的期求及其活动。善与美在希腊人的观念中是不可分离的，美善的事物被称为kalon（高尚、高贵的）。美善是陈述的表语，是对一事物的陈述所欲言说的核心内容。而美的、善的同时又意味着真的。在《费德罗》（Phaedrus）中，柏拉图把它们设定为在本体世界中是同一的。在亚里士多德的哲学中，它从神界下降到人的世界，在这个展开的人的经验世界中，真与美善作为实践的价值则是可以在理论上加以分别的。

既然技艺与研究、实践与选择有多种，目的也就有多种。善的事物不是连续性的事物：它们彼此分离，单独地作为我们的目的。但是，按照亚里士多德的看法，各种目的也并不是林林总总地并立而互不依赖的。因为，如果一项活动中包含着不同种类的活动并且这些活动有各自具体的目的，那么这项活动本身的目的就是主导性的，就比那些具体的目的更优越，因为它具有更大的蕴涵。因此，有些事物是因其自身之故，有些事物是因另一些事物之故而被追求，有些事物被追求是同时因这两者。在所有被人们追求的事物中，有些事物通常被作为手段而极少作为目的，有些事物通常被作为目的而极少作为手段，另一些事物则时而被作为目的时而被作为手段来追求。作为单纯的手段善的事物往往是因需要，或是因一个人处于从不正常状态向正常状态回复的过程中，而偶然地成为善的。例如，施加给病人的治疗过程就是这样。当回复到正常状态后，它就不再是善。因其自身缘故和既因其他事物之故又因自身缘故而被人们追求的事物，即那些目的善，则通常对于人都显得是善。所以，作为目的，不同的善事物在完善的程度上是不同的。人在存在着需要时和在不存在需要时以不同的事物为善。因为，在存在着需要时，一个人只以满足他当下需要的事物为善，在不存在紧迫需要时，他以那些自身便值得追求的事物为善。这后一类事物总体上是善的，即具有更大完善性的。说一个事物自身即善，就是说它在总体上对于人是善的或具有更大程度的完善性。

如果在人的目的系列中存在着因自身的原因而被当作目的的，如果有一种这样的目的，人们追求它不再为着获得别的任何目的，并且他们所做的一切都是为着它，就一定存在着某种最高的善。这种最高的善或目的就是人的好的生活或幸福。telos 在希腊语中的意义既是目的、终点，又是最好、最高的状态。所以目的就是最好的终点。如果终极的目的意味着在人一生而不是一个时期或阶段中的目的，那么幸福就是人的终极的目的或最高善。人的实现活动就是实现人的实践生命的目的的活动。在其自身的即本质的意义上，实现活动自身就是目的，因它——如活动那样——自身就蕴涵着目的（最终完善状态）。这种实现活动的概念包含两个核心的判别：首先，人的目的的实现不同于其他生命物的目的的实现。人的目的，即幸福，是获得的而不是以自然的方式达到的。生命物的活动的目的是自然地实现的；人的活动的目的的实现则要借助人的理性的运用，因而是实践的、非自然的。其次，人的实现活动更由于实践理性的参与呈现更为积极的状态。亚里士多德将生命的实现其最终完善状态的倾向或品质称为“隐德来希”(entelecheia)。对亚里士多德来说，人的灵魂的“隐德来希”或生生之德就是人的实现对于人而言的幸福的倾向，这就是人的道德意愿（或意志）的根据。一个人可能只过着动物式的生活，但这只是腐败的生命。人的正常的生命活动必定包含灵魂的“隐德来希”。

人们都同意，亚里士多德写道，人的目的，即人的可实践的最高善，就是幸福。他还认为，普通人的意见中，对于幸福还有一些接近于一致的意见，例如幸福属于灵魂的善，是灵魂的一种完善的活动；幸福的人都是既生活得好也做得好；幸福中还包括明智或智慧、快乐等。关于幸福在于生活得好和做得好的意见在他看来是重要的。因为，活动不可能是不行动的。幸福一定是在于现实的活动。就像奥林匹克运动会上桂冠不是授予体格最健美的人，而是授予竞赛中的优胜者一样，幸福这个词只是用来说生活得好和做得好的人的。但问题是，人们对于什么是幸福有着重要的分歧意见。要解决在什么是幸福这个问题上的分歧，亚里士多德认为，必须从一个恰当的出发点出发来加以研究，一个好的出发点是研究的一半，它使所研究的许多问题得到澄清。

普通人对于什么是幸福发生意见分歧，原因在于他们从过闲暇生活的方式来判断什么是幸福。有这样三种生活：享乐的、政治的和沉思的。享乐的生活只追求肉体的快乐，是动物式的。政治的生活追求荣誉与德性，但这也很肤浅。因为，比方说荣誉总是要取决于授予者而不是接受者，但是对于幸福人们必定认为它是属于一个人的不易被拿走的东西。然而，虽然德性的确被看作人的，但是对一个有德性的人来说，它显然不是最终的东西。要获得对什么是幸福问题的更真切的观点，显然不能从这样的意见出发。如果实践的研究需要从人们都认为真的地方出发，如果可以确认，对一个好人显得真的事物比对其他人显得真的事物有更大的确定性，那么，研究最好从有良好品质的人所承认的那些事实开始。而好人或有德性的人、有智慧的人，都把沉思看作最好的、值得向往的闲暇生活的方式。关于这种更符合真实的观点，在《尼各马科伦理学》第10卷中可以读到这种观点对于沉思生活的性质的几点省察。沉思是最高等的实现活动，因为它是理性的那个最高部分——积极的努斯或理论理性的活动。它比任何其他活动都更为持久。它伴随着惊人的快乐，并且既纯净又持久。它也是有最多的自足的生活，因为沉思依赖外部的东西最少，有智慧的人靠自己就能沉思，即便在复杂问题上需要同友人一道思考，这种生活也比其他生活更自足。沉思也是惟一因自身之故而被人们喜爱的活动，它并不产生什么，人们并不是因为它产生的东西，而只是因为它的问题而喜爱它。此外，它还既是严肃的工作，又包含最多的闲暇。所以，从有德性的人们的观点来看，这种生活是人的最完善的幸福。过着沉思生活的、有智慧的人最幸福。如若能够，人在有幸摆脱了物质需要的纷扰、拥有中等财富之后，应当争取过这样的生活。人所能获得的最高等的一种幸福，应当就在这种沉思的生活之中。

不过，如前面谈到过的，同样从有德性的人们的观点来看，这种沉思的生活是比人的生活更优越的生活，是神性的生活。一个过着沉思生活的人似乎不是作为人，而是作为神而生活的。所以这种生活必定仅仅属于斯巴达人所崇拜的少数的“神人”。对多数有德性的人而言，属于他们的幸福就在于灵魂的合于伦理德性的活动。一个过着正义、勇敢、节制的生活的人，就是幸福的。一个这样的人当然也就具有明智这种实践理性的德性，因为明智似乎离不开伦理德性。这种生活是多数人只要关怀自身之完善便可以实行、可以努力获得的。所以这种生活才完全是人的，而不是神性的。

所以，从有德性的人们的观点来看，幸福在于两种水准的生活：沉思的生活和合于伦理德性的生活。前一种是本义上的，后一种是引申义上的。前一种是合于灵魂的最好的一种德性——努斯或智慧的生活，后者是合于灵魂的第二好的德性即伦理德性的生活，而这种生活又是同实践理性的明智德性不可分离的。可实践的幸福，即灵魂的理性部分的实现活动，对于多数人来说，就在于实践的生命的合于伦理德性的活动。亚里士多德提出了下面这个著名的定义：

"如果人的活动是灵魂的遵循或包含着理性的实现活动；如果一个人的活动同一个好人的活动在根源上同类，且后者的德性上的优越总是被加在他那种活动前面的；如果我们说人的活动是灵魂的一种合乎理性的实现活动与实践，且一个好人的活动就是良好地、高尚地完善这种活动；如果一种活动在以合乎它特有的德性的方式完成时就是完成得良好的；那么，人的善就是灵魂的合德性的实现活动，如果有不止一种的德性，就是合乎那种最好、最完善的德性的实现活动。"①这种合德性的活动，或者，这两种生活，亚里士多德补充道，都不是就一时一事说的，它们要加上"在一生中"这个限定语，因为，一只燕子或一个好天气构不成春天，一天或短时间的善也不能使一个人享得福祉。

亚里士多德认为，幸福是学得的而不是靠运气获得的。一个人不依靠自己的努力，就不可能获得幸福。似乎也只有根据这一点，才能说幸福是人们都能享有的。既然幸福在于整个灵魂，尤其是灵魂的欲望部分的合乎伦理德性的活动，那就需要通过学习来获得这种灵魂的善，否则就是拥有全部的外在的善也是枉然。所有没有丧失接近德性的能力的人都能够通过某种学习来获得这种善。幸福不在于一时一事的合乎德性，不在于不确定的东西，而在于一生中的合德性的活动，一个人只有不是在一时一事上，而是在一生中都努力合德性地活动着，才是幸福的，尽管不是到生命终结时才可以作结论。遭遇重大的厄运或不幸当然不是幸福，但幸福的人也可能遭遇意外的不幸。但他既然是在生活和做事上合乎德性的人，亚里士多德这样说道，他就不会轻易地离开幸福。他会慢慢地走出不幸的阴影下，并做出新的努力来重新获得幸福。所以，幸福意味着持续的、严肃的活动而不是消遣。消遣也是自身即善的，但它不是终极性的目的。人需要消遣是为恢复精神以继续严肃地追求。

按照亚里士多德的看法，幸福当然也需要外在的善作为补充。沉思的幸福需要得较少些，它只要拥有中等的财富。德性的幸福则需要得多些，因为有德性的人需要外在的条件成就其德性的活动。人自身不完善，所以作为人，幸福就需要外在的善。因为，人们都认为幸福是自足完善的，而自足完善就意味着所有善事物一应具备。而在所有的外在的善中，朋友就是最大的善。人需要朋友接受他的善举和公正行为，需要朋友来帮助提升品质。因为，两个人的智慧就比一个人更

---

① ［古希腊］亚里士多德：《尼各马可伦理学》，廖申白译注，20页。

高。人需要朋友是由于人的活动的特别的性质所致。严肃的活动需要我们与朋友一道才能持续进行。人的生命活动主要就在于去感觉和去思考。生命自身就是善的和愉悦的。如果是这样，如果幸福的人的感觉和思考是最丰富的，一个人就需要感觉朋友的感觉，思考朋友的思考。因为，好人的朋友的生命的感觉与思考自身也就是善的。幸福最终是在于人们同朋友一道持续地进行合德性的活动。

二、伦理德性与理智德性

亚里士多德和柏拉图

德性的概念，在所有希腊伦理学体系中都是根本性的概念。在希腊人的最初用法中，它被用来指武士的高贵行为，例如在荷马史诗中，德性概念的意义几乎等同于勇敢，以后它也被用来指那些卓越的公民在城邦生活中表现出来的公民的美德或品质，并逐步地用来指任何人、生命物或器物的突出拥有的优点。对亚里士多德来说，德性就是人在实现他特有的活动上所表现出的优点。人所特有的实现活动，即人的实践的生命的活动，在实现程度上可能有很大的差别。有些人“出色地”实现着这种活动，另一些人则只在很有限的程度上——尽管也还是“积极地”——实现着这种活动。在泛义上，亚里士多德也像那个时代的希腊人一样，把德性的概念用于所有生命物及其实现活动。例如他谈到过眼睛的德性、马的德性，等等。德性是使得一个事物状态好并使得其实现活动完成得好的品质。而如果是这样，那么德性也就是使得一个人好并使得他的实现活动完成得好的品质。而且，德性在人的例子中便有了特别的意义。人的活动不是自然地实现，而是以实践的即积极活动的方式获得的。在欲望与感情事务上有德性、没有德性还是有与之相反的性质，使得人的实现活动显现出如此之大的分别，以至人们把这些方面具有德性的活动与行为就称赞为善，把具有相反性质的活动与行为谴责为恶；把由于养成了习惯而倾向于做前一种行为的人称为好人，把出于习惯而倾向于做后一种行为的人称为坏人。自然只赋予了人实现德性的活动的潜质，然而德性的活动都是现实的活动而不是潜能。德性都是同行为和现实的活动相关的品质。

所以，人的德性在亚里士多德以及许多其他哲学家那里通常是相对于灵魂的理性部分和欲望部分的活动来说的。既然灵魂有一个有理性的部分和一个没有理性的部分，这两个部分各有不同的活动，人的德性也可以分为理智德性与伦理德性两个部分。理性活动上的德性，即理智德性，可以由教导生成；欲望活动上的德性，即伦理德性，则需要通过习惯来养成。同时，既然理性的部分又有两个子部分：一部分思考其原因和本质不变的事物，另一部分思考可变的事物，理智德性就可以分为理论理性的德性和实践理性的德性。实践理性的活动包括了生产性的制作活动，不论是对一个单独的产品（如艺术）还是对一批产品（如制鞋、酿酒）的制作。不过制作活动不是实践，因为一则制作活动被当作手段，二则由于目的是单纯的物质产品，不存在实践意义上的选择，三则制作活动的德性都含有偶然性，实践则没有这种偶然性。智慧是理论理性的德性，是人的最高等的德性。这种德性也被直接地称为努斯，因为理论理性就是那个积极的努斯，它是使人找到思想的出发点的理性。明智是实践理性的德性，一方面作为理智德性可以由教导而生成；另一方面又与伦理德性不可分离，其生成又离不开习惯。不做好人就不可能有明智。

伦理德性既不出于自然，也不反乎自然，亚里士多德这样说道。灵魂的欲望的部分通常呈现三种状态——感情、能力和品质。在这三者中，能力是自然所赋予的，德性则并非自然使然；自然能力无须运用便存在，德性则惟有运用它才能获得。所以，人们不称赞或谴责能力，而是称赞德性和谴责恶。但是德性也不是感情，因为一则称赞与谴责也同样只适用于德性和恶，而不适用于感情；二则德性意味着在先的考虑与主动的选择，感情则不含有这两种性质。伦理德性作为灵魂欲望部分的优良实现活动的品质，并不是与实现活动的目的所包含的那些性质相分离的另外一种品质。既然一种出色的实现活动与一般的实现活动是同类的，人们称赞一项竞技比赛或一个竞技者是有德性的，并不是说除了那项竞技活动的完善状态所应当包含的那些性质之外，它（他/她）的活动还具有其他的某种性质。相反，人们指的是，它（他/她）的活动出色地，即比一般的这类活动更为突出地具有这类性质。

除了前面指出的德性都是现实的活动这一点之外，亚里士多德认为伦理德性还有一些其他的重要性质。首先，伦理德性尤其关切活动的性质，它既生成于活动也毁灭于活动：进行得好的合于理性的活动使它生成，但如果以不同的方式去做，德性即使已经获得也会毁灭。再次，伦理德性是行动的，一个人知道什么是德性不等于就具有德性。一个人也不是先成为有德性的人再去做有德性的事。相反，一个人是通过做正义的事而成为正义的人，通过做节制的事而成为节制的人的，通过做勇敢的事而成为勇敢的人的。如果不去做，一个人就永远不可能成为好人。再次，德性同快乐与痛苦，并且尤其同快乐相关，而快乐尤其可能毁灭德性。因为一则追求快乐的欲望从小就伴随着人，难于从人的感情中消除；二则对于快乐，做得正确就使人善良，做得错误就使人邪恶。与技艺一样，德性也是同比较困难的事情，即正确地对待快乐与痛苦，相联系的。最后，伦理德性不仅在于行为具有某种性质，而且要出于某种心的状态。在这点上，德性又与技艺不同。技艺只相关于对象的性质，技艺的善全在于产品上。德性的行为还必须出于一定的心态。仅当一个人知道他要做的行为，并且出于意愿地、因其自身之故地并且出于一种确定的品质而选择它时，这行为才是德性的。

如果把理智德性理解为一束光，使实践事务显现出它潜在的“颜色”，使伦理德性显现出它耀人的“光彩”，就大致抓住了亚里士多德对于理智德性与伦理德性的关系的理解。如果再把实践理智的德性理解为由理论理性即积极的努斯投射在实践事务上的那束光，就更确切地抓住了他对于这两者的关系，以及对理论理性的德性与实践理性的德性的关系的想法。

亚里士多德将理性中理论理性即积极努斯的活动，比喻为保存得好的光，这同希腊人对理性的理解有关。希腊人将智慧理解为人的理性活动的德性。智慧在希腊语中的原意就是保存得好的光。希腊人以光比喻理性，是要表明理性是人的最好的一种能力。一种事物都有其最好的那种功能和能力，譬如斧子的最好功能在其锋利，眼睛的最好功能在其良好的视觉，等等。光使事物显现出它潜在的颜色，使其真实显现。但是，光又是发散的、无指向的：它自己运动，不依赖对象物的刺激而发生。而且，光似乎是静止的、不行动的，它的活动只是“照亮”。所以，作为灵魂中的这束光，理论理性离人的实践事务比较远。在柏拉图的哲学里，智慧本来就是要行动的。所以，他便不区分智慧与实践理性的德性——明智。智慧与知识在柏拉图那里是等同的，因为有智慧的理性活动的结果就是知识。柏拉图继承师教，认为知识是伦理德性的原因。所以，在理论理性同实践事务上的伦理德性之间没有间隔，做事不对的人都是因为他不知道什么对于人是好的。亚里士多德由于承认经验提供着许多重要的出发点，于是承认一个人有知识未必都能做得正确这一事实。他在理性的活动上寻觅原因，发觉到理性本身的那个部分虽然积极但又是沉静不动的性质。他于是区分理论理性与实践理性两者，将实践理性看作理论理性投射到人的实际事务上的那束光。这束光虽然是因对象材料的刺激才投过来的，它却是行动的或给人行动的指令的。

由此便发生两层关系：理论理性与实践理性的关系，实践理性同欲望的关系。这两层关系也相应地表现在理性活动的德性上：智慧与明智的关系，明智与欲望上的伦理德性的关系。如果伦理学研究的就是善的和好的活动，理性活动上的关系与这些活动的德性之间的关系就是不可分离的。

亚里士多德把第一层关系，理论理性与实践理性的关系，或智慧与明智的关系，比喻为健康与治疗的关系。首先，健康是目的本身，治疗是恢复或达到健康的手段，在任何医疗的实践中这种关系都不会颠倒。医生都要研究健康，因为他要明确了这一目的才能弄清楚应当怎样使用他的医疗技艺。一个没有使病人恢复健康的目的的人不能够当好医生。其次，健康是主导者，治疗是实行者。健康支配治疗，而不是治疗支配健康。健康不发布命令，但治疗是为着健康而发布的命令。他也把这种关系比作众神与伦理学的关系。神是完美世界本身，伦理学或政治学是朝向完美世界的对人的世界的善的研究。神不需要伦理学，伦理学完全是人的。政治学在城邦事务上发布命令，但它是代替神而为人发布这种命令的。政治学，或人对自身事务的管理，以及伦理学，或对人的善以及和德性的生活的说明，像柏拉图理解的那样，仅仅是一个第二好的安排。正如医疗不可能优越于健康、政治学和伦理学不可能优越于完善的世界一样，实践理性不可能优越于理论理性，明智不可能优越于智慧。

在亚里士多德看来，实践理性的活动及其德性——明智，正如前面说过的，才完全是人的。由于这种区别，明智似乎是人的世界中的治理者。实践理性同欲望的关系也就是欲望同一般理性的关系。按照亚里士多德的看法欲望具有两重性。一方面，就它本身来说，它是无理性的，并且反抗着理性。就像麻痹的肢体，要它向左，它偏要向右；另一方面，它又在一定意义上听从理性，就是说，像儿子听从父亲那样，承认理性的权威，虽不情愿，但是服从。在这个意义上，欲望又好像分有一点理性。所以，伦理德性，即灵魂的欲望部分的德性，在这种意义上，就是听从理性的德性。欲望听从了理性，选择了做正确的事，这就是德性。另外，亚里士多德把明智同伦理德性的关系，看作相互依赖而不可分离的关系。人的每种德性，亚里士多德说，都是有自然赋予了潜在的能力，再通过人的学习和训练的努力而生成。自然赋予的潜质，是自然的德性，但自然的德性要通过人的理性的努力才能成为德性。德性都是人为的。在灵魂的理性部分和欲望部分，既有自然的德性，又有严格意义上的德性。伦理德性与明智的相互依赖的性质表现在这一点上：在理性方面，自然德性离开了通过习惯而生成的伦理德性就不可能成为明智；在欲望方面，自然德性离开明智就不可能通过习惯而成为伦理德性。例如，聪明是理性方面的自然德性，是很快实现一个预定目的的处理事情的能力，但是如果离开了伦理德性而为着卑贱的目的，它就仅仅是狡猾。所以，人们也都认为狡猾的人卑贱。勇气是欲望活动方面的一种自然德性，甚至在正义、节制方面人们也认为有自然的品质，但是这些品质如果没有明智，显然就更为有害，就像一个没有视觉的强壮躯体在行动时摔得更重那样。所以，明智与伦理德性似乎不能单独地生成和单独地获得。伦理德性使人确定良好的目的，明智使人选择实践目的的正确手段。

由于实践理性及其德性——明智同伦理德性的这种密切关系，亚里士多德认为，合伦理德性的生活与合理智德性的沉思的生活并不是判然分别的。相反，合伦理德性的生活之所以也是幸福，乃是因它也分有人的最好德性的实现活动即沉思：透过实践理性，努斯与智慧的光也照亮了伦理德性，提升了实践的水准。理智德性，使伦理德性的“领域拓宽，层次加深，目光放远”①，使它们不再局限于个别而成为普遍；实践理性的德性——明智的实现活动与伦理德性的实现活动不可分离。所以，伦理德性之实现活动终归有理智德性的参与。人与动物不同：动物因不分有沉思活动而不分有幸福，人则因分有沉思活动而分有幸福。

三、德行的自愿和非自愿

在《尼各马科伦理学》中，亚里士多德从广泛的意义上考察了道德行为的主动和被动、自愿和非自愿问题。在现实生活中，在评价行为结果的时候，有些人常常想当然地认为，凡是德行都值得称赞，凡是恶行都应当受到指责。亚里士多德则明确否定了这种观点，并对一个人在什么情况下对自己的行为负责做出了具体分析。在他看来，只有源于行为者自身的行为才能受到称赞或指责，而对于不是自己原因造成的行为，则应当得到原谅，甚至怜悯。因为，亚里士多德认为，人才是行为的原因和本原。他曾这样说道：“每个人都是那些自觉的、依照选择而进行的行为的原因，但对于不自觉的行为，自身不是原因。依照选择而进行一切，他都明白是自觉的。所以显然，善和恶都应是自觉的。”② 在这里所说的“自觉”就是源于行为者的“主动”。在他看来，人的德行应当是人自身主动做某事的表现，行为是善还是恶，最根本的取决于行为者自身的主动选择和实践。所以，亚里士多德在论述德行的过程中，重点对主动与被动的原因进行了详尽分析。

在探讨本体论时，亚里士多德指出，人和事物都是形式与质料的自然结合，质料是潜能，形式是现实，当潜在的事物转向现实的事物时就是事物的运动。在他看来，运动是具体的，也是连续的。然而，是什么原因导致了事物的运动呢？亚里士多德认为原因有二：一是合乎自然，二是反乎自然。

在《物理学》和《形而上学》中，亚里士多德阐述了他的“自然是运动的本原”的论断，即“一切自然事物都明显地在自身内有一个运动和静止……的根

---

① 苗力田：《品质、德性与幸福》，载《中国人民大学学报》，1999（5）。

② 《亚里士多德全集》，第8卷，苗力田译，368页，北京，中国人民大学出版社，1994。

源"[1]，这个根源就是内在于事物的“自然”。关于自然的含义有两层，一是质料，一是形式。但是，在亚里士多德看来，“质料和形式比较起来，还是把形式作为‘自然’比较确当”[2]。因为，在解释事物运动变化的“四个原因”中，他认为，动力因是质料转为现实的推动者，目的因是质料转化为现实的目的，形式、动力和目的是一致的。因此，他又常把这三个原因合而为一，使所谓的“四因”变成了质料因和形式因。并且，在分析质料与形式的关系时，认为质料是消极、被动、不定形的东西，具有构成事物的可能性，但必须凭借某种形式才能看出事物的本质；相反，形式则是积极、主动的，代表事物的本质，决定着事物从可能转化为现实。由此，消极、被动、不定形的“质料”成为了“形式”的物质基础，依靠具有能动性的形式来吸引，质料才能从可能变为现实，而形式则成为了决定质料运动的本质原因，是质料追求的目的，是推动质料运动的实际动力。

因此，亚里士多德认为，凡是合乎“自然”的运动都是主动的运动，因为运动的原因和动力来自于运动物自身。如植物向上生长、动物寻觅食物，这些运动的动力因为来自植物、动物自身的本性，而使生长、觅食成为一种主动的运动。相反，凡是反乎“自然”的运动都是被动的运动，因为事物运动的原因不在自身，而在自身之外的力量。如在非生物方面，水向下流，石头向下滚，火向上冒分别是它们的“自然”本性。但如果让水向上流、石头朝上移动，火向下移反乎自然地运动，就被称为被动运动。事物只有在受到外力的迫使时才可能呈现出这种必然。外力是迫使事物运动的外部原因，也可以说就是一种必然性，这种必然性只适用于外部原因的场合，而不适合内在原因的场合。

人也是质料与形式的结合，人的运动表现为行为，但并非所有的运动都是行为。例如，动物存在运动，却不存在行为。因为属于人运动的第一源泉——“自然”与属于动物运动的第一源泉“自然”之间存在着本质的不同，这种不同不是反映在质料上，而是反映在一种特殊的形式——灵魂上。一切生命的实体都有灵魂，灵魂作为躯体的“动力因”、“目的因”和“形式因”，可以说，是躯体运动的始点、目的，也是一切拥有灵魂的躯体的主体。在亚里士多德看来，植物的灵魂是驱动消化繁殖运动的内在原因，动物的灵魂是导致感觉、欲望、位移等运动的内在原因，而人的灵魂则是引起人行为的内在原因。人的灵魂与动物、植物的灵魂不同，亚里士多德将其分为两部分：非理性和理性。非理性的部分又是双重的，一部分与植物相同，与理性绝不相干，另一部分则是欲望，总的说是意向的部分，在一定程

① ［古希腊］亚里士多德：《物理学》，43页，北京，商务印书馆，1982。

② 同上书，45页。

度上分有理性。关于欲望，又可进一步分为想望、冲动和欲求。至于理性部分，“设定理性部分也分为二，一部分是考察那些具有不变本原的存在物，另一部分是考察那些具有可变本原的存在物”①，即一部分称为认知的，另一部分称为推算的。亚里士多德认为，人与动物、植物的根本区别就在于人是理智的动物。

如果说运动的主动源于事物自身，那么行为的主动就源于人自身。凡是因为灵魂某部分所引起的行为都被称为主动行为，换句话说，凡是欲望、本能、想望、理智等原因引起的行为都是主动行为。对此，有人质疑：欲望和情绪引起的行为也能称为主动行为吗？亚里士多德答道：“非理性的感受也同样是人的感受，来自激情和欲望的行为，显然同样是人的行为，把它们看作非自愿则毫无道理。”② 他认为，主动的行为是具有理性的人的行为，动物、小孩和疯子不能产生主动行为，因为他们都不具有理性。既然人的理性是人区别于其他生物的根本标志，那么人的任何行为都不可能纯粹源于情欲，否则就无异于禽兽了。所以可以说，无论高尚还是卑劣的行为都需经过理智的考虑，不是理性指导的欲望，就是欲望激起的理性。例如，如果某人为满足自身欲望，不惜杀人越货，那么他的行为就不是被动行为。因为，虽然他的行为出于欲望，但却是自愿的，他从中得到了欲望满足的快乐。只不过他主动的行为不是为了行善，而是为了行恶罢了。亚里士多德倡导的主动行为当然不是这种恶行，而是主动的德行，即自觉自愿地用理性指导自己的行为，理性指向哪，行为就指向哪，行为越合乎理性，行为者就越高尚。

当然，如同事物运动的原因不只是“自然”一个一样，人的行为除了源于自身的本性之外，还可能因为自身之外的某种原因，不得不进行反乎自身或反乎愿望的被动行为。亚里士多德认为，引起这种被动行为的原因有两种：一种是无知，一种是强制。所谓无知，是某人对行为对象、使用手段和行为目的一概不知的情况下有所为。然而，是不是所有无知的行为都是被动的行为呢？当然不是。亚里士多德进一步对造成无知行为的原因进行了具体分析：第一种情况，因为他人有意欺骗、隐瞒或环境偶然所造成某人对行为基本情况的无知，事后此人知道实情，对行为产生后悔，说明已完成的行为不符合行为者本意，所以是被动行为。第二种情况，如果事后知道实情，却并不后悔，则不是被动行为，因为行为符合行为者本身的意愿，只是事后才意识到这一点。第三种情况，行为者故意造成自己的无知。例如，明知酒后会丧失理性，还故意喝醉，这种行为是明显的主动行为，因为行为的无知是行为者故意制造的。可见，只有第一种情况，才真正

① 《亚里士多德全集》，第8卷，苗力田译，121页。
② 同上书，48页。

属于因为无知所造成的被动行为。与无知并行，强制是另一种引起被动行为的原因。“什么叫强制？总的说来，就是行为的原因在行为者之外的那些事情中，而对此行为者是无能为力的。”① 是不是只要外力对人施压，就会引起被动行为？当然不是。如果有外在原因，行为者却可以自由决定如何行为就不是强制，而是主动。例如，有人劝说某人参与盗窃团伙，这就算不上什么强制，因为到底参与或不参与，行为者拥有行为的自由。可见，强制与不强制除了来自外力这个前提外，还有另一关键条件，即“行为者对此无能为力”。什么才叫无能为力？亚里士多德认为，无能为力是指外力压迫的强度超越了行为者本性所能承受的程度。例如，有人把刀架在某人脖子上，威胁他如果不照要求做，就死路一条，在这种情况下，按照威胁者的要求行事是明显的被动行为。因为他人的威胁已经直接触及行为者的生命安全，行为者对此已别无选择。

四、选择与中道原理

既然人们研究伦理学是为了成为有德性的人，既然伦理德性生成于有德性的实践和自愿的选择，那么，就需要进一步研究这种实践的性质。

实践的实际起点是选择在欲望＋努斯→目的→选择→实践的这个实践链条上，选择是实践的最近的环节。按照亚里士多德的看法，选择对于伦理德性的获得，对于使实践活动完成得好至关重要。因为，在实践的事务上，正如毕达哥拉斯派所理解的，错误可以是多种多样的，正确的道路却只有一条。所谓正确，也就是对于人而言的真。这种真，如前面说过的，总是为着善的。所以正确的选择就预先确定了一个对一个人而言是善的目的。人们是因为有目的才要做选择，而不是因为要选择才确定目的。做了错误的选择，德性便无从获得。错误的选择主要发生于两种情形：一是预定了错误的、有害的目的，或者那目的尽管由于某些偶然的原因显得是善，然而在总体上有害；二是目的虽然是善的，手段却选择错了，或者由于没有能坚持一个正确的选择而妨害了目的的实现。放纵者把错误的即在总体上有害的事物当作善的，他出于选择地沉溺于过度的肉体快乐，认为自己在做正确的事。不能自制者则知道什么是善的却没有能够坚持正确的选择。斯图尔特正确地指出，亚里士多德的“选择”概念“预设着一种不同于当下快乐的目的的观念，它指的是在追求着某种善的各种能力中伴有技艺上的正确性的那种能力，这种能力使一个人在所面临的危险中做出正确的行为”②。选择意味着在

① 《亚里士多德全集》，第 8 卷，苗力田译，45 页。

② J. A. Stewart, *Notes on the Nicomachean Ethics of Aristotle*, Vol. 1, Oxford Clarendon, 1892, p. 7.

当下显得愉悦然而总体上有害的事物与本身就有益于善的目的的事物之间做出决定。从这点说，选择常常是一种困难的决定，它包含着对当下的快乐的一个判定和处理：如果它总体上有害，就放弃它。所以选择包含技艺然而不是为着技艺。实践的选择是为着获得德性：人之所以要做选择是为了做得正确，即像一个好人那样地行为。获得技艺在于知道某种技巧，获得德性则在于正确地选择。

选择在亚里士多德看来与意愿有不可分割的联系。选择必定是出于意愿的。因为，只有愿意去做的事情才成为一个人的选择。出于意愿意味着一个行为是在选择者能力范围之内的，并且他了解那行为的性质、对象、目的、手段等。一个完全在外力胁迫下做出的、违反当事人意愿的行为显然不是他选择的行为。对于这些具体事情无知的行为当然不是出于选择的，但是具有这些具体知识并不等于那个行为就是出于选择。出于意愿的行为未必都是选择。因为，出于欲望、怒气、希望和意见的行为都是出于意愿的，但是它们却不能说是出于选择。动物的行为、儿童的行为也出于意愿，但不是出于选择。一个行为可能出于欲望、怒气、希望和意见等，但它出于选择时更能表现出一个人的品质。

选择除了必须是出于意愿的还必须是经过了预先的考虑的。选择，亚里士多德说，就是包含着在先的考虑的出于意愿的行为。考虑也就是推理，是实践理性的运用。所以好的选择同实践理性的德性——明智不可分割。明智帮助人获得伦理德性，主要在于它在选择上提供给人好的考虑。好的考虑既是一种正确，也是一种善。明智使一个人在具体环境中善于考虑对于他自身总体上是善的事情。如果具有明智，一个人就会善于考虑，也就会做正确的选择；如果没有明智，他就只有依靠聪明。然而考虑不是对所有事物的。永恒、必然的事物，或全无规律、纯粹偶然的事物不属考虑的范围。人所考虑的是力所能及而又并非永远如此的事物，并且，是手段而不是目的。好的考虑是对于适合一个好目的的正确的手段的考虑。

如果德性是出于意愿和选择，恶也就同样如此。在这点上，亚里士多德反对苏格拉底的做恶都是违反当事者意愿的观点。因为，如果做一件事情在当事者能力之内，不做就也在他能力之内。所以人应当对自己的品质负责任。和使一个人成为好人的那些最初的行为一样，使一个人成为坏人的那些最初的行为也是他本可以不去做的。甚至身体的恶，如果是出于一个人自身的原因，也应受到人们的谴责。恶的行动的初因在人自身中。但是一个人一旦成为了坏人却不能想成为好人便成为好人，这正如一个病人不可能想好就好一样。

实践的内容当然是生活和做事。怎样才是生活得好、怎样才是做得好，当然都是具体的，但是，亚里士多德认为，仍然存在一些一般的原理。最基本的一个原理就是，在同感情和欲望因而同快乐和痛苦相关的实践事务上，既不要过度，也不要不及，而要努力做到适度。

但是，这需要从人的事务的性质来说明。实践事务除了是可变动的之外，还是连续性的。这就是说，人的事务都含有变量，都有程度上的差别。例如，对快乐可以享受得多一些、少一些或是适度，脾气可以发得过大、过小或适度。总体上说，在所有连续性的事物中都有过多、过少与适度。适度分为相对于对象的和相对于人自身的。相对于对象而言的适度是技艺的目标，技艺是使得人在做事时达到对于对象而言的适度的品质。德性的目标则是在感情与实践事务上达到相对于人自身的适度。这两者的目标都是正确。但是在实践事务上德性的正确对于人更好，因为在这些事务上德性比技艺更好。德性是使得一个人能在实践事务上命中对他而言的适度，从而使得他好并且使得他的活动完成得的好的品质。在实践事务上也和在感情事务上一样，存在过度、不及和适度这三种情形。而且，实践事务都同感情与欲望相关。如果在实践和感情事务上，正确总是同德性相联系，错误总是同恶相联系的话，那么适度就是德性的特点，过度和不及就是恶的特点。不过，亚里士多德补充说，有些行为和感情本身就意味着恶，在这些行为和感情中就不存在适度，例如，不能说在无耻中、在谋杀行为中存在什么适度。同样，在德性的行为中也不存在过度和不及。依照这个分析，恶就要么是未达到正确，要么是越过了正确，德性则是命中了正确。但是，亚里士多德又说道，从最高的善的角度来看，它也是一个极端。亚里士多德的最后这个论点由于没有详加说明，很容易引起歧义。一个看来合理的解释是，从完美的沉思生活的角度来看，德性仍然没有摆脱恶，它是以恶的存在为前提的，它只是一种避开恶的努力。所以它只是同恶相反的另一个极端而已。完善的生活中是没有恶的。

这三种品质，亚里士多德指出，总体上都相互对立，并且每种极端都似乎将适度的品质推向另一端。在怯懦的人眼里，勇敢的人显得鲁莽，在鲁莽的人看来，勇敢的人显得怯懦；慷慨的人同吝啬的人相比显得挥霍，同挥霍的人相比又显得吝啬。不过，他特别指出，尽管最大的对立存在于两个极端品质之间，但由于在两个极端品质中，有时候这个极端的品质不彰显，有时候那个极端的品质不彰显，有时适度的品质显得同其中的一个极端接近而同另一个更为对立。例如在恐惧与信心方面，人们认为勇敢同怯懦更为对立，在肉体快乐方面，节制同放纵更为对立。除了感情与实践事务自身的原因外，他认为还有人自身的原因："我们越是出于自身本性而爱好的事务，就越显得与适度的品质相反"①。

---

① ［古希腊］亚里士多德：《尼各马可伦理学》，廖申白译注，54页。

从这些相当精彩的分析中，亚里士多德引出两条实践的准则。首先，要努力避开那个与适度品质最对立的极端。在感情和实践事务上事事都做得好是很难的。但是如果能分清两个极端中哪一个离适度更远，就首先要避开它，就像《奥德赛》中奥德修斯向他的舵手转达的仙女客耳刻（Circe）的警告所说的："牢牢把住你的船，远离那巨涛与浪雾。"① 因为如果做不到最好，就只能在两恶之中择其轻。其次，要研究自己容易陷入其中不能自拔的那些事情，然后把自己拉向相反的方向。例如，人常常容易在享受快乐上不能自制。"对于快乐，我们不是公正的判断者"②，亚里士多德说道。明智的做法就是谨慎地避开快乐。总之，要做到适度，一个人就要有时偏向过度一些，有时偏向不及一些，曲折地接近它。

亚里士多德（右）与马其顿王子

五、友爱与正义

柏拉图在他的对话中讨论了希腊人的四种基本德性：智慧、节制、勇敢、正义。这四种德性之中，智慧是理智德性，节制、勇敢主要是个人的德性，正义则是人们过政治生活的德性。亚里士多德在讨论了节制、勇敢和其他相关个人行为的伦理德性之后，在《尼各马科伦理学》第5卷中讨论了正义，在第8、第9两卷中讨论了友爱。友爱与正义是亚里士多德在这部伦理学中讨论得最为详细的两种伦理德性。在《尼各马科伦理学》中，伦理德性始终是作为个人的实践的品质来讨论的。在绝大部分的讨论中，伦理德性似乎仅仅同一个人自身——同自己如何才能获得德性，即成为一个好人——有关。这种讨论使人产生这样的印象：似乎一个人仅仅关注自己的行为就能够过合乎德性的生活。这种印象在对于友爱与正义讨论的部分得到了纠正。这两种德性不仅被表达为始终是同另一个人相关

① ［古希腊］亚里士多德：《尼各马可伦理学》，廖申白译注，55～56页。
② 同上书，56页。

的，而且被看作主要存在于同他人的交往生活中的德性，是同共同生活有密切关系的。

友爱，按照亚里士多德的看法，不论对私人生活还是城邦生活都是最必需的东西之一，它是把城邦生活联系起来的纽带。友爱与正义又似乎是不可分的。友爱和正义都与同样的一些共同生活相联系：人们在何种范围内共同生活，就在何种范围内存在友爱，也就在何种范围内存在正义的问题。因此，友爱与正义看来是共同生活的基本纽带。而且，在这两者之中，友爱似乎更为重要。因为，人们一旦成为朋友，就不会需要讲正义，因为他们相互之间所做的事情不会不正义；要是他们只有正义，他们就还需要友爱。在私人的交往或共同生活中，情况就是这样。而且，城邦的立法者们也都重视友爱超过重视正义。例如他们都努力促进城邦的团结和消除纷争，团结与友爱是同类的品质。

不过，亚里士多德认为，注意这一点是重要的：在不同的生活共同体中，属于共同的东西的范围和程度是不同的，因而友爱与正义问题存在的程度和范围也就不同。有三种最基本的共同生活形式：家庭、伙伴关系、公民关系或主人—客人关系。这三种关系中，亚里士多德认为，前两种属于私人的共同生活，后一种是政治的共同生活，以法律和契约为基础。私人的共同生活也具有政治性，因为这种两个或更多的家庭成员或伙伴可能都是公民。但是这种政治性表现不充分，因为在私人关系下，这层关系不彰显。公民关系是有平等的机会去治理或受治理的人们之间的关系，所以性质是平等的。在前两种私人的共同生活关系中，家庭生活的主要关系是不平等的，因为例如男人对于妇女、父母对于子女都有一种优势的地位。兄弟和伙伴的关系无论存在于家庭中还是家庭之外，都是私人间的平等的交往关系。

所以，友爱与正义都存在着这三种主要的形式：家庭中的友爱与正义、兄弟和伙伴间的友爱与正义、公民之间（包括主人与客居的异邦人之间）的友爱与正义。这三类友爱与正义的范围与程度都是不同的。大体上说，一种友爱越深，对这种友爱的伤害也就越严重、越不正义。家庭中的友爱由于发生于最自然的关系，并且包含着最大的恩惠关系，这种友爱一旦被伤害显然就最为严重、最不正义，因为凡自然的东西就比人为的形成的东西有更大的效力。在平等的共同生活关系中，兄弟和伙伴之间一切东西都是共同的，对这种关系的伤害也就更不义。所以，抢劫一个伙伴比抢劫一个陌生人更可恶，拒绝帮助一个兄弟比拒绝帮助一个异邦人更可憎。公民之间的共同生活关系当然要淡薄得多，不过这种关系是法律尤其要保护的东西。这种关系中的友爱是以法律为基础的相互有用的友爱，其正义就是相互履行契约的责任，特别是在公民间的自愿的交易中。亚里士多德把公民间的自愿交易关系当作一种友爱来谈论的方式是十分特别的。但是这一点需要联系古希腊城邦社会的特殊情况来理解。同今天大部分公民社会的情况有很大差别，古希腊城邦公民社会的范围都很小，公民们大都是彼此认识和熟悉的。了解了这一点，这种交易的关系被古代希腊人看作一种友爱也就不足为奇了。

友爱在亚里士多德以及和他同时代的希腊人的观念中也就是爱或依恋的感情，是两个人之间因任何一种可爱的东西而引起的相互吸引与爱恋。人的身上有三种东西可爱并产生吸引的力量：善、快乐和对另一人的用处。这三种东西中，用处仅仅是被用于获得前两种东西的，所以，只有善和快乐才是人们在相互的友爱中真正希望得到的东西。在这两种东西中，亚里士多德认为人身上的善是更好、更可爱的东西。因为，快乐常常被局限在性交的快乐的水平上理解，而人运用理性所获得的善，即智慧、明智和伦理德性，才是人的实践的生命活动所产生的更好的东西。拉尔修写道，亚里士多德认为“爱的目的不只是性交，还有爱智慧”①。与两性间的动物性的爱恋相比，他认为爱智慧要高尚得多、优越得多。

由于这三种原因，亚里士多德说，便发生三种不同性质的友爱，即善的友爱、快乐的友爱和实用的友爱，这三者之中只有善的友爱是合乎德性的正确的友爱，其他两种友爱都是因偶然的因素而发生的。因为，在善的友爱中一个人是因对方自身的原因而希望他好，在其他两种友爱中人们是因对方能带来的快乐或用处而希望他好。善的友爱是这样的：它是两个人因为彼此的善或优点的原因而相互吸引，而不是因为别的原因。所以，这种友爱是持久的，不会随着时间而轻易变化；它也是于双方都相似的，因为双方都因对方自身原因而希望对方好，并且都有与德性相似的善；这种友爱不易受离间，因为这样的两个人相互信任，不会轻易相信挑拨的话。但是这并不是说善的友爱不带来快乐，对人也没有用处。一个好人既令人愉快，又对别人有帮助。所以善的友爱具有所有这些优点，是完善的友爱。而其他的两种友爱则只是具有某一种优点，由于双方间有某种相似，也才被称为友爱。

亚里士多德认为，在这两种低一等的友爱中，快乐的友爱离善的友爱要更近一些。在快乐的友爱中双方相似的东西更多一些，他们都从共同相处中得到快乐。在快乐的友爱中也存在较大的慷慨，快乐的朋友都不大相互计较，讲究实用的朋友中间却充满着斤斤计较。所以，这类朋友之间往往会相互抱怨和指责，因为他们每个人都想自己得到最大一份利益，他们总是觉得自己得到的还不够多。而在快乐的朋友之间这种抱怨就不会发生。

① ［古希腊］第欧根尼·拉尔修：《名哲言行录》（上），290页，长春，吉林人民出版社，2003。

不过，亚里士多德说道，善的友爱是很少的。因为，它不仅只能产生于两个有德性的人之间，而且需要这样的两个人通过长时间的共同生活而相互了解并形成了共同的道德。所以，这三种不同性质的友爱似乎是存在于不同的关系中的。善的友爱只能存在于两个好人之间，快乐的友爱和实用的友爱则可能存在于一个好人同一个坏人之间、一个好人同一个不好不坏的人之间、两个坏人之间、两个不好不坏的人之间、一个坏人同一个不好不坏的人之间。但是，从一个人自己这方面来说，即使是一个有德性的人，也不可能结交很多有德性的朋友。因为，一个人不能同很多人分享自己的思想和感觉，更不可能去分享很多人的思想和感觉。更何况友爱在于共同的活动，而活动就要花费时间。所以，一个有德性的人不得不把真正的朋友限制在他有足够的时间和精力去相互分享思想和进行共同的活动的数目之内。

亚里士多德提出了一个真正带有思辨性的实践问题：两个人在德性上相距多远便不适合做朋友？譬如同一个德性上低一些的人做朋友，他只能以他的低一些的德性同你相处。亚里士多德提出的一个明智的建议是：你的上司如果不是在德性上更高，便不适合做你德性上的朋友。因为这样一个人如果德性上更低一些，他就只会以他的更高的权力来同你交往，就会处处显示他的尊贵，并希望得到你的奉承。但是如果另一个人在德性上过高，同他也不适合继续做朋友，因为，你竭尽全力也与他相差太远，他从你这里将没有任何优点可以吸取。所以，即使是善的友爱，人们也不会希望一个朋友变成神。如果一个朋友原来是好人但是变坏了，又当如何？亚里士多德认为，你也许不会再爱他，因为同类爱同类，而且也不应该再去爱他，因为真正的友爱不应该爱坏的东西。但是，或许只是对少数不可救药的人才应当立即终止友爱，多数人还可能改好，并且他们在这样的时候更需要道德上的而不是钱财上的帮助。

正义关系到人们在共同生活中要维护的那些东西。所以它特别同政治的共同体相联系，因为维护那些东西需要靠法律，而法律总是在政治的共同体的范围里制定的。所有的共同体都是政治共同体的部分，政治的共同体维护共同生活的最重要的东西首先要靠法律。

正义所要维护的东西，按照亚里士多德的看法，一是共同的利益，一是每个人的具体的应得的利益。依据所要维护的这两种利益，正义可以分为总体的正义与具体的正义。总体的正义通过维护法律来维护所有公民的共同利益，因为法律是为着促进某种共同利益而制定的。所以，人们把违法的人看作不正义的，把守法的人看作正义的。总体的正义与不正义表现的是一个人对待他的邻人的总体的德性或恶。一个人守法，就是维护所有其他邻人的共同利益，违法，就是在损害这种利益。因为这一点，正义被看作一个人的德性的总体，是一个人在交往行为上的或对邻人的关系上的总体德性。所以守法就是总体的正义的行为。法律所要求的首先是这种行为。为使人们养成对公共事务的关切，政治共同体通常还会制定一些法规，法规也就是使人们培养起这种总体德性的生活规则。

亚里士多德认为，具体的不正义，是对另一个人应得利益的损害。一个人如果在同另一个人或更多的人相关的利益上取得超过自己应得的利益，或是在损失的方面承担少于应当承担的份额，就损害了那个人或那些人应得的利益。这样的人，亚里士多德十分独特地称为"不平等的人"。意思就是，每个人应得的都是一份，两个人各自的应得之间是平等的，多取得就破坏了这种平等。亚里士多德把具体的正义分为两类：在荣誉、钱物或其他可拆分的共同资源的分享方面的正义，称为分配正义；另一类是在私人交易中起矫正作用的正义，称为矫正正义。矫正正义又分为两种：一种是在像买卖、抵押、租赁、委托这类自愿的交易活动中起矫正或规范作用的；另一种是在像偷窃、通奸、投毒、毁誉、暗杀这类对于一方是不自愿的交易活动方面起这种作用的。其中，不自愿的交易活动他又区分了两种：秘密的和暴力的。前者如偷窃、通奸等，后者如袭击、抢劫等。这些具体形式的矫正正义亚里士多德没有专门命名。不过，矫正正义的名称其实更适合于不自愿的交易中的秘密的那一部分。如果把自愿的交易活动中的正义称为回报的正义，那么亚里士多德谈到了三类具体的正义：分配的、回报的和矫正的正义。关于出于一方暴力的不自愿交易（交往）方面的正义，他没有讨论。这个方面要涉及对惩罚的理解。

亚里士多德关于这三种具体正义的讨论简单说来是这样的。分配的正义是自愿地同另一个或更多的人分享共同福利方面的正义。这种正义，亚里士多德认为，表达在（A＋Pa）：（B＋Pb）＝A：B这个公式中，在这个公式里，A和B表示两个人，Pa和Pb表示两个人从共享的福利资源中分配的部分。他把这个公式称为"比例的平等"，意思是在两种不平等之间的一种平等。一种不平等是一方多得，即所得超过其应得，另一种是少得，即所得低于应得。比例的平等是这两者间的适度。回报的正义是自愿的私人交往和公民交往中受惠一方履行回报责任的正义。私人交往如上面说过的有平等的和不平等的。在平等的交往中，这意味着有来有往。在存在一方优势的恩惠的私人交往中，受惠的一方也有回报的责任。所以，人应当奉养父母，因为被生养者欠生养者的恩。在公民的自愿交易中，这种回报的正义表现为成比例的交叉回报关系。这在实物的交换中表现得最清楚。如果A提供产品a，B提供产品b，如果A、B两人的生产能力和效绩之比是n，那么在交换时A应当得到nb，B应当得到a，即A＋nb，B＋a。这个结果就是回报的正义。但是，这个比例即 a＝nb 必须预先讲好，双方商定好了比例，再按照比例来交换，就合于正义。矫正的正义是在私人的和公民间的不自愿的交往中对已发生的对于一方的损害进行补偿的正义。如果A在交往前的利益是a，B在交往前的利益是b，他们之间发生了一次至少对一方说来是不自愿的交往，A获得了属于B的利益的一部分b'，结果A在交往后的利益是a＋b'，B在交往后的利益是b－b'。那么矫正的正义就是将A获得的b'归还给B，恢复他们在交往发生前的利益状态。这种正义的尺度亚里士多德称作“算术的比例”，区别于分配正义的“几何的比例”。“算术的”意思是，不论各方交换前的利益的实际比例是多少，每方的利益都用一个线段来表示，要研究的是损失的一方损失了多少。法律只考虑行为造成的伤害，它把双方的利益看作平等的。

亚里士多德讨论具体的正义，力图把它表达为接近于具有尺度的事物。柏拉图认为在德性中不含有尺度这样的东西，它比那些自身就是善的事物低一等。亚里士多德相信在正义德性里有接近于尺度的东西。这是他关于正义的观点中十分重要的方面。

第三节　社会伦理思想

亚里士多德的伦理思想是多方面的。如果不局限于他的《尼各马科伦理学》，那么在他的其他著作中特别是在《政治学》中，还包含着他的丰富的社会伦理思想。在这里，他阐发了家庭伦理、公民道德和城邦社会的伦理生活，为后来西方社会伦理学的发展提供了丰富的内容。

一、家庭生活的德性

家庭生活，按亚里士多德的看法，包含三种主要的关系：丈夫与妻子、父母与子女、主人与奴隶。这三种关系的性质不同，对它们的治理也具有不同的性质。不过从起因来说，丈夫同妻子作为一个男人与一个女人的结合是家庭生活存在的第一位的原因。家庭生活缘起于男人与女人的基于自然差别与分工的结合。男人同女人的结合出于自然，为繁衍后代，也为满足生活需要，家庭总是先于城邦而存在而且更为必需。关于这种自然的差别，除了在体格和生理方面的差异之外，亚里士多德在《政治学》中特别提到了女人具有部分推理能力而又不完善这一点。基于这种差别，男人和女人在活动上有明显的不同：有完善推理思考能力的当担任领导者，具有不完善推理能力的当担任适合的工作。因此，男人与女人也各自需要不同的德性：男人需要一种做领导者的完善德性，女人需要一种同她的自然作用相适合的德性，例如娴静。有些共同的德性，例如节制、勇敢和正义，他们需要的程度和方式也不同。但是，这些不同的或不同程度的德性，恰恰能够成为男人与女人相互吸引的原因。亚里士多德的这一思想应当从两方面来评价。就他认为女人在家庭和社会共同生活的管理方面缺乏完善能力这点来说，他是片面的。许多参与这些管理的女性已经表明，她们的能力不逊于男人。就他认为女人在家庭生活中的作用当不同于男人这点来说，他的观点至今仍具有合理性。今日的女性主义者们也是从这一点来说明女人的独特作用对于偏执的近现代文明是有补足作用的。

基于男人与女人存在着这些自然差别和不同作用的观点，亚里士多德把丈夫与妻子的有德性的关系比作贵族制。贵族制的关系是少数人依据德性的治理。家庭中的贵族制是丈夫和妻子作为父母和主人、依据自身的德性对子女与奴隶的治理。“依德治家”的意义是丈夫和妻子相互配合默契地各自做好各自的事情：丈夫做好领导者，按应得的尺度分配事情；妻子做好协助者，完成好自己分担的事务。不过这种治理的观念里面有着一层相互限制的意思。妻子的事情应当由妻子主持，丈夫包办反而做不好；丈夫的事情妻子也不能去代替，这两种越俎代庖的治理都会使家庭中的贵族制蜕变为寡头制。当丈夫只依赖其权威，妻子只依仗其财产继承权来管理时，情况就是这样。

家庭生活在通常情况下都产生子女。父母同子女的关系似乎是家庭生命的延续。家庭生活的重要方面是丈夫与妻子抚育子女的共同生活，这种生活产生着最为自然的一种友爱。亚里士多德在《尼各马科伦理学》中谈到三种友爱：家室的、伙伴的和其他的（公民的，主客的，等等），他认为最后一类友爱是同法律与契约的关系相联系的，前面两种是私人的友爱。

按照亚里士多德的看法，父母与子女的友爱本于人类的动物性。父母与子女总是相互地友爱。在这种相互的感情的关系中，始终存在着父母方面的“单方面的优势的恩惠”。这种恩惠是人生所受恩惠中最大的恩惠。父母是生命的给予者，他们不仅生养、哺育了子女，而且是子女的教师。不过这种友爱在这两方面是不同的。父母爱子女，是因为子女是他们生命的“一部分”，是他们生命的延续。子女爱父母，是因为父母是他们生命存在的“来源”。父母更知道孩子是己出，孩子则对自己是父母所出知之较浅。生育者更把被生育者看作属于自己的，被生育者则不大把生育者看作属于自己的，因为产品总是属于创造者，而创造者却总是不属于产品，至少在属于的程度上要小些。父母对孩子的爱在时间上也更长些：父母从孩子一出生就爱他们，孩子则只有经过一段时间，并获得了理解力或至少是知觉能力之后才爱他们的父母。由于父母总是把子女看作属于自己的，他们总是要尽心尽力地为子女操劳。而子女由于没有这种观念，总是较少地考虑为父母做事情。父母在这种关系上总是付出较多的一方，父母对子女的爱总是超过子女对父母的爱。原因在于，存在对于一切人都是值得选择和值得爱的，凡创造者都会爱他的作品，因为他爱存在。在把孩子看作自己的“作品”和“结果”这一点上，亚里士多德指出，母亲还要胜过父亲：她们由于付出了“生育的辛苦”，更加认为孩子“是她们的结果”。

不过总体上，亚里士多德认为父母施惠于子女的关系更集中地体现在父亲同子女的关系上。同母亲的恩惠相比，父亲对子女的更大些。母亲只是为着孩子的生命存在，关注着孩子的现在，父亲则为着孩子的“好的生活”，关注着孩子的未来。父亲同子女的有德性的关系是君主制的。父亲要有完善的德性，像君主关心其臣民、牧人关心其羊群那样，关怀和提高子女的善。子女对父亲的关系是对于完善的、优越的人的关系，类似于人对于神、臣民对于君主的关系。由于子女在成长的过程中，只有不成熟的推理能力和德性，在子女的眼中父亲总是完善的。所以在这种关系中，亚里士多德说，儿女是欠债者，永远欠父母的恩，而这种恩儿女是回报不完的。所以，尽管父亲可以不认儿子，儿子却不可以不认父亲。在这种关系上，子女方面的德性是对父亲（父母）尽力报答，就像对神的报答一样，只有“尽力”才是足够的。所以他说，“一个尽力而为的人就被看作公道的人”①。因为在我们与父母的感情关系上，实际上没有人能报偿父母所应得的东西。

这种君主制式的关系，亚里士多德指出，也可能蜕变。如果父亲像对待奴隶那样对待儿子，这种关系就失去了任何德性而蜕变为僭主制式的。奴隶在亚里士多德的眼里没有人的地位。他像他的时代的希腊人那样认为，奴隶是低一等的人，不具有推理的能力。所以，奴隶仅仅是主人的工具。一个人对于属于他自己的东西，是谈不上同它有德性的关系的。主奴的关系仅仅是僭主制式的，因这种关系完全是为着主人的利益的。不过，亚里士多德也认为，奴隶如果具有了部分思考的能力，能够参与法律与契约的制订过程，主人同他就有了一种人的关系。所以，他认为主人有责任培养奴隶的品德，并且在他们具备过法律生活的能力时使他们自由。

二、公民生活的德性

如前面所说过的，按照亚里士多德的看法，公民之间的正常的交往是他们以

① ［古希腊］亚里士多德：《尼各马可伦理学》，廖申白译注，257页。

私人形式进行的自愿的交易和交换。这是当事人以福利的手段相互交换的活动，所以如果将它看作当事双方的一种友爱，它本质上是实用的友爱。这种关系需要称为公民间的关系，是因为它们不同于人们作为家庭成员和兄弟及伙伴的那种相互交往。公民的自愿交易或交换是基于法律与契约的，他们作为私人共同体成员而发生的那种交往则具有不充分的政治性。前一种交往，亚里士多德称为法律的，后一种交往，他称为伦理的。

公民的交换或交易是两个平等的人之间的交换或交易，它的第一个要求是平等。平等在亚里士多德看来是民主政体下基于公民是轮流治理者的这一相同身份的一种更基本的品质。所谓平等，他说，就是穷人不因人数多而占富人的便宜，两者处于同样的地位，谁都不做对方的主人。他说，正义与友爱都意味着平等：正义的平等首重比例，友爱的平等首重数量。就公民间的交换来说，如果它是平等的首先需要是自愿的，因为这种交换必须令每一方都受益。人们显然是因为会从中受益才会自愿加入一种交换活动。因此，自愿便成为法律所依据的尺度。法律对公民间自愿达成的契约和交易不加干预，因为在这种契约与交易中，没有哪一方会像那个以为琴师会弄错自己演奏音乐的目的、因此不给他预先许诺的报酬的国王那样，把自己的或对方的在这种交易或交换活动中的目的弄错。这种意愿，亚里士多德把它看作公民之间的交易或交换上的平等的第一个指标。意愿的平等性在这里的涵义就是，每个参与交换的人都要在他确定的、对方也充分明了的那个交换目的上受益。如果有一方不是在他期望的那个交换目的上受益，一个交换活动就是不平等的。平等的另一个涵义是双方事先商定交换的比例。如果每一方都被看作“有平等的机会去治理或受治理的”公民，显然它必须经过双方的商定。商定比例是将两个能力上不同等的人和两份不同等的资源平等化。只要这个平等化的比例不建立，交易就不可能进行。

如果自愿的交换和交易是公民间的基本的生活，那么显然这种生活中的基本的德性就是前面谈到的回报的正义。城邦就是由成比例的回报联系起来的，亚里士多德这样说，所以，人们要崇拜美惠女神，因为每个人都有责任以善回报善。回报是正义的而不是友爱的要求。友爱需要回报是因为友爱中也需要正义，友爱与正义不可分离。但是，亚里士多德也指出了这一点：友爱虽然同正义联系在一起，在交换上还是需要分清楚这两种不同的德性。你在饮用了店主的一杯咖啡后照价付钱，这是正义；你在几家店里再次选中这家店，来光顾它的生意，这里就有几分公民间的友爱；如果店主同你因此而建立了友好的关系，适当的时候送你一杯免费的咖啡，这就已经是私人的或伦理的友爱。这当然是就古代希腊和类似那种社会里只有狭小的公民交往关系的情况说的。但是，人们在实际的生活中时常会故意把这种公民间的交换表现得像伦理的友爱。这尤其常见于允许延迟付款的服务性交易中。人们免去了书面的合约，在交换时仿佛是像朋友那样相互送礼，但他们最终还是期求同样的或更多一些的回报。如果对方误解了这一点，以为可以免除回报的责任，就必定引起纠纷。原因在于，在交换这件事上，人们都想表现得像在别的事情上那样行为高尚，但是他们实际选择的却是得到期望的利益。回报似乎就是公民生活中的最基本的德性。所以，亚里士多德说，如果能够，对所接受的东西应当给予回报，因为我们不能违反一个人的意愿地与他交朋友。

三、伦理学与政治学

在《尼各马科伦理学》第10卷最后一章，亚里士多德把伦理学看作一项尚未完成的对实践事务的研究，关于要继续的研究，他认为是立法学。亚里士多德关于伦理学与立法学的这种联系的说明专深奥涩，需要特别加以解读。

亚里士多德说，研究人的实践事务，沉思和知道了善与德性是什么、是怎样的还不算完成，实践沉思所得的和所知道的东西才算完成。仅仅知道善或幸福是什么，德性是什么，这研究只是有了一个起点，重要的还是通过实践去获得它们。因为，获得关于幸福与德性的知识虽然足以使那些在道德上优秀的人去追求德性和好的、高尚的事物，它却无力使多数人都这样做。多数人并不知道高尚生活的快乐，因为他们从来没有经历过这样的快乐，他们不去做坏事不是出于羞耻感，而是因为惧怕惩罚。所以，多数人需要通过某种学习来养成一种亲近德性的习惯。然而，一个人如果不是在健全的法律制度下成长的，就很难使他养成这种习惯。即使是成年人，如果不是在这样的法律制度下生活，也不容易保持这种习惯。所以，最好是有一个共同的法律制度来正确地关心公民的成长。因为，法律可以使人变好。但是，即使不存在这种共同的关心因而这样的制度受到忽略，一个人也应当关心自己的孩子和朋友的德性的提高。如果他懂得立法学，就是说，懂得好的法律制度会使人亲近德性，他就更能做到这点。这需要他把那些共同关心的生活规则建立成为制度。父亲法与城邦法是同一个道理，而且由于有父亲对子女的恩惠，父亲的约束作用比法律更大。家庭中的教育都是个别教育。这种教育比共同教育更好，因为个别的关照总比共同的教育更有帮助。但是如果懂得了总体的原理和其他的相似例子，就能更好地提供这种个别的关照。所以，不是任何人都能够使自己的子女或邻人的德性提高的，只有懂得立法学的人才能做到这点。立法学以及整个政治学其实都是实践理性的有德性的活动的结果，就是说，是运用明智的思考活动与实践。但是这种立法学的明智在声称教授政治学的智者们那里是学不到的，因为他们从来不实践。所以，他们以为政治学就是修辞学，甚至还不及修辞学。然而，明智的思考显然是需要在实践中积累的治理经验的。但是，从直接从事治理的政治家们那里也学不到这种明智。因为，他们依赖的只是经验而不是理智。他们甚至不能把自己的儿子教育成政治家。所以，要懂得立法学，就要自己把立法学同好的政制问题放到一起来研究。也许最好是分成几个步骤来进行。首先，研究前人对于政制问题的探讨。其次，比较地研究不同的政制，研究哪种政制因何原因导致了好的治理，哪种政制又因何原因导致了坏的治理。最后，将这些政制、它们各自的法律以及在这些法律下形成的习惯风俗，排列一个优劣次序，这样便可以理解何种政制最好、最能使人养成亲近德性的习惯。

至少对亚里士多德来说这一点是足够真实的：如果伦理学是动物学的完成，那么政治学就是伦理学的完成（实现）。实践的研究分为两个基本的步骤。第一步是思考什么是人的善或幸福，以及这种善或幸福存在于何种活动之中。这是对人的善或幸福的沉思，是伦理学的研究。对这一步的研究不应抱过高的目标：这种沉思可以使一部分道德优越的人追求这种善和德性，但是对多数人来说它既显得超渺，也不会产生行动的力量。在多数人中间，它倘若能够使一个具备了做一个好人的条件的人有了一部分德性，就已经让人满足了。第二步是研究如何实践沉思所获得的东西，研究何种政制能使人们亲近德性和获得属于人的善或幸福。这是政治学的研究。但是政治学其实是对这种研究的一个不恰当的命名。因为，这种研究中主导的部分是立法学，然而由于政治家们的活动在城邦中十分显著，这种研究便被称为政治学了。在政治学中真正应当被称为政治学的那个部分亚里士多德没有重新命名，但是称之为治理学也许不会违反他的想法。治理学又有两个部分：一部分是咨议性的，另一部分是裁决或实行的，即今天所说的行政的。这些研究都是明智的运用，所以，明智决不仅仅是同一个人自身相关的，它同普遍的立法学、同从属于它的治理学也相关。没有明智的人当然不可能从事这些研究。政治学的研究仿佛是以属于人的最高的善的实现为目的的一种高尚的研究。

亚里士多德在《尼各马科伦理学》以及《政治学》中完成的伦理学研究是初步的，但它的成就令人惊叹。这部著作是人类思想历史上为数不多的经典性著作之一。它是人类伦理学思考史上的一块坚实的基石。它对于人类文明史的贡献是经久永存的。

思考题：

1. 怎样理解《尼各马科伦理学》关于人特有的活动与实践的观点？
2. 怎样理解《尼各马科伦理学》的理性与经验相结合的研究方法？

3. 按照亚里士多德的观点，伦理德性与理智德性有哪些重要的分别？
4. 试说明亚里士多德关于中道的理论。
5. 试说明亚里士多德关于三种不同性质的友爱的观点。
6. 试说明亚里士多德关于总体的正义和具体的正义的观点。

参考文献：

1. ［德］黑格尔．哲学史讲演录．新 1 版，第 1 卷．北京：商务印书馆，1981
2. ［美］梯利．西方哲学史．北京：商务印书馆，2001
3. ［英］伯内斯．亚里士多德．北京：中国社会科学出版社，1989
4. ［英］J. A. Stewart. *Notes of the Nicomchean Ethics of Aristotle*. Oxford，Clarendon，1892
5. ［英］罗斯．亚里士多德．北京：商务印书馆，1997
6. 周辅成主编．西方著名伦理学家评传．上海：上海人民出版社，1987

第三章

希腊化和罗马时代伦理思想

当一个人年青的时候，不要让他耽搁了哲学研究，当他年老的时候，也不要让他对他的研究发生厌倦，因为要获得灵魂的健康，谁也不会有太早或太晚的问题。说研究哲学的时间还没到或已经晚了，就像说享福的时间还没到或已经晚了一样。所以青年人和老年人都应该研究哲学，老年人通过回忆过去的愉快，仍然可以在好的事情上是年青的，而青年人由于对将来无所畏惧，也可以同时既年轻又年老。

——伊壁鸠鲁

公元前323年至前31年，大体上是从亚历山大帝国的建立到罗马共和国解体的近300年，史称“希腊化时期”。在此时期，希腊本土虽然失去了自由城邦的独立性，成为外邦人角逐和争斗的舞台，但随着亚历山大帝国的建立和扩张，希腊的社会制度、哲学思想和文化艺术，却传播到欧、亚、非广大地域。希腊化时期的伦理思想融合了以埃及、小亚细亚为代表的东方思想，同时又是古希腊伦理思想的延续、改造或变形。此一时期直至罗马帝国时代，其理论形态主要表现为快乐主义、德性主义和怀疑主义以及晚期的新柏拉图主义。与古希腊人相比，罗马人对抽象的哲学沉思并无太大兴趣，也缺乏连贯协调的伦理学体系，他们所关心的只是行动的正当性，比较重视法学和法律体系，因而既因袭了自我意识哲学传统，又滋生出夸张的世界主义和神秘主义，在理论上往往带有矛盾、困惑和折中主义的特征。

古希腊的伦理学侧重于美德研究，并注重道德的社会性要求，柏拉图和亚里士多德都主张，人的美好生活必须通过参与城邦生活才能实现，因为“人是城邦的动物”①。但是，随着亚历山大的远征和马其顿王朝的崛起，城邦奴隶制纷纷瓦解，城邦的自由伦理也失去了根基，为城邦而战、忠诚于城邦的公民美德也成为无源之水，道德哲学不得不退回到自我意识，个人在心灵深处感受到惟有依靠自己方可得到慰藉；因此更迫切需要人生目的的科学理论，更迫切需要保证个人幸福的智慧。罗马时代伦理思想以不同的形式倡导个人价值，高扬个人的独立和心灵自由。总之，“在这个沿袭前人并无创造力的时代，形成研究中心的完全是个人伦理学”②。

第一节　快乐主义

希腊化时期的个人伦理学是从苏格拉底伦理思想中分化产生的。苏格拉底思想作为创始期的伦理思想，包含着多元的、探索性的甚至矛盾的内容，所以在他之后，他的弟子分立门户，各执一说，对他的思想作了各种不同的甚至相反的解释，产生了苏格拉底之后的所谓“小苏格拉底学派”。在小苏格拉底学派中最具代表性的是以亚里斯提卜（Aristippus，公元前435—前350）为代表的昔勒尼学派（Cyrenaic School）和以安梯昔尼为代表的昔尼克学派（Cynic School）。后者即人们通常所说的“犬儒学派”，我们将在下节中介绍。本节主要介绍昔勒尼学派和由此发展而来的伊壁鸠鲁学派（Epicurus，公元前341—前271），它们是快乐主义的重要代表学派。

一、亚里斯提卜和快乐论

昔勒尼学派因其创始人亚里斯提卜出生于希腊城邦昔勒尼（今属利比亚）而

① ［古希腊］亚里士多德：《政治学》，1253a。

② ［德］文德尔班：《哲学史教程》，上卷，221页，北京，商务印书馆，1996。

得名。早期的昔勒尼学派具有享乐主义倾向，后期则更加强调理智的快乐，形成伦理学中的快乐论学说。昔勒尼学派在哲学观上持感觉论的主张，认为个体的感觉是人所能知道的一切，是判断一切的标准和生活的目的。但是，他们所讲的感觉并不只是认识论意义上的“感觉”，还包含了带有情感意义的内在感受，着重于内在的情感体验，因此并不完全等同于智者学派的感觉论。西塞罗敏锐地察觉到了这一区别，他说：“普罗泰戈拉关于判断的根据的观点认为真理是对每个人看起来是真实的东西；昔勒尼学派的观点却不同，他们认为任何东西都不能这样加以说明，而只能根据内在的情感说明”①。

在苏格拉底的“善”概念中包含了功利性的“快乐”因素，但他却没有做更具体的规定。昔勒尼学派则将这种快乐因素加以扩展，把生活中的快乐和痛苦的情绪性感受视为惟一对象。昔勒尼学派与同门的昔尼克学派正相反对，两派间经常有交锋。据载，有一次昔尼克学派人物第欧根尼（Diogenes，公元前 404—前 323）正在洗菜，看到亚里斯提卜走过，就对他喊：“你要学会做你的饭菜，你就用不着向国王们献殷勤了”。亚里斯提卜还口道：“你要是知道怎么同人们交往，你就用不着洗菜了。”亚里斯提卜的回答，虽然没有直接说出快乐是什么，但他强调善于与人交往、免除体力劳动也属快乐，这就意味着他的学说把个人的享受与快乐视为值得追求的，并且不择手段地获得现世的快乐也并非不可取。

亚里斯提卜认为肉体的快乐比精神的快乐更强烈，所以肉体的快乐优于精神的快乐，而且他还相信，只有现实的、眼前的、感性肉体的快乐才是真实的快乐。亚里斯提卜也注意到现实生活中痛苦是不可避免的，要求得快乐，必须善于辨别和避免痛苦，为此，知识还是必要的。凡是有知识的人，必然慎重，能够得到多于痛苦的快乐。但与苏格拉底不同，昔勒尼学派只把知识当作手段，知识的价值只在于它能使人更加充分地享乐。而且，他们还注意到并非每个智慧的人都生活快乐，每个愚蠢的人都生活痛苦，个人只要享受他自己的特殊快乐就够了，为此，他区分了快乐与幸福，认为“作为人生目的的快乐总是个人的特殊的快乐，它是由其自身理由而被人追求的；幸福则是全部特殊快乐的总和，包括过去和未来的快乐；幸福不是由其自身的原因，而是因特殊快乐而被人追求，可是产生一定快乐的事情往往也带有痛苦的性质，所以积聚快乐得到幸福也是一种包含痛苦的烦心的事情”②。

亚里斯提卜强调感性的、现实的快乐享受，主张快乐是善，即是应该追求的东西；不快乐或痛苦是恶，即是应该避免的东西；没有快乐和痛苦，这既不是

① ［古罗马］西塞罗：《学园问题》，第 2 卷，第 42、131 节。

② 汪子嵩等：《希腊哲学史》，第 2 卷，582 页，北京，人民出版社，1993。

善，也不是恶。因此，亚里斯提卜被视为伦理享乐主义的创始人。

色诺芬在其《回忆录》中记载道，亚里斯提卜只想过一种悠闲恰静的快乐生活，既不愿统治人，也不愿受人治理：因为被人统治要忍受苦累，而做统治者则要过劳碌的政治生活。但是，也有后人指出，亚里斯提卜并非隐身于世外的人，“他不仅仅是一个善于随机应变、精通世故的人，在寻求享乐手段的问题上，不论是光明正大的还是歪门邪道的，或者在找到一种恰当而巧妙的说法为自己的行为辩护，他从来不会感到不知所措；他是一个擅长于应付各种局面的人”①。可见，亚里斯提卜留给人们的印象是多重的，这也反映出他们的学说中包含了令人产生多种歧异性理解的因素。

后期昔勒尼学派开始强调理智的快乐，否认感觉的快乐，甚至走向了悲观主义。例如赫格西亚（Hegesias）认为我们很难不在感受快乐的同时感受痛苦，纯粹的快乐是绝难企求的，因而他主张与其历遍生活的艰辛，不如自杀。据说他在亚历山大里亚讲学，导致了许多人自杀，被人称为“死亡顾问”。虽然如此，这个学派因为与时代的密切联系，因而产生了比它形成时期更大的影响，以至催生了延续几百年的伊壁鸠鲁快乐主义伦理学说。

二、伊壁鸠鲁主义

伊壁鸠鲁有句名言，“我们等待着吧！”就是强调，一切意见或辩论的分歧都要等待经验的检验。他在自然观上，继承了德谟克利特的原子论，但做了重要修正和发展。伊壁鸠鲁的原子论在物理学上还是原始的，但正如马克思所分析的，伊壁鸠鲁的独特思想推翻了对神和对外在必然性的宿命论，冲击了世俗的命运观念；它在希腊民族精神发展的重要时期提出了“能动性原则”；充分肯定了人的主动性、独立性和自由。“伊壁鸠鲁是最伟大的希腊启蒙思想家”②。就像他坚持经验地看待自然一样，伊壁鸠鲁也主张唯物地、实证地考察社会和人生问题。他相信，生活并不需要一套观念体系和空虚的假设，而在于没有迷乱地生活。正如生理学的任务一般是研究最主要的事物的根源，幸福也是建筑在关于星辰的知识上面的。他批评那些迷信天命和灵魂不朽的人“无知”，“陷入占星术者的虚妄解说和役隶式的戏法”，“投身在神话的怀抱”，“为了毫无意义的事情而枉费精神”。伊壁鸠鲁指出，天体不过是聚成一堆

伊壁鸠鲁

① ［德］E. 策勒尔：《古希腊哲学史纲》，123页，济南，山东人民出版社，1992。

② 《马克思恩格斯全集》，中文2版，第1卷，63页，北京，人民出版社，1995。

的火，它有生有灭，不要相信天体上会有幸福和不朽，不然就会引起灵魂的纷扰。黑格尔充分肯定了伊壁鸠鲁思想的积极意义，认为“伊壁鸠鲁哲学对它的时代所产生的影响是：它反对了希腊、罗马人的各种迷信，使人们超出了这一类迷信。所有这一类的胡说八道，像鸟向左或向右飞，兔子横穿道路，根据动物的脏腑、或者根据鸡是否活泼决定人的行动等等——这一切迷信都被伊壁鸠鲁的哲学所粉碎，因为它只承认那种根据预想通过感觉而证实的东西；尤其是那些完全否定超感性事物的思想，是从伊壁鸠鲁哲学而来的”①。

伊壁鸠鲁伦理学的中心是人生问题。他认为，人生的目的就是追求快乐，快乐就是人生最高的善，他说：“快乐是幸福生活的开始和目的。因为我们认为幸福生活是我们天生的最高的善，我们的一切取舍都从快乐出发；我们的最终目的乃是得到快乐”②。快乐是幸福人生的开端，也是其终结，因为快乐是惟一的生而为善的东西。由快乐出发，人们开始了各种选择或取舍，并把快乐的感觉作为标准，判断一切善，所以，快乐也是人生的全部归宿。

但是，伊壁鸠鲁所说的快乐，并不是指奢侈放荡的快乐，而是指“身体的无痛苦和灵魂的无纷扰”。他所说的快乐主要是指持久的、不伴随或较少伴随痛苦的快乐，即心灵的快乐。伊壁鸠鲁有句名言：“凡是必要的，也就容易满足；凡是难以满足的，也就是不必要的。”③ 他所说的快乐是一种“自然的快乐”，指身体健康与灵魂平静。他向人们提出了借以宽慰的乐观的生活目的，倡导一种严肃的、简朴的生活方式。亚里斯提卜所强调的主要是现时的、即刻的快乐，而伊壁鸠鲁所说的心灵的快乐则无须假借外物，也不会因缺少而困扰，人们在心灵的快乐中就可以实现真正的自由。他曾指出，每一种快乐就其本身的性质而言，都是一种善，但这并不表示每一种快乐都值得选择；就像每一种痛苦都是一种恶，但并非每一种痛苦都应该被规避。取舍何种快乐或痛苦就体现了一个人在精神上的自由程度。塞涅卡高度推崇伊壁鸠鲁的这种人生态度，他写道：“至今我们还应该照着伊壁鸠鲁重复说，为了获得真正的自由，汝应献身于哲学。一个能够虚心服膺哲学，并整个献身于哲学研究的人，他无须乎长久等待，他立刻就会变成自由的，因为献身于哲学本身就是自由”④。

伊壁鸠鲁主张对欲望作出分类。他说，我们必须认真思考这样一个问题：在

① ［德］黑格尔：《哲学史讲演录》，第 3 卷，70 页，北京，商务印书馆，1959。

② 周辅成编：《西方伦理学名著选辑》，上卷，103 页，北京，商务印书馆，1987。

③ 残篇 67。

④ ［古罗马］塞涅卡：《塞涅卡全集》，第 2 卷，24 页，剑桥，剑桥大学出版社，1984。

欲望中，有些是自然的欲望，有些则是不必要的欲望。自然的欲望又有两种：一种是不可或缺的欲望，另一种只不过是自然的欲望而已。而且，在不可或缺的欲望中，又有对于得到幸福必不可少的欲望、对于解除身体的烦扰必不可少的欲望，以及生存和为了生存所不可少的欲望等三种。伊壁鸠鲁认为，人们应对惠顾人类的自然心存感激。为什么呢？因为自然把绝不可缺少的东西让我们轻易得到，而将极难获得的东西当作不必要的东西指示给我们。显然，伊壁鸠鲁并不反对满足欲望，只是对欲望做了严格划分。只有那些必不可少的或者说不可或缺的欲望才是必须满足的，其他的欲望即便没有也不会给生活带来不便，相反，控制这些不必要的欲望才是获得真正快乐的前提。

伊壁鸠鲁认为，个人是一切活动的目的，惟一无条件的善就是那一切生物所努力追求的快乐，惟一无条件的恶就是那一切生物所极力回避的痛苦。但此处他所说的快乐不是指个人对快乐本身的感受，而是指整个一生的幸福。因此，在他那里，快乐的真正意义只是在于消除某种痛苦，达到内心的安静。他宣称，即使在天然的欲求中，也只有一部分欲望是必要的，而大多数欲望则是不合天性的和无益的。为此他提出要设立一些生活戒律，以使个人摆脱偏见和限制自己的欲望，从而获得知足，并独立于外部世界而生存。他本人就过着这样一种不寻常的有节制而自足的生活。

伊壁鸠鲁告诉人们：神根本不关心人，对人们生活中的善与恶也概不过问，人不必相信各种占卜、迷信、祭祀，而应相信自己的感受。当时不少人相信命运之类的东西，伊壁鸠鲁对此表示不以为然，他认为，有些事物是由于必然性而发生，有些事物是偶然的，有些事物取决于人们本身的力量。因为他看到对必然性的依赖会取消（道德）责任，而偶然性和幸运又显然是不稳定的，他用“自由”来描述人们的行为，只有出于自由的行为才可以给予奖励和责罚。① 总之，伊壁鸠鲁学说的宗旨是要使他的信徒产生一种个人自足的状态，真正的幸福在于避免一切痛苦、烦恼和忧虑。②

对死亡的恐惧常常支配着人们的行为。由于怕死，人们试图防范他人，求得安全，对安全的追求又导致人们追逐权力、财富和荣誉，并使得人们时刻害怕失去它们。人们用不断的活动与竞争占据身心，以对自己隐瞒对死亡的恐惧。对此，伊壁鸠鲁指出人们没有认识到对死亡的恐惧是人基本的动机。事实上，每个

---

① 参见［古希腊］第欧根尼·拉尔修：《名哲言行录》，第10卷，第133节，伦敦，黑恩曼恩出版公司，1925。

② 参见［美］萨拜因：《政治学说史》，上册，169页，北京，商务印书馆，1986。

人都“逃避他自己”，人们需要有东西来占据自己的身心，以使自己从对自身和对恐惧的无法忍受的沉重意识中脱身出来。而要消除恐惧，惟一正确的方法是清楚地认识宇宙的本来面目，“一旦我们确信宇宙不是由决定或修正自然过程以适合我们自己目的的诸神所控制，并且我们也不会在死后存在下去，那么我们就会将自己从恐惧中解脱出来。如果我们有理由相信这一点，那么（在他看来）我们就没有理由认为死亡会对我们造成任何伤害；因此我们没有理由去害怕死亡；因此我们将不再害怕死亡”①。伊壁鸠鲁借此指出，达至快乐生活不在于获得财富，恰恰相反，要改变思维，学会从无限攫取型的追求中退缩，改变抱怨、不足、懊悔的心态，转向满足、感激的心态。

伊壁鸠鲁相信，友爱是因自身而被想望，可以给人带来快乐，是值得追求的。但是，为了获得友谊，友人间必须相互扶助，无论在什么时候都等待朋友的援助或者完全不给他人友爱与援助的人，都不能称为朋友。前一种人只是向他人出售施恩惠的机会，单纯地乞求他人的帮助；后者则切断了一切与将来有关的期待。

在社会政治观上，伊壁鸠鲁提出了“社会契约”的主张。他认为，个人与社会的关系如同相互约定的关系，个人并不先天地弱于社会，也不必事事服从社会，个人与社会是平等的。个人出于自愿，与社会结成关系，个人与社会的关系体现了个人的自主意识。这里也第一次提出了国家起源于人们相互间的契约，起源于社会契约的观点。②

心的平静与身体的无痛苦是静的快乐，喜悦与欢喜都是在活动中作为动态而被承认。伊壁鸠鲁的快乐观与昔勒尼派大不相同，后者并不承认静止的快乐，而只承认动的快乐。伊壁鸠鲁则相反，无论是来自灵魂的还是身体的两方面的快乐（即静的与动的），他都承认。此外，昔勒尼派认为肉体的痛苦比灵魂的痛苦更恶，理由是：犯了过错的人所接受的惩罚都是体罚——针对身体的，伊壁鸠鲁却主张灵魂的痛苦更恶，因为身体只在惩罚来临时才感到痛苦，而灵魂在惩罚完了之后、在惩罚时甚至接受惩罚前都感到了痛苦，因此伊壁鸠鲁认为，在快乐方面，灵魂的快乐也更深刻和持久。

伊壁鸠鲁学派的继承人卢克莱修在诗集《物性论》中极大地发挥了该学派的思想，他认为，一切形式的社会生活，包括政治、社会制度、艺术、科学等，都来自人的智慧，但卢克莱修并未将此发展为积极入世的理论，在伦理学上也没有

---

① ［美］特·欧文：《古典思想》，180页，沈阳，辽宁教育出版社，1998。

② 参见《马克思恩格斯全集》，中文1版，第3卷，147页，北京，人民出版社，1960。

取得太大建树，故在此略去不述。

三、快乐主义的困境

快乐论的哲学基础是感觉论，按照伊壁鸠鲁的说法，“一切感觉都是真理的报道者”，感觉不仅是主观的，而且也是因人而异的，只有相信每个人的感觉都有效，才能将快乐建立在感觉之上，快乐才有普遍的依据。但是，说快乐就是善，而快乐之感觉，即每个人的感觉又常常冲突，善就可能成为每个人自己的感受，其结果就将导致善最终消亡在诸多相互各异的感觉之中。第欧根尼·拉尔修为此批评道：“事实上，相同的感性知觉（不能推翻另一个）和它相同的感性知觉，因为它们有相同的效准，而不同的知觉也不能推翻不相同的；因为它们所判断的并不是相同的东西。一般讲来，一个感性知觉不能够作为另一个感性知觉的评判员，因为我们要同等地听取两方面的报道。但是理性也不能作为感性知觉的评判员；因为理性本身是完全依赖于感性知觉的。”①

快乐主义经历了由享乐主义向理智主义、由追求感官享受到注重精神安宁的发展。早期的昔勒尼学派鼓吹赤裸裸的物欲和感官享乐，但后期则开始意识到感官享乐的局限性和双重性，承认痛苦与快乐相随，感官享乐总是短暂、有限的，于是转向探寻精神内心的快乐，尤其是伊壁鸠鲁对“不动心”的强调代表了快乐论的终极发展。行为的目的是从痛苦和慌乱中抽象出来、脱离出来——不动心，因而善就是恶的逃避，快乐就是痛苦的消除。然而，如果快乐就是不动心，就是心无旁骛、心如止水，那么这种快乐又是怎样的快乐呢？不动心相对于动心，动心就是心为外物所动，不动心即不蔽于外物，那么，不动心不仅超越了感官的感受，也超越了精神的感受，“快乐”就成了可以被替换掉的代名词，例如替换成“苦行”、“禁欲”等也未尝不可，这样，快乐论的逻辑又导致了对快乐论的基础——感知和判断的根本否定。

快乐主义所说的“快乐”无论是感官的快乐还是精神的快乐；无论是短暂、现时的快乐还是长久、永恒的快乐，都立足于个人，归结到个人，却鲜有与社会幸福、社会利益相联系的，这样的个体意义上的快乐并不具有现实性和真实指导意义。这也是快乐主义常常为人所诟病之处。

不少快乐论者并非人们通常以为的那样，都是低劣卑下的人。伊壁鸠鲁孜孜以求去规范自己的欲望以使得他的欲望不会依赖于外部的运气，他也不害怕丧失世俗的好处，“因为他并不需要很多这类好处；因此，他不会受到诱惑而像个懦

---

① ［古希腊］第欧根尼·拉尔修：《名哲言行录》，第10卷，第31节。

夫那样行事。他在朋友的集体中发现相互帮助与快乐，所以，他培养友谊”①。但是，正像西塞罗所批评的，享乐的观念本身是卑微的，而追求享乐就是将道德生活建立在一个非常有限的、与感官连在一起的原则之上。作为一名斯多亚主义者②，西塞罗主张，惟有至善的标准是值得推崇的，灵魂的最高境界，包括谨慎、公正、热忱（勇敢）、自制力，都从不把享乐作为目的，而这种至善的道德境界是快乐主义伦理学说难以解释的。快乐论的最大困境涉及伦理学的本质问题：如果将伦理、道德的标准和根据建立在快乐——无论是物质、感官快乐还是精神、灵魂快乐——基础之上，伦理学的终极意义就将消解，这也是古往今来的快乐论者必须正视且难以给出令人满意答案的根本问题。

第二节　德性主义

在苏格拉底之后出现的小苏格拉底学派中，与昔勒尼学派相对立的是昔尼克学派。这个学派是由安梯昔尼（Antisthenes，公元前445—前365）创立的。因其曾在雅典郊外的昔诺萨耳革斯（Kynosarges）体育场讲学，这个体育场名称的字根为kyon，意思是“狗”，“昔尼克”的原文是kynikos，意思是“狗的”，因此昔尼克派又被称为“犬儒学派”，它是德性主义的主要代表学派。据说安梯昔尼从苏格拉底身上学到了刚毅的意志以及对感情的漠视。德性主义的另一个重要代表是斯多亚派（Stoic School）。斯多亚派最初是犬儒主义的一个流派，他们之所以脱离犬儒学派，是因为犬儒学派的自然主义导向了近似原始的生活，使得人们的生存有失体面。斯多亚派由芝诺（Zeno，公元前334或333—前262或261）创立，因为芝诺及其弟子们经常在“画廊”（stoa poikile）聚合而得名。芝诺原是犬儒学派克拉克（Crates，约公元前365—前285）的学生，虽然芝诺创立了新的学派，但他的思想中已深深地打上了犬儒学派的印记。芝诺及其门徒构成了早期斯多亚派，中期斯多亚派兴盛于公元前2世纪中叶至公元1世纪末，代表人物有巴内修（Panatius，公元前180—前110）。公元1世纪至2世纪为晚期斯多亚派，塞涅卡、爱比克泰德（Epictetus，公元50—130）、马可·奥勒留（Aurelius,

---

① ［美］特·欧文：《古典思想》，194页。

② 也有人认为西塞罗属折中主义，因为他反对伊壁鸠鲁主义，但动摇在斯多亚派和学园—逍遥派之间。

公元121—180）是其重要代表。犬儒学派和斯多亚派都非常重视德性，提出了建立在理性基础上的个体德性论的主张。

一、理性与德性

安梯昔尼把苏格拉底的伦理思想推向了另一个极端，即将善视为人的惟一本质，认为世界上除了善人就是恶人，此外没有第三种人，善和恶是绝对对立的。因为有道德的人能自满自足，无所需求，所以凡是能够超然于一切欲望之外的人，才是有道德的人。为此，他主张返回“自然人”的原始生活中去，反对现实社会的一切规范束缚，主张避世绝欲。他们的日常生活也放浪形骸，有的门徒甚至过着和动物一样的起居生活，故被称为“犬儒”。

犬儒学派是个松散的团体，由自愿选择过贫困且惊世骇俗生活方式的人们组成，犬儒都是流浪者，四海为家，但他们又兼具教师和通俗哲学家的双重身份。他们并不看重著书立传，却通过自己的言行教授他们的信念。他们认为，除了道德品质，一切都无关紧要。“犬儒学派认为无关紧要的事物包括财产和婚姻、家庭和公民身份、学识和声誉，简言之，就是文明生活恪守的一切信仰和习俗。于是，希腊社会生活的一切通常的差别都受到了摧毁性的批判。”①

“自足”（self-sufficient）是犬儒学派的精神追求。自足即在理性指导下的自我满足、独立无待。安梯昔尼效法苏格拉底的个性，认为美德对于幸福来说已经足够。对一个人而言，惟一的善就是专属于他的东西，即他的思想或精神财富，其他一切如财产、健康、荣誉等在本质上都不是善。他和他的继承者们都过着一种近似乞丐的生活，无固定住所，无蔽体衣物，随遇而安，追求的是内在的心灵自由。

安梯昔尼的学生第欧根尼力图证明，人类个体可以在自己身上找到快乐，不需要任何外在的他物，即既不需要他人，也不需要社会规范。据载，亚历山大大帝在同第欧根尼交谈了之后说道：如果我不是亚历山大的话，我就想成为第欧根尼。

后期的犬儒学派有所改变。他们不再像他们的先人那样只是强调抑制欲望和特立独行，与世人格格不入，他们开始吸收斯多亚派的主张，用诗歌、哲学介入社会生活。当然，他们并没有完全放弃他们自己的道德理性主义和现实批判主义。克拉克在师从第欧根尼，转向犬儒学派之前，原本非常富有，在第欧根尼的影响下，抛弃了钱财，采取了犬儒式的生活方式。但他使极端激进、与世人对立的早期犬儒思潮转向比较温和、易为公众接受的新犬儒。不过，据琉善（公元120或125—180或200，罗马时代的无神论者）的观点，到罗马帝国时，有许多

① ［美］萨拜因：《政治学说史》，上册，174页。

奴隶不堪终日劳作之苦，纷纷加入犬儒队伍，这样，既可以省去劳作之苦，又可获得哲学家之名，这就使得后期的犬儒主义者鱼目混杂。

其实，琉善本人对犬儒学派很不以为然，极尽嘲讽之能事。他说，要做一个合格的犬儒，“你必须特别具备的是这样的品质：鲁莽行事，把所有的人一个个辱骂，管他是国王还是平民，这样，他们会重视你，认为你很勇敢，言辞要粗野，声音要吵闹，简直像狗那样咆哮。脸要绷起来，步态要和面容相称。一句话，各方面都要显得野蛮和凶狠。让耻辱、温和与节制统统滚到一边去，把羞愧的颜色从脸上完全抹掉。到人烟最稠密的地方去，愿意在那里孤零零地生活，不和朋友或客人接近，因为那会瓦解自己的王国。要敢于在众目睽睽之下做别人不敢在暗中做的事情，采取更可笑的方式来满足你的情欲”①。

犬儒学派为德性而德性的主张被斯多亚派所继承。斯多亚派的德性建立在来自自然的理性和共同的人性之基础上。他们还假定，对一个人来说好的生活就是依照本性的生活，人的目标不像动物的目标，动物的目标是一连串无自我意识的、不协调的欲望；相反，能动主体学会了用理性来组织与安排以满足他的欲望；一旦他看到了满足某些欲望与满足另一些欲望相冲突，理性就来修正他的欲望。“在工具性地使用理性之后，为了满足他的欲望，他开始出于理性自身的缘故尊重理性的实践。如果我们被告知我将不用为我的生活制定理性计划，因为我要通过计划达到的每一事物将在毋需计划的情形下提供给我，那么我将认为我被剥夺了某种对我至关重要的东西——通过运用我自己的理性来控制我生活的可能性。”② 在斯多亚者看来，所谓德性，一般地说，对所有的事物来说都是指一种完成，就像雕刻的完成一样，在这种完成中，包含与思虑类似的知的内容。因此，德性是与理性相联系的。

德国哲学史学家文德尔班指出：“斯多亚派形成了克服人内心世界过程的更深刻的概念。肯定地说，在开始时，他们充分承认犬儒学派对于身外世界一切财富的漠不关心，有德性的圣人的自我克制一直作为一个不可磨灭的特征铭刻在他们的伦理学上。但是很快，他们便以带有浓厚的亚里士多德色彩的、感情冲动的、敏锐的心理学，磨掉了犬儒学派激烈的自然主义的锋芒。与个别灵魂的特殊心境和活动相对立，他们比这位斯塔古拉人（亚里士多德）更加强调个别灵魂的统一和独立。因此，对他们说来，人格第一次成为了决定性的原则。”③

---

① ［古罗马］琉善：《琉善哲学文选》，66页，北京，商务印书馆，1980。

② ［美］特·欧文：《古典思想》，211页。

③ ［德］文德尔班：《哲学史教程》，上卷，226～227页。

由于坚持理性与德性的关系，斯多亚派对激情做了全新解释。自柏拉图以来，大多数学者倾向于多元论主张，认为灵魂当中有理性、非理性双重因素，激情属于非理性成分，理性与激情互相独立而又相互对抗。但是，斯多亚派认为，人的灵魂是而且只是理性的，激情也是理性，不过是错误的理性，源于对宇宙理性的偏离或过于沉湎于外物，因此，理性与激情之间的斗争就是理性自身内部的冲突，这就意味着人是完全能够战胜激情的。

斯多亚派反对快乐主义将快乐视为善的标准的主张。其实，斯多亚派正是在与伊壁鸠鲁派的论战中发展起来的。他们提出，上帝根据自己的理性（宇宙理性）把世上万物安排得井井有条，人分享了神的理性，所以人具有了理性，人的道德就在于按理性生活或者说按本性生活。这种自然主义伦理学立场导致了一个巨大矛盾：人的道德是被决定的还是出于自身的意志？如果善是上帝的旨意，且是上帝为人安排好了的，人的行善就是必然的，从而无所谓行善，因为人没有行善或行恶的选择；如果人有理性并能对人产生实际影响，道德就是人的自由选择，那么，宇宙理性就成了多余。这一矛盾源于斯多亚学派目的论的哲学观与意志论的伦理思想的冲突。

晚期斯多亚派在一些重要方面不同于他们的前人。例如，晚期斯多亚派主要揭示人身上的软弱、空虚、沮丧，表现为消极、宿命论的色彩。他们不是强调积极入世，而是把目光投向上天，寻求上苍的救助，因此，容忍、赎罪、拯救等内容受到重视，这些都使他们与基督教思想有了契合之处。

奥勒留指出，一切哲学的说理分析，从实用的角度讲，是为了人能坦然面对任何意外事件，而不是使人像那些对自然本性一无所知的人一样，人云亦云，瞎说一气。因为“每当你面对什么问题的时候，你所思索的，只是自由地揭示其中含有的真实性”①。人的完善就在于使自己的理性发展，提升到同宇宙理性同一的程度，在现实生活中，也应表现出超然、达观的态度。因此，斯多亚派相信，只要以坚强意志对待外在的必然性不幸，人在最不幸的境遇中也可以是幸福的。

斯多亚派还提出了理想人格——“圣贤”（sophos），“圣贤”是把握了实在现象的人，对世界有着完备的知识，是经验丰富、博学多闻的人。这样的人对道德善恶有判断能力，对个人道德行为能够做出合乎自然本性的选择，从而在内心自由中获得幸福。斯多亚派所说的“圣贤”还包括了对自身行为的责任感、对他人的关心、相对于外部环境的独立性以及坚定忠贞等。“圣贤”提供了一种世俗的道德理想，这种道德理想大大影响了斯宾诺莎、休谟和康德等后世的哲学家们。

---

① ［古罗马］马可·奥勒留：《沉思录》，17页，北京，中国社会科学出版社，1998。

斯多亚派主张，一个理性主体要控制他的生活，并且用他的理性选择与能动作用来指导他的生活。“在大众尽享欢乐的节日里，我们应该严厉控制灵魂，命令它独立自处，制止享乐。如果一个人既不寻找那诱人堕落和引向奢华的东西，也不被那些东西牵着走，这就是他能够具有自己的坚定性的最确实的证明。”①西塞罗曾指出，即使哲学没有任何实际应用价值，也有必要研究哲学。因为“带有意识的实践，作为思考与行动的完美体现，它是通向实现我们神圣天命的一条道路。即使我们最终不能穷极真理，但我们对它的追求却是我们全部幸福的基础”②。伊壁鸠鲁要保护自己远离疾病、金钱、名利的危险，从而避免痛苦与焦虑。“斯多亚派则给出了一个不同的理由，论证说暴露于外部危险之下与理性计划的要求相冲突。如果我集中注意力对我的生活采取正确类型的态度与在我的作为中表现出正确类型的特性，那么作为一个理性主体去完成这一目标在我力所能及的范围之内，因为我能够完成它，不论外部灾祸是否会击倒我。因此，我将要去做一个有德行的人；如果我成功地做到这一点，我就达到我幸福的终极目标。”③

为了实现理性而有德性的生活，斯多亚派认为，自杀是正当合理的。因为如果活着的话，就要蒙受监禁、饥饿、疾病、无礼、羞辱，这些都是没有必要的，“一个有德的人的生活不会仅仅因为被延长而变得更幸福或更有德；一旦我已经达到了顶点，那么即使我在那里呆得更长也不能更多地达到顶点，所以，我不会因活得更长而获得更多的幸福”④。在某些条件下，自杀意味着从生活中“理性地离去”。罗马帝国时期，一些斯多亚派的领袖人物就是依照这一信念而行事的。斯多亚哲学伦理学经塞涅卡的发展，得到奥勒留的维护，最后为罗马提供了通向基督教的桥梁。

二、自然法和道德责任

自然法的前提是人在自然普遍规律面前的服从，体现的是普世主义观念和理性自制能力。在有关自然物体的观点上，斯多亚派接受了亚里士多德的学说和唯物主义的观点，认为形式具有与质料一样的实在性，这是亚里士多德的可取之处；主张每一真实的事物都是一个物质的物体，唯物主义的原子说也说出了真理。宇宙间发生的一切并非只是一个个独立事件，而是存在着某种秩序，这种秩

---

① ［古罗马］塞涅卡：《塞涅卡道德书信集》，洛布古典丛书，第1卷，117页，哈佛大学出版社，1990。

② ［法］皮·格里马尔：《西塞罗》，121页，北京，商务印书馆，1998。

③ ［美］特·欧文：《古典思想》，212页。

④ 同上书，216页。

序是恒定不变的，例如，河水向下流淌而不是向上流淌，苹果而不是土豆在苹果树上生长，“现在的事件由过去的事件依据规律来决定，而对于这些规律的完全随机的例外并不发生”①。人们的行为都有原因，原因使得该行为不可避免地发生，但是，有时我的选择也对这一结果产生影响，我就应当因我的这一行为而受到相应的赞扬或谴责。

斯多亚主义强调德性就是遵从自然之理，即保持生命整体协调的灵魂所处的状态，德性不是努力创造，而是恢复、显明人与自然、人与自身、人与世人的同一。斯多亚派提出依据自然而生活的原则，主张个人的自由有一个活动的限度，这就是服从命运这一必然性所安排的空间，自由不能摆脱必然性而独立，只能在必然性许可的范围之内实现。塞涅卡所谓“愿意的人，命运领着走，不愿意的人，命运拖着走”，正是表述了自由受制于必然，只有认识并遵循必然才有个人自由的意蕴。为此，斯多亚派提出了三条原则来达到心境平稳、宁静：(1) 要做到独立于事物之外（independent）；(2) 过单纯的日子（simple life）；(3) 顺乎自然（in agreement with nature）。

芝诺是第一个使用“责任”（kathekon）这个概念的人。从词源上说，责任派生于 kata tinas hekein（希腊语的意思是尽力而为），指人自身与自然的安排相一致的行为。有责任的行为是理性指导人们去做的行为，如热爱国家、忠诚朋友等；不负责任的行为是为理性所贬斥的行为，如冷淡父母、疏远朋友等。既非责任的也非无责任的行为，是指那些理性既不引导人们也不阻止人们去做的行为，如采用什么样的文体、拣一根枯枝等。②

斯多亚派将不同事物做了区分，他们认为，在存在的事物中，有些是善的，有些是恶的，还有一些是不善不恶的。善的事物为以下方面：思虑、节制、正义、勇气以及与德性有关的一切；恶的事物包括缺乏思虑、放纵、不义、怯懦以及与恶德有关的一切；不善不恶的事物指生与死、名望与不名望、痛苦与快乐、富裕与贫穷、疾病与健康以及与上述类似的东西。

塞涅卡曾说：“我们不应该像羊一样，跟随着前面的羊群，走上一条所有人都走的但却不是我们应该走的路。”③ 因为“把自己附属于前面的人群是危险的，只要我们每个人都更愿意相信他人而不是靠自己判断，我们从未为生活事物作出任何判断，而总是盲目相信，那么错误就会通过他人之手传过来，最后把我们卷

---

① ［美］特·欧文：《古典思想》，208 页。

② 参见苗力田主编：《古希腊哲学》，617 页，北京，中国人民大学出版社，1989。

③ ［古罗马］塞涅卡：《塞涅卡道德文集》，洛布古典丛书，第 2 卷，101 页，哈佛大学出版社，1990。

入毁灭”①。有史书记载，塞涅卡的日常生活非常简朴，饮食朴素，终生戒酒，睡硬床，洗冷水浴，每天跑步，这也完全体现了他不为财富、名利、享乐所累的简约和洒脱。

斯多亚派认为人是有理性的，上帝也是有理性的，因此在人的本性和整个自然之间存在着一种基本的道德上的一致。他们认为，根据自然、根据理性而生活是一种职责，是圣人必须履行的职责；是一种法律，是圣人必须服从以对抗感官上的爱好的法律。这种责任感，这种对“职责”的严峻意识，这种对高级秩序的认识是他们理论的精华。② 由此，斯多亚派修正了快乐主义的局限，强调理性要求人们把公共福利、共同的善置于个人的利益之上。斯多亚派所倡导的道德品质也成为了罗马人引以为豪的德行，如自制、平等、忠于职守和公德心等。

三、政治伦理和世界主义

犬儒派的创始人安梯昔尼主张道德兴邦。他认为，雅典的民主制是一种平民政权，存在媚俗的倾向，不能将真正好的官吏选拔出来，而当不能区别好人和坏人时，国家就离灭亡不远了。在政治观上，犬儒派主张“无为之治”，因为一种既不统治人、也不被统治的状态只能在人人自由、人人自主的情况下实现。有一则第欧根尼的逸事是这样说的：一天他惟一的奴隶马涅斯逃跑了，有人劝他去追，他却回答：“如果马涅斯没有第欧根尼可以活下去，而第欧根尼没有马涅斯就活不下去，这真是太荒唐了！”

但是，从整体上说，由于生活方式和哲学倾向的差异，犬儒学派在政治伦理方面鲜有建树，斯多亚派却提出了丰富的政治伦理主张。但与古希腊时期的城邦政治伦理思想不同，斯多亚派依据理性、自然法等概念，主张实现更加民主、平等、道德化的政治。理性是所有的人的共同本性，因此对所有的人来说，只有一种“法则”以及一个祖国，人类是一种社会的存在，生存于社会中就是理性的命令。“把部分与整体的关系，对应于公民与城邦、个人与帝国的关系，可以说是斯多亚哲学在帝国时代的新发展。皇帝代表整体统治世界，同时也就是按人性和理性统治，因为在罗马人的思维中，人性、本性、自然、整体是可以互相通融、等同的名词。”③ 例如在征战、混乱

斯多亚派的芝诺

---

① ［古罗马］塞涅卡：《塞涅卡道德书信集》，洛布古典丛书，第1卷，21页。

② 参见［德］文德尔班：《哲学史教程》，上卷，232页。

③ 朱龙华：《罗马文化与古典传统》，223页，杭州，浙江人民出版社，1993。

的世界中仍然保持对普遍意志遵守的古罗马皇帝、斯多亚主义者奥勒留就说："不符合蜂群利益的东西，也就不会符合单独每一只蜜蜂的利益。"① 因此，"不要放纵自己，永远保持诚实的动机和坚定的信念"②。

有人认为，斯多亚派提出的世界主义国家学说是为亚历山大建立的地跨欧、亚、非的大帝国和以后兴起的罗马帝国从理论上进行的论证，但实际情况并不是这样。虽然世界主义的政治诉求适合帝国政治而非城邦政治格局，但斯多亚派世界主义的立意并不在此。斯多亚派从对理性的思考中得出了世界主义的结论。他们认为，在自然中存在宇宙理性，即自然的秩序，人的理性是宇宙理性的分有和模仿，人的行为应努力遵照宇宙理性的要求，既然自然是统一的，人的社会也应是统一的。他们主张，在世界城邦中，要依靠理性来维持。这就不难理解斯多亚派为什么反对建立在占有他人财产（即私有制）基础上的奴隶制度，但并不反对建立在善恶贤愚基础上的奴隶制度。

世界主义的理想目标并没有使斯多亚派根本反对世俗政治，但确实使他们对现实政权保持了清醒的态度。西塞罗曾给城邦下了一个定义，认为城邦是"由对一种法律作出同样承诺和具有一致利益的人们联合组成的群体"。城邦政治的基础是公正，即给予每一个人根据他的法律地位属于他的东西。城邦的"公正"所惠及的人不只是有公民权的少数人，而是所有相关者或者说罗马共和国内的全体成员。

然而，在实际的政治生活中，每个人所起的作用又是确实不同的。对那些受命或受托执掌政治的人要有更高的道德要求。"由城邦构成的整个这座大厦其最高层是一些要人，他们的职责是促使各种美德（即各种优秀品质），包括睿智、谨慎、热忱、公正和自制力，臻于完美，没有这些美德，各种社会的目标，即组成这个社会的人们的幸福就不可能实现。这些高层人物是'巨擘'，是城邦的第一流人物，对他们的酬报是荣誉，是有生之年受到众人的尊敬，死后被接纳入幸福的灵魂之中。"③

为了保持各种政治力量的均衡，从而创造相对和平的环境，应有一个或两个政治家位居于激烈纷争的各派力量之上，他们得到全体公民的拥护，发挥出纯道德的、理性的权威。而且，根据公法的惯例，武力应该用于对外抵御国家的敌人，而对内只需通过合法的方式就足以维护公民之间的和睦，排除国内政治中武

---

① ［古罗马］马可·奥勒留：《沉思录》，63页。

② 同上书，28页。

③ ［法］皮·格里马尔：《西塞罗》，101页。

力和暴力的倾向。

西塞罗是一位著名的律师，曾为许多人做过无罪辩护。在为莫里那的辩护中，他发展出了这样的思想，即应当将适时性与道德准则进行比较：在内战威胁面前，“正直的人们”分裂和相互指责是不合时宜的，并且进一步推论，斯多亚派的严格信条应该有所变通，它不适应政治生活的实际，因为在实际的政治中，几乎不存在超凡脱俗的理想。他还相信每个人都应考虑他在国家共同体中的地位，并努力增进共同体的利益。他曾说：“缺乏雄辩的才智对城邦没有多大用处，但是，缺乏才智的雄辩几乎永远是一种灾难，永远不会有用”，这表明，雄辩本身于事无益，但有才智的雄辩若能用于城邦的利益则是可取的。

在《论共和国》一书中，西塞罗主张有一种真正的法律，即当它被正确地使用的时候，是与常理相一致的一种理性，它在所有人的心目中是不变的、永恒的。斯多亚派信仰人类共同体的价值，因此在实践中他们是可靠的公仆，在罗马共和国晚期和罗马帝国早期，斯多亚主义者都被认为在公共生活中是正直、勇敢、坚定的。

政治伦理不仅涉及国家政体、制度形态的问题，还涉及公民个体以及公民间如何相互对待的问题。奥勒留强调，“理性的存在物之被创造出来是为了相互加惠；宽恕是公义的一部分；人们的行为失误并非本心就要如此”[①]，所以，“世界上只有一件事是值得介意的，人必须真诚和公正，哪怕是对不真诚和不公正的人，也要待之以仁”[②]。他还进一步提出：“不用浪费时间奢谈一个道德高尚的人应该具备哪些品质，而要不遗余力地去身体力行。”[③]

犬儒学派认为，睿智之士即使身为奴隶也是自由的，并且是一个天生的主人，因为他四海为家，是一个世界公民。第欧根尼就是一个世界主义者，他认为一切事物都是睿智者的财产，因为一切事物都属于神，而神是睿智者的朋友，朋友共同享有一切，所以一切事物都是睿智者的财产。“惟一真正完善的国家是，在这样的国家中智慧是取得公民身份的必要条件，而这个国家既无固定的地区也无法律。各地的所有智者组成一个单一的共同体，一个世界城市，像第欧根尼所说的那样，智者是一个‘世界主义者’，一个世界公民。”[④] 这些思想也是西方思想史中“世界公民”、“世界主义”观念的最早出处，并且孕育了斯多亚派“自然

① ［古罗马］马可·奥勒留：《沉思录》，24页。

② 同上书，62页。

③ 同上书，115页。

④ ［美］萨拜因：《政治学说史》，上卷，175页。

法”思想的萌芽。

斯多亚派也相信，一个人与全人类的联系远比他与他的民族的联系更为重要。在有关社会和公共生活方面，他们比犬儒学派积极得多。他们主张，所有的人都是相互联系的，大家有同一起源和命运，都是上帝的儿子，人与人之间都是兄弟，受同一规律支配，是世界共同体的成员；作为人，每个人都有权利要求得到善意对待，甚至奴隶也可以要求他们应得的权利，对敌人也应给予怜悯、宽恕和及时的救助。例如，奥勒留就十分尊重各个宗教派别，为此，他对他统治时期日益强盛的基督教进行了压制，因为他认为满足全体人的不同要求，是优良公民的条件之一。

斯多亚派的世界主义是从人类共同的理性和宇宙的普遍秩序这些观念中推导出来的。世界主义突破了亚里士多德等古希腊贤哲所强调的希腊人与野蛮人在道德上的差异，他们主张真正的国家或理想的法律都是没有民族界限的，这样的国家应是理性的人的联合体，一个理想的帝国。在世界国家中，任何人都可以取得公民权，因为公民权依靠的是作为人类共同特征的理性。“世界主义”、“世界公民”是思想创新，揭示了一个新时代的出现和新的哲学立场的诞生。世界主义观念影响了罗马人，使他们完成了世界征服，建立了庞大的帝国。这种世界主义倾向还对罗马帝国后期的基督教的兴起和传播起到了重要作用。

但是，必须指出的是，德性主义者所主张的世界主义，看似普遍、宏观，具有更显明的伦理价值，其实不然。犬儒学派和斯多亚派在世界主义中都将充满情欲和利益的生活经验、社会现实从伦理学中抽取出去，使德性的范围缩小，成了内在的精神原则。他们的世界主义原则缺乏现实、可行性的根基，一方面它成了罗马帝国的遮羞布，另一方面它沦落为贵族沙龙式的说教。

第三节　怀疑主义

怀疑主义是自晚期希腊产生、在罗马时期流传的一个哲学派别。怀疑论的创始人皮浪（又译皮罗、毕洛，公元前 365—前 275）与亚里士多德属于同时代。皮浪及其弟子的活动构成了怀疑论的第一个时期，公元前 3 世纪至公元前 2 世纪出现了新学园派的批判的怀疑论，公元前 1 世纪至公元 1 世纪怀疑论得到系统化，公元 2 世纪末经验怀疑论将其加以最终概括。怀疑论的重要代表人物除了皮浪，还有蒂孟、恩披里克等人。

一、怀疑主义的兴起

西方哲学史上的怀疑论，由于它的追求和研究的活动，也被称为“研究派”(Zetetike)；由于研究者探究之后所产生的心理状态，也被称为“存疑派”(Ephektike)；由于他们怀疑和探索的习惯，以及由于他们对肯定和否定不作决定的态度，也被称为“犹疑派”(Aporetic)；更由于皮浪比其他怀疑论的前驱更加彻底，又被称为“皮浪派”。

恩披里克曾经详细分析了怀疑论兴起的原因，他说，“怀疑论的起因，我们说是希望获得安宁。有一些有才能的人，对事物中的各种矛盾感到困惑，在就二者中选择一件加以接受时发生怀疑，于是进而研究事物中间什么是真的，什么是假的，希望通过这个问题的解决得到安宁”①。第欧根尼·拉尔修也曾记述道，皮浪的“生活方式与他的学说是一致的。他不避免任何事物，也不注意任何事物，面对着一切危险，不管是撞车、摔倒、被狗咬，总之根本不相信他的感官的任何武断。据卡吕斯多的安提贡说，他的朋友总是跟着他，把他救出危险。但是据爱内西德谟说，只是他的哲学建立在不作任何判断上，在日常生活中他仍然是谨慎行动的。这样一直活到近90岁”②。显然，怀疑论主要是一种哲学立场，它并不必然表明信奉者在实际生活中不是谨慎行事，他们甚至也利用或相信一些常识及经验判断，有时也借助某些理性推理和知识。

作为一种认识倾向的怀疑论古已有之，当人们对世事、自然等难以做出准确把握时，人们就会对认识的可靠性产生怀疑。而且，由于不同的人对同一现象有着不同甚至对立的观点，这一事实每日都发生在我们周围，这也使人们对普遍、公认的认识结论是否存在产生怀疑。

爱利亚学派的巴门尼德（公元前540—前470）提出“只有‘存在’是存在着的，‘非存在’并不存在，并且不能被思考”，认为存在不可能有一个开端或终结，因为它不可能从“非存在”中产生出来或者还原为“非存在”。不仅如此，他坚持，思维与“存在”是同一的，因为惟一真实的思维内容只能是每一事物显现给我们的一个不变的“存在”。在他的“存在”论中，他排斥了感觉证据，因为感觉是虚幻的。这是怀疑论的雏形。巴门尼德的后继者们，如芝诺、麦里梭等又发展了他的相对主义倾向，结果，为智者的怀疑论架设了桥梁。

作为一种哲学思潮，古希腊的智者们开始提出了怀疑论的主张，例如普罗泰戈拉提出了“人是万物的尺度，是存在者存在的尺度，也是不存在者不存在的尺

---

① ［古希腊］恩披里克：《皮浪主义概略》，第1卷，第6章，第12节。

② ［古希腊］第欧根尼·拉尔修：《名哲言行录》，第9卷，第11节。

度”。他表明，每个人通过自己的感觉经验，就能判定万物存在与否及其性质，我们感觉到的才是存在的，而像神这样的“存在”是我们无法感知的，我们就不能断定它存在，因此只能存疑。智者们的这一相对主义观点在当时具有思想解放的意义，一方面他们力图挣脱泛神论所主张的敬畏神的态度；另一方面他们所讲的“人”包括一切人，排除了贫富、出身、地位等的差别，肯定每个人的意见在确定真理问题上的同等有效性，具有平民主义倾向。

以前的哲学家相信，探索真理和知识本身就是一个目的。但智者学派则不然，他们认为，知识只有就其构成驾驭生活的手段而言时才是有价值的，他们要教会听众及其弟子们应用性的技能。对于智者来说，问题不在于确定真理，而在于使自己的听众信服在某一特定场合看来什么是有利的。这样就包含了双重危机：一个是道德方面的，即智者们不以崇高真理为善，这是令人生疑的；一个是认识论方面的，即智者们力图使听众掌握在每一具体论辩、演讲、诉讼中取胜的技巧，却常常将彼此矛盾、对立的观点在不同场合同等地利用和接受。高尔吉亚（公元前483—前375）将智者思想的相对主义主张加以发展，引向了怀疑论。他在《论非存在或自然》中作了最清晰的表达，他确立了三个命题：（1）无物存在；（2）假如有物存在，也不能被认识；（3）假如它能被认识，也不能传达给别人。智者派的怀疑论倾向受到苏格拉底的大力谴责，经过柏拉图—亚里士多德的逻辑学、哲学的发展而被取代。

阿昔西劳德（Arcesilaus，公元前315或314—前241或240）是克拉克的学生，以后又成为了皮浪怀疑论的信奉者，他认为没有任何东西可以为我们所保留，可以保留的只是悬搁判断。他本人比皮浪还彻底，他甚至不愿意断言他所说的上述原理也是一项知识。他把斯多亚派关于准则的学说当作独断论的典型加以抨击，从各个方面批驳斯多亚派的理论。

昔勒尼学派的卡尼德（Carneades，公元前214—前129）大概在公元前156年或前155年之前接任新学园派的领导，使学园派怀疑论达到最高峰。他比他的前辈们更全面而深刻地批判了当时的各种哲学观点，否定任何外部证明过程的可能性，也反驳了神学证明，而他却将机遇对生活、认识的意义夸大了。他把机遇分成三个等级：一类是或然的机遇，一类是通过与其有关的其他机遇而加强的相关性机遇，一类是被证实了的机遇。三种机遇逐级上升，最高一级机遇也是最能给人带来幸福的机遇。肯定机遇的思想也表明了怀疑论者坚持顺应自然，在合乎自然的过程中寻找善和美德的努力。

恩披里克是后期怀疑论的集大成者，他的重要贡献是将他之前及与他同时代的怀疑论思想做了系统总结，撰写了《皮浪主义概略》，成为后人研究当时怀疑论的主要资料。并且他将怀疑论作为方法，对其他学说或学科，如神学、伦理学、美学、逻辑学等都做了怀疑主义的解构。

古希腊的哲学家们，直到亚里士多德为止，对世界的发展大多都持有一种乐观的、富于理想的态度，在政治上也比较积极。但是在希腊城邦逐渐瓦解的过程中，特别是到马其顿吞并希腊、结束了希腊城邦时代之后，一部分哲学家开始脱离政治和社会公共事业，专心于探究个人的德行问题。他们不再去研究人怎样才能创造一个好的城邦，实现城邦的"善"，而是研究在一个恶德丛生的世界里，怎样才能达到个人的善，怎样才能摆脱现实世界的纷扰，实现心灵的宁静。这样的思潮暗流起初表现为对传统进行批判、强调个人幸福的快乐论，后来就形成与独断论、理性主义相对立的怀疑主义，这就是始于皮浪的怀疑论兴起的现实根源。①

希腊化时代，怀疑主义虽然兴起，并作为古典伦理学的重要反对代表之一，但并没有获得充分发展。皮浪提出了怀疑主义，却未留下任何著述，其弟子提蒙曾记述了他的观点，但也只有讽喻随笔的片段流传下来。"提蒙之后，怀疑主义被合并于柏拉图的学园中，一直到学园清除它的怀疑主义为止，始终没有作为一种独立的运动而重新出现。"②

教父哲学兴起后，怀疑论受到压制，逐渐衰亡，但怀疑论的思想、立场仍时有表现，如经院哲学的唯名论、近代经验论中的不可知论、唯理论中的直觉主义等都是怀疑论思想的发展，从某种意义上说，怀疑论或者更确切地说怀疑式方法，构成了西方思想史的一个重要立场和视角。

二、智慧之德

恩披里克曾说，怀疑论是一种能力或精神态度，它在无论何种方式下都把现象和判断对立起来，并由于这种对立起来的对象和理性间平衡的结果，我们首先就被带到了一种精神上的悬疑状态，这可以看作被带到一种"无烦恼"的或宁静的状态。

怀疑论的中心问题涉及的是"标准"（criterion，希腊文 kriterion 来自 krinein，是"判断"或"区分"之意）的问题，即用于区分真的现象与虚假现象的标准问题。怀疑论者论证说我们没有可靠的标准，因为诸种现象彼此冲突；不同的事物对不同的人表现为真，即便是在感觉现象的范围内，看似有客观、惟一结果的现象也会发生冲突。而且，"没有什么东西可以通过言谈教授。因为言谈或是表明

① 参见罗国杰、宋希仁：《西方伦理思想史》，上卷，298 页，北京，中国人民大学出版社，1985。

② ［美］梯利：《西方哲学史》，124 页，北京，商务印书馆，1995。

某种东西，或是什么也不表示。可是如果什么也不表示，就不能用以教授任何东西了。如果它表示某种东西，它就或是因其本质如此，或是由于惯例使然。但是它不可能是本质如此，因为当人们听到它们时，并不是所有的人都完全理解的，犹如希腊人听到野蛮人谈话，野蛮人听到希腊人谈话一样。如果它是习惯使然，那么很显然，那些已经事先掌握了由几个词表示的对象的人，是通过回忆重新找到他们知道的东西，而不是凭借他还不知道的东西的表达词被教会的。相反，那些要求学习他们还不了解的东西的人，就不会有关于这些东西的概念。因为他们不知道由词表示的对象，那么必然的结果是，学习的方法也不可能存在"①。

怀疑论指出，一个人要生活得幸福，必须弄清楚三件事情——事物的本性是什么、我们对它们应该采取什么态度，以及这种态度会带给我们什么好处。对于前两个问题，我们只能回答说，我们一无所知，我们可以感觉，却不能判断它们真正是什么。我们永远不能说"那是如此"，而只能说"在我看来，那是如此"，所以，悬搁判断是对待事物的惟一正确的态度。如果我们保持这一态度，那么，单凭这种态度我们就可以达到淡泊。"因为，不论是谁，只要他否定认识事物的可能性，就不会把一个事物看得比另一事物更高。他将不会相信任何事物本身有什么好或坏，却要将这些观念归诸法律和传统。他将对其他一切都漠不关心，他的惟一目的将是要求获得高尚的气质或美德，并因而将在恬静中找到幸福。不过，只要他不得不行动，他将依照机遇、自然和传统。"②

怀疑论也拒绝对善恶或好坏做出简单明了的判断，因为道德判断作为一种价值判断并非是显明、直观的，不可能通过个人的当下感觉而获得，需要分析、考察或推理，这其间就包含了不可确定的环节和因素，所以，"我们描述一个事物好或坏的时候，则不附加我们的意见，即不断言好或坏的可能性，只是简单地、非独断地适应我的生活，我们不可把生活的活动排除在外再谈问题"③。

在怀疑论者看来，不仅对事物、行为作善恶判断是可疑的，就是善恶本身，即作为一种性质的善或恶也是无法确信的，"本质上发热的火是在发热中表现出来的，本质上寒冷的雪是在寒冷中表现出来的；一切本质上运动的东西在自然条件下同样呈现出运动的状态。然而，所谓能在每个人身上体现为善的那种'善'却是不存在。所以，绝没有什么本质上的善存在，不存在能使每个人变得相同的

---

① ［古希腊］恩披里克：《悬疑与宁静——皮浪主义文集》，258页，上海，上海三联书店，1989。

② ［德］E. 策勒尔：《古希腊哲学史纲》，260页。

③ ［古希腊］恩披里克：《悬疑与宁静——皮浪主义文集》，80页。

'善'已是明显的事实"[①]。

拒绝对善恶作出抉择还有一个重要原因：怀疑论者相信，不对事物做出非此即彼的善恶判断就可以避免因缺失、过错而导致的不安，"那些试图认定某事本性是好的或坏的的人总是不得安宁的；当他缺少他以为是好的东西时，就会认为自己无疑受到坏的东西的折磨，并且去追求他以为是好的东西；而当他得到这种东西时他就陷于更大的不安之中，他因为他无理智地、过分地得意洋洋，并且由于惧怕命运变迁，要竭尽全力去避免丧失掉认为是好的东西。与之相反，那些对于何谓本性好坏并不作什么决定的人，既不急切躲避也不急切追求任何东西；所以他就没有烦恼"[②]。不执著道德的善或恶，就会避免许多不愉快的事，保持恬淡寡欲的态度则会带来精神的宁静。据第欧根尼·拉尔修记载，有一次皮浪和同伴们一起乘船出海，遇到了风暴。同伴们都惊慌失措，而他却若无其事，指着船上一头正在吃食的小猪，对他们说，这就是哲人所应当具有的不动心状态。

怀疑主义的伦理学一反理性主义立场，恢复了经验主义、自然主义的传统。怀疑论者相信，思辨式的伦理原则都有"独断论"之嫌，适宜的伦理标准只能是：(1) 自然的指导（如本能、天赋等），(2) 感受的驱使，(3) 传统的法律习俗，(4) 技艺。怀疑论者并不自认为是悲观的，相反认为只有他们才能达到真正的幸福，因为去掉生活本身之外的一切价值参考系的怀疑论者才是有望获得幸福的。

怀疑主义并不等于不可知论。不可知论否认对客观世界的理性认识的可能性，怀疑主义则认为理性可以为每一个论点找到反论点，但他们反对定型的、停滞的立场，即"独断论"。怀疑主义自称是探求者，主张不断地探求。显然，怀疑主义的对立面不是感觉主义或认知主义，而是独断论，因此怀疑主义所要力图证明的是，任何独断和貌似科学都是成问题的。"我们取不作断语的态度，并不是指事物实际上全然处于无法被断言的那种状态，只不过是表示，当我们现在说到这些事物时，它们由于当下摆在我们面前的种种情形是处于这种状态下，从而导致了我们对它们不作断语。必须牢记在心头的是，我们所说的我们既不肯定也不否定的东西，乃是某种独断的、用非显现的东西来作出的陈述；因为对于能改变我们感受并驱使我们不得不同意的那些（感性）事物，我们是服从的。"[③]

西方哲学在古希腊时期经历了自然主义、反自然主义、理性主义等三个发展

---

① ［古希腊］恩披里克：《悬疑与宁静——皮浪主义文集》，230页。

② 同上书，8页。

③ 同上书，64页。

阶段。以泰勒斯为代表的米利都学派是最早的自然主义者，他们试图用普遍、惟一的抽象物或概念解释万物形成的原因，他们以为一切现象都是可以被完全认识和理解的。但是，以修昔底德为代表的历史学家们通过对古希腊之外的民族、社会进行考察，发现人们行为和观念的差异达到了令人难以置信的程度，对是否存在所有人无一例外承认的、绝对至上的观念提出了质疑。苏格拉底、柏拉图、亚里士多德则从逻辑、思维角度出发，力图用严谨判断、完整推理、有效命题来说明在希腊城邦范围内的自然规则和社会规范的合理性。这一哲学思想的发展历程正与古希腊社会的由弱到强，以至达到民主制城邦政治的鼎盛，逐渐摆脱了神权政治、贵族政治的影响，最终走向平民化、民主化的道路相一致。然而，古希腊哲学由于缺乏自然科学的实证基础，许多推理乃至结论都带有独断论的色彩，判断之间的联系，思维与客观对象以及逻辑关系与事物间的客观关系等都未得到充分说明。怀疑论的出现就像牛虻，蜇醒了人们麻木的神经，在看似荒谬的论断中暴露出迄今为止的哲学理论的缺陷，可以说，他们所进行的是一种智力竞赛，是将人的认知缺陷和知识的不可能阈限完全暴露了出来。所以说，怀疑论体现了一种人类思维的智慧，同时也表现出一种追求智慧的品德。

然而，怀疑主义虽然体现了智慧之德，但它对哲学思想的发展，建树远远少于破坏，因此，英国哲学家罗素认为，"怀疑主义自然地会打动许多不很哲学的头脑。人们看到各派之间的分歧以及他们之间的争论的尖锐，于是便断定大家全都一样地自命为具有实际上是并不可能获得的知识。怀疑主义是懒人的一种安慰，因为它证明了愚昧无知的人和有名的学者是一样地有智慧"①。

三、从怀疑到崇神

公元3世纪初，正当斯多亚主义减弱的时代，在罗马出现了一种神秘主义哲学学派。其创始人是埃及亚历山大里亚的安莫纽、萨卡斯，后来由普罗提诺进一步发展，形成一种对后世具有重要影响的哲学和伦理学说。由于此派坚持柏拉图理念论的哲学立场，并做了神秘主义的发挥，被称为新柏拉图主义。

亚历山大里亚是希腊和东方世界文化交汇之处，也是新柏拉图主义的发源地。新柏拉图主义综合了新毕达哥拉斯主义和中期柏拉图主义，并吸收了东方犹太教的一神论思想，竭力从超感觉世界中引申出感觉世界，试图将古希腊哲学与东方宗教相融合，以适应罗马帝国时代新的社会需求，发展出唯灵的泛神论，并将斯多亚派的理性主义伦理学推进到禁欲主义。

新柏拉图主义的理论先驱是斐洛（Philon，约公元前25—公元45）。斐洛生

① ［英］罗素：《西方哲学史》，上卷，297页，北京，商务印书馆，1963。

活在埃及的亚历山大里亚，那里是东西方文化融汇之地，为此，他接受了犹太教思想和希腊哲学的双重影响。斐洛认为，“冥思”是意识的最佳境界和方式，冥思可以使人获知人类真正命运的本质，摆脱身体的低等状态，达到对上帝的向往。斐洛的全部作品可以分成两个部分：一是《律法评注》，一是《比喻解释》。前者是为了论证摩西律法的杰出性与合理性，履行它，人们就会成为宇宙的忠诚公民；后者论证上帝的先在性、超然性和目的性，充满了深奥而神秘的哲学分析。他开创了寓意解释《圣经》即“解释学”的先河，为用宗教神学置换哲学方法论打下了基础，他对以后的基督教神学产生了深远影响，马克思主义经典作家将他称为“基督教的父亲”。

阿蒙尼德·萨卡（Ammonius Saccas）是新柏拉图主义的创始人，但他本人未留下任何著作，其弟子普罗提诺（Plotinus，又译“柏罗丁”，约205—270）则是集大成者。他本人奉行禁欲主义的生活方式，戒肉食，并终生独身，据说他曾四次达到恍惚中与上帝结合的狂喜状态，他是新柏拉图主义的早期重要代表人物。罗素认为，普罗提诺是古代伟大哲学家中的最后一个人，他“摆脱了现实世界中的毁灭与悲惨的景象，转而观照一个善与美的永恒世界”①。继其之后的普罗克洛（Proclus，410—485）为新柏拉图主义最大的体系化者和最后一个代表人物，并把新柏拉图主义发展成为一种仅仅是解释神学传统的教义体系，结束了先前或多或少存在的、有关独立哲学思想的自由讨论，并对以后的基督教神学产生深远影响。

新柏拉图主义者坚持了柏拉图思想中的“理念论”和教条主义倾向，并将其发扬光大。他们把柏拉图《巴门尼德篇》中的“一”与“存在”两个理念当作柏拉图哲学的最核心概念，并复活了《蒂迈欧篇》中的模仿创世说的体系建构方式。例如，普罗提诺主张，哲学的任务是将人类的头脑从关注感觉和物质世界，转为向头脑揭示非物质的实在。当我们放弃感觉时，我们最终才可能认识非物质的存在。

灵魂有两种活动：一是向上方的活动，这就是知性，另一个是向下方的活动，即顺着下降的阶梯，发挥着与知性不同的其他功能。最低层的功能就是接触质料，赋予其形式。而且，灵魂的向下运动并不妨碍其他部分向上方的运动，因为向下运动的灵魂显示的是灵魂的影像，影像虽然并不离开灵魂，但就像镜子与镜中之像的关系一样，向下运动的灵魂只在外表的物体间存在。“灵魂的每一活动使我们与感觉世界的接触越少，就越是有价值。实际活动和政治活动都是必不

① ［英］罗素：《西方哲学史》，上卷，358页。

可少的，有道德的人不会回避它；但它使我们卷入外部世界过深，使我们依赖他人。”①

普罗提诺认为，虽然世界来自上帝，上帝并没有创造世界，创造意味着有意识的活动，从而意味着是限定性的活动，所以上帝没有决定创造一个世界，世界是出自上帝的流射物，这是一个不可避免的结果。流射的过程共有三个阶段。首先流溢出纯粹思想，它是关于上帝的思考，是最本质、最纯粹的“精神”，它是超时间的，在任何时候都是完满的深思熟虑。这时思想和思想者同一。接着流射出灵魂，它是纯粹思想的摹本，它产生两个方向的运动：向上趋近纯粹思想，即沉思，属于神的超感觉世界；向下趋近感官世界，给感官世界以秩序。第三个阶段流射出的是物质和自然，物质和自然离上帝最远，是邪恶的始基，它必须服从灵魂的指导，才能摆脱黑暗、贫乏。自然是可变的感觉世界，自然中的恶源于匮乏。恶其实就是一种欠缺，恶本身不能独立存在。如果说灵魂中存在善恶，只是指灵魂中的欠缺是恶，是恶德。恶并不是指灵魂之外的别的东西，所以，不能向外寻找恶，恶就在灵魂中，它表明的是在灵魂中善的“空场”。当灵魂中的善逸出时，就是恶，而被善占据时，恶就无影无踪了。

普罗提诺断定物质或自然的本性为恶，这是他的创新性见解。因为他之前的多数学者都认为，“善”是形而上的概念，与之相对的“恶”则只是伦理学概念，“恶”不具有实体意义，它只表明“善”的缺失或不圆满的状态。普罗提诺却主张，“恶”也是种实体，是物质或自然的本质规定性，因此，在物质或自然之中没有任何善性，善只存在思想或灵魂中。此外，普罗提诺还区分了“恶”（kakon）与“邪恶”（kakia），前者指物质或自然的本性，后者则指人的不良品行。由于灵魂的无知和过度，人就会在行为和意识上表现出邪恶。

对非物质存在的认识，仅靠理性或者说一般的理性是不够的，必须达到更高的直观程度才能洞察它的本质，所以，普罗提诺指出：“科学的、论证性的、推论的理性，那种应用于对自然的研究的理性，只是理性的较低表现，因此只能把握终极实在的、表面的、引人误入歧途的印象。要达到对终极实证的适宜把握，理性必须超越这些由论证与推导所强加的限制，并转向直接的、非论证性的直观，斯多亚派构筑了一座给人以深刻印象的科学论证的殿堂；而普罗提诺考察了他们所建造的东西，确信科学的论证必然达不到完全的真理”②。

普罗提诺认为，一切活动都指向其他某物，但是，始动者必定是一个自足的

① ［德］E. 策勒尔：《古希腊哲学史纲》，321页。

② ［美］特·欧文：《古典思想》，222页。

统一体，上帝是一切存在的源泉，是“一”。“一”是自足的，因此，“一”不是应当追求的善，它也不追求任何形式的善，毋宁说它是超越善之上的东西。它本身不是善，别的东西因追求它而成为了善。此外，“一”先于万物，它不是万物中的某一个，所以，也不能被称为知识。如果善意味着万物中的一类，“一”就不能被称为善，只有当善指先于一切事物的含义时，“一”才能被叫作善。可见，作为善而言，“一”是超于一切具体善之上的，它是先验、绝对、本源的善，一切具体的善都出自于它，并复归于它。

普罗提诺认为，为这些更高的美德所追求的善是沉思冥想（contemplation）。沉思的理性对于真正是人自身的理性灵魂来说是适宜的，它是人的善的全部，而肉体所蒙受的灾祸与痛苦并不是真正属于人的。因此，他同意苏格拉底、伊壁鸠鲁和斯多亚派的观点，认为有德的人即使在他遭受折磨时也是幸福的。

普罗提诺用两个比喻——有机体与戏剧来解释邪恶的必要性，一个有机体有着不同的部分，每一部分有着或高或低的功能，有时这些部分彼此处于明显的冲突之中，但是实际上彼此合作以服务于整体的善。同样地，在一部戏剧中，不同的演员扮演不同的角色，或高或低，但是他们扮演的角色都是为整部戏的完美而设计的。所以，普罗提诺指出，邪恶对于整体的善是必需的；要是没有邪恶，善将不会在物质世界中活跃起来，因为善就是对邪恶的躲避。

即使这样，恶仍然是恶，它是灵魂依恋于肉体的结果。“邪恶的灵魂通过它自己的自由选择，通过过分关注肉体的欲望来使它自身依附于肉体；而肉体似乎再一次给邪恶而不是它的原因提供了机会。经受美德的训练，对于治疗这种对肉体的过分依恋是必需的。某些美德要求对‘混合物’，对属于我们每个人的活的动物进行训练；但是更高的美德是灵魂从对肉体的关注中得来的净化。”①

为了实现灵魂的净化，普罗提诺最后强调灵魂与神合一的思想。他说，我们常常置身于“一”的周围，但是我们未必心向“一”，就好比唱到终曲的合唱队，虽然应以指挥为中心，但演员却时时会转向听众，只有当他们又面朝指挥、专心于指挥时，歌声才变得嘹亮、动听起来。同样，我们虽然以“一”为中心，脱离“一”时，我们就失去了“本我”，但我们并不总是心向“一”，只有当我们朝向“一”，与“一”合一时，我们才可以获得终极目的，体会心的宁静，不走调地嘹亮歌唱，在心中充满神的旨意地歌唱，这时，灵魂摆脱了所有的恶，获得安宁，灵魂达到无恶的洁净状态，知性支配我，一切烦恼都消失了。他认为，生活在真实中，生发出美、正义和德性，灵魂就会成为它原初所应是的状态。此时，灵魂

① ［美］特·欧文：《古典思想》，141页。

被知性的光芒所照耀，清净、无碍、轻盈，灵魂就上升与神合一，成为现世的神，成为了自身。普洛提诺的这种思想，为以后的基督教的传播提供了哲学的思想资料。

思考题：

1. 快乐主义的“快乐”是什么含义？快乐的最高境界是什么？
2. 希腊化罗马时代的“理性”与古希腊的“理性”有什么不同？
3. 简述德性主义的“自然”与世界主义的关系。
4. 德性主义是怎样理解善和恶的产生问题的？
5. 怀疑主义的伦理观点与伦理相对主义有什么联系？
6. 为什么说新柏拉图主义为基督教伦理的传播创造了思想条件？

参考文献：

1. 马克思恩格斯全集. 中文2版. 第1卷. 北京：人民出版社，1995
2. 周辅成主编. 西方著名伦理学家评传. 上海：上海人民出版社，1987
3. 罗国杰，宋希仁. 西方伦理思想史. 上卷. 北京：中国人民大学出版社，1985
4. 章海山. 西方伦理思想史. 沈阳：辽宁人民出版社，1984
5. 杨巨平. 古希腊罗马犬儒现象研究. 北京：人民出版社，2002
6. [苏] A. 古谢伊诺夫. 西方伦理学简史. 北京：中国人民大学出版社，1992

第四章 中世纪基督教伦理思想

一切可以朽坏的东西，都是“善”的；惟有“至善”，不能朽坏。也惟有“善”的东西，才能朽坏；因为如果是至善，则是不能朽坏，但如果没有丝毫“善”的成分，便也没有可以朽坏之处。因为朽坏是一种损害，假使不与善为敌，则亦不成其为害了。……因此，任何事物丧失了所有的善，便不再存在。

——奥古斯丁

善主要存在于事物之中（只要这个事物是与欲望相关的）；因此，如果一种欲望的对象是善的，这个欲望也就被称为善的。

——托马斯·阿奎那

从希腊化晚期开始，在欧洲主流文化影响下的巴勒斯坦犹太教内部产生了基督教道德意识形态。这种意识形态在其发展的初期，伴随着两个层次的问题：一个层次是教徒的道德生活，在大多数情况下，它是部分地被意识到的一套价值化了的性情、态度和行为习惯；另一个层次是那些相关的省察了的、反思性的思想和行为，即建立在生活或道德活动之后的自我意识活动，是关于道德训导和道德行为以何为逻辑的询问，是关于道德判断根据的探讨以及关于德性根源和义务的剖析。公元2世纪以后，这两个层次的学问逐渐超越希腊化以前的各种伦理思想体系，成为主流的意识形态，并发展成为基督教神学伦理学或神学道德哲学。

第一节　早期基督教的道德观

基督教产生于约公元1世纪的犹太教，因保罗的加入并开始向外邦传播才进入它的转折期。犹太教的道德观念体现在希伯来《圣经》(即《旧约》)中，早期基督教运动从其中汲取道德上的信仰。《圣经》的主要内容产生于欧洲文明从希腊文化向基督教文化过渡的大背景下，生成于希腊化多元文化交汇的世界中。《圣经》的道德观融合了希腊道德哲学、罗马律法要旨，综合体现了希伯来人的理性精神，它的部分内容来源于希伯来文化和犹太教传统，部分内容产生于早期基督教的传教活动。

最初抄写《圣经·旧约》的轴卷

一、"约"的内涵和意义

《圣经》包括《旧约》和《新约》。《旧约》凡39卷，是古代希伯来人的经典；《新约》凡27卷，记载基督耶稣及其门徒的言行。中世纪流行的通俗拉丁文译本还收集了《后典》7卷。整部《圣经》中的“约”（希伯来文 berit）受到古代近东①民族的风俗、法典、伦理的影响，是对于立约双方具有较强约束力的严肃诺言。“约”的核心——十诫，是希腊文明向基督教转化过程中产生的新的道德观念的最典型的体现。

“约”与希伯来人生活中的重大事件的规范和仪式息息相关。《旧约》即希伯来语《圣经》曾287次提到“约”。“约”的建立必须用象征或记号以表达盟约的有效性，提示人们不要忘记其规定。

生活中的“约”是具体的，但人与神的“约”则超越社会各个阶层，同时也超越时间与空间。一旦人们站在上帝面前，他们就必须同样地遵守他的盟约。一个抽象的盟约就蕴涵着一个重要的“盟约公式”，即“你做他的人民，他做你的天主”，或“你是我的上帝，我是你的人民”，以此来建构人们之间的团结纽带。

“约”既是一种律法和文化，也是一种社会伦理，对于早期基督教道德观的塑造有重要的影响，因此在个人信仰、宗教、伦理方面具有非凡的地位与意义。“约”加强了人与人之间以及以色列人民之间的团结与统一。“约”里的义务，特别是对神的敬拜，成为以色列人民的社会基础和共同的生活规范和行为标准。“约”的普遍的存在意味着，即使没有强有力的政府和王权的存在，人们基于他们的“约”也不会彼此攻击。对“约”的信仰，说明了道德原则对基督教信徒的约束力，特别是对上帝的态度。

因此，“约”对于以色列民族意味着“一种深刻的道德严肃性和个人责任感”②。从《旧约》到《新约》，“约”的思想所达到的广度与深度，使犹太民族真正成为律法的民族，或者说律法造就了这个民族。尽管契约立法的观念是盛行于古代的一种古老普遍的观念，但它惟有与宗教、道德的内涵联结起来，并将“约”的神学属性和道德属性渗入希腊人或者其他近东民族的世俗观念里，而且也只有他们自觉地努力将这些道德条律和义务与宗教要求联系在一起，才能最终使祭祀与道德规范合成一个以神的诫命形式所确立的人类规范体系。而且这个体系在发展中，逐渐超越了古代部落和城邦中保护其成员利益的律法的概念范畴，并以其超验的规范力量指引着希伯来民族共同体中的每一个成员的个人责任感和他们对律法的道德意义的追求。

基督教是以“约”体现的规范来约束信徒的思想和行为的宗教组织。十诫是耶

① “近东”概念与现代对“远东”、“中东”、“近东”的区分意义上的使用相同。

② John Bright：*History of lsrael*，Philadelphia. The Westminster Press. 1971，p. 444.

和华上帝通过摩西向以色列人颁布的10条诫命，其实质是对“约”体现的契约规范体系的一个总的概括。十诫产生于公元前13世纪，当时摩西带领以色列人出埃及后3个月，来到西奈山（Sinai Mount）[①]下宿营。耶和华召摩西上山，与以色列人订立了《西奈盟约》，并亲手将十诫写在两块石板上交给摩西。

十诫是《西奈盟约》的核心，也是全部《旧约》的重要内容。《旧约》有两处地方记载十诫，一是“出埃及记”第20章第3至17节，另一处是“申命记”第5章第7至21节。前者属初次传叙，后者是复述。[②]传诵的十诫是：（1）除上帝之外不可崇拜别的神；（2）不可敬拜偶像；（3）不可妄称上帝的名；（4）当守安息日；（5）当孝敬父母；（6）不可杀人；（7）不可奸淫；（8）不可偷盗；（9）不可作假见证；（10）不可贪恋别人的财物。十诫里有4条诫命涉及人和上帝的关系，另外6条涉及人和人的关系。

十诫是具有希伯来人的神人之约特点的盟约，它典型地体现了当时盟约规范的实体伦理所蕴涵的基本结构。这种结构是：（1）序言：申明摩西是照神的吩咐晓谕以色列人[③]；（2）历史前言：回顾神此前在旷野带领以色列人的历史，称述神的功绩[④]；（3）条款：颁布和复述神的戒律和其他盟约的内容[⑤]；（4）见证立约者的名单：摩西作歌，以耶和华的名字为主题，“使这歌见证他们的不是”，即指出以色列人是如何偏向别神，背弃圣约的，同时表明天地就是此歌的见证人[⑥]；（5）祝福与诅咒[⑦]；（6）收藏约书的地方：作为记录神人之约的约书，通常交由祭司保管，摩西将这律法写出来，交给抬耶和华约柜的祭司利未的子孙和以色列的众长老。

主与属关系的社会契约形式是神与以色列关系的一个基础，摩西将这种社会关系的契约形式运用于神与以色列之约。神与以色列之约，如同社会生活中的主与属关系，神永远是主动的，而以色列则是被动地接受约，神与人之间的正常关系的维系仰赖于人对神的顺服。因此，十诫之于以色列民族的道德意义在于：当它忘记、毁弃、亵渎这个“约”的时候，就遭受诅咒、民族灾难、战争与死亡；

① 西奈山的正确位置在什么地方，一向有争议。但传统认为是在西奈半岛，即以色列与埃及之间的旷野。

② 希伯来文原文把“上帝十诫”称为“十句话”。而这两段文字都过于冗长，不符合原文将“十句话”刻在两块不太长的石板上的提法，所以很可能有“原始十诫”即只有十句话的十诫。

③ 参见《圣经·申命记》，1：1—5。

④ 参见上书，1：6—3：29。

⑤ 参见上书，1：4—26。

⑥ 参见上书，31：16—20；32：1—47。

⑦ 参见上书，28：1—14的“顺服之福”与28：15—68的“背逆的后果”。

而当它信守这个“约”时，就得到神的福佑。

十诫是道德的“约”，作为规范体系，它以神与人关系的规范统率人与人关系的规范，使神圣规范优于世俗规范，以便在逻辑上使世俗规范从神圣性中获得正当的依据。因此，十诫隐含着一个大致的伦理学思路，即神我相约，神性至上，以神人关系为确定人我之约的依据；或者，先论神性规范，确定人性规范的依据，由此进展到人性规范。

二、《旧约》的伦理思想

《旧约》的伦理思想如同希腊化时期的道德哲学一样，是当时的人的一种对生命的终极关怀，也是时代精神的反映。它的出现不仅标志着一种在怎样的行为才是合适的、正确的、有益于生存的问题上的新的信念的出现，而且也意味着体现在一种新的谈话语言之中的关于人应该做什么、为什么要这样做的思想的出现。

《旧约》以叙述神迹和奇迹的方式，树立了希伯来人的宗教信仰即对上帝或耶和华的信仰。犹太人在《旧约》经文中记录了他们所记忆的使以色列国家得以诞生的事件，在讲述这些事件的过程中奠定了他们的道德基础。上帝把他们从奴役中解放出来，并赐予他们律法，命令他们按他所昭示的道德法则生活。首篇《创世记》用上帝六天创世、毁灭人类的洪水以及诺亚方舟等传说，全面地塑造了创造一切、统治一切、至高无上的上帝形象。耶和华与希伯来人的祖先亚伯拉罕及其后代立约，并指示要把他们带到所期许的土地上，这个故事表明他们信奉的宗教信仰高于周围其他民族的信仰，他们在与耶和华的交往关系中显示出他的精神力量。在诸邦多神教信仰的包围中，耶和华的形象是超越的。

耶和华在许多场合显示出的形象既严厉又公正，以至于批评者往往以“傲慢”之类的词刻画他。作为信仰的对象，耶和华有许多卓异的品行。摩西说，耶和华“是信实的神；向爱他、守他诫命的人，守约施慈爱，直到千代；向恨他的人，当面报应他们，将他们灭绝”①。这里的“信实”、“慈爱”说明耶和华的品行是温和的，“报应”则是严厉的。严厉的品行还有嫉妒、虚荣、恼怒等，以至于要求人们只对他表示敬仰。以色列人叩拜他时，耶和华的怒气向以色列人发作；当不堪外族压迫的以色列人向他求救时，耶和华傲慢地说：“你们去哀求所选择的神，你们遭遇急难的时候，让他救你们吧！”当他们悔过自新，“除掉他们中间的外邦神，侍奉耶和华。耶和华因以色列人受的苦难，就心中担忧”②。更多的时候，耶和华的品行表现为要人无条件地信奉他，不能有试探之心，也不能

① 《圣经·申命记》，7：9—11。

② 《圣经·士师记》，10：7—16。

有因得不到回报而放弃信仰的任何行为。

耶和华始终处在隐蔽处与人交流，体现于其言谈中的意志、情感、欲望和理性，足以表现出他的令人敬畏的神态。摩西是惟一与耶和华直接对话的以色列先知，当摩西问耶和华的名称，他以一句话做出回答："我是我所是"①。摩西恳求他露出真相，他说："你不能看见我的面，因为人见我的面不能存活"②。摩西以后的先知们，有的通过灵感，有的通过神的使者的传达，有的在虚无缥缈中，听到耶和华的声音。

以色列犹太人当时有许多反对外邦神祇和偶像崇拜的诫令，这种对耶和华形象令人敬畏的描绘，无疑有效防范了外邦多神论的影响，也加强了本邦人对耶和华的信奉。这种情形对于从犹太教中发展出一种新的信仰形式，具有独特的意义。因为它提升了自然物的信仰或祖先的信仰，同时又与诸邦信仰区别开来，使这种信仰对象既避免具体形象的呈现，又使其意志与情感超越人性。这样的神更近于抽象的原则，作为信仰的形式，更易于成为人性超越的对象。

定约是整部希伯来《圣经》中以色列犹太人最基本的宗教实践活动，也是主要的道德实践活动。《旧约》以定约活动突出人对上帝的信任和依赖。所谓神赐"摩西五经"（《旧约》首五卷书即《创世记》、《出埃及记》、《利未记》、《民数记》和《申命记》）就是上帝与人定约的体现。上帝与人定约的事情发生了三次。第一次是在洪水之后，上帝与诺亚定约，保证不再以洪水灭绝地上的生物；第二次是耶和华与亚伯拉罕定约，保证他的后裔繁荣昌盛；第三次是耶和华以十诫与以色列人定约，保证他们有自己的国土。

三次定约各有不同的宗教意义和道德意义。第一次定约说明上帝是全人类的主宰，人类支配其他生物的权力由上帝赋予；第二次定约确立了希伯来人的誓约民的身份，说明上帝与这个民族有特别密切的关系；第三次定约规定了以色列人必须遵守的戒律和礼仪，奠定了犹太教的基础。摩西再三告诫的要义是上帝与以色列人的约法关系："耶和华专爱你们，拣选你们，并非因你们的人数多于别民，原来你们的人数，在万民中是最少的，只因耶和华爱你们，又因要守他向你们列祖所起的誓，就用大能的手领你们出来。"③ 这表明上帝并非因为以色列人的优越而与他们定约，而是以色列人因与上帝定约而优越。总之，以色列人通过与上帝定约，进一步显示出他们的信仰形式与众不同，通过这种信仰形式，他们维持

① 《圣经·出埃及记》，3：14。

② 《圣经·出埃及记》，33：20。

③ 《圣经·申命记》，7：7—8。

住了自己的优越性。

道德准则的践履是与宗教信仰并列的神圣责任，这是犹太宗教的一个显著特点。这个特点在希腊化时代的其他宗教中虽然也有体现，但不同的是，早期基督教在道德实践中把这个特点明确地表现出来，一方面通过神人交往来体现上帝道德的神圣性、崇高性、纯洁性和不可违逆性；另一方面通过人的敬仰活动来确定、论证世俗道德的存在。早期基督教的思想尚在形成过程之中，但是它通过使徒在本邦和外邦的传道活动，使这种思想一直处在系统化的努力方向。

从十诫的内容来看，道德准则体现的内涵是对道德义务的承诺，十诫大部分内容是规定人与人之间关系的道德律，这种道德律是通过与上帝定约确立的。在以色列人看来，他们的道德责任和规范从宗教那里获得了强有力的支持，上帝的崇高性和至善的观念也使人们内心充满仰慕之意，人们在此中生发出谦卑和感恩之情。

早期基督教的这种道德责任意识与当时希腊化时期的道德责任是有差异的。希腊化时期，由于经历着社会动荡和思想文化的变迁，在各种道德观念的冲撞、磨合中，人们对道德责任的认识也发生了变化。斯多亚派创始人芝诺是第一个使用“责任”概念的人，当时，“责任”的观念不仅使民众普遍关注城邦赋予的各种政治义务，就是大多数思想家也都承认并议论政治义务。那些受人指责和诟病的学派（如伊壁鸠鲁派）也发出教诲，要人遵守社会契约。基督教生成之时，《旧约》的出现使这种责任观念发生了变化。

责任主要是一种对神的义务，根据耶和华的教导，人们很难主动承担政治义务。法利赛人看出其中有矛盾，向耶稣提问：“我们该不该给该撒纳税？”这对于耶稣来说，是个两难的问题，如果他回答“不该给该撒纳税”，那么他冒犯了国家统治者；如果他回答“该给该撒纳税”，那么他就会把国家法律置于犹太戒律之上。但是耶稣的回答却出乎他们意料：“该撒的物当归给该撒，神的物当归给神。”① 这里没有否定个人对国家应负的义务和责任，但只要这种责任和义务归世俗统治者辖制，它们就与道德无关。道德才是基督徒在上帝面前应负的责任与义务。耶稣之所以作出这样的区分，是因为当时国家统治者是异教徒。当基督教取得国教的统治地位后，基督教积极参与政治事务，政治义务与对神的义务就很难明显区别开来了。

三、《新约》的伦理思想

《新约》中 2/3 的篇幅是保罗书信。保罗书信是塑造早期基督教会的最重要

---

① 《圣经·马可福音》，12：17。

耶 稣

的文献。[1] 保罗书信与早期基督教的重大运动有极多的重合之处，它出现于从希腊化文明向基督教文明转变的过程之中，其中既有希腊文明与希伯来文明相互冲撞、磨合而生成基督教这一文明史上最重要的事件，又有希腊化时代所特有的宏大复杂的伦理思想内涵。

《新约》进一步发展了《旧约》中有别于希腊伦理的道德观念。保罗书信一方面强调基督教的新的观念和做法，另一方面又用神学语言将其他意义系统斥为“旧、属世、魔鬼”等，使之与基督教区别开来。保罗通过明确的或晦涩的神学语言，表现出了早期基督教运动所体现的新道德意识。表述新道德意识的概念是构成《新约》伦理的主要范畴。

首先是救赎。“救赎”在《新约》中意味着使人离开旧的行为模式，转向一种新的道德生活，一种趋向全善、圣洁的基督教生活。在新旧社会交替之际，“救赎”成为早期基督教中有别于希腊文化的首要的新道德概念。在保罗看来，转向耶稣基督之救赎的人乃是新人。“若有人在基督里，他说是新造的人，旧事已过，都变成新的了。”[2] 这种“新”是内在的对新的意义的探求和肯定，“内心却一天新似一天”[3]。保罗说：“要紧的是要做新造的人。”[4] 这个重新获得生命意义的过程，他用“与基督同死同生”这样一个词汇来表达。这种新之所以是“新”，乃是因为基督徒的生命在对耶稣基督的经验中，获得了一种新的生命意义。

其次是天国。保罗努力探求“天国”，将之作为早期基督教伦理学的基础，从而动摇了一切妄图以尘世的实体（如希腊文化中的城邦、家庭、共和国等）作为伦理学基础的企图。在希腊伦理观念中，伦理学是实践哲学，它所探讨的乃是人与人、人与城邦之间的关系，探求的是人的利益、德性的完善以及幸福。早期基督教以“天国”对抗一切其他的宗教、哲学所设定的伦理基础，把它作为基督教意义的伦理根源和基石。

再次是“世界”与上帝的对立。“世界”指代一切异于基督教意义系统的道德价值观。耶稣基督和“世界”的对立，像光明和黑暗的对立一样强烈。约翰

---

① 《新约》写作时间跨度很大，从时间上来看，从最早的写于公元51年的帖撒罗尼迦书信，到晚期的写于约公元63年的腓利门书。

② 《圣经·哥林多后书》，5：17。

③ 同上书，4：16。

④ 《圣经·加拉太书》，6：15。

说："只因你们不属世界，乃是我从世界中拣选了你们，所以世界就恨你们。"①在"世界"与"上帝"的对立中，"世界"指的是价值标准，强调的是与使上帝的独生子受苦的行为标准的对立。

最后是神只有一位。《新约》排除外邦多神教，提出"神只有一位"。"我们知道偶像在世上算不得什么；也知道神只有一位，再没有别的神。"② 这里的核心观念就是神是惟一的。基督教运动就其自身的目的而言，是追求人的自我完善和完美，而道德（世俗的、尘世的）只是这个过程的自然结果或副产品。在这样的结构系统中，一个有别于旧传统的成熟人，就是保罗所宣称的"新人"。这些新的道德概念，就是与这样的成熟的"新人"相伴而生的。塑造这样的"新人"，就是新伦理的使命。

耶稣是《新约》全书的中心人物。"耶稣"意思是"耶和华的拯救"，它和希伯来文的"约书亚"是同一个名字。耶稣与以前的先知一样，不仅是一个宗教改革家，而且有先知们从未有过的作为弥赛亚救世主的神圣使命感。基督教宗教运动导致的仪式外在化与个人内在道德修行的冲突，预示着发展的新转机；而耶稣的出现，则表明基督教道德实践的提升和递进。

耶稣的一生，包括从诞生到被钉十字架而亡，始终是基督教教义的一个重要内容。耶稣的出现预示人类有得救的希望。耶稣诞生是《新约》最著名的故事之一。故事以天使传报开头，天使长加百利告诉玛利亚她要从圣灵怀孕，所生的儿子是神的儿子，尽管玛利亚是处女。天使也向约瑟显现使他确信玛利亚的孩子是神迹所致。

作为改革者，耶稣多次与法利赛人发生冲突，抨击法律的烦琐与法师的玄虚。耶稣与门徒在安息日途经麦地时掐麦穗充饥，法利赛人指责他们不守安息日规矩，耶稣回答说："安息日是为人设立的，人不是为安息日设立的"③。耶稣鄙视关于洁净的规定，因为它们给人的生活带来许多不便。法利赛人因耶稣门徒不洗手便吃饭而指责他们不守古制，耶稣回答说："从外面进去的，不能污秽人，惟有从里面出来的，乃能污秽人"④。这说明律法注重外表而忽视内心，耶稣的努力就在于使人们回归自我，注重内心的修养。

在对守法与违法、行为的善与恶的判定上，耶稣特别注重心理动机。耶稣教

---

① 《圣经·约翰福音》，15：19。

② 《圣经·哥林多前书》，8：4—6。

③ 《圣经·马可福音》，2：27。

④ 同上书，7：15。

导守法的本质是内心的心悦诚服，不仅表现在行为，更重要的是根除违反律法的意念。他要人心甘情愿地做奉献，不要惟恐别人不知而装出愁容满面的模样。律法的内在价值体现于人的心地善良与纯洁，而不在于形式化的仪规条文。耶稣与此前的先知一样，致力于把个人道德修养置于宗教实践的核心地位。

耶稣突出地塑造和宣扬了上帝慈爱的、施恩的、庇护的父亲形象。人称耶稣"正像先知中的一位"①。但耶稣意识到，他不只是传达弥赛亚降临消息的先知，他就是弥赛亚。耶稣的登山宝训以"虚心的人有福了"等一系列的祝福，宣告了人与上帝的亲密关系的新开端。他传播的是上帝将给人带来的福音，他的举手投足体现了上帝对人的慈爱。有人问耶稣第一要紧的诫命是什么，耶稣对他说："你要尽心、尽性、尽意爱主你的神。这是诫命中第一，且是最大的。其次也相仿，就是要爱人如己。这两条诫命是律法和先知一切道理的总纲"②。他强调爱就是对上帝的崇敬，而冷漠则是对神的不敬和损害。犹太教先知把犹太民族的道德改善作为解放与复兴的先决条件，耶稣把人的灵魂拯救作为进入天国的必由之路。两者都要求通过改变人的心灵来改变社会现实，而两者的区别则仅仅在于基督教坚持认为，人们从耶稣的生活中可以看出，上帝的最具决定性的、最明确的、最终的启示，似乎就是人们过上一种完善的生活。耶稣的复活就是对这一启示的证实。

事实上，犹太人期待的弥赛亚是一个能把他们从外族统治下解救出来的强有力的军事领袖，他们很难把柔和仁慈的耶稣同他们心目中的弥赛亚联系起来。犹太公会以"假先知"、"假基督"的罪名羞辱他，犹大出卖他。罗马总督彼拉多虽然想释放他，但是犹太人和他们的领袖却宁愿释放强盗巴拉巴，也决不可释放耶稣。为了不得罪犹太领袖，彼拉多判了耶稣与两个小偷一起钉在十字架上。而在判决之前，彼拉多在公众面前洗了手，以表明他对耶稣的不负责任。他们不能理解，使耶稣成为基督的不仅是因为他的教导，而且是由于他的人格的魅力。

四、"爱"的伦理原则

早期基督徒（如保罗）为反对当时的希腊传统，提出了一种新的伦理训诫："如今常存的有信，有望，有爱这三样，其中最大的是爱"③。"爱"贯穿在基督徒生活的各个方面，是行为合法性的依据。在希腊化时期的多神崇拜氛围中产生的以一神崇拜为中心的基督教伦理中，"爱"是体现道德实践、价值、标准、人性、感情等要求的新伦理原则。

---

① 《圣经·马可福音》，6：16。

② 《圣经·马太福音》，22：37—40。

③ 《圣经·哥林多前书》，13：13。

在道德实践观上，“爱”的原则强调个人的道德修行。与政治城邦基础上形成的希腊道德哲学强调道德实践的主体是公民不同，基督教伦理强调信徒个人的道德实践品行。根据耶稣基督的教导，人是必然需要承担责任的，但人的责任主要是对上帝的责任，在此责任之下，人才能够使自我得到拯救。自我拯救的实践的根本在于与上帝的沟通，这种沟通的实现既可以靠像使徒如保罗、约翰一样敢担大任而最终殉道的社会活动家，也可以靠游离于社会之外的个人。因此，人们很难主动承担世俗的责任，即使能够承担，这种责任也是世俗统治者所有的，而与道德无关。虽然基督教发展到后来，基督徒能够参与公共事务的管理，对世俗社会义务的态度有了很大的转变，但个人的道德修行与公共义务的关系依然有明显的区别。国家公共政治义务与教会的精神道德义务存在明显的冲突，这说明了基督教道德实践本身所具有的个体性特点，这一特点，使基督教能够在风雨飘摇的精神世界里存在下来，并且逐步发展壮大。

在价值观上，“爱”的原则把人生追求的最终目的放在精神世界和来世拯救上。在希腊人的社会生活中，人生生活的目标是现世可以实现的幸福，对生活的现实谋划与预想，占据了世俗生活的主要的领域。在道德哲学上，虽然人们曾探讨灵魂的由来及最终归向，但在根本上，人们主张应该在现世实现灵魂的固有本性，在求知、爱智的理性活动和世俗政治活动中实现人生的“至善”。与此不同，基督教虽然也包含着人生幸福的承诺，但这种承诺是对人的信仰与道德实践的最终回报，它不是人生现世追求的目标，也不是人生积极的追求，但它也并非一定要人们以牺牲现世利益为代价。耶稣说：“我实在告诉你们，人为我和福音撇下房屋，或是弟兄、姐妹、父母、儿女、田地，没有不在近世得百倍的，就是房屋、弟兄、姐妹、父母、儿女、田地，并且要受逼迫，在来世必得永生。然而，有许多在前的，将要在后；在后的，将要在前。”[①] 这说明：幸福只是在现世和来世的回报，对幸福的积极追求并不构成人们当下的品行。

在德性观上，“爱”的原则强调人对上帝神圣性的顺从。这种顺从的属性规定了人的基本品性。希腊人提倡“勇敢”、“荣誉”、“自信”、“富有”、“和谐”等美德，并且多从“用了再有”的现世的角度和从它们给人带来便利的角度来规定德性。而基督教立足于一个来世的立场，认同诸如“谦卑”、“恭敬”、“忍让”、“孝敬”、“仁慈”等柔顺德性。即使节制、正义等这样的德性为基督教所认同，但其前提必须是：只有从拯救的角度考虑，从爱上帝的角度考虑，这些德性才具有意义。基督教也肯定公义或正义德性的必要性。先知弥迦说出了公义的人生德

① 《圣经·马可福音》，10：29—31。

性："世人哪，耶和华已指示你何为善，他向你所要的是甚么呢，只要你行公义，好怜悯，存谦卑的心与你的神同行。"① 严格地说，公义或正义意味着照一个人的行为给予他所应得的。按照这个公义，一切人都应当受到诅咒，只不过是神为信他的人准备了救赎。这种德性观念具有注重精神追求的倾向，强调以理智控制激情和欲望，因此又具有与希腊人的德性观相融通的一面。这说明基督教道德对希腊道德在某些方面进行了吸纳。

在道德标准上，"爱"的原则采取"这是你应当做的"绝对命令式。这种命令式必是无条件地接受的信仰和启示，因为道德之根基在于神而不是人，道德的标准是信仰主义的而不是理性主义的。所以人们不能以论辩或理性的权衡考虑后果或对它的合理性提出质疑。而在希腊人方面，在道德标准上要求理性主义的精神：一方面，以理性为判断善恶是非的标准；另一方面，以纯粹思辨为最高的幸福生活。从耶稣开始，基督教传播的对象是普通民众，耶稣强烈反对知识的垄断，努力倡导信仰主义。保罗在希腊和罗马传道时，屡遭希腊知识分子的攻击，他对此做出了批评②，并警告信徒不要让人"用他的理学和虚空的妄言，不照着基督，乃照着人间的遗传和现世的哲学，就把你们掳去"③。这可以看作信仰主义对理性主义批评做出的回应。在基督教的早期，为了在普通民众中发展教义，道德标准上的理性主义和信仰主义的冲突是激烈的，这种情况在基督教思想成熟之后，有了大的改变，一方面，基督教提倡绝对的信仰；另一方面，也主张对这种信仰予以理性的权衡、论证和表达。

在人性论上，"爱"的伦理原则期望人有获得解脱的本性。因为人性被打上了"原罪"的烙印，又因耶稣的赎罪而获得解脱。人是否最终获得拯救，取决于是否热爱上帝，并遵循他的教导爱人如己。而希腊人一般认为德性是人性的实现，人性在自然禀赋上的不同决定了人在道德上的不同。柏拉图和亚里士多德都认为，只有少数天赋卓越的人才会拥有完满的德性。希腊道德哲学的核心之一是关注个人德性的完善，道德的基本要求是关心个人的本性是否得到最好的发展，在此基础上，还强调对城邦整体福祉的关怀。即使是希腊化时期的斯多亚派，虽然提出每个人的本性都是整个宇宙的一部分，每个人都具有"世界公民"的平等资格，但也普遍认为人的本性的完善是最重要的。基督教"爱"的伦理原则是利他的，这是扩大了的父子之爱、兄弟之爱。"爱神的，也爱他的弟兄，这是我们

---

① 《圣经·弥迦书》，6：8。

② 参见《圣经·哥林多前书》，1：18—21。

③ 《圣经·哥罗西书》，2：8。

从神那里接受的命令。”①“爱”使得基督徒组织起来，形成共同生活和信仰的教会。从普爱、利他的角度来说，教徒在教会中的地位虽然是平等的，但它的教义和实践与个性化和个人化的希腊道德哲学精神是不同的。但基督教对个人拯救的关切也可理解为个人化的追求，人与人在道德上的平等并不意味着在政治和社会上也是平等的。因此，早期基督教生活以群体主义为特征，但它的道德观仍然保留了希腊时代的个性化和个人化特征。

在道德情感上，“爱”是需要道德情感的推动而实践的伦理原则。基督教的“爱”是源于上帝的、最高的神性道德。它认为，上帝之爱不仅是一种先于并高于理性的精神活动，而且也是人的理性能够蒙受的最广博、最深沉、最持久的爱。上帝之爱与希腊道德中的爱是不同的，上帝之爱是由上到下的俯就，表现为谦卑的服务、柔和的服从；而希腊人则普遍地把爱视为由较低层次到较高层次的趋附，视为与理性联系的对神的完满性和思辨活动的期待与欣羡，其最高层次或是对理性的执著而近于“狂迷”，或是“最高幸福”的获得，表现为热忱的企求。希腊人的爱是智慧、公正、勇敢、节制诸美德之爱，而基督教的爱则是慈爱。希腊人侧重从外在事功来界说爱，而基督教则侧重从心灵得救来界说爱。在基督教爱的原则的驱使下，上帝化身为耶稣，降临人间，在十字架上承担恶名而死，其苦行和赎罪足以成为基督徒挚爱的榜样。基督之爱推动的道德、宗教活动应是对世界与他人的主动、积极的关怀，让正在受苦难的众生获得解脱。基督教之爱与世俗道德之爱的区别在于它设定“上帝之国”为精神来源，因此对基督徒来说，人的生活与生命并不是终极目的，对他人与现世的爱只有跟随上帝的教导与榜样才有真正的价值，才能升华为无私的爱。可以说，基督教的爱以“上帝之国”为超越性目标，以对他人与世界的服务为内在性目标。基于后一个方面，基督教把它与希腊精神联系起来，并从中吸取了丰富的养料；基于前一个方面，基督教又把它与希腊精神区别开来，成为一个既在普通民众中能够凝聚普遍信仰情感的道德常识，又能在知识分子中产生具有一定说服力和影响力的精神原则。

第二节　教父道德哲学

教父道德哲学的主要任务，是在教义体系正统化的机制里对早期基督教的道

---

①《圣经·约翰一书》，4：21。

德观念以及争论的各种主张予以综合和提升。罗马皇帝君士坦丁通过尼西亚会议（325年），使教会合法化，此后基督教经过君士坦丁会议（381年）、弗弗新会议（431年）和查尔西登会议（451年），基本上形成了教义的正统诠释模式。这样，在公元3世纪后，教父思想在使希腊理性模式适应基督教信仰方面跨出了关键性的一步，由此确立了宗教神学改造和融合异教思想的基本范式。教父道德哲学也由此发展为系统的、基督教神学伦理体系形成之前的一种重要的宗教伦理学体系。

一、原教旨道德观

教父（拉丁文Pater，英文Father。其活动主要集中在2至4世纪）原先是古代基督教教徒对教会主教的称呼，后来用来称呼教会中的神父，特别是主持忏悔的神父。正统教会把早期和中古时期基督教的权威思想家称为教父。教父是护教士，他们坚持《圣经》创世说、原罪说、救赎说、天启说，是为基督教教义辩护的正统代言人。

使徒教父是最早的教父。使徒教父指那些在最后一位使徒仍旧活着的时期的那些基督教教父，其中有些人还可能做过使徒的门徒。使徒教父主要有巴拿巴（Barnabas）、赫马（Hermas）、罗马的克雷芒（Clement of Rome）、波利卡普（Polycarp）、帕皮亚（Papias）和伊纳爵（Ignatius）。最著名的教父有查士丁（Justin，约100—165）、塔提安（Tatian，约110—172）、阿萨纳戈拉斯（Athenagoras，2世纪下半叶）以及安提阿的提阿非罗（Theophilus of Antioch，约115—181）。从使用语言上区分，教父有希腊教父、拉丁教父。拉丁教父比希腊教父大约晚100年，他们的信仰与思想深深受到希腊教父的影响。希腊教父和拉丁教父各有著名的“四博士”，即希腊教父有纳西盎的格列高利（Gregory of Nazianzenus，约329—390）、巴兹尔（Basil，330—379）、约翰·克里索斯顿（John Clisiuston）、阿塔纳修斯（Athanasius，296—373），拉丁教父有安布罗斯（Ambrose，约339—397）、哲罗姆（Jerome，约349—420）、奥古斯丁（Aurelius Augustine，354—430）、大格列高利（Gregory the Great）。

护教士的首要目的是对基督教信仰从逻辑上进行辩护及证明。护教士的证明和辩护称护教论（apologetics）。专门阐述基督信仰以使同时代人能够理解的基督教知识分子称为护教论者（apologist）。背教（apostasy）以及异端和异端分子是护教论和护教论者的敌人。背教就是有意识地否认及放弃信仰，即对信仰原则的背弃。异端弃绝的是纯正信仰的某些方面，但还保留着基督徒的名义，而一个背教者则完全背弃并否定他与这种信仰的任何同一性。

护教士的道德责任主要体现在对教义的辩护、驳斥和建设三个方面。辩护就是不仅要阐明那些攻击基督教的人毫无根据，而且要进一步阐明基督徒行为不端的看法并不是《圣经》所教导的标准，从那些相信基督福音之人的生活与行为以及他们高善的品德上可以看出来。驳斥是指批驳对方的谬误。护教士驳斥犹太教中的律法主义，认为那是误解律法真义，即将暂时的律法视为永久不变的规律的结果。教父们驳斥外邦宗教时，特别指出异教中荒唐的不道德行为完全不值得相信。他们宣扬惟有基督教的神是惟一的真神，他治理宇宙万物，赏罚公正，并赐给人类永生。最后，建设就是护教士认为他们有责任建立基督教的特性乃是神亲自向人的启示。他们证明神的启示时靠着旧约先知的预言，但有时以神迹为依据。他们往往以基督教的迅速发展与信徒的生命及品德之改变的事实，来证明基督教是真正的宗教。

罗马帝国时期，产生了当时世界上较为完善发达的律法，一些拉丁护教士在皈依基督教之前或为律师或从事雄辩术的教育工作，总之都善于辩论，精通各种形式的论辩，这对于他们所进行的烦琐的论辩的确是一个帮助。

早期的护教士处于社会下层地位，自然对统治者享有的知识和哲学持敌对态度。有些护教士反映了下层群众的情绪，直接诉诸信仰进行辩护，表现出尊崇神性的倾向。更多的护教士采取理性主义的态度，或诉诸健全的常识和逻辑推理，证明基督教道德是最好的道德，基督徒是真正遵守公共道德的好公民。这种思想体现了早期护教士在道德观上的原教旨主义倾向。

希腊护教士往往把犹太教与希腊文化、罗马文化联系在一起，把基督教优于其他文化和宗教作为辩护对象，试图捍卫基督教的生存与传播的权利。第一个运用希腊哲学建立基督教神学体系的人是奥利金（Origen，约 185—251）。希腊教父的道德观点主要可概述为四个方面：

首先，基督教是追求神圣的、至善的事业。较早的护教士，如阿萨纳戈拉斯、查士丁及其学生塔提安等，都从基督教与希腊文化的比较中，阐释基督教事业的本质。查士丁在皈依基督教之前曾热中哲学，他在一个探讨基督教与希腊哲学关系的谈话主题中，叙述了自己转向基督教的经历：他始终坚信哲学的真正使命是探求神圣的道理。他首先向一个斯多亚哲学家求教这一道理，没有得到正确的答案。后来先后询问了逍遥学派和毕达哥拉斯主义者，但前者向他收取学费，后者却劝他先学几何、天文和音乐，然后再思考神的道理。于是，他就向一个著名的柏拉图主义者学习。柏拉图关于理念和灵魂不朽的学说起先使他感到满足，后来一个基督教长老告诉他，灵魂不能凭着自己的本性而不朽，灵魂的生命是上帝造成的。“它的生命应为其他东西的原因，而不是自身的原因，如同运动推动它物而不推动自身一样。……灵魂不是生命自身，而是对生命的分有；但分有者与被分有者不同。如果上帝要使灵魂活着，它才分有生命。”[①] 这一论辩说服了查士丁，他认识到灵魂追求上帝的根本在于“上帝之爱”，在基督教中找到了自己寻觅已久的神圣之道。他认为，在某种意义上，在基督诞生之前就有了基督徒。他相信基督教最为高善、最为至善，把我们引向上帝并支配我们。查士丁在奥勒留在位时殉道而死，他以自身的实践证明基督教的正确性，因此成为教会所推崇的烈士之一。

第二，灵魂不朽。他们从灵魂与肉体、物质与精神相联系的角度，论证了灵魂的观念。塔提安在辩护书《致希腊人》中，批评了希腊人对东方民族的偏见，认为希腊人对“灵魂不死、尸体复活”等基督教教义的批评，主要出自把灵魂与肉体、精神与物质截然分开的观念。他由此提出“物质性灵魂”的观念，认为：“有两类精神，一类叫灵魂，另一类高于灵魂，是上帝的影像与摹本。两者都存在于人之中，它们在一种意义上是物质的，在另一种意义上高于物质。……它在被分离成各部分之后被安排得美妙、有序”[②]。这种区分的目的在于说明灵魂的存在能够使尸体复活，从而加强了基督教的耶稣复活、圣灵不朽的理论。应该说，“物质性灵魂”突破了传统的灵魂观，对基督教伦理思想是一个创新。

第三，肯定信仰的真理性、统一性和不可怀疑性。信仰的真理性强调信仰的理性论证。阿萨纳戈拉斯在信仰的立场捍卫了基督徒的美德，他强调基督教的神是惟一和统一的，“神的统一性几乎被所有人承认，即使那些不情愿承认这一点的人在研究宇宙第一原则时，也要承认神的统一性。我们也断言安排这个宇宙的是上帝。为什么人们可以坦然无事地写下他们乐意说出的一切关于神的道理，而当我们用证据和合乎真理的推理来证明我们所领悟并正当相信的东西，即只有一个上帝时，却遭到法律的反对呢？”[③] 基督教徒理应与哲学家一样，不相信多神教。基督教的一神论与希腊哲学一神论的区别在于，基督教以信仰为出发点，并进一步寻求信仰的论证基础。即使是一般人看来最不可信的基督教信仰，也能用哲学加以论证。他以基督教关于“死者复活”的教义为例，做了这样的哲学论证：根据柏拉图和毕达哥拉斯的观点，有形物由无形物组成，是无形物与理智相结合的产物，可感的东西由可知的东西组成，既然如此，那么当一个肉体消解之后，有什么东西可以阻止那些原先构成肉体的（无形）成分再组成同一肉体呢？这种论证虽然是幼稚的，但毕竟是利用哲学对基督教教义所做的最早的论证。

---

① A. Roberts & J. Donaldon: *The Ante Nicene Fathers*, Vol. 1 Buffolo, 1885, p. 198.

② A. Roberts & J. Donaldon: *The Ante Nicene Fathers*, Vol. 12, Buffolo, 1885, p. 70.

③ Ibid., p. 132.

不遗余力地论证教会信仰的正统地位是所有基督教护教士的一项重要职责。希腊护教士在对希腊、罗马文化的批评中对这一点有充分的体现。伊里奈乌（Irenaeus，约115—202）是对异端批判最为得力的希腊护教士，他所谓的正统指“教会虽然遍布全世界，即使到了大地尽头，也只能从使徒及其门徒那里直接接受信仰”。他使用“公教会”这个词，表明基督教信仰的纯正性与统一性，“全世界的公教会只有一个同样的信仰”①。伊里奈乌的学生、罗马第一个教父希坡律图（Hippolytus，170—236），把“公教会”的观念从里昂带到罗马，反复重申只有一个正统信仰的“公教会”的观念。他的目的是要用基督教信仰这个“惟一的真理”取代一切民族的宗教。可见，“公教会”一开始就存在着正统与异端之间的对立，信仰的统一性是神学伦理不可动摇的原则。

第四，提出并初步论证了基督教伦理学的自由意志观念。在教父思想中，自由意志论最早是由罗马帝国的希腊教父、亚历山大里亚学派的重要代表人物奥利金提出的。奥利金认为：“教会的布道包括对未来和上帝之公正审判的信念，这种信念鼓励并规劝人们去追求良善而有德行的生活，并尽一切可能避免罪恶，这无疑表明，追求良善的生活，还是罪恶的话题，并未做过任何形式的论述，所以我认为对此有必要做些论理。为了更清楚地了解什么是自由意志，让我们来深入研究意志和欲望的本性。”② 奥利金的自由意志理论包含三方面内容：一是自由意志是人的内在活动。在一切能动的事物中，有些事物的动因在其自身之中，有些则受外力推动而运动。无生命之物受外力推动而运动。在有生命的动物中，有些有灵魂，有些没有灵魂，而有灵魂的动物则是自动的。有灵魂的动物存在一种叫做意志或激情的幻想，一旦有某种自然本能降临到它们身上，就会激发它们，使它们进行某种运动。这是由于某种本能促使它致力于这项工作。二是理性的判断力在有理性的存在物的本能活动中发挥着重要作用。人的活动正是借着这种理性的判断才走向良善生活。自由意志的内核是人的理性判断力，它使人主动地意识到罪是一种有意识的行为。“……我们的理性，即我们的判断力必须对这些事进行评判，然后决定我们应该怎样处理它们，这是它的职责。我们要借理性的裁决，利用来自于外界并为理性认可的刺激，来决定我们的本能活动趋向善，还是趋向恶。”③三是理性自身的判断力是自由意志的本质。如果人们把意志的自由归之于外在原因的产生，那他就完全违背了全部教义所倡导的理性原则。事实上也正是因为人自身的理性原则不够坚定，人的罪才是不可推诿的。因此，自由意志

① A. Roberts & J. Donaldon: *The Ante Nicene Fathers*, Vol. 1, Buffolo, 1885, p. 331.

②③ 王晓朝主编：《信仰与理性》，62页，北京，东方出版社，2001。

取决于理性对于自身欲望的判断。奥利金引用《圣经》的话来证明自由意志理论的正确性，开创了教父道德哲学论证自由意志问题的先河。

基督教在罗马帝国的传播是自东向西进行的。东部地区通行希腊语，西部地区通行拉丁语。直到3世纪中期，罗马教会才开始使用拉丁语。第一个用拉丁文写作神学著作的是德尔图良（Tertulliannus，160—222），所以他被称为第一个拉丁教父。如同希腊的教父的思想一样，拉丁教父的思想也是教会生活和基督教神学的一种新的、充满活力的、独立的形式。拉丁教父的道德观主要可概括为三个方面：

首先，信仰不能以常识和理性加以衡量。德尔图良以反对异端著称，他把哲学视为与基督教格格不入的异教徒的智慧，哲学家比其他异教徒对基督教更为危险，而异端则是哲学教唆出来的。异端分子和哲学家在"恶是从哪里来的？为何容许恶存在？人的来源是什么？"等问题上的观点是一致的。他用《圣经》中"寻找，就寻见"① 这句话为信仰至上立场做了辩护。他认为："这句话的理由有三点，分别与问题、时间和限度有关。问题指你要寻找的是什么，时间指什么时候你要寻找，限度指寻找多长时间。你所要寻找的是基督教的教导。当你尚未寻见时当然要继续寻找，直到寻见为止。但是，当你已经相信时，你即已经成功地寻见了。……信仰阻止你进一步拖延寻找与寻见。你寻找的结果决定了寻找的限度。"② 这里是说基督教信仰是一切探索的目标和限度，达到了这一目标之后，就不需要作新的探索。另外，探索目标也决定了探索的手段。由此，他甚至否定了对既已确立的信仰作进一步理解和解释的必要。他在《论基督的肉身》一书中提出了一句名言："惟其不可信，我才相信。"这是他针对那些为基督被钉死在十字架上而感到羞耻的人说的。如果这句话的意思是说信仰的真理不能用人之长情、常识和理性衡量，那么他只是重复了许多护教士已经说过的意见，但如果他认为信仰必须违反常识和理性，那么这种观点连教会恐怕也不相信。

其次，从灵魂观说明基督教信仰是正确的信仰。德尔图良及阿诺毕乌斯（Arnobius，260—327）等人，都分析了灵魂的问题。希腊哲学中共有的观念是人死之后身体朽灭，灵魂转世，完全否认个人灵魂为生前行为承担责任和人的身体在炼狱受折磨的可能性。德尔图良批判了这个观点，他从灵魂的气息运动与肉体的共生共长的关系等意义上，把灵魂说成是物质性的实体。而实体则是产生于上帝的气息，不朽的灵魂占据着身体，具有形式的简单实体，本性中有理智，用

---

① 《圣经·马太福音》，7：7。

② A. Roberts & J. Donaldon：*The Ante Nicene Fathers*，Vol. 3，Buffolo，1885，p. 248.

各种方式发展它的力量。他认为肉体本身是善，而且永恒。人的罪恶是自己的灵魂造成的，并非柏拉图主义者所说的“灵魂”造成的。

阿诺毕乌斯提出了“灵魂的中性特征”的概念。所谓“中性特征”，指灵魂本身既非善也非恶，既非有理性也非无理性，具有非决定、不确定的本性。为了进一步说明中性特征，阿诺毕乌斯指出，人的本性并非理性动物，因为人并没有比动物更高的理性。如果说人的理性在于理解自己的职责、恪守自己的义务，我们在动物群体中也可以观察到类似的举动。人的制作、语法、雄辩等技艺，只能说明人具备能适应学习环境的技巧，动物经过训练后也可获得这些技巧。他得出结论说：“人……被赋予理性这一崇高的力量，被说成是小宇宙，按照整个宇宙样式造成，但我们看到他并不比野兽更高明，他比岩石或石块更加昏昧。”① 人的动物性可以上升到神性，而只有基督教信仰才能实现人的这一转变。灵魂并非注定不朽，只有那些追求上帝的灵魂才是不朽的，背离上帝的灵魂的命运是毁灭。只有这种灵魂观才能教诲人们趋善避恶、虔诚信神，只有基督教才能达到其他宗教不能达到的目标。

最后，一些护教士在某种程度上接受了古典自然律的普遍性和理性的标准，解决诸如基督徒与外邦人或异教徒、信仰与道德、神圣戒律与世俗法律的关系问题。保罗为了把基督教从犹太地区向希腊化地区传播，曾借用自然律的思想说服早期的基督徒：“没有律法的外邦人若顺着本性行律法上的事，他们虽然没有律法，自己就是自己的律法。这是显出律法的功用刻在他们心里”②。德尔图良对此解释说，存在着自然律和启示自然之律，但我们是首先通过自然的教导而认识上帝的。德尔图良虽然是以信仰反对理性著称的，但他却用自然律的普遍性代替了理性的普遍性，因而得以为信仰提供一个普遍的合理性（而不是希腊哲学的理性）的基础。安布罗斯也赋予自然律以普遍的道德律的意义，他肯定存在着适用于所有人的自然律，人们都受之约束，为了所有人的善而活动。

3世纪中叶以后，教会在罗马帝国的地位逐渐上升，护教士们已无须为基督徒洗刷实践方面的罪名，他们的重要辩护任务就是从正面阐述基督教高于希腊哲学的理论优势。阿诺毕乌斯的学生拉克坦修（Lactantius，约260—330）是其中一个代表。拉克坦修在自己的著作中宣称，自己的目的是使“有学问的人为真正的智慧所指引，无学问的人受真正的宗教所指引”③。真正的智慧与真正的宗教

① A. Roberts & J. Donaldon：*The Ante Nicene Fathers*，Vol. 14，Buffolo，1885，p. 443.

② 《圣经·罗马书》，2：14—15。

③ A. Roberts & J. Donaldon：*The Ante Nicene Fathers*，Vol. 17，Buffolo，1885，p. 9.

是同一的，因为“没有智慧不能从事任何宗教，没有宗教无法证实任何智慧”①。他指责希腊、罗马文化以宗教与智慧的分离为特征，基督教将智慧与宗教完美地结合起来。哲学是人生的指南，道德哲学以最高的善和美德为目的。他认为：“在哲学和神的宗教体系相分离的情况下，从有智慧的教授那里得不到对神的探讨，从宗教祭司那里学不到智慧，这就表明一个不是真正的智慧，另一个不是真正的宗教。……但在智慧与宗教不可分离地结合在一起时，两者必然都是真正的，因为我们在崇拜中是明智的，知道崇拜合适的对象以及崇拜的方式，同时，我们在智慧中崇拜，用举动和行为成全我们的知识。”② 这里所说的智慧和宗教分别指理论和实践两个方面，拉克坦修认为希腊哲学缺乏对大众生活的影响力，希腊、罗马宗教缺乏理智与合理性。他认为，基督教的生命力在于它的伦理道德能够为人们的精神生活提供指导原则，填补希腊哲学自我毁灭的怀疑精神和空洞贫乏的道德说教造成的空白。虽然他对希腊哲学和伦理思想的评价充斥着偏见，但还是指出了基督教取代希腊思想与宗教的原因和趋势。

总之，希腊教父的思想与拉丁教父的思想都有原教旨倾向，同时也体现出尊崇神性与尊崇知识的理性辩护主义两者纠结在一起，表现了神性与理性、信仰与知识的矛盾。这两对矛盾始终困扰着以后的中世纪哲学和伦理学，贯穿神学伦理思想的整个发展过程。前期教父在理性辩护主义和原教旨主义的争论中，将基督教伦理的许多重要的问题提了出来，但并没有形成一个比较权威的解答，他们的学说也没有被基督教会完全接受。

二、善、恶的起源

奥勒留·奥古斯丁是后期教父思想中形成道德哲学体系的第一人。他的思想构成了欧洲中世纪经院思想中的奥古斯丁主义（Augustinism）。奥古斯丁吸收了新柏拉图主义（Platonism）和后期斯多亚主义（Stoicism）的观点，从自己成为一个基督徒的道德经验出发彻底地贯彻了道德问题上的预定论立场，以反对希腊人对个人道德独立的信念为前提，建立起了一个系统的道德哲学体系。

奥古斯丁在公元387年受洗，加入基督教。他从放荡情欲转向禁欲生活、从傲慢转向顺从、从异教徒转向基督徒的一系列的变化，是以放弃以往的全部生活宗旨为代价的。它本身是一种生命的“复活”和“转变”。奥古斯丁把这种“转向”称为善的生活的开始，并将之归于上帝的恩赐。

奥古斯丁把上帝比作“至善”之光，把人的灵魂比作眼睛，把理性比作视

① A. Roberts & J. Donaldon: *The Ante Nicene Fathers*, Vol. 17, Buffolo, 1885, p. 11.

② Ibid., p. 102.

觉。上帝既是终极创世本源，又是一个终极价值本源。他由此得出人生的终极追求是转向上帝的结论。上帝是“至善”者，是“至真”者，他作为光照使一切呈现，赋予万物以意义和价值。有了真理之光、至善之光，也就有了上帝，人类的灵魂才能亮堂起来，而不为无边的黑暗所笼罩。

奥古斯丁

奥古斯丁对世上的善进行了区分。他认为，有三种不同等级的善：美德之类，如正义、勇敢、坚韧、谨慎等，属于上等之善。这些善不可能被人错用，谁也不能以正义去行非正义之事。如果没有这些善，人类便不能正当地生活，它们是上帝仁慈、慷慨的馈赠；物体之美，属于低等之善，因为没有它们人也能正当生活；灵魂的能力，如理性、自由意志等，属于中等之善。没有它们人不可能正当生活，但有了它们，人类可以因滥用而去为恶。此外，还有朽坏之善与不朽之善，“一切可以朽坏的东西，都是‘善’的；惟有‘至善’，不能朽坏。也惟有‘善’的东西，才能朽坏；因为如果是至善，则是不能朽坏，但如果没有丝毫‘善’的成分，便也没有可以朽坏之处”[①]。

奥古斯丁认为，万物是按善的多少来排列等级的。“神把存在的本质赐给其他的受造物，但它们终究与神自己是不同的，给有些受造物多些，给有些受造物少些，以便用这样的等级来安排自然万物。”这说明只有上帝才是至善，万物只拥有不同程度的善，这也就意味着万物都相应地有不同程度的善，这种善的缺乏或减少，奥古斯丁把它称为恶。他说：“事实上所谓恶，岂不是缺乏善吗？在动物的身体中，所谓疾病和伤害，不过是缺乏健康而已。……同样，心灵之中的罪恶，也无非是缺乏天然之善。”[②] 因此，善是绝对的，惟有善才是真正的存在和真实的实体；恶是相对于善而言，是“善的缺乏”，应是一种无。

“善的生活”是一种缘自真理的生活，它蕴涵着人的至真至切的幸福。真理与理性存在着三种关系：真理低于理性；真理等于理性；真理高于理性。上帝是真理或“光照”，而理性只是我们灵魂的“视觉”，这就意味着前两种关系都是不可能的。由此，真理是高于理性的。那么，“善的生活”作为一种源自真理的生活，就是一种高于理性思辨的宗教生活。由此这种生活也只能是一种完全排除肉

① ［古罗马］奥古斯丁：《忏悔录》，127页，北京，商务印书馆，1963。

② 王晓朝主编：《信仰与理性》，294页。

体感官欲望的灵魂的生活，因为每一个人都是一个“外在之人”和“内在之人”，前者是人的躯壳，是被灵魂统辖着的人体；后者是“理性灵魂的深幽之处”。“内在之人”与“外在之人”是不与肉体相混合的灵魂，它是上帝之光的受体，是真正的道德实践的主体。好生活作为真正的幸福生活只能是灵魂本身的生活。

奥古斯丁对人性的看法表现出两种倾向：在自然观的领域，出于维护“肉身复活”教义的考虑，他主张参照肉体的实体性来解释灵魂，兼顾人的内外两方面，反对贬低肉体的柏拉图主义；但是在道德观领域，他主张在人与上帝的关系中考察灵魂，由此来界定一种好的生活，将它看成是灵魂本身的纯洁生活，彻底否定了肉体的道德意义，因此在道德观领域，他又十分推崇贬低肉体的柏拉图主义。这种幸福生活就是一种热爱上帝的信仰。奥古斯丁说：“幸福生活就在你（上帝）左右，对于你、为了你而快乐；这才是幸福，此外没有其他幸福生活。谁认为别有幸福，另求快乐，都不是真正的快乐。”①“如果有人问我们关于至善和（极）恶的意见怎样：我们将回答：永生是至善，永劫是极恶。而我们生活的目的，则在于求永生，避永劫；所以古人有一句话：‘正直的人，依信心而生活。’因为我们看不到我们的至善，只有照着信心而生活，而且，我们只能够这样做：以我们的信心和祈祷，盼望那给我们以信心之上帝会帮助我们”②。人在尘世的生活好像一个过路的旅客，肉体的享乐使我们离开上帝更远，惟有灵魂的纯洁才是接受上帝光照的最佳状态。对善的生活的思索是奥古斯丁的神学世界观向理性深处推进的首要构成因素。

神恩和意志的能力的结合，构成了奥古斯丁关于人的道德实践的思想。在人的道德实践中，神恩说主要针对恶的诠释，意志则说主要针对爱的解说。在这个意义上，恶与爱成为奥古斯丁教父道德哲学体系的一个基本主题。

奥古斯丁吸收了新柏拉图主义者普罗提诺关于恶是缺乏存在本质的观点，把恶定义为“背离本体，趋向非存在的东西”，“倾向于造成存在的中断”的东西。③ 这一定义并不是把“恶”简单地等同于“非存在”，而是把它看作“趋向非存在”。他认为，上帝创造的世界是一个存在的等级系统，在该系统中，低一级事物的存在是高一级事物的非存在。高一级事物的存在是低一级事物的根据。如果一事物放弃这一根据，趋向于比它更低的事物，这即是“趋向非存在”，这

① ［古罗马］奥古斯丁：《忏悔录》，206页。

② ［古罗马］奥古斯丁：《上帝之城》，第19卷，第4章，见周辅成编：《西方伦理学名著选辑》，上卷，355页。

③ 参见 F. Schaff：*Aselect*：*Library of the Nicene and Post Nicene Fathers*，Vol. 4，Buffolo，1887，p. 72.

就是恶。因此，恶是由“缺陷”造成的。“缺陷”的存在使得低一级事物诱惑高一级事物（“拖累”），高一级事物趋向低一级事物（“堕落”）。因此，“恶”的起因是由于自身的“缺陷”，“恶”的性质是“趋向非存在”。

各种恶的现象的存在形式，主要有三类。首先是“物理的恶”，这是由事物的自然性造成的损失和伤害，如天灾人祸、生老病死等。上帝创造的一切事物都不可能具备上帝那样十全十美的完备性和完美性。创造物的完善性之缺乏即是“物理的恶”的原因。这种恶使得一切自然存在物都是终有一死的，因为它的本性是不完善的，所以它的存在将会丧失。这种恶根本不能否认上帝的善，相反它的存在恰恰是为了显示上帝创造的自然界整体的善，因为从整体上它们（有缺陷之物）都服从完善的宇宙秩序。其次是“认识的恶”，这是在认识上将真理与谬误、确定与不确定、正确和错误的关系弄颠倒造成的恶。这种恶是由人的理智的不完善构成的，它比自然界的恶更危险，它使有些人由于认识上的错误而背离对上帝的信仰，所以这种恶比自然的恶更接近于罪。最后是“伦理的恶”，即“罪”。罪是人的意志的反面，无视责任，沉湎于有害的东西。罪作为意志的反面，是指意志选择了它不应该选择的目标，放弃了不应放弃的目标。

对自然的恶和认识的恶，奥古斯丁用被造物的相对完善性对之进行了解释；对伦理的恶，亦即罪，奥古斯丁则从意志自由和神恩的关系对之进行了解释。前两种恶并不难理解，后一种恶的复杂性以及奥古斯丁对它的独特解释构成了他的自由意志论的主要内容。

三、自由意志论

奥古斯丁在388年完成的《论自由意志》（*De Civitate Dei*）和426年完成的《论恩典与自由意志》（*De Gratia et Libero Arbitrio*）两书中，相继深入讨论并深化了由奥利金首先提出并初步论证的自由意志问题。

奥古斯丁在早期著作《论自由意志》一书中，论证了人的自由意志包含着恶的可能，但却要服从上帝的公正这一最高的善。为了显示上帝惩恶扬善的公正，必然赋予人意志自由，让他们承担自己选择的责任，上帝的恩典主要表现为赏罚分明的公正。上帝造人的时候赋予了人认识能力、理性能力和自由意志，三者都源于上帝，本身是善的，但它们只是中等之善，有被误用的可能。当意志指向和追求较高之善，或靠近上帝时，就是行善；相反，当它指向和追求较低之善或远离上帝之时，即为犯罪，也就是伦理上的恶。他说，所谓幸福便是自由意志朝向永恒之善运动的结果，善用自由意志的人便存在着幸福。

伦理上的恶起源于人的自由意志，在于自由意志的错误选择。意志是“心灵趋于占有或保存某物的自发活动”[①]。人的自由意志，又称自由选择或自由决定，是人类面临善，作出善与非善的主观选择时所具有的一种特殊能力。它的最根本的特点是自由，当它进行决断的时候，任何事物都不能干涉，甚至上帝也不会干涉，否则就不成其为自由意志了。因为如果意志不在人的权能之下，它就不会是一个意志。人只有对自己有权拥有的东西才是自由的。[②]

自由意志是灵魂统辖肉体的心灵状态，它是灵魂的禀性。灵魂的本性是追求超越自己的完善性，自由意志的选择违背灵魂的本性便造成了伦理的恶。这时灵魂趋向肉体的享受，而不是趋向上帝。然而，自由意志是上帝造人时赋予人的能力，它作为人的灵魂的禀赋具有不犯错的可能性，但是人的堕落正是因为人抛弃了这种可能性。奥古斯丁在前期认为，上帝对人的意志自由的选择并不干预，上帝的恩典主要是对自由意志选择的善恶后果进行公正的赏罚。但是，他的后期思想发生了比较大的变化，主张用神恩和原罪限制人的意志自自。导致这种变化的一个重要因素是他与佩拉纠神父（the monk Pelagius）的辩论。佩拉纠主张人的命运取决于自己的选择，并依赖自己的本性获得拯救，因此不需要上帝的恩典。而奥古斯丁认为，虽然人的自由意志有不犯错的可能性，但由于人类始祖亚当和夏娃抛弃了这种可能性，人的意志就被“原罪”所污染，人类失去了自由选择的能力，永久地为罪所累。“原罪”是人类遗传的罪，人只有依靠神恩才能恢复意志自由。

原罪之后，人不可能依靠自己的行为或抉择获得拯救。奥古斯丁认为：“他们能够靠自己的善行获救吗？自然不能。人既已灭亡，那么除了从灭亡中被救出来以外，他还能行什么善呢？他能够由意志自行决定行善吗？我还说不能。事实上，正因为人用自由意志作恶，才使自己和自由意志一起毁灭了。一个人自然是在当他活着的时候自杀；当他已经自杀而死，自然不能自己恢复生命。同时，一个人既已用自由意志犯罪，为罪恶所征服，他就丧失了意志的自由。”[③] 奥古斯丁对《圣经·创世记》的诠解显然是把原罪与自由意志的误用联系起来了。因为原罪，上帝创造的具有意志自由的人已经死了，人丧失了善的本性和自由选择的能力。这样刻画的人类境况其最终目的并不是为了宣布人在得救的问题上将毫无作为，恰恰相反，这种刻画是为了解说神恩之伟大。因此，为原罪所遮蔽的绝望

① 《论双重灵魂》第 10 章，转引自王晓朝主编：《信仰与理性》，295 页。

② 参见《论自由意志》第 3 卷第 3 章，转引自王晓朝主编：《信仰与理性》，295 页。

③ F. Schaff：*Aselect*：*Library of the The Nicene and Post Nicene Fathers*，Vol. 3，Buffolo，1887，p. 347.

的人类，惟有重新获得神恩才能复活已经灭亡的自由意志。在奥古斯丁所给出的这种信仰伦理的论证框架中，上帝的恩赐集中体现在派遣自己的独生子来到尘世，以被钉十字架上的自我牺牲为人类赎罪的伟大事业上。这是一次普度世人的神恩，圣爱之光泽被八荒，凡受引导而追随基督的罪人将获救度。而这在根本上取决于是做一个基督徒还是做一个异教徒的选择。

奥古斯丁通过自由意志论，揭示出善恶的原则在于是选择做基督徒，还是选择做异教徒。一个异教徒的好人，无论有多少善行，在这一原则下永远不能使自己从“罪人”的沦落中得解救；而一个罪大恶极者，只要他选择了做一个基督徒，他就获得了新生。奥古斯丁的这个诠释，表达了正在取得统治地位的基督教的乐观信念，中世纪教会采用的奥古斯丁主义是“自由意志说”与“恩典说”的调和。此后它逐步被确立下来，成为基督教的一个正统教义。在信仰伦理系统中，奥古斯丁把“爱”看作铭刻在人心中的神律，这神律同时也是自然律。

根据事物存在的等级以及蕴涵在这种等级序列中的伦理构思，奥古斯丁把爱首先看作有理性的人正确使用他们的自然能力的道德原则。“爱”作为自然律，在有用序列和正当序列中显现。“正当”是为自身缘故而欲求的东西，其序列指向“享用”的价值。享用是对正当之物的可欲可享，但对它的欲求主要不是肉体官能性的，而是心灵的渴望和追求。因此享用是一种精神生活的热爱，它与功名利禄无关。“有用”是为其他事物而欲求的东西，“有用”的序列指向“使用”的价值。使用是对可获得东西的正确态度，使用的对象是外在的物质生活资料，其目的不在自身而在心灵的欲求与享用。这两个序列的关系涉及了信仰伦理生活的一个重要问题：物质生活和精神生活。在奥古斯丁对两个序列的区分中可以看到，享用是精神生活的范式，使用是物质生活的范式，使用理应被享用的东西是利用精神生活获取物质利益，这是对精神的亵渎；享用理应被使用的东西是以物质享受慰藉心灵的拜物主义，所以这两个序列绝对不能混淆，混淆了就会违反道德原则。道德生活在于爱的秩序，这一秩序就是：全心全意爱精神价值的对象，并使用物质性的价值为此目的服务。由此可见，爱是指个人对神圣价值目标的追求，它以神恩和圣爱为前提。

奥古斯丁道德哲学体系中关于善与恶的观念、自由意志说以及理性与信仰关系的立场，典型地反映了基督教教会的利益和观点，由此出发建构的宗教道德哲学体系实质上带有浓厚的意识形态的印记。他认为理性必须以信仰做向导，因为基督教的真理不是基于理性的尽善尽美和逻辑上的一致，而是源自上帝。他把上帝既看作存在的本源，又看作价值的本源。他认为，“原罪”来自亚当的傲慢，因此“救赎”不能从人类的理性智慧中获得，而必须依靠上帝的“神恩”。没有上帝，人既无法取得知识又无法将自己从罪恶的深渊中解放出来。由此，奥古斯丁得出信仰为人生最高权威的论点，但他也并没有呼吁人们停止理性思维，而是将理性视作理解上帝意志的工具。这些思想为基督教思想的实质性发展提供了动力。

第三节 基督教神学伦理学

在教父道德哲学之后，经院哲学在神学体系内对基督教道德哲学又进行了新的构思。安瑟尔谟（Anselmus，1033—1109）与阿伯拉尔（Petrus Abailardus，1079—1142）分别从信仰伦理和理性伦理立场，揭示了当时基督教伦理在辩证神学框架内的两极对立。圣方济各会（Franciscans）的波那文都（Bonaventure，1221—1274）和布拉邦的西格尔（Sigerus de Brabant，1240—1248）、达西亚的波埃修（Boethius，480—524/525），则从柏拉图主义—奥古斯丁主义和亚里士多德主义的两极，阐释了基督教伦理的基本思想。13 世纪，托马斯·阿奎那（Thomas Aquinas，1224/1225—1274）从综合的立场，以基督教的道德理想为灵魂，通过诠释亚里士多德的伦理学结构和内容，建构了一种新的思辨神学伦理体系。这个体系是中世纪神学伦理学与古希腊道德哲学的最庞大、最全面的综合，也是经院哲学系统内基督教伦理的最高的成就和最完备的形态。

一、神学伦理体系的方法结构

3 世纪以后，鲍依修斯（Boethius，480—524）是最早把亚里士多德的逻辑学翻译成拉丁文的学者。10—12 世纪的阿拉伯人阿维森那（Avicenna，980—1037）和阿维罗伊（Averroes，1126—1198）是对柏拉图和亚里士多德的思想重新进行综合思考的学者。加上当时的亚里士多德学者阿尔伯特·马格努斯（Albertus Magnus）等人的传授，提供了托马斯在教父思想体系的基础上创建神学伦理体系的可能条件。

在方法上，托马斯采用经院神学的“是与非”的辩论法，即“经院辩论”（Scholastic disputation）法。这种方法分正反两方，以三段论式对对方提出的命题加以判断辩论，并尖锐地揭示问题所在，最后得出结论。

在结构上，托马斯效法亚里士多德，把道德哲学分为三个部分。它们分别是：（1）“修行学”，以终极目的对行为的规范制约为对象；（2）“经济学”，以人所固有的道德为研究对象；（3）“政治学”，以公民行为为研究对象。在《神学大全》中，他把“修行学”界定为一般伦理学，探讨至善问题；把“经济学”和“政治学”界定为“个别伦理学”，探讨个别美德和责任。托马斯的《反异教大全》和《神学大全》两书的结构，典型地体现了整个神学伦理体系的基本构成。

《反异教大全》的结构如下，其中第一部分与亚里士多德哲学的主要著述成对应关系：

《反异教大全》	亚里士多德哲学
第一部分：卷1：上帝存在及其属性	1《形而上学》
卷2：作为造物主的上帝及被造物	2《物理学》
卷3：上帝的天命和终极目的——善	3《尼各马科伦理学》
第二部分：①上帝的三位一体	
②上帝的业绩：赎罪、恩典、肉身化	
③作为人生目的之上帝：复活与赐福	

《神学大全》（未完成）的基本结构是：

第1集：论上帝和人

第2集：论人的活动（上、下）

第3集：论教会的圣事

《神学大全》的第1、2集用自然理性来思考人的道德问题，第3集是伦理神学，它研究的是人的自然理性无法解决的问题，于是诉诸信仰，因此它是在信仰之光的光照中解决将神学道德信条转化为一种教理伦理规范的问题。

二、上帝存在的道德论证

托马斯之前的安瑟尔谟首先提出了著名的“上帝存在的本体论证明”，认为上帝是思维的最大可能的对象，不可能不存在。托马斯在此基础上，借用亚里士多德对存在的分析，以类比论证为依据，进一步深化了上帝存在的证明。

亚里士多德认为，“存在”不是一个“单义词”或“多义词”，而是一个有中心意义的近义词。托马斯据此指明，“存在”是“第一个非单义的类比名称”①。存在被运用于不同对象时意义虽然不同，但都与上帝的存在相联系。也就是说，一切存在都应在与上帝存在类比的关系中被理解。托马斯将类比意义不单纯地看作一种语言用法意义，而是看作与事物等级地位相联系，意义的充足程度与事物等级高低成正比。

---

① A. Hyman & J. Walsh: *Philosophy in the Middle Ages*, Indianapolis, 1974, p. 494.

托马斯·阿奎那

由此出发，托马斯提出了关于上帝存在的五种证明。第一个证明是“第一推动者”证明，它从运动的因果序列，推出存在一个最终动因，这个“第一推动者”就是上帝；第二个证明是运动者证明，它从最初原因论证上帝；第三个证明是必然性证明，它从最终必然性论证上帝；第四个证明是最高等级证明，它从最高等级论证上帝；第五个证明是终极目的证明，它从终极目的论证上帝。这些论证以存在一个等级结构和在与上帝存在类比关系中被理解为基础，确立了托马斯对世界的神学伦理的理解。以此为依托，托马斯确立了神学伦理体系中的上帝的基础。

上帝是神性的本质。托马斯说：“‘上帝’这个名称是指神性（Divine）的本质，因为这一名称原本就是意指某种超出一切事物之上的东西，即意指一切事物的本原。”① “人不可能凭借自己的自然能力直接看见上帝的本质，而是必须依赖上帝自身向人显示，也就是依赖上帝的恩惠，依赖神性启示之光的协助。正是出于这一原因，在《圣经》中，上帝和天使都被描述成以火的形象出现，因为火是那样的壮丽辉煌、光芒灿烂。”② 质料性的太阳是在我们之外发光，而理智性的太阳（上帝）则是在我们内心发光。

上帝没有形体。上帝是最高贵的存在，而任何一个形体都不可能是最高贵的存在。托马斯说：“我们在彼岸世界可以面对面地直接看见上帝的本质。不过，如果我们以一种物质性的方式理解这一点，或是想像上帝有一张质料性的脸，那就不敬了。因为上帝没有形体；我们自己也不能以一张有形体的脸去看上帝的本质，因为这张脸上有形体的眼睛只能看见有形体的事物。”③ 上帝就是他自己的本性，所以上帝就是上帝，不可能存在许多上帝。

上帝是最高的秩序。托马斯认为，可以从事物的等差性来证明上帝的本质：“各种事物的善、真、贵有高有低，高低的程度则是根据它们以不同的方式与最高事物接近的程度来决定的，就像一个东西比较热，是因为它更接近于最热的东

① 《神学大全》，1集，13题，8条。Anton C. Pegis edited, *Basic Writings of Saint Thomas Aquinas*, Vol. One—Ⅰ, Random House, Inc., 1945, p. 25.

② 《反异教大全》，2卷，52、53章。Anton C. Pegis edited, *Basic Writings of Saint Thomas Aquinas*, Vol. Two—Ⅱ, Random House, Inc., 1945, p. 941.

③ 同上书，51章。Ibid., p. 940.

西一样。因此，必定存在着某个最善、最真、最贵的东西，也就是最完善、最伟大的东西，他是世界上其他一切事物能够存在、能够具有善和其他完美性的原因；我们就把这个原因称作上帝"[①]。也可以从世界的管理秩序来证明上帝的存在："我们发现，即便那些没有知识的东西（如各种自然物），也总是为了某个目的而展开活动，因为它们总是采取同一种方式，力求达到最好的结果。很明显，它们达到目的并不是偶然的，而是有计划的。但是，缺乏知识的东西如果不是受到某种有知识、有智慧的东西的指挥，是不可能达到目的的，正像一支箭只有受射箭的人指挥才能射中标靶一样。因此，必定存在着一个有智慧的存在者，一切自然物都是在它的指挥下达到它们的目的的；我们就把这个存在者称作上帝。"[②]

上帝是全知、全善、全能的存在。"由于在上帝中存在着一些真实的关系，因而，在上帝的本性中也就存在着一些实在的实体。而这就意味着在上帝中存在着一些位格，并且恰恰是三个位格：圣父、圣子、圣灵。"[③] 上帝的存在就是他的完美的善。在上帝中，存在、生命、智慧、幸福等所有一切完美和善的东西，都是同一的。就其本性而言，上帝拥有最完美、最永恒的生，因为他的理智是最完美的，并且始终处于活动之中。就其效果而言，上帝既是由爱导引的灵魂生命，又是由灵魂导引的肉体生命；就其根本而言，上帝的爱就是灵魂的生命，正像灵魂是肉体的生命一样。"上帝绝对是最高的善。由于善在上帝中是以一种最完美的形式存在的；所以，上帝就被称作最高的善。"[④] 只有上帝自身的存在才具有所有的完美性，只有上帝才在本质上就是善。

总之，上帝的本质自身既是智，也是善，又是爱。上帝爱一切存在着的东西，希望它们为善。理性的存在物通过他们的理智和意志统治他们自身，而这两者又需要接受上帝的理智和意志的统治，才能达到完美。

三、善恶价值论

托马斯在上帝存在及其本性的论证中，确定了上帝是智、善、爱统一的完满的存在。以此为据，托马斯具体规定了善与恶的本质及其联系。

托马斯认为，善与存在是同一种类型的概念，它具有非单一性和类比性。指

---

①② 《神学大全》，1 集，2 题，3 条。Anton C. Pegis edited，*Basic Writings of Saint Thomas Aquinas*，Vol. One—Ⅰ，Random House，Inc.，1945，p. 8.

③ 同上书，30 题，1、2 条。Anton C. Pegis edited，*Basic Writings of Saint Thomas Aquinas*，Vol. One—Ⅰ，Random House，Inc.，1945，p. 304.

④ 同上书，6 题，2 条。Anton C. Pegis edited，*Basic Writings of Saint Thomas Aquinas*，Vol. One—Ⅰ，Random House，Inc.，1945，p. 52.

称上帝的称谓，如真、善、美、智慧、力量、仁慈等，都具有这两种特性。正如太阳的力量在地上产生出多种多样形式的事物，存在于被造物中的分散的、多样的完善性曾经以统一的方式存在于上帝之中。因此，善作为一个“类比观念”被运用于上帝时，它的意义是“最高的善”、“终极的善”；被运用于被造物时，它的意义是“共有的善”（bonum in communi）。“共有的善”应在与上帝之善的类比关系中被理解，并确立其等级和地位。

善始终是人的目的，人的目的与善的同一是整个存在的仁慈的表现。一切现有的都是善，因为一切都在类比上帝的善中被确立起，上帝是一切的始因；从实体意义上说，根本就不存在恶，只有非现有的才是恶。这样，托马斯就把追求善和对世界的神学解释直接联系在一起了。整个世界不仅是上帝仁慈的体现，也是上帝善的组成部分，因此世界表现为一种实体性的伦理秩序。在这种秩序中，追求善是每一物对高出于自身的事物的追求，一切被造物莫不趋向上帝，因此个人的行为美德和他的得救之间存在着一种肯定的依存关系。

为了确立上述信念而又使基本公设即上帝不会受到怀疑，托马斯恢复了个人美德在得救问题上的地位，但又对之作了限定。他提出，人与上帝的依存关系超越了人的理性的范围，正如人的存在只有在比照上帝存在时才有意义一样，人的美德所达至的善也只有在比照“最高的善”时，我们的得救才有价值。只有信仰才是获救的根本。因此，在托马斯的论证中，至善和人能达到的美德，分属于两个不同的领域，前者是信仰的领域，后者是理性的领域。理性的意义在于比照信仰，而信仰是人类道德活动的终极目的。在很大的程度上，这个观点维护了13世纪基督教会对世俗功业追求的基本利益。

善是由限制、形式和秩序构成的。托马斯吸收了亚里士多德的观点，认为：“善的一般本质就在于：它总是能以某种方式成为可欲的。所以大哲学家亚里士多德曾说：可欲之谓善。很清楚，只有当一个事物是完美的时候，它才会是可欲的，因为一切东西都渴望着使自己臻于完美”①。一切完美的东西可以说都是善的，因为它们正是由于完美才会成为可欲的。“既然善的本质是由完美构成的，那么，善的本质同时也就是由限制、形式和秩序构成的，因为只有这些因素才能使事物成为完美的。”② 正像“善”意指欲望所追求的东西一样，“真”意指理智所追求的东西。不过，由于在欲望与理智之间存在着某些区别，欲望的项即善主

① 《神学大全》，1集，5题，1条。Anton C. Pegis edited，*Basic Writings of Saint Thomas Aquinas*，Vol. One—Ⅰ，Random House，Inc.，1945，p. 42.

② 同上书，5题，5条。Ibid.，p. 47.

要存在于可欲的事物之中，而理智的项即真却主要存在于理智自身之中。

善和真的不同不仅表现在追求者和追求的对象的不同上，也体现在存在的不同上。“善主要存在于事物之中（只要这个事物是与欲望相关的）；因此，如果一种欲望的对象是善的，这个欲望也就被称为善的。相比之下，真则主要存在于理智之中（只要理智能与它所理解的事物一致）；因此，如果被理解的事物与理智相符合，这个事物也就被称为真的。”① “真在逻辑上先于善。理由之一就是：知识在本性上先于欲望。因此，既然真与知识相关，而善与欲望相关，那么，真就必定在本性上先于善。”② 真与善是相互包含的，因为真同时也是善的，否则它就不会是可欲求的；善同时也是真的，否则它就不会是可理解的。正像欲望的对象在具备善的因素的同时，也可以是某种真的东西（如人们追求真理）一样，实践理性的对象在具备真的因素的同时，也可以是某种指向操作性的善的东西。

善与存在本质上是同一的，只是在概念上有所不同而已。托马斯认为：一切事物，就它们存在着、并且拥有某种本性而言，都会自然而然地趋向于某种特殊性的善，因为它们本来就是来自某种善的本原。不过，如果它们只是趋向于某种特殊性的善、而非普遍性的善的话，那么，它们也会自然而然地趋向于某种特殊性的恶。一切理智的本性都会必然趋向于善。因为他们能够把握这种普遍性的善，并以它作为自己意志的对象。因此，他们不可能拥有趋向于任何恶的自然倾向，也不可能在本性上就是恶的。“在人的某种行为中，可以存在着四重性的善。首先是来自这种行为的种属或形式的善；其次是来自它的对象的善；再次是来自它的条件的善；最后则是来自它的目的的善。目的善可以被看成这种行为能够成为善的主要原因。”③ 人的某些行为可以在某些方面善，而在另一些方面恶；不过，只有当它在上述这四个方面都能成为善的时候，它才是绝对的善；因为恶来自任何一种缺失，而善则来自完满。不论是从人的本性的整一性出发，还是从人们本性的可灭坏状态出发，人的本性都需要依赖作为第一推动者的上帝的帮助，才能从事或是意欲一切善的东西。

托马斯对恶的定义是：“恶一般指善的不在场。不过，并不是善的一切不在场都必然是恶。因为善的不在场具有‘缺失’和‘否定’两种意义。否定意义上的善的不在场并不是恶；不然的话，我们就将得出一个结论：凡是不存在的东西

---

① 《神学大全》，1集，16题，1条。Anton C. Pegis edited，*Basic Writings of Saint Thomas Aquinas*，Vol. One—Ⅰ，Random House，Inc.，1945，p. 168.

② 同上书，16题，4条。Ibid.，p. 172.

③ 《神学大全》，2集，上部，18题，4条。Anton C. Pegis edited，*Basic Writings of Saint Thomas Aquinas*，Vol. Two—Ⅰ，Random House，Inc.，1945，p. 134.

都是恶的；或者说，每个事物都会因为它们并不拥有属于其他事物的善而变成恶的。例如，一个人实际上并不会因为他不具有小鹿的敏捷或是狮子的力量而变成恶的。”① 缺失意义上的善的不在场就是一种恶。例如，人本来应该拥有视力；因此，缺失视力的人就被称作盲人。从理智的判断看，只有存在最高的善，其他的善才有可能存在，一切被追求的目的都因其与最高的、终极的善的联系而被称之为善。由此，托马斯得出结论：实体性的恶是不存在的，如果说有“恶”存在，也只存在于作为自己根基的善之中。宇宙的完善要求有某些能够偏离自身善的事物；因为实际上这些事物经常是这样的，恶的本质就在于此，即在于事物偏离善。偏离善自身，是意志选择的可能情景。

托马斯将这种偏离分为两类：一类是在自身事物中的偏离，这一偏离源于上帝，表现为事物的天然缺陷；另一类是在人为事物中的偏离，这一偏离产生于不完善的意志，是意志不服从律法和准则的结果。这两类偏离构成了两类“恶”。恶的存在要么与善的缺失有关，要么与人的本性或人的理智有关。“既然上帝对于一切事物的安排都是以有助于善的产生作为目的，那么，善就在一切事物中由同一个完美的根源产生出来；而恶则是由个体性的缺失产生出来。”② 那些在生成和灭失中拥有恶的自然本性的东西，其实只是整个宇宙的一个很小很小的部分。也就是说，在自然界中，只有从少数事物那里才会发现缺失之恶。只有在人类中，恶才有可能在大多数情形下出现。因为人在肉体感官方面具有的善并不是人作为人所具有的善，而是只有依据理性才能具有的善才是人作为人所具有的善。然而，大多数人并不是遵循理性，而是遵循着感官。某些人的恶是自然的，要么是因为习俗本来就是一种第二自然（天性）；要么是因为他们的感性本性趋向于某种放纵的激情，即自然的恶癖，如有些人在本性上就是易激的或好色的。不过，这种恶并不是就他们的理智本性而言的。对于人来说，不去认识那些邪恶的事情要更好一些。

从给出世界的伦理秩序的论证，到说明“恶”的形成，托马斯的许多设定都为允许这两类“恶”的存在预定了根据。最终的结果只能是这样的一种二元性的论证框架：产生于上帝的存在就是善，而由人的意志产生的存在则是恶。由此规定了神学道德的目的就在于趋善避恶。这样便将人的行为引向上帝，因为上帝即是至善。

---

① 《神学大全》，1集，48题，3条。Anton C. Pegis edited，*Basic Writings of Saint Thomas Aquinas*，Vol. One—Ⅰ，Random House，Inc.，1945，p. 468.

② 《论君主政治》1卷，3章。Anton C. Pegis edited，*Basic Writings of Saint Thomas Aquinas*，Vol. Two—Ⅱ，Random House，Inc.，1945，p. 873.

四、基督教德性论

人的理性是上帝的理性的不完善阶段，以此为前提，托马斯综合希腊美德观念和教父美德体系，把德性分为人德和神德，或人学德性和神学德性，并提出了一个包括柏拉图的四德、亚里士多德的理智美德和伦理美德以及教父道德哲学的主要美德在内的一个综合的神学美德体系。

托马斯认为，人的德性主要存在于灵魂的理智能力和欲望能力之中，德性因其存在的不同和功能的不同，可以区分为理智的德性和伦理的德性。理智的德性是人的能够使他的思辨的或是实在的理智臻于完美的德性；而伦理的德性则是人的某种能够使他的欲望能力臻于完美的德性。

首先，德性就是善的习性，是使人的行为趋向于完美的习性。好（善）的习性就是德性，坏的习性则是邪恶和原罪。托马斯认为："从本质上说，德性意指某种能力的完美；而一个事物是否完美，则主要是从它的目的的角度来看待。"[①]人的德性就是那些能使人的善的行为臻于完美之境的习性。正是通过人的德性，人的行为才能成为善的。因此，任何一种能够一直构成善的行为的原则的习性，都可以称为人的德性。只有真正的德性才是值得称誉的。然而，要想实现那种很少有人能真正做到的德性，是十分困难的。因此，许多人为了显身扬名，不免装出一副道貌岸然的外表。所以，救世主就把那些只是为了装饰门面而行善的人称为伪君子和伪善者。

其次，德性作为善的习性，通过训练和培养获得。托马斯认为："人拥有一种趋向于德性的自然的倾向；不过，只有通过某种'训练'，人们才有可能达到德性的完美。同时，人们还必须互相帮助，才有可能实现那种臻于完美德性的'训练'。"[②] 德性的培养包含三个要素：一是人应当在知识的指导下自觉地开展行动；二是人应当经过深思熟虑自主地开展行动；三是人应当根据一条牢固而颠扑不破的原理开展行动。知识对于人的行为的开展具有重要意义。"严格说来，良知不是一种能力，而是一种活动。通过良知，我们判断某件事情究竟是应该去做，还是根本不应该去做，而这就需要把我们所获得的知识实际运用到我们开展的行为之上。"[③] 行为的能力取决于内在的习性；一个有德之士所能做到的，并不等于是任何一个普通人都能做到的，正像一个孩子不可能做到成年人所能做到

---

① 《神学大全》，2集，上部，55题，1条。Anton C. Pegis edited，*Basic Writings of Saint Thomas Aquinas*，Vol. Two—Ⅰ，Random House，Inc.，1945，p. 161.

② 同上书，95题，1条。Ibid.，p. 223.

③ 《神学大全》，1集，97题，13条。Anton C. Pegis edited，*Basic Writings of Saint Thomas Aquinas*，Vol. One—Ⅰ，Random House，Inc.，1945，p. 928.

的一切事情一样。反过来说，许多事情发生在一个有德之士的身上是不能容忍的，而发生在那些德性并不完美的人身上却是可以允许的。

再次，理智德性与伦理德性存在着明显的差异。在欲望和理智之间存在着什么样的差异，在人的伦理的德性和理智的德性之间就存在着什么样的差异。托马斯认为："一个人要想进行善的行为，不仅需要他的理性受到理智德性的支配，而且需要他的欲望受到伦理德性的支配。伦理德性涉及了人生的终极之善，因为它们是绝对地使人成善的。"① 一个人如果只是拥有思辨科学的习性，他并不一定就会倾向于运用它，也许只是在他的科学知识所涉及的那些事务上能够思考真理而已。不过，一旦他实际运用他所拥有的知识，这就涉及他的意志的活动了。因此，那些能够使意志臻于完美的德性，如慈爱或正义，同样也会使人能够很好地运用他的思辨习性。

伦理德性以理性为基础。正像欲望只是因为它在某种程度上分有了理性才能构成人类行为的一个本原一样，伦理的习性只是就它们能够与理性保持一致而言，才能被看成德性。在伦理德性中，倘若一种激情先于理性的选择而去激发德性的活动，就会减损德行的价值。"伦理德性要比艺术具有更大的确定性，因为它们就像人的第二本性一样，是在理性的推动下转化为行为的。"② 没有智慧、科学、艺术这些理智的德性，也许还可以有伦理的德性；但是，如果没有理解和审慎这些理智的德性，就不会有伦理的德性。伦理德性不仅应该符合正确的理性，即它们应该使人的行为趋向于那些符合正确理性的东西（像柏拉图主义者所宣称的那样），而且他们也需要与正确的理性结合起来（像亚里士多德所说的那样）。

最后，基本美德主要有谨慎、正义、节制与坚韧四种，它们是以理性为标准的意志习惯。谨慎是意志对理智的服从，正义是依理性认识的秩序，节制是理性对感性的压抑，坚韧是理性对感性的加强。托马斯认为："从四主德的主体来看，能够使那种在本质上就是理性的能力臻于完美的，就是审慎的德性；而能够使那些由于分有理性而成为理性的能力臻于完美的，则有三个主德，这就是能够使意志臻于完美的正义、能够使凡俗的欲望臻于完美的自制、能够使易激的欲望臻于完美的刚毅。"③

---

① 《神学大全》，2集，下部，23题，7条。Anton C. Pegis edited, *Basic Writings of Saint Thomas Aquinas*, Vol. Two—Ⅰ, Random House, Inc., 1945, p. 267.

② 同上书，18题，4条。Ibid., p. 167.

③ 《神学大全》，2集，上部，61题，1条。Anton C. Pegis edited, *Basic Writings of Saint Thomas Aquinas*, Vol. Two—Ⅰ, Random House, Inc., 1945, p. 213.

在《反异教大全》里，托马斯在第二部分的111—146章中讨论了有关律法、正确的信仰、礼仪、婚姻、人伦、神贫、贞节、赏罚等德性要项，以及律法与德性的关系。这里的律法乃所谓的神律（divine law），而人类既然是一种理性的受造物，便应当接受上帝的指导生活，这是为了他个人也是为了社会整体的益处而行。托马斯指出：律法存在的必要性在于它惟独赐给那些认识工作的理性特征的人，受造物中人乃理性的受造者，只有人具有资格接受律法，律法是理性的方案、运作的规则，颁布给人正好符合人受造的目的；而上帝设立律法的主要目的在于引导人类归向人类生活的归宿：认识并爱慕上主，律法主要宗旨所提示的是道德、善良的行为，而最终极的德性则是归属于上主。上主神圣的律法主要是在引领人实践这些德性。律法的宗旨是为培养人的德性，至于律法的条例内容则是关乎各种美德的实行，但最重要的是产生对上帝的爱。律法的宗旨还表现在对邻舍的爱上面，这就是爱的律法，也是上爱天父且下爱世人的律法。托马斯甚至认为这是属于自然法的内容，合乎所有人类共通的本性。

德性的具体实践内容与宗教礼仪、三愿（神贫、服从、贞节）等相关，它具体体现在人心所关怀的事物中，包括人的社会身份与服从、人的儿女亲情与贞节、人的生活所需等诸方面。德性的实践就是要尽其可能摆脱干扰，全心与神交往。托马斯认为，上主神圣的律法是放诸四海皆准的伦理，因此必须在《反异教大全》中再次阐明。

理智德性与伦理德性依据于人类理性的哲学理论，而神学德性则依赖于上帝启示的学问即神学。托马斯认为："神学理论不是从人类的知识那里，而是从神性的知识那里推导出它的原理来的。神性的知识就是最高的智慧，而我们的一切知识都是根据这种知识加以整理的。"① 因为人们都要皈依上帝，皈依一个超越人类理性之上的终极目的。为了使人们得救，人们必须知道那些超出人类理性、只有凭借神性启示才能把握的真理。全人类能不能从上帝那里得到拯救，就取决于人们能不能认识到这些真理。因此，人们必须运用上帝启示的神性真理，来指导自己去研究这些真理。神学美德②就是这样一种真理。

神学德性与人学德性不仅在对象上有所不同，在功能上也是有区别的。托马斯认为："神学德性的对象是上帝，而上帝是超越我们的理性知识的；相比之下，

① 《神学大全》，1集，1题，6条。Anton C. Pegis edited, *Basic Writings of Saint Thomas Aquinas*, Vol. One—Ⅰ, Random House, Inc., 1945, p.10.

② 一般而言，神学美德也叫超德（supernatural virtues）。超德始于13世纪，是指那些超过人性的本能、且完全出于上主恩典所带来的力量与德性，所以超德乃来自他力而非自力。16世纪以前超德的讨论多属教义神学的范围，16世纪以后则多在伦理神学中探讨。

理智德性和伦理德性的对象则是可以为人类理性所把握的事物。所以，神学的理性与理智的德性和伦理的德性有着本质的区别。”“理智德性和伦理德性主要是根据人的自然本性而使人的理智和欲望臻于完美的；然而，神学德性却是根据超自然的本性而使人的理智和欲望臻于完美的。”① 神学的德性能够引导人们走向超自然的幸福。

托马斯在《神学大全》第二部分下半部，以相当长的篇幅来讨论神学的德性，虽然讨论的是德性之事，却十足是神学性的探索，一步一步分析推理。从严格的神学角度来反省基督徒的伦理与生命意义，在《神学大全》开始部分他就提醒说，基督教会的神圣神学与哲学中的神学是根本不同的，哲学中的神学（尤其以亚里士多德的体系而言），所指的是一种“自然神学”或所谓的“理性神学”，这是单单借着人的理性来讨论有关上帝的学问，是一种“哲学神学”，至于教会的神学则是属于“启示神学”，即透过启示而得的神圣科学。基督徒的启示神学与一般的科学、哲学的神学有本质上的差别，因为在明白关于上帝的事情方面，人类自然本性的理性是不充足的，因此我们需要神学德性。

信（信仰）、望（希望）与爱（敬爱）三大德性是神学的主要德性。信、望、爱之所以被称为神学的德性，首先是因为它们的对象就是上帝，它们能够引导人们正确无误地趋向于上帝；其次是因为只有上帝才能使人具有这些德性；最后则是因为只有神性的启示才能使人认知这些德性。托马斯认为：“信、望、爱是超人的德性；人们之所以能够具有这些德性，只是因为他们分享了上帝的荣耀。”② 既然神学德性是以上帝作为自己的对象的，那么，与它们正相反对的原罪，诸如对上帝的憎恨、绝望和不信，当然也就在于背弃了上帝的永恒不变的善。

信德的对象是第一真理即上帝，除了上帝所启示的之外没有任何其他事物，所以信仰所依据的乃神圣的真理，包括耶稣基督道成肉身的奥秘、三一神真理、教会圣礼等在内。托马斯认为：“如果我们从形式的方面考虑信仰的对象，那么，它就只能是由上帝启示的第一真理。不过，如果我们从质料的方面考虑应该信仰的东西，那么，它们不仅包括上帝，而且还有其他许多东西，而这些东西也是由于与上帝保持着某种关联，才能够成为信仰的对象。这也就等于是说，通过神性

---

① 《神学大全》，2集，上部，62题，2条。Anton C. Pegis edited, *Basic Writings of Saint Thomas Aquinas*, Vol. Two－Ⅰ, Random House, Inc., 1945, p. 215.

② 《神学大全》，2集，上部，58题，3条。Anton C. Pegis edited, *Basic Writings of Saint Thomas Aquinas*, Vol. Two－Ⅰ, Random House, Inc., 1945, p. 215.

运作的某些效果，可以帮助人们踏上沐浴神恩之途。”① 信的源泉在于上帝，这就是说，信的根源在于上帝本身的存在，既然人们由于赞同信仰的内容就能被提升到他的本性之上，那么必定是因为某种超自然的原理感动了他；这种原理当然只能是上帝。所以，信仰的源泉就在于：上帝以其圣恩深深打动了人。

望德以永恒的幸福为对象。托马斯认为：“在我们经由上帝的佑助对于我们成为可能的时候，我们的希望就是最终指向了上帝自身。因此，既然正是希望引起了人们的向善行为，并使之遵循合适的规则，那么，希望显然就是一种德性。”②希望主要不是建立在我们已经获得的圣恩的基础之上，而是建立在上帝的全能和慈爱之上。因为即使是那些没有获得上帝恩惠的人，也能享受上帝的慈爱，并且由此获得永生。所以，任何信仰都会对上帝的全能和慈爱坚信不已。有些拥有希望的人没有能够获得至福，这不应该归咎于上帝的全能或慈爱的失败，而应该归咎于他们在面对原罪障碍的时候，做出的自由选择出现了过失。

爱德最终指向上帝。神性的善是慈爱的对象。就上帝能够将他的幸福传递给我们而言，在人与人之间无疑存在着某种交往；而在这种交往的基础上，当然又必定存在着某种友谊。建立于这种交往之上的爱就是敬爱，也就是对上帝的爱。人对上帝的爱便是人与上帝之间的友谊。人对上帝的爱，是以实现人生的终极目的即永恒的幸福作为自己的对象的。因此，爱必将扩展到一个人整个生命的全部行为之中。

在神学诸德性中，爱德统率一切德性。因为“没有对上帝的爱，就不可能有严格意义上的真正德性。当然，没有对上帝的爱，某个行为依然可以说是一般性的善；不过，它决不可能被视为是完美的善，因为它缺失有关终极目的的合适秩序”③。在一切德性的定义中，都包含着对上帝的爱。这并不是因为爱在本质上就是一切德性，而是因为一切德性都要以某种方式依赖于上帝的爱。因此，爱上帝的律条被认为是一个最普遍的命令，因为其他的所有律条最终都可以还原到它那里。爱上帝的本质就是与上帝的统一。神学德性就是以上帝为目的，一项德性所以是神学的，是在于奉上帝为其对象，而一般伦理学所关注的是受自然理性支配的事物。

可见，托马斯的神学伦理学视野，与他以前的一般伦理层次的探讨是不同的，这是属于“知识的等级”问题，也可以说一种是赋予的德性，另一种是学来的德性。学习而来的德性是属于人类本性的德性，但为了超越人类的本性或者为

---

①② 《神学大全》，2集，下部，1题，1条。Anton C. Pegis edited, *Basic Writings of Saint Thomas Aquinas*, Vol. Two—Ⅰ, Random House, Inc., 1945, p. 87.

③ 《神学大全》，2集，下部，23题，1条。Anton C. Pegis edited, *Basic Writings of Saint Thomas Aquinas*, Vol. Two—Ⅰ, Random House, Inc., 1945, p. 172.

达到更纯粹的人生目的，我们需要超越自然德性的力量来引导，此乃信、望、爱三种神学德性，它们赋予的德性是灌注的德性，是出自上主的恩典。三种神学美德不是靠人自己的努力达成，而是在上主恩宠的帮助下，经过神（上帝）人合一的基督徒生活的磨炼，从而超度人的本性而完成的。

托马斯的基督教神学伦理学体系是中世纪经院哲学伦理学发展的最高成就，它代表了13世纪基督教会在获得对世俗王权的决定性胜利之后试图建立一个基督教一体化世界的基本构想。在这个无所不包的大规模的伦理学综合性的体系中，基督教思想找到了在上帝的预定和人的意志自由、信仰与理性、神恩与自然、人的活动的彼岸目的性和对尘世幸福的追求等一系列问题上的平衡点。中世纪后期，兴起了反托马斯主义，这虽然标志着托马斯神学伦理体系受到了新的时代精神的强烈批判，但是神学伦理体系所具有的综合性、包容性和思辨性，依然是中世纪基督教文化统一性的最有力的论证者。从这一意义上说，托马斯的神学伦理体系是中世纪基督教伦理思想最权威、最集中的表述。

思考题：

1. 分析《圣经》中“约”的道德意义。
2. 评价《圣经》在整个基督教伦理学中的意义和地位。
3. 《圣经》、奥古斯丁和托马斯·阿奎那各是如何解释“爱”、“善”、“恶”、“自由意志”以及“理性与信仰”这几个道德概念的？
4. 为什么说托马斯·阿奎那的神学伦理体系是中世纪基督教伦理的最完备的形态？

参考文献：

1. [德] 卡尔·白舍客. 基督宗教伦理学（第一、二卷）. 静也，常宏等译. 上海：上海三联书店，2002
2. John Bright：*History of Israel*，*Philadelphia*，The Westminster Press，1971
3. F. Schaff：*Aselect*：*Library of the The Nicene and Post Nicene Fathers*，Vol. 14，Buffolo，1887
4. [美] 威利斯顿·沃尔克. 基督教教会史. 孙善玲等译. 北京：中国社会科学出版社，1991
5. [苏] A. 古谢伊诺夫，T. 伊尔利特茨. 西方伦理学简史. 刘献洲等译. 北京：中国人民大学出版社，1992

第五章 向近代转型期的伦理学

> 我不想变成上帝，或者居住在永恒中，或者把天地抱在怀抱里。属于人的那种光荣对我就够了。这是我祈求的一切，我自己是凡人，我只要求凡人的幸福。
>
> ——彼特拉克

> 每一种事物都含有双重善性：一种善是就每一种事物本身之为一个全体或实体而言的，另一种善是就其为较大物体的一个部分或一个肢体而言的；后一种善程度较大而较有价值，因为它趋向于保存一个较大物体的本质。
>
> ——培根

欧洲漫长的中世纪在持续近千年之后，到 14 世纪末期，随着社会生产力的发展，封建制度趋于瓦解，资本主义生产关系开始逐渐形成，由此进入了一个从中世纪向近代过渡的历史大转折时期。与此相对应，精神文化领域的文艺复兴运动和宗教改革成为这一时期的精神主题和基本特征。文艺复兴时期的先进思想家们继承了古代希腊的理性精神和伦理思想，以人性反对神性、以科学理性反对教会信仰，对封建禁欲主义和教会道德进行了无情的揭露和批判，推动了欧洲的思想解放和科学文化的复兴，从而在思想道德领域激起了深刻的变革。文艺复兴时期的思想家们还提出和初步发展了适合资本主义生产关系的伦理思想，为近代欧洲伦理思想和道德文明的发展，奠定了思想和理论知识上的基础，成为欧洲近代伦理思想史上具有开创意义的重要时期。

第一节　文艺复兴与世俗道德

文艺复兴时期是一个伟大的时代，是一个需要巨人而且产生了巨人的时代。文艺复兴时期在伦理道德上的主要矛盾是神性与人性、神学道德与世俗道德的冲突。针对中世纪神学禁欲主义以神为中心、以来世幸福为精神寄托、以禁欲主义为道德戒条的观点，以及竭力否定人的价值、蔑视人的存在、贬低人的现世生活的幸福和意义的倾向，文艺复兴时期的思想家们提出了以人为中心的思想，强调以人为中心、以追求人的现世生活为目标的世俗道德要求。这些思想极大地冲击了封建专制主义和神学禁欲主义，成为新兴资产阶级反对教会统治、争取自身自由和权利的有力思想武器。与此同时，宗教改革运动对教会腐败以及教会等级制度的揭露和批判，也推进了道德世俗化的进程。早期空想社会主义者对未来社会新道德的诉求，也形成文艺复兴时期思想道德领域的一个新的潮流。

一、伦理冲突与思想启蒙

中世纪后期，欧洲的封建主义生产方式逐渐解体，新的资本主义生产方式开始形成，进入了由封建社会向资本主义社会过渡的历史转折时期。这一转折过程首先是从西欧开始的。早在14世纪下半叶，意大利和法国就出现了资本主义萌芽。后来在英国、尼德兰、德国、西班牙和葡萄牙等国，也相继出现了资本主义性质的手工工场和从事中间剥削的银行、商店。到16世纪时，资本主义生产方式的萌芽已遍及西欧各国。这个时期的西欧，生产工具和生产技术有了很大的进步，社会生产力迅速提高。特别是由于中国的指南针、火药、造纸术和印刷术以及阿拉伯的一

但丁像

些科学知识传入欧洲，使西欧各国在航海探险、军事技术、探矿工程和印刷技术等方面，都发生了巨大的变革，导致手工业迅速发展，商业贸易空前繁荣。许多工商业中心城市相继形成，行业分化和专业技术分工日益多样化和复杂化。资本主义工场手工业的迅速发展，不仅促进了生产技术的革新和商品的生产与流通，而且也加速了农业的资本主义集约化过程，加速了自给自足的自然经济的解体，同时也不断改变着旧的家庭关系和社会伦理关系。

随着资本主义生产关系的发展，西欧各国逐渐形成了一股新的社会力量，即资产阶级。这个阶级占有先进的生产工具，从事工业生产和商业经营，有着雄厚的货币资本，并通过雇佣劳动和资本运作，控制着广泛的社会关系和思想舆论。经济力量的强大和经济地位的上升，使新兴资产阶级越来越不能忍受封建专制的统治和神学禁欲主义的道德束缚，他们要求打破封建桎梏和教会枷锁，要求自由地、不受限制地发展经济和增加财富。同时，新兴资产阶级也越来越感受到个性自由的珍贵，他们要求按照自己的意愿选择自己的生活方式，充分发展和张扬自己的个性。这种要求不仅仅是新兴资产阶级的一种内心呼唤，而且在实际生活中，他们已经开始这样做了。例如，当时的佛罗伦萨没有不会读书的文盲，就连驴夫也能吟诵但丁的诗句。早在13世纪末，随着资本主义自由竞争的发展，佛罗伦萨就开始活跃着一些才能出众、富有资产和个性的人物，城市里有上千名具有特殊形态和服装打扮的人在炫耀。他们在思想言论、举止仪表、立身行事等一切方面，都追求个人的自由，表现自己的个性。特别是上流社会的那些所谓“有教养者”和政治家，更是如此。马基雅弗利在《佛罗伦萨史》中就特别谈到了在佛罗伦萨兴起的过分注重美化个人外表的生活风气。15世纪中叶后不久佛罗伦萨的青年绅士们，在骚乱后比过去更加放荡。奇装异服、花天酒地、放荡不羁等行径不一而足。各种有名的人物，如政治家、教士、发明家、发现者、文学家、诗人和艺术家等，全都使自己的个性得到充分和自由的表现。在那里，一切都以实现个性要求为价值标准。他们把过分美化个人外表和虚荣心的增长，都看作个性完美和立身处世的必要素质，特别是看作社交礼仪的必备条件。他们强调善恶只在人的内心，外表打扮只是个人爱好，本身没有好坏善恶，因而认为这种风气是合乎理性法则的。实事求是地说，尽管这种风气中浸透着由金钱文明所支撑的虚荣心、奢侈欲和利己心；但是，它毕竟包含着一些积极的因素和进步的倾向。在这种风气中，宗教戒条和封建礼仪的束缚被抛弃，中世纪表现神和上帝尊严的服饰要求变为表现现实生活和人的尊严的服饰要求，同时人们讲究文明礼貌、仪表整洁和美观等。这些倾向都反映着新兴资产阶级力图冲破旧传统的束缚，追求新的生活方式的积极乐观精神，给西方精神文明留下了有价值的文明传统。

然而，这种要求必然与封建专制主义和教会统治发生严重冲突，也必然与神学禁欲主义道德发生严重冲突。这不仅是社会意义上的冲突，而且是深刻的伦理冲突和道德冲突。从伦理道德方面考察，这种冲突的实质就是封建道德和新兴资产阶级道德的矛盾，是神学道德和世俗新道德之间的较量。因为按照教会道德的要求，人是附属于上帝的，人的一切行为都必须按照上帝的戒条来进行。在上帝面前，不存在个人的自由。就当时西欧各国尤其是意大利的情况来看，封建制度和教会统治重重地压制着资产阶级这个新生力量，束缚着它的精神自由和思想创造。特别是在佛罗伦萨，资本主义的发展同封建教会势力的统治形成了尖锐的、鲜明的对立。教会和封建贵族用各种手段控制人们的精神生活，他们不但力图限制人们的思想感情，而且用宗教戒律严格束缚人们的举止行动；不但一个人的出生、结婚和死亡都要为教会所干预，就连个人的职业、节日活动和休闲方式，也都要按照教会的要求严加控制。个人完全同化在教堂、采邑、行会和村社中，教会和国家给个人强行安排了专制制度、生活方式和思想信仰。在这一时期，几乎没有人会认为道德可以摆脱上帝和《圣经》。中世纪后期的封建制度虽然已经腐朽，教会统治也已暴露出它的虚伪性和欺骗性；但是，这种令人窒息的统治仍然不会自动退出历史舞台，要从各方面成功地打破这个樊笼，于是从意大利兴起并迅速遍及整个西欧的文艺复兴运动。

文艺复兴是近代欧洲的第一次资产阶级思想启蒙运动，也是欧洲近代的一次全民思想启蒙运动。所谓思想启蒙，就是要把人们的精神和思想从封建统治和神学道德的精神桎梏中解放出来，用康德的话说，就是“人类脱离自己加之于自己的不成熟状态。不成熟状态就是不经别人的引导，就对适用自己的理智无能为力。”它的口号是：“要有勇气运用你自己的理智。”① 文艺复兴也是一场广泛的资产阶级文化运动，为了从根本上实现反封建、反教会、反经院哲学的历史任务，文艺复兴时的思想家们努力发掘和利用与封建教会思想体系相对立的古典文化。那些拉丁诗人、历史学家、演说家、哲学家的作品，重新引起了他们极大的兴趣。他们搜集、整理、翻译这些作品，研究古代的哲学、文学、艺术和语言，极力从中寻找精神的武器。他们的作品充满着离经叛道之言，也饱含着向往自由、高扬理性、崇尚自然、追求世俗幸福的精神。在当时的历史条件下，他们的思想和言论犹如在一潭死水里投下一块巨石，激起层层波澜，对人们的思想和行为起到了振聋发聩的作用。针对神学禁欲主义和教会道德的精神控制，文艺复兴时的思想家们还极力从教会和教士生活本身入手，他们通过各种形式揭露教会的

① ［德］康德：《历史理性批判文集》，22页，北京，商务印书馆，1990。

腐败和宗教道德的虚伪性，揭露教士生活的荒淫无度，抨击宗教禁欲主义道德的愚昧和残忍。如薄伽丘在《十日谈》里就倾诉了新兴市民阶层对宗教禁欲主义的反抗，辛辣地嘲讽了卑鄙虚伪的宗教道德，揭露了教士、僧侣的欺骗和淫乱，热烈歌颂了青年男女冲破禁欲主义和封建偏见的爱情生活。由此可以看出，在文艺复兴思想家的眼里，封建专制统治已失去了往日的威严，教会道德的神圣光环也不复存在，教士和僧侣成了可以随意嘲讽的对象，返回人自身才是最值得追求的。

从思想理论的角度看，文艺复兴运动的真正精神支柱和思想主题是人道主义。转型时期的特殊伦理冲突在思想上所激起的波澜，集中体现为以人道主义为主题的思想潮流。反对封建禁欲主义和神学道德的理论旗帜，也是人道主义。

二、人道主义思想

一般地说，人道主义（又译人文主义，humanism）是关于人性、人的使命、地位、价值和个性发展等的思想态度和理论；强调以人为本位，肯定人的价值、维护人的权利，并用人的本性作为考察历史的尺度。“人道主义”一词是从拉丁文 humanistas（人道精神）引申来的，最早在古罗马思想家西塞罗那里，是指一种能够促使个人才能得到最大限度发挥的、具有人道精神的教育制度。这是人道主义的最初含义。现代意义上的人道主义思想产生于欧洲文艺复兴时期，并在后来逐渐得到发展。如前所说，在 14—15 世纪的文艺复兴时期，人道主义构成那时文化和精神的主题。人道主义思潮最早出现于意大利，后来扩及到西欧各地。它最初表现在文学艺术领域，主要体现为人们对古希腊和古罗马文献的整理、学习、讲授和阐述，后来逐渐渗透到其他领域。文艺复兴时期的人文主义者大多是艺术家、作家、思想家和科学家，主要代表人物有意大利的 F. 佩脱拉克、G. 薄伽丘、L. 达·芬奇、T. 康帕内拉、B. 米开朗琪罗、G. 布鲁诺、G. 伽利略；法国的 F. 拉伯雷、M. E. de 蒙台涅；德国的 T. 闵采尔；英国的 W. 莎士比亚、F. 培根；西班牙的 M. de 塞万提斯·萨维德拉；荷兰的 D. 爱拉斯谟；等等。他们在各自不同的领域里提出或阐述了人道主义思想。

人道主义思想家们用人性否定神性，用理性代替神启，用人权对抗神权。他们大力颂扬现世生活的幸福和现实人生的价值，极力提倡个性解放和思想自由，反对宗教禁欲主义和教会神学统治，要求摆脱一切束缚和限制，实现个人自由和个性的解放。在他们看来，这一切，都可以通过个人在现世中发挥才能、积累财富和创造价值来完成，而无须通过信仰上帝来实现。因而，概要地说，文艺复兴时期人道主义的主要特点和基本内容就是：针对中世纪神学禁欲主义以神为中心、以来世幸福为精神寄托、以禁欲主义为道德戒条的观点，以及竭力否定人的价值、蔑视人的存在、贬低人的现世生活的幸福和意义的倾向，提出了以人为中心的思想，强调以人为中心、以追求人的现世生活为目标。人文主义者歌颂人的伟大，赞扬人的价值，提倡尊重人的尊严；提倡意志自由和个性的自由发展；强调现世生活的意义，大胆提出享乐的尘世要求。这些思想极大地冲击了封建专制主义和神学禁欲主义，成为新兴资产阶级反对教会统治，争取自身自由和权利的有力思想武器，具有积极的、革命性的意义。

具体地说，文艺复兴时期的人道主义作为伦理原则和道德理想，包括以下方面的内容：

首先，它强调以人为中心，以人性否定神性。中世纪封建禁欲主义和神学道德把上帝看作宇宙和人的创造者，把上帝的意志看作人的一切活动的最高目标和根本依据，断言人是附属于上帝的。人的一切现世活动不是为了自身的幸福，而是为了上帝的荣耀；人自身的幸福只存在于来世的天国世界，而不存在于现世的生活世界。在神学道德那里，人的一切享乐的欲望和追求幸福的欲望都是道德上的恶，都被严格禁止。人道主义思想家对神学道德和封建禁欲主义的批判首先就集中在这一点上。被恩格斯称为“新时代的最初一位诗人”的但丁（1265—1321）认为，人的行动不是受本能支配，而是受理智支配的。而理智本身在识别力、判断力和选择能力方面因人而异，每一个人都自成一类。既不能单凭情欲了解人，也不能仅凭灵性了解人，而应当凭与感性相结合的理性来了解人。他的划时代长诗《神曲》就是以人生为主题的。《神曲》作为中世纪经院哲学的综合，宣传了宗教道德；但作为新思潮的序曲，它的寓意则启发人们走自己的路，按照自己的意志作出人生的选择，摆脱悲惨境遇，以达到幸福。其攻击的矛头是直接针对反动的教会统治和宗教道德的。在《神曲》的“天堂篇”里，但丁一反统治整个中世纪的宗教教义，大胆地主张只要人们运用自己作为人的理性，在思想、感情和行为上避免罪恶，通过自己的忏悔和修炼，就能达到心灵的纯洁，得到幸福，而不需要求助于教皇和教会的媒介。他明确地主张，对于人类的行为来说，道德就是标准；对于公民而言，法律就是标准。他的著名格言“走你自己的路，让人们去说吧”，更是充满着对中世纪宗教神学束缚的叛逆精神，表现出追求新道德的强烈要求。但丁之后，意大利人文主义者彼特拉克（1304—1374），沿着但丁开辟的道路继续前进。彼特拉克一反教会伦理所宣扬的神爱和来世的向往，大力歌颂爱情和荣誉。他说：“我不想变成上帝，或者居住在永恒中，或者把天地抱在怀抱里。属于人的那种光荣对我就够了。这是我祈求的一切，我自己是凡人，我只要求凡人的幸福。”彼特拉克“我自己是凡人，我只要求凡人的幸福”的说法成为当时广为流行的名言，是早期资产阶级追求自身解放和现实幸福的表白。

其次，歌颂人的伟大，崇尚人的价值和尊严。中世纪神学道德把人贬低为上帝的奴仆和实现上帝意志的工具，除了爱上帝和信仰上帝之外，人自身是没有什么价值和尊严可言的。针对神学道德对人的存在的贬低及对人的价值和尊严的否定，文艺复兴时期的人道主义者极力歌颂人的伟大，赞扬人的价值，提倡尊重人的尊严，甚至把人抬高到宇宙和万物的中心地位。法国人道主义者拉伯雷（1515—1572）在其长篇小说《巨人传》中，用极度夸张的手法歌颂了人的力量的伟大，同时几乎亵渎了社会上一切似乎威严神圣的东西。其思想之解放，揭露之大胆，讽刺之刻薄，实属空前未有。英国文学家莎士比亚对人的歌颂与赞美，即使在今天也令人难以忘怀。莎士比亚在戏剧《哈姆雷特》中说："人类是个多么美妙的杰作，它拥有着崇高的理智，也有无限的能力与优美可钦的仪表。其举止就如天使，灵性可媲神仙。它是天之骄子，也是万物之灵。"从这里可以看出，在文艺复兴时期人道主义者的心目中，人具有多么崇高的地位和价值！人的地位高于万物的地位，人的价值更是所谓上帝所无法匹敌的。从这里也可以看出古希腊哲学家的"人是万物的尺度"这一哲学论断的影响。

再次，提倡意志自由和个性的自由发展。在封建专制主义和神学道德的统治下，人是没有意志自由的，人只能服从上帝的意志。同时，人也不可能根据自己的意愿去选择自己的生活，发展自己的个性。人是一个完全被动的存在。文艺复兴时期的人道主义者根据新兴资产阶级的要求，坚决反对神学道德对人性的摧残和对个人自由的束缚，极力主张个人自由和个性解放，强调一个人有权利、有自由按照自己的个性和意愿选择自己的生活。关于意志自由，但丁的思想就非常具有典型性。他说："当人类最自由的时候，就是它被安排得最好的时候。"①"自由的第一原则就是意志的自由，人们说意志的自由就是关于意志的自由判断。"在这里，人们的判断不是借助对上帝的信仰，也不受欲望的干扰和约束，而是根据理性的理解自由地做出的。就意志自由的实现途径来看，应该还具有"行动"的要求。但丁把他对自由的理解概括为"先思而后行"。这种自由观不仅是对中世纪神学预定论的有力批判，其将行动范畴包括在内的观念也大大超出了同时代人的自由观念。拉伯雷通过《巨人传》所塑造的文学形象高康大，也充分表达了个人自由和个性自由的观念。中世纪修道院的清规戒律十分繁琐，一般的修士须发下三个愿：即"贞洁不淫，贫穷自安，遵从教会令"。高康大所领导的特来美

① 周辅成主编：《从文艺复兴到十九世纪资产阶级哲学家政治思想家有关人道主义人性论言论选辑》，19页，北京，商务印书馆，1966。

修道院则只有一条会规："想做什么，就做什么。"[1]不仅如此，他们还规定，无论男女，入修道院以后，只要自己愿意，随时可以出去，完全自由，毫无拘束。每人可以公开地结婚，可以自由地致富，并随意过生活。他们整个的生活起居，不是根据法律、宪章或规则，而是按照他们自己的意愿和自由的主张来过活的。他们高兴什么时候起床，就什么时候起床；其他如吃喝、工作、睡觉等，都是喜欢在什么时候就在什么时候。没有人来吵醒他们，也没有人来强迫他们吃喝，或者做任何别的事情。拉伯雷认为，人性是天然向善的，给其自由并不会造成恶行和罪恶。相反，当人性受到压抑的时候，人们就会由高贵的热情和德性转而趋于作奸犯科。因为越是禁止的东西，人们就越想去做一做。

关于文艺复兴时期的人道主义，值得注意的还有两个问题：一是人道主义与个人主义和利己主义道德观的关系问题；二是道德的世俗化过程问题。

人道主义者所赞美的人以及作为自由和个性主体的人，其立足点无疑都是现实中的个人。他们对个人的赞美，主要是针对封建专制主义国家的统治和教会权威的，因而，人道主义思想的道德基础是与国家主义和权威主义相对立的个人主义。在处理个人和国家、社会的关系问题上，人道主义者主张个人是目的，国家、社会只是实现个人目的的手段。如但丁说："谁为了自己的目的而不是为了别人的目的而生存，谁就是自由的"，相反，任何事物，"如果它是为了别的事物而生存，那末，它就要被那个事物所决定"[2]，也就谈不上是自由的了。但丁在此强调的"为自己的目的而生活"和"自由"等观念，实质上就是强调保护自己的个性不被外界所决定，国家和社会都无权干涉个性的发展。国家、君主充其量不过是个人实现自己目的的手段，个人的自由才是目的。这种个人主义对国家主义的否定，反映了市民阶级要求民主和争取独立自由的愿望，具有历史性的进步意义。但是，这种个人主义如果发展为极端利己主义，就会完全否定个人对他人、对社会的责任和义务，并将引起道德危机，影响社会生活的统一和安定。

文艺复兴时期的人道主义思想本质上也是一次道德世俗化的努力和尝试，是从虚无缥缈的神学道德向活生生的现实世界的世俗道德的根本转变。随着西欧早期资本主义经济的兴起和最初发展，市民社会也开始兴起，市民社会与政治国家的相对分离已经成为一种客观的必然趋势。这种市民社会是相对于封建政治国家和教会统治而言的，是一种老百姓自己生活的大众社会。市民社会要求在日常生

---

① 周辅成编：《西方伦理学名著选辑》，上卷，403页。

② 周辅成主编：《从文艺复兴到十九世纪资产阶级哲学家政治思想家有关人道主义人性论言论选辑》，20页。

活中追求幸福、安静和平、发财致富，过普通人或凡人的生活，实现凡人的幸福生活理想，就像彼特拉克所说，“我自己是凡人，我只要求凡人的幸福”。这句话典型地表达了早期资产阶级追求自身解放和现实幸福的内心要求。在这个意义上，所谓世俗化可以说就是平常化、平凡化、平民化。在文艺复兴时期，世俗化的实际内容也就是要求从神的生活转向人的生活，从神的道德转向人的道德。文艺复兴时期的人文主义者所提出的一切伦理的和价值观的要求，实际上都是要打破封建禁欲主义和教会道德的束缚，摆脱神学道德的精神枷锁，按照人性的、自然的和理性的方式过人自身的生活。

在西方，这种世俗化的过程经历了数百年时间，其源头就在于文艺复兴时期的早期资本主义的发展和人道主义思想的传播。这种世俗化是以理性、科学战胜宗教信仰呈现给现代的，因此它也是与信仰化相对立的理性化过程。进一步说，这种世俗化并不是哪一个人的主观随意的设计，而是社会发展客观进程的必然结果，是社会生活世俗化的必然结果，是一定的社会生活条件的反映，也是经济发展的内在逻辑。在这种意义上，市民社会是政治国家的基础，生活的世俗化决定着精神、道德的世俗化。在考察这种世俗化的时候，首先当然要考察其伦理的和价值观的表现，但根本问题则不在于世俗化的伦理的、价值观的表现，而在于这种伦理的、价值观的社会学的等价物是什么，就是说，要考察世俗化和世俗化的思想、观念、倾向等是从哪里来的？同时要注意，世俗化绝不是平庸化和庸俗化，而是生活、观念、道德的平凡化。当然，文艺复兴时期的世俗化也有它的负面表现，这就是伴随世俗化而来的庸俗化以及腐化堕落现象的滋生。佛罗伦萨那些青年绅士和新贵们的生活方式和行为风尚就反映着这种庸俗和腐化堕落。

三、宗教改革与新教伦理

当以意大利为中心的文艺复兴运动轰轰烈烈开展之时，在德国和法国爆发了宗教改革运动（也称新教改革运动）。一些受人道主义思潮影响的神学家适应新的时代要求，以宗教改革的形式展开了一场反对封建主义的资产阶级思想变革运动。宗教改革的矛头直接指向中世纪封建教会的统治，他们揭露教会的腐败，批判教会的等级制度，否定和摈弃束缚人们的宗教仪式，强调信仰在于个人内心，而不在于繁琐的宗教仪式等，这些都是新兴资产阶级要求自由与平等，追求个人价值的反映。

马丁·路德

新教运动起始于德国的马丁·路德（Martin Luther，1483—1546），导致这一运动的直接背景是罗马教廷荒唐的赎罪券交易。路德旗帜鲜明地反对罗马教廷的荒唐行为，提出“义人因信称义，而与善行无关”的观念，认为善行并不能帮助不信的人，也不能使他称义，更不能将他从炼狱中救赎出来。那么，为不义的人购买赎罪券是没有任何意义的。为此，人们应当忠实于自己的天职，安心于自己的工作，即使这份工作十分的卑微和普通。路德认为过去教会把持原版《圣经》的行为使其成为了控制人们思想和行为的手段，广大的教徒并不能真正领会宗教的基本精神。

在人性问题上，路德主要受奥古斯丁思想的影响，主张原罪说和性恶论。路德认为，人类的一切情感、欲望和意向都是邪恶的、刁滑的和败坏的。关于人性恶的原因，路德将其归结为原罪和人的自由意志。路德的性恶论和人无能为善的观点，为其“因信得义”的新教伦理思想作了理论上的铺垫。路德在人性问题上的另一个重要思想是提出人有双重本性。在路德看来，人有一个心灵的本性和一个肉体的本性。就人们称为灵魂的心灵本性来说，被叫做属于心灵的、内心的和新的人；而就人们称为肉体的那个形体的本性来说，则被叫做属于肉体的、外体的和旧的人。在同一个人身上，这种双重本性是互相对立、冲突和斗争的。路德反对宗教所宣扬的禁欲主义的生活方式，认为人的自然欲望的满足合情合理、无可厚非，同上帝的意志也不矛盾。

路德的自由观是同他的双重人性理论直接相联系的。根据双重人性说，人既是属灵的人，是新人和自由人；人又是属肉体的旧的人，是受束缚的。真正的自由只能来自于信仰，只能是一种灵性的自由。而人们获得拯救和通往自由的道路只有一条：即对上帝的信仰。路德的自由观还十分强调自由与良心的关系。在路德看来，良心是一种圣灵的启示，是信仰的结果，也是自由的象征。当一个人在没有信仰上帝而只是一个肉体的人时，良心受到律法的束缚；而一旦信仰了上帝，人便立即获得了自由。这样，人的信仰在路德那里也获得了不受任何外在约束的自由品质。既然信仰是个人的事情，那么，一个人由信仰而获得自由和得到上帝的恩宠、释罪以及拯救，都完全是个人自由选择的结果，他应当为他的选择承担起责任来。

就宗教改革的实际后果看，路德真正的贡献在于把宗教活动与世俗的经济生活联系了起来，开通了宗教影响经济生活的道路，使宗教思想开始对人们的经济思想和经济生活发生作用。也就是说，路德的宗教改革开始了宗教世俗化的努力，提供了宗教走向世俗的可能。路德提出，职业的思想是为了反对天主教的传统教义和修行方式。修道士的生活不仅毫无价值，不能成为在上帝面前为自己辩护的理由，而且修道士放弃现世的生活义务，也是自私的、逃避世俗责任的表现。与此相反，履行职业劳动在路德眼里则是胞爱的外在表现，是上帝应许的惟一生存方式，是个人道德活动所能采取的最高形式，这一思想使人们日常的世俗生活具有了宗教意义。这样，由职业思想便引出了一切新教教派的核心教理：上帝应许的惟一生存方式不是要人们以苦修的禁欲主义超越世俗道德，而是要人们完成个人在现世里所处的地位赋予他的责任和义务，这就是他的天职。路德用职业一词把世俗的工作和劳动与宗教的生活联系了起来，这就为宗教直接影响现实生活开辟了道路。因此，为这种世俗生活进行道德辩护是宗教改革最重要的后果之一。但是，路德宗教改革的真正意图并不是为了这一点，这种改革的后果也是宗教改革家事先所没有预料到的。就路德本人来说，他的思想仍然带有传统主义色彩，他鄙视物质利益，认为人们要绝对服从上帝的意志，绝对地安于现状，这同后来清教的观点和资本主义精神都是格格不入的。

真正成为资本主义精神的新教伦理的并不是路德的教义，而是加尔文的思想。加尔文（Jean Calvin，1509—1564）是法国新教运动的著名代表人物。他和路德一样主张命定论，但二者又明显不同。在加尔文那里，命定论主要是指人们是否得救，是否已经被上帝选定，其他任何人为的努力都是无济于事的。上帝是全知全能的，他预知未来，知晓一切，而且可以预先安排一切人的命运。人类生活的全部意义在于上帝而不是人本身，上帝不是为了人类而存在的，相反，人类的存在完全是为了上帝。一切造物只有一个生存意义，那就是服务于上帝的荣耀与最高的权威。加尔文认为，人们在日常生活的职业劳动就包含了这个特性。这比路德将职业看作一个未确定的、纯理性的设想的观念是一个巨大的进步。虽然在路德的思想中已经以胞爱来证明了职业中具体化的劳动的合法性，但只有在加尔文的思想中，这种职业劳动的合法性才真正成为其伦理系统的一个鲜明的特点。胞爱只能为了上帝的荣耀而存在，它绝不是肉体的享乐，所以它只能表现在完成自然所给予人们的日常生活中。渐渐地，完成这些工作开始具有一种客观的、非人格化的目的：只是为我们社会的理性化组织的利益服务。这样，就使得为非人格化的社会利益进行服务的劳动，显得也是为了增添上帝的荣耀，从而人们从事日常的职业劳动也就成了上帝的意愿。

这样，加尔文新教伦理的规范特点就变得明晰起来：首先，伦理行为的系统化。加尔文使上帝要求他的信徒所做的不是个别的善行，而是一辈子的善行。这样，人们的道德行为就不再是漫无目标的非系统的任意行为，而是有计划的、首尾一致的、有秩序的系统行为。其次，日常生活的神圣化。天主教使教徒生活神圣化了，这是一种禁欲主义的超凡入圣的神圣生活。它远离尘世、超凡脱俗、与日常生活毫不相干。加尔文教派则使禁欲主义世俗化，人们必须通过一生的世俗生活来证明自已的信仰，克勤克俭的世俗生活成为与上帝选召紧密联系的宗教活动。这就将世俗生活神圣化，也使日常经济生活具有了浓厚的宗教意味。最后，日常生活的理性化。加尔文要求个人生活要系统化，要有经常性的自我控制和对自己的生活进行精心地规范，这完全是一种将世俗生活理性化的观念。总之，加尔文教派的伦理思想给人们的日常生活增加了宗教神圣化和理性化的色彩，这直接导致了其信徒重视世俗生活并对世俗生活采取理性化的态度这一结果。

新教伦理面向旧的社会和思想体系的除旧行为是为了推翻罗马教廷的宗教统治；而其布新活动则是通过自我实现的伦理精神体现了出来。可以说，新教伦理对资本主义发展的最大贡献正在于它为人们提供了更加宽广的自我实现的途径。正是这种伦理精神，为人们追求财富的行为赋予了一种伦理上的肯定和神圣性，为人们获得原本需要通过攀爬社会等级阶梯才能达到的社会地位提供了最现实可行的道路。这一重大转折，使资本主义的发展获得了一种前所未有的变革，从此资本主义有了自己独立的精神支柱。

第二节　理性主义伦理学

近代科学在16至17世纪的巨大进步和发展，使尊重事实、注重经验和理性的科学精神在科学界和思想界形成新的风尚。科学的发展不仅冲击了宗教神学的道德基础，而且改变了社会风尚和社会道德，并使人们的思想面貌和思考方式发生巨大更新。同时，欧洲的17世纪也是方法论觉醒的世纪，大陆理性主义方法和理性主义伦理学，就是这一时代精神的重要体现。理性主义伦理思想从笛卡尔开始，在斯宾诺莎的伦理学中得到了全面系统的发展，并通过莱布尼茨对德国以至18世纪启蒙伦理思想的发展产生了深远影响。

一、科学与道德

在文艺复兴运动和宗教改革运动蓬勃开展的同时，随着资本主义生产的发展，近代自然科学也开始摆脱神学的束缚欣欣向荣地发展起来了。正如恩格斯所说，这是地球上从来没有经历过的最伟大的一次革命。当时人们提出了各种新范畴和新观点，对外部世界详细事实的热烈探索兴趣，变成了有素养的思想家中盛极一时的传统习惯。在科学上，经过与宗教神学的殊死较量，自然科学逐渐摆脱了神学的束缚，开始成为一门独立的科学，并在短期内获得了突飞猛进的发展。天文学、数学、力学等都取得了突破性的成就，医学、解剖学、生理学、化学和地理学等也有了长足的进步。这一时期科学上的主要代表人物有哥白尼（Nicolaus Copernicus，1473—1543），开普勒（Johannes Kepler，1571—1630）和伽利略（Calileo，1564—1642），布鲁诺（1548—1600）等。他们典型地表现了当时的新宇宙观和强调直接观察的科学精神。

近代自然科学是在与宗教神学尤其是基督教会的激烈斗争中产生和发展的，从它产生之日起，就与宗教神学思想形成了尖锐的对立，并给宗教神学以致命的打击。哥白尼的太阳中心说推翻了被基督教支持和利用的托勒密的地球中心说这一占统治地位的思想体系，彻底推翻了基督教的教条，严重动摇了欧洲封建统治的理论根基和由此建立起来的一系列伦理思想观念。开普勒经过长期的精确分析研究，确立了行星绕太阳运行的三大规律，纠正了天地是根本不同的两界的观念，否定了基督教以此证明上帝完善性的基础。伽利略用实验和观察的方法证明了开普勒发现的定律，使上帝创世的神圣安排彻底破产。维萨留斯不顾教会禁令，进行人体解剖；西班牙的塞尔维特提出了血液循环理论，把人的灵魂和血液、生命联系在一起，事实上否定了灵魂不死的宗教教义。可以看出，当时自然科学上的每一个发现和进步，都在一定程度上给基督教神学以巨大打击，使宗教神学丧失在人们心目中的神圣性和权威性。

自然科学的巨大进步，不仅推动了生产发展，而且在推动社会进步、改变人们的道德观念和道德思考方式方面，也发生了深刻的革命性的影响。近代科学完全改变了人们的思想面貌和思想方式，新的精神面貌、新的思想方式，在一定意义上甚至比新科学、新技术发现本身对人们的影响更为重要。在科学发展中所形成的科学理性、科学精神，一反宗教迷信和盲目信仰的传统思想方式，转而寻求对事实、经验、理性的依赖。近代科学理性精神的首要特征就是尊重事实，注重经验，尊重理性和自然，反对迷信和盲目信仰。达·芬奇在哲学上就极力强调，人们的一切知识全部来自于感觉能力和经验。在他看来，对于自然界的观察实验，是真正的科学方法，必须通过观察才能进行真正的科学研究，经验乃是一切确实性之母。哥白尼等人在其研究工作中所体现的精神，也就是这种强调尊重事实和直接观察的科学精神。近代科学精神的另一个基本特征是寻求严格论证的精神。要理解一种客观事实和观点的趋势，便必须考虑它的前因与后果，每一细微的事物都可以用完全肯定的方式和它的前提联系起来。没有这个观念，科学家的惊人发现就完全没有希望了。近代科学精神的这一特征，在一定程度上深受中世纪经院逻辑和经院哲学论证习惯的影响。尽管经院哲学被否定了，但严格论证和严格肯定的思想习惯却深深地种在欧洲人的心中了。这种习惯就是寻求严格论证的习惯，并在找到之后坚持这种论点的可贵习惯。

近代科学精神对当时的世俗新道德和新的伦理思想的出现也发生了重要影

响。基督教神学一方面把道德建立在虚无缥缈的上帝身上，建立在对上帝的信仰、希望和爱的基础上，另一方面又强调“爱人如己”的人道原则；而新道德则从对上帝的盲目信仰转向对人的现实生活和人的力量的关注，新道德被置于人性和人的现实生活上面，推进了以人为本的人道主义道德观。这种以近代科学精神建立新道德和新伦理观的努力，在布鲁诺的思想中得到了典型反映。

作为科学家的布鲁诺对宗教的揭露是深刻的。他认为，宗教和神学不讲科学，不要正常的理性，用盲目信仰代替理性认识。他把神学家痛斥为“神圣的无知”和“神圣的驴性”。神学家的无知，是指他们从原则上否定知识，用宗教幻想和迷信来对抗、代替对大自然的认识，妄图使知识服从信仰，变科学为神学的婢女。他描绘宗教学说反理性、反自然的实质说：“白的就是黑的；人的理性自以为看事物最清醒的时候，恰恰是最迷惑的时候；凡是理性视为卓绝、良善、美好的东西，都是可耻的、有罪的和极端可憎的；哲学和任何研究工作都无非是神经错乱，无知是世界上最好的科学，因为不用费劲就可得到它，它也不会使人劳心伤神。”① 在布鲁诺看来，宗教的危害就在于：它跟惟一可能的、合乎自然的理性知识相对立，它教人为着彼岸的幸福、天国的欢乐而蔑视自然、物质世界和尘世生活。神学家把人的理性说得一钱不值，把科学和知识说得空虚无用。

布鲁诺认为，全宇宙有一个统一的精神实体处在物质内部，他力图从自然本身中引出人的意识来，认为意识是物质内部固有的，离开物体的精神本原是不存在的。这种看法是与封建神学传统相对立的。在布鲁诺的认识论中，人类理性无论就其起源或本质说，都不与自然相对立，而是从自然产生的，理性活动的目的是认识自然。布鲁诺所反对的，是知识服从信仰，是数百年来占统治地位的权威力量，是把科学与哲学研究局限于先验原则体系的教条式思维。为此，布鲁诺提出了思想自由的要求。他说：哲学工作的第一步就是怀疑，即被中世纪神学家视为一桩最可怕罪恶的怀疑。他在一首诗中写道：“谁要想从事哲学，那就得首先怀疑一切。”布鲁诺的怀疑原则矛头所指的，是那些被长期的封建神学和经院哲学传统神圣化了的教条和偏见。他认为，对这些东西进行怀疑是思想家的首要权利和义务。哲学家必须抛掉“信仰的习惯，当权者和祖先定的规章”，以及大家都习以为常的所谓真理。他说：“给未经研究过的东西下定义是应受指摘的；用别人的头脑进行思考是卑鄙的；俯首听命是出卖灵魂、卑躬屈节是与人类自由不

① ［意］布鲁诺：《驱逐趾高气扬的野兽》，转引自汤侠生：《布鲁诺及其哲学》，151 页，上海，上海人民出版社，1985。

相称的；按照风习去信仰是愚蠢的。”因为，在科学事业上，“一个权威不管他多么博学出众、名震遐迩，总不能当作论据来使用”①。布鲁诺认为，思想家不应该崇拜古代权威，而应该走得更远，不断扩大科学的视野。布鲁诺把对真理的认识过程看做崇高激情的表现，把向着高水平知识的推进推崇为道德上的高尚业绩。他对科学认识论的论述，就是以歌颂英雄热情的道德精神为落脚点的。

布鲁诺的道德理想，就是所谓“英雄热情”的崇高道德理想。布鲁诺伦理学说的矛头首先指向宗教禁欲主义。在他看来，尘世生活，对世俗事务的关切，乃是顺应自然的需要，因而也是人的道德义务。在短促的人生中人应该做什么呢？布鲁诺认为，在生活中有两件事情，即认识和行动。认识就是认识自然，行动就是改造社会。二者的目的是真与善。这样，劳动在生活中便被提到了十分重要的地位，成了真正的道德标准。甚至他的理想社会的第一个特征就是“热爱劳动”。布鲁诺所理解的劳动含义比较广泛，它是指所有有益于社会的活动。同时，布鲁诺还十分重视人手的作用，把手称作器官的器官。他认为，人如果没有现在的两只手，就不可能有学说的创立、科学的发现、技艺的发明、楼房的建设，就没法证明人的伟大与优越，就不可能成为其他生物的真正不可战胜的胜利者。这里他流露出对劳动这一美德的热情歌颂。正是对哲学真理的爱和对宗教蒙昧势力的恨，激起了布鲁诺的无限英雄热情。他把这种无私无畏的英雄热情推崇为最高尚的道德理想。布鲁诺所说的英雄热情，就是为着人类的崇高事业不惜牺牲一切的英勇奋斗精神。这里面含有两层意蕴：一是指理性对自然自由地进行科学认识的极致。思想家只有上升到洞察太一的高度，才能对死亡无所畏惧。所以英雄热情是对自然的认识的最高阶段。二是指个性完美程度上的极致。英雄热情又是个性完美化的最高境界。总的说来，英雄热情也就是哲学家所特有的一种值得赞美的内心振奋状态，这种内心振奋状态使他能够英勇无畏地承受一切苦难而不觉痛苦。

二、理性主义方法

文艺复兴所带来的科学进步与繁荣，也促进了哲学方法论的变革。欧洲的17世纪可以说是方法论觉醒的世纪，方法论的觉醒，是由培根和笛卡尔开始的。前者是经验主义方法的始祖，后者是理性主义方法的先师。由他们代表的经验主义和理性主义所依赖的感性证据和理性论证，导致了对一切常识见解和宗教信仰的怀疑和批判，导致了对传统的认识论和方法论本身的否定，也为伦理学的发展开辟了新的道路。尤其是理性主义方法，更为近代哲学和伦理学所推崇。大陆理性主义从法国哲学家笛卡尔开始，斯宾诺莎、莱布尼茨、康德、黑格尔等都是沿

① ［意］布鲁诺：《反对当代数学家和哲学家论纲》，转引自汤侠生：《布鲁诺及其哲学》，131页。

着理性主义的道路认识世界和阐述其伦理思想的。从总体上讲，理性主义只承认理性认识的可靠性，否认理性认识依赖于感性认识。

笛卡尔

笛卡尔（Rene Descartes，1596—1650）的哲学思想，一方面以其自然科学家特有的唯物主义倾向与神学和经院哲学相对立；另一方面又处处残留着旧世界神学世界观的痕迹，表现出本质上的唯心主义。表达他这种唯心主义倾向的一个基本命题就是“我思故我在”。这不仅是他的整个哲学体系的出发点，也是他的伦理思想的出发点。从这个基本命题出发，他强调理性的绝对权威，认为不管在任何时候、任何情况下，永远只许听从理性的证明。所谓理性，在笛卡尔看来，就是人的“判断和辨别真假的能力”。它是每个人生而具有的，是人的本性和自我的本质。笛卡尔把自我看作一个正在思想的东西，我只是一个在思想的东西，一个心灵，一个灵魂，一个理智，一个理性。在这里，笛卡尔把心灵与肉体、精神与物质割裂开来，陷入了心物二元论。从这种二元论的立场出发，他不能不陷入天赋观念论。在他看来，简单自明的观念或意念，不是通过感官得来的认识，而是与生俱来的。道德观念和原则，也是作为理性的自我本身所固有的。因此他只承认理性的实在性，把真理的标准归于理性思维的清楚明白。

笛卡尔思想体系的一个重要特点，就是表现他的唯理主义倾向的方法。在笛卡尔看来，亚里士多德逻辑学中的三段论以及大部分其他规则和方法只能用来向人们说明已知的东西，而不能用来求知未知的事物，所以，它不是求知的方法。几何学和代数所使用的方法虽然是求知的方法，其知识也具有确定性，但前者囿于各种图形的考察，过分发挥了人的想像力；后者则受某些规则和数字的约束，同样不利于心智的培养。因而，应当去寻求另外一种包含这两门科学的好处而没有它们的缺点的方法。他用四条原则概括了他发现的新方法论的规则：即（1）决不把任何我没有明确地认识其为真的东西当作真的加以接受，也就是说，在判断中避免轻率和偏见，只把那些十分清楚明白地呈现于我的心智之前，使我根本无法怀疑的东西放进我的判断之中；（2）把我所考察的每一个难题，都尽可能地分成细小的部分，直到可以而且适于加以圆满解决的程度为止；（3）按照次序引导我的思想，以便从最简单、最容易认识的对象开始，一点一点上升到对复杂的对象的认识，即便是那些彼此间并没有自然的先后次序的对象，我也给它们设定一个次序；（4）把一切情形尽量完全地列举出来，尽量普遍地加以审视，使我确信毫无遗漏。①

在这里，笛卡尔对认识的出发点和结果提出了明确要求，这就是确定性、清晰性和全面性。其中关键是清楚明白，清楚明白是一个命题之所以真实确定的必要条件。如何获得明白清楚的知识呢？笛卡尔概括了三个具体的方法：怀疑的方法、分析的方法和演绎推理的方法。所谓怀疑的方法，笛卡尔认为，就是要消除各种偏见，把根本无法怀疑的东西放到判断之中。分析方法与综合方法相比较，笛卡尔更加重视分析方法。他认为，分析是由果到因，指明了一个事物可以有次序地被发现和得出来的真正道路，也是最好的和真正的教导方法；综合的方法正好相反，是由因及果，是不能指明所教导的事物被发现的道路的。在人们对事物进行分析之后，还要将研究的对象排列一个次序，要将那些不需要借助于其后的事物就能被认识的事物放在前面，而把那些其证明依赖于在先事物的对象排列在后面。整个认识的次序就是从简单自明的对象开始，一步步地循序渐进，最终达到对复杂对象的认识。演绎被笛卡尔看作从确实被认识的事实出发进行的所有的必然的推论。他认为，演绎虽然不把明显性直接呈现出来，需要经过一个过程，但它同样是可靠的。所以，只有理性直观和演绎才是获得知识的最可靠方法，所有其他的方法都应被看作容易引起错误和有危险的而加以拒绝。

笛卡尔的这种先验论的方法，虽然还没有完全贯彻于他的道德思考，建立起系统的伦理学体系，但它却给近代自律的伦理学奠定了认识论和方法论的基础。用理性来克服感性欲望，给人类提供可行的实践原则，成为他和他以后的理性主义伦理思想的一个重要特征。

在把二元论和理性主义方法用于对道德现象的分析时，笛卡尔首先剖析了人的灵魂，细致地观察了人性的结构。他发现人的心灵中不仅有思想，而且还有情感。情感主要依赖于肉体，但理性能够意识到它们的活动。最原始的、基本的情感有惊恐、爱悦、憎恨、欲望、欢乐、痛苦。惊恐是一种由新异事物引起的惊讶情感；爱悦是由有益的对象引起的适意的情感；憎恨是由有害的对象引起的疏远厌恶的情感；欲望是由所追求的有益对象引起的内驱情感；欢乐是由对有益事物的享受而引起的愉悦情感；痛苦是由有害事物引起的不安与不适的情感。按照笛卡尔的理论，由这些原始情感发出或引起的是多种多样的情绪，而所有的情绪都是由上述六种基本情感派生出来的。情感和情绪本身是自然的，没有善恶之分；它们在本性上对人无害，只是应当避免对它们的误用和滥用。这就是说，情感或情绪的善恶区别，只在于它们是否被运用得正确、得当，在于人们是否用正确的

① 参见《西方哲学原著选读》，上卷，364页，北京，商务印书馆，1981。

理性判断控制情感和情绪。人们要作出善的行为，要成为有道德的人，就必须正确地运用理性来控制情感和情绪，并能够支配意志，做情感的主人。

那么，理性在控制情感方面有没有绝对权威？笛卡尔接受古希腊斯多亚主义的观点，认为人的心灵直接与脑髓的松果腺相联系，它凭借着松果腺能对身体内部激动和外界作用有所知觉，而它本身是灵敏地受着理性控制的。心灵的理性是可以推动松果腺运动的，心灵的每一个意愿都天然地与松果腺的某种运动联系着。由此他得出结论说，决不会有一个心灵会软弱无力到经过适当的指导还不能具有控制情感的绝对力量。情感就是灵魂的知觉或激动，为理性所产生和保持。

人们应当如何控制情感来决定行为的善恶？笛卡尔提出了两种救治的方法，即"豁达"和"经常回想神圣的天意"。笛卡尔把理性看作人人皆有的"良知"。由于人人都有这种天然的禀赋，所以人人都有正确地判断和辨别真假的能力。在他看来，人们的意见之所以往往不同，并不是由于人们具有的理性多少不同，而是人们运用思想的方法和考察的对象不同。人们要正确地做出判断，控制情感并指导行动，单有良知是不够的，更重要的还在于正确地应用它。"那些伟大的心灵既可以作出最伟大的德行，也同样可以作出最重大的罪恶；那些只是极慢地前进的人，如果总是遵循着正确的道路，可以比那些奔跑着然而离开正确道路的人走在前面很多。"①

三、斯宾诺莎伦理学

别涅狄克特·斯宾诺莎（Benedictus de Spinoza，1632—1677）继续着笛卡尔开辟的理性主义的道路，但他克服了笛卡尔二元论的局限，坚持了唯物主义的理性主义立场。他的认识论是建立在实体、属性和样式学说基础上的，是其把实体、属性和样式学说与其伦理思想联系起来的中间环节。通过认识，取得心灵与自然相一致的知识，从而达到幸福的境界，这是斯宾诺莎伦理学的核心和主线。斯宾诺莎唯物主义一元论认识论，在伦理思想上，为其自然人性论提供了方法论的支持。其重视理性演绎和理性直观的认识方法，也为其把握情感与理性、个人与他人以及意志自由等问题提供了手段和保证。尽管他割裂了感性认识和理性认识的联系，但他肯定作为理性基础的共同概念的客观来源，推理过程也以客观事实的进程为依据等的观念，无疑是唯物主义的。

在伦理学的出发点上，斯宾诺莎更接近于霍布斯。他首先用自然主义的方法考察人性问题，建立了自己的人性论。斯宾诺莎有一个著名的命题："人是自然

① 《十六—十八世纪西欧各国哲学》，103页，北京，商务印书馆，1975。

的一部分。”[①] 这是其伦理学的结论，更是其伦理学的逻辑起点。所以，他首先是按考察自然事物的方法来考察人性问题。在自然界，事物的本性就是自保："每一自在的事物莫不努力保持其存在”[②]，没有东西具有自己毁灭自己或自己取消自己的存在之理。反之，一切事物莫不反抗足以取消其存在的东西，竭力保持其存在的努力不是别的，即是那物的现实本质。那么，作为自然一部分的人，同样具有自保的本性：“心灵具有清楚明晰的观念，或者具有混淆的观念，都努力在不确定的时间中保持其自身的存在，……我们心灵中不能有排斥我们身体存在的观念，因为这样的观念是违反心灵的本质的”[③]。“从人的本质本身必然产生足以保持他自己的东西。”[④]他认为，在自然状态中，人人都只顾自己的利益，不顾他人和社会。然而依据自然的最高权利，每人皆得生存。因此每人所作所为皆处于他本性的必然性，每人各自按照自己的意思寻求自己的利益。每个个体应竭力以保存其自身，这是自然的最高的法律与权利。在这里，我们似乎看到了霍布斯为我们所描述的自然状态中人性的图景。

斯宾诺莎通过考察人的情感进一步论证了人性自私。在他看来，人的最基本的三种情感痛苦、快乐和欲望都具有自私的性质。人的所有情感都不过是自私本性的派生物。当人的自私本性得到满足时，便会产生快乐及其他肯定的情感；反之，则会产生痛苦及其他否定的情感。就像当一个人想像着他所爱的对象被消灭时，他将感到愁苦；如果他想像着他所爱的对象依然保存着时，则会感到快乐。在嫉妒心的驱使下，当一个人欣赏着他自己所独有而为他人所无的东西时，他由观赏自己所得到的快乐就最大。反之，如果他想像着当他的行为与别人的行为比较时，反较他们的行为更软弱，那么他将感到痛苦。斯宾诺莎认为，这种能够引起人们痛苦或者快乐的情感便是道德的基础和善恶的根源。他说："所谓善是指一切的快乐，和一切足以增进快乐的东西而言，特别是指能够满足愿望的任何东西而言。所谓恶是指一切痛苦，特别是一切足以阻碍愿望的东西而言。……所以每一个人都依据他的情感来判断或估量，什么是善，什么是恶，什么是较善，什么是较恶，什么是最善，什么是最恶。”[⑤] 例如，爱财的人认为金钱与富裕最善，反之即恶；爱虚荣的人认为荣誉为善，羞辱即恶。金钱也好，荣誉也好，都是由人们的自保本性最终派生出来的种种愿望。我们说它为善，是因为它是对我们有

---

① ［荷兰］斯宾诺莎：《神学政治论》，52页，北京，商务印书馆，1963。

② ［荷兰］斯宾诺莎：《伦理学》，91～98页，北京，商务印书馆，1958。

③④ 同上书，99页。

⑤ 同上书，120～121页。

用的东西；我们说它为恶，是因为它是阻碍我们占有任何善的东西。这样，斯宾诺莎便提出，正是因为我们有追求愿望促使我们去寻找某种东西，我们才说它是好的、善的，而不能倒因为果地首先判定有什么好的东西，然后我们才去追求它。这是对基督教道德把上帝和来世说成是至善的教义的否定，将道德标准从虚无缥缈的上帝那里拉回到人本身。保存自我的努力乃是德性的首先的和惟一的基础。因为先于这个原则，我们不能设想别的基础，而没有这个原则，我们又不能设想任何德性。这就是斯宾诺莎的结论。这种极端而彻底的结论，在当时无疑具有反对基督教禁欲主义道德原则，为新兴资产阶级道德体系作理论论证的性质。但是，自保欲望并不是道德的基础，道德的价值更在于在行为中对自保欲望的克制与调节。斯宾诺莎用理性对这一问题进行了论证。

斯宾诺莎认为，在普通人身上，情感的力量往往大于理性的力量。所以常常会发生这样的情况：由善恶的知识所引起的欲望，较容易被对当前甜蜜的东西的欲望所压制。正如诗人所感叹的那样："我目望正道兮，心知其善；每择恶而行兮，无以自辩。"这说明了由于外物的强制和情感的力量，使得人们知善而难从善。为了解决这一冲突，斯宾诺莎提出了情感与理性原理。

在情感与理性问题上，斯宾诺莎既把理性看作满足情感的手段，也将理性视为最高的目的。斯宾诺莎将人的情感划分为被动的情感和主动的情感两种。前者的产生以及力量的发挥，都是被外界事物的力量所决定的，人自身对它无能为力；后者在内容上与被动情感并无区别，惟一的不同在于它是被理性所认识和把握的情感。他说，一个被动的情感只要当我们对它形成清楚明晰的观念时，便立即停止其为一个被动的情感。如爱情是一种感情冲动，一旦用理性加以反思和把握，它就成了主动情感，就是善。

斯宾诺莎认为，只有主动的情感才是道德的基础。因为主动的行为或者为人的力量或理性所决定的欲望永远是善的，其余的欲望则可善可恶。斯宾诺莎提出两条理由：第一，人是善恶的最终标准，既然主动的情感是服从人的力量，受制于人的理性，那么，它就是善的；而被动的情感是起因于外物的，所以它是可善可恶的。第二，主动的情感可以增加人们的快乐，减少人们的痛苦，因而它是善的。人们对于情感的理解愈多，就愈能控制情感，而心灵感受情感的痛苦就愈少。当人们失去亲人时，一定会造成其情感上的痛苦，但当理智告诉人们生老病死乃人生之规律时，人们的痛苦就会减轻一些。相反，被动的情感完全受外界偶然因素的支配，它往往会造成心灵的巨大创伤。所以，斯宾诺莎主张人们应当成为情感的主人，要变被动情感为主动情感，在理性的指导下过和谐的生活。

斯宾诺莎在谈论善恶的时候，看到了理性的完满和完善；而当他进一步分析理性之特性时，他更深刻地发现了利益对于道德的意义。在他看来，理性不仅是用来处理被动情感和主动情感的关系，更主要的是用来处理个人利益与他人利益的关系。因为个人利益虽说是人们行为的最终目的，但要达到这一目的，就必须在理性的指导下恰当地处理个人与他人的关系。

斯宾诺莎首先用理性证明了个人利益的正当性。斯宾诺莎认为，理性完满性的真正要求就在于寻求自己的利益，即寻求对自己真正有用的东西，寻求足以引导人达到较大完满性的东西。按照自然法则，每个人都尽力保持自己的存在。因此，德性不是别的，它首先就是人们依照自己本性的法则而行动。"道德的原始基础乃在于遵循理性的指导以保持自己的存在。因此一个不知道自己的人，即是不知道一切道德的基础，亦即是不知道任何道德。"[①] 斯宾诺莎由此推导出三条"理性命令"：

第一，德性的基础即在于保持自我存在的努力，而一个人的幸福就在于他能够保持其自己的存在。

第二，追求德性即以德性为目的。除德性之外，世界不存在更有价值和更有益的东西。

第三，凡自杀的人都是心灵薄弱的人，都是被违反他们本性的外因所征服的人。

斯宾诺莎提出的"理性命令"同霍布斯相同，都是以自我保存、追求个人利益为出发点的。霍布斯从人性自私看到的是"人对人是豺狼"的对立状态，最终依靠契约和国家法律权威解决这种对立。斯宾诺莎则认为，人类理性自身就可以解决这一冲突。人在认识到个人利益的同时，理性使其同时认识到保持个人利益必须为公共福利而努力，实现他人利益。为利己而利他，只有利他才能实现利己。这就是理性的教导，理性的命令。斯宾诺莎力图用理性命令把个人利益和他人利益、公共利益统一起来，这是斯宾诺莎伦理学的一个根本特点，也是17世纪理性主义伦理思想的一个共同特征。斯宾诺莎认为理性的命令，教导人们既尊重自己的利益，也应与他人结为友谊，因为一个人为了保持自我存在起见，决不能对外界毫无所需，决不能同外界事物完全断绝往来而独立存在于外界中，尤其是与他人的友谊为最有价值。"除了人之外，没有别的东西对人更为有益。因此，我说人要保持他的存在，最有价值之事，莫过于力求所有的人都和谐一致，使所有人的心灵与身体都好像是一个人的心灵与身体一样，人人都团结一致，尽可能

① ［荷兰］斯宾诺莎：《伦理学》，196页。

努力去保持他们的存在，人人都追求全体的公共福利。”① 很显然，一个人越是遵循理性的指导而生活，就越是能够保持德性，世界上不存在先于自我保存的德性。因此，每当一个人最能寻求他自己的利益时，人们彼此间也就最为有益。

但是，斯宾诺莎强调自我保存是德性的基础，并不是把德性归结为自我保存或者利己。他认为，单纯的自我保存或利己是不符合人的本性即理性的，只有按照理性而生活，保持自我利益与公共利益的一致，才是合乎人的本性和德性要求的。他十分赞赏“人是一个社会的动物”和“每人对于别人都是一个神”的命题，并用生活经验作为参证来解释人的社会性，说明人不能忍受孤独的生活，而必然追求社会生活。所以，正是公共利益和他人利益决定了理性应该超越利己，限制自私的本性。如果自我保存遵循着自然律，那么追求公共利益就是服从理性的应然律。

许多人都将斯宾诺莎的伦理学看成一种极端的唯我主义和利己主义，这是极大的误解。如果我们认真考察斯宾诺莎伦理思想的全貌，分析他关于伦理学的每一命题论证，就会发现他之所以强调自我保存的努力和个人利益，正是要在理性的指导下，超出单纯的唯我主义和利己主义的狭隘眼界，追求一种理性的完善，这是一种在个人与社会、私人与公民统一中实现个人利益和幸福的伦理思想体系。

在斯宾诺莎之前，关于人的意志有没有自由的问题一直存在着两种截然对立的观点：一种是主张人的意志是没有规定的绝对自由的唯意志论；另一种则是认为人的意志和行为都是由外部原因所决定的宿命论，人们在外部力量面前是无能为力和任其摆布的。斯宾诺莎既不同意唯意志论的观点，认为人的意志是由一定的原因造成的，所以绝对的自由是不存在的，人的意志和行为必然会受到某种规定；他也反对宿命论的观点，认为虽然外部原因决定人们的意志和行为，但人并非因此而毫无作为，只要对外部原因和客观必然性有理性的、正确的认识，人类就能获得自由。在这里，斯宾诺莎第一次提出了一个关于自由的重大原理：自由是对必然性的认识。

斯宾诺莎认为，人是自然的一部分，人具有自然的规定性，就不能摆脱自然规律而任意发展。只要人是自然的一部分，是自然中不能离开别的事物可单独存在的一部分，那么人便是被动的，要他一切行动都可单独地从他自己的本性去理解，这是不可能的。在他看来，自然的规律和法则，是永远和到处同一的，因此应该运用同一的方法去理解一切事物的性质，包括去理解人的意志和行为。因为，人的意志是由客观原因所决定，服从于客观规律的，在此条件下是不可能有

① ［荷兰］斯宾诺莎：《伦理学》，170～171页。

绝对自由的。所以他说:“在心灵中没有绝对的或自由的意志，而心灵之有这个意愿或那个意愿乃是被一个原因所决定，而这个原因又为另一个原因所决定，而这个原因又同样为别的原因所决定，如此递进，以致无穷。”① 即使像仇恨、愤怒、爱恨这些纯粹主观的心灵上的情感，也都要受到某种必然性的制约，也都有因可循。仇恨、愤怒、嫉妒等感情，就其本身看来，正如其他个体事物一样都出于自然的必然性和力量。所以它们也有一定的原因，通过这些原因就可以了解它们。同样，爱不是别的，乃是为一个外在的原因的观念所伴随着的快乐，恨不是别的，乃是为一个外在的原因的观念所伴随着的痛苦。

斯宾诺莎指出人的意志和行为受客观必然性或自然规律决定，因而不可能是绝对自由的。但是，他同时也承认人凭借自己所固有的智慧和理性，完全可以认识客观必然性，并顺从自然规律而生活，在这种意义上，人又是自由的。所以他认为，自由人“就是纯依理性的指导而生活的人”②，或者说“只有完全听理智的指导的人才是自由的人”。例如在一个民主政体的国家里，或者说在一个统治者利益与个人利益相统一的国家里，尽管个人必须服从最高统治者的命令，但他并不因此而成为奴隶。当他认识到了这种关系并自觉服从它时，他也就获得了自由。

第三节 经验主义的尝试

在欧洲大陆理性主义伦理思想发展的同时，英国经验主义伦理思想也平行地形成和发展起来。培根是经验主义方法论的始祖。经验主义方法论重视实践经验的作用，认为经验是人的一切认识的惟一来源。经验主义和归纳法要求在伦理学研究中，注重经验的证明和事实的证明，认为道德应当从人的本性的事实中和人的生活的事实中引申出来，伦理学要概括人的经验事实等。这种方法对后来伦理学的发展，尤其是英国道德情感论伦理学和法国启蒙思想家的伦理思想产生了重大影响。

一、经验主义和归纳法

经验主义是与理性主义完全不同的一条认识论路线，经验主义主张经验是人

① ［荷兰］斯宾诺莎:《伦理学》，80页。

② 同上书，206页。

的一切认识的惟一来源。英国哲学家弗兰西斯·培根(Fracis Bacon，1561—1626)，不仅是近代哲学的真正开创者，而且也建立了经验主义的认识论体系，对后来的英国唯物主义和整个欧洲近代唯物主义的发展，以及现代实验科学的进步，都产生了深远的影响。其后的霍布斯、洛克、狄德罗、霍尔巴赫、休谟、贝克莱、马赫等思想家，都是沿着这一道路进行着哲学探索和伦理学研究的。培根认为，发现一种性质的形式，乃是人类知识的工作和目的。这就为人的认识设定了明确的任务和目的。因为，人们发现一种性质的形式之后，就可以把这种性质加到另外的物体上，从而获得人们所预期的物体。如人们发现了黄金的简单性质的形式之后，就可以将其他物体变成黄金。所以，培根认为人类认识的目的在于控制自然和为人类造福，人类征服自然的力量源泉是科学知识。于是他提出了“知识和人的力量结合为一”、“知识就是力量”的思想，把知识看成照亮隐藏在世界深处一切秘密的灯火。但是，要实现这一任务和目的，纯粹依靠亚里士多德的三段式是无法达到的，必须开辟新的道路，探索新的方法。“寻找和发现真理的道路有两条，也只能有两条。一条是从感觉和特殊事物立即到达最普遍的公理，然后从他们作为原则和想像的不可争辩的真理的这些公理出发，得出和发现中间的公理。这就是现在流行的道路。另一条道路是从感觉和特殊事物出发，循序渐进地上升来构造公理，直到最后达到最普遍的公理。这是真正的然而还没有试过的道路。”① 培根的尝试是首先提出知识和观念起源于感性世界的基本原理，明确肯定了人的一切知识都是来自对客观世界的感觉，认识过程就是从感官知觉上升到理智知觉的过程。“因为既然全部解释自然的工作从感官开端，是从感官的认知经由一条径直的、有规则的和防护好的途径以达于理解力的认知，也即达到正确的概念和公理，那么，势必是感官的表象愈丰富和愈精确，一切事情就能够愈容易和愈顺利地来进行。”②

培 根

但感觉并不是完全可靠的，它对许多认识对象来说是迟钝和无力的，要么根本感觉不到它们，要么很容易发生错误。所以单靠感性直观是不够的，还应该以实验来弥补感觉的不足。他说：“一切比较真实的对于自然的解释，乃是由适当的例证和实验得到的。感觉所决定的只接触到实验，而实验所决定的则接触到自

① 《十六—十八世纪西欧各国哲学》，10页。

② ［英］培根：《新工具》，216～217页，北京，商务印书馆，1984。

然和事物本身。”[①] 培根把经验分成两类：一类是自然发生的，叫做偶然事件；另一类是有意去寻找的，叫做实验。实验比偶然事件更为重要，它是达到真理的惟一途径。但是，感觉和实验本身并不能直接提供真理，它们只是提供了一些丰富的、精确的材料，要把它们变成真理，还必须经过理性的加工。所以，他特别强调实验能力与理性能力的结合，“从这两种能力之间，即实验的和理性的能力之间的更密切和更纯粹的结合（这是从来没有做过的），我们是可以希望得到很多的东西的”[②]。可见，培根既反对否认理论只埋头于少数狭隘和暧昧实验的经验派哲学家，也反对不从经验中形成公理的理性派哲学家，主张把实验的力量和理性的力量真正结合起来。在这里，哲学思想和知识体系中的主观主义和经验主义，都成了培根批评和攻击的对象。为了能把实验的力量和理性的力量真正结合起来，为收集和加工材料提供一个新的正确方法，培根创立了其“真正的归纳”的方法。他将真正归纳方法称为“新工具”，以区别于亚里士多德在《工具》篇中所阐述的演绎法和简单枚举的归纳法。培根把整个归纳的过程分为三个步骤：

第一步：在实验和观察的基础上用拒绝和排斥的方法分析自然，收集足够的材料。即培根所说的准备一部充足的、完善的自然和实验的历史，这是一切的基础。

第二步：对材料进行加工整理，并列出三表。一是把具有所要研究的某种性质的例证列入“具有表”；二是把最近似的而又不具有所要研究的某种性质的例证列入“接近中的缺乏表”；三是把所要研究的某种性质以不同程度出现的例证列入“程度表”。

第三步：即真正而适当的归纳。它的首要工作就是拒绝或排斥那些偶然相关的性质，把这些性质排除之后，“最后余留下来的便是一个肯定的、坚固的、真实的和定义明确的形式”[③]。

培根所创立的真正归纳法，使他的经验主义哲学和知识论具有了理性化的形式，它虽然还带有形而上学的特征，但作为与近代哲学和实验科学相适应的科学方法，对近代哲学、逻辑学和伦理学的发展起了重要的指导作用。在西方伦理学中长期纷争的所谓道德哲学的方法论问题，实际上就是从培根开始的。培根的归纳法，不仅使他在科学研究领域里取得了巨大的成就，得出了热是一种分子运动

---

① 《十六—十八世纪西欧各国哲学》，17 页。

② 同上书，41 页。

③ 同上书，55 页。

的结论，而且对其伦理思想的产生和发展也具有决定性意义，使其伦理思想带有明显的自然主义和宇宙主义的特征。

二、伦理学思想的反思

培根虽然还没有构建起完整的伦理学体系，但作为从中世纪到近代这一历史转折时期的思想家，不仅其哲学思想和科学方法具有划时代的意义，其伦理思想也同样具有承上启下的关键作用。

培根的伦理思想是适应历史的要求，并在自觉反思以往人类伦理思想成果的条件下完成的。自统治欧洲人精神世界的宗教神学衰落以后，蓬勃兴起的文艺复兴运动在破坏旧世界方面显示了足够的力量，但却没有建立起一个适应新兴资产阶级要求的新的伦理学体系，甚至连建立这一思想体系的要求都没有表现出来。思想启蒙者们的注意力始终集中在了实践道德方面，极力冲破令人窒息的封建教会道德的束缚，要求自由与个性发展，并按照所谓人性的自然要求去寻求快乐和幸福，成为这一时期伦理思想发展的主题。所以，出现了将旧的封建教会伦理思想体系彻底打碎的同时又留下了伦理学洪荒的尴尬局面，这同迅速形成的资本主义生产关系的要求是不相适应的。建立新的伦理学说并加以传播和应用，已经迫在眉睫，培根成为这一历史任务的第一个承担者。

培根通过考察传统伦理学说发现，以往的伦理学说虽然在关于德性的分类和范围上，在关于善的本质和达到至善的途径方面，都达到了十分完备的程度，但他们呈现给人的只是一些善的范型，只是描述人应当怎样做的楷模，至于如何才能达到那样的品德则很少谈及或者不得要领。这是由于他们“不能求教于自然”，“轻视寻常事物的研究”的结果。所以他们只好雄辩而不求务实，只为著书求名而不为公众谋取利益，只顾生活的局部和个人而不顾生活的全体，更很少研究“改进生活之道”。在培根看来，伦理学就是研究人类的欲望和意志的科学，它要给人们提出行为和相互关系的指导，最终实现人生的自律，达到自由的境界。因此，培根对从毕达哥拉斯到马基雅弗利以来的伦理学说进行了认真的考察和反思。

培根首先对古希腊罗马时期的伦理学进行了批判分析。他认为，毕达哥拉斯学派是一个宗教迷信的团体，他们只关注人们沉思静修的精神生活，对现实生活则采取冷眼旁观的态度，似乎是脱离于世俗生活，实际上是借此求取个人的尊贵和荣耀。这种满足于把人生看作在奥林匹克竞技会上当一名旁观者，“只图返观内照而不给世人吐放光明”的处世哲学是消极的和错误的。与毕达哥拉斯一脉相传的柏拉图学派，只讲抽象的理念善、形式因、目的因，而取消了对中间特殊原因的分析，不仅对人类生活毫无益处，而且十分有害和危险。在谈到智者派、苏格拉底与昔勒尼、伊壁鸠鲁学派之间的争论时，培根明确地以他们对社会福利和个人福利的关系问题的回答来判断他们的性质和分野。前者是把幸福置于社会福利的德性中，后者则把德性置于个人的快乐中，只注重个人的怡然自得，对社会公共福利漠不关心。在培根看来，昔勒尼和伊壁鸠鲁学派把幸福归结为个人的肉体快乐和精神宁静的思想是消极的，也说明了他们只关注于私人的、自由的和未经磨炼的生活，缺乏坚忍不拔和勇于为公共事业献身的气概。对于伦理学的奠基者亚里士多德，培根认为他虽然撰写了几卷伦理学著作，但他一样也只是为私人或者说为个人自己的快乐和荣誉辩护，对伦理学的一些重要问题，比如人的情感也没有认真分析和论述。

在古希腊罗马伦理思想中，培根似乎只对斯多亚学派给予了一些肯定，甚至有时还引用他们的言论来说明和论证自己的观点。像对人类感情问题的研究，培根认为斯多亚派就比亚里士多德要高明得多。但斯多亚派主张脱离现实的“天堂学说”，设想了一个人性所不能达到的修养境界，这就使其陷入了空洞的说教。他们主张禁欲、注重命运和把死亡价值看得过高的观念，表面上看来似乎是十分强调社会公共利益，实际上却是“以个人命运的升沉为准则”，甚至“存心忠良”也只是为了“永享珍馐”。与斯多亚学派存在渊源的中世纪教会道德和基督教伦理学，一味地宣扬关于天国的幸福的理论，这不过是“在活的东西里面寻求死的东西”而已，它既是完全脱离社会实际生活的，又是对人性的严重扼杀，应该彻底地抛弃。这反映了作为资产阶级思想家的基本立场，也是资本主义社会生产关系发展的必然结果。

作为资产阶级思想家的培根与马基雅弗利之间存在着某种必然的联系。培根肯定了马基雅弗利在伦理思想史上的贡献，指出正是由于他揭露了历史与现实中的各种各样的恶行丑事，使人们能够容易了解它们并去恶扬善、培养德行。人们只有清楚了各种阴险卑劣和狡猾欺诈的恶行伎俩，才能自觉加以防范，避免上当受骗和被人欺侮。不仅如此，他认为了解恶人恶事和其堕落思想的深处，对于改造和教化他们具有十分重要的意义。因为只有把握了他们的内心世界，才有可能使他们信服。培根关于道德的理想意义和改造人的作用的观念，对西方伦理思想的发展起到了重要作用。此后，伦理学中的义务论和价值论，强调道德的理想意义，强调“应当”的观点、“要求”的观点等，都与培根的上述思想存在渊源关系。

在旧的伦理思想体系全面崩溃和新的思想体系尚未建立的情况下，对中古伦理思想进行全面的批判和分析是十分必要的。培根的工作不仅廓清了以往伦理思想发展的基本线索，发现了他们存在的问题，而且基本找到了伦理学发展面临的课题，这无疑起到了承上启下的重要作用。培根批判性工作的意义还在于：

第一，他认为以前的伦理学说主要是注重研究德性本身，将视角放在了德性的分类、范围以及实现途径和方法上，忽视从现实的个人与他人、个人与社会的关系上去揭示德性的来源和获得美德的方法。也就是说，此前的伦理学说只就主体认识主体，就自我认识自我，而没有从客体或从主体与客体的关系认识主体和自我，更没有从改造自然和人与人的社会关系中去研究德性，培养德性。贯穿《培根论说文集》的三个方面的关系，即人与自然、人与人、人与上帝之间的关系，这三者之间并不是并列平行的，而是以人与人的关系为中心和立论宗旨的。

第二，以往的伦理学说或者只注重个人的快乐和幸福，或者只是空洞地高喊公共幸福，从没有合理地把个人幸福和公共幸福结合起来，往往只能沉溺于消极遁世的"养心术"。他们脱离自然，脱离实际，不注重积极探求"改进生活之道"，轻视伦理学在社会生活中的应用。为此，培根提出了"知识就是力量"的口号，主张知识就是指导、力量和法则的思想，这不仅揭示了人类内在的主观能动性和人类在宇宙中的地位，而且提出了知识与道德相结合、科学与人道相统一的新伦理观念和社会理想。

第三，以前的伦理学说绝大多数都没有重视对人的情感研究。虽然个别学派和个别伦理学家也注意到了情感在德性形成中的作用，但他们或者限于抽象的深奥定义，或者没有把研究情感作为伦理学研究本身的任务。所以，关于情感的研究一直十分薄弱。在培根的伦理思想中，情感问题始终是伦理学研究的主要对象之一，在其伦理思想中占有重要的地位。这一思想，对此后英国伦理学发展产生了深远的影响，18世纪兴起的道德情感论更是与培根的思想一脉相承。

第四，以前的伦理学说，大多是从先验的一般公理、原则出发，用演绎推论的方法得出特殊行为的准则，而没有遵照自然的规律和社会的实际经验，把理性和经验密切结合起来，用观察和归纳的方法，从道德生活的特殊事实中引申出普遍公理和原则，用以指导生活和行为。特别是没有注重给人们指出道德价值的所在，人们的行为和相互关系"应该"如何。

三、培根的全体福利说

培根把他的伦理学说称为"全体福利说"。他认为，伦理学作为道德科学的主要任务就是指导人生行为，激发积极生活。伦理学就是关于善的本质的楷模的学说。他说："道德科学的主要基本分类似乎为（1）善行的模范或楷式和（2）心灵的调训或培育：一则描写善行的本质，一则定出调服人类意志，使之契合那个模范的规则。”①

在道德来源问题上，培根认为知识是一切道德的来源和基础。在他看来，知识就是力量，知识也就是道德。一切善德都来自真理，一切不道德则来自谬误和偏见。这是因为，知识可以洗涤和改良人的心灵，人的理性在知识的指导下，使人能够明辨是非，区别善恶，并从善弃恶，获得幸福和快乐。这就把道德从神学基础上转移到对自然的认识基础上来，具有强烈的反封建意义，也是资本主义生产力发展对新兴自然科学知识需要的反映。

在道德修养的途径上，培根主张依靠知识确立正确的人生目标，通过坚持不懈的努力使自己成为一个有德行的人。“这一点在一切道德方法中最为简便、直接而又最为高贵而最能使人心恪遵德性、处于良好状况的，那就是给一个人自己选择并阐明他力所能及的那些良善有德的人生目标。因为假使能做到这两件事，即一个人既能立定诚实良善的目标，又能坚持有恒，忠于那些目的，那么，必然的结果就是，他将同时把自己陶冶得契合于一切德性。”② 当善的目标确立后，还必须依赖于一定的方法才能实现，培根认为最好的途径就是习惯的养成和良好的教育。他说：“教育其实是一种从早年起始的习惯。”③ 而“习惯是人生的主宰，人们就应当努力求得好习惯”④。不过，个人的习惯力量对于人来讲固然有很大的力量，但是，对人具有最大力量的还是“共有的联合的习惯”。所谓联合的习惯，培根认为就是国家和政府，也称社会。培根断言：“天性中美德的繁殖是要仗着秩序井然、纪律良好的社会的，这是无疑的。”⑤ 这包含了人是环境的产物的思想，比人道主义者只把人看作自然的产物的思想是一个很大的进步。

培根认为，每一种事物都包含有双重的善，即事物作为整体的善和作为整体组成部分的善。他根据自然科学关于物体的吸引力、向心力和离心力来解释物体的善。他把宇宙事物（物体）理解为统一的整体，认为每个事物相对于较大的物体来说，其本身的向心力形成部分的善；同时，它又由于离心力而趋向于整体，形成整体的善。这种趋向于整体的善，因为它保持的是事物的整体或本质，所以它比部分的善具有更高的价值。依据这一理论，两力比较力大者吸引力大，力小者必被力大者吸引而趋向于力大者。所以，部分的善趋向于整体的善是必然的和合乎自然规律的。就社会事物和人本身的善性而言，社会事物和人本身更明显地

① 周辅成编：《西方伦理学名著选辑》，上卷，550页。

② 同上书，572页。

③ ［英］培根：《培根论说文集》，133页，北京，商务印书馆，1958。

④ 同上书，132页。

⑤ 同上书，133页。

表现出善德的双重性，即公共的善和私人的善，或者一般的善和特殊的善。所谓公共的善，即“力守对公家的职责”和“有利于人类”。它体现了善德的根本，具有最高的价值，正如罗马十二铜表法的结语所说的那样：“人民的幸福就是最高的法律。”所以，善德的价值就在于“利人”和“爱人”，人应该竭尽全力地维护公共利益和他人利益，对他人具有仁爱之心。

培根还从人性上分析了善德具有的利他本质。他认为，包括人在内的一切事物都是“自爱”的，人的自爱心会产生三种欲望：“一种是保存和维持其本质的欲望；另一种是促进和完善其本质的欲望；第三种是繁殖自己的本质并把它扩展于他物之上的欲望”①。三种欲望中，第一种保存自己的欲望是个人消极的善，它使人追求饮食快乐以维持生命，虽然它也符合自然人性的要求，但其价值是低级的。而促进和扩张自己本质的欲望才是个人积极的善，它使个人在人生的工作和事业上，扩展和发展自己的才能和事业，谋求个人的权利和光荣。所以人不应当只满足于吃喝玩乐，而应当在社会上扩张和发展自己，这才是一种更高的快乐，也是一种更高的善。可见，“利人”和“爱人”是人性中固有的倾向，是人性的本质，“人性之中有一种隐秘的爱他人的倾向和趋势”②，“利人的品德我认为就是善。在性格中具有这种天然倾向的人，就是‘仁者’。这是人类的一切精神和道德品格中最伟大的一种”③。

培根在对古希腊伦理思想进行反思后，批评亚里士多德把内心观照看得高于“活动的生活”的论点，认为这种只强调个人的善的内心观照，因为脱离社会和他人是永远无法得到的；他批评苏格拉底和伊壁鸠鲁派只求个人的怡然自得而漠视社会的生活态度；他也反对以后成为基督教思想来源之一的斯多亚派那种只求自己力所能及而不关心公共利益的消极“养心术”，而主张人应当积极投身于社会生活，在谋求公共利益中求得个人道德上的完善，以达到发展个人的目的。这一目的，是通过在社会中履行职业的特殊职责和义务，通过夫妇、亲子、主仆、朋友、同事、君臣以及一切社会团体之间履行相对职责来实现的。在所有这些关系中，由于相对职责和义务的要求，都需要培训适合于群体生活需要的思想、情感和行为习惯，使人们学会用理智辨别私利与公共福利。只有这样，伦理学才不致沦为斯多亚主义和宗教道德那种消极的“养心术”，而使人们在奉行社会的职责中，抵御各种诱惑和干扰，造就健康、美好的心灵，并借此调整人们之间的相互关系。

---

① 周辅成编：《西方伦理学名著选辑》，上卷，556页。

② ［英］培根：《培根论说文集》，31页。

③ ［英］培根：《培根论人生》，5页，上海，上海人民出版社，1983。

培根强调人对人的义务，特别是个人对职业、对国家和社会的职责，同时反对利己主义道德的自爱论。他认为，利人为善，仁者爱人，只有与利人、利公联系的自爱才是合乎道德的，才可以称得上是小善或特殊的善。但是，当利己或自爱超出了一定的限度，就是自私自利。自私的人一切以自我的私利为行为的标准和动力，会为一己的私利而牺牲甚至危害他人或公共利益。培根在《论自私》中用形象的比喻辛辣地讽刺了利己主义者："蚂蚁这种小动物替自己打算是很精明的，但对于一座花园，它却是一种很有害的生物。自私的人也如同蚂蚁，不过他们所危害的则是社会。"①"自私者的那种小聪明，应该说是一种卑劣的聪明。这是那种打洞钻空了房屋，而在房屋将倒塌前及时迁居的老鼠式的聪明。这是那种欺骗熊来为它挖洞，洞一挖成就把熊赶走的狐狸式的聪明。这是那种即将吞噬落入口中的猎物时，却假装悲哀流泪的鳄鱼式的聪明。"② 不过，培根强调为私利而损害社会、国家和他人的行为，其自身也最终将成为自私自利的牺牲品，"那种'只知自爱却不知爱人的人'（西塞罗论庞培的话），最终总是没有好结局的。虽然他们时时在谋算怎样为了自己而牺牲别人，而命运之神却常常使他们自己，最终也成为自己的牺牲品"③。这些思想，充分反映了培根作为一个资产阶级思想家和政客，敏锐地洞察到了文艺复兴以来西欧道德风气的衰败对国家和社会的危害，感到极端利己主义和马基雅弗利主义的危害。所以，他企图通过强调公共利益和社会责任，反对自私自利和损人利己的行为，反对以自我为中心的利己主义道德原则，达到转变德风衰败的现实。可以说，培根的"全体福利说"是一种经验主义的义务论或仁爱论。

培根虽然在理论上反对利己主义的道德原则，痛斥损人利己的行为，但他并没有真正解决利己与利他、利己与利公、自爱与仁爱的关系。他一方面强调"利人"和"仁爱"是最高、最伟大的善，是德行的命令；另一方面又认为个人利益和自爱是道德的基础，是公共福利的源泉。他告诫人们不要做"太仁慈的窝囊废"、"滥施仁爱的傻子"，不要在做好事时先毁了自己。他甚至在《论善德和善性》中讲："共同的利益应当赐予一切人；而特殊的利益，则有选择。留心不要在画肖像时，打破模型。因为上帝把自爱作模型，而对邻人之爱则只是肖像。"④这就是说，社会公共利益人人都可分享一份，而个人的私利则由自己来选择，由

① ［英］培根：《培根论人生》，64页。

② 同上书，65页。

③ 同上书，65～66页。

④ 周辅成编：《西方伦理学名著选辑》，上卷，575页。

个人去追求。个人私利、人的自爱心才是根本，是可供复制的模型，而社会公共利益只不过是被复制的肖像。所以，在培根的全体福利说中，社会公共利益只是一个人类的抽象利益，个人的特殊利益才是具体和根本的现实利益。当然，培根的观点和传统的利己主义是存在差别的。他强调，善德是以利己和自爱为前提的利人和利公，那么就必须将利己与利公、自爱与利人这些对立的因素“理智地分清”。所谓“理智地分清”，就是在为自己谋利益时不要损害他人和国家的利益；在为他人和国家谋利益时也不能伤害到自己的利益，更不能去做出力不讨好的傻事。这样，培根就把基督教道德的黄金律“爱人如己”变成了下面这样一个原则：“要像别人爱你们那样爱别人”。这两个原则是有本质区别的：前者是无条件地推己及人，后者则是有条件的即以别人的态度和行为作为自己行善的交换条件；前者是“使人成为软弱的羔羊”的基督教道德箴言，后者则是资本主义等价交换原则的伦理形式。事实上，培根所提倡的不过是一种明智的利己主义，即在合理的利己主义基础上把利己与利公、自爱与仁爱协调起来，以适应资产者个人和资产阶级整体利益的要求，这一思想也为后来的功利主义伦理思想奠定了基础。

思考题：

1. 文艺复兴时期的主要伦理冲突是什么？
2. 人道主义伦理思想的基本特征和主要内容是什么？
3. 简述近代科学精神对人们道德思考的主要影响。
4. 笛卡尔理性主义方法论对伦理思想有哪些主要影响？
5. 斯宾诺莎伦理思想的基本精神是什么？
6. 培根对旧的伦理思想体系的批判与反思具有什么意义？

参考文献：

1. 罗国杰，宋希仁．西方伦理思想史．下卷．北京：中国人民大学出版社，1988
2. 章海山．西方伦理思想史．沈阳：辽宁人民出版社，1984
3. 周辅成主编．西方著名伦理学家评传．上海：上海人民出版社，1987
4. [德] 马克斯·韦伯．新教伦理与资本主义精神．于晓，陈维纲等译．北京：三联书店，1987
5. [瑞士] 布克哈特．意大利文艺复兴时期的文化．北京：商务印书馆，1981
6. Alasdair Macintyre：*A Short History of Ethics*，London：Reprinted by Routledge，1995

21世纪哲学系列教材

第六章

近代早期道德哲学

> 信约的内容或主题是深思熟虑中的事物，因为订立信约就是一种意志行为；它是一种行为而且是通过深思熟虑所决定的最后一次行为。因之，这种内容便经常被理解为未来的事情，同时也是立约的人判断为可以履行的事情。
>
> ——霍布斯

> 人的情欲中自然含有一些行动原则，不过这些原则完全不是天赋的，而且你如果听其自由活动，它们会使人们把一切道德都推翻了。
>
> ——洛克

从西方历史发展进程来说，“近代”是继“中古时期”到20世纪之间这一历史时期。这段历史时期，人的思想见解和中古时期的思想见解有许多不同，其中有两点最重要，即教会和专制的威信衰落下去，科学和民主的威信逐步上升。从这一时期开始，西方社会历史就进入了一个“新时代”。面向新时代，思想家们提出了认识社会、认识人、认识人和人的关系以及建立新道德生活和伦理学说的任务。近代早期的伦理学家一开始就明显地表现出对时代要求的自觉。他们强调理性、经验和人性，注重功利和现实幸福，提倡自由、个人的尊严、价值和才能，以人道主义作为反封建专制和教会统治的旗帜。因此，重建道德理解就成为这一历史时期的道德哲学的主要目标。

第一节　自然法与道德哲学

在西方历史上，“自然法”（natural law）一直扮演着十分突出的角色。它曾被认为是对与错的终极标准，也曾被嘲讽为无稽之谈。它被认为是为人类提供了自我反省和检验既存制度的一块试金石。因此，自然法问题成为17世纪早期道德哲学讨论的切入点。

自然法是什么?《剑桥哲学词典》作了这样的解释：“在道德哲学和政治哲学中，自然法（natural law/law of nature）是一个或一组制约人类行为的客观规范，类似于人类统治者的成文法，但是以同样的方式约束所有的人们，通常被理解为包含着一个超人的立法者。”①

在“自然法”这个短语中，“法”指做正确选择的标准，它是一个规范性的标准，即一个理性的命令。“自然的”指相应的标准不是“实在的”（positive），这个标准高于成文法、惯例或习俗，作为对法律、惯例或习俗进行批判性评价、认可或合理拒绝的前提。

一、自然法的启示

在西方伦理思想史上，古希腊思想家最早使用“自然法”这个术语。在他们看来，万事万物都是有规则和有秩序的，不仅自然界存在着规则，社会之间、民族之间、个人之间的关系也都有它们先前已经确立的整合秩序。这个整合秩序或者叫做“自然法”，或者叫做“理性”。在斯多亚学派那里，自然法作为一个比较明确的概念被提出来。“自然”这一概念被置于该学派的中心。他们所说的“自然”并不是严格意义上的自然界，而是和谐的自然秩序。不仅是事物的秩序，也是人的理性。他们把人性看作自然秩序的一个组成部分，自然法即是自然所遵循

① Robert Audi 编：《剑桥哲学辞典》，2版，599页，剑桥，剑桥大学出版社，1999。

的法则，因此也是人性遵循的法则。人用理性去发现个人幸福和社会和谐的法则，理性就成为适用于所有的人并使所有的人都能平等地、协调地生活在一起的支配原则。因此，按理性去生活，就是合乎自然地生活。自然法因而就是健全的理性法，它构成了现实法和正义的基础。斯多亚学派还主张，一切人都是平等的，即使人们的地位、天赋和财富等方面不可避免地存在着差别，但人人至少都有要求维护人的尊严的起码权利。格劳秀斯继承了古代自然法的这些思想，并在新的社会历史基础上对自然法思想给予了论证，从而，格劳秀斯成为近代自然法理论的第一个主要代表。

胡果·格劳秀斯（Hugo Grotius，1583—1645）是荷兰法哲学家，近代国际法之父。他留下的主要著作有《战争与和平法》、《论海上自由》，其中，《战争与和平法》这部著作集中阐发了他的自然法理论，对后世的法理学、政治学和伦理学都产生了很大的影响。

自然法理论的意义在于，为人类社会秩序提供一种根本依据，为社会生活的价值提供一个基本标准。自然法理论首先要解决其理论基础问题。从格劳秀斯开始，人们不再仅仅依据上帝的意志来解释自然法，而且也试图在自然人性中寻找自然法的基础。在格劳秀斯看来，自然法的基础在于人的自然人性。人性，按照格劳秀斯的理解，包括两个方面的内容：一是人的自我利益（self-interest）和自我保护（self-preservation），二是人的社会交往性。人们对自我利益和自我保护的追求是最基本的人性，是人性的自然事实。格劳秀斯对自我利益和自我保护的强调，揭示了这样一个事实，即个人的生命安全保障和生活需要满足是组成社会的人们需要第一位关注的事情。这确实是人性的自然，构成为自然法的基础，因而也成为新时代道德合理性的基础。

人性除了自利自保一面外，格劳秀斯也看到人性所包含的社会性的一面。他认为"功利是正义和法律之母"这一判断有一定的片面性。因为，人除了具有追求自我功利这一面外，还有社会交往和过一种理智的生活的需要。人类最本质的特征是需要社会，就是需要和同类交往和互助，并且需要和平的、合理的共同生活。所以，生来就只求自己的利益并不是人类固有的特性。

人既要追求自我利益和自我保护，由此自利与竞争、好利与好争就不可避免。但人性的社会性使人要求和平的、合理的和互利的共同生活，自利的人们如何能达到这种生活？格劳秀斯认为自然法能够解决这个问题。自然法告诉人们如何去安排一个由权利持有人组成的社会，以便人们都能够和平与互利地生活。人凭借理性可以发现和认识这一自然法则，理性就在于对自然法则的发现和遵从。从这个意义上说，自然法就是理性的命令。所谓"自然法"，就是"真正理性的命令”，“一切行为的善恶的标准”。以人性为基础的自然法确立了社会生活和人们行为的准则。自然法就是“一种正当理性的命令，它指示任何与合乎理性的本性相一致的行为就是道义上必要的行为，反之就是道义上罪恶的行为”①。

关于上帝的意志与自然法的关系，格劳秀斯承认上帝的意志是自然法的一个渊源，人及其理性都是上帝的创造和启示，因此以理性为基础的、用以维护社会关系和规范人的职责及行为的自然法，也应归源于上帝的意志和上帝的启示。但是，格劳秀斯更加强调人性是自然法之母，自然法源于人的理性和社会性。自然法是人生而具有的，寓于人类理性之中的；它从人的理性中产生，又从人的理性中得到证明；凡是有理性的人都会自觉地受自然法支配，因而自然法不但是永恒的、不变的，而且是人所共有的、普遍的。格劳秀斯指出，自然法不仅尊重那些由自然本身产生的东西，而且也尊重那些由人类的行为产生的东西，如财产。财产是根据人的意志而产生的，自然法告诉人们：不经本人同意而拿走他人的东西是非法的。自然法的指示是如此的不可变易，以至上帝本身也不能将它改变，这就像上帝不能使二乘二不等于四一样。上帝也不能颠倒是非，把本质是恶的东西说成是善的。

同传统的自然法思想相比，格劳秀斯将自然法建立在自然人性的基础上，自然法不再与宇宙和谐和指示人们如何到达完美和实现至善有关联。虽然自然法与上帝的意志之间存在着联系，但是上帝只限于批准和实施那保障我们权利的法律，上帝不再是立法者，由此降低了上帝在道德中的地位。

格劳秀斯是历史上第一个主张每个人都自然地拥有权利的人。他的自然权利学说同他的自然法思想紧密相连，他认为最基本的自然法是任何人的权利都不可侵犯。侵权就是不正义。只有避免不正义的实在法才是合法的法。自然权利学说同自然法思想又互为条件。一方面，自然法给人们的行为提供了正当的、正义的准则，是对人们任意使用自然权利的限制，即限制人们为了一己私利而滥用自然权利；另一方面，自然权利的永恒合理性又是以自然法为基础的，自然权利的不可侵犯性是自然法的目的。

什么是自然权利？格劳秀斯认为，“各有其所有，各偿其所负”以及“维护自己生命的安全和获取生活必需品”就是“自然权利”。这种权利是天赋的，合乎人性的，因而是神圣不可侵犯的。自然权利要求：不可侵犯别人的财产，归还属于别人的东西，并偿还占有别人的东西所得的利益，要履行诺言，赔偿由于自己的过失给别人造成的损失，给应受惩罚的人以应有的报应。

---

① 转引自［美］博登海默：《法理学——法哲学及其方法》，39页，北京，华夏出版社，1987。

自然权利构成为道德的基础。首先，自然权利是符合人性的，因而是道德正义的；其次，它作为一种道义使人可以正当地占有某种特权或作出某种行为；第三，它是指令人们行为的道德准则。自然权利作为道德的劝诫或箴言，虽然没有法律那样的强制性，但它可以禁止妨害他人做正当事情的行为。在这种意义上，自然权利直接就是自然法的组成部分。一切为自身利益而剥夺他人所有或侵害他人自由和安全的行为，都是违反自然法的。这种行为不仅要受到道义的谴责，而且受害者进行自卫甚至使用暴力也是符合自然法的，即使毁灭对方也是正当的。

格劳秀斯的自然法理论中包含着社会契约论思想。他认为，契约是自然法的组成部分，遵守契约就是遵守自然法。自然法与契约论之间是实质与形式的关系，契约论为自然法提供形式程序，而自然法赋予契约论实质内容。

从本质上看，社会契约论是一种以契约来说明国家和社会的形成、道德和法律原则的正当合理性的学说。在社会契约论者看来，国家和法律以及与之相关的权利与义务都是人们基于一定的目的相互订立的契约的结果。虽然，社会契约论采用一种抽象的或非历史的方法来说明社会正义的基础以及道德的实质，但是，考虑到西方社会从传统到现代所经历的"从身份到契约"的变革，这种非历史的、抽象的方法又正是对一定时代的经济关系和社会关系发展的理论反映。从这个意义上说，社会契约论所反映出的个人权利、个人自由和平等的观念，不过是对资本主义市场经济条件下人的特性及其经济关系的理论反映。

二、霍布斯的道德哲学

托马斯·霍布斯（Thomas Hobbes，1588—1679）是西方近代哲学史、政治学史和伦理学史上有重要地位的伟大人物之一。感觉论的唯物主义，或者说机械论的唯物主义是他的政治学和伦理学的哲学基础，而他的政治学则把伦理学内在地包括于其中。他建立了以自然法为基础的道德理论体系。而他的自然法理论，是以他的人性论为基础的。从整体上看，霍布斯的道德理论是以人性论为基础，以自然法理论为中介，以主权（君权）至上为最高原则的三分性的体系。霍布斯的主要著作包括《论公民》和《利维坦》等。

霍布斯

霍布斯的哲学是典型的机械唯物主义。他用力学和几何学的理论和方法来论证物质的本质及其运动的规律性。霍布斯认为，人是自然的一部分，只不过是特殊的客体而已。人的生理心理过程，同样受一般物体运动的力学规律的支配。在这个意义上，人的骨架与机器的构造，人的活动与机器的运转，并没有多大的区别。人只是一架按照力学性质进行活动的机器。作为国家的“利维坦”，只不过是更复杂的机器而已。人的一切情欲、情感，都是服从因果性规律的人体机械运动的表现，它们的发生、变化和消失，始终离不开机械力的作用。哲学不是别的，它作为科学就是关于事物的原因的知识。伦理学就是研究感情的原因的知识。

以对人的机械唯物主义的看法为基础，霍布斯认为，对于人及人类社会可以像自然物体那样用几何学的方法来进行研究。几何学的方法在于，它首先从最简单的要素开始，建立起一种最基本的公理要素，在向比较复杂的问题一步步推进时，只需要运用业已证明的东西。每前进一步都为前一步骤所保证。因此对于这种证明的逻辑结果，毫无疑问可以追溯到该结构作为逻辑起点的自明之理。霍布斯的研究方法是，将任何复杂的情形分解为逻辑上基本的、简单的要素，然后用这些简单要素来证明复杂情形的构成。对于人类的研究，则把社会分解为个人这种简单的要素，依据感觉论和机械力学，从人的感觉、语言、概念出发，进而论述人的激情、欲望，从而发现人类运动的内在自觉开端。

首先，霍布斯发现人类的基本欲望是权力欲、财富欲、知识欲、安全欲和对死亡的恐惧。这些欲望表现为希望、绝望、恐惧、自信、义愤、慈悲、贪婪、野心、自荣、自谦、怜悯、同情等各种形式。希望就是以为欲望可以实现，绝望就是以为欲望不能实现，恐惧就是害怕极不欲望的危害到来，自信就是保持对某物欲求的希望，义愤就是为他人受害而激怒，慈悲就是欲施善宜乐他人，贪婪就是用不正当手段满足财富之欲，野心就是追求权势地位之欲，自荣就是欣赏自己的权势地位，自谦就是忧患自己无权势的处境，怜悯就是为他人的灾祸而痛苦，同情就是推己及人而不安，如此等等。从欲望出发区分善恶，一个人的欲望对象就是善，而他憎恶或嫌恶的对象就是恶。其次，他认为，欲望本身是不可终止的，人的欲望实质上是一种贪得无厌的贪欲。幸福就是欲望的进展，由甲物及于乙物，而甲物的获得又为获得乙物开辟道路。总之是一个人对于时常想望的事物能不断取得成功。人的欲望目标不是求一次或一时的享受，而在于实现将来长久的享受。

在人的上述种种欲望中，最主要最根本的就是权力欲，其他情欲都可以归结为权力欲。人们有了现在的权力，就可以得到将来的利益，满足其他情欲要求。人的天性好争，争名誉，争财物，争享乐，而共同的贪欲就是争权力，得一还求其二，死而后已。因此，人的本性是自私的、恶的。但对霍布斯而言，最重要的是，他发现人类个体之间并没有多大的自然差别。他说：“自然使人在身心两方面的能力都十分相等，以致有时某人的体力虽则显然比另一人强，或是脑力比另一人敏捷；但这一切总加在一起，也不会使人与人之间的差别大到使这人能要求获得人家不能像他一样要求的任何利益，因为就体力而论，最弱的人运用密谋或者与其他处在同一种危险下的人联合起来，就能具有足够的力量杀死最强的人。”①

人类这种动物似的心理动机与欲望以及人的身体的天然平等，是他的自然状态理论的人性出发点。霍布斯认为，由于人的能力大体相等，所以就产生人们对目的的欲求和希望的平等权利。这样，在人们的欲求相同而可欲的东西又不足的情况下，由于人类天性中的竞争、猜忌和追求荣誉的本性，必然争夺利益，相互怀疑和恐惧，或先发制人或用武力摧毁对方，以求自保。霍布斯认为，在一个没有超出一般人之上的权力存在的自然状态里，由于人的自然心理欲望的推动，又由于谁也没有能力制服谁，因而必然是一切人反对一切人的战争状态。在这种战争状态下，产业不存在，科学、技术、文艺、文学都不存在，社会也不存在，“最糟糕的是人们不断处于暴力死亡的恐惧和危险之中，人的生活孤独、贫困、卑污、残忍而短寿”②。霍布斯还认为，在这种人人相互为敌的战争状态下，是非观念和公正观念都不存在，“没有共同权力的地方就没有法律，而没有法律的地方就无所谓公正。暴力与欺诈在战争中是两种主要的美德”③。

霍布斯为我们描述了这样一幅图景：在自然状态下，个人的行为动机是追求自身的利益和安全需要，但其结果却是相互残杀的局面，导致了自身利益的丧失和不安全，甚至是生命的过早死亡。霍布斯认为，他这样描绘并没有从道德上贬抑人性，人类的欲望和其他激情并没有罪，这只不过是对人性的客观描述而已。

自我保护乃是出于求生的本能，或者说，支配一切行为的心理原则乃是自我保护。霍布斯认为，人类在自然状态条件下的安全保障需要的满足是不可靠的，同时由于个人能力的平等，没有任何可能来限制生存竞争。因此，人不可避免地处在战争状态中。但是，若人类的本性果真如此，人类的生活状态果真如此，那么人类本身又如何维持生存呢？按照霍布斯的推论，在人类的本性中必定还有一种力量能够使人类意识到这种状态的后果，从而建立和平的社会秩序，把人类从面临死亡的状态中拯救出来。霍布斯认为这个力量就是人的自我保存和追求幸福的欲求。他说：“使人们倾向于和平的激情是对死亡的畏惧，对舒适生活所必需的事物的欲望，以及通过自己的勤劳取得这一切的希望。”④

---

① ［英］霍布斯：《利维坦》，92 页，北京，商务印书馆，1986。

② 同上书，95 页。

③ 同上书，96 页。

④ 同上书，96～97 页。

使人类走出自然状态的还有一种根本原因，这就是人的理性。理性对于人来说，并非是什么新的动机，而是一种远虑或调节力。在每一个人对每一个人的交战状态中，人人都受自己理性的控制，而理性也使人认识到和平的需要，也就是说，人们既以理性来调节自己的行为，同时也以理性来调节自己的长远目标，理性使人们具有远虑。人在自然状态中，理性使人类具有走出自然状态实现和平的因素。

人之所以走出自然状态，是要摆脱那种恶劣的生存状况。摆脱恶劣的生存状况，并非是要改变人性。霍布斯把人性看成非历史性的、永恒不变的。摆脱恶劣的生存状况，是为了更好地维护人本来就有的自然权利，实现更好的自我保护。这种自然权利，就是保全自己生命的自由权，所谓"自然权利"，就是"每个人按照自己所愿意的方式运用自己的力量保全自己的天性——也就是保全自己的生命——的自由"①。霍布斯的自由指的是外界无阻碍的状态。这种自然权利，在霍布斯那里，从个人方面看包括身体和生命的安全，从社会方面看则包括社会提供给个人的人身安全保障以及和平与安宁。从霍布斯的自由观来看，外界的这种条件对于保全生命具有头等重要的意义。然而，这在自然状态条件下是不可能的。因为，在自然状态下，每个人都有这样的自由：每个人都可以有权利依据自己的判断和理性去做他认为有利于自己的事情。当人们这样行使自己的自由时，人类就处于人人相互为敌的战争状态。

霍布斯从人性角度提出人的两种基本因素：一是包括一切冲动和情感的基本欲望以及人的本能反应；一是人的自我保护需要的理性。在霍布斯看来，人从自然状态走出并进入社会的关键因素就是人的这种理性。自然法是理性所发现的戒条和法则，即"社会或人类和平的条件"。霍布斯说："这种戒条或一般法则禁止人们去做损毁自己的生命或剥夺保全自己生命的手段的事情，并禁止人们不去做自己认为最有利于生命保全的事情。"②因此，第一自然法是一条根本的律令。遵循这条自然律的是两条一般法则：一是寻求和平，信守和平；二是利用一切可能的办法来保卫我们自己。

第二条自然法则是根据第一条自然法则引申出来的。它的内容是：自愿放弃自己对一切事物的权利，以满足在自由权方面与他人相当的自由权利。霍布斯的表述是："在别人也愿意这样做的条件下，当一个人为了和平与自卫的目的认为必要时，会自愿放弃这种对一切事物的权利。"③ 简单地说，就是为了生存与和平，应该放弃超过他人权利的自然权利。第二自然法也就是转让自己的权利，而

---

①② ［英］霍布斯：《利维坦》，97页。

③ 同上书，98页。

放弃权利、转让权利的动机与目的，无非是保障一个人使他的生命得到安全。但权利的放弃必须是相互的、对等的，否则，有人放弃，有人不放弃，或者放弃不是在平等条件下进行的，那么为求和平自保反会遭害。

放弃权利、转让权利涉及契约。霍布斯指出，权利的相互转让就是契约。因此，这里就有了第三自然法“所订信约必须履行”。这种契约就是信任，如果是双方履约都在将来，那么将来履行契约就是践约，否则就是失信。有了契约，就确定了权利的让渡。所以，契约就是权利的互相让渡，就是彼此承认平等权利并表现其让渡的意志。

在第三自然法中“包含着正义的泉源”。霍布斯认为，正义的来源在于契约的订立。自然状态下，没有契约，就无所谓正义与不正义。有了契约以后，守约就是正义，违约就是不义。于是，正义的性质在于遵守有效的信约。

霍布斯认为，要履行契约，就必须以社会权力作后盾。这是因为，契约是言辞而不是剑（word no sword)。语词的约束过于软弱，不足以使人履行其信约。如果没有对某种强制力量的畏惧心理的存在，就不足以束缚人们的野心、贪欲、愤怒和其他激情。霍布斯认为，必须要有某种强制的权力存在，才能使人们感到将受到的惩罚比破坏信约所能期望的利益更大，正是这种恐惧强制人们对等地履行契约，并强制人们对等地维护通过相互约定、作为放弃普遍权利的补偿而获得的所有权。

霍布斯指出，一些“愚昧之徒”不承认有所谓“正义”存在，认为立约与不立约、守约与不守约，只要有助于个人利益，就不违反理性。这就给第三自然法提出一个问题：违背契约或拒不履行契约有时看起来是合理的。比如在契约的一方不得不首先履行契约而信任另一方随后会履行契约的情形中，当一方尽了自己的职责而另一方选择违背契约并因此得利时，这选择违约的一方难道不会认为违约也合乎理性吗？霍布斯认为这确实可能成为一种策略，但是，这种策略不能重复使用，因为，此时一个毁约者的名声已经伴随着这个人，还会传播开去，使他成为其他人的敌人。因此，初看起来违约的不义似乎合乎理性，但是，经过反思可以知道，更好的策略是做一个合作的订约人。霍布斯指出，个人不履行信约的后果就是使得任何结群以谋求和平与自保的社会难以接受他。因而，不义也就违反了他的保全自我的理性。在这个意义上，“正义（即信守信约）是一条理性的通则，这种通则禁止我们做出任何摧毁自己生命的事情”。

这就是霍布斯的正义观：信守契约就是正义。而信守契约之为正义，根据在于保全自己生命的理性命令。因此，霍布斯正义观的深层依据仍在于自我保护这一自然权利。换言之，守约的根本精神不在于维护契约条款中的对方当事人的利益，而在于自我利益。

第四条自然法则是：接受他人单纯根据恩惠施与的利益时，应努力使施惠者没有合理的原因对自己的善意感到后悔。在霍布斯看来，凡是对别人施惠，都是为了获得某种利益。因为赠与是自愿的，而凡是自愿的行为，都是为了使自己得到好处的。施惠者如果不为自己的利益着想，他就不会把恩惠施于别人。因此，违反这条法则就是负恩，而负恩就等于负约。

霍布斯提出的自然法还有很多条，如第五自然法：每个人都应当力图使自己适应其他的人，遵守这条自然法也可说是合群；第六自然法：宽恕悔过者的罪行，允许取和；第七自然法：勿报复和以德报怨；第八自然法：不得以行为、言语、表情、姿态表示仇恨、侮辱和蔑视他人；第九自然法：人生而平等；第十自然法：任何人将放弃同等的自然权利；第十一自然法：凡斡旋和平的人都应当给予安全通行的保证。以和平为目的，以调解为手段，而安全通行则是达到调解的手段。

霍布斯声明，以上各条都是规定人们以和平为手段在社会群体中保全自己的自然法，它只是与文明社会有关的原理。他认为，这些法则已被精简为一条简明的总则：己所不欲，勿施于人。人们无须多加研究，只要把他人的利害与自己的利害加以权衡，就可以理解这个法则是极为合理的。霍布斯的上述自然法相互之间是内在关联的。在一定意义上这是一个有机整体。霍布斯从第一条自然法即保全自己的生命出发，合乎逻辑地派生出其他各条自然法。他认为，后述的每一条都可以从前一条中找到根据。我们看到，虽然对个别自然法的解释在霍布斯的前提上并不那么令人信服，但他确实力图使之内在地统一起来。因此，他的第一自然法是他的根本法则。因此，霍布斯的自然法则也就是道德规则，他的自然法学说也就是道德学说。他把道德规则提到了法则的高度，从而强调了道德规则的强度。同时，我们看到，霍布斯对自然法则因而对所有的道德规则的解释的出发点，都是自我生命的保存，因此，霍布斯实际上是以一种个人主义的原则或自我利益的原则重述了道德规则。这在近代西方伦理思想史上和政治思想史上都有着重要意义。道德或道德规则，在亚里士多德那里，被看做共同体利益原则，它强调正义以公共利益为依归；在基督教伦理学中，则强调对上帝和对邻人的爱的价值。在霍布斯之前，马基雅弗利虽然提出道德是政治目的的手段，因而道德必须服从政治的需要，但他并没有系统地从个人主义和自我利益的意义上对道德进行解释。近代思想史上，正是霍布斯提出了以个人利益为中心的系统的道德观。

霍布斯完成了他对自然法的解释后，对自然法的约束力做出这样的评论。“自然法在内心范畴中是有约束力的。也就是说，它们只要出现时便对一种欲望有约束力。但在外部范畴中，也就是把它们付诸行动时，就不会永远如此。因为一个人如果持身谦恭温良，在其他人都不履行诺言的时候与地方履行自己的一切诺言，那么这人便只是让自己作了旁人的牺牲品，必然会使自己受到摧毁，这与一切使人保全本性的自然法的基础都相违背。”① 这段话重申了第二自然法的要点，就是：当一个人的同伴中的多数人都不遵守这个自然法时，那么他在行为中也无须遵守这个自然法，因为，在这种情况下一个遵守自然法的人会使自己成为别人的牺牲品。但另一方面，尽管人们常常在行为上会去摆脱履行自然法的强制，但是他们仍然应当努力尝试去履行自然法，这就是“自然法在内心范畴中是有约束力的”说法的含义。从这段话可以看出，霍布斯并不将自然法看成不依赖我们的欲望偏好这个意义上的“绝对命令”，自然法仅仅是作为人们自我保全的手段而起到促动作用的。

在《利维坦》第15章的结尾处，当完成了自然法的演绎后，霍布斯对这个演绎的地位做了一个说明。他的演绎等于一门科学，这个科学是“唯一真正的道德哲学”。因为道德哲学是研究人类相互谈论与交往中的善与恶的科学。善与恶是表示我们的欲望与厌恶的名词。而不同的人对欲望与厌恶的判断是不同的，对共同生活的行为是否合理的判断也彼此迥异。这样就产生了争论和争执，最后就会酿成战争。因此，当个人的欲望就是善恶的尺度时，人们便处在单纯的自然状态下。而要超越个人受私人的善恶判断的控制，也就是从善恶的前科学阶段转变到善恶的科学阶段，行为者就必须认识到每个人各为其私人偏好所引导，结果只能是战争。从这个认识中，人们就可能一致同意：没有战争即和平是善，无论什么样的手段只要能促进和保持和平就是善的，正义、感恩、谦谨、公道、仁慈等由于是实现和平的手段，因此也是善的。换言之，它们都是美德，而其反面的恶行则是恶。“所以有关自然法的真正学说便是真正的道德哲学。”②

现在，有必要谈一谈自然法和自然权利的区别和联系。按照霍布斯的理论，人在自然状态中可以用一切办法保全自己，对所有物有无限的权利。这种自然权利乃是每一个人保全自己的生命，追求幸福的自由。每一个人都有权依照自己的理性判断去做他认为最有利于自己的事，这就是所谓“自然权利”。所谓自然法，就是理性所提出的一种普遍法则，一种道德戒律，用来禁止人去做伤害自己生命的事情，或禁止人放弃保全自己生命的手段，并且命令人去做他所认为最可以保全生命的事情。人类通过自然法使和平、仁慈、感恩报德，服从权威和尊重他人

① ［英］霍布斯：《利维坦》，120页。

② 同上书，122页。

等美德成为产生社会和谐的手段。根据自然权利，每一个人对于每一物都有占有和享用的权利，但根据自然法，物的分配应该公正合理。根据自然权利，每个人都有使用一切手段保卫自己生命、追求幸福的权利，但根据自然法，人和人之间则应该和平，否则人与人之间就会陷入战争状态，谁都不能保证生命安全和实现幸福。自然法和自然权利的关系，就是责任和自由的关系，二者既相互区别，又相互联系、相互制约。从自然权利的平等出发，得出人对人的战争状态，而理性不得不使这种权利受到自然法的限制，即自我制约，使人不能为所欲为。因此，在霍布斯那里，自然法就是自然权利的自我限制。

在前面，霍布斯通过自然法的演绎向人们证明：自然法是维护人类和平与生存的法则。现在就有了自然法的遵守问题。原则上说，自然法只有在每个人都有遵守的意愿并在遵守后可保安全时才会被遵守。但是，人类遵守自然法的意愿易与同人类具有的哪些驱使我们走向偏私、自傲、复仇等的自然激情互相冲突，因此，如果没有某种权威使人们遵从，那么自然法本身是得不到遵从的。换言之，没有武力，信约便只是一纸空文，完全没有力量使人们得到安全保障。霍布斯认为，为了保证自然法得到遵从，为了使契约得到履行，从而保证和平与安全，人们只有一条道路可以选择，那就是把大家所有的权力和力量托付给某一个人或一个能通过多数意见把大家的意志化为一个意志的集体。这等于说，指定一个人或一个由多人组成的集体来代表他们的人格。大家都把自己的意志服从这个人或这个集体的意志，把自己的判断服从于他的判断，因此，全体真正统一于唯一人格中。这一人格是人人互相订立信约而形成的。霍布斯说，像这样统一在一个人格中的一群人就称为国家，也就是伟大的利维坦的诞生。国家就是一大群人互相订立信约、每个人都对它的行为授权，以便使它能按其认为有利于大家的和平与共同防卫的方式运用全体的力量和手段的一个人格。也就是说，人们之间共同协定，每个人都将权利交付给它，这就是国家的本质。承担公共权力的人就称为主权者，并被说成是具有主权，其余的每一个人都是他的臣民。

霍布斯认为，臣民是自己相互之间订立契约把权利交付给了主权者，主权者并没有与臣民订约。因此在主权者方面便不存在违反信约的问题。但他的臣民不能以取消主权作借口解除对他的服从。就臣民而论，他的权利一经交付，也就无从收回，否则又要回到战争状态。因此，他必须心甘情愿地服从这个主权者，否则其他人就有正当理由杀掉他。因此，臣民对于主权者只有绝对服从这一条，而“如果主人由于他拒绝服从而杀死他，或以刑具锁禁起来，或以其他方式加以惩罚，这一切也都是由他自己授权的，不能控告主人侵害了他”①。在一个国家中，臣民可以而且往往根据主权者的命令被处死，然而双方都没有做对不起对方的事。霍布斯认为，即使处死一个无辜者也如此。显然，霍布斯的国家理论走到了他的逻辑起点——保全生命——的反面，他的国家理论本身由于内在矛盾而不攻自破了。然而，霍布斯的王权专制主义倾向却没有使他认识到这里有什么问题。如果一个主权者可以滥杀无辜，那么，这决不比自然状态好到哪里。如果人类只有这样两种处境，或是在自然状态，或是在专制者的淫威下，那人类的处境永远是悲惨的。

不过自相矛盾的是，霍布斯又为他的臣民留下了一些不服从的自由。这就是“如果主权者命令某人（其判决虽然是合乎正义的）把自己杀死、杀伤、弄成残废或对来攻击他的人不予抵抗，或是命令他绝饮食、断呼吸、摒医药或放弃任何其他不用就活不下去的东西，这人就有自由不服从”②。也就是说，主权者可以命令别人杀死我，但不能命令我杀死自己。同时，霍布斯虽然认为个人没有抵抗国家武力的自由权利，但是，“如果有一大群人已经不义地反抗主权者或犯了死罪了，人人自知必将因此而丧生，那么这时他们是不是有自由联合起来互相协助、互相防卫呢?”霍布斯回答：“当然有，因为他们只是保卫自己的生命，这一点不论有罪没罪的人都同样可以做。”他认为：“他们当初破坏义务时诚然是不义的，往后拿起武器虽然是支持他们已经做出的行为，但却不是一种新的不义行为了。如果他们只是为了保卫人身，便根本不是不义的行为。”③ 霍布斯在这里回到了他的逻辑原点：生命的自我保存是自我的最高原则，也是政治生活的最高原则。但这明显是与他的王权专制主义不协调的。不过，他毕竟为我们留下了可以在专制主义者面前捍卫自己生命权利的自由主义的声音。尽管这个声音在他的体系中那么微弱，听起来那么不协调。

尽管霍布斯体系具有这种内在矛盾，但他的政治哲学和道德哲学仍不失为近代以来最重要的政治哲学和道德哲学之一。霍布斯从人的本性、人的自我保存的需要出发来解释社会与国家，解释人的社会政治义务，而不是根据中世纪以来的经院哲学提出的君权神授观点来解释世俗国家的合法性问题。他是近代社会第一个系统地将契约论的观点运用到社会政治领域里的人，从而打开了人们理解社会与国家的一个新视野。霍布斯身后的近代政治哲学正是朝这个方向进步的。

---

① ［英］霍布斯：《利维坦》，157页。

② 同上书，169页。

③ 同上书，170页。

霍布斯又是近代以来第一个以清晰的逻辑来建构政治哲学体系的人。从思想体系来看，霍布斯的体系是个人主义和专制主义的奇妙结合。在霍布斯那里，人的一切行为都是为自保自利之心所驱使，所有的道德规则和社会正义原则，都是自然法。国家政体的出现，以及社会本身都不过是实现个人目的的手段。因此，如同在马丁·路德那里个人已被剥夺掉了一切社会属性而独自面对着上帝一样。在霍布斯这里，个人仅是一个有着自我生命保存需要的独立平等的个体。这种个人主义可以说是霍布斯学说中的"近代因素"，他明显地抓住了正在到来的时代特色的方向。同时，他的强权国家理论也是一种即将到来的近代特征的反映。在霍布斯的身后，就是一个涌现出强有力的近代国家的时代。国家作为私人利益的外部力量强加在作为私人的个人头上，而强调国家的法治和承认自私自利是生活的主要动机，一向是近现代种种倾向中最普遍的倾向。霍布斯的哲学反映了这种近现代社会的特征。并且，正是因为他的政治哲学的这种特色，以及他的自然法所反映的个人需求仅限于个人的生命保存的特点，因而他的个人主义是一种相当不够格的个人主义。它的切实内容仅是维持一种最低限度的生存权，而这也反映了他那个时代的社会经济物质水平以及普遍的民主意识的缺乏。

三、对利己主义的批评

霍布斯的《利维坦》出版后不久，英国共和派政治思想家詹姆斯·哈林顿于1649年写下了《大洋国》，对霍布斯的政治、伦理思想提出了尖锐的批评。

在政治上，与霍布斯主张君主制不同，哈林顿主张共和制。哈林顿认为一个国家的性质以及政府的形式是由财产即土地的分配方式决定的。如果一个国家的财产或土地的大部分被一个人所占有，必然形成君主制；如果被少数人所占有，必然形成贵族制；如果为全体人民所占有，那就是共和制。哈林顿要求建立"财产均势"，既保障贵族和资产阶级的私有财产，也使一般农民"耕者有其田，使其维持温饱"。

在伦理思想上，哈林顿强调整体利益或共同利益。他把各种利益划分为三类：一类是个人利益；一类是统治者和君主的利益，即国家的利益；再一类是人类的利益。后两者也就是整体利益或共同利益。在三者利益关系上，哈林顿强调整体利益或共同利益，整体利益或共同利益就是自然法则，它高于个人利益和局部利益。人的理智的根本就在于理解和反映这种利益。因此他提出了一个命题，"理智就是利益"。在他看来，人类要不是比动物更不公正，就必须承认共同利益就是共同权利。理智只有表达或体现这种利益，它才是正确的理智。一个人的理智是否正确，不以是否有利于自己为标准，而应当以理智的本性即整体的利益为标准。这就是说，要依据自然法，迫使人们放弃自身的利己打算，而根据整体利益，从共同福利着想来选择自己的行为。用哈林顿的话来说，这样做就是要说服人们，在“民主”的餐桌上，“不要把自己想吃的东西一把夺过来，而是要在公共餐桌上表现得克己复礼，把自己所具有的最好的一切以礼让的方式献给共同的利益”①。哈林顿的这些言论，都是针对霍布斯的。霍布斯主张人类从自然的平等权利到不平等的战争状态，哈林顿则主张人类从自然的不平等到财产均势。霍布斯提出用自然法限制自然权利，使人们放弃超过别人的权利，在契约的约束下更好地实现利己的打算，哈林顿则强调用自然法迫使人们放弃利己的打算，把公共福利作为选择个人行为的标准。但两个人都同样强调理智、理性，都同样深刻地看到了理智和理性的根本就在于权衡不同社会集团和个人的利益，处理个人利益和社会整体利益的关系。

哈林顿认为，共同利益或整体利益之所以高于个人的或局部的利益，人们的理智之所以应当为共同利益、整体利益着想，这是由人的本性的自然法则决定的。这种自然法则，不仅使人与人之间互相帮助，为整体着想，而且也促使一切动物个体采取某种方式达到自己的完美境界，使自己成为整体的一个必要的组成部分。按照哈林顿的理解，这种自然法则对人来说就像是命令，使人听到它就放弃私人利益的打算，设法群策群力减轻整体的、公共的自然灾害。

与霍布斯强调绝对君主制的统一人格相反，哈林顿强调这种自然法则不是由统一的君主制和君主的绝对人格建立的，而是要在共和制度下才能实现的。那么怎样实现呢？哈林顿提出一种他认为既现实又方便的方法，就是小孩子的“分饼法”。分饼法说的就是，假定有两个小姑娘共分一张没有分开的饼，分配的标准是两人都应各得一份。两人中一人做分饼者，另一人做优先选拿者。那么，只有当分饼的人均等地划分饼时，她才能拿到属于自己的那一份而又不至于吃亏。分饼者必须分得均，如果分得不均，自己就要吃亏。因为另一个优先选拿的小姑娘会把大块的拿走。因此，为了不吃亏，分饼的小姑娘必定要设法把饼分得平均，两块相等，这样两人都可以拿到均等的一半，从而实现权利的平等。哈林顿由此得出一个结论：国家的奥秘也就在于均分和选择。在他看来，哲学家们多少世纪争论不休而无法解决的问题以及整个国家问题的奥秘，都由这两个小姑娘的智慧道破了，解决了。

哈林顿的分饼法假定了人是寻求利益最大化的所谓“理性人”。这当然是正在兴起的市场经济生活的反映。哈林顿用人性自私和利己的观点看待权利分配，解释人性法则的自然本质。在他的方法或法则里，“均分”是建立在利己的基础上的，而且目的只是为了利己。而实际情况是，人性是自利还是利他，不能离开

---

① ［英］哈林顿：《大洋国》，23页，北京，商务印书馆，1963。

人们所生活的社会，尤其是一定社会的生产方式的特点。

哈林顿对霍布斯的另一个批评，是关于理性和情感的关系问题。哈林顿认为，人类的理性和情欲都是由灵魂统率的。它们是灵魂的一对“情妇”，两者都在追求灵魂。当灵魂属于两者之一时，人们的行为和生活中就产生了快乐或痛苦。哈林顿的所谓灵魂，就是“永不间断的玄思或思维”，它与人的情欲相结合，或者被情欲所占据，并通过人的意志体现在行动上，这样就会使人做出恶行；或者反之，它与人的理智相结合，被理智所占据，并通过意志体现在行动上，就导致美德和精神的自由。一个人的恶必然会为自己招致痛苦或耻辱，同时也会使别人感到可耻或可怜；同样，一个人的德行必然也会为自己带来荣誉，同时也会给别人造成一种权威的感觉。因此，如果自由存在于理智之中，那么，缺乏理智便会使人成为情欲的奴隶。这种观点包含着柏拉图主义的影子，因为，柏拉图就主张理智高于情欲，情欲要受理智的引导和支配。

哈林顿由此推及国家和政府，认为一个共和国的自由在于法律，缺乏法律就会遭到暴君的恶政的危害。人性是多变的，“有善良的人则有完备的法”是绝对不可靠的格言，只有立法者的格言“有完备的法则有善良的人”才是颠扑不破的真理。哈林顿借用李维的话说，“共和国是法律的王国而不是人的王国”。当着国家以法治为先，从君主政制转为民主政制时，就会取消或限制贵族的奢靡，并使人民富裕；同时也会使政府的性质从服务于私人利益转向服务于公共利益。这样就会更接近于公正与正确的理性。哈林顿认为，随着政制的变化必然会引起人民的风尚习俗的变化，使道德更趋向于公正和合乎理性。如果国家政体从民主政体变为寡头政体或君主政体，政府所注重的公共利益就会转向私人利益方面，理智也会转向私人的利益，整个社会奢侈之风就会代替节俭之德而起，奴役就会取代自由，以致使整个社会风习腐化、蜕变。可以看出，哈林顿在国家政体的主张上与霍布斯针锋相对。霍布斯认为君主专制是一切美德之本，而哈林顿则断言君主政体是德风败坏的根源。另外，在“人治”与“法治”的关系上，哈林顿坚持主张国家以法治为先，因为法治比人治更可靠。并且，只有良好的法治，才能保证道德上的良风美俗。

第二节　剑桥柏拉图学派

霍布斯的伦理思想代表着近代伦理思想中的经验主义和功利主义倾向。在他的学说问世以后，受到了一些人的热烈欢迎，同时也遭到另一些人的激烈反对。特别是他的机械论和毫不掩饰的利己主义道德哲学，与传统的道德观念大相径庭，使一些标榜正统的神学家、基督教道德学家难以接受。差不多在哈林顿对霍布斯批判的同时，还有剑桥学派的新柏拉图主义者，先后起来批评霍布斯，并在批评中建立起他们的伦理学说。"剑桥柏拉图学派"这个称呼是指17世纪中后期在剑桥享有盛名的一群宗教思想家。这个学派的最早的代表人物当推本杰明·惠科特。将这个学派的伦理思想加以系统化和发展的是亨利·莫尔和拉尔夫·库德沃斯。后来还有理查德·昆布兰和约翰·诺利斯等。这些人都是神学家、传教士兼哲学家和伦理学家。他们当中有的人表现出强烈的唯理主义倾向，有的人则明显地受到经验主义的影响，有的高唱传统的基督教仁爱主义老调，有的也同时宣传利己主义思想。从一方面看，他们都是坚定的宗教道德的维护者，但从另一方面看，他们又极力强调理性，反对宗教狂热，认为"真正的宗教必须与理性的真理和谐一致，强调宗教中道德与精神的因素"①。所以他们有时被称为"自由放任的人"，有时又被讥讽为"柏拉图式基督徒"。

一、关于幸福的学问

伦理学的使命是什么？亨利·莫尔（Henry More，1614—1687）的回答是：关于幸福及获得幸福的一门学问。在其伦理学的主要著作《伦理学纲要》中，他明确地提出伦理学的宗旨就在于"激励人们的心灵，使其达到美德"。为了达到这一目的，他探讨了道德的基本原理，善和美德的性质以及情感的作用和意志自由问题。

莫尔认为，伦理学是关于幸福及获得幸福的知识的学问。它包括两个组成部分，一部分是关于幸福的知识，其中包括关于幸福的本性的理论和关于幸福的事物的理论，另一部分是如何使生活幸福的技艺。这种思想体现在他提出的23条道德原理中。

莫尔在23条原理中，首先对善恶的本质作了规定。按照他的规定，善是对于任何具有生命和感觉的生物都是愉快的、合意的、和谐的东西。它能起到保持生物生命的作用。恶就是与善相反的东西，善与恶相比较，不仅有性质上的差别，而且还有持续时间上的差别。根据对善恶的这种规定和区分，他提出人们在行为上"应当择善避恶"。在善恶的选择中，如果有可能在将来得到更大的善，那么在现时就应当节制或抛弃较小的善，如果有可能在将来出现更大的恶，那就应该忍受现实的恶，尽可能避免或减少将来的恶。人们为了幸福，必须以最大的

① ［英］索利：《英国哲学史》，80页，济南，山东人民出版社，1996。

热情去追求最大的善，以中等的热情去追求中等的善，以较低的热情去追求起码的善。莫尔在这些原理中所提出的善恶规定和行为选择要求，不是抽象的，而是具体地依据现实的利益要求确定的。他在23条原理中明确地提出：拥有财产和追求快乐幸福的生活是善的，承认有资格的权威和服从地方官员是善的，服从上帝是最高的善。这3条肯定了拥有私有财产和追求现世快乐幸福以及服从世俗统治和宗教统治的合理性和正当性，明显地表现出他的伦理思想的功利主义实质和使新旧教妥协的特征。

莫尔的23条原理，按其内容分类大体可以归纳为两个方面：一方面是规定善的本质，另一方面是提出如何达到善的技艺或手段。这两个方面结合起来，就是关于幸福及如何实现幸福的条件的研究。正是在这种意义上，他把伦理学称为“幸福生活之术”。

莫尔同剑桥学派的创始人惠茨科特一样，强调理性对人的行为和美德的作用。他不仅强调道德原理的自明性，并试图按数学方法演绎出道德原理，而且强调人的心灵本质是理性的，人的行为是由理智的判断决定的。在这个意义上，他强调美德是一种理智的能力，而不是习惯。因为在他看来，善的本质和道德原则是由理智辨析的。这种理智的辨析能力是人心固有的决定因素，借助于这种能力，人类才能控制兽性的情欲冲动，具备公正、节制、审慎、刚毅等美德。

不过，莫尔在强调理性决定作用的同时，也特别注重情感的作用。在探讨对道德原则的绝对善的判断时，他提出了这样的问题：绝对善虽然能被理智所辨析，但绝对善的“甜美”是否也能为理智本身所辨析呢？这就是说，道德原则作为绝对善的价值不单要靠理智去判断，还需要通过灵魂的另一种机能去感受。这就是情感的作用。莫尔把人的情感分为三类，即热爱、敬佩和仇恨。其他情感都是这三类基本情感的表现。他特别重视热爱这种情感的作用，认为它本身虽然无善恶，但它会强烈地干扰人的理智，甚至以它特有的能力感受绝对善的“甜美”。热爱情感虽然不能判断善恶，但它的表现程度却可以成为衡量行为事件好坏的尺度，道德的最高原则爱上帝和爱邻人，也是要通过热爱这种情感才能感受到的。因此，情感对于完善人类的心灵、行为和生活是必要的。没有热情的生活同没有理智的生活一样，是不完善的。当然，这样的生活必须以善为目的，并且要有相应的善行为手段，按照善的大小等级相应地分配热情。

所谓“相应地分配热情”，就是要用理智控制情感。美德就是理智控制情感和欲望的能力。人的美德的大部分都是通过情感控制形成的，这种情感控制可以使人心灵净化、行为适当，形成真诚、谨慎、忍耐的美德，并派生出正义、刚毅、节制诸美德。按照莫尔的说法，真诚可以使热爱的情感保持平衡，谨慎可以使敬佩的情感保持适度，忍耐可以使仇恨的情感保持恰当。这三种美德对于人的心灵和行为具有重要作用，借助于它们，人的心灵理智才能支配情感，不受情感和欲望冲动的干扰，保持意志的坚定，经受一切考验，达到辨析和追求绝对善的目的。莫尔的这些思想，表现出他对理性与情感的关系的思考还没有脱离基督教伦理学的旧轨，特别是由于强调爱上帝的最高原则，有时甚至把情感看作道德行为的终极原因，更显出他的基督教仁爱主义的本质。这种情感控制的思想，在后来兴起的道德情感论伦理学中得到了系统的发挥，形成英国乃至西方道德生活方式的一个重要特点。

莫尔伦理思想中的另一个重要内容，是关于意志自由的问题。他区别了“自愿的行为”和“具有自由意志的行为”。他认为一个自愿的行为，也就是一个能够做出或不能做出的行为，而一个具有自由意志的行为，却是能够使这种行为不受自己意愿影响的行为。自愿的行为，仅仅是行为的原则就在行为者自身之中，行为者理解和认识自己的行为以及与自己行为相关的情况。非自愿的行为，就是出自无知的行为或被外力强迫的行为。在后一种场合，行为的原则完全是外在的、强制的。在前一种场合，尽管行为的原则是内在的，但是它缺少一种可以阻止该行为的道德认识。所谓“自由意志”是要以自由的选择为条件的。当这种自由选择能力能够避免卑劣的行为时，这种选择就是伟大的、善美的，当它导致邪恶行为时，就是错误或罪恶的。莫尔认为，人们平常对自己热情的控制，对自己某些行为的悔悟，以及对自己或他人行为的评价，都表明人们实际上是有自由选择能力的。人们是否能够达到美德，就在于是否能够发挥这种自由选择的能力，择善避恶，努力去追求美德。在莫尔看来，这是由人的理智能力决定的。

但是，莫尔一方面强调理智自明的道德原则，另一方面又表现出经验主义的倾向。他虽然强调理智自明的决定性，但他并不认为一切道德观念、情感和原则都是来自自明的理智，他相信人的生活经验也可以给人提供道德观念的原型和美德的标准。他举例说，人们看到急躁是绝大多数行为失误的根源，于是得到一种择善而从、避免急躁的理智原则，并通过生活而逐渐达到谨慎的美德，从此以后，除非是清楚明确地了解某一事物，决不再轻率地表示赞成或反对，轻举妄动地对待和处理某种事物。这种生活的经验，常常是影响道德观念的强大力量。再如，在条件适当的情况下，人们相互之间应当用平等的方式对他人尽到自己的责任。得到这样的生活经验之后，人们就得到一个理智的原则，于是就按照这个原则对他人尽到自己的责任，获得真诚、正直等美德。同样，人们要获得忍耐、节制等美德，也必须从力戒肉体生活过度的经验事实中获得理智的判断。莫尔这些关于道德观念、原则和美德标准来源的思想，包含着对一般行为准则和具体行为准则的区分。从一定意义上说，他已初步表达了关于行为准则的层次性的思想，并试图按照一定的层次划分出有效的行为准则和美德标准。

亨利·莫尔的伦理学说，总的说来是比较粗糙和浅薄的，但是它在英国近代伦理思想的发展中还是有一定影响的。一方面对理性主义伦理思想的发展起了一定的推动作用，另一方面对经验主义和功利主义的发展也起了一定的推动作用。特别是他对道德情感的探讨以及关于情感控制的思想，对后来英国的道德情感论伦理学的形成是具有开拓性意义的。

二、理性和自由选择

道德善恶的本质是什么？什么是真正的意志自由？对这些问题的回答构成了拉尔夫·库德沃斯（Ralph Cudworth，1617—1688）伦理学的主要内容。他主要的哲学、伦理学著作是《真正理智的宇宙体系》(1678)，其中《永恒和不变的道德》与《论意志自由》着重论述了他的伦理思想。

库德沃斯是柏拉图主义的信徒，同时又深受笛卡尔理性主义的影响，所以他的哲学思想常常表现出神秘主义与唯理主义混合的特征。他从柏拉图主义立场出发批判霍布斯的机械唯物主义的原子论，认为霍布斯的原子论否定了能动的、具有创造智慧的本原，是无神论者的"廉价哲学"。在他看来，原子是能动的精神实体，它同作为创造智慧的神是相互融合的。精神实体独立于物质，并且渗透于物质，能动地支配物质的运动。整个世界就是按照最高精神实体的神圣目的，从无生物到有生物，再到有意识的人类，构成一个统一的等级体系。他特别强调对运动作出解释只能靠能动的精神实体，而不能依靠消极被动的物质。必须承认上帝的存在，才能解释运动、生命和人类心灵活动现象。在认识论方面，库德沃斯反对唯物主义的经验论，坚持笛卡尔的唯理主义的先验论。认为知识不是由任何心灵外的事物引起的激情，而是心灵在自身中展开的内在的力量、活力和能力的主动运用的结果，是灵魂自身内部产生的生动地扩展或主动地运用的观念。认为感觉只是以有形体的个别事物为对象，虽然其中也有某种能动性，但它不是认识，只有以无形体的一般概念、命题为对象的心灵活动，才是真正的认识。它是心灵的精神的内在活动，是先天的而不是经验的。例如，对原因与结果、目的与手段、相似与不同、整体与部分、属与种等关系的认识，都是直接通过心灵的精神活动而获得的。特别是像秩序、和谐、正义等道德的观念和判断，不能是来自对感觉的概括，而只能是心灵的内在精神活动的产物。在他看来，真理的认识就是对渗透于物质中的精神实体的认识，是对永恒不变的理性法则的发现。从这种唯心主义的实体论出发，他得出结论说：“道德的关系和关于这种关系的概念不是任意的，而是根据其本性就是永恒不变地合乎道德的”①。认识首先是心灵自身向内的反省，清楚的可理解性就是真理的标准。库德沃斯的这种先验主义的认识论为他的唯理主义伦理学说奠定了理论基础。

按照库德沃斯的理论，道德观念和道德判断不是来自外部世界和感性经验，而是来自人的心灵自身的精神活动，来自内在的理性。关于道德善恶的原理或原则，不是任意的和变动不定的，而是具有实体性的和永恒不变的。这就是说，道德善恶的本质和外在标志，不依赖于任何人的意志，也不直接依赖于上帝的意志，而是来自上帝所赋予人的内在理性和理智，它的客观性和可认识性，就像空间关系和数量关系一样，决定于人的行为的道德关系。道德原则作为永恒不变的精神实体，就如同数学和几何学的命题一样，即使上帝和君主的权威也不能改变它。从这种唯理主义的绝对主义出发，他批评霍布斯的善恶论是“普罗泰戈拉的相对主义”。

库德沃斯看到了人的理性与情感、理智与欲望之间存在着冲突，但是他认为这种冲突不是人体不同机能之间的冲突，而是不同行为和不同生活方式之间的冲突。他把这种冲突称为肉体方式和精神方式的冲突。在人的实际行动中，它们分别构成人的各种因素的低级形式或高级形式，在不同的情况下发挥着不同的作用。在一般情况下，理性、理智的活动与情感、欲望的活动是一致的，低级的行为方式表现为谨慎、节制，高级的行为方式则表现为精神的仁爱。肉体的欲望是利己的、低级的，精神的追求是无私的、高尚的，它能够摆脱肉体的自私欲望，而表现为普遍的仁爱激情。

什么是善和幸福的生活？库德沃斯认为，善的生活就是公正、无私的生活，就是对善本身的普遍的爱。在这种生活中，人与人之间存在着相互的依存和互助，是一种有秩序的、幸福的生活。幸福不是善行的报酬，而是善美的生活过程。他认为，所有的人都有追求幸福生活的平等机会。但是作为一个宗教道德学家，他力图把伦理原则和宗教要求结合起来。他把宗教解释为一种精神状态和善良的心灵活动过程，强调伦理原则与宗教要求的一致性。认为热爱、顺从和忍耐是体现上帝意志的美德，只有用这种道德精神才能克服利己主义的束缚。这就是库德沃斯解决自私与仁爱、利己与利他关系的根本原则。

库德沃斯伦理思想中的一个重要方面是关于意志自由的思想。库德沃斯认为，所谓“自由”，并不是意志是否自由的问题，而是人是否能够在肉体欲望和

---

① 《道德百科全书》，95页，长沙，湖南人民出版社，1988。

精神追求之间，在利己和博爱之间进行自由选择的问题。他把自由分为三类：第一类是促进美好生活，即追求高级的美好生活的能力；第二类是选择一种美好生活，而不选择邪恶生活的自由，即追求精神生活而不是喜爱肉体生活的能力；第三类是不使用或不施展选择能力的自由。他反对把自由看作主观任意的意志自由，强调自由是选择善美生活的自由，因此，恶应当由人的选择负责。从这里我们可以看到，库德沃斯一方面强调善和幸福，强调人有选择行为的自由，另一方面又强调对上帝的顺从，试图把美德建立在对上帝的爱的基础上。这就是他的伦理学说的内在矛盾。

三、伦理直觉主义

剑桥柏拉图学派是作为霍布斯的伦理个人主义的对立面出现的。与霍布斯强调人性自私不一样，该学派强调和维护人性中仁爱的一面。与霍布斯认为自利、自保是根本的自然法的观点不同，该学派认为人类共同利益才是最根本的自然法。那么，作为维护人类共同利益的自然法如何才能为人们所认识和把握呢？理查德·昆布兰（Richard Cumberland，1631—1718）提出了他的伦理直觉主义。

昆布兰继承了自然法思想，并将自然法思想贯彻于他的伦理学。他把自然法看作事物的本性，是“调解自愿行为的永恒不变的原则”，并力求在肯定感觉经验的基础上建立以仁爱为原则的伦理学说。主张“道德哲学全部和有关自然法则的整个科学最后都还原于根据全人类的经验所作的自然观察”①。

按照昆布兰的方法，要论证善的本性，确立道德的基本原则，首先就要研究人性的本质。而要认识人性的本质，就必须去研究事物的本性。为什么首先要研究事物的本性呢？因为人的各种官能离不开事物。它们要依靠外界事物来维持，也要依靠外界事物来改进，而且只有在受到外界事物刺激后才能发生行为。所以，不考察事物的本性就无法理解人的各种官能的活动和人的本性。由此昆布兰又进一步推论，如果不考察决定人生及其行为的远因和近因，就不能认识什么对人有害，什么对人有益。如果不预先料知行为的后果，权衡后果的利弊，就不能确定什么是所应当做的最好的事情，什么是不应当做的事情。可是，要认识行为的原因和结果，就不仅要考察行为者个人的行为，而且还要考察与其相联系的他人的行为，宇宙的结构，以至最高的主宰者上帝。他认为只有在考察了这些方面之后，才能发现促进人类共同福利和个人幸福的普遍法则。这种普遍法则如果是正确的，那么它必然体现着自然的规律，即自然法。

昆布兰所说的自然法，就是理性的普遍法则，即他所谓“不变真理的命题”。

---

① 周辅成编：《西方伦理学名著选辑》，上卷，694页。

它是由事物的本性和人的本性暗示给人并被人的心灵所理解的。这种普遍法则可以指导人们择善避恶，在没有政府、法律和契约的情况下，用对人类共同福利的义务要求来指导人们的行为和生活。

那么，自然法的基本要求或本质内容是什么呢？在这个问题上，昆布兰与霍布斯是针锋相对的。他强调以人类共同利益为基础的仁爱是最根本的自然法。在他看来，每个有理性的行为者对于人类全体所怀有的极大仁爱，不仅是一般方面的全体人和特殊方面的个人在其能力所及范围内所能求得的最幸福的状态，而且也是达到他们所企求的最幸福状态的必要条件，因此全体人的共同福利就是最高法律。这就是说，全体人的共同福利是自然法的仁爱原则的基础，也是人类生活的目的和德行的尺度。全体人的共同福利就是理性的命令，也是事物的本性。而人类所以能够以共同利益作为最高原则，就在于人类赋有仁爱本性。他同霍布斯宣扬人的本性自私相反，强调“仁爱是人的共同的本质属性”。他认为，在仁爱手段和幸福目的之间有一种必然的联系，正如在作为手段的数学方法和作为目的的结论之间有着必然的联系一样。这种必然联系，必然对人的理性提供一种动因的影响，使人的理性接受并理解自然法的基本原则。

昆布兰认为，人类对自己的仁爱本性的认识，是依靠人的内心反省来实现的，并不需要其他的力量。因为人的心灵的组织能够使人感受到自己的活动，并且理解自己。但是，人类要实现对自己本性的认识，一定的外界条件也是必要的，这就是要依靠感官对外界事物的接触和感受，人们才能知道仁爱施之于全体人所实现的利益。人的心灵和感官的配合，不仅能认识和反省自己的理性，而且能够认识他人的理性。所以，人不仅能以仁爱约束自己，而且能以仁爱施之于人。昆布兰也承认人的行为有利己的动机，而且肯定利己动机对人的行为也有一定价值。不过他认为利己动机只是在行为的最初发生时才是正当的原因，在行为发生后或对人的生活状态来说，利己动机必须由理性加以控制，使它上升或提高到不计私利而关心公共福利的境界，即使之符合仁爱的基本原则。

基于全体人的福利和仁爱原则，昆布兰提出个人幸福要同公共幸福相统一的主张。他认为个人与全体人是一个有机的整体，个人的幸福不能与全体人的幸福分开。首先，整体与结合为整体的各个组成部分没有本质的区别。个人所可能获得的幸福就包含在共同的幸福之中，并且最有效地被共同幸福所促进。个人离开整体不可能生活，更不可能得到可能获得的那些幸福。其次，个人或少数人如果不顾或危害了其他人的幸福，他就不可能享受现世的幸福和来世的幸福。因为在他们的心中缺乏幸福的主要部分，他们内心是矛盾的，不安宁的，不仅不能产生内心的愉快，而且由于“凶顽的心灵病状”，必然产生精神的痛苦。最后，任何人如果忽视其他人的幸福，以至于激怒其他人，他就失去了获得外在幸福的条件，失去了达到幸福的外界的帮助，这就等于自取灭亡。根据以上三点理由，他认为把“仁爱”作为普遍自然法则是合乎共同利益的普遍规律的。它指导人们了解什么是为了求得全体共同幸福而应做的事情，只有认识了为全体幸福应做的事情，才能知道个人应做什么事情。由此他得出结论：除了通向全体人的共同幸福的那条道路以外，再没有其他道路可以使人能够遵循着它达到自己的幸福。

从昆布兰上述思想可以看出，其伦理思想的一个突出特点是认为人们具有仁爱的本性，人类的共同利益是最根本的自然法。仁爱的本性使人追求共同利益，并力图将个人幸福与社会幸福相结合。换言之，仁爱本性是无求于外的，共同利益是个人幸福之所在，也是不证自明的道理。正是在这样的意义上，我们说昆布兰的思想属于伦理直觉主义。

第三节　自由主义道德哲学

约翰·洛克（John Locke，1632—1704）是西方近代自由主义道德学的主要代表，是自由主义思想的倡导者。他的思想既写进了美国的《独立宣言》，也体现在法国大革命中。与霍布斯的政治哲学中包含着明显诸多向后看的因素（如专制王权思想）不同，洛克的政治哲学代表了近现代政治思想发展的方向。因此，洛克的哲学天才虽不及霍布斯，但他的思想却深刻地影响了人类的历史。美国哲学家梯利认为，对于近代以来的思想及历史事变，没有一个哲学家比洛克更为深刻地影响了人类的精神与制度。洛克的主要著作有《人类理解论》（1690）、《政府论》（1689）、《论降低利息和提高货币价值的后果》（1691）、《论宗教宽容》（1689）、《教育漫话》（1693）等。

洛克

一、对天赋道德观念论的批判

洛克主张社会契约论，根据社会契约论来解释国家的起源和本质，认为在国家产生之前，人类处在原始的自然状态中，享受着生命、自由和财产占有的自然权利。他与霍布斯不同，认为自然状态不是“一切人反对一切人”的战争状态，而是一种和平、善意和互助的状态。但是他承认由于人的利己本性，不能保证每个人会永远不损害他人。在自然状态中，由于没有公认的是非标准和仲裁人，一旦发生争端，也存在着导致战争的可能性。为了避免发生战争，人们便订立契约，组成国家，借以调解冲突。洛克认为，人们订立契约后并不把全部权利转让给国家，而只是转让裁判权。这个思想也是与霍布斯大不相同的。按照霍布斯的理论，权利转让后个人就没有任何权利，只能绝对服从国家的权力。国家是独立的、凌驾契约之上的，并通过君主实施它的绝对权力。但在洛克看来，国家只是契约的一方。如果国家政府和君主不守约，就是不好的政府和不好的君主。如果政府和君主不能保护人的自然权利，那么它们就是不合法的，人民就可以对它们采取怀疑和否定态度。至于生命、自由和财产等自然权利，不但没有转让，而且还要受到国家的保护。他说：“在我看来，国家是由人们组成的一个社会，人们组成这个社会仅仅是为了谋求、维护和增进公民们自己的利益。”① 所谓公民利益，洛克指的就是生命、自由、健康，以及金钱、土地、房屋、家具等物的占有。国家及其官吏的职责就是保护这些所有权。君主的权力不是绝对的，它只是契约的一方，同样要受契约的约束。如果君主任意侵犯公民的权利，公民则有权推翻他。

在哲学思想方面，洛克是培根和霍布斯的唯物主义经验论继承者。站在唯物主义经验论的立场上，他对“天赋观念论”，特别是“天赋道德原则论”进行了批判。洛克认为，数学的公理、思维的原理和道德的原则，并不是天赋的，而是人们在经验的基础上，通过理性发现的。人的心灵原来只是一张白纸，没有任何记号和观念。人们的知识，观念、原则都是从感性经验得来的，是建立在经验基础上并导源于经验的。

在洛克写作《人类理解论》一书时，有个叫赫巴特（Lord Herbert）的勋爵，著书撰文宣扬天赋本能和天赋原则，说天赋原则是一种“公共意念”，有所谓“先在性”、“独立性”、“遍在性”、“确定性”、“必然性”等，并把基督教关于服从世俗权力、虔敬上帝、忏悔赎罪和来世赏罚等教义，说成“上天印入人心中的”、“到处有力量的”普遍的真理。他同其他宣扬天赋道德论的唯心主义者一样，以所谓“普遍同意”、“人人接受”为根据，论证有天赋的道德原则。洛克与这种断言相反，主张“没有天赋的实践原则”。洛克所说的“实践原则”就是道德原则。他的机智的反驳和论证归纳起来主要有以下几点：

第一，道德原则的真实性是需要证明的。道德原则虽然是真实的，但它不像

① ［英］洛克：《论宗教宽容》，5页，北京，商务印书馆，1982。

数学公理那么明显和容易被人接受，它需要在人心中经过推论、考察和证明，其真实性才能被发现并为人们所接受。如果它是印入人心的天然标记，那么它一定是不问自明的，不需要任何证明即可以辨识其真理性，也不需要提出任何理由去争取人们的赞同。而事实上，像“已之所欲，要施于人”① 这样的道德规则，在人们最初接受它时，总要问一个为什么，要提供证明才能使人接受。一切道德规则所包含的真理，都是依靠于一些先前的理论，是由先前的理论所演绎出来的，而不是天然呈现于人心中的。即使承认道德原则是天赋的，也无法实证它的第一原则如何是天赋的。所以，道德原则比数学公理等更不配称为天赋的。

第二，世上没有普遍接受的共同的道德原则。历史和现实生活证明，从来没有普遍同意的共同的道德规则。信义、公道、践约似乎是人们共同接受和遵守的，甚至贼窝和元恶大憝的党羽相互之间也是保持信义和公道规则的。其实，他们只是把它们当作相互维系的手段，并不认为它们是天赋的，而且他们所作所为的也绝不是普遍同意的公道和信义。在人们的实际行动中，道德规则是很不相同，甚至是截然相反的。除了维系社会所绝对必需的那些规则以外，几乎没有什么原则是一切民族所共同同意和遵行的。

第三，趋乐避苦的自然倾向不能证明天赋原则。人有趋乐避苦的心理和自然倾向，但这种心理和倾向只是一种向善的欲念，还不是理解上的真理的认识，因此它不能成为“规则实行”的知识原则。不仅如此，作为规则实行的知识原则或理解上的真理，反而会取消或掩盖欲念的自然倾向。人的情欲中自然有一些行动的原则，但这些原则不是天赋的，如果任其自由活动，它们便会破坏或推翻一切道德原则。道德法所以需要，正是为了约束和限制这些泛滥的欲望，而要达到这个目的，又必须以法律刑赏来保证。主张天赋道德原则同把人看作一架机器而否认道德原则一样，是趋于极端，离开真理。

第四，人们接受道德原则不是由于它是天赋的，而是因为它对人有利。道德和利益是不可分离地联系在一起的，实行道德是维系社会利益的条件，也使行德的人看到利益。人们对各种道德规则是按其所料到或希望的幸福来理解和接受的。人们之所以称颂和实行道德规则，只是因为他们相信遵守道德规则是会得到利益的，破坏或亵渎道德规则就会受到危害。不仅如此，利益往往使人表面上承认道德原则，但在内心里却并不把道德原则看作神圣不可侵犯的，他们不仅对立法者不以为然，甚至对准备惩罚他们的地狱也不在意。遵守契约作为一个道德原

① 这句话的英语直译应为“只对旁人做那你愿旁人对你所做之事”，意译就是“已所不欲，勿施于人”的另一面的说法，因此可译为“已之所欲，要施于人”。

则，完全不是由于它是天赋的，而是出于各种人的不同利益和理由。一个基督教徒所考虑的是上帝的命令和来世的苦乐，一个霍布斯主义者所考虑的是公众的需要和国家的惩罚，而一个道学家害怕的是失掉尊严和德性。道德原则的外在的约束力不是决定于天赋，而是决定于是否对人有利。如果道德原则不适用，违反了人们的利益，整个民族就会起来抛弃它，普遍蔑视它、破坏它。这就证明道德原则不是天赋的。

第五，良心也不是天赋的。道德原则不仅作为外在的约束力不是天赋的，作为内在的良心或“内在法庭”也不是天赋的。良心不是别的，就是人们对自己行为的德与不德所持的意见或判断。如果说良心是天赋的，那么各种人的各不相同或对立的判断都可以说是天赋的了。实际上人们不仅行为各不相同，甚至根本对立，而且良心倾向也没有共同的。良心、公道、虔敬、感恩、正义和贞洁，都是因地因人而异的。所以，良心不是天赋的。

第六，天赋道德原则的假设只是一些人在宣传上所采取的宗派意见。这些人把自己宗派的信仰和私人的信仰说成了普遍的原则。之所以能够这样，一方面因为这些人常常妄自尊大为“正当理性的主人翁”，以为其余人的意见不值得过问。另一方面，也由于一些人不能谨慎地、聪明地运用自己的推理能力，轻信别人的意见，把道听途说的东西当作已经证明了的真理。

那么，道德原则是怎样获得的呢？洛克认为，道德原则同其他一切观念和原则一样，是从经验中获得的，是被每日的经验证实的，它们发生的方式和步骤也并没有什么奇特神秘的地方。生活经验、传统教导、国家教育、习俗熏染和权威影响，是人们获得道德原则的基本途径和方法。道德原则不是天赋的，而是从环境和教育中得到的。

支持洛克对天赋观念批判的是他的这样一个信念：我们具有理性的机能，它足以使我们去发现为我们这样的存在者所需的一切知识。因此，天赋的观念或天赋的知识对具有理性的人来说没有用处。主张道德原则是天赋的就是主张不需要对道德原则所包含的内容予以进一步的思考。洛克要求人们为自己思考。为我们自己思考成为洛克道德观的一个关键主题。

洛克对天赋道德原则论的批判，包含着很多合理的思想，达到了那个时代所能达到的最高成就。洛克提出了他的道德认识论，认为道德真理需要证明，而证明就是使复杂的观念变成简单的观念；道德规则不能是一个空洞的命题，而必须能够有效地指导人们的行为。洛克还明确地肯定了环境和教育对形成和普及道德原则的作用，肯定了道德原则和人们的现实利益、生活实践不可分离的联系，表现出经验主义和功利主义的倾向；同时在一定程度上看到了道德原则的历史性和相对性，区分了道德规范的类型和层次，这些都对伦理学理论的发展作出了积极的贡献。但是，他在揭露天赋道德原则论的错误根源时，没有揭示出产生和传播天赋道德原则论的社会历史根源，不了解道德观念和道德原则借以产生和发展的经济基础，因而不能科学地解释道德原则的起源及其客观性和普遍性。

二、苦乐感与善恶区分

什么是善，什么是恶？亦即善恶的本质是什么？洛克从自然主义感觉论出发，认为事物之所以有善恶之分，只是由于人们有苦乐的感觉。按照洛克的理解，所谓善，就是能引起（或增加）快乐或减少痛苦的东西；所谓恶，就是能产生（或增加）痛苦或减少快乐的东西。

洛克把事物的善恶看作引起人的情感的根源。他认为善和恶产生快乐和痛苦，快乐和痛苦又牵动人的情感。人们一反省事物如何在自己心上起作用，便可以观察到自己的情感。人的情感就像被一条绞索牵动着。因此，除了有些情感是属于少数人所有的以外，大多数情感都是人们所共有的。他把人类所共有的情感作了分类。属于快乐方面的情感有爱慕、欲望、欢乐、希望等，属于痛苦方面的情感有憎恶、悲痛、恐惧、失望等。

洛克把爱看作第一个重要情感。只要一件存在或不存在的东西能给人一种快感，那么人们在反省那种快感时就会得到爱慕的观念。欲望是一种不安的情感。这种不安之感的产生，是由于人们享受某种事物时产生了愉快的观念，而当这种事物不在时就会引起一种不安，这种不安就是欲望。所谓欢乐，就是由已经获得或将要获得某种善事物的想像而在心中引起的愉快情感。例如一个快要饿死的人得到一种救济而产生的欢乐，父母想到自己儿女的幸福情形而产生的愉快心情等。欢乐与希望是密切联系的，人们想到将来能够享受善物时在心中产生的欢乐就是希望。

所谓憎恶，就是人们在想到某些事物给人以痛苦时所发生的情感。什么是悲痛呢？悲痛就是人们在想到不能再享受某种善事物时或意识到当下的祸害时所感到的不安情感。恐惧就是想像到将来会遭到不幸时而产生的不安。失望就是想达到但又达不到某种善事物时而产生的不安心情。

总之，在洛克看来，人们所以有爱情、欲望、欢乐和希望等情感，只是因为有快乐的缘故；所以有失望、恐惧、憎恶、悲痛等情感，只是因为有痛苦的缘故。快乐就是善，痛苦就是恶。各种各样的情感都是由善恶引起的快乐和痛苦的情状，它们都是由感觉和反省得来的。洛克的这些思想不仅否定了神秘主义的“天赋观念论”，而且也否定了唯理主义的情感论，对后来的经验主义情感论伦理学的形成起了很大的作用。

三、道德关系与道德法

洛克在研究善恶本质的基础上，进一步考察了判断善恶的标准问题。继承了自然法的传统，洛克从法的意义上来理解道德善恶的根据。他把法分为三种，即神法、民法和舆论法。神法的任务是断定人们的行为属于罪恶还是职责；民法的任务是判定个人的行为属于犯法或是无罪；舆论法的任务则是断定个人的行为属于德行或是恶行。所谓舆论法，也就是道德法，即道德原则和规范，洛克也把它称作风尚法或哲学的法。

洛克认为，判断一个行为是否为道德的行为，既要看这种行为是否符合法律，又要看这种行为是否出自良心。由此，洛克提出了"两个法庭"的理论。他认为，道德行为是同时属于两个法庭管辖的，它既属于"外在法庭"的管辖，又属于"内在法庭"的管辖。用洛克的话说就是"同时属于公民的和私人的统治"，"同时属于官长和良心"①。前者是由神法和民法所体现的、由政府官长所执行的外在的力量；后者是由道德良心所体现的、自己管理自己的内在力量。洛克主张把这两者统一起来，即必须使法律和良心一致起来。但是，在法律和良心之间，他更强调个人思想的自由和良心的作用，而反对不顾自由和良心的外部强制。他说"除了自己被说服而确信以外，谁都没有义务按照那种方式服从另一个人的劝诫和指令。在这一点上，每个人都享有至高无上和绝对的自我判断的权威"②。

洛克非常看重个人的思想自由和良心自由，主张个人自由与人格独立。他认为良心自由和独立人格是人的自然权利。所有的人生来都是自由而平等的。每个人的目的都是为了保全自己，每个人都有保全自己的权利。如果这种权利不受到侵犯就不应当伤害他人。如果国家官长的规定与公民的良心发生矛盾，公民个人可以拒绝他认为不合法的事。但是，如果国家官长认为他有权制定法律，并以为他们是为公共利益的，而公民的看法又与此相反时，是非善恶由谁裁决呢？洛克主张，这时不应要求个人绝对服从国家的专制主张，而应强调个人的自由和独立。

洛克根据自然权利思想，强调自己给自己立法。所谓道德规则，即道德法，就是给自我的意志确立的法则，是道德规则或道德法建立的内在法庭。在洛克看来，善和恶对人是自然的利害，人类按其本性，趋利避害，不但需要法律的强制，而且更需要道德和良心。在这个意义上，他认为道德法是人类规范自己行为的主要法律。在他看来，人们对破坏神法所可能遭到的刑罚，并不认真反省，对于破坏国法或社会政治的法所应得的刑罚，也往往希望并设法幸免，但是，如果

① ［英］洛克：《论宗教宽容》，35页。

② 同上书，36页。

人们违背了道德法，受到普遍的憎恶和鄙弃，就很难能够挺着脖子、厚着脸皮活下去。任何人只要对于自己还有人的思想或感觉，则他一定难以忍受朋友们的厌恶和非难而安心地生活下去。良心的担子太重，人类往往负担不起。

以道德法理论为基础，洛克提出了他的道德关系理论。他所理解的道德关系包含两方面的意义：一是指行为与道德规则的关系，一是指在一定道德规则之下而形成的人与人的关系。

关于第一种意义上的道德关系，洛克是从考察道德行为着手的。按照他的分析，对道德行为应当从两方面加以考察，一方面是考察行为本身，即考察行为本身的内容是什么，确定与之相应的观念和名称；另一方面，考察行为的性质是好坏、善恶，或是中性的，这方面考察就是要看它们与道德规则相契合与否。行为与道德规则相比较就进入一种关系，这就是道德关系。行为与道德规则间既有联系又有区别。以偷东西的行为为例，如果仅就“偷”这一名词所表示的行为事实或情状来看，便会认为这种行为一定是违法的、不道德的行为。有人为了避免一个疯人行凶杀人而暗中把他的刀子偷走了，这种行为从情状上看也可以叫偷，但从它与道德规则的关系来看，却是合法的、高尚的道德行为。从洛克所举的这个古老的例子中可以看到，他从对行为的考察中已经发现了价值和事实的关系问题。他认为研究这种关系很重要，因为人们认识和评价行为，不仅应确定其所是的观念，避免发生混淆，而且更应该确定其所值，明确它们在道德上的正邪、善恶价值。只有注重考察这后一方面，即考察行为的道德关系、道德价值，才能全面地评价行为，正确地施行称、讥、毁、誉的道德制裁。

第二种意义上的道德关系，指在“公民社会”的“制度关系”中所形成的人与社会国家的关系。洛克认为，人是有理智和语言的过社会生活的动物。最初的社会就是夫妻之间的关系，这是父母与子女之间社会生活的开端。后来又加上主仆之间的关系，形成一个具有家庭统治形式的社会。但是从它的目的、关系和范围来看还不是公民社会（即政治社会）。公民社会是在人人放弃自然权利交给公众之后形成的。首先形成一个民族，然后组成国家。当每个人和其他人同意建立由政府统辖的国家时，每个个人就在一切关系中服从于一个表现整体力量的关系，这就是个人对国家或对大多数人的义务。这样，我们考察人们的行为活动，就不仅要考察他们的能力和行为与道德规则的契合关系，而且要考察他与其他人的关系，特别是同公民社会和国家的关系。这些关系都是依据人们在社会生活中的意志和契约而形成的，是自愿的。因此洛克称它为“制度的关系”。实际上，这种制度关系就是建立在一定的财产关系基础上的政治关系、法律关系和道德关系的综合。这些关系规定着相应的权利和义务。义务之所以对人有约束力就在于这些关系对人的约束力。道德关系就是体现在这些关系之中的、由一定的道德规则所规定或维系的关系。洛克提出，在这种关系中，“人民的福利是最高的法律”，这是公正的和根本的法则。凡是为人民谋福利的任何行为，都是而且永远是正当的特权。无论什么事情，只要它被认为是以公正的办法作出的有利于社会和人民的行为，它就是理直气壮的。

四、自由精神和幸福

洛克认为，找出人类行为方面能招致幸福的规则和尺度，是伦理学这门科学的任务。道德规则必须能够有效地指导我们的行动。那么，是什么东西推动着我们的行动？洛克在行为动机上是个快乐论者，认为对苦乐的预期是我们行为的动机，我们的欲望是由行动者对幸福与快乐的预期唤醒的。但是，我们不是机械地为欲望所推动。我们是自由的行动者，我们的自由在于我们具有推迟我们的行动的能力，我们先决定哪一种欲望是应该满足的，然后再按照我们的决策去行动。在洛克这里，追求幸福就与人们的自由能力紧密联系在一起。

意志自由问题一直是近代伦理学讨论的一个重要问题。在这个问题上，洛克否定了传统的“意志自由论”，用人的自由问题代替了意志自由问题，得出了18世纪伦理学所能得出的最高结论。

洛克把人的能力和人心的能力作了区分，认为意志是人心的一种选择能力或特殊作用，只是“官能的属性”。它在主体内部要受到意欲的支配和思想的指导，要依据心理选择才能作出意志决定；在主体外部，它要受外部世界的支配，在外界条件的作用下，由当下的苦乐感觉决定动机和意志，即表现为趋乐避苦、追求幸福的必然性。因此，他断言意志是不自由的。传统伦理学关于意志自由的争论，都是混淆了人心的能力和人的能力的结果，都只是讨论人心控制意欲的自由或思想意识的自由，即只是人心的自由，而不是意志的自由。在洛克看来，自由是人的能力，是作为主体的人的能力和力量；只有作为主体的人才有施展自由的能力。自由只是人作为主体的属性或能力，而不是只属于人的官能的意志的属性或力量。“只有具有动作能力或不具有动作能力的主体，可以说是自由的，或不自由的，能力本身并无自由与否之可言。因为自由只是指有动作能力的东西而言，不自由只是指无动作能力的东西而言。”① 按照洛克的理论，只能说人是否自由，不能说人的意志是否自由。从这个意义上说，提出意志是否自由问题就像问德性是否方形一样荒谬。

在洛克看来，自由只能是心理思想选择和行为动作的统一。任何一个人如果

① ［英］洛克：《人类理解论》（上），214页，北京，商务印书馆，1959。

可以借助其心理思想的指导或选择，愿意使一种动作实现就能使其实现，愿意使它不实现就能使它不实现，才能说他是自由的。人在凭借思想的选择而有所决定时，他的动作能力或制止能力有多大，则他的自由就有多大。一个人在静坐时可以说是自由的，因为他愿意的话就可以走动。但是，如果静坐的人只有想行动的愿望而没有移动身体的能力，他就不可能是自由的。一个人如果从高崖下坠，即使他在运动之中，也不能说他是自由的，因为他想停止下坠却不可能。在人的能力范围内的一切其他动作都是如此。因此，所谓自由“就在于有能力来照自己的意志做或不做某件事情、停止或不停止某件事情”①，“自由乃是按照人心的指导来发生动作或停止动作的一种能力”②。自由的目标在于达到人们所选择的快乐和幸福。一个人如果有能力按照所选择的方向动作或不动作，他就是自由的人。自由是属于人的。所谓自由就是不受别人的支配。

还有一点值得注意，洛克还根据社会契约论来解释国家的起源和本质。他认为在国家产生之前，人类处在原始的自然状态中，享受着生命、自由和财产占有的自然权利。他与霍布斯不同，认为自然状态不是“一切人反对一切人”的战争状态，而是一种和平的，善意和互助的状态。但是他承认由于人的利己本性，不能保证每个人会永远不损害他人。在自然状态中，由于没有公认的是非标准和仲裁人，一旦发生争端，也存在着导致战争的可能性。为了避免发生战争，人们便订立契约，组成国家，借以调解冲突。洛克认为，人们订立契约后并不把全部权利转让给国家，而只是转让裁判权。这个思想也是与霍布斯大不相同的。按照霍布斯的理论，权利转让后个人就没有任何权利，只能绝对服从国家的权力。国家是独立的、凌驾契约之上的，并通过君主实施它的绝对权力。但在洛克看来，国家只是契约的一方。如果国家政府和君主不守约，就是不好的政府和不好的君主。如果政府和君主不能保护人的自然权利，那么它们就是不合法的，人民就可以对它们采取怀疑和否定态度。至于生命，自由和财产等自然权利，不但没有转让，而且还要受到国家的保护。他说：“在我看来，国家是由人们组成的一个社会，人们组成这个社会仅仅是为了谋求，维护和增进公民们自己的利益。”③所谓公民利益，洛克指的就是生命、自由、健康，以及金钱、土地、房屋、家具等物的占有。国家及其官吏的职责就是保护这些所有权。君主的权力不是绝对的，它只是契约的一方，同样要受契约的约束。如果君主任意侵犯公民的权利，公民则有权推翻他。

---

① ［英］洛克：《人类理解论》（上），239～240页。

②③ 同上书，252～253页。

思考题：

1. 在格劳秀斯看来，什么是自然权利？为什么说自然权利构成道德的基础？
2. 在霍布斯看来，自然状态中人性的基本特征是什么？
3. 霍布斯如何论述契约与正义的关系？
4. 亨利·莫尔如何规定伦理学的使命？
5. 昆布兰关于个人幸福与公共幸福相统一的主张的基本内容是什么？
6. 洛克是如何批判天赋道德论的？
7. 洛克关于思想自由和良心自由的基本观点是什么？

参考文献：

1. 罗国杰,宋希仁. 西方伦理思想史. 下卷. 北京：中国人民大学出版社，1988
2. 周辅成主编. 西方著名伦理学家评传. 上海：上海人民出版社，1997
3. ［美］罗尔斯. 道德哲学史讲义. 上海：上海三联书店，2003
4. ［苏］A. 古谢伊诺夫等. 西方伦理学简史. 北京：中国人民大学，1992
5. Harrison，Ross. *Hobbes，Locke，and confusion's masterpiece：an examination of seventeenth-century political philosophy*，Cambridge，U. K.，New York：Cambridge University Press，2002
6. Lawrence C. Becker，Chadatte. B. Becker 编. 西方伦理学史. 劳特里奇出版公司，2003

第七章 道德情感论伦理学

任何重要问题的解决关键，无不包括在关于人的科学中间；在我们没有熟悉这门科学之前，任何问题都不能得到确实的解决。

——大卫·休谟

与其说仁慈是社会存在的基础，还不如说正义是这种基础。虽然没有仁慈之心，社会也可以存在于一种不很令人愉快的状态之中，但是不义行为的盛行却肯定会彻底毁掉它。

正义犹如支撑整个大厦的主要支柱。如果这根柱子松动的话，那么人类社会这个雄伟而巨大的建筑必然会在顷刻之间土崩瓦解。

——亚当·斯密

近代西方伦理学，在近代自然科学精神的导引下和近代西方哲学的经验论与唯理论辩争的促发下，伦理问题的研究和探讨呈现争鸣与繁荣的态势，在经验主义伦理学与理性主义伦理学的对垒过程中，又产生了较有社会影响的重要学派——情感主义伦理学。近代道德情感论伦理学，从时间跨度上，是指17—18世纪的西方伦理学发展期；从地域来看，是指滥觞于英国的情感主义伦理学派。主要代表人物有A. 沙甫慈伯利、F. 哈奇森、S. 克拉克、J. 巴特勒、D. 休谟和A. 斯密。

第一节 美伦理与仁爱论

与哲学的经验论和唯理论相应，在近代初期的伦理学领域，也盛行经验主义伦理学和理性主义伦理学。他们在道德的原则和善恶的评价标准上，各执一端，或主张道德原则和道德知识源于经验，道德上的善恶由苦乐感决定；或强调道德原则和道德知识源于天赋观念，德是对理性的符合。而沙甫慈伯利一反道德源于"理性"或道德源于"经验"的道德思维定势，另辟蹊径，力主情感为道德基础，并独创了"道德感"概念，由此开创了情感主义伦理学的先河。

一、情感与道德感

安东尼·艾释黎·库柏·沙甫慈伯利（Shaftesbury，1671—1713）生于英国伦敦的一个伯爵家庭，曾师从英国著名的经验论哲学家和伦理学家约翰·洛克。他的伦理主张，主要见于《人、习俗、舆论、时代的特征》（Characteristics of Men，Manners，Opinions and Times，1711）。

在研究道德原则的方法论问题上，沙甫慈伯利虽在总体上坚持培根等人创立的经验论，但他的经验论不同于其前辈霍布斯、洛克的感觉经验论，而是一种心理情感论。对于人的道德行为发生的机制和道德评价，沙甫慈伯利创立了情感和道德感，并用和谐的美的原则来阐释道德，形成了富有特色的美伦理。

当霍布斯把道德的根据从基督教伦理的至高无上的"神"下移到人的自然本性之时，他便以个人的苦乐感来阐释道德的善恶。霍布斯的感觉论的利己主义伦理思想，也受到了沙甫慈伯利的批判。在沙甫慈伯利看来，人的行为是受情感驱动的，而支配人行为的情感有三类：一类是"天然情感"，引向公众的好处；二类是"自我情感"，引向仅对个人的好处；三类是"非天然情感"，即那些既不是"天然情感"也不是"自我情感"，且不趋于公众的或个人的好处的情感。"按照这些情感的存在，一个人可分为道德的或邪恶的；善的或恶的。这些情感的末一种，明显地完全是邪恶的。前二种，看他们的程度，也许是邪恶，也许是道德。"① 显然，在

① 周辅成编：《西方伦理学名著选辑》，上卷，766页。

沙甫慈伯利看来，人们行为的善恶性质无非是驱动行为的情感不同所致。

具体而论，人的“天然情感”如慈爱、同情、爱群、互济、友谊、感激、慷慨等，其目标指向就是追求“共同利益和大众的好处”。“人的这种趋于种族或同类的情感”，对于人们而言，“其正当与自然”，犹如动物或人体各种脏器的自然功能，就像胃的功能就是消化，肺的功能就是呼吸一样。在确证了“天然情感”的存在及其行为趋向的特征后，沙甫慈伯利便从“均衡与和谐的”美的原则出发，论述了“天然情感”的“度”与其道德实现的关系。他说：如果“天然情感”过多，就会“达到不自然的程度”，如过多的怜悯就会妨碍原有的救济的目的，使受济者更加懒散而不愿做自救的努力；而对子女的疼爱过多，就会导致溺爱，最终会使子女既不感激父母的爱意也缺乏一定的自立性，结果毁了父母，害了子女。因之，“天然情感”要适度，不能偏向极端而变成非自然。对于“自我情感”，沙甫慈伯利虽认为它的行为目标趋向是个人的好处，但他同样认为，如果人的珍爱自我生命、自我安全、厌恶对自我的伤害以及喜好肉体欲望、享受、荣耀、安适、闲散等“自我情感”，能够适度而不超越一定的限制，它也无害于社会生活，或破坏道德。“非天然情感”是那些目击人类的不幸、流血、残杀、毁灭等灾难时，非但没有同感的痛苦，反而欣喜于他人的悲伤与苦痛，是一种非人性的喜悦。

沙甫慈伯利把道德基础归于情感后，又关注了至今仍为我们伦理学所探讨的“道德与幸福”即“德与福”的关系问题。首先，基于爱、自得、善意和族类的同情心而产生的“天然情感”，是否只趋向于公众的好处而不利于自我享受或个人幸福呢？就此他分析道：引起人们幸福的快乐或满足，“或属于身体的满足和快乐，或属于心灵的满足和快乐”①，二者相比，心灵的快乐高于身体的快乐。而“天然情感”所引导的活动，则是实现心灵快乐的惟一手段。因为当人们具有爱情、感激、仁慈、慷慨等天然的和善良的情感时，他会因助人而快乐、因分享他人的满足而快乐或得到他人的好评和赞许而心旷神怡。概言之，人们主要的幸福是得自心灵的快乐，而主要的心灵快乐又立基于“天然情感”，所以说，“有了天然情感就是有了自我享受的主要手段和能力，此乃人生的最高收获和幸福”②。其次，过强的自我情感不但会伤及他人和社会，也会损伤自己。如爱惜自己的生命，是一种自我情感的表现，也是人之常情，但如果人们过分眷恋生命而惧怕死亡，就会导致因畏惧和怯懦不能在危难中镇定与果敢而达到自救；如果只注重自

---

① 周辅成编：《西方伦理学名著选辑》，上卷，769页。

② 同上书，774页。

我利益，用有己无人的原则处事，就必会缺少宽宏与和善而滋生计较与嫉恨，以致他不能分享协作与友爱的心灵快乐。因此，“自我情感”增进个人福利的趋向是有条件的，即必须把“自我情感”控制在合理的“度”允许的范围内，否则，就会导致个人最大的祸患。再则，“非天然情感”由于它是建立在他人痛苦之上的复仇性、嫉恨性、残忍性的“快乐和满足”，是一种野性和畸形的变态情感，因此，它不是人类真正的长久的快乐，因为“冤仇、怨恨、积愤，是自造的不幸和痛苦，不产生其他快乐或满足”①。正像沙甫慈伯利所言，“非天然情感”是对他人、社会及其个人都无益的一种热情，而且导致个人心灵的荒漠，为丑恶所辖。总之，沙甫慈伯利认为，善与福是一致的。这种一致性不仅表现在行善必然致福，更显现在行善本身就是一种幸福。

道德价值判断的根据问题，不仅是理性主义伦理学与经验主义伦理学重要的分歧点，也是沙甫慈伯利伦理思想成为英国伦理思想史上的一个转折的标志。以柯德华斯（Cudworth）为代表的理性主义思想家主张，道德和其他科学知识一样，是理证的科学，因此，分辨善恶的能力与辨别真伪的能力一样，都是依靠理性；以洛克为代表的经验主义伦理学则认为，道德上的善恶来自经验和苦乐感。而沙甫慈伯利则认为，人与动物一样有感觉，但惟人具有美德。因为人天生具有一种能感悟道德善恶的“内在感官”——“道德感”（moral sense）。人的这种内在的道德感，与人的外部感官类似，能够感觉出情感合意与否的样态及行为善恶美丑的性质。因此，人们对道德的价值判断，不是凭借理性的机能，也不是经验归纳的结果，而是人的内在感官的直接感悟。“人能够形成事物的概括观念。对于他们，不仅呈现在他们的感官上的外界存在是感受的对象，而且这行为本身和一切怜悯、仁慈、感激以及与之相反的情感，经过反省而置入心中，也成为对象。所以，由于这反省的官能，对于那已被感受到的情感，又兴起另一种情感，而那些已被感受到的情感现在又成为新的爱憎的内容。”② 人的这种能感知善恶的道德感具有两个特征：

一是它感悟道德善恶的自然性、直接性。人对善恶的分辨，如同人的眼睛和耳朵等外部感官对美丑的直接辨明一样。就此，沙甫慈伯利曾说：“眼睛一看到形状，耳朵一听到声音，就立刻认识到美、秀雅与和谐。行动一经察觉，人类的感动和情欲一经辨认出（它们大半是一经感觉到就可辨认出），也就由一种内在的眼睛分辨出什么是美好端正的，可爱可赏的，什么是丑陋恶劣的，可恶可鄙

① 周辅成编：《西方伦理学名著选辑》，上卷，780页。

② 同上书，758页。

的。这些分辨既然植根于自然，那分辨的能力本身也就应是自然的，而且只能来自自然"[①]。二是它的理性基础。在沙甫慈伯利看来，尽管人的"内在感官"具有与"外部感官"类似的功能，但二者不是完全相同的，区别在于人的"内在感官"还需与人的理性相结合。这也就是人为什么有道德而动物没有的原因。动物只具有感官，不能认识美和欣赏美，不能理解事物的意义，而人凭借理性，经过一定的观察与思考可以对事物进行评判，寻找事物的意义。应该说，沙甫慈伯利敏感地意识到了道德的善恶与科学的真伪不同，道德不能完全建立在理性的基础上，道德的善恶与人性的某种特性相关，而且领悟到了道德判断所具有的某种"直觉性"特征。尽管沙甫慈伯利没有对其"道德感"思想进行详细而系统的论证，但他的思想启蒙却为以后的情感论伦理学的发展打开了通道。

统观沙甫慈伯利的伦理思想，我们能够感受到18世纪英国伦理学研究的繁荣与自由的批判精神，同时我们也会为沙甫慈伯利的反叛传统与创新思想而受鼓舞。他对人的"情感"的社会性论证，显然是摒弃了霍布斯的把人看成游离于社会生活之外的孤立存在者的观点，而是从人存在和生活的社会性、个人与一定的组织和团体的不可分离性以及人的幸福满足的社会性为立论基础的。他提出的利己与利他相统一的思想，在道德行为的价值选择上，直接扭转了以霍布斯、斯宾诺莎为代表的纯粹利己主义的价值路线。他的"情感与道德感"的思想，启迪了后世之人对道德价值特殊性的探究，促成了休谟对"事实判断"与"价值判断"辨析的执著。他关于幸福与快乐质与量的区分及快乐量的计算，不能不说为19世纪末20世纪初的英国功利主义的产生做了理论上的准备。当然，沙甫慈伯利伦理学的瑕疵也是显而易见的。他把道德感完全看成天生的，割裂了人们的道德观念与社会存在和社会关系的联系，最终陷入了神秘主义和宗教式的仁爱说教。

尽管沙甫慈伯利对道德上的善恶起源提出了道德感的观点，但至于这种道德感何以能够支配人们的道德判断，沙甫慈伯利未能详述，哈奇森则承接了这个理论重任，发展和系统化了道德感的理论。

弗朗西斯·哈奇森（Francis Hutcheson，1694—1747）的伦理思想主要见于如下著作中：《美与善观念起源的探究》（*Inquiry into the Original of Our Ideas of Beauty and Virtue*，1725），《论激情和情感的性质及其活动：以例证来说明道德感》（*An Essay on the Nature and Conduct of the Passions and Affections, with Illustration upon the Moral Sense*，1728），《道德哲学体系》（*Sys-*

---

① 转引自罗国杰，宋希仁：《西方伦理思想史》，下卷，171页，北京，中国人民大学出版社，1988。

tem of Moral Philosophy，1755)。

在哈奇森看来，人的道德感和美感是相通的，且都是人类先天具有的本性。为了说明人们知觉道德行为善恶的道德感的存在，他首先区分了人对物质利益的知觉和对道德善恶知觉的不同。他分析道：当人的物质利益和道德上的善恶发生时，人只要进行省悟，就可清楚他是在以不同的方式感知它们。因为事实上，我们对那些能够带来益处的肥美沃野和庞大住所的赞美与对人们的某些高尚品行的赞美是不同的。前者引起我们的欢心与称赞，不是这些事物的有意所为，而是它们的本性恰好合乎了我们的需要，因此，它引起我们的只是占有欲望；后者则是有理性的人对我们需要的主动满足，并对我们施以慈爱而博得我们欢心，因此，它引起我们的是对具有如此高尚品质之人的敬爱。“所以我们对于道德行为的一切知觉，必定不同于那些对于利益的知觉。我们把接受这些知觉的那个能力，称为**道德感**。”①

哈奇森力主人们对物质利益的知觉不同于道德上善恶的知觉，直接的目的是想说明人们对道德善恶评判的根据，不是依利益而定。他说，虽然自然善与道德善的观念常混杂在一起影响我们的情感，但我们能够给予辨别。因为知觉快乐的感官永远不能在我们心中激起对社会善的企求，只会引导我们对个人利益的期盼；而仅从个人利益出发，不足以促使我们去赞美于人类有益的行为和敬仰那些行为高尚者。但经验事实却告诉我们，不管何种行为，只要它是出于爱、人道、同情的行为，不论它们发生在何时何地，也不管这些行为者离我们多么遥远，我们都会在内心中产生愉悦并钦佩他们；相反，任何出于怨恨、幸灾乐祸、以怨报德、忘恩负义等动因的行为，不论它们与我们有无关联，都会引起我们的怨恨和反感。人为什么会有这种不为个人利害得失所左右的共同的道德意向或判断呢？根本的原因就在于人具有一种不为一般动物所拥有的特殊的内在感官——道德感。道德感犹如人的耳鼻目舌身等外在感官一样，是人天生具有的一种感受能力，但它与外部感官的职能有别。外部感官的职能是感知外物对自己的有利或有害；内在的道德感则是感知道德上的善与恶，它的本性是见德则爱之、赞之，见恶则恨之、谴之；而且这种对德与恶的爱憎与利害丝毫无关，因为它先于得失的考虑。就此，哈奇森明言：“我们所谓道德感，只不过是我们心灵在观察行为时，在我们判断该行为对我们自己为得为失之前，先具有的一种对行为采取可爱与不可爱意见的作用”②。

---

① 周辅成编：《西方伦理学名著选辑》，上卷，785页。

② 同上书，790页。

二、仁爱与良心

哈奇森的伦理学说，不仅以发展沙甫慈伯利的道德感思想著称，而且也以建立彻底的仁爱学说闻名。在人性论上，哈奇森既继承了沙甫慈伯利的仁爱理论，但又有别于沙甫慈伯利对利己主义自爱动机的道德肯定，哈奇森完全排除了自私利己动机的道德性，认为道德行为的动机应该是无私利他的。

一方面，哈奇森与沙甫慈伯利一样，认为道德上的善恶，是情感问题，与理性无关；但另一方面，在具体阐释情感与道德的关联时，他又与沙甫慈伯利的德福统一论有别。在哈奇森看来，并不是人的情感引起的所有行为都是道德的，只有出于仁爱、人道、善良、同情的动机且谋求公共福利的行为才具有道德的意义，才是真正的善；那些出于利己的动机且以个人快乐和利益为目的的行为，不能称之为道德的行为。为此，他以节制、勇敢、审慎、公正为例进行了详细的说明。他说，节制、勇敢、审慎、公正看似是道德的善行，但它们是否真的是善行，要具体分析而定。节制虽然从有益于个人的身体健康而言，可能是一种自然善，但如果节制者做此行为仅仅如此，不是出于对上帝的服从及对人类利益和真理的追求，那它就不能算是一种道德善；勇敢如果不是表示保护无辜者或改过自新的话，这种勇气是不值得人们钦佩的，它还有可能产生更大的恶；审慎如果只是为了更好地谋求个人的利益，而不是促进公共利益的发展，它就不能被视为道德的；公正具有道德善的性质，完全是因为它与维护人类利益、维护权利平等和维持社会和平相联系。“因此一般称为基本道德的那四种性质之所以得到基本道德这个名称，是因为它们以普遍谋求公共的善和表示对于理性者的感情，为其特质。要是不如此，那么，它们就说不上有道德的意义了。”①

不可否认，哈奇森也曾承认沙甫慈伯利关于自爱与仁爱共存的观点，认为自爱之心与仁爱之心作为两种驱动力，都会激发人们去行动，而且有时还会共同促进人们做同一行为。但他只是在经验事实的层面上承认自爱存在的客观性，在价值判断的层面，他却专注于仁爱。他曾明确表示，道德善只能出自仁爱，不可能出于其他的利己动机；一旦最有用的行为被发现是出于自爱自利，它便会失去道德性。因为“一想到仁爱，就是想到无利害计较和为他人之善而着想的”②。为了进一步论证不计利害的仁爱情感的存在及何以具有普遍性，哈奇森列举了许多事例加以论证。他说，在家庭里，父母对子女的爱时常被一些人误解为父母期求子女的回报所为，如果要这样想的话，他们之间的关系跟商人之间的利益交换关

---

① 周辅成编：《西方伦理学名著选辑》，上卷，792页。

② 同上书，793页。

系就没有什么区别了。事实上，父母对子女的爱是无私的，因为爱是先于利害关系的，而且这种家庭成员之间的亲情之爱是人类爱的基础，它可扩展到其他的社会关系中，使朋友、亲戚、同伴之间的关系中也有一种仁爱的丝连；而一个远离祖国的商人，尽管祖国的兴衰与他的利益已没有任何关系，但他一样为祖国的繁荣而兴奋、快乐，这就是仁爱的驱动。总之，哈奇森认为，道德的行为动机应该不夹杂任何个人利害考虑的因素，是纯粹无私的。

哈奇森不仅重视道德行为动机的无私性，而且也强调行为结果的利他性。可以说，哈奇森所说的道德善，必具两个要素：仁爱的动机和公益的目的，即行为动机的无私性和行为结果的利他性。由于仁爱致力于他人和社会的福利，因此，出于仁爱而为的活动，应该能够促进他人或社会的利益，即使由于某种原因，没有取得圆满的结果，其道德价值丝毫不减。“一切在事实上是十分有用的行为，假使它们并非出于对他人的和善的用心的话，这也没有道德之美的。如果一行为出于强烈的仁爱心，那么即使在和善上或促进公共利益上并未达到圆满成功，这也将和出自强烈仁爱心而能获得最大成功的行为一样令人可爱。”[①] 在对善与恶的界限作了区分后，哈奇森又谈及了道德的价值量如何计算的问题。前述已言，凡是出于仁爱的动机且增进社会福利的行为皆善，而善的价值量大小确定的依据则是“最大多数人的最大幸福”。“德行是善的量与享受的人数的乘积。同样，道德的恶或罪，则视不幸的程度以及受损者之数目而定。所以凡产生最大多数之最大幸福的行为，便是最好的行为，反之，便是最坏的行为。”[②]

显而易见，哈奇森的仁爱理论在推进沙甫慈伯利道德感学说的同时，也凸显了他自己学说的特色。他为了强调道德感的共同性、普遍性，否认了沙甫慈伯利关于道德情感和价值判断受风俗、习惯等影响的观点；他放弃了沙甫慈伯利对自爱情感一定程度道德性的肯定和关于德福统一的思想，一味强调道德动机的仁爱性和无私性。这表明，一方面他看到了道德的特殊性，值得我们关注和反思；但另一方面，同样不可否认的是，他的纯粹无私的仁爱理论，在不完美的社会中尤其是在资本主义的利益分化的社会环境下，显得苍白无力，最终更像一个道德说教，表达的只是一种道德上的善良愿望。

由沙甫慈伯利提出、哈奇森进一步丰富的道德感理论，发展到18世纪，开始有些新的表现形态，这就是萨缪尔·克拉克（Samuel Clarke，1675—1729）的道德直觉论和约瑟夫·巴特勒（Joseph Bulter，1692—1752）的道德良心论。

---

① 周辅成编：《西方伦理学名著选辑》，上卷，801页。

② 同上书，807页。

克拉克虽然也主张善恶的辨别来自人的知觉，但他所说的知觉不是沙甫慈伯利、哈奇森所指的道德情感，而是一种理性的知觉辨别力。这与他的哲学立场相关。克拉克作为神学家，反对无神论和经验主义。在他看来，道德原则是自明的、永恒的；且道德上的善恶与科学上的真伪一样，因此，道德律如同自然律，是靠理性知觉而获得的，即人们凭借理性对行为“适宜”与否的知觉而判断行为的道德善恶。克拉克的道德知觉论，在添加直觉性和理性之外，完全忽视了前期情感主义对道德与科学价值特殊性的朦胧意识，又退回到理性主义伦理学对道德与科学混同的状态。

巴特勒延续了克拉克的直觉主义思想，并且在此基础上提出了良心学说。他的主要伦理学著作是《讲道集》（又称《人性论十五讲》，*Fifteen Sermons Preached at the Rolls Chapel*，1726），在《宗教类比论》中，他还附有一篇重要的伦理文章《德性之探讨》（*Dissertation upon Virtue*，1736）。

面对情感主义理论的核心议题——人为什么以及如何能辨别善恶的议题，巴特勒从良心的视角进一步发挥了道德感理论。巴特勒认为，人之所以能够对发生的现象和行为产生好恶的情感，并进而赞成或反对某种行为，是因为在人心中有一种特殊的机能——良心，即反省原则。人的这种机能，是造物主置于人心的，从而使人成为有别于动物、能向自己做反省的特殊生物。“在人，有一凭以区别赞许及不赞许他们自己的行为的反省的原则。……人之凭以赞许或不赞许他的心胸、性情和行为的原则，便是良心。”① 人凭借着与生俱来的良心，抑制相互伤害的恶行，导循有益的善行，使人们趋善避恶。天下的父母之所以慈爱自己的子女，乃是他们反省到对子女的养育与关爱是其分内的事情。简而言之，人的德与不德的行为，是其是否遵照内在良心指令的结果。“德性即寓于对于良心的遵从，而罪恶则寓于对于良心的乖离。”②

三、人性的层次结构

关注人性、探讨人的本性，是近代思想家们的理论重心。自霍布斯从哲学的高度提出并论证人的本性自私以后，批驳与光大此种思想则成为理论发展的一个重要主线。斯宾诺莎、孟德维尔继承之，沙甫慈伯利、哈奇森等批判之。沙甫慈伯利在肯定霍布斯关于人具有利己本性的观点的基础上，强调人还有仁爱的利他本性；哈奇森虽在价值的层面排除了自爱利己的道德性质，但他在经验事实的层面仍承认了利己之心存在的客观性。而巴特勒在承认人的本性的自爱性和仁爱性

---

① 周辅成编：《西方伦理学名著选辑》，上卷，813页。

② 同上书，830页。

的基础上，则跳出了这两种共知的规定，把人性看成一个综合的、系统的结构，提出了关于人性的三个层次的学说。

巴特勒在对人性的结构进行细分之前，首先对人性的总体特征进行了概述。他认为，人不是一个孤立的存在者，在社会中，每个人与其社会的关系就犹如他的各个器官与他的整个身体的关系一样，彼此是密不可分的，亦即个人与社会的存在和功能，就像人的每一个肢体的作用要服务整个身体，而各个肢体的存在和健壮又须以整个身体的良好状态为根基一样，个人的天职也不仅仅是谋得自己的存在与发展，还须致力于社会的全体福利。从人的这种社会本性出发，巴特勒得出了仁爱与自爱虽为不同性质，但二者并不矛盾而且彼此“契合无间”的结论。正是由于巴特勒站在了人的社会性的高度来把握人性，使得他超越了一般仁爱论先天性的局限，进一步增强了利他理论的说服力，并能够综合人性中的各种倾向性。

巴特勒按照心理的经验归纳法，认为人性是一个复杂的结构，既有与动物共有的一些自然性情，也有为人所特有的性情。具体来说，人性中的最低层次是感觉、嗜欲、情欲、情爱等欲望。情欲或嗜欲等诸种欲望中已蕴涵了单纯地追求某种目标的倾向，常引起人们对某种对象的冲动。由于冲动的激发是出于本能，因而由冲动而为的行为往往易产生盲目性而不顾及其他，例如，不考虑获取对象实现的手段合宜与否。正是由于人具有这种满足一己欲望的倾向，且一旦任凭欲望驱动而不加以控制的话，人就会做出不管正当与否的损人利己的行为。由欲望引起的冲动虽具有盲目性，但我们不能因此而否认它的客观存在；同样，它虽是人性中的成分，但不是人性中的特性部分，而只是人与动物共有的最低级的自然本性。

人异于动物而独有的特性是什么呢？巴特勒认为是自爱、仁爱和良心。自爱和仁爱构成了人性的第二个层次。在巴特勒看来，人除了感觉欲望、冲动外，在人性中，也存在重视一己之利和社会之利的自爱与仁爱。“在人性中有种种真实的征兆，显示我们是为了社会、并且是为了谋我们的同类的福利而生，正如有种种真实的征兆显示我们生成是去照管我们自己的生活、健康和私人的福利的，这两种征兆实是同一种征兆。”① 尽管自爱与仁爱各自的直接指向目标不同，前者致力于私人的福利，后者直接趋向公众的福利，但由于人的社会存在性，二者互相依存，相互促进。一方面，巴特勒从理想的和谐利益关系出发，认为自爱是有益于社会的正当行为的主要保障；另一方面，他又从人快乐的不自足性出发，认

① 周辅成编：《西方伦理学名著选辑》，上卷，811 页。

为人只有在为他人和社会谋福利时，才会有真正的满足与快乐。正因为自爱与仁爱不只谋求一己私利，所以，自爱和仁爱与人性中的种种嗜欲、情欲及特殊的情感是不同的，它们具有制约、调节欲望和情感的作用。人性中的情欲，本身无所谓善恶，它驱动的行为既可促进私人的福利也可有益公众的利益，关键在于对其进行恰当的控制，因此，对于那些由满足当下的嗜欲而招惹毁灭或悲惨的行为，人们常常会在冷静的自爱作用下而拒之。一旦自爱控制了情欲的任意性，行为便合乎人性；相反，如若情欲胜过了明智的自爱，其引致的行为便是违背人的本性。可见，自爱在人性中是一个高于情欲的原则，它统辖种种情欲而使人们的行为符合人的本性的法度。

然而，对在人性中以不同的力量而活跃的各种嗜欲、情欲及情感进行制约，仅有自爱和仁爱是不够的，这些情欲还必须隶属于高高在上的反省或良心的原则之下，这就是人性的第三个层次。良心是根植于人的本性中的最高原则，其真实性就如同人的眼睛等外部感官一样，它的作用是保障人的行为合乎人性。在行动前，人的良心会反观自照，控制自然冲动而不让情欲恣意妄为，指导人们循善而为；在行为后，人的良心会赞扬合乎人性的善行，谴责违背人性的恶行。“良心这机能安放在我们心中，为的是要作管辖我们的正当的主宰，为的是去指导并调节一切下等的根性、情欲及行为动机。这是良心的权柄及职司；它的权威就是这样的神圣。无论人为了他们不能别循他途获致的他们的假想的利益，或为了他们不能别循他法满足的情欲，是如何地屡次背叛良心，倔犟地拒绝顺从良心，但这总不能改变良心之自然权柄及职司。”① 人按良心的指令而行动，就是人在自己的心中发现公理之则，以及依此公理的规则行事，最后达到自己为自己立法和自我约束。这就如同圣保罗《罗马书》中的名言：没有律法的外邦人，若顺着本性行律法上的事，他们虽然没有律法，自己就会为自己立法。②

巴特勒在指出人性不同层次的作用及功能的同时，还提出了两个重要思想：一个是强调人性的完整性、全面性，认为人性中的任何部分都是不可或缺的，应通观看待，不能“取其一点，不看其余”；另一个是强调人性层次的联系性，认为在人性结构中，存在着一个内在的法则，即低级本性受另一较高本性的制约，人的各种情欲虽也是人性中的根性，但其不能任性为之，必隶属于良心和受良心的指导。

---

① 周辅成编：《西方伦理学名著选辑》，上卷，828 页。

② 参见上书，819 页。

第二节 情感主义道德学

休 谟

在近代情感主义伦理思想的发展进程中，大卫·休谟（David Hume，1711—1776）当属重要的人物。在18世纪英国伦理学界的情感主义与理性主义论争的激烈相持下，休谟则以不可知论的怀疑态度，系统地批判了理性主义伦理学的原则和方法，运用感觉论原则和心理分析方法，创立了道德同情论伦理学的新体系。

休谟的伦理思想主要见于《人性论》（*A Treatise of Human Nature*，1739），《伦理和政治论文集》一、二卷（*Essays on Moral and Political*，1741—1742），《道德原理探究》（*An Enquiry Concerning the Principles of Morals*，1751）。由于《道德原理探究》是《人性论》第三卷“道德学”的改写，因此，《道德原理探究》既反映了休谟道德理论发展变化的轨迹，也凝结了休谟较成熟的伦理思想，乃至于休谟自己都认为，此书是他的其他任何著作都无法比拟的。

一、人性与道德

探讨人性，尤其是以人性为基础来研究道德，则是近代伦理学的重要特征。休谟非常赞同道德学的研究要以人性为基础，因为在他看来，一切科学都与人性有着或多或少的联系，尤其是与人密切相关的道德，更离不开人性。

休谟为了能够科学地解说人性，首先确立了研究人性的方法。休谟深受牛顿力学的影响，试图在人性哲学中运用“实验的推理方法”建构科学的人性理论，于是，他力图抛弃同时代人对人性的纯粹先验的立论方法，想“像一个解剖家”那样研究人性，如同牛顿用几条极普遍的自然法则来解释各种复杂的物理现象一样，希冀寻找一些普遍的人性原则来解释人们的各种活动方式、思想、知觉和感觉。在此认知的驱动下，休谟对人性的研究采取了自然主义的经验归纳法和心理分析方法。

休谟认为，为了避免把推测和人为想像强加给人性，必须对人进行从外到内的研究。一方面把人类置于自然界中，以观察和经验为依据，对人类的思想、感觉、行为的产生和活动方式作出自然的描述，从中归纳出一些普遍的人性原则；另一方面，对人的心理构成要素——感觉、知觉、记忆、思维、情感、意志等心理现象进行分析，阐明人的心理倾向及心理倾向的联结对人行为的影响，由此推及人的行为产生的一般原则。

休谟通过经验归纳法和心理分析方法对人类的思想、感觉和行为进行考察，发现在人性中对道德行为起决定作用的基本倾向不是理性，而是情感、同情。休谟认为，虽然理性也是人性的内容，但人们道德上的区别不是从理性获得的，而是得自情感。对此，休谟在对理性主义伦理学的批判过程中给予了详尽的论述。

针对以往的以及当时的一些伦理学家坚持道德上的善恶来自理性的观点，休谟从正反两方面进行了驳斥。值得注意的是，休谟在《人性论》的"道德篇"和《道德原理探究》中，立论的根据不尽相同。在"道德篇"中，休谟着眼的是理性和情感在行为发生中的作用，而在《道德原理探究》中，他依从的是理性和情感在道德判断中的作用。

休谟首先从正面证明理性不是道德善恶的源泉。他论证道：道德或道德准则能够借着称颂与谴责对人们的行为发生阻止或促进的影响，而理性则不具有这种作用。为此，在"道德篇"，休谟用心理分析阐述了人的行为发生的动因，指出理性不能直接导致行为的发生。第一，引发行动，是人们的欲求、需要而不是理性或推理。人作为有感觉的动物，其行为受苦乐感的支配，而由苦乐感而生成的爱恨情感促成了人们行动的欲求或做事的倾向，尽管理性对人的行为也有用，但它不能直接激发行为，其作用是选择能达到目的的适当手段。因为理性所考虑的是我们观念的抽象关系，其范围是观念世界，它的作用是判断真伪，与发生在现实世界中的意志行为没有直接关系，因之，理性不能单独成为任何意志活动的动机，它永远无力激起或阻止任何一种行为，只有当下、直接的情感才能发动意志，产生行为。第二，理性在指导意志方面并不能反对情感。在《人性论》的"论知性"部分，休谟把知觉看成认识的基本要素，并把知觉分为印象和观念。印象"包括了所有初次出现于灵魂中的我们的一切感觉、情感和情绪"，观念是"指我们的感觉、情感和情绪在思维和推理中的微弱的意向"①。它们二者的关系是：前者是后者的基础，后者依赖于前者。因此，相对于理性而言，情感是一种原本印象，第一性的存在，因而它没有真伪的问题，当然也无须理性的判断；而理性则是一种复本的观念，是对原本印象的组合、排列和想像，是第二性的存在，所以，只能让理性去符合情感，而不能用理性来纠正或反对情感。第三，通过理性、推论而获得的信念，不能直接导致行为。人们的行为一般由两种因素引起：一是欲望或意向，一是信念。休谟认为，单纯的信念不能直接引发行动，它

① [英] 休谟：《人性论》，13页，北京，商务印书馆，1983。

只有通过影响主体的心理倾向产生好恶感后，才会引起人们行动的愿望，因此，信念只是间接的引发行为。

而在《道德原理探究》中，休谟又从理性和情感在道德判断中的作用的角度进行了补论。首先，理性辨别事实真相，情感断定善与恶。在休谟看来，我们要想对人们的行为进行恰当的判断，首要的前提是弄清事实真相，如评价“忘恩负义”的行为，我们必须清楚甲对乙是不是做了坏事，乙对甲是否曾表示过好意或给予过帮助，如果没有搞清他们之间的关系，我们就不能妄下断言。因为如果乙不是甲的恩人而恰是其仇人，我们就不能断定甲是不道德的。因此，道德判断需要理性的帮助来辨别事实真相。“但是，一旦每个细节、每种关系都搞清楚了，理解的作用也就结束了，……随之而来的赞扬或谴责，不可能是判断力的作用，而是情感的结果；不是一个思辨的命题或断言，而是一种灵敏的感受或情感。”①即是说，理性的功用是为道德判断提供事实，至于它是善还是恶，是不能由理性判断直接产生的，因为善恶不是事物本身的性质，而是判断主体在感受它以后，在内心引起的称赞或谴责的感情，是判断主体根据自己的感受赋予它的。故此，休谟强调：“我们最终必须承认：罪恶或不道德决不是特殊的可以作为理解力的对象的事实或关系，相反它完全是从不满之情产生出来的。由于人性的结构，当我们领悟了野蛮或背信弃义时，就不可避免地会产生这种感情”②。其次，理性指出行为或品质的趋向，情感判明它们的正当与否。休谟认为，我们对一个品行的道德赞许或谴责，有赖于人们的思想品质或行为所带来的效益，因此，道德判断的首要前提是弄清人们的思想品质和行为趋向是有益的还是有害的，而对品行有益与有害的判断，需要理性的辨别。但是，并不是我们一知道它们的有益或有害趋向，我们就能冠之以“善和恶”，因为“效用仅仅是达到一定目的的倾向；如果这个目的与我们毫不相干，那么，我们同样也会对其实现手段采取漠然置之的态度。情感在这里有必要显示自己，以便使有益的趋向优先于有害的趋向。这种情感可能正是对人类幸福的好感和对痛苦的反感；因为这些感受正是善与恶往往会促成的不同结果”③。实际上，在休谟看来，理性仅告诉我们品行的有益或有害趋向，不足以使我们提出任何道德上的赞许和责备，只有情感，才能告诉我们品行是否值得称誉：它通过感受、体验对我们有益的品行带来的幸福，有害的品行带来的不幸、痛苦，来使我们做出赞扬与谴责的判断。因此，我们关于道德

---

① ［英］休谟：《道德原理探究》，王淑芹等译，107页，北京，中国社会科学出版社，1999。

② 同上书，109～110页。

③ 同上书，104页。

正义和道德堕落的决定是一种感知，它不是对实际事物的描述，而是人们的态度和情感的表达。

休谟在以正论的方式淋漓尽致地批驳理性主义的观点，确立了道德的情感基础后，又从反面论证了“道德不是理证的科学”。休谟指出，如果德与恶是能够用理性证明的，那么它必然是出于观念的关系。观念的关系只限于四种关系，即类似关系、相反关系、性质程度关系、数量比例关系。但这些关系都是作为科学对象的关系，它们不包括功与过、善与恶的价值。因此，道德并不存在于这些关系中，道德感也不存在于发现这些关系。同样，道德也不存在于知性所发现的事实中。因为对于一个具体的行为，如忘恩负义，不论人们从什么角度去观察，都只能发现一些情感、动机、意志和思想，决不能从事实中发现善与恶；只有在反省内心时，才能感到对那种行为发生赞扬或谴责的情绪，从而感到行为的善或恶。

既然道德源于情感，那情感具有什么特性呢？休谟认为，决定道德善恶的情感，既不是自爱的利己心，也不是仁爱的利他心，而是人的同情心。“人性中任何性质在它的本身和它的结果两方面都最为引人注目的，就是我们所有的同情别人的那种倾向。”① 人性中这种对他人同情的倾向就是同情心。由于人具有共同的感官和心理构造，人与人之间会产生相同的感觉。对于其发生过程，休谟吸取了心理学上的研究成果，用心理联想来解释。他把人的同情解释为印象和观念的互相联结。当我们与他人交往和接触时，他人的感情会借助许多外在的、较活泼的印象而注入我们的心中，使我们产生了与他人情感一样的同等情绪，即乐他人之所乐，哀他人之所哀。

休谟通过对理性和情感在道德行为和道德判断中的功能和作用的分析，最后得出“道德的区别是由道德感得来的”命题。但休谟的“道德感”既不同于沙甫慈伯利的人先天具有的识别善恶能力的“内在感官”，也不同于哈奇森的内在的“反省机能”，在“道德篇”中是指人的苦乐感，在《道德原理探究》中是指人们的共同利益感。

在“道德篇”中，休谟把人的苦乐感作为判断行为道德善恶的标准。“心灵的任何性质，在单纯的观察之下就能给人以快乐的，都被称为是善良的；而凡产生痛苦的每一种性质，也都被人称为恶劣的。”② 又说“至于德或恶的功过，那是快乐或不快情绪的一个明显的结果”③。就是说，凡能给人以快乐并引起满意

① ［英］休谟：《人性论》，352页。

② 同上书，633页。

③ 同上书，634页。

情感的行为和品质，就是道德的；相反就是恶的。显然，休谟没有超出霍布斯等人的经验论，把主观上的苦乐感觉作为了善恶的标准。但在《道德原理探究》中，为了克服道德判断因单纯的苦乐感决定而导致的狭隘性和主观性，休谟又提出了利益、效用原则，用利益、效用的客观性来限制个人好恶的主观性。

休谟认为，我们判断一个行为是善的还是恶的，不仅仅是因为它使我们产生了苦乐感，更是因为它本身具有一种有益或有害的客观趋向。正是由于行为或品质本身具有的某种属性或客观趋向，才使我们对它们产生了道德感。简言之，善恶的根源在于行为或品质本身具有的一定的性质，善的行为或品质的属性是物质上的有用性和精神上的愉悦性，恶的行为或品质的属性则与之相反。虽说效用、利益是道德的基础，但它还不是终极的原则，因为无论是效用还是利益，都有一个根本问题：对“谁”有用？合乎“谁”的利益？是符合普遍的社会利益还是符合私人的个人利益？

对于人如何从利己到利他的问题，休谟在“道德篇”中基本沿袭的是沙甫慈伯利等人的思维方式，认为在人性中既存在利己的情感，也存在利他的情感。尽管自私的冲动经常支配着人们的活动，但人们的同情心能够使人们站在别人的角度设身处地感受他人的感情并产生感情共鸣，控制着人们的自私情感，使人们跳出“自我”的小圈子，去关心他人和社会，从而扩展仁慈、友爱的情感，转向利他，作出有益他人或社会的行为。但到了后期改写的《道德原理探究》中，休谟对利己与利他统一的基础，已不拘泥于同情心的论述，而是从个人与社会的联系性中进行考证。一方面，在社会中，每个人都不是孤立的存在者，尤其在商业社会中，社会分工的精细，每个生产者不能仅以自己的产品来满足自己的一切需要，而必须依赖其他生产者。“不论我以什么为业，社会中若干成员的财富可以有助于增加我的财富；他们消费我所生产的东西，而以他们所生产的东西给我作为交换。”① 另一方面，个人利益的实现也有助于社会的发展。“只要私人经商和私有财产得到社会权力机构的较大保障，社会本身就会随着私人商业的繁荣发达而相应强盛起来。”② 所以，“我们不只重视自己的幸福和福利，同样必须赞扬正义和人道的习俗，那是因为惟有它们才能维持社会的联盟每个人才能收获互相保护、互相协助之果”③。有鉴于此，休谟明确指出，能给我们社会带来幸福的“有用性”，对我们的情感有着强大的支配力量，只有从对于公共利益和功利的反

① ［英］休谟：《休谟经济论文选》，70页，北京，商务印书馆，1984。

② 同上书，5页。

③ ［英］休谟：《道德原理探究》，40页。

思中，我们才能产生道德上的善恶判断。“一个其习惯和行为有害于社会，并对同他交往的所有人造成危险或伤害的人，就将因此而成为人们非难的对象，也会给每一位旁观者带来最强烈的憎恨和厌恶之感。”①“如果有用性是道德感的一个来源，且如果这个有用性并不总被认为与自我私利相关的话，那么，就应该得出这样的结论：凡有助于社会幸福的东西，本身就会直接引起我们的赞许和亲善。这里有一个原则，该原则在很大程度上解释了道德起源。”② 由此观之，尽管休谟一直坚持道德判断是情感和态度的表达，但他没有仅仅停留在态度和情感上，而是透过态度和情感看到了道德判断的最终根据——社会效用、公共利益，为道德判断找到了客观根基。

休谟在克服道德判断的主观性后，又阐述了道德判断的普遍性和一致性。休谟认为，给予一个行为或品质是善的还是恶的称号，不但依赖于客观的利益、效用，而且也依赖于人性中的同情原则。同情作为人性中的一种强有力的因素，能够使人们通过以往的经验、体验、感觉、记忆、想像，彼此产生感情共鸣，并因分享他人的感受、情绪、见解而形成共同的道德判断。因此，道德感与一般的苦乐感是不同的，道德感不拘泥于个人的特殊感受，而是以人性完善的共同利益感为基础，所以，我们能够在时间和空间十分遥远的情况下赞美那些与我们利益无关的优良品行。

二、正义感和道德原则

对于道德的本原问题，休谟区分了“自然”之德与“人为”之德。休谟认为，人类的道德，并非全部出于人的天然性情，有些道德是基于“应付人类的环境和需要所采用的人为措施或设计”③。最典型的就是正义之德。正义的德目集中体现了人为之德的性质和特征以及道德原则产生的一般条件。

人类为什么需要正义呢？休谟认为，正义缘起于人类物质财富的有限性和人性的局限性。

从人类生活的物质条件来看，如果大自然赋予了人类极其充裕的物质财富，每个人的所有需求都能得到完全的满足，而且达到各取所需的程度，在此情状下，人们对社会财富就不必有“你的”或“我的”的划分，也不必担心自己的需要之物被人强占。不存在财产所有权问题，当然也就不需要那种谨慎和防备的正义之德。因此，当人类的物质财富具有无限丰富性时，由于不会产生利益矛盾和

---

① ［英］休谟：《道德原理探究》，38～39页。

② 同上书，44页。

③ ［英］休谟：《人性论》，517页。

冲突，正义因不被需要、没有用处而不存在。同样，在一个社会必需品极度匮乏的状态下，无论人们如何勤奋耕作和节俭都无法维持大多数人的生存，在这种极其穷困的情形下，严明的正义法则也会搁浅，而让位于人们的自保本性，因为人们为了生存不再顾忌财物所属的正义法则。但事实上，人类生活的现状既不是极其的富足，也不是极端的贫困，而是处于这两者之间的一种中间状态：大自然不会自动满足我们的需要，但人类通过劳作、技艺和勤奋，可以创造、生产财富，使我们得到生活的满足。正是由于社会的财富既是有限的又是可以创造的，所以，才发生了财产权的问题。为了保证和鼓励劳动，创造财富，就必须把人们的劳动果实归其所有，并禁止他人的侵占。"当我们需要对财产进行界定时，我们会发现，这种财产关系变成了通过占有、勤奋劳动、长期使用、继承、契约等方式获得的任何所有权。"① "因此，在所有市民社会里，财产权的观念是不可或缺的；正义由此对公众产生了效用，而且仅由于这一点正义才具有价值，并构成对人类的道德约束。"②

从人性来看，如果人的心胸非常宽厚，充满了无限的慷慨，人们对他人如待己，甚至关心他人利益甚于自己，人们具有的天性的博爱和友善，就会天然地消解人们的利益界限和矛盾，所有的东西人们可以拱手让人随意获取和自由使用，不用分清你我。显然，人如果具有这种广博的仁慈，也不会产生财产的所有权问题。无疑，人类也不需建立尊重财产所有权的正义之则。但事实上，我们人类的心灵，没有如此的宽厚博爱，而是自私与同情的统一。作为生命机体，人的天性存在着自私性，它驱动我们关心自己的利益；但人类不只具有关爱自己的情感，也有能感受他人之情的同情。同情使我们能够考虑他人的感情和需要，抑制我们利己心的无限扩张，使我们具有由近及远的仁爱，尽管对他人和社会利益的关心会相对微弱。

由此看来，正义是人类"补救"社会财富的短缺性和人性的缺陷性的结果，它是基于稳定财产关系、协调利益矛盾、维持和平的秩序而设计的人为法则。正义协议的建立在客观上是确立财产所有权的需要，同时它能够为人们所接受和遵守，则是人们的共同利益感所致。共同利益感是人类生活经验的警示和人性同情的结合。通过生活经验和理智人们得知，人不可能孤立生存，必须与他人相处结成一定的集体，所以，制定大家共守的协议就成为一种必然。而且在社会生活中，那种不受任何约束、各行其是且不顾及他人财产权的行为，必会引起争端和

① ［英］休谟：《道德原理探究》，29页。

② 同上书，17页。

激烈的冲突而毁灭人们的联合体。而这种感情和思考，不只是个别人具有，在同情心的共感作用下，为大家共有。“每一个人都觉得自己心中有这种感受，并在同伴那里察觉到这种感受，而这种感受又把他与其他人一起拉进有利于公共利益的普遍的行为计划或制度。”① 一旦大家都具有了同样的感情和想法，那么，正义感就不容置疑地存在于人类的每个成员的心中了。

正义之德与自然之德不仅起源的基础不同，而且它们的作用效果也有差异。像仁爱、怜悯、慷慨等自然美德，往往直接有益于他人或自己；而正义的社会美德，它不是着眼于个人的福利或个别的单个行为的结果，它的道德价值是由社会的整体利益决定的。只有社会成员共同遵守正义，其效用性才能得到较大的显现，单独的正义行为，往往很难充分体现正义的作用。

三、德性的分类

休谟在详述了正义、诚实、忠实、真诚、仁慈等有益于社会的品质后，又依道德品行本身具有的其他方面的客观趋向而把德性分为三类，即“有益于我们自己的品质”、“直接使我们自己愉快的品质”、“直接使他人愉快的品质”。

在休谟看来，效用是道德的重要基础，无论是自然之德还是社会之德，它们之所以为人们称颂，是因为它们本身具有服务于行为者、他人或社会的功效。所以，任何有价值的事物都非常自然地类居有用的或令人愉快的事物之列，给予一个行为以道德价值的，正是它倾向要实现的效果或目标，即各种品质都是从其来源和趋向中获得其价值。

在所有的德性之中，有一类德性的特征是仅对其拥有者本人有益，如小心、谨慎、进取、刻苦、勤奋、俭朴、节约、简练、机智、慎重、识别力、节欲、持重、容忍、坚贞、不屈不挠、深谋远虑、体谅、守密、含蓄、灵巧、镇定自如、有条理、思维敏捷等。如此的品质虽对公共和社会的利益没有直接的促进作用，但它们仍会博得人们的赞扬，因为它们具有促进其拥有者本人的利益趋向，能够增强其拥有者在社会中的生存力和发展力。相反，如果一种品质有害于具有这种品质的人，瓦解其拥有者的工作能力和活动力量，那么，这类的品质就会因被视为拥有者的一种缺陷或不足而受到谴责，如懒散、疏忽、条理不清、固执、喜怒无常、鲁莽、轻信等。虽然这类德性的益处只为其拥有者所享有，其坏处也只对其拥有者发生影响，但由于同情心的作用，我们这些旁观者仍是对促进拥有者本人的前一列品质给予赞许和尊重，对危害品质所有者的后一列品质给予谴责和责难。另外，休谟还从生活实际出发，并在吸收亚里士多德“中庸”思想的基础

① [英] 休谟：《道德原理探究》，121页。

上，提出了道德品质的适用性问题。他认为，任何一种品质，其良好效用的显现，往往依仗其特殊情境的合宜与否，比如敏捷一般是为人称颂的，因为它有助于人们快速实现目标，但如果人们因此而在办事中操之过急，就会导致轻率而欲速不达；同样，谨慎也是为我们经常称道的好品质，因为它可以使我们办事细致而稳妥，但对于那些具有远大抱负且追求宏伟大业的人来说，可能会打击他的勇气而成为一种不足。最后，休谟的结论是：对于任何一种品质的评判，我们都不能离开这种品质在一定情境中对其拥有者的具体影响而妄下断言，而且一定的社会风俗和习惯也会改变各种品质的用处。

休谟认为，决定德性道德价值的效用，不仅仅是利益的促进，也包括精神性的愉悦。为此，他把那些能给拥有者带来快乐、令人心情舒畅的品质称之为“直接使我们自己愉快的品质”，如幽默、自重、有骨气、文雅等。这类品质对社会和其拥有者的利益没有直接的促进作用，但它们能够使拥有者产生快乐，并能扩散快乐而感染旁观者。由于感染和同情心的作用，其他的旁观者会因愉快和惬意而对传递快乐之人产生友好之情，从而使品质拥有者赢得人们的好感和尊敬。仁慈虽然因其能促进人类利益的价值而受人们敬重，但同时它也是一种温柔敦厚的情感，使人对他人予以爱和关心，从而使他人感受柔情与惬意。因此，仁慈也具有使人愉悦的倾向。

除了上述德性，休谟还提出了“直接使他人愉快的品质”，如关心、尊重、机智、性情好、明智、谦逊、礼貌、正派、爱清洁等。休谟认为，如同正义起源于社会和人性局限的需要，这类品质也是人类顺利交往的需要。由于人类的傲慢与自负，常导致争吵而影响人们彼此的交往，为了便于人们的思想交流和友好交往，人类需要关心和尊重的品德；机智风趣能够影响他人的情感和趣味，给人以直接的快乐；礼貌、性情好、明智在社交中尤其引人注目，它们因使人舒服、愉快而受人们欢迎；行为举止得体、爱清洁由于给人自然、融洽、舒适之感而博得人们的欢心；谦逊由于对自己不过分夸耀并对他人适当关心而与无礼和傲慢相对立，因为无礼和狂妄的傲慢时常会损伤他人的自尊心，不重视他人的感受，乃至侵犯他人的尊严，因此，适当地表现自己并充分尊重他人的谦逊是一种直接令人愉快的品质。总之，无论是谁具有这些良好的品质，尽管它们可能不直接给我们带来快乐，我们一样赞赏它们。

总之，在休谟看来，人类的德性是多样的，人们不能忽视自己德行的培养，尤其是那些有益于社会的品质。像正义、诚实等有益于社会的德性，它们不只具有促进社会公共利益的直接趋向，而且也有益于品质拥有者本人，因为这些品质，常常是一个人立足社会而不可推卸的社会责任和义务，一旦一个人缺乏了这些社会之德，就会变得可鄙可憎。

四、道德价值的发现

一直为情感主义伦理学家所感觉和困扰的道德价值的特殊性问题，休谟对其进行了系统论述。休谟在《人性论》中，通过剖析理性和情感的各自功用，在道德领域发现了被他自己誉为“牛顿定理”的道德命题形式的特殊性。他说，当他在道德体系中按照平常的推理方式进行判断时，“可是突然之间，我却大吃一惊地发现，我们遇到的不再是命题中通常的‘是’与‘不是’这类联系词，而是没有一个命题不是由‘应该’或一个‘不应该’联系起来的”①。确切地说，道德命题的联系词不是科学命题中的“是”与“不是”，而是“应该”与“不应该”。休谟非常重视自己的这个法则。“这条附论或许被发现是相当重要的”，因为这“会推翻一切通俗的道德学体系”②。但休谟本人在《人性论》中，并没有为这条法则提供多少论证和说明，而是到了后期著作《道德原理探究》中，才给予了较为详细的阐述。

休谟在《道德原理探究》中，主要从三方面给予了补充论证。

第一，道德认识不同于科学认识。科学和道德反映两种不同的“关系”。科学反映的是人和自然物之间的关系，认识的对象是自然物及其规律，认识的目的是要认识自然物、掌握其发展的规律性。因此，科学所要认识的是“存在于事物本性的东西”，其作用是判断真伪，而不以个人的好恶为转移。道德反映的不是人与自然物之间的关系，而是有感情、有意识的人们之间的关系。在休谟看来，道德是人的一种有意识的活动，那些出于无知、被迫的行为，是不能进行道德评价的，只有那些出于行为主体的意识和目的而为的行为，才具有道德性，因为道德涉及人的意志和动机。概言之，科学认识只是单纯地考察它的对象，而道德认识则不满足于把这些对象看作物自身，而是在考察中感受到某种愉快或不愉快、赞扬或谴责的情感。这种感受决定着心灵附加给对象以美的或丑的、善的或恶的、可意欲的或可憎恶的性质，所以，很显然，道德认识不是认识业已存在的事物及其属性，而是用情感的表达评价人们的行为和品质。

第二，道德命题和事实命题判断的角度不同。事实命题的出发点是客体，它的论断只是对客体的描述，是从真或假的角度进行判断。因此，事实命题指出“对象是什么”，是以对象本身的性质和状况为标准。而道德命题不是陈述事实，而是依据主体自身存在状况所确立的人生态度和道德理想，对所陈述的事实给予

① ［英］休谟：《人性论》，509页。

② 同上书，509～510页。

评价，因此，道德判断本身是一种价值判断，它是从有没有善恶价值的角度表明相应客体的特点，就像美丑判断一样。既然道德上的善恶不是事物本身固有的性质，而是判断主体通过情感表达赋予对象的，结果必然是：道德命题的联系词不可能是“是”或“不是”。

第三，道德判断与事实判断依靠的力量不同。由于科学认识以客观事物本身的属性为依据，告诉人们对象是什么或不是什么，而这种对客观事物本身及其属性的认识，主要是依赖于理性，因为“理性的功用是判断事物的实质及关系”。所以，事实判断是凭理性而进行的。但道德判断则不然。由于道德认识不仅以其对象本身为基础，还要遵从主体自身的需要、愿望和利益，看对象的性质是否符合主体的需要和利益。凡是符合主体需要和利益的行为和品质都被誉为善的；凡不符合主体需要和利益的行为和品质都被称为恶的。因此，仅仅用理性不能推导出道德上的善恶，必须诉诸人们的情感，只有情感才能体验到人们的需要、利益是否得到了满足。所以，道德价值判断是人们在对行为或品质进行思考时，由于预知到行为和品质的自然倾向，而在心中引起了赞扬或厌恶情感的情况下，产生的某种行为和品质是善抑或恶的道德认识。

休谟在严格区分道德与科学、道德命题与科学命题的基础上对道德判断特征进行的论述，不仅影响了18世纪的伦理学界，实现了由“实然界”到“应然界”的“哥白尼式的”伦理革命，而且其理论影响还远射了20世纪的伦理学领域，以至于现代情感主义伦理学，无不是从休谟那里寻求理论依据。

第三节　道德情操论

自情感主义的先驱们提出道德源于情感而不是理性的道德追寻后，关于情感如何成为道德基础的探究，则成为情感主义伦理学后继者们研究的重心。在休谟对理性主义伦理学的系统批判并开辟道德同情说的基础上，亚当·斯密（Adam Smith，1723—1790）创立了道德同感说，构建了道德情感论的理论体系，成为了情感主义伦理学发展链条上的重要思想家。斯密的伦理思想不是散见各处，而是有专门的论著——《道德情操论》（*The Theory of Moral Sentiments*，1759）。

一、同情与情感共鸣

斯密的道德理论，是在承继哈奇森的道德感理论和接受休谟的同情论的基础上，以同情和情感共鸣为基石构建的。

亚当·斯密

斯密认为，我们何以有德以及我们为何赞同一类行为和品质或反对另一类行为和品质，其根源在于人性中同情的特质，而且人的这种同情本性，是人人皆有的，不论他是多么的自私与可恶。“无论人们会认为某人怎样自私，这个人的天赋中总是明显地存在着这样的一些本性，这些本性使他关心别人的命运，把别人的幸福看成自己的事情，虽然他除了看到别人幸福而感到高兴以外，一无所得。这种本性就是怜悯或同情，就是当我们看到或逼真地想像到他人的不幸遭遇时所产生的感情。……这种情感同人性中所有其他的原始感情一样，决不只是品行高尚的人才具备，虽然他们在这方面的感受可能最敏锐。最大的恶棍，极其严重地违犯社会法律的人，也不会全然丧失同情心。”① 显然，在斯密看来，对别人不幸遭遇所产生的怜悯之情的同情，是每一个人都或多或少都有的天性，即我们常说的悲人之所悲，哀人之所哀的情感。由于引起我们同情的对象，不只是他人不幸的遭遇，他人的福乐也会影响我们的情绪，由此，斯密在同情的怜悯之意基础上，又提出了情感共鸣即同感的概念。认为同情不只是指对他人不幸的情绪反映，也包括对他人福乐的同感，以至于我们对英雄们的幸福抱有的同情一点也不亚于对他们不幸抱有的同情。所以，斯密明确指出：“ Pity（怜悯）与 Compassion（同感）两字如同用于我们因他人的悲愁而起的兔死狐悲的感觉，是最为恰当的。Sympathy（同情）这字，虽然也许意义与前二者原来无异，但按现代的用法，却可用来泛指我们人与人之间的任何感情上的共鸣，而不致有多大失当之处。”②

对于同感或感情共鸣的发生机理，斯密运用当时心理学流行的“联想”方法以及哲学上的经验主义的方法，阐释了同感发生的过程。作为人性中基本倾向的同情，不是神赋予的，而是源于人们的生活经验和人的想像力。人们具有一样的感官，意味着对同一的作用对象或相同的情境，人们会产生相同的感觉；人的感受的一致性是人们同情发生的基础。感受的一致性为人们的想像累积起了丰富的经验，使人们得以在对别人的感受没有直接经验的情况下，凭借着想像也能感受他人的情感，即人们通过设身处地进行联想，产生“想像感觉”而与他人情感共鸣。为此，斯密列举了许多事例加以说明。当我们看到自己的兄弟受拷问时，虽然我们不会实际具有他们痛苦的感觉，但我们通过想像，将自己置于他们的处境

① ［英］亚当·斯密：《道德情操论》，5 页，北京，商务印书馆，1998。

② 周辅成编：《西方伦理学名著选辑》，下卷，179～180 页，北京，商务印书馆，1987。

之中，设想我们正在经历他们同样的遭遇，我们就会产生与他们相同的感觉。当我们看到一根棍棒对准一个人的腿或手臂要打下时，我们会不由自主地缩回自己的腿或手臂；当棍棒真的落下时，我们会在一定程度上感觉到挨打人的疼痛。当我们看到行乞之人裸露的疮肿时，我们的心里会有一种抽动的不适之感，好像自己身上的某个部位溃烂的痛痒一样。诸如此类的情感共鸣，随处可见，不胜枚举。总之，“通过想像，我们设身处地地想到自己忍受着所有同样的痛苦，我们似乎进入了他的躯体，在一定程度上同他像是一个人，因而形成关于他的感觉的某些想法，甚至体会到一些虽然程度较轻，但不是完全不同的感受”①。

情感共鸣除了来自对别人情感的想像外，也来自对具体情境的观感。在有些境况下，行为当事人的感觉不能引起我们的同感，我们会通过对事情的详细观察，产生另外一种不同于行为者本人感受的实际感情。比如，发怒者的狂暴行为，在我们不知其原因的情况下，常不能激起我们对他的敌人的愤怒，反而是对他的粗暴行为不满；面对一个人的冒失无礼的行为，我们可能会替他的过失行为而羞愧，但行为者可能对自己的失检行为毫无察觉。可见，这种基于观察、经验、想像的境遇实感，常常与行为者本人的感情不一致。这说明，人们的感情共鸣，不只是分享他人的感受或感情，还要站在“公正旁观者”的角度进行客观想像。如母亲抱着自己生病的孩子常常因想到各种可怕的后果而焦虑万分，实际上孩子的病情并没有她想像的那么严重，可能只是暂时的不适，因此，公正的旁观者就不会产生母亲那样的痛苦和焦急，因为他察觉和确知孩子的病情不妨大碍。可见，斯密意指的情感共鸣，不是一味地顺从行为当事人的感觉，而是强调旁观者感情的公正性、客观性。

斯密不仅强调人与人之间会产生任何感情的共鸣，而且还认为情感共鸣会使人产生愉快或不愉快的情绪及协调相应的行为。具言之，对于行为当事人而言，旁观者与他的感情共鸣，能够使他感到愉悦，而出现相反的表情会使他感到震惊；对于旁观者而言，看到行为当事人具有与自己一样的感情，也会产生愉快之感。当一个人与同伴共读一本书或一首诗时，即使自己没有从阅读中发现乐趣，但一看到同伴陶醉在阅读之中并充满欣喜的感情，他也会从同伴的乐趣中感受喜悦之情；相反，如果同伴与他一样也没有从中得到乐趣，他会失望或恼火而产生不快。由此，斯密认为，人们的感情交流达到一致，是引起愉快的原因，而这种一致的缺乏和丧失，则是引致痛苦的原因。所以，对于不幸的人，他们一旦把自己的凄凉与悲苦倾诉出来，并得到别人的同情，他们就会如

---

① ［英］亚当·斯密：《道德情操论》，6页。

释重负并感到轻松与宽慰，从而减轻了自己内心的痛苦；相反，如果他们的不幸未引起他人的同情而是他人对他们的灾难熟视无睹、无动于衷，这是对他们最残酷的打击，并会加剧他们的痛苦。因此，同情既能增加快乐，又能减轻痛苦。但是，由于旁观者的想像感受与行为当事人的实际感受不可能完全一样，以至于行为者和旁观者为了使他们的感情能够达到共鸣，彼此都要调试自己的行为：行为当事人要努力控制自己的感情流露而尽量合乎旁观者能够接受的程度，而旁观者也要努力设身处地地体察行为当事人的处境而与之产生感情共鸣。“在这两种不同的努力，即旁观者努力体谅当事人的情感和当事人努力把自己的情绪降低到旁观者所能赞同的程度这样两个基础上，确立了两种不同的美德。在前一种努力的基础上，确立了温柔、有礼、和蔼可亲的美德，确立了公正、谦让和宽容仁慈的美德；而崇高、庄重、令人尊敬的美德，自我克制、自我控制和控制各种激情—— 它们使我们出乎本性的一切活动服从于自己的尊严、荣誉和我们的行为所需的规矩——的美德，则产生于后一种努力之中。”[①] 可见，情感共鸣是影响和决定人们行为的主要力量，是人们的友谊和道德关系的纽带，是道德发生的基础。

二、道德判断的合理性

在斯密看来，同感或情感共鸣不仅是道德发生的基础，而且也是道德判断的基础。为此，斯密在把道德的发生基础归于人类普遍本性所具有的同感感情的基础上，又把人们相互同感感情的一致与否视为评价行为合宜与否的标准。

斯密认为，行为的善与恶、正当与不正当的判断，依据的是行为者的原始激情与旁观者的同情是否一致。“在当事人的原始激情同旁观者表示的情绪完全一致时，它在后者看来必然是正确而又合宜的，并且符合它们的客观对象；相反，当后者设身处地地发现前者的原始激情并不符合自己的感受时，那么，这些感情在他看来必然是不正确而又不合宜的，并且同激起这些感情的原因不相适应。”[②] 依斯密之见，当人们对他人的行为和品质进行评价时，必须使自己站在公正的旁观者的立场，把自己置于他人的处境并设身处地地想像激起行为的感情是什么，由此观看当事人的行为是否受此种感情支配。如果公正的旁观者共鸣的感情与当事人的原初感情一致，那么就表明此行为是恰当的；相反，如果公正的旁观者共鸣的感情与当事人的原初感情不一致，那就表明此种行为不恰当。由于道德评价的原则是人们情感之间的合宜性，且这种一致的感觉是道德赞许的基础，由此推

① ［英］亚当·斯密：《道德情操论》，24 页。

② 同上书，14 页。

论，斯密的道德判断实际上就是对支配行为情感的判断。由于支配行为的情感影响着行为的动机和效果，所以，斯密指出："产生各种行为和决定全部善恶的内心情感或感情，可以从两个不同的方面或两种不同的关系来研究：首先，可以从它同产生它的原因，或同引起它的动机之间的关系来研究；其次，可以从它同它意欲产生的结果，或同它往往产生的结果之间的关系来研究"①。即是说，道德评价就是对激起行为动机和效果的感情判定。一方面，"这种感情相对于激起它的原因或对象来说是否恰当，是否相称，决定了相应的行为是否合宜，是庄重有礼还是粗野鄙俗"②；另一方面，"这种感情意欲产生或往往产生的结果的有益或有害的性质，决定了它所引起的行为的功过得失，并决定它是值得报答，还是应该受到惩罚"③。

事实上，在社会生活中，人们不仅需要对他人的品行进行道德评判，而且也需要对自己的品行进行道德判断，所以，斯密又阐述了道德的自我评价问题。人们对于自己品行的评价原则如同我们对他人的评价原则一样，依赖于感情共鸣。自我评价是人们把自己分为两个不同的角色：审察者和行为者。作为审察者，人们以一个公正的旁观者的身份观察自己的行为，并设身处地地设想支配行为的合理情感，如果人们审视的情感与自己身为行为者的感情一致，则表明此行为是正当的；同样，作为行为者，也要站在旁观者的角度想像他们的可能感受和情绪，以便对自我行为进行评论。按照斯密的理论逻辑，人们能够对自己的感情和行为作出正确的判断，还需要有参照物的"镜子"，即别人的反应和判断。当人们与世隔绝不与他人交往时，因为没有他人对自己行为的表情反应和态度倾向，人们往往就像没有"镜子"的反照而看不到自己的长相一样，因缺乏他人评判的"镜子"而不知自己行为合宜与否。只有进入社会的交往以后，人们通过他人的眼神、表情、理解或不赞同的情感，才能看到自己的行为合宜与否。所以，人们对自己行为的道德评价，实际上就是用别人的眼光审查自己的行为，这是我们检查自己行为合宜性的惟一的"镜子"。

值得注意的是，斯密在以感情共鸣论证道德的自我评价和对他人评价的过程中，又自然地推演出了道德原则形成的机理。在斯密看来，道德原则不是一种"社会规定"，而是一种"共同的感觉"。这种感觉经过后天经验习惯的强化逐渐为人们感知和奉行。"我们对他人行为不断的观察会不知不觉地引导我们为自己订立关于什么事情适宜和应该做或什么事情不适宜或不应该做的某些一

① ［英］亚当·斯密：《道德情操论》，17页。

②③ 同上书，17页。

般准则。”[①] 通过对别人行为的不断观察，人们就会感到，有些行为不仅引起自己的愤怒和不满，也引起周围人的憎恶，而看到其他人与自己相同的感情，就会巩固和强化人们对这类行为缺陷的天然感觉，自然地把这类行为划为禁止之列，并由此也为自己订立了一般的行为准则，即避免做所有这类行为，以免使自己成为可憎、可鄙的对象；相反，其他一些行为在博得我们称赞的同时也引起了周围人的好评，我们就会热切地实践这样的行为，使自己成为受人尊重和赞誉的对象，因之，我们就会为自己订立另一条法则，这类行为是应该做的。可见，斯密把道德的应该与不应该之则诉诸人们在一定情境之下所感觉的适当与不适当的情感，并由赞同或反对的共同感觉决定道德原则的禁止与提倡。

三、美德和人格

斯密在阐述情感共鸣何以成为道德判断的基础之后，又论及了情感及情感共鸣何以成为美德形成的基础。

斯密指出：“美德的性质不是必然被无差别地归结为人们的各种得到适当控制和引导的感情；就是必然被限定为这些感情中的某一类或其中的一部分。我们的感情大致分成自私的感情和仁慈的感情。”[②] 依此思想原则，斯密把我们人类的美德分为两种范式：一是在利己情感支配下，以谋求自己幸福为直接目标的谨慎美德；另一个是在仁慈感情支配下，以谋求他人幸福为直接目标的正义和仁慈。

对于谨慎美德，斯密分析的逻辑起点是人的生命机体及其衍生的自保需要。在斯密看来，人既有保持生命的生存性需要，也有向往为人尊重的社会性需要。为了能够较好地保养身体和维持健康，人们只有小心并具有一定的预见性才会尽可能地避免伤害；人们追求名誉和社会地位而期求社会尊重的需求，在很大程度上又依仗每个人的品质和行为，而能够担当此重任的品质就是谨慎。谨慎首先谋求的是安全，它使人们小心谨慎地保持自己现有的健康、财产、地位或名誉，并以此为基础，用社会上允许和最有效的方式图谋自己的更大发展，如在职业活动中凭借自己的真才实学增加财富，在日常工作中刻苦和勤勉而不懒散，在花费方面勤俭节约而不大手大脚，从而使自己的生活殷实而有条理。除此之外，谨慎还使人行为举止适度而受人尊敬。谨慎使人在与人交往中，能够依据具体情景把握自己的言行，做到真诚而不虚妄，诚实而不鲁莽，随和谦逊而不傲慢无礼，谨守礼节而不粗野。谨慎使人能够为了将来的舒适和享受，具有远虑的胸怀，以至能

---

① ［英］亚当·斯密：《道德情操论》，192～193页。

② 同上书，351～352页。

够禁得起一些欲望的纠缠和诱惑，具有坚持不懈的勤劳和俭朴，不仅量力消费，而且做事有主张和计划，不草率行事。谨慎使人恪守自己的职责而不越雷池，既不忙于与自己职责无关的事，也不强行干预他人之事，更不随便乱提意见或把自己的意见强加于人，而是做好分内之事，保持心灵的安宁。所以，斯密坚持，谨慎的美德，一方面源于人的自私情感，增进个人幸福；另一方面更源于人们对这种利己情感的合理控制，达到了与公正的旁观者的感情共鸣。总之，依斯密之见，人们对感情适度克制就会增强美德，相反，人们对感情放纵就会损害德性。正是有了对利己情感的合理控制，才保证了谨慎的美德不仅有助于个人的健康、财富、地位和名声，而且成为了可爱和受欢迎的品质，尤其当它与伟人的远大而高尚的目标相结合时，将会显得更加杰出。

斯密把仁慈美德看成同情之情的外化。同情使人能够体察他人的感情和分担他人的苦痛，并给予相应的关怀和帮助，使人具有宽宏、人道、善良、怜悯、友谊、谦让、温厚等品德。“正是这种多同情别人和少同情自己的感情，正是这种抑制自私和乐善好施的感情，构成尽善尽美的人性；惟有这样才能使人与人之间的情感和激情协调一致，在这中间存在着人类的全部情理和礼貌。”[①] 仁慈美德所促成的人们之间的同情、理解、关心、友爱，不仅加强了社会成员之间的联结，而且增强了社会的凝聚力。就此，斯密指出：“在出于热爱、感激、友谊和尊敬而相互提供了这种必要帮助的地方，社会兴旺发达并令人愉快。所有不同的社会成员通过爱和感情这种令人愉快的纽带联结在一起，好像被带到一个互相行善的公共中心”[②]。仁慈美德对于人际和谐和社会发展的促进是不言而喻的，但是，对于社会存在和发展而言，仅有仁慈美德是不够的，还需另一种美德——正义。在斯密看来，虽然人的同情心会使人体谅他人并尽量不伤害他们，但人的仁爱之情是有限的，其关爱的强烈程度是由近及远，即由至爱自己、自己的家人到推及自己的朋友、陌生人和祖国，以至于我们自己毫厘的得失常常显得比不相识人的较大利益还重要。因此，光靠仁慈的美德，不足以保证社会成员之间的利益平衡。为了克服个人感情和利益的偏颇性，维系社会的公平，“保护弱者，抑制强暴和惩罚罪犯”，培植人们的恶有恶报的意识，就要确立正义的原则。关于正义美德对社会之作用重于仁慈美德，斯密以建筑为例给予了透彻的说明。他说，行善犹如美化建筑物的装饰品，而不是支撑建筑物的地基；相反，正义犹如支撑大厦的主要支柱，如果支柱有所松动的话，人类社会这个雄伟而巨大的建筑物顷

---

① ［英］亚当·斯密：《道德情操论》，25 页。

② 同上书，105 页。

刻间就必然会土崩瓦解。正是在这个意义上，斯密指出："与其说仁慈是社会存在的基础，还不如说正义是这种基础。虽然没有仁慈之心，社会也可以存在于一种不很令人愉快的状态之中，但是不义行为的盛行却肯定会彻底毁掉它"①。

为了强调正义之德与其他美德作用方式的殊异，斯密对谨慎、仁慈、正义三种美德的特性进行了比较。在斯密看来，由于正义之德产生于对受伤害者同情、保护、补偿及对害人者的愤恨和惩罚的感情，所以，惩恶是正义的重要功能。而对恶行的制裁和处罚，不能只指望提倡和劝诫，为此，正义需要借助各种法律的明确性、强制性加以维持和保障；相比之下，谨慎和仁慈则是一种自觉自愿的品行，它们不需要强力相逼，而且仅仅缺乏仁慈也并不必然受到惩罚。如一个曾受恩于别人的人，尽管他没有尽力去报答他的恩人而使旁观者的合理期待受挫，但由于他没有对任何人造成实际的伤害，故不致受到严惩。总之，友谊、慷慨和宽容所促进的行为，不仅敦促人们关心他人的福乐，更为可贵的是，它们是人们出于感激的责任所致，而不是受制于外力逼迫。仅此而论，"正义只是一种消极的美德，它仅仅阻止我们去伤害周围的邻人"②。

依上述理论我们可得知，在斯密看来，形成美德的感情不是人类原初的一般感情，而是对一般感情进行自我控制的感情。谨慎之所以称得上美德，是人们以非凡的自制力驾驭人性中最强烈感情冲动的结果，仁慈是扩展仁爱与克制自私之情的结果，正义是人们控制对他人权益贪婪之性情的结果。总之，"按照完美的谨慎、严格的正义和合宜的仁慈这些准则去行事的人，可以说是具有完善的美德的人"③。

四、经济人与道德人

亚当·斯密的卓越思想，不仅体现在伦理学中，而且也体现于经济学中。经济学专著《国民财富的性质和原因的研究》（简称《国富论》）和伦理学专著《道德情操论》，是斯密著称于世的两部经典著作。由于斯密在《国富论》的经济视野中，是以人性自私为逻辑起点，阐述了"经济人"行为的利己性；而他在《道德情操论》的道德视野中，又以人性的同情为逻辑起点，强调了"道德人"行为的利他性，致使世界上一些经济学家便把斯密的这种经济学主张人性自私利己，道德学强调同情利他的"矛盾"称之为"亚当·斯密问题"。

在人性论问题上，斯密坚持人类的两种本性学说：人性的自私和同情。在

① ［英］亚当·斯密：《道德情操论》，106页。

② 同上书，100页。

③ 同上书，308页。

《国富论》中，他对专门从事商品生产和经营的“经济人”行为的剖析，的确是以自私心为支点。在斯密看来，“经济人”是商业社会的产物。由于人们的需要是多方面的，而每个人只能专职于某一行业，因而人们的绝大部分的生活用品需从社会上各种才能所生产的共同资源中购取自己所需要的产品，以至于“一切人都要依赖交换而生活”①。正是人类所特有的互通有无、交换物品的倾向，促使了劳动分工和交换的发展，并产生了专门从事商品生产和交换的“经济人”。

斯密认为，经济活动遵循的是等价交换的原则。在工商社会中，除乞丐的一部分需要可以靠道义上的恩惠、慈悲的施舍得到满足外，人们的需要全部都是通过交换而得，以至于“人类几乎随时都需要同胞的协助，要想仅仅依赖他人的恩惠，那是一定不行的”②。即是说，人们在商业社会中生活需要的满足基本上是通过互通有无的买卖来实现的，而人们从中表现出的“互相帮忙”不是出于同情的仁爱，而是出于利己的企图。因为交易的通义是：“请给我以我所需要的东西吧，同时，你也可以获得你需要的东西”③。所以，你若想获得你所需的东西，你必须首先刺激他人的利己心，使其明白做这事对他的益处。因此，斯密指出：“我们每天所需的食料和饮料，不是出自屠户、酿酒家或烙面师的恩惠，而是出于他们自利的打算。我们不说唤起他们利他心的话，而说唤起他们利己心的话。我们不说自己有需要，而说对他们有利”④。可见，尽管斯密在《道德情操论》中，从普遍人性的角度，宣扬人人都具有同情和怜悯之心，甚至元恶大凶之人也不例外，但在交换的买卖活动中，他则明示人们的经济活动不是同情的驱使，而是利己心。

按照斯密的思想，“经济人”行为的动机虽是个人私利，且追求的目标是个人利益最大化，但“经济人”的这种自利倾向，在“看不见的手”的指导下，其行为结果非但不损人，反而更有益于他人，即主观为己客观为人。对此，斯密分析道：在经济活动中，人们的生产和经营活动受市场供求关系引起的价格波动的影响，这就决定了“经济人”要想获利赚钱，必须投资、生产、经营那些供不应求的社会产品，否则，无法获利。一旦“经济人”出于自己利益的打算而去生产、经营市场最需要的产品，他在客观上就促进了社会利益，尽管他的本意根本没有打算促进公共利益，也不知道在什么程度上促进了那种利益，

---

① ［英］亚当·斯密：《国民财富的性质和原因的研究》（以下简称《国富论》），下卷，20页，北京，商务印书馆，1979。

②③ ［英］亚当·斯密：《国富论》，上卷，13页。

④ 同上书，14页。

而且“他追求自己的利益，往往使他能比在真正出于本意的情况下更有效地促进社会的利益”①。显然，斯密思想的逻辑是，“经济人”的行为动因不仅是自私利己的，而且他们越欲追求改善自己境遇的个人私利，他们在客观上就会愈促进社会的繁荣，这是经济活动规律的客观使然。

由于斯密意识到了人类的经济活动和道德活动受不同的原则支配，所以，在道德领域，斯密对“道德人”行为的分析，是以人性的同情为基础展开的。需要明了的是，斯密尽管以同情为基础论述道德行为，但斯密始终没有否认人的自私性，而且还鲜明地表示，人们关心和谋求自己的利益，是自然而正常的。“毫无疑问，每个人生来首先和主要关心自己；而且，因为他比任何其他人都更适合关心自己，所以他如果这样做的话是恰当和正确的。”② 因为每个人对自己苦乐的感觉比对他人苦乐的感觉会更灵敏，前者是原始的感觉，后者是同情的想像；前者是实体，后者是影子。不可置否，斯密对人性自私的认识是一贯的，并没有因强调人的同情本性而否认自私情感的客观存在，但同样重要的是，斯密没有把人类的道德建立在人的自私本性上，而是在一定程度上，认为道德恰恰表现为对人的自私情感的合理克制。在斯密看来，同情与人的自私性一样，是人的普遍本性，而且惟有它为人们提供道德行为的原动力。具言之，人们在同情心的作用下，对他人感情以体察而产生感情共鸣或同类感觉，从而使人们控制自己原始感情的冲动，注重他人的感受和需要，做出利己不损人或直接有益于他人或社会的行为，人类的谨慎、仁慈、正义的美德，无不是人们在同感基础上对自私情感的抑制和对仁爱情感的扩充。因此，“道德人”“既能最充分地控制自己自私的原始感情，又能最敏锐地感受他人富于同情心的原始感情”③。

可见，在斯密看来，利己和同情是人性的两个方面；“经济人”受自私利己本性的驱动，“道德人”受同情仁爱本性的驱动；利己心既是人性中的主要倾向，也是道德得以发生的必要条件；没有人的自私性，就无所谓人的道德性；没有人的同情性，就不可能有道德。所以，学界流传的“斯密问题”是一个虚假命题。

斯密以同情和感情共鸣为主线和基础所构建的道德情感论，丰富了“道德感”的内涵，系统化了道德情感的理论体系，堪称18世纪道德情感论的经典和终结。

---

① ［英］亚当·斯密：《国富论》，下卷，27页。

② ［英］亚当·斯密：《道德情操论》，101～102页。

③ 同上书，184页。

思考题：

1. 简述近代道德情感论的人性学说。
2. 论述“道德感”的发展历程。
3. 试述休谟的道德判断的思想。
4. 如何理解“斯密问题”?
5. 如何正确看待近代道德情感论的理论贡献与缺陷?

参考文献：

1. 罗国杰，宋希仁．西方伦理思想史．下卷．北京：中国人民大学出版社，1988
2. 周辅成主编．西方著名伦理学家评传．上海：上海人民出版社，1987
3. ［俄］A．古谢伊诺夫．西方伦理学简史．北京：中国人民大学出版社，1992
4. 王莹，景枫．经济学家的道德追问．北京：人民出版社，2001

第八章 社会契约论伦理学

在一切动物之中，区别于人的主要特点的，与其说是人的悟性，不如说是人的自由主动者的资格。自然支配着一切动物，禽兽总是服从；人虽然也受到同样的支配，却认为自己有服从或反抗的自由。

——卢梭

让我们请教理性，求助于经验，询问自然吧。这样，我们就会发现要对人类幸福做有效的努力应该做些什么。

——霍尔巴赫

18世纪的法国是一个历史转折和社会变革的时代，也是一个在经验、科学、理论和实践原则方面进行伟大综合和创造的时代。在这一时期，社会的经济、政治、思想、风尚、生活方式都在发生深刻的变化，与此相对应，伦理思想和伦理学说也在发生革命性的变革。法国启蒙伦理思想以其崇尚自然、高扬理性、尊重经验、认肯利益和功利、执著于平等和自由等，体现出自己特有的风貌，对近代后期欧洲伦理思想的发展和马克思主义伦理思想的形成，产生了重大的影响。

第一节 启蒙道德观的演进

法国启蒙运动在伦理思想领域所发生的变革，首先是从培尔的道德独立论开始的。伏尔泰继承和发展了培尔的伦理思想，提出了影响深远的自由伦理观。他们把笛卡尔开始的怀疑主义、理性主义方法贯彻于道德思考，并使怀疑主义、理性主义发展为对封建主义和教会道德的批判和否定，为法国启蒙主义和启蒙伦理思想的形成和发展奠定了坚实的基础。

一、理性和信仰的矛盾

在18世纪，天主教作为法国的国教，在法国社会生活和国家生活中具有精神支柱的作用。路易十四以“神权国王”自居，把在法国振兴天主教作为自己的天职，无情地镇压和迫害异教活动。在这种政治背景下，天主教势力在法国十分猖獗。他们推行宗教蒙昧主义和文化专制主义，教义的教条同时就是国家政治的教条和社会生活的原则，甚至是判断一切思想和言论的最高标准。天主教教人放弃市民生活与政治生活，把尘世的一切事物和工作完全看作是虚幻无聊甚至是罪恶的，让人们彻底根除一切自然的欲望，为上帝做出牺牲。这种与人的本性相矛盾的教义，受到了宗教革新运动的冲击。但是，新教只是从实践方面而不是从理智上使人得到了一定的解放。它不但只是以宗教代替宗教，而且也没有承认人的更高的要求，即理性的要求。正因如此，神学仍然占据统治地位，科学精神仍然受到压抑。自然科学家只能为宗教的利益而从事研究，不得不压抑自己认识自然、追求真理的良心。神学教义禁止人们思考，禁止人们研究自然本身，一切都只能服从神学，做神学的婢女。在神学的压迫下，当时的一些自然科学家不是从自然和世界本身去研究世界，而是以神学为基础研究自然和世界。神学无论在内在方面还是在外在方面，都阻碍和破坏着自然科学以及一般科学的发展。不仅如此，教会还给科学家加上“无神论者”的罪名，而“无神论”在那个时代就是叛国罪。

针对宗教道德和神学肆无忌惮的统治和迫害，首先高举起理性旗帜对宗教神学发起冲击的，是法国启蒙运动的最早代表、被恩格斯称为“十七世纪最后一个形而上学者，十八世纪的第一个哲学家”的比埃尔·培尔（Pierre Bayle,

1647—1706）。培尔把理性和信仰、科学和宗教分开，并使之对立起来，用怀疑论摧毁了形而上学，并对由于宗教偏见而硬化的头脑进行“外科手术”，以便灌进健全的理智。信仰与理性的矛盾是培尔思想中所揭示的一个最有历史意义的方面，表现出培尔思想的基本特征。

在培尔的时代，有些神学家断言《圣经》与理性并不矛盾。他们既承认理性的权利，同时又承认正统神学的权利，主张同时服侍两个主人，实际上是力图把与理性相矛盾的教义证明为与理性相一致。与此相反，培尔强调自然理性之光与信仰启示之光的区别，他从基督教的原罪说与上帝的本质相矛盾来揭露神学教义本身的荒谬。为此，培尔概括出 7 条神学原理和 19 条哲学原理，用哲学原理与神学原理的对立，深刻地证明信仰启示与理性的根本对立。按照神学原理，上帝创造了人，并赋予人自由意志，人可以服从上帝，也可能违背上帝；但是如果人违背上帝的禁令，那么人就要受到惩罚，永远受苦，以致死亡，永堕地狱。而按照哲学原理，自由意志是上帝自己挑选出来赋予人的一种恩惠，并未经过人的请求。因此，上帝在这种情况下比在人们苦苦哀求的情况下，更应该对这种恩惠的毁灭性结果负责。如果上帝不能防止某种恶，或者不准许这种恶就会发生更大的恶，那么准许这种恶就是可以原谅的。但是，如果上帝拥有极其有效的手段，既可以对付一切恶，也可以对付由于压抑这种恶而产生的其他恶，那么准许这种恶就是不可饶恕的。培尔通过 19 条哲学原理与 7 条神学原理的对照，揭露出上帝是一个受激情支配的、时喜时怒的、任性的、反复无常的、因而不可理解的上帝；是一个与哲学所描述的神性概念不相容的、没有神性的上帝；是一个充满矛盾的、阴险的、诡计多端的、奸诈的和骗人的上帝。上帝在事实上是罪孽和一切邪恶的起因，但他却想方设法把他的罪恶转嫁到他那可怜的创造物身上。培尔认为，在讨论上帝允许或同意犯罪这个观点时，必然要提出下面这个问题：“上帝为了什么目的或为了什么原因要允许犯罪？”①

通过以上分析对比，培尔得出的基本结论是：神学完全是立在欺骗和强制两根支柱上的，不可理解、神秘性亦即反理性，正是信仰的本质。教义和真理是根本对立的。培尔对天主教教义和信仰的揭露在那个时代具有重要意义，是对宗教神学击中要害的致命打击，也是对理性解放的宣言。如果人们通过这种揭露觉察到信仰与理性的矛盾，并且把这一点说出来，那么人们就会离开或疏远信仰，使理性从信仰中分离出来、独立出来，把信仰看作一个与自己对立的对象。首先是作为思考的对象，然后是作为怀疑的对象，继而再作为批判的对象，最后作为抛

① 转引自《费尔巴哈哲学史著作选》，第 3 卷，106 页，北京，商务印书馆，1984。

弃的对象。从这里可以看出，培尔的精神就是笛卡尔的怀疑精神和批判精神的继续，它使理性从信仰中解放出来，把怀疑精神传播到各门科学以及生活的各个领域，从而点燃了星火燎原的火种。

二、道德独立论

培尔对宗教神学的怀疑与批判，常常是从伦理道德方面进行的。针对宗教神学对无神论者的攻击，培尔从经验的角度提出，无神论并不比有神论更邪恶，无神论并非必然与不道德连在一起。他认为，无神论者由于尊重自然和真理，完全可能遵守道德和做好事；当代的道德败坏绝不是来自于最近几百年来不信教的思想；那些相信天堂和地狱的人也会犯各种各样的罪行。因为，人的作恶的欲望并不是产生于对上帝缺乏了解，一个对上帝毫无认识的人的作恶欲望，并不比一个对上帝很了解的人的作恶欲望更强烈，那些很坏的荡妇和罪犯可能同时又是天主教的虔诚信徒。从经验的分析中，培尔得出3条原则：(1) 某些极其不道德的人可能同时完全确信某种宗教的真理性；(2) 心灵的认识不是行动的原因，决定行动的不是头脑中的一般观念，而是当时的激情；(3) 对宗教的信仰并不能决定人的品行。培尔由此断言，既然信仰或宗教没有能力抑制人的激情，因此善行也并不是来自宗教信仰。从人的行为的实际状况来看，快乐是人的一切行为与活动的灵魂。人们并不是以宗教教义为行动的准绳，而是以对享乐的自然爱好和交往的习惯为原则；支配世界的只是一些世俗的原则，也就是对法庭审判和蒙受耻辱的恐惧。因此，无神论者组成的社会只要严厉惩罚犯罪行为，并把荣誉和耻辱的观念和某些事物联系到一起，就能在合乎道德的美德方面不亚于其他任何社会。社会和国家的幸福绝不是与无神论不相容的，无神论者也能坦率诚恳、乐于助人、仇视不义、忠于友谊、宽宏大量、亲切友好，并能很好地自我节制。

从表面上看，培尔是在用经验事实为无神论者的道德作辩护，事实上，他是试图通过对经验事实的分析，探求一种不依人的意志为转移的规律性，亦即人的意志活动的规律性。培尔明确地说："如果对于理智活动来说存在着某些特定的和不变的规律，那么对于意志活动来说也应有这样的规律。这些活动的法则并不都是随意制定的；有一些法则来自于自然的必然性，是我们绝对必须遵守的。因此，正如与推理法则相矛盾的结论是错误的，同样地，与意志法则不一致的意志活动也是错误的。"① 那么，这种来自于自然必然性的意志的法则是什么呢？培尔认为这种意志的法则就是：人愿意做与理性相符合的事情。如果他经常想做违背理性的事情，那他就没有完成自己的职责。无神论者之所以能够有美德，一方

① 转引自《费尔巴哈哲学史著作选》，第3卷，50页。

面在于他们具有认为自己有责任按照理性调整意志活动的能力；另一方面在于美德本身有内在的美和内在的善，其自然本性就使人喜爱；同时还在于道德真理在上帝制定训诫之先就已经把道德职责加给人了。因此，即使没有上帝，人也有责任服从自然法的规律。

很明显，培尔关于意志法则的论断中包含着一个重要思想，这就是关于道德独立性的思想：意志活动的法则有自身的规律，它不是随意制定的，也不以上帝的意志为转移。培尔在一篇《哲学评论》中进一步明确地提出了道德的独立性和道德规律的普遍性。他认为，自然之光和知识的普遍基本规律，是解释全部经典特别是道德问题的基本原则。道德是以理性的普遍规律为基础的，就像知识以整体大于部分这样的原理为基础一样。在培尔看来，应当向自己的恩人谢恩，己所不欲，勿施于人，要遵守自己的誓言，要按照良心办事，等等，这些观念是人人共有的。一切道德戒律毫无例外地都应服从公正的自然观念；要得到关于公正的清晰观念不需要求助于宗教，而只需要超越自己的个人利益和国家的习俗偏见。这是因为，自然之光早在上帝之前就照耀着人的心灵，灌输了职责观念。在这个意义上，天启的真理也要受到自然之光的审判，以便获得自然之光的核准和证实。不论是谁向人们提出道德法则，也不能忽视自然之光。“自然之光，就是铭刻在一切人的心灵之中的道德观念，简言之，就是普遍的理性。”①“只要人认真地听取普遍理性的忠告，普遍理性就使所有的人头脑清醒，而不会使任何人陷入迷途。”

由此我们看到，培尔在力求使科学与神学、理性与信仰分离的同时，也力求使伦理学从神学的奴役下独立出来。这是培尔在近代伦理学史上立下的重要功绩。正如科学在神学的奴役下不能健全地发展一样，伦理学长期处于神学的统治下，也不可能得到发展。只要伦理学依附于神学，它就不能从道德的纯粹状态，从它的本来意义上去理解道德。神学把伦理学建立在上帝的意志之上，致使伦理学的原则必定成为随意的和非道德的，也必然从根本上否定伦理学。培尔对伦理学做出独立的理解，对善和道德做出独立的、自然本然的理解，是完成了伦理学史上的一项伟大任务。有了培尔的成就，几十年后才出现了以其纯洁清澈形态表现出来的德国伦理学。

三、自由与平等

在理性的基础上高扬自由精神和平等精神，是启蒙思想家反对基督教神学和封建专制主义的重要武器，也是18世纪法国启蒙伦理学贯彻始终的鲜明特征。

---

① 《费尔巴哈哲学史著作选》，第3卷，77页。

从培尔对自由意志的理性辨析，到伏尔泰的自由伦理观和平等伦理观，再到孟德斯鸠的政治道德自由论，构成了自由和平等伦理的一幅精神画卷。

培尔强调道德的独立性，其根本意义是否定神学的外在强制，肯定道德的内在根据。在培尔看来，只有内在根据即思想，才起着决定性作用。他所理解的内在根据或起决定作用的思想，就是笛卡尔所说的清楚明白的观念，即理性的原则。这种清楚明白的观念不是以是否符合教义为标准，而是看其是否符合自然事物本身。在培尔的时代，一件事情、一种观念，只要是自古的传统或有多数人赞同，就成为没有异议的真理的标志。培尔的思想就是要打破这种根深蒂固的旧观念，他由以发难的就是关于自由意志问题。当时有一个叫做金的神学家，在一篇关于恶的起源的论文中，为了排除论证的困难，求助于神学通常采用的手段，诉诸自由意志。他既不赞成自由是对强制的摆脱的学说，也不赞成自由在于对一切都漠不关心的学说，更不赞成意志服从实践理性决定的学说。他主张自由就是一种进行选择的力量，这种选择力量既不依赖于自由存在物的能力和特性，也不依赖于所选择的对象的性质，事物的善完全依赖于上帝的选择，而不是由于事物的善才有上帝的选择，否则上帝就会受约束。

培尔对金的这套诡辩进行了尖锐的批驳。他认为，按照金的逻辑，在上帝决定创造世界之前，上帝是不知道善恶和美德优于罪恶的。这样一来，道德中就不会有确定的善恶，人们就不可能有稳定的道德规律可循了。这是一种典型的非理性思想。培尔指出，金的选择自由论，不仅与理性相矛盾，而且也与经验相矛盾。经验证明，人们选择某种东西，认为这个东西比那个东西好，总是依据这个东西适合于我们，或者这个东西比那个东西更适合于我们。因为事物给人带来好处，才能使人得到幸福。幸福来自人们的选择，但选择首先是根据事物本身所具有的特性。按照培尔的推论，如果人选择某一事物不是因为这一事物适合于他，而是因为人选择了这一事物才使这一事物适合于他，哪里还有人的自由呢？

培尔认为，人心是向善、爱善的。正如理智对于一般真理和特殊真理有一种天然的倾向性一样，意志对于一般的善和特殊的善也有一种天然的倾向性。人的幸福是由善构成的，只要清楚地认识了特殊的善，人们就必然爱善。人没有对善不爱或漠不关心的自由，这不是人的缺陷，而恰恰是一种良好的值得赞许的品质。为什么人心必然向善呢？所谓理性对意志选择的决定力量是什么？培尔在对金的自由论进行反驳的过程中，表达了一个非常重要的决定论思想，即利益决定人心所向，理性的决定力量就在于它反映着“真正的利益”。他说：“这种使意志屈从于理智的最后决定的学说，不仅对心灵的特性提供了一个更加有益的概念，而且表明用这种方法把人引向幸福，比用那种漠不关心的自由的方法更加容易得多；因为在这里只需要向精神解释清楚它的真正利益，意志就会立刻遵循理性的判断。可是，如果某人具有一种不依据于理性，不依据于对客观特性的清楚认识的自由，那么这个人就是世界上极其野蛮的野兽。”① “那种始终遵循理性要求的自由，那种清楚地把对象了解为自己的善并且不反抗对象的自由，具有更加真实的价值。”② 在这里，培尔虽然没有对“真正利益”作出明确的进一步的解释，但是他把自由意志同理性联系起来，把理性同利益联系起来，把意志自由理解为“对客观特性的清楚认识”的做法，却包含着合理的、深刻的思想，表现出一个唯物主义哲学家对待道德问题的清醒的头脑。

不仅如此，培尔还从人的心理特性上，论证人心向善和选择的规律性。他根据经验说明，任何人都会承认清楚的、被认识到的真理；人们既不能在内心里否认是真理的事物，也不能在内心里承认已经被认识到是荒谬的事物。真正热爱真理和善的人，都力求在自己的判断和意志活动方面摆脱不稳定性。他批判那种对一切都怀疑的、对真理也抱着轻浮态度的怀疑主义是“心灵的缺陷”。他强调人的意志活动不仅是遵循理性的，而且是在不断地进行选择而养成的习惯中规定自己，养成美德。这种通过习惯而养成的美德，能够压抑和战胜罪恶的力量，使人在善行方面表现坚定果断，以至具备抛弃喜爱邪恶的能力，即具备避恶趋善的能力。人的幸福正是以这种美德的习惯来衡量的。如果一个人在一生中与这种美德结下不解之缘，那么他就达到了人世间幸福的顶峰；如果人们对善的选择坚决果断，以至深信自己只能做这种选择，而无别种选择的自由，那就是十分巨大的优点，甚至是最高的美德。从这里可以看到，在自由的问题上，培尔同莱布尼茨采取了同样的态度。莱布尼茨曾根据同样的理由反驳过那种否认客观规律、否认理性的自由论。培尔和莱布尼茨一样，都具有作为一个科学家和启蒙思想家的自由感。

在18世纪法国启蒙思想家中，真正举起自由思想大旗的是伏尔泰（F. M. A. Voltaire，1694—1778）。伏尔泰接受培尔的影响，思想倾向于自由，并把争取自由看作启蒙运动最重要的任务。其思想影响和活动贯穿整个18世纪法国启蒙运动，被史家称为启蒙运动的思想泰斗、导师和领袖。

伏尔泰自由伦理观的哲学基础是自然神论和自然法理论。他在哲学上深受牛顿和洛克的影响，坚持唯物主义和经验主义路线。在自然神论的掩护下，伏尔泰坚持用自然法理论解释社会和历史。所谓自然法，在他看来就是自然秩序和规律，就是使人知道正义的自然本能。人类的历史受自然法支配，是合乎理性地、

①② 转引自《费尔巴哈哲学史著作选》，第3卷，181页。

有规律地发展的。这种不以人的意志为转移的规律性，就是社会法律和道德准则借以建立的基础。关于正义和不义，人们无须乞求上帝的旨意，只要依据自己的正义的自然法本能就可以判断。自然法的根本宗旨就是“既不在于使别人痛苦，也不在于以别人的痛苦使自己快乐”①。伏尔泰认为，每一个精神健全的人心里都有自然法的概念，法律和道德观念都来自这种自然法的观念，法律和道德都是自然的女儿。伏尔泰强调自然法的意义就在于，要用新的符合人性的原则代替封建宗法和宗教崇拜的原则。

伏尔泰遵循自然法理论，强调认识自然，服从自然。对于人类社会生活秩序来说，他认为应当遵从人类生活的情感，以爱为原则。他把爱分为两个方面，即爱自己和爱人类。前者是自爱，后者是博爱。在他看来，人之为人，有爱自己和爱人类的自由；自爱和博爱都是人类本性的自然，是人作为人的本质之表现。他在谈帕斯卡尔《思想录》的书信中，批评帕斯卡尔主张“只应当爱上帝，而不应当爱人类”的思想，强调“应当爱，而且亲切地爱人类，应当爱自己的国家、自己的老婆、自己的父亲、自己的孩子们，应当那么样爱他们，以致上帝使我们不由自主地爱上他们了。和‘爱’相反的原则只会造成野蛮的好辩论者而已”②。伏尔泰还认为，爱心是按照自然的秩序而来的，“没有自爱心，社会也就不可能形成和继续存在；没有情欲，就不会生出小孩子来，没有胃口就不想吃东西，诸如此类。正是对我们自己的爱，助长了对他人的爱，正是由于我们相互的需要，我们对人类才有贡献”③。伏尔泰认为，人对人的相互需要是人类爱的基础。正是人对人的相互需要，人对人才有贡献。相互需要乃是人与人的永恒的联系，没有这种联系，就不会有商业、艺术和社会团体。在认识相互需要的基础上，人们自爱并尊重别人。法律指导人们的自爱和自尊，宗教改进和提高人们的自爱和自尊心，人应该对人对己都做出贡献。问题只在于所作所为是否遵循自然法则和达到有用的结果。人兽之分就在于人意识到别人的需要，争取同类者的赞同，这正是一切“才能与道德之母”。因此，无论宗教还是法律，都不应该贬低或诽谤自然赋予人的本能，不应该阻碍人去追求幸福生

伏尔泰

① 《十八世纪法国哲学》，99 页，北京，商务印书馆，1963。

② ［法］伏尔泰：《哲学通信》，125 页，上海，上海人民出版社，1961。

③ 同上书，126 页。

活的条件，而只应该正确地利用它所能发挥的用途，为人类造福。很显然，伏尔泰主张把自爱和博爱结合起来，是直接针对基督教仁爱论的，他承认爱的原则，但反对否定自爱的宗教仁爱论。

伏尔泰认为，一个社会要存在和发展，就必须遵循一些理性的原则。除了自爱与博爱以外，社会秩序最重要的原则就是公正、平等和自由。

公正是自然法的基本要求。所谓“公正”，就是普天之下都认为如此，它既不使别人痛苦，也不是以别人的痛苦使自己快乐。如就土地的所有来说，人们不去侵犯一个勤劳的邻人的土地，只是仿效他，去用劳动和智慧耕种土地，那就会实现同族、同村相处的公正。如果一个人侵犯或掠夺了用劳动建造起自己园子的人，他就是无视自然法规定的义务，就是违背了正义。伏尔泰认为，一切法律都建立在正义观念之上，尽管世上有不义的人和事，但公正和正义观念却始终存在，并且成为维系社会秩序的基础。正义“只不过是认为我们生而应当去做一切有益社会的活动，应当遵守我们为了公益而制定的法律”[①]。不过，伏尔泰也看到，这样的理想正义和公正在现实社会中是不存在的，实际存在的只是强权即正义。无论东方或西方，谁有能力谁就统治；谁当上了主人的时候，谁就尽可能地统治。在暴君政治下，人们不是当铁砧，就是当铁锤，不可能有真正的公正。尽管如此，在伏尔泰看来，按照自然法的本性，人类还是倾向于公正和正义，而反对损人利已和暴政的。这正是自然法则在社会生活中的体现。

平等之为社会原则，就是反对封建等级特权。伏尔泰认为，人是生而平等的，一切享有各种天然能力的人，都是平等的。即使一个皇帝也不能禁止人们消化，禁止人们思想。在自然状态里，人们将会像动物一样独立不倚，自由地生活，决不可能役使另一个人或被人所役使。但是，人类社会的生活却完全不是这样。人类的大多数都是老爷的奴隶，是连土地一起被卖出买进的牲畜，到处都分裂为两个阶级，一个是支配人的富人阶级，一个是服侍人的穷人阶级。大多数人都生活在这种境况之中，连续不断的劳动阻止了他们过多地感觉到这种处境，人类生活在一个不幸的星球上。伏尔泰认为，平等既是一件最自然不过的事，同时也是最荒诞不经的事。这是因为，人性之中有一种喜爱统治、财富和欢乐的强烈倾向，人人都自私自利，愿意得到别人的金钱、妻子和儿女，做别人的主人，随心所欲地役使别人。因此，人们是不可能平等的。平等只是在自然法面前的平等，而不是在财产所有权和社会地位上的平等。如果没有无数一无所有而又有用的人，人类社会就无法维持；没有主人，同样也就没有仆人。因此，维护人们之

---

① 《十八世纪法国哲学》，72页。

间的不平等就是平等。人类真正的不幸并不在于不平等，而在于从属；而使人从属于另一个人的，只是与人类分不开的贫困。可是，贫困的根源是什么呢？伏尔泰无法给予正确的解释。因此，他最终实际上是在为私有制的不平等提供论证，宣布不平等是人类社会秩序的合理的、正义的法则。这与他所强调的平等原则显然是矛盾的，表明了其理论的不彻底性和历史局限性。

自由原则，是伏尔泰终生为之奋斗的社会理想和社会原则。他把争取自由看作启蒙运动最重要的任务，以至在他的柩车上人们大书："他教导我们走向自由。"在18世纪法国启蒙思想家中，伏尔泰是自由原则和自由伦理观最坚定的倡导者。伏尔泰认为，自由就是"去做你的意志绝对必然要求的事情的那种权利"①，就像人们在大炮轰鸣时不能不听到它的声音，但可以躲避它的轰炸一样。在这里，人不能对炮声随心意愿或不意愿，但可以做出行动的选择。这就是说，人的意志不是自由的，只是有行动的自由。当人们有权利去做什么事情的时候，人们就有了去做事情的自由。在这个意义上，伏尔泰接受了洛克的自由观，强调人生而自由，人只受自然法和符合自然法的法律的约束。不仅如此，伏尔泰还把自由同商业贸易联系起来，赞扬英国人因发展商业贸易不仅富足起来，而且同时获得了自由，而这种自由反过来又促进了商业贸易的发展。在伏尔泰生活的时代，法国流行一种看不起商人的社会舆论，认为经商是不光彩的。伏尔泰讽刺说："我不知道哪一种人对一个国家是最有用的，是一位假发上敷粉的贵族，还是一位商人？"② 贵族摆出一副尊贵的神态在大臣的候室里表演奴颜婢膝的一套，而商人则使他的国家富裕，并对世界的幸福有所贡献。他认为，发展商业贸易，坚持自由的原则，正是英国人的"国家精神"。正是在这个意义上，他赞扬英国的君主立宪制是最自由的制度。当然，伏尔泰把财产私有权看作自由的根本内容，包括出卖劳动力的自由和剥削的自由，这些思想表明了他的自由观的实质。不过，从这种自由观出发，他对封建特权下的奴役表现出强烈的义愤，他为自由奔走呼号的精神也具有非常革命的意义，以至于他的许多思想已成为法国大革命的光辉预言。

孟德斯鸠作为法国18世纪上半叶启蒙运动的主要代表之一，提出了真正体现法国民族精神的比较现实的政治道德理论，构成这一时期启蒙伦理思想具有特色的重要部分。其中特别值得一提的是他的政治道德自由论。孟德斯鸠的道德理论是从研究人开始的，他从法国当时所面临的历史任务去研究人。因

---

① 《十八世纪法国哲学》，95页。

② ［法］伏尔泰：《哲学通信》，38页。

此，他对人的品德的研究也主要重在政治品德。按照孟德斯鸠的理解，所谓"政治品德"，就是个人在与国家、他人之间的关系中表现出来的品德，即爱祖国、爱平等。这种品德既不是私德中的品德，也不是宗教上的天启道德，而是以公共利益为目的的公民品德。其主要内容就是"四爱"，即爱责任、爱君主、爱祖国、爱法律，核心是爱祖国和爱法律。爱祖国是共和国要求的品德特征，爱法律也兼及君主政体下的国民品德。在这个意义上，他给品德下了一个定义，就是热爱法律和祖国。孟德斯鸠认为，道德精神的实质就是为整体利益做出自我牺牲。爱不是抽象的、神秘的，它就体现在对祖国、对社会整体利益的牺牲精神上；"爱一切人"也不是来自"天启真理"，而是在努力实践政治道德的过程中实现的。这显然是对宗教伦理观的公开批判。这种批判旗帜鲜明地用爱国主义原则代替信仰主义原则，用对祖国的爱代替对上帝的爱，反映出孟德斯鸠思想的进步精神。

关于自由原则和自由伦理，孟德斯鸠跳开哲学上关于自由的争论，径直地探讨政治道德的自由。他认为，自由的主要意义是：一个人不被强迫做法律所没有规定要做的事情，一个人只有受民法的支配才有自由。在他看来，"哲学上的自由是要能行使自己的意志，或者，至少自己相信是在行使自己的意志。政治上的自由是要有安全，或者至少自己相信有安全"①。一个公民的政治自由，是一种心境的平安状态，而不是随心所欲，想做什么就做什么。自由仅仅是"一个人能够做他应该做的事情，而不被强迫去做他不应该做的事情"②。在孟德斯鸠看来，"应该做"或"不应该做"的根据就是法律，而法律所维护的是国家整体利益和私人的正当利益。因此，一个公民对社会生活中的"应该"无所认识，做出违犯法律和道德的事情来，他就失去了自由。在这个意义上，个人的自由就是自己统治自己，每个人都有自由的精神，都是独立的人。"善人"不是基督教所宣传的热爱上帝的人，而是政治上的善人，其行动是出于他对国家和法律的热爱。善人应该有善人的意向，为国家多而为个人少。这样的人就是自由的人。由此可见，孟德斯鸠以他特有的政治道德论，表达了洛克关于人的本质是自由的资产阶级自由观，并且与伏尔泰的自由伦理观相呼应，为18世纪法国伦理思想的发展奠定了理论基础，并给后来反对封建专制主义和宗教蒙昧主义的斗争，留下了可贵的启示。

---

① ［法］孟德斯鸠：《论法的精神》，上册，188页，北京，商务印书馆，1961。

② 同上书，154页。

第二节 卢梭的社会契约论

法国启蒙伦理思想的变革在卢梭思想中得到了典型反映，并上升到一个新的阶段。卢梭主要研究的是人和社会。作为一个思想家，他始终同他所处的时代和社会生活融为一体，在各个重要思想领域都起到了启蒙作用。卢梭在伦理思想上坚持通过人研究社会、通过社会研究人的基本方法，对人的本性和社会的本性、道德情感和良心、爱自己与爱他人的关系以及社会契约的政治和伦理问题，都进行了深入的论证和探讨，构成启蒙伦理思想独具特色的重要部分。

一、"从社会到人"

卢梭社会哲学和道德哲学的中心是人。他的伦理学的任务就是在研究人的基础上指导人怎样做人。在《爱弥尔》一书中，谈到指导爱弥尔如何认识人的时候，卢梭提出了一个重要思想，即"必须通过人去研究社会，通过社会去研究人"①。这句话可以看作卢梭研究人的基本方法。这一方法包含着两个不同的方面：一方面是通过人研究社会；另一方面是通过社会研究人。这两个方面体现着卢梭终生困惑的自然与文明的对立，以及物质文明与精神文明的对立。卢梭的伦理思想就是在沉思这两个对立中形成的。

卢 梭

所谓"通过人研究社会"，就是先研究人的本性，然后再去说明人的行为及其相互关系，由此解释社会现象。卢梭认为以前的哲学家对人的研究，都是把从社会得来的一些观念搬到自然状态上去，论述的是自然状态下的野蛮人、自然人，而描绘的却是文明时代的社会人，实际上没有一个人追溯到自然状态。在卢梭看来，关于自然状态和自然人的描绘并不是历史的真实，而只是作为研究现实社会和人所必需的一种假设或推论；对自然状态的研究，并不主要是为了说明事物的真实来源，而主要是为了阐明事物的性质。采取这种方法，只是为了对自然状态能有一个正确的观念，以便通过对比

① ［法］卢梭：《爱弥尔》，上卷，李平沤译，327页，北京，商务印书馆，1981。

更好地认识现实的社会和现实的人。

按照卢梭的设想和推理，自然状态是一种和平的、人人平等的、自由的状态。在自然状态下，自然人除了年龄、体质和力量上的差别外，没有任何其他特权上的不平等。自然人的欲望来自肉体的需要，而满足需要的是食物、异性和休息。因为这些要求很低，因而也都比较容易得到。自然人的理智是简单的、有限的，情感是初级的、自然的。他们没有"你的"和"我的"这类观念，也不知道虚荣和对他人的奴役。他们没有实业，没有教育，甚至在相当一段时期没有语言。他们彼此是独立的，无所谓相互义务，也无所谓道德。这样的自然状态不可能是霍布斯所描述的"一切人反对一切人"的战争状态；这样的自然人，其秉性也不是恶的，而是像小孩子一样自然，无所谓善恶。

在卢梭看来，自然状态下的自然人，有两种自然的、本能的秉性，即对自身生存的关切和对他人的怜悯。前者是自爱心，后者是怜悯心。卢梭说，存在着"两个先于理性而存在的原理：一个原理使我们热烈地关切我们的幸福和我们自己的保存；另一个原理使我们在看到任何有感觉的生物，主要是我们的同类遭受灭亡或痛苦的时候，会感到一种天然的憎恶。我们的精神活动能够使这两个原理相互协调并且配合起来"①。可见，自爱心和怜悯心是自然人的两种自然情感，在自然状态下两者相互联系，各自起着特殊的作用。像小孩子一样，自然人的第一个情感是爱自己，从第一个情感产生出来的情感就是对他人的亲近和怜悯。卢梭认为，每个人自我保存的需要是容易得到满足的，所以个人的自保不会妨碍或侵害他人的生存。由于自然人具有本能的怜悯心，个人谋求需要满足的欲望和自爱心以及个人谋求自己幸福的热情也会受到限制。这种怜悯心调解和缓和着自然人的欲望和情感，同时也起着使人类全体相互保存、维持和平的作用。卢梭把自然人所具有的怜悯心这种秉性称作人类所具有的"惟一的自然美德"，并认为怜悯心对于人类来说是一种颇为适宜的秉性，也是人类最普遍、最有益的一种美德。在这里，"自然美德"一词只是卢梭称颂自然人淳朴无邪的自然秉性而使用的溢美之词，并不是严格意义上的道德概念。卢梭实际上认为，在自然状态中，人与人之间没有任何道德关系，既无相互仇杀的恶德，也无互尽义务的美德。道德同法律一样，完全是社会形成以后的事情，是社会关系的产物。

卢梭对自然状态和自然人的设想和推论，是抽象的和幻想式的，但他对此问题也采取一种比较慎重的尊重历史和事实的态度，包含着一定的合理因素，不能简单地把它说成是唯心主义性善论。卢梭比前人高明之处在于他有深厚的历史

---

① [法]卢梭：《论人类不平等的起源和基础》，李常山译，67页，北京，商务印书馆，1982。

感。他认识到通过抽象的人性不能真正解释复杂的社会现象的根源，因而他在设想人类达到自然状态的终点之前，又肯定了历史的连续性和人类自我完善的能力。他认为，人类的自我完善能力，在不断变化着的需要的基础上，使自然人在知识、技巧、情趣和自我意识方面逐渐有所进步。这种进步在相当长的时期是极其缓慢的，只是后来才逐渐加快。随着人类智力的发展和技巧的不断完善，人类发明了洞穴、石斧，使用了火，组成了家庭。特别是土地的占有和分配的不平等，使私有制逐渐取代了原始的公有制，最终结束了自然状态的平等，这时人类也从童年进入了青春时期。用卢梭的话来说，“自从一个人需要另一个人的帮助的时候起；自从人们觉察到一个人据有两个人食粮的好处的时候起；平等就消失了，私有制就出现了”①。“谁第一个把一块土地圈起来并想到说：这是我的，而且找到一些头脑十分简单的人居然相信了他的话，谁就是文明社会的真正奠基者。”② 土地私有制的产生标志着人类文明社会的开始。卢梭说：“由自然状态进入社会状态，人类便产生了一场最堪注目的变化，在他们的行为中正义就代替了本能，而他们的行动也就被赋予了前此所未有的道德性。”③ 到此，卢梭结束了对自然人的抽象推论，而着眼于对现实社会的观察，通过社会历史来研究人，并力图通过对社会的研究，从社会关系中揭示出人的本性和道德的根源。

卢梭对文明社会的看法，并不是简单地从某个原始人喊出了“这块土地是我的”这种虚构开始的。他承认历史发展中的偶然现象，并且常做出一个文学家所擅长的生动描述。但是，他并没有停留在这里，而是进一步强调历史发展的必然性，强调从自然状态向文明社会的过渡是一个漫长的递嬗和变革的过程。私有制以及随之而来的文明社会，就是这个历史发展过程不可避免的结果。

按照卢梭的观察，私有制形成以后，从根本上改变了人类存在的条件和相互关系。随着土地的私有和交换关系的发展，原始的自然的不平等日益扩展和深化，形成了社会的不平等，即财富、地位（或等级）、权势、个人功绩方面的不平等，于是社会中产生了穷人和富人的利害冲突。社会由此进入了可怕的战争状态，也就是霍布斯描写的所谓“自然状态”。在社会的利害冲突中，富人以少数奴役多数，以一人对抗全体。为了维护自己的利益，富人欺骗穷人订立契约，建立起相应的法律和制度，以便确保富人的私有财产和对穷人的奴役，同时给穷人和弱者以新的枷锁，使之为少数人的私利而忍受劳苦和贫困。最后，在混乱之

---

① ［法］卢梭：《论人类不平等的起源和基础》，李常山译，121页。

② 同上书，111页。

③ ［法］卢梭：《社会契约论》，何兆武译，29页，北京，商务印书馆，1980。

中，暴君政治形成，它蹂躏法律和人民，在共和国的废墟上建立起专制主义统治。这时，不平等达到了顶点，平等只在于人人都是奴隶，个人的价值等于零。卢梭在作了历史和现实的考察后看到，正是建立在私有制不平等基础上的文明社会，根本改变了人的本性。

卢梭还从各个方面深刻地揭露了所谓文明社会的精神状况。在他看来，在私有制基础上，物质文明每前进一步，都伴随着精神不平等的深化和道德的堕落。首先，私有制社会文明的发展，使人类产生和加深了“你的”和“我的”这类私有观念，使富人和穷人、主人和奴隶的心灵都败坏了。其次，社会文明的结果，使理性取代了本能，智巧取代了良知。理性产生和加强了自尊心与虚荣心，使每个人重视自己甚于重视其他任何人，重视外表的价值甚于重视内在的人格价值，并且常常被偏见和谬误引入歧途。再次，作为文明标志的科学和艺术的发展，更加剧了社会欲望和情感的发展，窒息了人类自然的情趣和自由情操。最后，在人与人的交往关系中，每个人的理性和智巧都有自己的原则，都在他人的不幸中追求自己的利益，以至于人们只知道财富、荣誉和权势，而丝毫不过问道德如何。总之，随着社会文明的发展，人类的心灵、行为和相互关系日趋腐败和堕落。卢梭认为，这一切都应归咎于私有制，归咎于文明社会本身。

显而易见的是，卢梭所说的一切腐败和堕落的情景，不仅仅是指已经腐败到极点的封建专制制度和教会统治，而且也是对当时已经成熟的资本主义社会关系和精神文明的抨击。卢梭在从人到社会的研究中，肯定了道德是社会的产物，自然人无所谓道德的善恶；他在从社会到人的研究中，则以社会为基础，把自然状态消失后的人性的形成和改变，看作社会所有新生关系的产物，并没有任何真正的天然基础。这就是说，社会人的人性是由社会关系、社会环境决定的，不是自然的、天赋的。对于社会的人来说，人性就是人的社会性。不仅如此，社会人的精神文明和道德，并不是随着物质文明的发展而进步的，相反，社会文明每前进一步都伴随着精神和道德的堕落。这就是卢梭对自然与文明的对立以及物质文明与精神文明对立的沉思所得出的两个基本结论。

二、情感和良心

在卢梭看来，人类从自然状态转入社会状态，从自然人变为社会人，一个基本的界限就是理性代替了本能。卢梭认为，人性中有两个基本的东西：一个是欲念，一个是理性。社会人是有理性的动物，因此社会人陷入了理性与情欲的对立状态。这是文明与自然对立在个体身上的表现。

卢梭首先肯定欲念是人的行为的动力。但是，随着人类需要的增加，满足需要的手段之复杂，以及人与人的关系的复杂化，人类发现在听从自己的本能欲念之前，必须首先请教自己的理性。只有理性才能给人以知识，教导人识别善恶，使人在正确认识的基础上，追求快乐和幸福，避免痛苦和不幸。是什么决定人的行为意志呢？是理性判断。是什么决定理性判断呢？是理智的判断力。卢梭说："普遍的绝对的真理是一切财富中最可宝贵的。缺了它，人就变成瞎子，它是理性的眼睛。正是通过它，人才学会怎样立身处世，学会做他应该做的那样一个人，学会做他应该做的事，学会奔向真正的目标。"① 卢梭反复强调理性的重要性，认为没有理性就不能指导欲念和情感，正确地选择行为；没有理性就不能成为一个人，更不能成为一个好公民和道德人。在这个意义上，他强调"情感要以理性为基础"，知善才能爱善。卢梭进一步认为，只有当每个人都成为有理性的人时，每个人才能完善和幸福。卢梭相信普遍理性是社会正义的基础，文明社会应当是理性的社会；没有普遍理性就没有社会正义和文明。由此可见，卢梭对理性的作用和价值是给予充分肯定的。从这个意义上，有人认为他是一个理性主义者。

但是，卢梭本人并不承认他是理性主义者。不仅如此，他还极力反对理性主义。卢梭反对理性主义，并不是因为理性对道德不重要，而是因为理性主义片面地强调理性，忽视情感的重要作用。在卢梭看来，道德是由理智和情感共同建立起来的，哪里有理智和情感，哪里就有道德秩序，没有情感，理性就是不完善的。卢梭认为人类的主要情感是自爱、忧虑、恐惧、向往等，其中基本的情感有两种，即快乐和痛苦。他认为，这些情感对人的行为起着重要的作用，它能激励人去行动，甚至能支配和决定人的行动。而理性能够指导人、约束人，但很少能鼓励人。只有通过情感，人才能知道自己和外界事物之间的利害关系，感受苦乐、幸福与不幸。因此，情感传达和反映着人的需要，推动着理性。没有情欲的要求，人不会费力去动用理性推理和思考。只有有了情感的活动，理性才能趋于完善，理性必须依赖于情感。从这个意义上说，卢梭似乎又是一个情感主义者。

其实，简单地断言卢梭是理性主义者或情感主义者都是不准确的。卢梭在冷静地思考和分析人的行为时，总是明确地肯定：理性和情感对于人们的行为来说，都是重要的，缺一不可的。在人的道德意识中，理性和情感相互并存，相互配合，相互依赖，相互补充；无论理性或是情感，都不能单独成为衡量善恶的尺度。

那么，什么是衡量善恶的尺度呢？卢梭认为，这个尺度就是良心。在西方伦理思想史上，卢梭对良心的强调，丝毫不亚于巴特勒。他说："良心呀！良心！

---

① ［法］卢梭：《漫步遐想录》，42页，北京，人民文学出版社，1986。

你是圣洁的本能，永不消逝的天国的声音。是你在妥妥当当地引导一个虽然是蒙昧无知然而是聪明和自由的人，是你在不差不错地判断善恶，使人形同上帝！是你使人的天性善良和行为合乎道德。没有你，我就感觉不到我身上有优于禽兽的地方；没有你，我就只能按我没有条理的见解和没有准绳的理智可悲地做了一桩错事又做一桩错事。”① 在《漫步遐想录》一书中，卢梭说在面对“我要永远诚实”这样的道德问题以及其他难以解决的伦理问题时，他总是通过良心的指引而不是通过理性的启发去寻找答案。卢梭认为，作为道德本能的良心从来不欺骗人，良心是在人们灵魂深处生来就有的一种正义和道德的原则。尽管人们在行为时有自己的特殊准则，但在人们判断自己和他人行为好坏时，都要以这个原则为依据。在卢梭看来，良心比理性更重要。在人的理性采纳一些道德法则之前，人的感情早已自发地遵循了这些法则，人的道德本能在没有任何外力协助的情况下，实施着这些准则。他说，他所做的坦白的基础更多的是正直感和公正感，而不是事实的真实性；他在实践中所遵循的是良心的指引而不是抽象的是非概念。因此，良心就是人们内心深处判断善恶的最高原则。

卢梭常用“圣洁的本能”，“天国的声音”这样的词语来形容良心，这并不表明他承认良心是上帝驻在人们心中。他断言良心是“道德的本能”，是“生来就有的”，这是不是一种天赋良心论呢？对此要做具体分析。实际上，卢梭认为良心的作用就是一种感觉，它是在理性的帮助下，在一定的社会关系中形成的。良心的形成完全遵循着感觉论的原则。卢梭说：“由于我们的求善避恶并不是学来的，而是大自然使我们具有这样一个意志，所以，我们好善厌恶之心也犹如我们的自爱一样，是天生的。良心的作用并不是判断，而是感觉。”② “良心之所以能激励人，正是因为存在着这样一种根据对自己和对同类的双重关系而形成的一系列的道德。知道善，并不等于爱善；人并不是生来就知道善的，但是，一旦他的理智使他认识到了善，他的良心就会使他爱善；我们的这种情感是得自天赋的。”③ 这两段话可以清楚地说明，卢梭所说的“天赋”与唯理主义的天赋观念和直觉主义的良心观，有着本质的区别。他强调的是良心的情感形式来自人的感觉，并不是说良心可以脱离社会而产生。卢梭肯定了社会人的社会性，同时也就肯定了人的良心的社会性。他说：“社会道德的实践，给人们的心中带来了人类

① ［法］卢梭：《爱弥尔》，下卷，李平沤译，417页，北京，商务印书馆，1981。

② 同上书，416页。

③ 同上书，417页。

的爱。”① 也就是说，社会道德实践是良心的源泉。在社会生活中，并不是人人都有良心，也不是人人都没有良心，这要看其社会实践的结果。人的社会地位和道德实践，决定着人的良心。

当然，卢梭关于良心的论述也有一定的局限性和片面性。由于他不能辩证地理解认识过程中的感性和理性、他律和自律的关系，当他进一步解释良心的形成和作用时，就走向极端化。卢梭在一定程度上夸大了良心的作用，只肯定良心是为人解惑决疑的尺度。这样的论断显然贬低和否认了理性的作用，看不到人的社会存在对人的意识的决定作用，忽视了社会要求的他律对道德自律的作用。不过，卢梭的这种思想倾向和论述方式，也是可以理解的。他之所以大讲良心，甚至极力夸大良心的地位和作用，一方面是因为他所处的社会现实世态炎凉，缺少良心，在一个连问路都要付钱的社会里，他不得不大声疾呼良心；另一方面也是针对基督教、天主教的良心论的。宗教道德说“行事正义，你就可以得福”，但在实际生活中，情况往往相反，坏人命运亨达，而正义的人则受到压迫。

值得注意的是，卢梭在强调良心和理智判断的基础上，主张行为的道德价值在于动机，动机的善恶决定着行为的善恶。他认为判断行为的价值不是依据行为的结果，因为行为的结果千变万化，不易确定，难以明确认识。在道德价值判断依据问题上，卢梭是一个典型的动机论者。卢梭的动机论与他的自由意志论密切联系。他认为，人在其行动中是自由的，就在于他的意志是自由的，人的一切行动的本原都在于人有其自由意志。正因为人有自由意志，人可以为善，也可以为恶，所以人要对自己的行为负责。卢梭的这些思想对康德伦理学产生了深刻的影响。

三、利己与利人

在考察道德内在结构的基础上，卢梭从人际关系方面进一步考察了个人道德和社会道德及其演变。卢梭认为道德来自对自己和对他人的关系，即所谓“双重关系”。根据这种“双重关系”，他把道德分为两部分或两方面，即个人道德和社会道德。个人道德是关于个人自身的道德，表现为人对自己的关系；社会道德是关于自己对他人的道德，是社会的人与人的关系所要求的道德。《爱弥儿》一书的前三章主要是讲个人道德，第四章以后主要是讲社会道德。在个人道德方面，卢梭探讨了人的本性、理性、情感、欲望、意志、行为选择和责任等问题；在社会道德方面，探讨了良心、义务、友谊、爱情、职业和处世等问题。在所有这些问题中，最基本的关系就是自爱与仁爱、利己与利人的关系。

---

① ［法］卢梭：《爱弥尔》，上卷，李平沤译，352页。

卢梭认为，自爱是一种生理欲念，有时也是一种心理活动和情感。“自爱”是人的根本欲念，是一切欲念的本源。他说：“我们的种种欲念的发源，所有一切欲念的本源，惟一同人一起产生而且终生不离的根本欲念，是自爱。它是原始的、内在的、先于其他一切欲念的欲念，而且，从某种意义上说，一切其他的欲念只不过是它的演变。”① 卢梭又强调，欲念的演变是有外因的，没有外因，欲念的演变就决不会发生。在社会生活中，作为本原的欲念就像千百条小溪一样，把自然欲念的源头已经扩大得很大，已经使它成为一条不断扩大的大江，其中很难找到原来自然的水滴了。这是自然人社会化的结果，是社会环境造成的人性的改变。

在卢梭看来，自爱最基本的表现就是关心和保存自己的生命。这种自爱始终是很好的，始终是符合自然秩序的。从道德意义上说，由于每一个人对保存自己负有特殊的责任，因此，人的第一个最重要的责任就是而且应当是不断地关心自己的生命。卢梭说：“为了保持我们的生存，我们必须要爱自己，我们爱自己要胜过爱其他一切的东西。”②就个体而言，卢梭认为小孩子的第一个情感就是爱他自己。卢梭所说的“自爱”，就是个人对自己的关系。从这个意义上说，它是自然的关系。就像人吃饭一样，是一个自然的事实。正因为这样，卢梭一再强调要区分自爱心与自私心。在他看来，自爱心不等于自私心，自爱不等于自私（卢梭有时也在广义上把自爱与自私通用）；自爱只涉及自己，不与别人比较，自私则涉及与别人的比较；自爱有满足之时，自私无满足之时。他说：“敦厚温和的性情是产生于自爱，而偏执妒忌的性情是产生于自私。”③ 自爱就其本原来说是自然的，不是社会的本性。按卢梭的说法，“自然人”是“绝对的存在”，是“绝对的自我”，即孤立的自我。“社会人”则是一个依赖分母的分数单位，其价值是在于同分母即社会的关系。每个人在社会关系中只是“相对的存在”、“相对的自我”。因此，这个在社会关系中的相对的自我，就有自私不自私的问题，即社会的、精神的自我状态有可能使自爱变为自私。

卢梭深刻地认识到，自爱变为自私的关键首先是私有制产生的不平等。由于人们对不平等地位的相互比较，相互竞争，于是产生了“处处占第一的心理”。同时，自爱变为自私也涉及个人对需要的控制。在社会生活中，有很多需要和偏见，个人又不可能是“绝对的存在”，孤立地生活。所以，保持自爱不变为自私往往是很困难的，这种困难必然随着利害关系的增加而增加。由于社会种种偏见

---

①② ［法］卢梭：《爱弥尔》，上卷，李平沤译，289 页。

③ 同上书，291 页。

的影响，这种转变就更加难以避免。因此，卢梭主张采取必要的手段，防止人心日趋堕落。伦理学要研究人，研究人与人的关系，个人同周围环境的关系，并且特别要把人作为“精神的存在”加以研究，即研究在社会关系中存在的人的精神。

在卢梭看来，自爱在一定条件下可能变为自私，但是从自爱的情感中也会直接产生出这样的结果：爱保持他的生存的人。也就是说，从自爱感情中可以直接产生出对他人的爱，即仁爱。随着人与人之间关系的形成和发展，人们也会随之把爱的情感扩大，产生仁爱的情感。这是通过爱情、友谊、社会交往中的同情表现出来的。从扩展的顺序上看，首先是爱自己亲近的人，即最先给他帮助和关心的人，然后再扩展到其他的人。这种爱是道德的，它不以得到报答为前提。这种爱的感情，必定是当一个人达到脱离感觉力的限制时，即冲破“绝对的自我”的局限时，才会产生。在仅仅作为感觉力、绝对自我的范围内，个人的行为没有道德意义。只有超出这个局限，即超出绝对自我时，他的感觉才能在理智的帮助下形成善恶观念和具有道德意义的情感，才能有同情、博爱等情感，其行为才有道德意义。这时的人就从孩子成长为大人了。在卢梭看来，“只要把自爱之心扩大到爱别人，我们就可以把自爱变为美德，这种美德，在任何一个人的心中都是可以找得到它的根柢的”①。

卢梭认为，仁爱情感从自爱产生出来，它的发展却取决于生活的社会环境，包括一定的交往实践和利害关系。从自爱向仁爱的发展，是一个提高的过程。这是随着社会实践、认识提高和利害关系的扩大而逐步扩大的。他说：“当你把他日益增长的情感导向人类的时候，不要以为‘人类’这个词指的是所有一切的人，不要以为他懂得这个词的意思。不，这种情感起先只及于同他相似的人；而在他看来，同他相似的人并不是他不认识的人，而是那些同他有关系的人，是他一贯亲爱和不能不需要的人，是他清清楚楚地看出跟他有共同的想法和情感的人，是跟他同甘共苦的人。”② 这就是说，仁爱的情感不是天赋的、自然具有的，而是通过各种方法对天性进行改造之后才产生的。这里主要有两个方面：一是社会的利害关系；二是教育和培养过程。从自爱向仁爱情感的转变、发展过程，主要不是靠个人所得到的快乐，而是靠痛苦的体验。首先是心里想到痛苦的人；其次是自己也能感受到他人的痛苦；第三是由痛苦的感觉而产生同情。这是卢梭提出的形成仁爱情感的三条原理。这三条原理的实质就是英国道德情感论的情感共

---

① ［法］卢梭：《爱弥尔》，上卷，356页。

② 同上书，323页。

鸣原理的具体化。情感的问题，归根结底是利益的问题，用休谟的概念来表达就是“利益感觉”的问题。卢梭把休谟的道德情感理论运用于法国道德现实，表现出法国伦理学中的情感论特征。

总起来说，卢梭既反对片面地强调自爱，也反对片面地强调仁爱。他主张把二者结合起来，认为这两种爱相结合，才能得到良心的安宁和幸福，否则人与人之间将是不义、虚伪和狂妄。实际上，自爱和仁爱的关系就是个人利益与他人利益、公共利益的关系。从自爱向仁爱的发展，就是把个人利益与他人利益和公共利益结合起来的过程。就个人自身道德来说，卢梭肯定自爱、自保的合理性，同时也肯定个人利益的合理性。就社会道德来说，卢梭又强调他人利益和公共利益的重要性，反对利己主义伦理学说，他相信仁爱、利人者是存在的，仁爱、利人也是可行的。从伦理学发展和推进社会道德进步的角度看，卢梭的思想是符合社会历史发展潮流的。

此外，在关于自爱与仁爱、利己与利人的论述中，卢梭有一个重要思想，就是认为自爱、利己作为人的自然倾向是一个必然存在的事实，而仁爱、利人以及由此而产生的一切道德品性则是根据社会要求而应该达到的，是一种应然的要求。作为一个人，应该力求摆脱仅仅属于自然的存在，努力达到社会的应然的要求，做一个社会人、道德人。在这里，卢梭已经看到了道德的应然规律与自然的必然规律的区别。他把这种区别称作“精神的规律”与“物理的规律”的区别。在这个意义上，卢梭把道德原则分为两个层次：一个是最高的层次，向人们提出“应当为善”的要求，即要求人们应当为他人和社会利益献身；再一个是较低的层次，向人们提出“不要损害他人”，即不要损人利己。卢梭认为，作为道德教育的出发点和顺序，首先应从低层次开始，教育人们不要损害他人。教人为善的原则应该从属于这个原则，建立在这个较低原则的基础上，不然就会是有害的，甚至是虚伪的。在他看来，最高原则的道德是高尚的，同时也是最难实践的，因为它不是为了做给人家看的，即使做得令人满意，也不能因此就在人们心中产生甜蜜的快乐。一个人如果从来没有损害过他的同胞，那他就是对他们做了极大的好事了。因为要做到不损害他人，需要坚贞不屈的心灵和坚强的性格，能坚持这样的原则并获得成功，是很不容易的，如果能终生坚持，那也是很伟大的。“不损害他人”虽然不足以称为最高尚的道德原则，但它却是人们可以做到的、行之有效的道德要求。

四、通过契约的正义

既然自爱是生存的本能，个人利益是主要的生存手段，那么，自爱、自利如何才能转化为仁爱、利人，个人如何才能献身于整体和公益，就成为必须研究和回答的一个重大问题。卢梭的社会契约论就包含着解决这个问题的原则。社会契约论体现了卢梭的社会伦理学，也就是他的伦理学。在卢梭时代的法国，放在第一位的是社会政治问题，道德就是政治。卢梭《社会契约论》的主题就是要探讨在社会秩序中，能不能有某种合法的即合乎正义的，而又确切的切实可行的政治规则，以便把权利所许可的和利益所要求的结合在一起，使正义与功利二者不至有所分歧。卢梭的社会契约论就是要寻求一种结合的方式，使它能以一种共同的力量来保障每个结合者的利益，并且由于这一结合而使每个与全体相联合的个人又只是在服从自己本人，像以前一样地保持自由。这样的结合方式归结为一句话就是：每个结合者及其自身的一切权利全部转让给整个的集体。这样，每个人都以其全部力量共同置于公意的最高指导之下。这样的结合就是一个道德的共同体，一个"公共的大我"、"公共人格"。这种社会契约以大我的生命和意志代替了小我的生命和意志，并且在利益关系中遵守相互的权利和义务，从而实现正义与和平。

在卢梭看来，奴隶制之所以不合人性，就在于它规定一方具有绝对权利，另一方只有无限的服从义务。那么，什么是合理的、合乎人性的生存方式？卢梭认为，合理的、合乎人性的生存方式只能是权利与义务相统一的生存方式，它由众人的力量汇合成一个合力，个人既致力于这个合力，又不妨碍自己的利益；既能保障个人的权利，又能实现个人对他人和社会的义务。社会秩序应建立在自由的基础上，自由是人维护自身生存的首要法则。人的本性是自由的，只是为了自己的利益才转让自由，强权之下没有道德可言。放弃自由就是放弃做人的权利，取消了自己意志的自由也就取消了自己行为的道德性。很显然，个人的自由和权利是道德的基础和前提，合理的、公正的社会必须保证个人的自由和权利。在卢梭看来，社会契约所包含的道德关系，体现着个别意志、团体意志和人民意志的关系。个别意志倾向于个人利益；团体意志对国家整体而言是特殊意志，因而倾向于特殊利益；人民意志就是公共利益。按照自然秩序来说，个人意志高于一切，团体意志次之，全体意志最次。按照这种秩序，每个人首先顾及的是个人利益，其他一切都要服从个人。但是，在良好的社会里，社会的秩序则相反，作为主权者的全体人民的意志和公共利益就是最高目标，人民的意志就是"衡量其他一切意志的标准"，其次是团体意志，最次是个别意志。个人意志要服从人民的意志和公共利益。因为"公意永远是公正的，而且永远以公共利益为依归"①。

卢梭认为，契约中包含着公众与个人之间的关系和相互规约。在这种规约中，每个个人都被两种关系制约着：一是个人对主权者的利益关系；二是个人对国家的

① ［法］卢梭：《社会契约论》，何兆武译，39页。

义务关系。利害和义务关系迫使缔约者双方同样地要彼此互助，力求在这种双重关系之下把一切有关于此的利益都结合在一起。如果说在自然状态下只有自然的自由，那么在社会状态下正确处理个人与公众的关系，就是社会的自由。如果人们能凭理性自已为自己立法，自己又遵法而行，这就是道德的自由。这样的社会契约，就能使人与人之间在权利上达到平等，并得到个人所应得到和能得到的自由。社会契约论的宗旨是要实现两方面的统一，即实现个人意志和人民意志、个人利益和社会利益、权利和义务、强制与自由的统一，以保证社会的平等和公正。

卢梭看到社会利益变化的一个趋势：当社会团结的纽带开始松弛，国家开始削弱时，当个人利益被人重视而一些"小社会"开始影响"大社会"时，公共利益就起了变化，并且出现了对立面。这时的公意就只是个别意志或小团体的特殊意志，而不再是公共意志或人民意志，公意就被吞没。所以，要维护社会的统一，就必须使个人利益服从公意，即以公共利益为依归。卢梭在这里所说的"公意"不是"众意"。"众意"是众多个别意志的总和；公意则是公共利益、整体利益的代表。卢梭认为，公共利益并不是个人利益的简单相加或总和，作为一个共同体，它是一种"化合物"，而不是"混合物"。他说："公共的利害不仅仅是个人利害的总和，像是在一种简单的集合体里那样，而应该说是存在于把他们结合在一起的那种联系之中；它会大于那种总和；并且永远不是公共福祉建立在个体的幸福之上，反而是公共福祉才能成为个体幸福的源泉。"① 在卢梭看来，使个别意志得以公意化的与其说是投票的数目，不如说是把人们结合在一起的共同利益。如果说个别利益的对立使得社会的建立成为必要，那么，正是这些个别利益的一致使得社会的建立成为可能。这就是正义和利益的统一。

卢梭在这里所提出的，是大集体与小集体、大社会与小社会的关系问题。他认为，当众意有分歧时，公民中形成这样那样的派别，便形成以牺牲大集体为代价的小集团，这种小集团的意志对它的个别成员来说就成为"公意"，但对国家和人民的意志来说，这种小集团的公意只不过是特殊意志。而"公共利益"则体现着正义与利益的一致性，它使各种分歧意见有了公正性的根据和标准。在这个意义上，卢梭强调由社会公约而得出的第一条法律，也是惟一真正根本的法律，就是每个人在一切事物上都应该以全体的最大幸福为依归。这样，社会契约就确立了大家都遵守的并且具有平等权利的基础和原则。这种契约的约定不是君臣上下之间的约定，而是国家共同体同它的平等的各个成员之间的约定。这种约定的性状是：第一，它是合法的，因为它以契约为基础；第二，它是公平的，因为它对一切人都是共同

---

① ［法］卢梭：《社会契约论》，何兆武译，192页。

的；第三，它是有益的，因为它是为了公共幸福的；第四，它是稳固的，因为它有公共力量和最高权力的保障。这种性状就体现了公共权力的正当性和力量。

卢梭所设想的这种社会契约，从伦理的意义上说，实际上是确立了以公共利益为社会标准，并以按照这种标准建立的社会秩序为善。在他的社会契约模型中，尽管个人转让自己的权利和自由是为了个人利益，在加入共同体之后，仍然可能使自己的个人意志与全体意志游离、对抗。但是，公意是不可动摇的，是强制的力量。对于不自觉的人来说，社会法则就是一种约束，法律要强制他服从。凡是这样遵从法律的人，都可以成为一个好公民，但还不是道德人。对于自觉的人来说，他会把公共利益、公众的幸福作为行为的动机，自觉地同自己的违背公益的私欲作斗争，为公共利益而牺牲个人利益，履行社会义务和道德义务。这样的人就从不自觉的社会人变为自觉的社会人，也就是道德人。这是一个从自然人到社会人，再从不自觉的社会人到自觉的社会人即道德人的过程。按照卢梭的理解，也就是从“自然的自由”到“社会的自由”，再到“道德的自由”的过程。

卢梭看到，实现从小我到大我的过程，就是人类自我改造的过程。这是改造人性的过程，是一个伟大的工程，也可以说是一个大革命的改造过程。他认为，敢于为一个国家、一个民族创造这个工程的人，就要有把握改造人性。这就是要把每个自身都是一个完整而孤立的整体的个人转化为一个更大整体的一部分。这个人就以一定的方式从整体里获得自己的生命与存在。这样就能改变人的素质，使之不断加强；就能使个人以作为全体的一部分的有道德的生命来代替得之于自然界的生理上的生命。用卢梭的话说，就是不断抽掉人的固有自然品性的过程。自然的东西消灭得越多，所获得的力量和德性就越大。当整体等于或优于个人力量的总和时，立法也就达到了完美的程度。

第三节　感觉主义道德论

爱尔维修

在18世纪法国启蒙伦理思想中，是爱尔维修和霍尔巴赫伦理思想的一个基本特征。

以“百科全书派”为中心的唯物主义哲学家的伦理思想占有重要地位。他们坚持贯彻唯物主义感觉论的原则，对宗教神学及其道德进行了彻底批判，并使伦理学进一步与功利主义相结合。功利主义成为法国唯物主义者特别是爱尔维修和霍尔巴赫伦理思想的一个基本特征。

一、物理的感受性

法国唯物主义伦理思想是以唯物主义感觉论为哲学基础的，他们把唯物主义感觉论运用于对社会生活和人的研究，认为感性的印象和自私的欲望、享乐以及正确理解的个人利益，是整个道德的基础。在他们看来，伦理学就是关于人的科学，伦理学要以研究人为中心。要研究人，首先就是要研究人的本性，揭示指导人的行为的正确原则，以便使人们能够真正获得幸福。

感觉主义道德论首要的代表人物是爱尔维修（Helvétius，1715—1771）。爱尔维修把他的唯物主义感觉论贯彻于道德研究，在他看来，人来到世界上的时候，只是带着感觉的能力，即肉体的、生理的、物理的感受性。理智的能力是从这种感觉能力中发展出来的。在外界对象的作用下，人通过感觉感受到快乐或痛苦，并通过记忆、想像产生希望和失望、忧虑和恐惧等情感。根据反复的经验和教训，人们感到愉快的就去追求，感到痛苦的就进行回避。因此，趋乐避苦就成为人们行为的惟一动力和原因，趋乐避苦是人的本性，也是道德的基础。

趋乐避苦的本性实质上就是人的自爱情感。自爱是爱尔维修所强调的一个基本原则。爱尔维修对自爱的强调，深受拉罗什福科的影响。拉罗什福科（F. de la Rochefoucauld，1613—1680）之所以受到重视，是因为他把道德的基础放在人性上，而不是放在神性上，同时他认为人性就是以自爱为内容，利己是一切行为的动力。他的思想是爱尔维修伦理思想的一个重要基础。爱尔维修在谈到拉罗什福科时说，很多人因为拉罗什福科主张自爱是我们一切行为的原则而反对他，以为拉罗什福科所说的自爱是骄傲与虚荣，以为他把恶习看作一切美德的来源，谴责他把人类看成漆黑一团。事实上，这正暴露了他们对自爱这个名词的真正的无知。拉罗什福科是如实地认识了人类的，他真实地认识了人心。而且，在拉罗什福科的著作中，充满着大量人道主义精神的格言。爱尔维修认为："自爱（或对自己的爱）无非是铭刻在我们心内的感情，这种感情，鼓动人的各种爱好和欲望，可以在每一个人的身上转化为恶习，也可转化为美德；自爱在不同的变形中，既可以产生骄傲，同样也可以产生谦虚。"① 就是说，自爱是一种内心的感情；自爱感情产生人的各种爱好和欲望，形成人的行为动力；自爱本身不等于恶，也不等于善，它既可以产生恶习，也可以产生美德。从本质上说，自爱是道德中立的，它只是人的一种情感事实。正因如此，对人们的自爱感情及其结果加以责备是毫无道理的。爱尔维修很形象地说："对人们自爱的结果大发脾气，是

① 周辅成编：《西方伦理学名著选辑》，下卷，52页。

无异于埋怨春天的冰雹，夏天的炎热，秋天的雨水，冬天的冰雪。”①

自爱作为人的一种内心感情，从何而来，因何产生？产生的依据是什么？也就是说，人为什么会有自爱的感情？爱尔维修认为，自爱感情是人的身体感受性或肉体感受性的直接后果，导源于人的身体感受性。所谓身体的感受性，实际上就是人的感觉能力。爱尔维修说：“我们对自己的爱，乃是我们身上感觉能力的必然结果。”② 人作为一个有生命、有感觉、有智慧的动物，必然是有感觉的。人首先感受到的就是肉体的快乐和痛苦。人总是寻求快乐，逃避痛苦，这种经常的逃避和寻求，就是自爱。因而，自爱从内容上说，就是趋乐避苦。爱尔维修说：“人是能够感觉肉体的快乐和痛苦的，因此他逃避前者，寻求后者。就是这种经常的逃避和寻求，我称之为自爱。”③ 爱尔维修又说：“这种情感是身体的感受性的直接后果，因而为人人所共具，乃是与人不可分离的。我以它的永久性、不可改变性、甚至不可变换性来作为这一点的证明，在一切情感中，这是这一类的惟一情感；我们是凭它获得我们的一切欲望、一切感情的。这些感情在我们身上只能是把自爱应用在这种或那种对象上的结果。因此我们应当把感情和性格的千差万别归之于自爱这种情感的各种不同的变相，这些变相是依人们所受的教育、支配人们的政治以及人们所处的不同地位而定的。”④可见，自爱情感是身体感受性的直接后果；自爱情感人人共有，与人须臾不可分离；自爱情感具有永久性、不可改变性、不可变换性的特点，而且是人的一切情感中惟一具有这些特点的感情；自爱感情还是人的一切欲望、一切感情的基础和根源，人的一切欲望和感情都导源于自爱感情；它们是自爱感情应用于不同对象上的结果。爱尔维修不仅强调直接的肉体感受性，同时也强调预期的快乐和痛苦对人的行为的支配作用。在他看来，有些行为表面看来好像不受肉体苦乐的支配，实际上是受一种在想像中预计到的苦乐所支配，即在将来使肉体得到快乐或避免痛苦。

总之，爱尔维修坚持区分两类快乐：一类是官能的快乐，其基础是肉体的需要。这类快乐是任何人都能体验感受到的。人们享受它的时候，是等同幸福的。但是这类快乐维持的时间不持久，甚至稍纵即逝。另一类是预期的快乐。这类快乐包括满足肉体需要的一切手段。人的感情是多种多样的和复杂的，这些感情本身的先后顺序和轻重关系如何，爱尔维修也做了细致的分析。在他看来，人受一个“生命原则”的鼓动和支配，这个原则就是“身体的感受性”；这种感受性在

① 周辅成编：《西方伦理学名著选辑》，下卷，53页。

② 同上书，63页。

③④ 同上书，55页。

人身上产生出一种“喜爱快乐、憎恶痛苦的情感”；这两种情感在人身上的结合形成了人身上的“自爱的情感”；自爱产生出“幸福的欲望”；幸福的欲望产生出“权力的欲望”；权力的欲望产生出“妒忌、悭吝、野心，并且一般地生出一切人为的感情”。这里形成了一个人的各种感情的谱系：身体的感受性（生命原则）——趋乐避苦情感——自爱情感——幸福的欲望——权力的欲望——妒忌、悭吝、野心及一切人为的情感。

爱尔维修还从这里出发去认识善恶和道德。既然人的本性是趋乐避苦，那么对善恶的认识就不能不与人的本性相一致。凡是使人得到快乐的，就是善的，反之就是恶的；凡是对自己有利的行为，就是合乎道德的行为，反之就是不合乎道德的行为。推而论之，一切道德判断、道德评价都是由是否有利或有害决定的，亦即由利益所决定，利益支配着我们的一切判断。由此，爱尔维修得出了建立他的功利主义伦理学基础的利益原则。什么是利益？爱尔维修解释说：“一般人通常把利益这个名词的意义仅仅局限在爱钱上；明白的读者将会觉察到我是采取这个名词的比较广的意义的，我是把它一般地应用在一切能够使我们增进快乐，减少痛苦的事物上的。”① 这样，爱尔维修就从对利益的一般规定转向了道德。在他看来，道德的善恶完全是由利益决定的。正是利益的对立，同一个行为或同一件事，有人认为是善的，有人则认为是恶的。善恶评价的相对性，正是利益相对性的表现。人类的道德善恶、好坏观念必然是同利益相联系的。爱尔维修得出结论说：“个人利益是人们行为价值的惟一而且普遍的鉴定者；因此，与一个个人相联系的正直，按照我的定义来说，无非就是对这个个人有利的行为习惯。”②“如果说自然界是服从运动的规律的，那么精神界就是不折不扣地服从利益的规律的。”③

与爱尔维修一样，法国唯物主义的另一个重要代表人物霍尔巴赫（Paul Holbach，1723—1789）也坚持认为，道德或关于人的义务的科学，应当建立在对人的本性以及人与人之间关系认识的基础上。他说：“道德学如果不建立在必然要影响人类的意志、决定他们的行动的种种动因的认识上，那么它就会是一种幻影，就会丝毫没有确定可靠的原则。”④ 霍尔巴赫从感觉主义出发，认为人的本性就是自爱。他的自爱思想是以爱尔维修的道德观为依据的。他说：“人从本质上就是自己爱自己、愿意保存自己、设法使自己的生存幸福。所以，利益或对

① 《十八世纪法国哲学》，457页。

②③ 同上书，460页。

④ ［法］霍尔巴赫：《自然的体系》，上卷，175页，北京，商务印书馆，1999。

于幸福的欲求，就是人的一切行动的惟一动力。”[1] 在《袖珍神学》一书中，霍尔巴赫针对基督教的虚伪仁爱论，正话反说地给“自爱”下了一个定义，他说：“自爱是一种非常不幸的倾向，由于这种倾向，堕落了的人类才厚颜无耻地爱自己，希望保全自己的生命和追求自己的幸福。如果亚当在那时不堕落，我们也许会仇恨自己，讨厌享乐和成为没有自我保全感的人”[2]。由此可见，在人的本性问题上，霍尔巴赫断言自爱是人类本性中的一种保全自己生命、追求自己幸福的倾向。

人的本性是趋乐避苦的和自爱的，因此，利益或对于幸福的欲求就是人一切行动的惟一动力。关于利益，霍尔巴赫说：“人们所谓的利益，就是每个人按照他的气质和特有的观念把自己的安乐寄托在那上面的那个对象；由此可见，利益就只是我们每个人看作是对自己的幸福所不可少的东西”[3]。关于利益是人的行动的惟一动力的问题，霍尔巴赫进一步解释说：“当我们说‘利益就是人的行动的惟一动力’的时候，我们是想指出：每个人都是以自己的方式致力于自己的幸福的，他把这个幸福寄托在或是可见的、或是隐蔽的、或是真实的、或是想像的某种对象之中，而他的行为的整个体系也是为了取得这个幸福”[4]。在霍尔巴赫看来，人在他所占有的这个地球上的目的就是保存自己并且使自己生活幸福。那么，什么是幸福呢？幸福的基本内容是什么？霍尔巴赫说：“幸福是一种存在方式，一种我们希望它延续不断，或我们愿意在它之中长久生存下去的存在方式。”[5] 霍尔巴赫在这里给幸福下了一个新的定义，这个定义是高度概括的，它避免了把幸福囿于肉体快乐或精神宁静的局限性，因而把这个范畴的认识向前推进了一步。霍尔巴赫还认为，幸福本身作为一种生存方式具有一定的相对性，不同的人对幸福有不同的理解和追求。他说：“幸福不能对任何人都是一样；同样的快乐不可能使各式各样被形成了的或被改变了的人受到同样的感动。……不过，一般地说，幸福似乎就是我们觉得适合于我们的存在因而接受的那种经久的或暂时的景况；这种景况，是由人和自然置人于其中的环境二者间所存在的一致产生出来的。”[6] 就是说，人们对幸福所形成的一些观念，不仅有赖于他们的气质或他们特殊的适应性，也有赖于他们已经形成了的习惯，同时还有遗传因

① ［法］霍尔巴赫：《自然的体系》，上卷，262页。
② ［法］霍尔巴赫：《袖珍神学》，116页，北京，商务印书馆，1972。
③ ［法］霍尔巴赫：《自然的体系》，上卷，259～260页。
④ 同上书，260页。
⑤ 同上书，112页。
⑥ 同上书，112～113页。

素的作用。

与对幸福问题的理解相联系，霍尔巴赫关于欲望问题的论述也是值得关注的。在霍尔巴赫看来，情欲是人的自我保存所必需的东西，是人的机体的必然结果，绝不要试图去摧毁或消灭人心中的情欲，这不仅是不可能的，也是违背自然的。正确的方法是把情欲引导到于人于己都有益的事物上去，把人的情欲限制在正确的范围之内。如果一种情欲能够对社会产生真实而持久的利益，就让这种情欲自由地去发泄，而不要限制它。人的情欲既不是一种破坏力量，也不是洪水猛兽，只要善加引导和控制，就会变成推动社会发展的巨大力量。从这里可以看出，霍尔巴赫对情欲是采取一种客观的科学态度，这与宗教道德对待情欲的禁欲主义态度是根本对立的。霍尔巴赫还认为，人天生既不善也不恶，既无所谓好也无所谓坏；人在出生的时候，只带来自保和追求生活幸福的需要，人心还是一块有待开发和耕耘的土地，人的情欲都以幸福为对象，它们是合法的和自然的。使人的行为具有善和恶、好和坏的区分的，是人的情欲活动所产生的影响和结果，情欲可以导向善，也可以导向恶。正是教育使人的情欲趋向于善或恶，使人变成好人或坏人。因而，教育、范例、世俗的风气等，是决定人是好是坏、是善是恶的决定性力量。霍尔巴赫与其他 18 世纪法国思想家一样，特别强调环境和教育对人的决定和影响作用，认为人是环境和教育的产物。这是具有唯物主义倾向的人性论观点，对理解人的道德观的形成和发展具有重要意义。

二、利己主义与道德义务

爱尔维修和霍尔巴赫等人强调人的生理感受性的作用，强调趋乐避苦和自爱是人的本性，主张追求个人利益和个人幸福是人的行动的原动力，这一点是清楚明白的。然而，他们的道德思考并没有停留在这里。他们认为个人与社会是不可分离的，同时又是对立的。个人要满足自己的需要，就必需结成社会，建立家庭、国家，进行各种交往。对人来说，他人是最可宝贵的。理性和经验都告诉人们，单独的、孤立的个人不可能获得幸福，只有同类幸福，个人才能幸福。他们认为，道德学就是要教导人们认识这种关系和自己的本性，教人正确认识自己、正确对待他人、正确对待利益。因此，他们又强调道德以社会为前提。爱尔维修认为，就个人对社会的关系来说，“美德这个名词，我们只能理解为追求共同幸福的欲望；因此，公益乃是美德的目的，美德所支使的行为，乃是它用来达到这个目的的手段”①；公共利益“是人类一切美德的原则，也是一切法律的基

① 《十八世纪法国哲学》，465 页。

础”①；“在整个世界上，道德的人乃是使这种或那种行为合乎人道、符合公共利益的人”②。总之，公共利益是道德的尺度和基础。人的行为对社会愈是有益就愈道德，愈是有害就愈是罪过。什么是道德呢？在爱尔维修看来，道德就存在于对人们彼此所负的责任的认识。

关于自爱与他爱、个人幸福与他人幸福的关系，是爱尔维修首先关注的一个问题。在爱尔维修看来，人并非生下来就是敌人，也并非生来就恶，善恶在人身上是一种偶然性，是好法律或坏法律所造成的结果，好法律产生善，坏法律产生恶。人身上的所谓善或道德官能，本质上是对别人的恩惠，但这种恩惠并不是纯粹的爱他人，而是自爱的结果，它与别人对我们的用处成正比。即别人给我们好处，我们才给别人好处，我们和别人是互利互惠关系。自爱是我们身体感受性的必然结果或我们身上的感觉能力的必然结果，爱他人也是这种感觉能力的必然结果。总之，不存在纯粹的爱他人，只存在与自爱相连的爱他人，或只存在作为自爱之必然结果的爱他人。正是在这一意义上，爱尔维修得出结论说：“爱邻人，在每一个人身上，只不过是爱自己的结果”③。“对于别人的爱，在人身上也只不过是爱自己的结果，因而只不过是他的身体的感受性的结果。”④

在爱尔维修看来，一个社会里存在着各种不同的利益，有不同个人的利益，不同家庭的利益，不同集团的利益等，必须使个人利益和公共利益结合起来。道德科学就是关于人的义务的科学，它的对象就是最大多数人的幸福。爱尔维修论证到：“经验告诉我的是：人生下来既不善也不恶；他的幸福，并非与别人的灾难必然相联系；而正好相反，在一切健全的教育中，我自己的幸福的观念，将永远或多或少地在我的记忆中与我的同胞们的幸福密切相联系：对于一种幸福的要求，将在我身上产生出对于另一种幸福的要求。”⑤“使人变坏或变好的，是对他的不同的利益；惟一造就道德公民的办法，是把个人利益与公共利益联系起来。”⑥需要注意的是，爱尔维修在这里提出了一个重要的道德标准，即把个人利益和公共利益联系起来。因此，所谓道德，不仅要求把自爱和他爱联系起来，而且要求把个人利益和公共利益结合起来。爱尔维修并不否认爱他人和追求公共利益的存在及其道德价值，他只是认为所有这一切都建立在自爱感情或身体的感

---

① 《十八世纪法国哲学》，463页。

② 同上书，526页。

③ 周辅成编：《西方伦理学名著选辑》，下卷，64页。

④ 同上书，66页。

⑤ 同上书，64页。

⑥ 同上书，66页。

受性之上，是由自爱或身体的感受性决定的。应当说，这种观点揭示了生活中的一部分事实，尤其是他那个时代的生活事实。但是，把人的一切道德感情和道德行为都归结为自爱情感或身体感受性的必然结果或直接后果，却是片面的。完全否定超越个人利益的道德美德的存在，也有失公允。虽然强调个人利益和公共利益的联系和结合，但基点和根据则在于个人利益或爱自己，这是爱尔维修伦理思想的一个基本特色，也是功利主义伦理学的一个理论基点。这里，我们看到爱尔维修的道德论代表着伦理学由快乐主义向功利主义的转变。在论述个人道德时，这种伦理学以快乐主义为根据；在论述社会道德时，这种伦理学又进一步推进了功利主义。

如何使个人利益和公共利益结合起来呢？爱尔维修认为，在这个问题上必须求助于理性。理性会告诉人们，作为社会的一个成员，人们必须估计到行为的后果，有时如果不放弃眼前的快乐，就会在以后得到痛苦的结果。在爱尔维修看来，理性的根本原则是社会公共利益高于个人利益，因此道德应该以公共利益为标准。为了社会公共利益，克制和约束个人利益是合乎正义和人道的。爱尔维修把他所说的这种个人利益，叫做“正确理解的个人利益”。他认为这种正确理解的个人利益，必然能使个人利益和社会利益结合起来。这就是不但个人要考虑自己的利益，同时还必须顾及别人和社会的公共利益。社会公共利益是一切美德的基础，一旦它被法律确定下来，个人就应当为这一社会原则放弃自己个人的感情。不论在什么地方，只要私人利益和公共利益分离，就会引起道德上的堕落。一个有感觉和理智的人，时刻都不能不注意自己的保存和安乐，为自己求幸福。但是经验反复证明，如果没有他人的援助，单靠自己是不能提供幸福所必需的一切东西的。人们在实际生活中认识到，为了自己的幸福，就需要自己在行为上时刻能够得到人们的欢心和称赞。对于人的安乐，最需要的还是人，并且为了使别人有利于自己的利益，就应该使他在协助自己实现计划的过程中，发现种种真实的好处。把真实的好处给予别人，这就是有德行；而成为有德行的人对自己也是有利的。因此，道德要以认识人性以及人与人的关系为前提。没有理性和经验，这些就不能被认识，也就谈不上道德。凡是有理性的、明智的人，都会认识到个人的本性、个人与他人的关系，从而意识到并履行个人对他人及社会的义务。

与爱尔维修一样，霍尔巴赫也认为个人幸福与他人幸福是密切联系的，他人幸福是自己幸福的条件，必须把个人幸福和他人幸福结合起来。在霍尔巴赫看来，爱美德不过是把我们的利益同有利于人类的利益的行为联系在一起。道德学应该倡议把人类中一切个体的利益，特别是同一社会成员的利益结合起来。利益是幸福的基础。人既然有权享受幸福，他就有理由、有权利围绕利益而活动。每个人的需要、欲望、情感尽管有所不同，却都以自爱和谋求幸福为目的。但是，人不能孤立地生活，为了获得幸福，必须克制自己的某些有害的冲动，维护他人的利益，使他人得到幸福，借以得到别人对自己的拥护，从而获得个人的幸福。他说："人为了自保，为了享受幸福，与一些具有与他同样的欲望、同样的厌恶的人同住在社会中。因此道德学将向他指明，为了使自己幸福，就必须为自己的幸福所需要的别人的幸福而工作；它将向他证明，在所有的东西中间，人最需要的东西乃是人。"① 在这里，霍尔巴赫承认人是社会的动物，人不能离开社会，个人不能离开他人而孤立地存在。因此，对个人来说，"企求幸福，就是爱那种与我们的存在符合一致、能够保存它、能使我们的生存幸福的东西。所以人凭着本性，就不仅应当爱自己，而且还应当爱一切协助他取得幸福的东西；由此可见，人为了自己的利益，应当爱其他的人，因为他们是他的存在、他的保存、他的快乐所必需的"②。值得注意的是，霍尔巴赫强调应当爱别人，但是他的这个爱别人是以自爱为基础的，是为了自爱和自利。"爱别人，就是爱那些使我们自己幸福的手段，就是要求他们生存，他们幸福，因为我们发现我们的幸福与此相联系。"③可见，成为有德行的人是对自己有利的。正是在这个意义上，霍尔巴赫说："德行不过是一种用别人的福利来使自己幸福的艺术"④。

霍尔巴赫伦理思想的一个重要内容是对道德义务的论述。关于这个问题可以从以下两个方面把握：

首先，道德和道德义务建立在必然性的基础上。霍尔巴赫认为，道德作为过社会生活的人的义务的科学，必须以从人的本性中推导出来的、建立在经验和理性之上的原则为基础，必须建立在人类本性固有的感情上。他说："道德是关于营社会生活的人的义务的科学，必须建立在我们本性固有感情上。一句话，道德的基础必须是必然性。"⑤ 在霍尔巴赫看来，这种原则和感情就是：人作为一个有感觉、有智慧、有理性的生物，都以自我保存和追求幸福为本质和目的，都有使自己幸福的天然欲望；并且，人为了获得自己的幸福，光靠自己一个人的力量是不行的，因为人毕竟生活于许多人共同构成的社会中。因而，一个人的幸福和利益必然有赖于其他人的援助和帮助。其他人也同自己一样，以自我保存和追求幸福为本质，他们之所以会为我们提供

霍尔巴赫

① 《十八世纪法国哲学》，649页。

②③ 同上书，650页。

④ ［法］霍尔巴赫：《自然的体系》，上卷，263页。

⑤ ［法］霍尔巴赫：《自然的体系》，下卷，221页，北京，商务印书馆，1999。

援助或帮助，他们之所以能够为我们的利益和幸福服务，必然以我们能够给予他们的援助、服务为前提，他们期待从这种援助和服务中得到回报，以使自己的幸福欲望得到满足。为了得到他人的帮助或援助以实现自己幸福的目的，惟一的办法就是我们为他们提供援助或帮助，使他们得到援助我们的真实好处和回报。这就是人与人之间的客观的、具有必然性的关系。道德或道德义务就应当建立在这种必然关系的基础上，而不能建立在任何别的基础上。

应当注意，霍尔巴赫在这里所说的必然性，主要有两层含义：一是指自我保存和追求幸福的本性或欲望是必然的，这是人天生的、固有的本性，没有人能够例外；二是指为实现幸福目的人们之间所建立的相互需要、相互依赖的关系的必然性。概要地说，道德或道德义务就应当建立在以上两种必然性的基础上，前一种可说是目的的必然性，后一种则是手段的必然性。霍尔巴赫也曾把道德义务定义为："所谓道德的义务，不过就是为达到人在社会中向自己提出的目的而采取的种种方法的必然性。"① 从实际上看，霍尔巴赫把道德义务主要看作手段或方法的必然性，看作人为了达到自己的目的所采取的种种方法和行动的必然性，而没有把目的的必然性包括在道德义务之内。因为在他看来，道德义务是指向他人和社会的，而非指向个人自己的。按照霍尔巴赫的思想，所谓德行，就是为自己的目的而对他人提供帮助的行为；所谓道德义务，也就是为达到自己的目的而不得不采取的种种客观必然的方法，也就是为别人和社会的幸福而采取行动。

其次，德行就是它自己的报酬。正因为在一个社会中，人们为了获得自己的幸福，就必须对别人履行道德义务，只有对他人和社会履行了道德义务才能获得自己的幸福，所以，德行就是它自己的报酬。只要人们能够完成自己的义务，就必然会得到一定的好处。一个有道德的人之所以是幸福的，就是因为他能够享受到别人给他的善举和快乐。他被别人爱戴、尊敬、重视，这一切很快地回到他自身，他认识到他自己在一切人心中所获得的权利；他庆幸自己成了幸福的源泉，由于这种幸福，多少人都和他的命运连在一起。霍尔巴赫认为，德行就是这样往往成了自己的报酬，它把它给予别人的那些好处，自己给了自己。由此可见，德行是幸福的基础。幸福并不仅仅是物质上的享受，还在于使别人得到幸福，是在使别人幸福中得到"报偿"的幸福。正是在这个意义上，霍尔巴赫认为，有德行的人，就是把幸福给予那些能回报他以幸福、为他的保存所需要、并且能给他以一种幸福的生存的人们的人。

① ［法］霍尔巴赫：《自然的体系》，上卷，300页。

三、启蒙道德观的困境

18 世纪法国伦理思想家由于坚决反对宗教神学道德和专制主义，高举自由、平等、人道的旗帜，强调理性、经验和自然的价值，对伦理思想的各个方面都进行了卓有成效的清理和探讨，在西方近代伦理思想史上谱写了一曲光辉的篇章，对后世伦理思想的发展也起到了极为重要的启发作用。所有这些成就都是应当充分肯定的。但是，从思想演进和理论发展的角度考察，启蒙道德观和伦理学在很多方面还存在着严重缺陷，留下了一些悬而未决的问题。概要地说，启蒙伦理学的理论困境有以下几个方面：

第一，诉诸自然人性的局限性。

“人性”概念是法国哲学家和伦理学家普遍使用的一个概念。在法国唯物主义者看来，人是由物质构成的，不过是有理性、能思想的物质体。人不但有感性，而且有理性。由于人有感觉、理智，所以人的本性就是依靠自己的感觉和理智采取行动。凡是使自己的机体感到快乐的，人们就去追求，凡是使自己的机体感到痛苦的，人们就逃避。因此，趋乐避苦是人的本性。无论是伏尔泰、卢梭，还是爱尔维修、霍尔巴赫，其理论的出发点都是一种自然人性论。如伏尔泰认为，人有爱自己和爱人类的自由，而自爱和博爱都出自人类本性的自然，是人作为人的本质的表现，爱心是按照自然的秩序而来的。卢梭在描述自然状态下的自然人时，也断定自然人的秉性是对自身生存的关切和对他人的怜悯，自爱和怜悯是自然人的两种自然感情或自然秉性。

自然人性论最为典型的代表当推爱尔维修和霍尔巴赫。爱尔维修在对人性的研究中，认为人的欲望、情感、意志、思想和行为都是由肉体的感受性或生理的感受性决定的，趋乐避苦是人的永恒不变的人性。在强调肉体快乐的时候，他混同人的本性与动物的本性，把人性降低到动物性，把肉体感受性推论到荒谬的地步。爱尔维修的这种观点当时就曾遭到狄德罗的激烈反对。狄德罗认为，物理的、肉体的感受性只是人们行动的条件，不能把它同人类情感完全等同起来；不能把友谊、爱情、事业心都简单地归结为物理的、肉体的感受性。但爱尔维修依然坚持自己的看法。在他看来，感觉、肉体的感受性是一切情感、精神活动的基础，没有需要就没有友谊和爱情，正如没有原因就没有结果一样。可见，爱尔维修完全是把人作为一个生物学的对象或生物体来研究的，他想探求人的行为的原因和过程。遗憾的是，爱尔维修之所以坚持己见，正是在于他相信他揭示的是一个科学事实，他要把唯物主义贯彻到底。这在一定程度上也反映了法国唯物主义的机械性和片面性，他们的人性论本质上是一种抽象的人性论。霍尔巴赫与爱尔维修一样，也从自然人性论出发建立自己的道德论，认为道德学最可靠的基础就是人性。他认为，人的本性就是自爱，即保存自己的生命和追求自己的幸福。霍尔巴赫虽然承认人生活于社会中，具有社会性，人的道德义务就产生于人与人之间的必然关系中，但其道德论的基础依然是一种自然人性论。

第二，在解决个人利益与社会利益关系方面的局限性。

法国启蒙伦理学家基于对人性的分析和对社会关系的分析，都主张把自爱和他爱，利己与利人，个人利益和公共利益、社会利益结合起来。他们的思想带有明显的功利主义倾向，揭示了道德生活中的一部分真理。他们对个人正当利益和正当情欲的肯定，给宗教神学道德和封建专制主义的禁欲主义以沉重打击；他们对社会利益和公共利益的推崇，也反映了社会发展的进步潮流。但是，在个人利益和他人利益、社会利益的关系这一道德要求的核心问题上，他们始终没有找到一个科学的答案。

爱尔维修在解决自爱与他爱、个人利益和社会利益的关系时，就陷入了矛盾之中。他一方面认为自爱是人的本性，趋乐避苦是人们行为的惟一的动力和原因，并且断言趋乐避苦是人的永恒不变的、固有的本性。另一方面他又认为，个人与他人、个人与社会是不可分离的，个人的幸福离不开他人的幸福和社会的幸福，公共利益是一切美德的原则，也是一切法律的基础。理性会告诉人们把个人利益和他人利益、社会利益统一起来。但实际上，爱尔维修并没有明确地和科学地解决个人利益和公共利益的关系问题。他强调个人利益与社会利益相结合，最终还是为了个人利益。在他看来，人的一切活动，即使是为了公共利益的活动，其最终目的还是为了个人。世上没有任何人会为了公共利益而做出对自己不利的事情。如果无利可图，就决不会造成有道德的行为；表面上高尚的行为，实际上仍然是为了个人利益。因此从根本上说，个人利益始终是基础，公共利益是建筑在个人利益基础之上的。

霍尔巴赫在解决自爱与他爱、个人利益和社会利益的关系问题时，其基本理论路径与爱尔维修是一致的。如前所说，霍尔巴赫在谈到爱他人的问题时，毫不掩饰地认为，爱他人只是爱那些使我们自己幸福的手段，因为他人的生存和幸福与我们自己的生存和幸福是紧密联系在一起的。归根到底，人只是为了自己的利益才去爱他人，才去关心他人的生存和幸福，他人充其量只具有手段上的价值，而没有目的上的价值。由于缺乏辩证思维，霍尔巴赫与其他启蒙伦理思想家一样，始终无法科学地、辩证地解决个人利益与他人利益、社会利益的关系，他们的伦理学还缺乏科学上的彻底性。

第三，环境决定论的困境。

18 世纪法国启蒙伦理学尤其是唯物主义伦理学的一个重要内容，就是主张人的道德观念、道德情感和道德品质等，都是在一定的社会环境中形成并由社会环境决定的。这就是所谓“环境决定意见”的理论。伏尔泰、孟德斯鸠、卢梭等人都强调社会环境和教育对人的道德观念和道德行为的影响，而爱尔维修和霍尔巴赫在这个问题上的观点仍然最为典型。

爱尔维修认为，人是环境和教育的产物，有什么样的社会环境，就会形成什么样的人。只有在一个理想的社会里，才能形成得到正确理解的个人利益和有道德的人。爱尔维修所理解的环境，首先就是教育。他认为每个人的才能和美德不是他的机体结构的结果，而是他所受教育的结果。教育对人的品性的形成起着重要的、决定性的作用。教育是使人们获得幸福的强大工具，要获得幸福只在于改善教育。爱尔维修还认为，法律在形成人的道德品质和维护公共利益方面具有特别重要的作用。不公正的法律会败坏人的道德品质，公正的法律则可以用奖惩的办法提高人们的道德。爱尔维修的这些思想是唯物主义的和科学的。但是，爱尔维修在强调社会环境的决定作用时，将这种作用夸大了，以至于完全否认了个人主观能动性的作用。同时，由于缺乏辩证思维，其理论也陷入了不可解决的二律背反之中。爱尔维修肯定社会经济和政治因素对人的品性的改造作用，但如何改造社会制度呢？他认为就是要改变立法。而改变立法又要靠好的立法者的意见。这样，就形成了环境决定意见，意见决定环境；环境决定道德，道德决定环境的矛盾循环。

霍尔巴赫也强调环境对人的道德品性的决定作用。他所说的环境，除了自然环境之外，还特别强调社会环境，强调社会政治措施、法律制度以及统治者的作用。与爱尔维修一样，他在社会环境和道德关系上的许多思想是唯物主义的和科学的。但是，霍尔巴赫也犯了两个基本错误：一是片面夸大了社会环境的作用，忽视了人作为主体的能动性，由此使他的理论常常陷入矛盾境地。如他认为只要有一个好的政府和社会环境，就可以培养出许多道德高尚的人来，以至于我们愿意把人改造成怎样，就可以改造成怎样。依此观点，作为个体的人则完全成了一个任人摆布的被动物。二是陷入了“意见决定环境”的唯心主义泥潭，片面夸大了统治者的意志的作用。之所以如此，归根到底还是因为不懂得环境、教育、政治、法律等与人的道德品性之间的辩证关系，用形而上学的眼光来考察人的社会道德问题，而不理解社会实践对人的伦理道德的作用。

思考题：

1. 培尔“道德独立论”的内容和理论意义是什么？
2. 简评卢梭“良心论”。

3. 卢梭是如何解决自爱与他爱、利己与利人之间的关系的？
4. 怎样理解“正确理解的个人利益是道德的基础”？
5. 试分析和评价霍尔巴赫关于“道德义务”的理论。

参考文献：

1. 罗国杰，宋希仁. 西方伦理思想史. 下卷. 北京：中国人民大学出版社，1988
2. 章海山. 西方伦理思想史. 沈阳：辽宁人民出版社，1984
3. 十八世纪法国哲学. 北京：商务印书馆，1963
4. ［苏］古谢伊诺夫等. 西方伦理学简史. 北京：中国人民大学出版社，1992

21世纪 哲学 系列教材

第九章 功利主义伦理学

> 功利原则指的就是：当我们对任何一种行为予以赞成或不赞成的时候，我们是看该行为是增多还是减少当事者的幸福；换句话说，就是以该行为增进或者违反当事者的幸福为准。这里，我说的是指对任何一种行为予以赞成或不赞成，因此这些行为不仅要包括个人的每一个行为，而且也要包括政府的每一种设施。
>
> ——边沁

> 功利主义要求人在他自己的幸福与他人的幸福之间做到严格的公平，像一个仁厚的旁观者那样。
>
> ——J. S. 密尔

在英国伦理思想发展史上，甚至在英国政治思想、经济思想史上，功利主义思想都具有重要的地位和影响力。功利主义伦理学承袭并发扬光大了英国经验主义哲学传统和情感论伦理学特质，且具有强烈的实践性特点，它的基本道德原则——最大多数人的最大幸福原则——在英国社会伦理、道德、立法、经济、政治等领域得到普遍的应用，至今仍是立法和公共政策领域的基本原则。可以说，功利主义伦理学在英国社会享有很大的权威性和实用性，甚至构成了英国文化的一种基本特质。著名的功利主义伦理思想史家E. 阿尔比曾指出，就总体而言，功利主义可以被看作是英国对伦理学理论发展作出的最有特色的贡献，甚至可以看作最为重要的贡献。[①] 本章主要论及近代英国功利主义理论，即18世纪在英国本土产生的由神学家佩利以及激进主义者边沁和政治功利主义者葛德文等人所肇始的，经由功利主义者J. S. 密尔修正和发展的功利主义伦理理论。

第一节 近代英国功利主义思潮

近代英国功利主义思潮包括神学功利主义、政治功利主义以及边沁功利主义理论。功利主义思潮是由18世纪神学家率先开启的。早期功利主义思想，尤其是边沁的功利主义理论，确立了功利主义伦理学理论的基本框架，而密尔则完成了功利主义伦理学从18世纪向19世纪的转变，使之更趋理论化和体系化。密尔之后，20世纪初功利主义伦理思想在G. E. 摩尔掀起的反自然主义思想攻击下渐趋沉寂；直至20世纪五六十年代，伴随规范伦理学的复兴、新自然主义的兴起以及后果论讨论的中心化等理论上的新发展，功利主义伦理学再度进入复兴时期。

一、早期功利主义思想

功利主义（Utilitarianism）[②] 作为一种伦理理论，其萌芽可以追溯到古希腊时期伊壁鸠鲁的快乐主义学说，中间经过基督教伦理的熏染，到17、18世纪才初步形成了可以为资本主义发展所利用的功利理论。持有功利理论的思想家，包括17世纪的英国哲学家霍布斯、洛克，18世纪的英国哲学家孟德威尔、哈奇森、休谟和亚当·斯密，以及法国唯物主义者卢梭、爱尔维修、霍尔巴赫等人。之所以称这些人的理论是“功利理论”，而不称为“功利主义理论”，是因为他们

---

① 参见E. Albee：*A History of English Utilitarianism*，London，Swan Sonnenschein& Co.，Ltd. 1902，p. vi

② 唐钺先生在密尔的《功用主义》一书中将Utilitarianism一词译为“功用主义”。目前学术界的通行译法是“功利主义”，就笔者所知，这一译法始于20世纪初，是中国近代学者在翻译、介绍西方学术著作时所使用的，如严复在《天演论》中的用法。

虽然提出了功利在伦理道德思考中的重要作用，并且对于功利主义内涵的各种理论要素进行了多方面的论证，但是他们还没有正式提出功利主义理论的框架。提出功利主义伦理学理论的基本概念，并使功利主义思想在英国得到广泛传播的是18世纪后期的英国伦理学家。

18世纪初期，神学家塔克（Abraham Tucker）在盖伊（John Gay）理论基础上提出了神学功利主义理论，佩利又在这二者的基础上提出了系统的神学功利主义观点，并使神学功利主义在英国得到广泛的传播。威廉·佩利（William Paley）在1785年发表《道德哲学和政治哲学的原理》（*The Principles of Moral and Political Philosophy*）阐述神学功利主义观点。佩利继承神学家塔克的观点，认为道德就是“在服从神的意志的条件下，为求永久的幸福，而对人类行善”[①]。这就是说，神的意志使得正当行为具有正当性的内容，对人类行善是正当性的检验标准，对永久幸福的期望以及对永久痛苦的恐惧是人们履行义务的来源，也就是道德行为的推动力。在佩利的理论中，道德的动机是为了增进一己的快乐和利益，只有自利的意识、对一己快乐和利益的欲求，才为人们提供了德性的最终义务，而道德的标准则在于公共的普遍的幸福，这两者之间并不存在逻辑上的一致，相反的，从其中任何一方出发，都有可能导致与另一方相冲突的结论。因此，他还必须依赖于服从上帝的意志这一神学背景作为其道德理论的基础。服从上帝的意志，就必须首先判断上帝所欲望的是什么。上帝欲望着我们的幸福，这是毫无疑义的，我们所要做的就是从探究行为是“增进或是减少普遍幸福”的倾向中来判明上帝的意志。在这里，不是依靠理性证明来论证功利原则，而是借助宗教提供的桥梁来沟通利己动机和道德的普遍法则之间的隔阂，并由此建立神学功利原则的有效性。但是，功利原则与正义原则之间的冲突是神学功利主义所无法圆说的，并且由于人类的理性是有限的、可理解的事物是有限的、可能得到的信息是有限的、对公共幸福所做的预测或计算也不能保证是正确的，所以神学功利主义道德思考方式受到了其他伦理学家和神学家的质疑。

神学功利主义理论是从神学领域中对现实社会经济生活所作的一种间接的反映，边沁继承了其公共福利原则，但是将其中神学的制裁作用彻底从理论中放弃，而鼓吹一种世俗的功利主义伦理学，并且体现出改革现存社会制度的倾向。佩利借助上帝的命令最后使人的行为在某种程度上超出利己动机而达到利他行为，边沁则将道德命令的权威完全赋予立法的权威和社会公共道德秩序的力量。边沁对于神学功利主义的世俗化反动，正体现了当时资本主义社会发展的需要，

---

① 周辅成编：《西方伦理学名著选辑》，下卷，206页。

正如韦伯所说的，“宗教的根慢慢枯死，让位于世俗的功利主义”[①]，功利主义的解释随着资本主义的发展已经逐渐渗入到社会生活的各个方面。

另一位早期功利主义者威廉·葛德文（W. Godwin）1793年出版《政治正义论》，提出政治功利主义理论。他的政治功利主义理论，构成了18世纪功利主义思想的一个重要组成部分。葛德文在理论中确立了快乐与痛苦的基础地位：喜好快乐和厌恶痛苦是人的本性，快乐是惟一的内在的善，痛苦是惟一的内在的恶；“研究道德和政治的真正目的是为了获得快乐或幸福”[②]。同时，他力图在理论中完全遵循功利原则或普遍福利、普遍幸福原则的指导，认为“道德是考虑到最大限度的普遍福利而确定的行为准则；一个人，如果他的行为在绝大多数情况下，或者在最重要的时刻，为行善的观点所支配，并服从于公众的利益，那他就应该得到最高的道德上的赞许。同样，任何行政当局可以推行的惟一公正的法令也必须是最符合公众利益的”[③]。由此，葛德文建立了一种完全服膺于苦乐统治和功利原则的道德和政治理论。

葛德文理论中提出了后来密尔针对边沁功利主义所做的一些修正观点。这首先表现在他对快乐的不同层次的区分，对“第二位的快乐”、对内在的精神快乐和个人独立性的强调。他认为人类第一类或者最早的一类快乐是外部感官的快乐，人类还能感受到某些第二位的快乐，如精神感受的快乐、同情的快乐、自我欣赏的快乐。第二位的快乐大概比第一位的快乐更为微妙；或者至少可以这样说，“人类最理想的境界是：他们能够接近所有这些快乐的来源，并享有多种多样而永不间断的幸福。这种境界是一种高度文明的境界。”[④] 同时他也指出，自我赞赏的快乐以及我们一切快乐的正确培养，都要求有个人的独立性。没有独立性，人们是不能变得聪明、有用或者幸福的。因此，“人类所最理想的境界是在尽量少侵犯个人独立性的情况下维持集体的安全”[⑤]。这与密尔在自由理论中对个人独立性的强调有相似之处。其次，葛德文还强调了人的利己本性与利他行为之间的关系，认为习惯形成了不假思索的行为判断，使利他行为从作为实现功利的手段逐渐转化为行为的目的。[⑥] 这些观点在密尔的理论修正中得到了进一步的发挥。

---

① ［德］M. 韦伯：《新教伦理与资本主义精神》，142页，北京，三联书店，1987。

②③ ［英］威廉·葛德文：《政治正义论》，10页，北京，商务印书馆，1980。

④ 同上书，10页。

⑤ 同上书，11页。

⑥ 参见上书，41～49、283～292页。

边 沁

葛德文所受到的批评主要在于，在功利原则与正义原则的相互关系问题上，过于强调严格地以功利原则为中心。他指出，虽然正义是“一个人对另一个人的行为的真正标准”，但是正义这个原则本身要求产生最大限度的快乐或幸福，仍最终诉诸功利原则。这一主张在他提出的一个著名的二难选择中得到了充分阐释：如果教堂失火，只能救出一个人，那么是救坎特伯雷大主教还是救他的仆人。① 葛德文的态度是，应当救最能促进普遍福利的人即主教的生命。批评者质问说，如果那个仆人是行为者的父亲，那么该救哪一个？葛德文的回答仍会是，最能增进普遍福利的人的生命是应该被保全的。批评者由此而指责葛德文的功利主义否认了个人利益以及家庭、朋友对于个人的重要性，过于强调绝对的理性判断、社会普遍利益的指向。恩格斯在《英国状况·十八世纪》一文中曾经评价说，葛德文对功利主义原则的理解还是非常笼统的，他把它理解为：公民应当轻视个人的利益，应当只为公共福利而生活；边沁与此相反，他在实质上进一步发展了这一原则的社会本性，他和当时全国的倾向相一致，把私人利益当作公共利益的基础。这一区别当然与其理论的思想背景相关，葛德文受大革命期间的法国思想的影响比较大，边沁受法国大革命之前的法国思想的影响较大，其理论主要得自于英国本身经济发展的现实的影响，这是二者理论侧重点不同的原因。

佩利和葛德文的理论在倾向上也有很大不同。佩利倾向于将行为的准则或者说某一系列的行为作为功利主义评价的主要对象，他强调遵循普遍准则行事，这应当说是现代新功利主义理论中较为复杂的准则功利主义的雏形。葛德文则主张具体分析、计算每一个行为的具体的后果，看它是否有利于促进最大多数人的最大幸福。这种理论分歧预示了现代新功利主义理论中准则功利主义和行为功利主义伦理学之间的论争。

二、功利主义的创立

在功利主义思潮中出现的众多思想家里，边沁无疑是其中最引人注目的人物。他是当时英国功利主义运动的精神领袖，他的思想确立了功利主义伦理学的基本框架，功利主义其后的发展与其一脉相承。1776 年边沁发表《政府片论》，对功利主义观点进行了纲要性的阐述，1789 年他又发表了 1780 年完稿的《道德与立法原理导论》。边沁的功利主义理论是“旧瓶装新酒”的典范。他承认功利

① 参见［英］威廉·葛德文：《政治正义论》，85 页。

概念是从休谟那里得到启发的，并非其首创。至于最大幸福原则，他又将作者权归于贝卡利亚和普里斯特利。[①] 这样看来，功利原则和最大幸福原则，功利主义伦理学的核心概念都是从英国伦理学传统中“借用”而来的。事实上，这正反映了功利主义伦理学理论的一个特点：它所具有的基本要素几乎无一不能在此前的伦理思想（尤其是英国经验论伦理思想）中找到渊源。

首先，边沁功利主义伦理思想继承了从古希腊罗马时代到近代的英国经验论传统。哲学经验论贯彻到伦理学中，首先表现为强调感情体验是道德的标准，功利主义继承经验论的这一传统，进而明确将作为道德标准的体验归结为快乐和痛苦。在他们看来，判断行为是否合于道德，应当检视行为的后果是否能够最大限度地增加人们的快乐或是减少痛苦。另外，17、18 世纪的社会经验哲学在一定程度上都与心理学关系密切，在道德知识领域所借助的一个重要的分析工具就是联想主义心理学原理。古典功利主义理论在很大程度上依赖于联想原理来阐明其主张。罗素曾经称边沁的全部哲学都以两个原理为基础，其中一个是“最大幸福原理”，另一个就是“联想原理”。[②] 功利主义学派的新生代——密尔也是运用联想主义心理学理论来解释人们道德观念的发生和发展。

其次，功利主义伦理学在某种程度上继承了伊壁鸠鲁的快乐主义学说。伊壁鸠鲁学说反映的是古希腊末期为战乱动荡所苦的人们试图苟全性命于乱世，并且期望获得那种遗世独立、不假外求的自我满足。因而，他们对快乐是在较为消极的意义上理解的：痛苦的免除和灵魂的安宁，而且越自然、越简单的快乐就越容易实现，也就越值得追求。相形之下，17、18 世纪资本主义兴起时期的经验论者是在积极的意义上理解快乐原则的，这“与资产阶级个人在已经摆脱旧的封建羁绊的交往条件下获得充分发展的欲望是紧密相关的”[③]。正是在这种社会条件下，伊壁鸠鲁学说中被困锁在个人自身之中的快乐追求得到了充分的扩展：快乐的追求既与个人的需要相关，而且它的充分满足也与个人所处的社会联系、社会交往以及社会的制度、利益结构密切相关。因此，在功利主义伦理学中，快乐原

---

① 虽然边沁声称从普里斯特利处得到这一公式，但是一些研究者认为在后者书中找不到这一术语，事实上，普里斯特利所说的是以“任一国家中大多数成员的幸福”作为一条政治原则。在意大利法理学家贝卡利亚《论罪行和惩罚》一书中出现过“最大多数人的最大幸福”，这对边沁产生了很大影响，他使之成为一条伦理学原则和党派口号。（参见［英］索利：《英国哲学史》，168 页注 2，济南，山东人民出版社，1996。）还应当指出的是，虽然边沁本人没有提到过，事实上道德感学派的 F. 哈奇森在《我们的美与德性观念探源》（1725）一书中使用过“为最大多数人的最大幸福”这一术语。（参见［英］索利：《英国哲学史》，168 页）

② 参见［英］罗素：《西方哲学史》，下卷，327 页。

③ 《马克思恩格斯全集》，中文 1 版，第 3 卷，480 页。

则不再是单纯的个人原则，快乐主义也不再是主观性的道德学说，而是将视野扩展到行为涉及的利益攸关的所有人的福利。

最后，功利主义从英国情感论学派以及法国唯物主义者的理论中继承并发展了合理利己主义公益论的基本论断。英国道德感学派在反对和回应霍布斯的利己主义理论的同时，提出了两个对功利主义伦理学模式影响颇大的观点。其一是探究了人性的两种倾向——自爱和仁爱，认为每个人天性中就存在着仁慈、同情的情感，利他爱人的情感和行为同利己是并行不悖的，个人和他人及社会也理应能够达到和谐一致。功利主义伦理理论也是建立在这样的人性和谐理论基础之上的。其二，情感论学派提出，只有普遍的幸福、共同的福利（而不是像霍布斯所认为的那种生命的自我保存）才是最终的道德目的。昆布兰认为，“全体人的共同利益就是最高规律”[①]，“各个人所可能获致的最大幸福就包括在这个共同幸福中，并且也是最有效地被共同幸福所促进的”[②]。昆布兰的这一思路启发了18世纪的伦理学家，包括道德感学派，也包括法国唯物主义者爱尔维修。爱尔维修主张一种合理利己主义和公益论相混合的观点，要求将个人利益与公共利益紧密地联系起来。一方面，以公共的福利、公共幸福或说社会公益为法律、道德的最高原则；另一方面，又认为个人幸福、个人利益是不可剥夺的神圣权利，要求保障“正确理解的个人利益”。他的公益论理论倾向深刻地影响了边沁的理论。

第二节　功利主义伦理学的创立

古典功利主义的基本框架是由边沁（J. Bentham，1748—1832）[③] 于18世纪后半叶正式确立的。从基本结构上看，边沁的伦理理论可以简单地概括为：建立在快乐主义基础上的“苦乐原理”，从后果判断行为的理论框架和以合理利己主义为背景的“最大多数人的最大幸福”原则。从范围上看，边沁的伦理思想可以分为三个相互联系的部分：个体道德理论、社会功利理论和法律调节思想。

一、个体道德理论

边沁的个体道德理论是以经验主义人性论为基础的。他将作为道德标准的体

① 周辅成编：《西方伦理学名著选辑》，上卷，695页。

② 同上书，698页。

③ 边沁伦理思想主要见于《道德与立法原理导论》、《政府片论》、《行为动力表》等著作。

验归结为快乐和痛苦，发挥了经验主义伦理学家关于个人的趋乐避苦本性的描述，以“苦乐原理”作为其伦理理论的基石，确立了苦乐在人的行为中的支配地位。在他的《道德与立法原理导论》开篇，就声明了这一点：“自然把人类置于两个至上的主人——‘苦’与‘乐’——的统治之下。只有它们两个才能够指出我们应该做些什么，以及决定我们将要怎样做。在它们的宝座上紧紧系着的，一边是是非的标准，一边是因果的链环。凡是我们的所行、所言和所思，都要受它们的支配；凡是我们所作一切设法摆脱它们的努力，都是足以证明和证实它们的权威之存在而已。一个人在口头上尽可以自命弃绝它们的统治，但事实上他却始终屈从于它”①。在边沁看来，如果把快乐和痛苦的因素去掉，不但幸福一词变得失去意义，就连正义、义务、责任以及美德等一向被视为与快乐和痛苦无关的词，也都会成为无意义的。快乐和痛苦决定了个人实际上如何去行为，对快乐或是免除痛苦的期待是驱动人们行为的动机，因而个人是受制于苦乐的统治的，追求快乐或是避免痛苦就成为行为的最终目的。

边沁对痛苦和快乐作了详细的划分：简单的快乐可以分为感官的快乐、财富的快乐、技能的快乐、和睦友好的快乐、好名声的快乐、权力的快乐、虔敬的快乐、仁慈的快乐、恶意的快乐、回忆的快乐、想像力的快乐、期望的快乐、联想的快乐、放松的快乐。简单的痛苦则可以分为 12 种，包括匮乏的痛苦、感官的痛苦、笨拙的痛苦、敌意的痛苦、恶名的痛苦、虔敬的痛苦、仁慈的痛苦、恶意的痛苦、回忆的痛苦、想像力的痛苦、期望的痛苦、联想的痛苦。几种简单的苦乐可以构成一种复杂的苦乐，一种复杂的苦乐也可以分解为几种简单的苦乐，合成与分解的过程都是依赖于心理联想的作用来实现的。复杂的快乐与痛苦是简单的苦乐在数量上的扩大，小孩子的由游戏所产生的简单快乐与欣赏诗歌所带来的复杂快乐在性质上是没有区别的，只是在数量上有所区别而已。在上述诸种苦乐中只与行为者自身相关的苦乐是“关涉自身的苦乐”，而与他人相关的称为“关涉他人的苦乐”，例如仁慈和恶意都是属于涉及他人的苦乐。在这里，边沁揭示了个人的苦乐与他人、与所处的社会环境的密切相关性，从而使他的量的快乐主义理论具有了 18 世纪快乐主义的特征。

对苦乐的这种强调也决定了边沁的理论必然采用后果论（consequentialism）的形式，将行为的道德评价建立在行为的后果之上，以后果是否最大限度地促进了行为所涉及的所有人的快乐的增加或是痛苦的免除来判断行为正当与否。具体地看，后果论有两个主要部分：其一，对于内在价值或是根本上的善的规定，将

---

① 周辅成编：《西方伦理学名著选辑》，下卷，210 页。

快乐看作具有内在价值的东西；其二，对于正当和善的关系的规定，认为道德上正当的行为就是那些能最大限度地实现内在的价值的行为。这就是古典功利主义的基本框架。

从后果论理论框架来看，后果的计算或是比较是一个必不可少的部分。边沁为此而设计了独特的快乐计算方法。他提出了 7 个计算因子：(1) 强度，即行为所带来的快乐的感觉的强烈程度；(2) 持续性，即快乐感觉延续的时间的长短；(3) 确定性，即快乐的感觉是真实的还是虚假的；(4) 远近性，即快乐的感觉是眼前可以获得的还是从一个更长远的时间来看它是可以得到的；(5) 繁殖性，即一个行为所带来的快乐感觉是否能派生出其他的快感；(6) 纯洁性，快乐所引起的有益的后果的强度，即行为带来的快乐与痛苦相比，能否占绝对的优势；(7) 广延性，快乐发生的范围，即行为是否同时给大多数人带来快乐。这些因子将快乐的各种因素都计算在内，因而可以计算出快乐的总量，并以此来判断行为的善恶。其中最重要的是强度和持续性这两项尺度，它们决定了快乐在量上的排序，因而也就可以对不同的快乐进行比较（边沁不承认快乐有任何质上的区别）。这种计算的实质在于，进一步说明了如何区分与快乐相联系的利益的重要性，区分真实的和虚假的利益，区分个人利益是否带来他人的更大的痛苦以及是否能够给最多的人带来最大的快乐的总量。在边沁的理论中，快乐原理与功利原则密切相联系。对快乐和痛苦的分类和计算衡量，除了道德行为判断的必要之外，还可用于计算人类活动和社会机构的功利。

这种快乐计算方法的提出，使得行为的评价建立在边沁主义者所说的“客观的和普遍的”立场之上，避免由个人主观的和特殊的偏向、爱好所带来的影响。这一计算是量的快乐主义理论的特征之一。但是，它是否具有可行性，是否真如功利主义者所标榜的那样客观有效，也是批评者所怀疑的。快乐计算法假定了上述 7 个因素都是可以度量的，但是，实际上并非完全如此，例如对于快乐的强度就没有一种可行的度量方式；其次，对于不同种类的快乐（即使是简单的快乐）也不是都可以确切地加以度量，回忆的快乐较之感官的快乐更难于度量；再次，个人在进行快乐计算时，难于精确度量其他人的快乐感受，因而功利主义所主张的人际间快乐加总的可行性是令人怀疑的。这些问题在功利主义发展的不同时期以不同的形式出现，尽管无法完全解决，但是功利主义理论家总在试图提出种种解决方式。这是因为衡量、比较后果的大小、多寡是后果论的基本要求。一种彻底的功利主义的目的论总是要试图做到这一点。边沁是从量的快乐主义的角度，密尔则着眼于从质和量相分离的幸福主义的角度，分别作出了有价值的努力。

快乐计算方法的提出反映了边沁重视现实，重视利益关系，反对虚构，反对形而上学思辨的理论风格。但是，快乐估量方法所设定的是将所有的价值都归结为快乐，这实际上是对法国唯物主义功利理论的庸俗化。快乐计算方法贯穿于边沁的整个伦理学体系，个人苦乐的计算、社会功利的判断、法律调节的施行，都需要这一方法的襄助。

二、社会功利理论

边沁在苦乐原理的基础上，提出了功利原则，从而将个体道德理论扩展到社会伦理领域。在“功利”一词中，鲜明地蕴涵了功利主义伦理学的主要特点，如它的后果论的结构、最大幸福主义等。“功利”一词并非边沁首创，他是从休谟的著作中发现的。边沁曾经说过，当他读到休谟的《人性论》第三卷“道德学”中关于“功利”的论述时，“顿时感到眼睛被擦亮了”①。可以说，正是休谟的“功利”概念启发边沁找到了梳理、建构自己理论的基本立足点。

尽管两位思想家所用的概念在内涵上有所不同，但是休谟功利理论所强调的以功利作为道德德性的标准，无疑给边沁以极大的启发。边沁认为他从此找到了一条可以用来衡量每一条特定法律的价值的通用标准。他提出检验一切制度和法律的合理性的激进主义问题：“有什么用处?”并用以作为“衡量和检验一切德行的标准”②，这一标准后来成为贯穿在他的道德、司法以及社会哲学各个领域理论的一个基本线索，也是功利主义理论的一个核心内容。

边沁对功利原则作出了界定：“任何行动中导向幸福的趋向性我们称之为功利；而其中的背离的倾向则称之为祸害”。至于功利的作用，边沁指出，“惟一能使人们清楚地看到自己所追求的行为的性质的方法，就是向他们指出这些行为的功利或祸害”③。在后来的《道德与立法原理导论》中，边沁又进一步指出：“功利原则指的是当我们对任何一种行为予以赞成或不赞成的时候，我们是看该行为是增多还是减少当事者的幸福；换句话说，就是以该行为增进或者违反当事者的

---

① ［英］边沁：《政府片论》，149 页注 1，北京，商务印书馆，1997。“功利（utility）”仿佛确乎具有某种统合性的魔力：功利主义的两个代表人物边沁、密尔第一次见到这一语词时，都曾萌生出豁然开朗的感觉。密尔在他的自传中回忆说，初次接触到边沁著作《道德与立法原理导论》中的“功利”原则时，就感觉到它“确实成为把我分散零碎的知识和信仰融合一起的基本原理，使我对事物的概念统一起来。”（《穆勒自传》，45～46 页，北京，商务印书馆，1987；密尔也译为穆勒）年仅 15 岁的密尔当时敏锐地感觉到，“边沁超出以往所有的伦理学家，他的理论确实是思想上新时代的开始”，并且“那个理论将改变人类的状况”。尽管密尔后来对边沁的评价有所保留，能够更加客观地看待边沁理论的得失，例如在《伦敦和威斯敏斯特评论》（1838 年 8 月）发表的《论边沁》一文中以及后来的《功用主义》一书中，但是他对功利原理始终是推崇备至的。

② ［英］边沁：《政府片论》，150 页注。

③ 同上书，115～116 页。

幸福为准。这里，我说的是对任何一种行为予以赞成或不赞成，因此这些行为不仅要包括个人的每一个行为，而且也要包括政府的每一种设施。”① “所谓功利，意指一种外物给当事者求福避祸的那种特性，由于这种特性，该外物就趋于产生福泽、利益、快乐、善或幸福（所有这些，在目前情况下，都是一回事），或者防止对利益攸关之当事者的祸患：痛苦、恶或不幸（这些也都是一回事）。假如这里的当事者是泛指整个社会，那么幸福就是社会的幸福；假如是具体指某一个人，那么幸福就是那个人的幸福。”②

综上所述，边沁的功利原则有几个值得注意的特点：其一，“功利”与快乐、幸福密切相关，且成正比例，快乐幸福是人生的目的所在。这使功利原理具有了快乐主义的特征。边沁以个人的苦乐、个人的利益作为功利原理的基础。其二，“功利”所涉及的主体不只是个人主体，而且包括社会主体和政府设施，个人的幸福、利益和社会全体的幸福、利益都在考虑之内，功利原理所追求的乃是“最大多数人的最大幸福”。这又使功利原理具有了普遍的快乐主义的内涵。其三，个人利益与多数人的利益之间是怎样一种关系呢？这是边沁功利原则的最关键的一个特点。在边沁看来，社会只是“一种虚构的团体，由被认作其成员的个人所组成”，因此，社会利益、社会幸福不过是“组成社会之所有单个成员的利益之总和”③。每个人在追求个人利益时，自然而然地就增加了社会的整体的利益，因此只要每个人都能够真正地追求自己的最大利益的实现，最终就会达到社会利益的最大化。

在“功利”原则之后，边沁又提出了“最大幸福”原则或“最大福利”原则，即“凡有利益攸关的人们的最大幸福，这种幸福是人类行为（各种情况下的人类行为，特别是执行政府职权的一个或者一批官员的行为）的正确适当的目标，并且是惟一正确适当并为人们普遍欲求的目标”④。他在《政府片论》中提出“最大多数人的最大幸福是正确与错误的衡量标准”⑤，并以这一原则附加于功利原则之上或是取代功利原则。边沁认为，这样做的原因在于，“功利”的观念与“幸福”、“快乐”的观念之间缺乏足够明显的联系（至少是字面上看上去），因而严重地阻碍了人们接受功利原则，否则的话，这一原则应该是不难接受的。在他看来，“最大幸福（福利）”原则能够清楚地指明“苦”与“乐”的观念，同

① 周辅成编：《西方伦理学名著选辑》，下卷，211～212页。

②③ 同上书，212页。

④ 同上书，211页注①。

⑤ ［英］边沁：《政府片论》，92页。

时又会使人们想到所涉及的利益攸关的人的数目（最大多数人的最大幸福），因而更能够简短有效地说明功利原则的实质。边沁在后期较多地使用“最大幸福”一语，并以之取代“最大多数人的最大幸福”的说法，这部分地是由于后一说法中同时存在着两种最大化——“最大多数人的幸福”和“最大的幸福”，而这两者之间并不一定总是能够同时满足，并不总是一致的，而且还会招致很多批评，边沁可能因此转而使用后者。

三、法律调节思想

法律是调节伦理关系、控制社会秩序的手段，法律的制定和实施是边沁理论非常注重的内容，也是边沁伦理学理论的一个必要的组成部分。这一方面是由于边沁本人就是一个著名的法学家，他的《道德与立法原理导论》在为他赢得了伦理学家称号的同时，也奠定了他作为法理学家的地位。另一方面是由于边沁深信人类福利体系的建立要凭借“理性”和“法律”的力量，好的立法能够最大限度地促进“最大多数人的最大幸福”的实现。在边沁看来，法律的作用是防止人与人之间冲突的发生，限定个人对快乐的利己主义的追求，从而体现了合理利己主义的要求。法律是辅佐道德来调节伦理关系的手段，同时也是道德的另一种保障。

实际上，法律体系也是以苦乐原理为基本出发点的。按照边沁的思想，凡是能够减轻痛苦或是增加快乐者，在道德上就是良善，在政治上就是优越，在法律上就是权利。苦乐原理和功利原则是贯穿于个人道德、社会政治和法律领域的一种共同的标准。

边沁认为，在法律体系中要考虑的快乐是国民全体的快乐，包括有四项目标，即生存、平等、富裕和安全。这四项既是良好政府的目标，也是立法的出发点和目标。法律的任务就在于促进这四项目标的实现，即“导养生存，达到富裕，促进平等，维持安全”。在这些目标中，安全和平等是最重要的。安全包括身体、名誉、财产、职业不受侵扰，是人类幸福的首要条件。法律保护是维护安全的最有效的手段。安全目标所致力于达到的，实质上是保护个人的私人财产权不受外在侵犯，也就是保护个人获得和占有财富的快乐，避免财产被剥夺的痛苦。安全是第一位的，平等次之，如果二者发生了冲突，平等就应该服从于安全的需要。边沁的这些思想后来为密尔所发挥。密尔尽管承认正义的情感、平等的情感在人心中是非常强烈的，但是，他仍不能认可正义具有超出安全所代表的社会功利意义之上的权利。因为边沁和密尔都深深地认识到，在他们所处的历史时代，所需要的是一个立法合理、执法严明的法制社会，只有这样，才能保障自由资本主义经济的良性发展。正如边沁在《政府片论》中所指出的，在一个法治政府之下，善良公民的金科玉律就是“严正地服从，自由地批判”，自由和服从之间的辩证关系正好显示了他的理论的主旨。

可以看出，在边沁的思想中，道德理论与立法理论密切相关，立法理论从属于广义的道德理论。在他看来，个人道德与立法都同属“一般的道德”，用以“指导人们行为的艺术，以使那些盼望利益的人产生最大的幸福”；“个人道德”是指导个人自己行为的艺术，又可称为“自治的艺术”；而立法是“政治的艺术”，是用来指导所有人类以及动物得到幸福的。① 个人道德与立法都以幸福为目的，与社会上每个人的幸福和行为相关，在这一点上二者“携手并进”。② 个人道德教每个人如何采取最有助于自身幸福的方针，而立法艺术则教社会如何以立法者应有的动机采取有助于社会幸福的方针。二者的区别在于，它们所涉及的行为并不是完全相同的，有些行为是道德应该干涉，而立法不能以直接的方式干涉的；而有些时候，实现个人道德的要求也必须先考虑到立法的规定或是借助立法的协助。

从立法者的角度看待伦理问题，这一特点贯穿在边沁的伦理理论之中。最大多数人的最大幸福这一原则之所以具有重要的意义，是因为它首先是衡量立法好坏的标准；快乐的估算理论的提出，其目的同时也是为立法的实施提供精确的加总、计量苦乐的方法。

应当肯定的是，道德理论和立法理论密切相关联，有其积极的意义。道德与立法虽然是两个不同的社会规范调节领域，但是将二者结合起来无疑有助于促进实现社会调节功能。在道德领域中的立法往往使某些最具有社会必要性的道德规范得到普遍的遵守，而道德调节的辅助则会使法律的条文得到更有效的实施。但是边沁的这一观点也有消极的影响。因为道德领域自有其独特之处，法律所不能触及的是人的深层精神要求和内在的情感、性格倾向，道德却应当而且也能够在这方面发挥其特有的作用。边沁在这方面未能给予足够的重视。

第三节　功利主义伦理学的修正和发展

边沁的功利主义理论不仅在理论上而且在实践上赢得了众多拥护者，但同时

① 参见［英］边沁：《道德与立法原理》，280页，台北，帕米尔书店印行，1971。另参见新译本：《道德与立法原理导论》，348～349页，北京，商务印书馆，2000。

② 参见上书，282页。

也招致众多批评和反对。约翰·斯图亚特·密尔①一开始是以边沁功利主义的拥护者和捍卫者的身份出现的，并且终其一生都是功利主义的积极践行者，但同时也对边沁的理论进行了进一步的批评和修正。密尔对边沁理论的批判和修正标志着功利主义理论开始从初创时期走向鼎盛时期。

一、从快乐主义到幸福主义

以幸福理论来修正边沁的快乐主义学说，应当说是密尔对功利主义伦理学说最著名的修正。密尔所受的希腊古典人文精神（尤其是亚里士多德伦理学）的熏陶使他不可能完全接受边沁纯粹的快乐主义，并使他最终在思想上产生两个重要转折：其一，不再将快乐当作生活的目标，而把快乐以外的目的作为生活的目标，这表明他已经意识到了快乐主义的悖论及其局限性；其二，把个人的内心修养当作人类幸福的首要条件之一，不再把外部条件的安排和对人的思想与行为的训练看作惟一的重要因素，感情的培养成为其伦理和哲学的信念。② 这标志着密尔开始由外在向内在作理论的挖掘，他对快乐的质和量做了区分，提出内涵广泛的幸福概念作为理论的基础，并且在幸福概念基础上对功利主义理论做出了理论论证。

密尔与边沁的相同之处在于，都将功利原理作为道德理论的简单的标准，但是两人在什么东西具有价值问题上却有意见分歧，边沁坚信快乐的体验以及痛苦体验的免除是惟一具有价值的东西，密尔则认为只有幸福是惟一应当追求的东西，对边沁的理论作了限制和修正。密尔指出，以功利为道德基础的信条一直主张“承认只有快乐，并免痛苦，是因它是目的而认为可欲的事物，而且一切可欲的事物（在功利主义的系统之内这种事物与在任何其他系统内一样多）是因为它自身本有的快乐，或是因为它是增进快乐避免痛苦的方法而成为可欲的事物”③。在这里，密尔把边沁的功利主义伦理观点的核心作了明确的概括，认为该理论的主张是以快乐作为“所有行为规则的检验标准和生活目的”④。

密　尔

① J.S.密尔（J.S.Mill，1806—1873）伦理思想主要见于《功用主义》、《论自由》、《论边沁》等著作和论文中。其父詹姆斯·密尔是忠实的边沁主义者、激进主义运动坚定的推动者。

② 参见《穆勒自传》，87～88页。

③ ［英］密尔：《功用主义》，7页，北京，商务印书馆，1957。

④ 《穆勒自传》，87页。

如果密尔的理论只限于这样系统化地重述边沁的观点，那么他也无法避免边沁主义所遭遇的某些批评。因为批评者往往指出，如果按照边沁的观点，把人生设想为没有比快乐更高的目的，没有更好的更高贵的可欲可求的东西，那么这种学说就只是一种“全然卑鄙并堕落的学说，只配给猪做主义”①。而且，边沁主张以最大的快乐的总量作为行为的道德标准，并具体地依赖于快乐的计算，这就使边沁的理论无法解释这样的情况：当一些恶人欺负一个无辜的弱者时，恶人作恶所得到的快乐的总量可能大于势单力薄的弱者所受的痛苦的总量，但是如果称这种行为是道德上许可的行为则是非常荒谬的。道德显然不能只诉诸快乐的数量。

为了回应批评者的攻击，密尔必须对快乐主义的这种理论作出必要的修正。他提出，快乐不仅有量上的区别，也有质上的区别。“承认某些种类的快乐比其他种类更惬意并更可贵这个事实是与功利主义十分相符合的。我们估计一切其他东西的价值的时候，都把品质与分量同加考虑。”所谓快乐的品质上的差别，是指人不仅有着肉体感官上的快乐，而且还有精神上的追求，人具有动物所不具有的比嗜欲更为高尚的心能。较高等的快乐主要是理智的、情感的和想像的快乐以及道德情操的快乐。② 在这种区分的基础上，依据最大幸福原理，人类行为的最后目的“乃是一种尽量免掉痛苦，尽量在质和量两方面多多享乐的生活”③。密尔认为，这样理解的功利主义快乐理论才是全面的。

快乐的质和量的区别如何辨别呢？密尔诉诸一个“有资格的”人的偏好。假设一个人面对两种快乐的选择，选择者对这两种快乐均有过体验，如果他明显地偏好其中一种，即使明知它附带着更大的不满足，也还是偏好它，并且不肯放弃它以换取其他的在数量上更大的快乐，那么，就可以说这个快乐在品质上是优于另外一个快乐的，“这种品质的优胜超出分量的方面那么多，所以相形之下，分量就成为微小不足道的条件了”④。密尔强调了高级的快乐对于任何一个受过教育、有教养的人的重要性。密尔指出，“做一个不满足的人比做一个满足的猪好；做一个不满足的苏格拉底比做一个傻子好”⑤。“傻子或是猪的看法不同，这是因为他们只知道这个问题的他们自己那方面。苏格拉底一类的人却知道两方面。”⑥这段话最为明显地表明了密尔对快乐在质上的差别的强调，对较高级的快乐的推崇。

---

① 密尔：《功用主义》，7页。
② 参见上书，8页。
③ 同上书，12页。
④ 同上书，9页。
⑤⑥ 同上书，10页。

虽然密尔在修正边沁快乐主义理论时使用了快乐主义的语言，但是他在最主要的方面并不是一个完全意义上的快乐主义者。这主要在于他对幸福概念的引入和对幸福作为道德的最终标准的论述。如果说对快乐的质和量的区分是密尔对既有理论的破坏性修正，那么，对幸福的论述则是对新的理论的建设性推进。

对于快乐与幸福的关系问题，传统的密尔研究者认为，密尔并不区分快乐和幸福，同边沁一样，也认为“幸福是指快乐与免除痛苦；不幸福是指痛苦和丧失掉快乐”。他们的证据就是密尔在《功用主义》第二章中所说的一段话。密尔是这样说的：“承认功利为道德基础的信条，换言之，最大幸福主义，主张行为的是与它增进幸福的倾向为比例；行为的非与它产生不幸福的倾向为比例。幸福是指快乐与免除痛苦；不幸福是指痛苦和丧失掉快乐。要对于这个学说所立的道德标准作明了的观察，定须还说很多话；尤其，对于快乐与快乐的观念包括什么事物的问题；并这个问题多少是有待再讨论这两方面。然而，这些补充的说明对于这个道德观所根据的人生观没有什么影响；这个人生观就是承认只有快乐并免除痛苦，是因它是目的而认为可欲的事物，而且一切可欲的事物（在功利主义的系统内这种事物与在任何其他系统内一样多）是因为它自身本有的快乐，或是因为它是增进快乐避免痛苦的方法而成为可欲的事物。”①

注意文中的用语，我们不难发现，这段话是对由边沁所创立的功利主义伦理学的基本主旨的系统化总结，而这一总结恰恰就是密尔在该书中试图进行进一步修正和改进的观点。因此，不能单从这段话得出密尔将快乐视为惟一的内在的善的观点。在此段之后的内容中，密尔引入了快乐的质和量的区分，然后又讨论了人们的其他追求在何种意义上成为幸福的不同组成部分或是实现幸福的手段。密尔事实上是在将快乐与幸福作为两个不完全等同的概念的意义上使用二者的。

幸福概念是密尔理论的核心概念。在密尔看来，幸福是一个具体的整体，也是一个多元的概念，爱音乐、追求健康、崇尚德性、追求个体的自由发展，这些都可以作为幸福的组成部分包括在幸福之内。另外，像对金钱、名望、权势的追求，由于是获得幸福的手段，因而也作为幸福的组成部分。快乐之有价值也是因为快乐是人的幸福的组成部分。在这里，密尔实际上背离了传统的功利主义，他不是以快乐为最终的标准，而是以幸福（一个包含的成分众多、内涵广泛的概念）作为道德的最终标准。幸福是道德的标准，幸福为人生的最终目的，只有幸福是自身就有价值的。“幸福，因是目的，是可欲的；并且只有幸福才是因它是目的而可欲的；一切别的东西只因它是取得幸福的工具而成为可欲的。”当然，

---

① ［英］密尔：《功用主义》，7页。

密尔也指出，从幸福的范围上看，功利主义看作行为上是非标准的幸福并不是行为者一已的幸福，乃是一切与这行为有关的人的幸福。

密尔的幸福观点是其对快乐主义修正的核心，在这一概念之下，密尔已经将边沁的快乐主义理论转换为幸福主义理论，包容了简单的快乐体验所不能涵盖的许多其他的追求。从这一角度立论，针对边沁快乐主义理论的很多指责就都可以从根本上消解掉了。

在对幸福作出了范围上的限定说明之后，密尔进一步回应了反对者的驳议。在持反对意见的人看来，第一，幸福是不可得的；第二，人能够用不着幸福而过活，并且高尚的人懂得自觉地舍弃幸福以获得美德。第一个问题实质是否认幸福的现实性。密尔分步骤地进行了驳斥，指出功利主义所期许的幸福生活是可以持久存在的，每个人都有能力、也有可能得到幸福。第二个问题涉及对自我牺牲行为的评价。密尔指出，功利主义道德观所赞美的舍身是“能够为别人的幸福或别人幸福的某些工具而牺牲（别人指人类全体，或人的集团利益所规定范围内的人）”①。不能够增加幸福总量或没有增加这个总量的趋势的自我牺牲，在功利主义道德观看来是徒然的浪费，这种行为并不是值得称赞的行为。这些论证捍卫了功利主义的基本理论特质。

密尔对于幸福主义的维护，如他所说，是在伊壁鸠鲁的快乐主义理论中又包罗了许多斯多亚学派的和基督教的成分在内，同时也深受亚里士多德理论的影响。② 密尔以个人的幸福作为道德的最终标准，在个人的幸福中，他包容了对他人的关切、对德性的渴望等广泛的内容，使个人的幸福与他人的、社会的许可联系起来，因而在一定程度上克服了边沁的以个人的快乐为最终标准的褊狭性，应当称之为一种幸福主义的理论。

二、个人的自由权和自我发展

在密尔的内涵广泛的幸福概念中，个人的自由权和自我的发展是其中的两个重要内容。在密尔看来，全面的深刻的幸福不能脱离个人的自我发展，个人的能力的发展，个人自身的趣味、追求和同情心的培养和发展。或者说，个人的幸福是同他的精神和个性的自由发展密切相关的。密尔的幸福理论是其自由观的基石。自我的发展是个人的自由的积极的实现，而不受干涉的自由权则是消极的个人自由的维护，二者结合起来才构成了密尔的完整的自由观的主旨。

---

① ［英］密尔：《功用主义》，18页。

② 参见上书，8页。

个人的自由权（Liberty）涉及的主题是："公民自由或称社会自由，也就是要探讨社会所能合法施用于个人的权力的性质和限度。"① 个人的自由的实质是能够不受外界强制、按照自身的条件去自主地追求自己的生活目标。在密尔看来，"惟一实称其名的自由乃是按照我们自己的道路去追求我们自己的好处的自由，只要我们不试图剥夺他人的这种自由，不试图阻碍他们取得这种自由的努力。每个人是其自身健康的适当监护者，不论是身体的健康，或者是智力的健康，或者是精神的健康。人类若彼此容忍各照自己所认为好的样子去生活，比强迫每人都照其余的人们所认为好的样子去生活，所获是要较多的"②。密尔认为个人拥有广泛领域内的自由权利，其中包括：（1）思想和感想的自由，要求在一切题目上的意见和情操的绝对自由；（2）趣味和志趣的自由，要求自由制订自己的生活计划以顺应自己的性格；（3）随着各个人的这种自由而来的，在同样的限度之内，还有个人之间的相互联合的自由。第一项自由权利实际上是一种政治上的、思想上的自由，第二、三项自由则具有更多的道德的和伦理的内涵。上述这些领域中的自由权利，如果在一个社会中得不到尊重，或者不是绝对的和没有限制的，那么，这个社会就不算是自由的。因此，一个健全的社会有责任在其制度上作出相应的规定保护个人的自由权利的实现。这一观点贯穿在密尔的政治自由主义理论和他所领导的政治自由主义运动中，他极力主张建立一种能够代表每个人的权利和意愿的"代议制政府"，并且极力鼓吹公民普选权、妇女解放和参加选举的权利，其目的就是期望从社会制度的设计和安排中确保个人都能享有他应该享有的自由权利。

按照密尔的自由观，个人的自由权利不是全然没有限制的。就个人方面而言，"个人的自由必须约制在这样一个界限上，就是必须不使自己成为他人的妨碍"③。就社会方面而言，社会对个人行为的裁判权，必须是在个人的行为影响到他人和社会的利益的时候，才能施行，任何社会借舆论、习俗和教育之名干涉私人行为或是左右个人的思想，都是对个人自由的不合理的限制和干涉。综合这两方面看，不能说密尔在"宣扬绝对的自由"。

密尔所强调的是在自由问题上的一条极其简单的原则：人类之所以有理有权可以个别地或者集体地对其中任何分子的行动自由进行干涉，惟一的目的就是自我防卫。这就是说，对于文明群体中的任一成员，之所以能够施用一种权力以反

① ［英］密尔：《论自由》，1页，北京，商务印书馆，1986。

② 同上书，13页。

③ 同上书，59页。

其意志而不失为正当，惟一的目的就是要防止对他人的危害。“任何人的行为，只有涉及他人的那部分才须对社会负责。在仅只涉及本人的那部分，他的独立性在权利上则是绝对的，对于本人自己，对于他自己的身和心，个人乃是最高主权者。”① 但是，这一原则只适用于能力已达成熟的人，对于婴儿或是精神有缺陷的人来说，由于他们没有健全的意志，不可能对自己的行为负完全的责任，因而也就不能成为自己的绝对权利的拥有者。

密尔上述关于个人自由的论述是古典自由主义的经典论述。它奠定了英国式的个人自由模式，强调为个人自由划定一个不可侵犯的最小范围、最小的空间界限。这种自由观的意义在于，使个人自由与社会控制之间相互制约，保持最低限度内的自由，其目的是抑制社会权威的过度扩张，防止个人的基本生存和发展权利受到社会专制的侵犯和束缚。密尔所树立的这种自由观有着重要的理论意义和历史意义，它已经随着资本主义社会的发展而逐渐内化成为西方社会自由主义传统的特质之一。密尔的《论自由》一书被称为西方资本主义社会中“捍卫自由的经典著作”，其原因也正在于此。

如果将密尔的《论自由》与幸福理论结合起来考察，可以发掘出密尔自由观的另一侧面——对个性的自由发展的设想。

自我的发展（self-development）或个性的自由发展是密尔幸福理论中的一个重要概念。他虽然没有明确定义“自我发展”，但是归纳其散见的论述，可以得出密尔的自我发展概念的基本含义：自我发展是个人的自我培养和教育过程，它的最终目标是实现个人在心智、情感和道德上的充分的、全面的发展，表现为个人具有充分发展了的个性、自主性、独创性和健全的社会性情感。简而言之，自我发展的过程既是个体充分实现自身的社会化、道德化的过程，同时又是个体保持并充分发挥其个性自由的过程。

自我发展在幸福理论中的作用就在于，首先，它是幸福的重要的组成部分和重要的源泉。个人的幸福与他的潜能的自由发挥密切相关。密尔在对快乐的质和量作区别时，特别指出，较高级的快乐的产生是与人的较高等的心能相联系着的，而较高级的心能的获得是与个人的自我发展的程度成比例的，例如，人的创造力、自主性、社会性这些心能的发挥所带来的是较低级的快乐所无法比拟的幸福感受。最有价值的幸福就是那些在人们发展和运用自身的理智的、情感的和道德的心能时所体验到的幸福。

其次，自我发展是个人成为有资格的道德人的前提条件。密尔用以评判快乐

① ［英］密尔：《论自由》，10页。

的质与量的重要性以及质的快乐的价值的标准，不是通过一个既定的准则，也不是倚赖边沁的那种快乐的计算，而是依赖于这样一个权威人物——他富有阅历，对较高等和较低等的两方面的快乐或痛苦都有体验，并且秉有自觉和自省的习惯。这个人所觉得的好恶、他所作出的判断就是快乐的质的标准[①]，也是对不同的快乐进行优先性排序的标准。由此可以看出，密尔所诉诸的这样一个评判者，并不是一般人生来就能够胜任的，对阅历和体验的要求使得他必定首先是一个经历了自我发展的过程的有资格的人，除非主体已经达到了自我发展的某种特定的水平并成为有资格的评判者，否则他就不能完全、充分地评估价值。因而，否认了人们发展的机会，就是否认了人们所应该具有的道德主体的地位。从这一观点看，自我发展了的道德主体在密尔的道德理论中处于中枢地位。正是在这个意义上，密尔思想研究者阿兰·赖恩指出，密尔对自我发展和道德进步的关注是他的哲学的一条主线，几乎其他所有的内容都附属于这一中心。[②]

自我发展的概念是沟通密尔的幸福理论和自由理论之间的桥梁。密尔在《论自由》中指出，“个性与发展乃是一回事”，“只有培养个性才产生出或者才能产生出发展得很好的人类”[③]。这里首先应当解释清楚的是，发展和自我发展之间的关系。自我发展是发展中与个人相关的一个重要的阶段：从个体角度来看，个体发展的最初阶段主要是接受社会教育和培养的阶段，而当个人具有了一定的意识、能力之后就进入自我发展即自我教育和培养的阶段；从人类社会的角度看，发展不仅包括社会中的诸个体的自我发展，而且是社会的文明本身的发展过程。[④] 因此，自我发展概念无论从内涵还是从外延上说，都是从属于发展概念的。由此，密尔的观点也可以理解为个性与自我发展的同一关系，只有尊重个性、培养个性才可能产生出发展得很好的个人。因此，幸福论中的自我发展的重要性，在自由论中则体现为个性自由发展的重要性。

密尔认为，个性的自由发展首先表现为不盲从于传统，敢于摆脱传统、习俗和他人意见的束缚，个人的自由发展也表现为独创性、想像力的发展，最终会导致整个社会的首创性的发展。个性的自由发展的最终目标是既要推动社会文明整体的发展，也要促进个人在心智、情感和道德等方面的自我发展。自我发展必须借助一定的制度安排，通过建立良好的政治制度与良好的教育体系来保证。正是

---

① 参见［英］密尔：《功用主义》，9～12页。

② 参见 Alan Ryan：*The Philosophy of J. S. Mill*，Macmillan Press，1987，p. 255。

③ 密尔：《论自由》，68页。

④ 参见上书，第三章“论个性为人类福祉的因素之一”。

这一思想，使密尔关注代议制政府的设立，关注平等的普选权，并促使他的政治哲学倾向于激进平等主义的方向，致力于使每个人都有自我发展的自由权利。从另一方面来说，密尔用个性发展和个人幸福来衡量、判断社会的价值和幸福的观点，也为社会制度建立了一种评价标准。他的理论体现出将外在的制度设计与内在的精神发展相结合的精神，以外在的社会制度来保障个人发展的权利，又通过个人内在的发展最终促进社会的进步。

密尔的自由理论是否与他的功利主义相一致，这是人们争论较多的问题。自由理论与功利最大化原理有其相冲突之处，在某些情况下，维护个人的自由权利不一定会导向更大的功利，而限制个人自由却可能产生更多的社会福祉。对此，密尔认为，自由的价值可以从功利主义角度加以肯定。① 无论是消极意义上的自由权如言论自由、思想自由，还是积极意义上的个性的自由发展，都是如此。密尔对这一点作了多方面的论述。自由所最终诉诸的仍是功利原则。自由的功利涵义就在于，为人类的幸福和个体的发展提供了必要的保护，它的约束力也正源于此。但是，在此基础上，密尔没有进一步明确解释自由与功利最大化要求之间的冲突问题。如何看待自由与其他的道德原则之间的关系，是自由高于一切，还是在某些情况下人们有理由放弃自由以实现其他目标？自由不是人类的惟一目标，这是自由主义者也不可能否认的事实，人类的其他追求，如福利、正义、平等、社会的安全等，都是为人们所珍视的价值目标，有时候可以牺牲自由以换取这些价值或是其他更为基本的要求（如饱暖的要求），而这种放弃实质上可以理解为对更深层的生存的自由权利的维护，是从密尔的功利主义可以合理地引申出来的答案。

三、功利原理的证明

在幸福概念的基础上，密尔对功利主义理论作了进一步的证明。他的证明可以分解为三个步骤：第一步，证明幸福是可欲的（desirable）；第二步，证明普遍幸福是可欲的；第三步，证明只有幸福是可欲的。②

第一步，要证明幸福是可欲的，密尔认为，必须证明“人真实欲望”幸福。从经验的角度看，人们事实上是欲望幸福的，人的天性就是如此，因而，幸福就是可欲的，是作为一种目的而为人所欲望的。第二步，证明普遍幸福是可欲的。普遍的、公共的幸福之可欲是以“各人在相信他自己的幸福可以得到的范围内欲望自已幸福这个理由”为基础的，这是一个基本的事实。公共幸福之可欲是由于

---

① 密尔在《代议制政府》一书中，对于维护自由与社会发展之间的关系有深刻的论述。

② 参见［英］密尔：《功用主义》，第四章。

个人具有与他人的“一体感”和利他的情感要求，这种情感要求是基于人们共同的社会生活的、由心理联想所促成的、经教育和环境加以强化了的情感。第三步，证明惟有幸福是可欲的。这是密尔论证的重心。密尔指出，人所欲望的其他事物，例如对美德的欲望以及其他一些人们通常看作目的的欲望，如好钱、好名、好利，都因为是幸福的组成部分或者因为是获得幸福的手段而被欲望，真正为人所惟一欲望的只有幸福。

在密尔的功利主义理论中，对功利原理的证明招致了最广泛、最持久的批评，一些人对他的证明的目的、步骤以及结构提出质疑，即使是密尔的捍卫者和试图合理解释密尔思想的人，在对功利原理证明的诠释上也不尽相同。批评者认为功利原理的证明犯了最基本的逻辑错误和混淆概念的错误。正如密尔在为功利主义作辩护时所指出的，批评者的许多指责并不单是功利主义这种伦理体系所面临的，许多问题“其实是一切伦理标准都会发生的问题”①。

从总体上说，批评者一般认为，密尔的证明中有两个跳跃，一个是从欲到可欲性，从某物被个人所欲望跳跃到认为它是可欲的；另一个是从每个人的幸福跳跃到普遍的幸福、所有人的幸福的加总。对这两个跳跃，密尔并没有给出其合理性的有力的说明。这两个跳跃分别发生在密尔证明的第一和第二个步骤之中。

在第一个论证中，“可欲的”可以有多方面的含义。如果将“可欲的”理解为“能够被欲望的”，这种论证并没有什么意义。也可以理解为“值得欲望的”，这一论证是有效的，但是不合理，因为事实上人们欲望的一些东西本身并不值得欲望。若理解为“应当被欲望的”，同第二种情况类似。就密尔的论证本身来看，在他的前提中他使用“可欲的”一词，是在描述性的意义上指幸福是能够被欲望的东西，而在结论中他则是在规范的意义上使用该词的，即幸福是值得欲望或是应当欲望的东西。批评者因而指出，密尔在此处犯了语言模棱两可的错误。摩尔明确地批评密尔混淆了人们所欲望的东西与值得欲望的东西。密尔在他的论证中没有详细界定可欲问题，这是他的论证的疏漏之处。另外，密尔用视觉、听觉的例子来类比人对幸福的感觉，前者是人的外部感官，而幸福感则来自于人的内在感觉，所以，这种类比是否可行并不是全然确定的。从这些问题看来，密尔的第一步论证无论是在逻辑上，还是在用词上，都不是无懈可击的。

密尔的第二步论证，是关于个人的幸福、利益如何过渡到普遍的幸福，也就是说，为什么普遍幸福比个人幸福更值得追求，为什么追求实现自身幸福的个人应当追求和促进普遍的幸福？虽然从形式上不能作出这种推断，但是密尔是从社

① ［英］密尔：《功用主义》，28页。

会情感的角度进行论证，并从社会生活的现实需要中引申出其结论的。批评者认为其中有前后矛盾之处：一方面反对在功利主义道德中借助任何直觉的因素，另一方面又实际上引入了直觉的因素。在社会情感的形成中，他指出，人的道德心能在教育和环境的影响下向各个方向发展①，既可以使人以行善为乐，也可以使人以作恶为乐而不以为恶。既然如此，为什么密尔只认定了功利主义所要求的社会良心才是最“自然而且必要的”？密尔实际上是将这一问题当作一个不证自明的论断，因此是将功利主义的证明建立在直觉的基础之上。这与他一贯的反直觉的主张是不一致的。这一点为很多批评者所指责，例如罗尔斯所提出的反对功利主义的理由之一，就是功利主义在根本上是借助于直觉的帮助，因而不是一种令人信服的理论。在密尔的这一论证中存在的另一个问题是，他没有明确指出不同的个人的幸福以什么样的方式联合为普遍幸福。个体的幸福是否可以加总为公共的幸福，这本身就是一个需要证明的问题。现代新功利主义提出了新的理论解决这一问题。

密尔论证的第三个步骤，是将边沁的“快乐，并且惟有快乐才是作为一种目的为人所欲望的”，修正为“幸福，并且惟有幸福才是作为一种目的为人所欲望的”。但是密尔试图将德性纳入幸福的范围以调和二者的努力受到了批评者的质疑。密尔所设计的幸福主义与亚里士多德所提出的幸福理论是不同的，最主要的区别就是对于德性与幸福的关系的观点。德性概念在亚里士多德的体系中是一个核心概念，而在密尔的理论中，德性只是从属于幸福概念的，是作为达到目的的手段而为人所欲望，因而成为幸福的组成部分的。密尔对德性的这种态度受到了从亚里士多德幸福理论出发、或是从其他的德性理论出发的评论者的批评。

四、良心的制裁

任何一种道德理论，当它提出一种道德原则，给出一种应当如何的要求时，它就必须解释为什么人们有义务这样做，道德行为的动力何在？同样，功利主义伦理理论也必须回答，为什么要按功利原理行事？为什么功利主义道德判断是有效的？对于功利主义伦理学理论来说，其制裁理论的必要性就在于，它必须说明，汲汲于个人幸福、个人福利的行为者如何能够着眼于最大多数人的最大幸福。

早期的功利论者大都循着外在制裁的思路，洛克把各种制裁力分为三种：神的惩罚、法律的惩罚和社会的惩罚②，同时，在J. 盖伊的著作中也有类似的论

---

① 参见［英］密尔：《功用主义》，33页。

② 参见［英］洛克：《人类理解论》，第二卷第28章。

述。边沁的行为制裁理论，继承了早期功利论者的外在制裁的思路，并运用他独特的苦乐理论，阐释了功利主义原理的约束力的来源。

在边沁看来，所谓制裁，就是约束人们遵守如此这般的一种行为方式。一种制裁就是一种强制力或者一种动机的来源，也就是一种苦乐的来源。苦乐，从来源上看，可以出自四类，即来自自然的、政治的、道德的（或流行的）和宗教的苦乐，出自这几方面的苦乐都能使任何行为法律或行为规则具有某种约束力，所以它们可以统称为制裁。① 所谓自然的制裁，是指产生于“自然的常规”中的苦乐，没有经过任何人的意志的干涉，也没有经过任何超人的力量的干预。所谓政治的制裁，是指由统治者或国家权力机构的干预而产生的苦与乐。道德的制裁则是指，出于社会中其他人的舆论影响而对当事人的苦乐产生的影响。宗教的制裁是指苦乐直接来自一个超人的不可见的神灵之手，它既可以指今生经历到的，也可以指期望在来生经历到的。这四种制裁可以通过举例加以具体解说。假设一个人的财物或肉体被火焚了，那么，在不同的境况之下，可属于不同的制裁。如果这是由于事故而发生的，它就是一场灾难；如果由于他自己的粗心大意（例如忘记熄灭蜡烛），它就可以称作一种自然制裁的惩罚；如果由于官吏的判决，那就是一种属于政治制裁的惩罚，也就是通常所说的“惩处”；如果由于他的邻人因为对他的道德品格发生厌恶而不曾给以任何帮助，那就是一种道德制裁的惩罚；如果由于他犯了某种罪过，惹得上帝不悦，而直接予以教训，或者由于他怕上帝不悦而引起心神纷乱，那就是一种宗教制裁的惩罚。② 在这四种制裁中，政治制裁、道德制裁以及宗教制裁（就今生而言），全都以自然制裁为基础。也就是说，属于自然制裁的任何苦乐都可以独立发生作用，不依赖于别的制裁，而其他的制裁都必须借助自然力量才能发生作用。在这些制裁中，道德的制裁是边沁关注的中心。

从总体上说，边沁的制裁理论指出了个人的苦乐受到多种外在因素的制约作用。这些作用或者为行为的自然后果所影响，或者受到自然法则的约束，或者通过国家的刑事机构，或者由我们身边的其他人对我们行为的反应，或者由现世或来生的上帝的裁决而决定。因此，纯粹追求一己利益而不顾及其他因素的人可能会招致社会制裁，而产生与初衷相反的痛苦结果。这就说明，纯粹利己主义的行为在实践中将会受到现实社会生活的抑制。在这里，边沁的制裁理论，实际上提供了沟通个人快乐同社会幸福的桥梁，指明了生活于社会中的个人对于幸福和快

---

① 参见周辅成编：《西方伦理学名著选辑》，下卷，223 页。

② 参见上书，225 页。

乐的追求，会通过社会制裁力的引导而趋向于与其利益相关的一切人的最大幸福。这是制裁论的理论意义之所在。

但是，边沁的制裁理论具有外在性特点，并没有诉诸人的内心道德意识或道德情感。密尔指出，作为一种伦理学理论来说，单是依靠外在的制裁是不够的，对于原本就未曾被这一伦理体系所掌握的人来说，外在制裁力就只能以一种强迫人遵从的方式起作用。因此，还应当向人的内在挖掘，从人的心理要求和人的社会成长中找到遵循功利原则的义务性的最终推动和根本来源，从自我教育、社会感情的培养中探寻功利主义道德发生作用的社会推动因素。这些是边沁体系所缺乏的，却正是密尔良心论的主旨。

密尔认为，只有良心才能够为功利原则提供其义务性的根本来源，提供其准则性的最终的动力。密尔认为，功利主义伦理学的良心观不全同于直觉主义的良心观，也不尽同于义务论的良心内涵。从功利主义经验论的立场上看，良心（consciousness）是人们内心的一种情感，“这种情感假如是无偏私的，与纯粹的义务观念相连而不只牵连特种义务或任何附属的情境，那末，它就是良心的精髓”①。良心是“一种伴随违反义务而起的相当强烈的痛苦”，它就像是阻碍人们做出违反伦理标准的行为的一道屏障，一旦人们冲破这道屏障，做出违反伦理标准的事情，这种情感就“变成了悔恨而重现于心上”；而且在德性修养程度越高的人，违反良心所伴随的痛苦就越强烈。这种感情是构成良心的基本成分。

密尔反对良心起源上的超验论观点，提出经验论基础上的良心起源观点。他认为，良心不是生来就有的，而是习染而成的，就好像是说话、推理、建设城市、耕种土地一样，虽然都是学习而成的能力，但是，在人来说仍是自然的，并且“假如加以培养，可以达到高度的发展的”②。因此如果充分利用外部的制裁和儿时印象的力量，就可以使个人形成几乎任何一种内涵上的良心，以至于“差不多没有什么荒谬的或贻害的事情不能够利用这些力量弄到人觉得他良心是叫他这样做”③。

密尔强调，联想是良心形成过程中的重要因素，观念的联想往往将某一事物与一种观念、或是与另一种事物联系起来，所以，很有可能当我们接受某一事物后，对它的好恶就转移到另外那个与之相联系着的事物上去了。这种好恶情绪的转移就产生了习得性的道德心能。但是单纯的联想还不够，经过习染而形成的良心有其自然的基础，即在人性中有相应的一种强有力的情操，可供与那个联想和

① ［英］密尔：《功用主义》，30页。

② 同上书，32页。

③ 同上书，33页。

合，可以使我们觉得这联想与我们相投合，“使我们不特要别人养成这种联想（我们当然有许多利己的动机要别人这样），而且要我们自己培育它”①。也就是说，良心的形成不仅是由于联想的作用，还因为在人性中有一种自然的基础，这样，经教育而培植出的联想，才不会“因为人的智育渐进”②，而渐渐地被分析而消散掉。良心的这种人性基础就是人类的自然情感，人类的社会情感，即“要同人类成为一体的欲望”③。

社会情感是密尔所提出的解决个人幸福和他人、社会幸福的关系，或是解决利他主义的可能性问题的关键，所以他进行了详细的论证。社会情感是人们在社会生活的过程中逐渐形成的。处在社会生活状态中的个人，将自己视为社会群体中的一分子，这是一种很自然、很必要的态度。人渐渐养成了必须考虑到他人利益的立场，进而不得不设想“自己至少要不作一切大损别人之事，并且即使只是从保护自己的立场出发，也要不断地反对这些大恶的事情”④。社会中的个人也不得不与他人合作，提出公共的利益作为共同的行动目标。在合作的过程中，个人的目的和他人的目的就变成同一的，至少也使人暂时觉得别人的利益就是他们自己的利益，同时也使得人们越来越“把自己的感情与别人的福利化为一体，或是至少自己感情越变越对别人利益加以实际上的重视”；以至于到后来人们会认为自己是从天性上就自然地重视别人的人，别人的利益乃是他自然顾到、必定顾到的事情，就像人类生活上的任何一种物质上的需要一样自然和必须。这种自然的情感哪怕只有微细的萌芽，也可以经过同情心的传染和教育的影响以及强大的外部制裁的力量加以强化，进而使得个人产生出强烈的与他人一体的社会情感。在这样的过程中，功利主义所主张的个人幸福与他人幸福、乃至最大多数人的最大幸福之间就产生了一种强有力的联结。

从总体上说，社会情感的产生既依赖社会生活的实际状态的影响，借助心理联想的作用，也诉诸教育、制度、舆论的力量。社会生活是社会情感产生的基础，心理联想是其产生的机制，而教育和环境的影响则是灌输、强化、巩固社会情感的必要手段。密尔所阐释的是人的道德情感形成的较为客观的过程和机制，这在20世纪的心理学理论中得到了进一步的印证。

对于本身不具有社会情感的人来说，功利主义所说的良心是没有约束效力的，但是，如果这些人不具有功利主义所谓的良心，他实际上也不可能为任何别的道德原理提供的内在的制裁力所约束，所以只能通过间接的外部制裁力的约束

①②③ ［英］密尔：《功用主义》，33页。

④ 同上书，34页。

使他遵守道德的要求。所以，密尔主张将内在良心的制裁与外在制裁结合起来，实现功利主义原则的有效的约束力。

密尔经验主义的良心起源论承认良心可以经过后天的家庭和社会培养而得以产生、发展和完善，那么改良社会制度和社会设置，发挥法律与社会组织，以及教育与舆论的力量，就可以进一步促进个人的道德发展和情感发育，这是密尔的社会改革思想的基础。

但是，应当指出的是，尽管密尔注重了环境和教育对于良心产生的关键作用，也分析了社会生活的实际状况和人与人之间的交往和合作的重要意义，但是他并没有注重分析社会中的经济利益冲突及其所产生的思想、文化、政治等各方面的利益分歧给良心观带来的影响。马克思主义的良心观则揭示了由于社会中存在着经济利益的差别和不同阶级之间的对立，因而就不可能有同一的道德观和良心观，这一观点超越了密尔良心观的抽象性，是对良心观更为深刻的阐述。

五、功利与正义

从正义（justice）（又译为公道、公正）角度提出的诘难，是功利主义理论面临的最大挑战。密尔明确认识到这一点，他指出，“在思想史中一切时代，使人不容易接受功利或幸福为是非标准这个学说的最大阻碍之一，就是由公道观念而来”①。正义原则与功利原则的冲突的实质是：功利原则所提出的最大化幸福的主张，不能圆满地解决如何在不同的人们中间分配幸福的问题，而且贯彻最大化的要求往往会导致违反正义原则的后果。坚持正义原则的人认为，正义原则具有对于功利原则的优先性，而功利主义则否认这一点。

密尔在《功用主义》一书第五章中，详细分析了正义概念的各个方面，而后阐明了功利主义对待正义原则的态度。密尔认为正义与功利主义所依赖的原则并不存在直接的冲突，正义并不是来源于功利之外的其他东西，如人的天性、直觉等，相反，它是适应社会总体的普遍利益的需要而产生的。同时，密尔也指出，一般用正义原则来反对功利主义的观点总是借助于个人的权利、平等要求等概念，对这些概念进行逐一分析表明：正义虽然是一个最重要的次级准则，但是也必须服从于社会安全的需要。

密尔指出，人们认为是正义或不正义的观念有这样几种：第一，法律的正义，即尊重任何人的法定权利（如身体的自由、财产权利等）是正义的，侵害这些权利是不正义的；第二，道德的正义，即维护任何人按道德上权利应得的东

① ［英］密尔：《功用主义》，45页。

西；第三，应得的正义，即以每个人得到他应得的东西（或利或害）为公道，而以得到他不应得的福利或遭受他不应得的祸害为不公道；第四，守信的正义，一般而言，失信于人是不公道的；第五，无偏私的正义，与无私相联系的是平等观念，对于一切人的权利要给予平等的保护。①

密尔认为，从字源上看，公道或正义的原始意义是遵从法律、维护法律权利，而现代正义概念的核心是"权利"（right）。正义不同于其他的道德义务如慷慨或是仁慈的地方在于是否牵涉权利，凡有权利的场合，都是正义的问题，而不是仁德的问题。正义观念的本质就是个人权利观念。所谓权利，是指个人可以合法地要求社会用法律或是教育与舆论的力量使他保有的东西。② 社会之所以要保护权利，是为了公益（general utility），即社会安全的需要。安全，是一种非常重要的利益，是每个人都必需的利益，是"除了物质的营养以外最不可少的必需条件"。

密尔探讨了伴随正义观念而起的感情。正义感情的一个要素就是：要处罚施行侵害的人。这一要素是自卫的冲动和同情这两种感情的自然发展。由于自己或自己的同类受伤害而产生的想要抵抗或报复的欲望，人与动物都具有，但是人类正义情感的特殊之处在于，人有推广同情的能力和特有的明智的利己观念，因而可以将同情的范围扩展到一切人以及人的集合体，使人类的自然报复感情道德化、社会化，使之顺着合乎公共福利的方向发展。

在此基础上，密尔特别指出了正义感的培养问题。他认为，要使个人具有正义感，必须首先使他有维护自己正当利益的权利，有参与社会、国家事务的权利；若没有这些权利，他就不会关心社会和国家。密尔引用了一句古谚：专制国家最多只有一个爱国者，就是专制君主自己，因为专制君主不把人当人。③ 只有把个人利益与公共利益协调起来的社会制度，才有利于培养公民的正义感情和正义观念。在这里，密尔又一次将个人的道德情感和德性的问题与社会制度的设计结合起来，显示出一个社会哲学家所具有的广阔视野和深邃洞察力。

由此，密尔论证了正义并不是个人可以用内省来确认的独立于功利之外的一个道德标准，而是基于安全的需要而产生的一个概念。

从总体上看，正义还是一个与分配（在不同的人们之间分配利益、好处以

① 参见［英］密尔：《功用主义》，47～50页。

② 参见上书，57页。

③ 参见［英］密尔：《代议制政府》，39页，北京，商务印书馆，1982。

及惩罚）密切相关的概念，正义的最简单的标准是平等，但是就是这简单的平等的要求，也不能达成一致的意见。例如在收入分配问题上，即使人们都认为应当实行收入上的平等，但是对于这一平等所包含的内容应该是什么，意见就不一定一致。有的人认为，它应当是每个人收入的绝对的同一，有的人则认为应当按需分配，也有人主张应当按每个人付出的贡献多少分配收入。在法律的惩罚、国家的税收政策这些问题上，也都存在类似的情况。可以说，正义本身并不比功利有更少争议性，而且对于正义问题的纠纷，只有诉诸社会的福利才能作出最后的解决和裁定。人们的正义观念是历史地变化着的，不同的时代有不同的平等的要求。

密尔进一步分析了正义概念中所包含的平等的主张。他认为，“假如应该给每人以他应得的，以善报善，以恶制恶，那么，我们必须（假如没有更高的义务禁止我们）对于一切应受我们同等的好待遇的人给予同等的好待遇，社会必须对于一切应受社会同等的好待遇的人（就是绝对地应受同等好待遇的人）给予同等的好待遇。这个是社会的分配的公道上的最高抽象标准；一切制度，一切好公民的努力都应该尽量归向于这个标准的”①。但是，这个重大的道德义务还有更深的基础，它是最基本的道德原理的直接表现，这个道德义务实已包含在功利原理即最大幸福原理的本义内。边沁的格言“每人只算一个，没有什么人算做一个以上”，就可以作为功利原理的“一种说明的注脚”②。密尔认为，在一般人所持有的“人人对于幸福的权利是平等的”的观念上，还必须严格加上这样的限制：“只除了人生的不能避免的境遇和包括人人利益的公共利益对于这个平等规律加以限制之外”③，从而为权利平等原则添加了一个条件。

在对正义所内涵的权利和平等概念作了限制和说明之后，密尔进一步说明了正义原则作为一种次级道德准则，是从属于功利原理的。在密尔看来，在某些情况下，次级的准则与功利原则可能相冲突，那么就必须确认功利原理的优先性。在功利主义看来，一般说来正义的行为是正当的，但是它也不是绝对地无条件地正当的，如果是为了获得更大的福利或是免除更大的痛苦，正义原则也是可以在某些情况下加以违背的。

正义原则较之其他道德原则、道德需要来说更为重要，因为它在社会的功利

① ［英］密尔：《功用主义》，66 页。

② 同上书，66～67 页。

③ 同上书，67 页。

的层级上，比任何其他道德准则地位更高，因而它的义务性也更严重。[①] 但是也许在有些事例之中，有其他社会的义务极其重要，可以打消这些正义的通则的任何一个。但是，密尔避免将这一观点解释为正义原理对别的道德原理让步，而解释为：在普通情形之下是正义的事情，因为个别的原理，在这个特别情形之下就不是正义的。密尔这里所作的解释，反映出他自身的矛盾心理，因为正义的情感是如此的强烈，人们对于违背正义原则的事情是如此反感，以至于密尔不得不“使语言迎合事实”，这样，我们就可以始终保全正义的万不可废的性质，就不至于必须承认世上有可以应受称美的不公道事情了。[②]

就其实质而言，密尔对于正义的观点是从社会总体的安全和利益角度考虑的，他没有完全回应批评者认为功利主义忽视、甚至允许牺牲少数人的权利和利益以换取最大多数人的最大幸福的指责。这是古典功利主义理论最易受攻击之处，也是现代功利主义理论论争中最受关注的问题之一。

就总体而言，密尔在他的理论中仍然贯彻功利主义的基本原则，坚持了边沁所奠立的功利主义理论的社会批判性特点，包括力倡社会制度改革、要求健全对个人行为进行社会约束的机制等因素；在此基础上对功利原理进行了详细的论证，使理论更详尽周密、更为系统化、更富有逻辑性，从而真正确立了功利主义伦理学理论作为一种伦理学范型的地位；同时他也发掘了个人行为的内在特质，在对人的幸福的深入探究中，揭示了发挥人的潜在能力、发展人的个性、培养个人道德的重要价值，并且兼顾了边沁所未能注意到的正义和自由的价值；从而使功利主义伦理学理论包括了从政治学、经济学到心理学诸种学科背景，广泛地涉及从个人到社会诸多伦理道德问题，这样一种理论体系，直到今天还在种种不同的形式之下被广泛运用着。当然，密尔在试图扩大其理论的深度和广度的同时，也给理论带来了调和性的特点，因而往往会被调和的理论双方所指责。

第四节　密尔之后

19世纪下半叶，随着密尔《功用主义》、《论自由》等著作的相继发表，功利主义伦理学理论受到广泛的重视。此后到1903年G.E.摩尔发表《伦理学原理》一书之前的40年间，密尔的功利主义理论一直是英国社会主要的伦理学理

①② 参见［英］密尔：《功用主义》，68页。

论。功利主义的批评者对密尔的理论提出了不同的观点，密尔的捍卫者和试图合理解释密尔思想的人对功利原理的诠释也不尽相同。对密尔的功利主义伦理思想的驳议、质疑或是发挥，往往超出了密尔的功利主义证明本身，体现出对伦理学的基本结构、伦理原则、道德义务的来源和本质等伦理理论问题的广泛关注和探讨。

一、对功利主义的批评和修正

从总体上说，在19世纪下半叶的40年间，功利主义的主要批评者或是修正者，包括修正者J. 格罗特（J. Grote）①、H. 西季威克（H. Sidgwick）②和批评者新黑格尔主义者格林（T. H. Green）③、布拉德雷（F. H. Bradley）④，以及功利主义的终结者摩尔（G. E. Moore）。

密尔之后对功利主义伦理学的修正或是批评，主要集中在对快乐主义的修正和批评、对功利主义证明的批评以及对功利与正义之间关系的评论上。

首先，密尔之后的功利主义者或是反功利主义者，都在不同程度上将注意力集中在密尔对快乐的质和量的区分上，也就是说，集中在密尔对快乐主义的破坏性的工作上。他们仍然将我们在本文中所指出的密尔重述边沁快乐主义观点的那段话⑤看作密尔自身思想的论述，并因而指责密尔在快乐主义问题上的矛盾性。格罗特声称密尔对快乐的质的判断标准事实上仍是数量上的，密尔只不过是断言较高级的快乐比较低级的快乐在量上更加令人感到快乐，因此，密尔本质上还是一个快乐主义者。西季威克则认为密尔是一个前后矛盾的快乐主义者，他主张回到边沁简单一致的量的快乐主义上，以克服密尔的弊端。

批评者在快乐主义问题上提出了最尖锐的反对意见。布拉德雷指出功利主义伦理学的实质是“为了快乐自身的缘故而追求快乐”，但是功利主义者的快乐目的是一个在逻辑上不可能的目的。布拉德雷从新黑格尔主义的立场出发，认为行为的目的必须是一个具体的统一体，必须是系统性的，而快乐本身不可能是连续性的，因而不可能成为人类追求的目的。所以快乐主义是荒谬的。

其次，在功利原理的证明上，批评者和修正者都各抒已见，揭示了密尔的证明在逻辑上、表述上以及结构上的错误。密尔论证中的三个步骤是批评的焦点。布拉德雷尤其指出，最大幸福的目的同快乐的目的一样，是逻辑上不可能的。西

---

① 著有 *An Examination of the Utilitarian Philosophy*（《功利主义哲学的省察》）。

② 著有《伦理学方法》等书。

③ 著有 *Prolegomena of Ethics*（《伦理学序言》）。

④ 著有 *Ethical Studies*（《伦理学研究》）。

⑤ 参见本章第三节“从快乐主义到幸福主义”部分。

季威克指出，密尔实际上已经显示出直觉主义的倾向，虽然他在理论的确证中明确反对后者；密尔理论上的缺憾可以在直觉主义的基础之上加以克服。摩尔则指出功利主义属于犯了“自然主义谬误”的那一类伦理学之列。

最后，功利主义必须对幸福作公正的分配，幸福的最大化之外还应当考虑幸福的正当分配，行为的正当性应当包括这两方面的内容。格罗特认为，功利主义应当对正义作严格平等的分配，忽视幸福在不同个人之间的分配，实际上可能会给被忽视的个人带来巨大的痛苦，因而不符合功利主义的主旨。西季威克批评密尔有关正义问题的论述并没有说透问题的实质，认为他对于功利优先性的证明也是片面的，并进一步认为仁慈原则也是不充分的，应以审慎的原则加以补充，也就是说，以有关分配的诸原则来补充最大幸福原则，并通过直觉来说明正义和分配的信念的自明性。

从总体上看，功利主义批评者尤其是新黑格尔主义者的反对，固然对功利主义伦理理论造成了一定的威胁，但是在一定意义上可以说，功利主义者的修正理论的破坏性更为巨大，这主要体现在西季威克和摩尔身上。

二、功利主义的终结

一般认为西季威克对功利主义的修正造成了破坏性的妥协，他将普遍幸福是最终的道德目的这一原则，建立在直觉的基础之上。西季威克试图表明，功利主义需要一种直觉作为它的理论基础，而直觉论则需要功利主义的方法，否则它无法解决道德分歧。功利主义可以为常识道德提供更好的理论表述。在西季威克看来，修正过的功利主义与直觉主义在结果上是一致的，二者之间不存在任何真实的对立。但是建立在直觉主义基础上的功利主义，在某种程度上已经偏离了功利主义的方向。

1903 年摩尔发表《伦理学原理》，给功利主义以致命的打击。摩尔声称他所提出的“自然主义谬误”问题是受休谟的启发。他很重视休谟在《人性论》中阐述的观点，即理性并不是道德上的善恶的源泉，道德是不能通过理性来确证的，善与恶的区别来自道德感。摩尔认为休谟首次提出了关于“是”和“应当”的关系问题①，指出“是”与“应当”或者事实判断与价值判断不是完全同一的，关于事实的真与假的判断是理性的功能，而关于道德上的善与恶的评价则是道德感的作用对象。摩尔从休谟的这一思想出发，进一步阐发了“是”与“应当”、事实与价值的关系问题。② 他指出，不可能从人们事实上欲望某物的角度推导出某

---

① 参见［英］休谟：《人性论》，509～510 页。

② 参见［英］摩尔：《伦理学原理》，北京，商务印书馆，1983。

物可欲的结论。西季威克指出道德术语是不可定义的，强调“应当”的不可定义性，摩尔则强调“善”的不可定义性，否认了“自然主义”学说从“是”中推导“应当”的努力。摩尔的直觉主义不同于他以前的绝大多数直觉主义。以前的直觉主义伦理学家主张道德原则是自明的，各种行为法则（即我们应当怎样去做）是直觉上确定无疑的。而摩尔则认为恰恰相反，任何道德法则都不是自明的，只有道德法则赖以推论的前提即关于善本身的命题基础，才是直觉的，也即是不能证明的。[①] 摩尔还指出，功利主义理论所强调的只有快乐或幸福才是人的行为的最终价值目标是错误的，在他看来，在快乐之外还应涵盖对美的欣赏、对真理的追求等精神上的价值目标。摩尔的这一主张也被称为“理想的功利主义”（Ideal Utilitarianism），在现代功利主义论争中仍被一些学者用来批评古典功利主义理论。

摩尔提出“善是不可定义的、非自然的、不可分析的概念”，对20世纪初许多伦理学家是一个震动，因为伦理学赖以建立的根基受到了质疑。自然主义谬误提出之后，伦理学中惟一可行的思维方式就是发展摩尔的直觉主义理论，为伦理学寻求一个无可辩驳的基础。这使得20世纪上半叶，包括功利主义在内的规范伦理学都逐渐消隐，而直觉主义、语言分析哲学则占据了英美伦理学讨论的核心地位。

但是，功利主义伦理学的影响并未完全消除，美国实用主义理论发展了它的理论。在英国受到冷遇的功利主义伦理学理论，在美国获得了另一种意义上的延伸。功利主义与实用主义在思维方式和具体的论证方式上有所不同，实用主义主要是强调一种反形而上学、反繁琐论证的思维方式，主张思维的实用性、简洁明快性；功利主义则旨在提倡对于幸福、福利或功利的最大化。但是，它们在理论的基本结构上是相同的，都主张一种从后果来判断是非的后果论的思路[②]，从自然主义的立场建立其理论，并且都关心个人的快乐，或是幸福、愿望。实用主义在美国的发展为后来功利主义的再度复兴提供了理论上的支持。实用主义者培里等人的兴趣论所强调的自然主义观点、多元目的论以及对偏好、需要、选择等概念的运用都影响了新功利主义的理论。

从英国本土来看，19世纪后期，英国哲学处在德国唯心主义的巨大而有力的压力之下，新黑格尔主义者布拉德雷对密尔的功利主义伦理学说进行了彻底的

---

① 参见李莉：《当代西方伦理学流派》，57页，沈阳，辽宁人民出版社，1988。

② 实用主义的代表人物詹姆士对实用主义的后果论思路有一段论述，接近于功利主义的主张。“这个态度不是去看最先的事物、原则、‘范畴’和假定是必需的东西，而是去看最后的事物、收获、效果和事实。”参见［美］詹姆士：《实用主义》，31页，北京，商务印书馆，1983。

否定，而其老师格林则适应19世纪后期的社会发展要求，从社会哲学领域对密尔的自由主义思想进行了修正，强调国家干预的重要性，开启了现代新自由主义的自由观。1870年以后，Y.H. 格林取代密尔成为社会哲学领域最有影响的人物。正如沃诺克所说的，当时的学术界在黑格尔精神哲学的影响之下，个人已经很少有活动的余地。① 摩尔理论的本意就是反对布拉德雷的新黑格尔主义，“将黑格尔的幽灵赶出英伦三岛”，重新确立经验论的传统地位。在伦理学上，他虽然主张重新修正功利主义伦理理论，但是事实上他的理论努力在驱逐黑格尔主义的同时，也促成了功利主义的沉寂和现代经验论对传统经验论的扬弃。

摩尔“自然主义谬误”的提出，固然给功利主义伦理学理论的研究以致命的打击，20世纪初的数学、物理学和数理逻辑等现代科学的最新成果所推动的逻辑实证主义的蓬勃发展，也使包括功利主义伦理学理论在内的规范伦理学理论受到理论上的忽视，但是究其根源，功利主义不能适应资本主义经济和社会发展的新的情况、新的要求，则是其衰落的主要社会历史原因。这也表明，现代功利主义要想重新激活功利主义的理论主旨，就必须适应新历史条件的新情况、新要求，获得新的理论基础，拓展其论域，发掘新的论题，并且改善其理论的特质；也正是这些方面的努力促成了功利主义在20世纪中叶之后的再度复兴。

思考题：

1. 怎样理解功利主义思潮的产生和发展?
2. 边沁功利主义思想有什么特点?
3. 密尔对边沁思想作了哪些修正?
4. 怎样认识近代英国功利主义伦理思想?

参考文献：

1. 罗国杰，宋希仁．西方伦理思想史．下卷．北京：中国人民大学出版社，1988
2. ［英］索利．英国哲学史．济南：山东人民出版社，1996
3. 牛京辉．英国功用主义伦理思想研究．北京：人民出版社，2002
4. ［德］M. 韦伯．新教伦理与资本主义精神．北京：三联书店，1987
5. E. Albee. *A History of English Utilitarianism*. London: Swan Sonnenschein & Co., Ltd., 1902

① 参见［英］玛丽·沃诺克：《1900年以来的伦理学》，5页，北京，商务印书馆，1987。

第十章 道德形上学体系

有两种东西，我们愈时常、愈反复加以思维，它们就给人心灌注了时时在翻新、有加无已的赞叹和敬畏：头上的星空和内心的道德法则。

——康德

道德规律也并不无条件地要求得到实现，而是仅仅要求我们竭尽我们的全部力量，只做我们所能做的事情。

——费希特

西方理性主义伦理学的第一个完整严格的道德形上学体系，是由启蒙运动最重要的思想家、人类历史上罕见的伟大哲学家伊曼努尔·康德（Immanuel Kant，1724—1804）所创立的。随后，康德的学生、德国古典哲学的重要代表人物之一的费希特（Johann Gottlieb Fichte，1762—1814），则在康德伦理学关于个人内在道德价值、人的自由本质等思想的影响下，确立了以实践准则为基础、更加突出“自我”主体性道德的“知识论道德学”，从而造就了德国思辨哲学和西方伦理学发展史上的一个重要环节。本章将重点阐述康德的道德形上学体系，进而论及费希特的知识论道德学的基本思想。

第一节　近代德国的理性主义

欧洲近代伦理思想的基本特征是尊重理性。唯理论的或理性主义的伦理学自不待言，就是经验主义伦理学说和一部分情感主义伦理学说，也都不同程度地肯定理性、尊重理性。这是近代自然科学发展的必然结果，也是欧洲的思想启蒙运动之否定中世纪宗教神学的必然结果。17、18 世纪的思想启蒙运动，是一次人类思想的大解放，其思想重点，就是对理性的赞扬和高扬。启蒙运动的思想家们大力宣扬理性是人类了解宇宙和改善自身条件的重要力量，具有理性的人必然把知识、自由、幸福看作人生的三大目标。他们鼓吹以理性代替神性，表达了追求个性解放和思想自由的历史要求。在这一思想进步的历史潮流中，理性主义伦理思想遂成为欧洲大陆伦理思想的主流，譬如在法国、德国和荷兰，就先后出现了以笛卡尔、斯宾诺莎和莱布尼茨为代表的唯理论伦理学。理性主义伦理思想，迥然不同于英国经验论者的感性主义伦理思想和各种非理性主义伦理学说，坚持人性在于理性的主张，并由此论证道德的起源、内容和标准。在康德所生活的时代，理性主义已经成为思辨哲学的灵魂，理性主义在康德伦理学体系中达到了登峰造极的地步。因此，要准确地把握康德的道德形上学体系，就有必要概略地了解一下作为康德思想之大背景的德国理性主义思潮之由来。

一、理性主义在德国的兴起

在西方近代思想史上，德国伦理思想无论在内容上还是在形式上，都和同时代的英国、法国的伦理思想有着极为不同的特点。这固然同德国近代哲学传统和宗教文化背景有着密切的联系，但更重要的因素，还在于德国的经济社会发展状况和资产阶级的阶级状况对于伦理思想的决定作用。

18 世纪的德国，在政治、经济上远远落后于英国、法国，国内四分五裂，邦国林立，尚未形成统一的市民社会和政治实体。在威廉一世的军事专制统治之下，人民没有思想言论和行动的自由。由于封建势力还很强大，资本主义经济的发展十分缓慢，资产阶级势单力薄，不得不忍受着压迫和屈辱。他们除了剥削无产者以满足自身的物质需求之外，没有实力也没有勇气团结人民开展反对封建专制和教会统治的革命斗争。而当时的法国资产阶级，经过大革命已上升为统治阶级；英国在实现了资产阶级政治革命后又进行了工业革命，其商业精神遍布世界。与此相对照的是，德国资产阶级相当软弱，既要求变革，又害怕革命，其贫乏、狭隘的利益追求，始终不能像法国资产阶级那样成为阶级的共同利益和民族的共同利益。当时的德国社会一方面充斥着小市民的安于现实的狭隘性，另一方面又流行着世界主义的自夸。

然而，到了18世纪末，在法国启蒙运动和法国大革命的影响和激荡下，德国终于兴起了批判封建主义思想传统和宗教蒙昧主义的思想启蒙运动，形成了德国自由思想的一系列“圣地”，诸如柏林、哥尼斯堡等地，涌现了一大批启蒙思想家，如歌德、莱辛、康德、费希特，直至随后出现了“奥林帕斯山上的宙斯”黑格尔。这些思想家的每一部杰作都渗透了反抗当时整个德国社会的叛逆精神。[①] 德国的知识分子在自己的特殊条件下，以德国式的热情欢迎法国革命，以其独到的理论形式表达了法国启蒙思想的内容。但是，不同于法国那些在暴风雨中战斗的革命家，德国的理论家们大多数是大学教授，其特点是构造思辨的范畴体系。同时，由于身处欧洲资本主义主流社会之外，他们有条件更深入地思考英、法等国的启蒙思想家因其过于贴近革命现实而疏忽了的问题。德国启蒙运动的伟大思想成果——德国古典哲学，正是在继承了英、法启蒙思想的财富又克服其许多迷误之后所达到的人类哲学思想的新高度。

德国人在传统上信仰基督教的唯灵论，遵循着基督教的唯意志原则。在德国，尊重理性的启蒙思想正是以这种唯灵论的形式出现的，其最早的系统表现形式是莱布尼茨哲学。可以说，正是17世纪的哲学家莱布尼茨（Gottfried Wilhelm Leibniz，1646—1716），开创了德国理性主义的传统。在认识论方面，莱布尼茨反对洛克的经验论，认为普遍观念不是来自经验而是“先天”的，因而成为德国唯心主义唯理论的主要代表人物。其后的沃尔弗（Christian Wolf，1679—1754）及其拥护者鲍姆嘉登（Baum garten，1714—1762），继承了莱布尼茨哲学并使之更加系统化。沃尔弗认为哲学的一切原理皆可用数学或演绎的方法建立起来，倡导不以宗教为依据的、纯理性的“完全论”伦理学说。经过沃尔弗的通俗宣传，莱布尼茨的单子论、个体性原则和理性主义自由精神，成为德国启蒙运动思想的灵魂。这种理性主义精神在德国得以广泛传播，最终引发了近代德国伟大的哲学革命。正如恩格斯所指出的，在法国发生政治革命的同时，德国发生了哲学革命。这个革命是由康德开始的。由此提供了一个鲜明的历史例证：政治上经济上比较落后的国家，只要善于吸收先进国家的文化成就，批判地看待先进国家

---

① 参见《马克思恩格斯全集》，中文1版，第2卷，634页，北京，人民出版社，1995。

的发展道路，就完全有可能在哲学思想方面超越先进国家。

值得注意的是，德国资产阶级的软弱性和妥协性，使之只能把革命要求停留在思想领域，而不愿或不敢付诸行动。从康德开始，经过费希特和谢林到黑格尔为止，他们从理性主义人性论出发，去论述道德的来源、内容和标准，用抽象思辨的形式，来表达资产阶级追求现实物质利益的愿望，把资产阶级政治上的要求用道德形式表现出来。他们的理性主义伦理学，在把道德从神移到人类自身理性的基础上，力图向人们指出一条达到道德而幸福的道路。

简略地回顾一下英、法、德三国近代伦理思想的发展脉络是颇有意义的。17世纪的英国，随着资产阶级革命的完成，其哲学思潮以经验论和感觉论为主流，伦理思想则以功利主义占主导地位。18世纪法国启蒙思想家们的伦理思想，其表现形式虽有不同，但都是从感性主义人性论出发，把自爱自利看作人的天性，特别强调感性欲望在道德中的主导作用。他们认为合乎自然和合乎人性（即合乎资产阶级现实阶级利益）的为理性。他们继承了欧洲文艺复兴时期的人道主义思想传统，以人道主义反对神道主义，以利己主义反对禁欲主义，高举起为现实利益而奋斗的旗帜。在法国资产阶级革命前夜的历史条件下，这是一种“积极活动的资产阶级利己主义”①，为反对封建制度和宗教道德观，创下了巨大的历史功勋。其卓越代表爱尔维修和霍尔巴赫，明显地以英国经验论者的伦理思想为直接的思想来源，把唯物主义感觉论运用于道德领域，以充分论证个人利益的合理性。和法国理论不同，以康德为代表的德国思辨的理性主义伦理学，不是自觉地以市民阶级的名义出现，而是以抽象的人类理性的原则演绎出资产阶级民主要求和个人主义目标。

二、康德的批判理性主义

康德

康德的漫长学术生涯大体上可分为两个时期。1770年以前，他主要研究自然科学，曾发表《自然通史和天体论》（1755），提出著名的潮汐摩擦假说和关于太阳系起源的星云假说，以其自然科学研究的成就为18世纪的形而上学思维方式“打开了第一个缺口”。自1770年被任命为哥尼斯堡大学教授之后，康德开始了他的三大“批判”时期，即批判地研究人类认识能力的限度。其代表作《纯粹理性批判》（1781）、《实践理性批判》（1788）和《判断力批判》（1790）分别

① 《马克思恩格斯全集》，中文1版，第3卷，481页。

系统地阐明了他的认识论、伦理学和美学思想。通过这些著作，康德从前期的唯物主义倾向转变为唯心主义和不可知论，从而成为德意志意识形态达半个多世纪的唯心主义思辨哲学的奠基人。他的被称为“伦理学说标准原著”的《实践理性批判》，连同他的《伦理学讲演录》（1775—1782）、《道德形而上学基础》（1785）以及其他许多论著中的伦理思想，构建起了一个气势恢弘的道德形而上学理论大厦。

“有两种东西，我们愈时常、愈反复加以思维，它们就给人心灌注了时时在翻新、有加无已的赞叹和敬畏：头上的星空和内心的道德法则。”① 康德的这段经典语录，道出了科学研究者探求真理和正义的两大使命。正如康德所说，“赞叹和敬畏”不能代替研究，要进行研究就要有正确的方法；而要获得正确的研究方法，首先就要对人的认识能力——理性进行一番哲学考察，也就是他所谓的“批判”。康德殚精竭虑地长期“批判”的结果，就是他的三大“批判”所建立的真、善、美统一的庞大的思想体系，特别是在他的“完成了哲学中的哥白尼革命”的《纯粹理性批判》中所建立的批判理性主义体系，也就是康德自称的“批判哲学”。

以往人们普遍认为，人是浩瀚宇宙中的微粒，欲望是人的主人，人围着自然旋转。康德的批判哲学，把这一传统观念颠倒了过来：人不是自然和欲望的奴隶，相反，人应当是自然和欲望的主人，自然要围着人来旋转。康德认为，通过理论理性，“人为自然立法”；通过实践理性，“人为自己立法”。对康德来说，知识并不是对外在实在的描述，而是认知主体的产物。对于经验之外的知识如何可能得到的问题，康德在《纯粹理性批判》中作了回答：他说明了心灵的先天原则如何运用于客体，显示了客体服从于心灵，——在认知活动中，不是心灵服从于事物，而是事物服从于心灵。他认为，他的这一回答在哲学中发起了哥白尼革命。此话并非虚夸。人们注意到，西方近代由笛卡尔开创的唯理主义和由培根开创的经验主义新思潮，集中体现在他的批判理性主义中；他的批判哲学对德国的康德主义和唯心主义的各种学派，对19世纪以来的世界哲学的各种学派，都产生了巨大影响。以他的批判理性主义为标志的哲学革命，确实开创了哲学思想发展的新时代。

那么，康德为什么把自己的理性主义哲学称为“批判哲学”呢？这主要是为了表明，他的理性主义哲学跟怀疑论和独断论有区别，是在“批判”怀疑论和独断论中建立起来的哲学体系。

① ［德］康德：《实践理性批判》，164页，北京，商务印书馆，1960。

首先，他不同意休谟等人的怀疑论哲学，认为“自然界”（即他的“现象”界）中的事物是可以认识的。

其次，他也不同意独断论哲学。康德把莱布尼茨、沃尔弗等人的极端唯理主义哲学称为“独断论”，批判他们对人的理性能力不进行批判地研究，就“独断”地视之为全能的、绝对可靠的认识能力，以为用理性的方法就可以发现宇宙的真相。（继康德之后，黑格尔又从唯心主义辩证法的角度批评独断论是一种反辩证法的思想方法，指出它所运用的只是静止不变的知性概念。）和独断论者不同，康德主张为了认识世界，首先必须对认识能力的范围和局限性作批判的探讨。他认为，人的认识只限于“现象”的范围，而“本体”则不是人的认识所能达到的；“现象”是知识的领域，而“本体”是信仰的领域。由此看来，康德对独断论的批判，最终又陷入了不可知论的泥潭。

在康德看来，离开意识而独立存在的自在之物（也译作“物自体”），是不可认识的本体；现象是自在之物作用于人的感官而形成经验材料，再加上人的感性和知性的先天形式而产生的，是人们认识的对象。这就是说，康德在此岸的现象和彼岸的本体（自在之物）之间划上了一条不可逾越的鸿沟，从而把人的认识和自然相互隔开。然而，他又强调自在之物虽不能为认识所达到，却可为信仰所揭示。这就贬低了人的理性，为宗教信仰留下了地盘。

原来，康德之所谓“纯粹理性”，指的是“纯粹”的、即不依赖于任何经验内容的认识能力，分为感性、知性、理性三个环节。知性把感性材料组织起来，使之构成有条有理的知识，但它所能认识到的只是“现象”；理性以超现象的本体作为认识对象，要求对本体有所认识。不过理性在企图探讨本体问题时，例如在探讨世界的有限性或无限性、简单性或复杂性等问题时，却陷入了种种错谬的推论和不可解决的自相矛盾之中，——康德谓之“二律背反”。因此，康德得出结论：人的认识能力是有局限的，人的理性无力认识本体；要对本体有所认识，理性必须让位于宗教信仰。对此，黑格尔后来正确地批评说，康德的错误，在于割裂了现象和本体，因而限制了人的认识范围，贬低了理性的价值。恩格斯指出，世界上没有不可认识的“自在之物”；随着社会实践的发展，自在之物可以转化为为我之物，即转化为被认识了的东西。

康德给自己的批判哲学提出了两大任务：一个是在科学上反对蒙昧主义，论证科学规律的必然性；再一个是在道德上反对奴隶主义和利己主义，揭示自由意志的普遍必然性的法则。前者是认识论的任务，后者是伦理学的任务。对于前者，他在承认现象世界的普遍必然性规律的基础上，提出了新的论证，完成了科学对现象世界的统治；对于后者，他认为人类精神、行为现象也有其普遍必然性的规律，即自由意志的规律。这两大任务的完成，以及他为此创造的诸多哲学范畴，集中体现了这位伟大思想家的杰出贡献。

然而，批判地说，康德理性主义哲学的特点和弱点是动摇于唯物主义和唯心主义之间，并企图超越这两种体系的对立。当康德承认在人的表象之外存在着“自在之物”时，他是唯物主义者；当他宣称这个“自在之物”是不可认识的、超验的彼岸世界时，他是唯心主义者和不可知论者。当他承认经验、感觉是知识的惟一源泉时，他是在通过感觉论走向唯物主义；当他宣称空间、时间、因果性的先天性时，他又滑向了唯心主义。尽管如此，康德的实践理性批判表明，他在伦理学领域彻底地贯彻了自己的批判理性主义哲学观。

三、康德的实践理性批判

如果说康德通过《纯粹理性批判》系统地阐述了批判理性主义，实现了在哲学认识论领域的哥白尼革命的话，那么，他的《实践理性批判》则以其批判理性主义为哲学武器，发起了伦理学领域的哥白尼革命。事实上，他的批判哲学的独创性概念，已经预演了道德哲学批判的前奏。《实践理性批判》一书，便是他进行道德哲学批判的结果，也是康德伦理学的标准原著。所谓“实践理性”，也就是纯粹的道德意识；“实践理性批判”，就是要批判和讨论纯粹伦理学问题。

如果说《纯粹理性批判》对概念的根本辨别是感觉与理性（理智），那么，《实践理性批判》的根本辨别则是人的欲望（欲念）与道德理性，而理性正是康德伦理学赖以建立的基础。在康德看来，人是理性存在物，理性是人之为人的根本特质，是人的道德价值之所在。康德之前的道德理论都是他律的，即从人的本质以外的原因中引申出道德律令。他律道德论者或者从外部经验世界中寻找道德的根据；或者从上帝的意志中引申出道德原则；或者从政府法规、社会权威中寻找道德根据；或者使道德依附于人的自然欲望，强调行为带来的快乐、幸福和利益。康德认为，所有这些他律伦理学说，都没有找到道德价值的真正根据，因而都没有找到行为的普遍必然性法则，没有揭示出道德自由的规律。而要揭示出道德价值的根据，找到行为的普遍必然性法则，只有从人的理性本质出发，承认理性存在物作为目的本身的价值。

康德的这一思想，是针对英国经验主义和法国唯物主义的伦理观的，它们都主张从人的自然本性和经验中引申出快乐论和幸福论的道德体系。康德坚决反对这一类主张。在他看来，人固然是有感性欲望的动物，但人和动物的区别却不在感性欲望，而在于理性。人的意志之所以是自由的，就在于他的本质是理性的。人类之所以有道德，正是因为理性能够给自己、给人类立法——立下行为准则，使人不至于成为感性欲望的奴隶，堕入畜群的境地。康德说：“人类，就其属于感性世界而言，乃是一个有所需求的存在者，并且在这个范围内，他的理性对于感性就总有一种不能推卸的使命，那就是要考虑感性方面的利益，并且为谋今生的幸福和来生（如果可能的话），而为自己立下一个实践准则。”① 这就是说，人在社会生活中必有感性需要，必得追求满足感性需要的利益。但是，人之为人，其本质还在于理性。理性应当给感性确立一个准则，限制或统治感性。人绝不能只把理性当做满足感性需要的工具，撇开理性的忠告或限制。如果一个人只把自己当做一个感性存在物，一味地追求感性快乐和幸福，那就同畜类没有什么区别了。正是基于这种严肃的批判，康德才特别强调理性的重要性，强调发挥理性除了帮助人们考虑福祸之外的更大用途，这就是“它不但要考察本身为善或为恶的东西（只有不受任何感性利益所影响的纯粹理性才能判断这一层），而且还要把这种善恶评价同福祸考虑完全分开，而把前者作为后者的最高条件”②。由此出发，康德提出了一个同经验主义快乐论和幸福论完全相反的方法论原则：确定善恶决不能在道德法则之前，而只能在道德法则之后，并且只能借助道德法则来确定。这就是康德建造其伦理学体系的理性主义原则。用他的说法，这是他的“最高伦理学研究方法”。在这里，他实际上道出了实践理性批判的方法之谜。以往的哲学家们在最高道德原则方面之所以出错，全在于他们企图找到一个意志对象，以便把它作为道德法则的实质和根据。康德认为，要阐明最高道德原则，就必须先找出先天的、直接决定意志的法则。

康德的道德哲学批判的本来目的，就是要论证自由规律的普遍必然性。但是，按照 18 世纪科学发展的特征，他的论证需要运用逻辑形式，也就是把科学规律视为逻辑判断。研究事物的规律，就是研究表达事物规律的逻辑判断；研究道德的规律，就是研究表达道德规律的逻辑判断。为此，康德提出了著名的先验综合判断一说。

逻辑判断一般有分析判断、综合判断、先验判断和后天判断之分。所谓分析判断，指从某一概念抽绎出其所包含的概念而成的判断；所谓综合判断，指结合两个独立的概念而成的判断；所谓先验判断，指独立于一切经验而具有普遍必然性的判断；而后天判断，指的是来自感觉经验而没有普遍必然性的判断。在康德之前，唯理论者把分析判断看作同先验判断完全相等，强调只有先验分析判断才能提供确切知识；经验论者则把综合判断看作同后天判断完全相等，并强调只有后天综合判断才能提供真实知识。康德对此进行了批判，认为先验分析判断虽有

① ［德］康德：《实践理性批判》，62 页。

② 同上书，63 页。

普遍必然性，但不能扩充知识；后天综合判断虽能扩充知识，但没有普遍必然性；只有他所谓的“先验综合判断”，才既有普遍必然性，又能扩充知识。

按照康德的分析，判断之形成的必要条件有二：一是必须具有经验提供的事实，二是必须具有理性的先验形式。经验事实总是具体的、个别的，因而不能提供抽象的、普遍性的科学判断。科学判断，包括道德判断，都不是指具体的、个别的事实，而是表示着一切同类现象的普遍性规律。抽象的、普遍的判断形式不能由经验提供，而必须由理性提供。这就是说，一个科学判断，包括道德判断，如果要成为普遍必然性判断，除经验提供的事实材料之外，还必须有理性提供的先验形式。这就是说，普遍必然性的规律作为逻辑判断，必须由经验材料加上先验形式构成。例如，“人应当诚实”这一判断，之所以具有普遍必然性，就是因为它是由两方面构成的：一方面是经验提供的有关诚实品质的事实材料，另一方面则是理性提供的主词“人”的全称形式。像这样构成的判断，康德称之为“先验综合判断”。他认为一切科学规律的判断形式，包括伦理学的道德判断，都是先验综合判断。因此，研究道德现象的规律、自由的规律，就是研究构成先验综合判断的形式。康德通过实践理性批判而创立的伦理学，就是要解决道德先验综合判断形式是什么的问题。

康德的“先验综合判断”说进一步表明了他的伦理观：伦理学理论应该坚决摆脱主要是经验描述的圈子，其使命不是描述行动着的个人的道德爱好，而是论证“普遍必然的意志规律”，而普遍必然性只能以先验理性规则的形式出现。他总结说：“对道德的评价完全不是通过感性的和经验的原则而实现的，因为道德完全不是感性的对象，它仅仅是理性的对象。”① 这就是说，在伦理学领域，康德贯彻了他在认识论领域提出的批判理性原则，主张行为的是非善恶最终应由理性来判断。

总之，康德的纯粹道德哲学以人的行为为对象，研究自由的规律，找出反映道德的普遍必然性的先验综合判断。这种先验综合判断所表达的是命令式要求，也就是道德的“应当”。“应当”是道德价值的体现，也是道德法则的体现。从这个意义上说，康德的道德哲学或伦理学，旨在研究道德的“应当”，确立道德的“应然律”。

不难看出，以理性为基础的康德伦理学具有两大特征：一是先验性，它把一切规律、法则都归结为先验综合判断；二是它的形式性，既然先验综合判断以纯粹理性的先验形式为必要条件，那么，由先验综合判断所揭示的道德规律、法则的普遍必然性，就不可避免地具有形式性特征了。康德的实践理性同理论理性一

---

① 转引自［苏］A. 古谢伊诺夫等：《西方伦理学简史》，469页，北京，中国人民大学出版社，1992。

样，对他来说是形式的而不是实质性的；它是构成原则的形式结构，而不是道德原则的实质内容。譬如康德视之为道德最高法则的先验综合判断——“绝对命令”，仅仅要求行为者在实施道德行为前自问：指引我如此行事的规则是否具有道德法则的形式特征——对类似境遇中的一切人同样适用？

前文谈到，康德在此岸的现象和彼岸的本体之间划上了一条不可逾越的鸿沟，同时强调自在之物虽不能为认识所达到，却可为信仰所揭示，从而为宗教信仰留下了地盘。这一理论上的局限性，在伦理学领域集中表现为下文还要谈到的“实践理性公设”，使他“无可避免地相信上帝存在和来世生活”。正是在《实践理性批判》中，康德捡起了上帝和不朽的理念，而它们在《纯粹理性批判》中被当做超越人类感觉经验、永远不能认知的对象而搁置起来。康德论证说，上帝和不朽的理念，是道德生活所必需的公设；虽然它们在形而上学中是不可认识的，但对道德哲学而言却是绝对必需的。就这样，康德把上帝从自然界赶了出去，在道德世界中又把它请了回来。当然，康德的“上帝”是其道德至善理想所必需，已非宗教本义上的上帝了。①

康德教授在捣芥末
（一个现代画家的素描）

第二节　康德的道德形上学原理

上一节谈到，在18世纪德国理性主义思想启蒙的大背景下，康德作为集德国理性主义之大成的代表人物，以他的批判理性主义为哲学基础，在纯粹伦理学领域里同样发起了一场哥白尼式的革命。

他主张伦理学必须从人的理性本质出发，承认理性存在物作为目的本身的价值，揭示出道德行为的普遍必然性的法则。从这一基本立场出发，康德思辨地论证了善良意志、绝对命令、意志自律和社会公正四条普遍原理或基本原则，精心构造了一个严密的道德形上学体系。

一、善良意志

康德伦理学又被称为善良意志伦理学，这是为什么呢？没有别的原因，就是

① 参见章海山：《西方伦理思想史》，443页，沈阳，辽宁人民出版社，1984。

因为善良意志是道德价值的真正来源，是康德伦理学的逻辑起点，因而是康德伦理学的核心概念。

康德同一切理性主义者一样，认为人是理性的存在物。在康德伦理学体系中，人的自由意志就是理性的实践能力，就是实践的理性。意志和理性不是相互分离的两样东西，而是同一个实践理性的两个方面。康德伦理学要揭示自由的规律，就是要找出实践理性的普遍法则，解决意志应当如何的问题。因此，"意志"很自然地成为康德伦理学的出发点。按照康德的哲学方法，作为出发点的意志，必须来自常人道德生活的特殊意志，同时又必须超越常人的特殊意志而具有普遍性。康德道德沉思的结果是，这种超越常人的而具有普遍性的特殊意志就是所谓的善良意志。

在康德看来，具有普遍道德价值的东西，不是来自上帝的意志，也不是来自人的自然本性和世俗权威，只能是来自人的理性本身的善良意志。善良意志不是因快乐而善、因幸福而善、因功利而善的道德善，而是因其自身善而善的道德善。只有这种善良意志的善，才是无条件的善。康德在谈到善良意志这一纲领性原理时认为，在世界之中，甚至在世界之外，除了善良意志，不可能设想一个无条件善的东西了。[①] 作为惟一的无条件善的善良意志，在康德伦理学中，是一切道德价值的必要条件。首先，人的一切内在品质，只有具备善良意志才具有善的道德价值。通常所谓的聪明、勇敢、勤奋等好品性，如果离开善良意志的统帅，就必将酿成恶行。其次，人们通常追逐的身外之物，诸如"财富、权力、荣誉甚至健康……也就是那名为幸福的东西"，如果没有善良意志，就都可能造成道德祸害。这就是说，一个人的行为是否具有道德价值，完全以其是否具有善良意志为转移。因此，善良意志是一切品质和行为之具有道德价值的必要条件。

非但如此，康德还进一步指出，善良意志不仅是一切道德价值的必要条件，而且其自身就是善。善良意志不依赖于它是否发生实际效用或达到预期目标，仅因其为善的意志而自身就是道德善。康德强调说："就它自身来看，它自为地就是无比高贵。任何为了满足一种爱好而产生的东西，甚至所有爱好的总和，都不能望其项背。如果由于生不逢时，或者由于无情自然的苛待，这样的意志完全丧失了实现其意图的能力；（在这样的情况下）如果他竭尽自己最大的力量，仍然一无所得，所剩下的只是善良意志（当然不是单纯的愿望，而是用尽了一切力所能及的办法），（那么，）它仍然如一颗宝石一样，自身就发射着耀目的光芒，自身之内就具有价值。"[②] 这就是说，善良意志是理性本身的善，是具有内在价值

① 参见［德］康德：《道德形而上学原理》，42页，上海，上海人民出版社，1986。

② 同上书，43页。

的善。康德用了很多形容词来修饰这种作为出发点的善，诸如“无限的”、“直接的”、“本身的”、“内在的”、“绝对的”、“无条件的”，这些修饰词实际上可以归结为一个词，即“自由的”。因此，可以说，善良意志之所以为善，就在于它是理性意志的自由。道德出于自由的本质，只有自由才有道德价值。由于意志是自由的，它才能是“无限的”、“直接的”、“本身的”、“内在的”、“绝对的”、“无条件的”，并且是惟一的道德价值。由上可知，“理性”、“自由”、“善良意志”三概念，在康德伦理学体系中具有同等价值。

说到这里，人们不禁要问：康德如此强调善良意志，是不是一种唯意志论呢？不然。康德本人也注意到人们可能产生的这一疑问，所以他再三强调善良意志不是本能的意志，不是单纯追求感性快乐和幸福的意志。他认为，单靠本能意志指导行为，就会产生对理性的憎恨，那是没有理性指导的人所具有的日常生活中的意志。虽然他也可能达到目的，满足快乐、幸福的欲求，但若超出日常生活范围，就必须依靠理性。只有理性才能引导人们去追求更高的目的和价值。理性的最高使命就是产生善良意志，善良意志就是实践理性。这是理性主义伦理学的基本点。

康德强调善良意志是理性的，其意义不仅在于避免唯意志论，而且在于克服其他伦理学派的狭隘性。例如，经验主义伦理学强调感性经验，情感主义伦理学强调情感，功利主义伦理学强调功利，——它们分别把感性经验、情感和功利作为道德的基础和价值标准。在康德看来，这一切都是同个人的偏好、兴趣、利益相联系的，因而是个别的、主观的和偶然的，不具有普遍性、客观性和必然性，不能成为实践理性的法则即道德法则的基础。而道德法则的基础，只能是理性的善良意志，因为只有从理性的善良意志中引申出的道德法则才具有普遍的约束力，才具有道德的纯粹性和高尚性。

康德把遵照源自善良意志的、具有普遍必然性的道德法则行事谓之义务或责任。在康德那里，普遍的、必然的义务或责任同个别的、偶然的偏好是对立的两个范畴。义务同善良意志相联系，是见之于理性的善良意志的；而偏好则出于常人的感性和欲望，因而不具有普遍必然性，不具有普遍法则的约束力。正是在义务同善良意志相联系的意义上，康德的善良意志伦理学又被叫做义务伦理学。那么，如何理解康德的义务伦理学呢？这要从康德的义务三命题说起。

命题一：义务是道德价值的根据和标准。

一切行为只有出于义务才有道德价值，否则就没有道德价值。例如，如果出于道德义务感而“诚实”，就是道德的；如果出于追求名利欲望之类而“诚实”，或者由于“天性诚实”而诚实，那就没有道德价值了。再如，没有理性的支配，不是出于义务，只是出于个人偏好、好心而“同情”别人，那也没有道德价值。康德强调，道德行为不能出于偏好，只能出于义务。对于牺牲行为，并且是为了履行职责而牺牲的行为，应当予以赞扬。但这种赞扬，是以牺牲乃出于义务感而非心血来潮为前提的。

命题二：凡出于义务的行为，其道德价值不取决于它所要达到的目标，而取决于它所遵循的道德法则。

这是由前述善良意志的内在价值所决定的。善良意志的内在价值，决定了它所派生的具有普遍必然性的道德法则的内在价值。于是，义务行为的价值，也就是它所遵循的道德法则的内在价值，即善良意志的内在价值，而同欲望对象、现实利益之类外在目标无关。例如，出于义务而援救溺水者的行为，乃是出于“应当救人”的道德法则，这是由善良意志所决定的行为准则，是主观意志的原则，是“救人”的道德价值之所在。康德认为，判断行为之是否道德，根据就在于它是否出于由善良意志所决定的行为准则。由此，康德提出了著名的动机论，主张评价行为之道德与否，不必看行为的结果，只需看行为的动机。动机善则行为善，动机恶则行为恶。而善的动机，就是本于义务感、唯理性法则和善良意志是从的行为原动力。康德明确指出：“在一切道德评价中最重要的一件事就是：我们应当极其精确地注意一切准则的主观原理一方面，这样，行为的全部道德性才有了着落，这个着落处就在于：行为的成立必须本于职责，本于对法则的敬重，而不本于对行为效果所有的喜爱和偏好。”①

命题三：义务就是由尊重规律而产生的行为必然性。

义务是对规律的尊重，义务所要求的行为具有普遍必然性，而基于偏好的行为不存在尊重规律的问题，不具有普遍必然性。理性意志为自己立法，产生了规律，同时又为规律所决定。善良意志之所以高于常人日常生活中的具体意志，就在于它是由规律所决定的；而由规律所决定的善良意志指导下的义务行为，就是尊重规律的行为、具有普遍必然性的行为，就是摆脱了一切狭隘意图的崇高行为。康德强调，只有规律才值得尊重，才应当服从。我们尊重一个人，只是因为他完全遵从规律，成了规律的化身。而规律是理性的规律，因而遵从规律就是遵从理性，服从规律就是服从理性。这里再次突显了康德义务论的理性主义本质。

上述义务三命题，分别从义务同道德价值、道德法则、规律与理性的逻辑关系入手，揭示义务的特征和本质，全面地概括了康德义务论的内涵。可见，康德义务论伦理学的“义务”，说的是行为者服从理性支配的义务，尊重规律的义务，

---

① ［德］康德：《实践理性批判》，83页。

遵循善良意志的义务，也就是执行绝对命令的义务。

二、绝对命令

前已论及，在康德看来，要使伦理学成为科学，就必须找出它的普遍必然性法则，作出先验综合判断。倘若不然，伦理学就只能停留在经验的水平上，就没有普遍必然性可言，也就不能成为科学的道德理论。道德法则作为理性原则，必须排除一切感性经验，排除道德主体的偏好、兴趣和利益欲求，而纯粹出自理性对规律的尊重。这样的道德法则就是"绝对命令"。绝对命令把行为本身看作自为的，客观必然的，同其他目的、欲求无关的道德活动。

绝对命令作为先验综合判断，同以某种外在目的为条件的假言判断相对，后者的逻辑形式为"如果……就……"。绝对命令指称的行为是无条件的，不需要假定什么，也不是为了什么，没有外在目的，它本身就是目的。它是"自为"的，是行为和目的的统一。行为出于绝对命令，就是出于客观必然的"应当"，"应当"就是命令。如果说"应当攒钱，以备不测"，这就传达了有条件的命令，因为它抱有"以备不测"的目的。如果说"应当诚实"，这就是无条件的绝对命令了，因为它是纯粹出自理性意志的命令，不涉及任何外在目的。

在康德伦理学中，作为实践理性基本法则的绝对命令只有一个，这就是："不论做什么，总要做到使你的意志所遵循的准则永远同时能够成为一条普遍的立法原理。"①对这个绝对命令，康德还有过这样的表述："要只按照你同时认为也能成为普遍规律的准则去行动。"

这就是说，做人人当做之事。如果指导行为的准则不是一切人可以和应当奉行的，那它就没有普遍性，就不是绝对命令。换言之，绝对命令要求行为准则具有普遍性。因此，绝对命令本身蕴涵着道德规则的"可普遍化原则"。

康德的绝对命令是适合于一切时间、一切地点、普遍有效、人人当行的原则。绝对命令作为道德法则，"必须直接决定意志"，其命令的力量就在于"应当"之中。康德认为，绝对命令是最高的道德原则；善良意志之善的最高表现，就是执行绝对命令。善就是执行绝对命令，恶就是背离绝对命令。义务就是绝对命令对行为提出的要求，就是按照绝对命令做应当做的事。

为了说明自己的理论如何运用于实践，康德举了一个自杀的例子。假设有个企图自杀的人，陷于绝望之中，但尚有理智，按照绝对命令的要求，此人必须先弄清指导其行为的箴言能否成为一切人的普遍行为规则。其箴言是："无论何时，倘若活着很可能带来更多的坏处而无甚好处，那么，为了自爱自尊，我应当结束

---

① ［德］康德：《实践理性批判》，30页。

我的生命。”然后，康德分析说，自爱自尊的理性驱使人们使自己活得更美好，以此为由结束自己的生命是不合逻辑的，这一箴言无论如何不能普遍化，肯定同绝对命令相抵触。因此，从道德上说，不应当自杀。

康德还举例说，假如有个人看见别人受苦而不去帮助，心想：这干我什么事呢？让各人随他的天命受苦，或随他的本事享福去吧；我不抢他的东西，不羡慕他的福气，我也不想出力去增进他的福利。康德认为，这个人所遵循的规则不能被普遍化，所以是不道德的。他产生如此想法的意志一定会导致自相矛盾，——人的一生难免会遇到急需他人同情和帮助的时候，此时你会同意“不帮助人”的律令吗？显然不会。

在分析后一个例子的不可普遍化时，康德实际上是在运用所谓的可逆性标准来排除不道德的行为规则。康德追问的是：如果把某一行为的对象倒转过来，你希望这样对待自己吗？你显然不希望把这样的行为规则普遍化以致自尝苦果。然而，这样一来，康德就难以同考虑结果的功利主义划清界限了。康德的论证有时不得不偷运进经验内容的事实说明，他的纯粹形式主义的、完全摆脱功利考虑的实践理性，是有其致命弱点的。

然而，无论如何，康德在理论体系上是始终坚持动机论、反对结果论的。他把绝对命令作为道德法则具有普遍约束性的根据，作为一切行为的最高标准，没有这个根据和标准就无法辨别善恶。如何运用这个标准辨别善恶呢？康德只承认“出于”、“由于”绝对命令的行为，即出于“应当”、“义务”的行为，是善的，否则即为恶。也就是说，判断行为之善恶，只看行为的动机、目的是否符合绝对命令的要求，不论其结果是否符合道德法则。这种道德评价方式不把道德标准看作外在的标尺，而是作为内在的尺度和动力，作为发自内心的自愿遵行的原则。这就是康德伦理学所着力强调的意志自律和意志自由。

三、意志自律

康德提出并论证的善良意志和绝对命令，标志着主体性道德体系的诞生，这在西方伦理学史上引起了重大的方向性转变。康德的主体性道德体系把道德的根据和价值标准从主体外部移到主体内部，从感性方面移到理性方面，使道德由他律变为意志的自律。康德伦理学要揭示自由的规律，也就是要论证这种基于理性绝对命令的意志自律的普遍必然性。

康德所谓的“自律”，指不受外界约束、不为情感所支配，根据自己的“意志”、“良心”为追求道德本身的目的而制定的道德原则；“他律”则是指依据外界事物或情感冲动、为追求道德之外的目的而制定的道德原则。康德认为，只有遵循自律的行为才是道德的行为，从而要求人们服从先验的、抽象的、永恒不变的“绝对命令”。按照康德的规定，所谓意志就是主体决定自己依照规律的概念去行动的能力，实际上就是理性的自决实践能力。那么，意志自决所依照的“规律的概念”又是根据什么呢？康德认为，这个最终的根据就是目的。

康德所说的目的，不是通常所说的主观目的。在康德看来，如果目的是主观的，那就意味着它只是行为所要达到的具体目标，只是作为行为之所以可能的条件而成立的。这种主观目的必然是特殊的、偶然的、不具有普遍必然性的，因而只属于实现更高目的的手段。作为实践规则，它只是在同行为者的情欲的关系中表现出价值，因而只具有相对价值。相反，如果目的纯粹地出于理性，那它就是适合于一切理性存在物的目的，就是具有普遍必然性的客观目的。它作为实践原则，抛开一切主观的、特殊的、偶然的目的，即抛开一切实质目的，只保留纯形式的原则，因而构成意志的普遍必然的、客观的根据。只有这种以理性自身为目的的目的，才具有绝对价值。它自身就是目的，而不以其他任何事物为目的；它自身就有价值，而不因其他条件而有价值。它是一切作为手段的目的的价值根据，因而能够作为“规律的概念”的根据，即作为绝对命令或实践法则的根据。

所谓以理性自身为目的，就是人作为理性存在物以自身为目的。可见，康德煞费苦心地进行论证的，是这么一个石破天惊的命题：人是目的，而不是供这个或那个意志任意利用的工具。康德认为，人的行为，无论是对着自己还是对着别人，总要把人当做目的。人就其本性来说，是一个理性的存在，是具有绝对目的意义的存在。因此，一切道德法则和义务要求，不是基于其他任何目的，只是为了人本身，即以人为“最高绝对目的”。人是目的这一原则，不是从经验获得的，只能是来自纯粹理性的推论，只能是从人性中引申出来的原则。康德还这样表述这一原则：

“你的行动，要把你自己人身中的人性，和其他人身中的人性，在任何时候都同样看作目的，永远不能只看作是手段。”①

或者是：

“你须要这样行动，做到无论是你自己或别的什么人，你始终把人当目的，总不能把它只当做工具。”②

两种说法意思一样：“任何人都不应被视为或用为达到别人目的的手段，每个人本身就是独特的目的，——至少在道德上说来是如此。”③ 相对于康德的绝

---

① ［德］康德：《道德形而上学原理》，81页。

② 同上书，43页。

③ ［美］蒂洛：《伦理学：理论与实践》，72页，北京，北京大学出版社，1985。

对命令，康德伦理学的这一重要原则被称为“实践命令”，即命令人们在道德实践中必须承认“人是目的”。

“人是目的”的实践命令所说的人，是个体的人。可是，作为个体人按绝对命令行动，又是工具或手段。那么，人是目的和人是手段这两个方面如何能统一起来呢？康德的解决办法是诉诸“意志自律”。康德认为，意志的实践原则就是每个理性存在物的意志都是普遍立法意志。“一个彻底善良的意志，它的原则必定表现为定言命令，包含着意志的一般形式，任何客体都不能规定它，它也就是作为自律性。”① 这就是说，人作为理性存在物，自己给自己立法。人既是立法者，又是守法者。人的守法，并不是被动地作为手段“必须遵守”，而是自在自为的、自觉自主的“我意如此”。在这里，人是服从自己所立之法的主人，绝对服从而又法由己出，于是克服了人的目的与手段的对立。

在康德看来，人作为感性的存在者，有感官欲望，是自然界的一部分，摆脱不了自然界的控制，因而是不自由的。但是，人作为理性的存在者，可以完全独立于一切感性条件之外，因而有绝对的意志自由。“人是目的”这一普遍法则所表明的是意志自律，也就是意志自由。按照康德的说法，自由乃是一切有理性的存在者的属性，是人的本质。只有承认意志自由，道德才是有意义的，——道德就是自由的表现。如果一个人的行动完全受必然性支配，没有自由，他怎么能表现道德、负起道德责任呢？所以，康德对道德法则的分析论证，最后归结到自由概念上。自由与理性同等重要，都是理解意志自律的关键。

从“人是目的”和“自由是人的本质”的论断出发，康德进而提出了关于人的价值和尊严的思想。他认为，每个有理性的人都把自己和别人当做目的而不是手段，就会出现一个受普遍规律制约的、有理性的人的“目的王国”。每个人都是这个目的王国的成员，都既是立法者，又是执行者。因此，他只有摆脱一切偏好的干扰，完全独立地发挥意志能力，才能保持其目的王国的成员资格。这就是说，作为目的王国的成员，其行动准则不能以情感、欲望和爱好为基础，只能以有理性的人的意志关系为基础。在这种关系中，每个人的意志都必须是立法的意志、自律的意志。理性把意志的准则作为普遍规律同其他意志联系起来，同时也和自身行为联系起来。这种联系的基础，就是人的同等的尊严和价值。

所谓目的王国，也就是价值王国。因为在目的王国中，每个成员都是自在目的，都有内在价值、绝对价值。在这里，内在就是自在，自在就是内在。其他的一切只有同自在、内在价值相联系才有价值。也就是说，只有同道德目的相联系

① ［德］康德：《道德形而上学原理》，98页。

的行为，才有道德价值。只有创造道德价值的人亦即有道德的人，才能体现出人的尊严和价值。一个道德败坏的人，不会因其有地位有特权而变得高尚，而受人尊敬；任何富豪都不会因其财富和享受而增加自身的价值和尊严。同样，一个道德人格高尚的人，也不会因其贫穷或社会地位的卑微而降低价值和人格尊严。在康德看来，道德是有理性的人能够作为自在目的而存在的惟一条件。因此，只有道德，以及同道德相适应的人格，才是人的尊严的载体。灵巧和勤奋，有市场价值或实用价值；机智和活跃的想像力和情趣，有欣赏价值；而坚持道德原则，才有内在价值。这种价值不在于"坚持道德原则"所产生的结果，也不在于它的效用，而在于它的善良意向，在于它所遵循的意志准则。因此，人的内在价值凌驾于其他一切价值之上；其他价值倘若与内在价值相提并论，则无异于玷污内在价值的圣洁。

在康德看来，因为人是理性存在物，所以人都趋向于自由和自我人格的完善，追求内在价值的实现。由于这种追求，人们必然认可道德法则的权威性。因此，道德法则的"应当"就成了人们的意愿，人们愿意使自己的感性欲求服从理性命令的"应当"。但感性欲求是服从自然必然性的，它要时时抵抗理性法则的强制。因此，理性意志的圣洁性，只能是有限的理性存在物无止境地接近的实践指南或理想。有限的实践理性的最高成就，就是能够确信它的行为准则朝着这个理想日进无疆。这就是德性。德性作为后天养成的能力，是永远不能圆满完成、达于至善的。

那么，人们要问，为什么人作为理性存在物就要追求内在价值和圆满德性呢？就必然对普遍道德法则感兴趣呢？由于康德的理性主义割裂了感性与理性、现实与理想的辩证关系，他是无法回答这些问题的，只好推脱说"这是完全不可解释的"。

与此相关联的是，他也无法解决德性和幸福的矛盾。他在探求具有普遍必然性的道德法则时，坚决反对把快乐、幸福作为意志的动力和行为的原则，强调要排除感性的利益杂质。但在现实世界里，他也承认追求快乐和幸福是人的自然要求。这样一来，要追求快乐和幸福，就没有德性；要追求圆满德性，就不能考虑快乐和幸福。这就把道德和幸福对立起来了，陷入了难以克服的矛盾，其根由仍然在于他割裂了感性与理性、现实与理想的辩证关系。

按照康德的理论，在此岸的现象界，幸福与道德是不可能实现圆满结合的。幸福与道德的圆满结合，只能在彼岸的理性世界依靠信仰才能实现。康德认为，伦理学不是"幸福学"，不是教人怎样谋求幸福的学说，而是教人怎样配享幸福的学说。因此，在原则上，康德把在现实中不能解决的一切追求，都推到"应当”中去，推到彼岸世界去，而不是像法国启蒙思想家和唯物主义者那样，把“应当”变为达到革命目的的实际行动。康德害怕解决德福矛盾的社会革命道路，只能停留在思辨的“应当”领域，最后不得不求助于宗教信仰，以实现德福一致的至善。他在认识论领域为上帝留下的地盘，在伦理学领域以道德公设的名义派上了用场。

康德实践理性的道德公设有三：自由、灵魂不朽和上帝存在。公设者，公认的假设也。也就是说，要解决道德终极境界的问题，人们必须承认这些假设的条件。按照康德的假设，意志与道德法则完全融合的道德神圣性，是作为理性存在物的人在有限的生命时段内决然达不到的境界。如何达到这一道德终极境界呢?那就必须假设灵魂不死、灵魂不朽。而这种不死的灵魂，只能存在于上帝的神圣世界里，存在于人们的宗教信仰中；只有在纯粹的理性世界里才能摆脱一切因果律的制约，达到绝对自由。归根到底，在康德那里，“上帝似乎就是道德律本身”①。

然而，值得指出的是，康德的实践理性并没有让人放弃现世生活的幸福，拒绝自然要求和现实利益的满足。就人是感性存在者说来，幸福离不开人的感性欲求的满足，幸福的圆满实现有赖于自然存在者的全部目的的和谐。人，必然要追求幸福。为此，理性地思考实现人类幸福的现实途径——社会公正，自然成了康德伦理学的又一个重大主题。我们要深刻把握康德伦理学体系的精髓，要准确评估康德伦理学的历史和社会影响，就不能不重视康德的社会公正理论。

四、社会公正

马克思曾经中肯地评价从康德到黑格尔的德国古典唯心主义运动，认为它是法国大革命的德国理论，换言之，是德国资产阶级革命的理论准备和思想准备。所谓革命，从道德上说，就是要消除社会不公正，实现国家的社会公正。所以，“争取社会公正”，历来是革命鼓动家动员革命追随者的最为诱人的道德口号。

在中世纪的欧洲，国家被看作上帝永恒秩序的一种近似的世俗结构，人间的城市即模仿上帝城市而存在。经过启蒙运动，国家被视为人们之间互惠互利的一种安排形式；对国家和社会负管理之责的政府则是社会契约的结果，以保护社会成员的天赋人权和个人利益为职责。英国的洛克和霍布斯，法国的卢梭、孟德斯鸠和伏尔泰等一批启蒙巨星，都对独断专行的国家体制做过犀利的道德批判，并根据天赋人权和政治民主等近代道德要求，设计出较为公正的社会组织形式。这体现于英国的政治改革和法国革命的伟大实践中，同样体现于德国革命的伟大的

① 转引自《费尔巴哈哲学著作选集》，下卷，74页，北京，商务印书馆，1984。

理论准备和思想准备中。批判专制制度，宣扬公民权利和其他基本人权，论证民主共和的宪政制度，推动政治公正和经济公正，是法国启蒙哲学的历史使命，也是以康德为代表的德国理性主义哲学的历史使命。伦理学的社会批判功能，特别是公正理论的社会革命功能，由于这些卓越思想家的学术活动，得到了淋漓尽致的发挥。

公正历来是伦理学的核心概念之一，公正问题历来是道德哲学研究的重点所在。因此，毫不奇怪，“西方伦理学史几乎是一部公正思想史”。从柏拉图、亚里士多德、霍布斯、洛克、卢梭到康德，凡属卓有建树的思想家、伦理学家，有谁不倾注心血于对公正的研究呢？无妨说，设计美好的公正蓝图，维护和争取社会公正，正是伦理学家们为之呕心沥血的奋斗目标。

“什么是公正?”对于这个困扰自柏拉图以来历代西方哲人的哲学难题，康德用他的自由意志论作出了回答：“一个人的意志得以同他人的意志依自由的普遍法则相统一的总合状态，谓之公正。任何行为本身或者它所遵循的准则如果能使得行为者的意志自由同一切人的意志自由在普遍法则的前提下和谐共存，那么，这一行为就是公正的”，“因此，公正的普遍法则是：对外行为务必确保个人的意志自由同一切人的自由在普遍法则的指引下得以和谐共存”[①]。在他看来，这一公正法则是确保社会和平与和谐的必要而充分的条件，——如果完全地贯彻了这一法则，那么大量的个人意志就能在人们的自由行动中实现完美的和谐。因此，它是在集体选择的情况下，所有理性存在物都会同意并签署的“社会契约”。

康德所说的“社会契约”，不是历史的猜测，而是理性决定的理想模式。他实际上主张，道德上有正当理由的惟一的强制性制度，是一群理性存在物在不得不选择社会制度来支配其相互关系时会同意采纳的制度。他说：“社会契约无需假定为历史事实，实际上，它不是事实，并非在我们有义务尊重这样的公民宪法之前，历史已经证明，我们作为其后裔已经继承其权利义务的民族，曾经实施过此类行为，并且留下了有关这一契约的口头的或书面的文献、文件。相反，这一契约是一种纯粹的、具有真正实践现实性的理性观念。这就是说，它责成立法者制定法律时务必使之反映全体人民的共同意志，尊重每一个公民主体的意志，仿佛他已同意过法律所表达的共同意志一样。这是每一项众所周知的法律之正义性的试金石，因为如果法律不可能得到全体人民的同意（例如那种保障国民的某一阶级享有贵族世袭特权的法律），那么此类法律就是不公正的。另一方面，如果存在着人民会同意某项法律的可能性（尽管若当下咨询，人们可能拒绝同意或持

---

① Kant：*The Metaphysical Elements of Justice*，translated by J. Lodd，1965，pp. 34～35.

有会导致拒绝同意的观点)，那么就应当认为该法律是公正的。”①

康德认为，法律是一种规范秩序，发挥着强制性的社会控制体系的功能。就法律本身而言，其正当性当然需要得到证明。康德坚定地认为，法律之惟一有力的正当性根据是公正而不是功利。为什么要建立强制性的国家法律体系？其理由最终要由作为道德法则的公正来说明。

在康德看来，法律必须促进而不是阻碍人的自由。那么，如果有人滥用自由呢？谁有权力防止和惩罚这种行为？康德的主张是，只有以程序公正为基础的社会制度，而不是任何个人，才可能拥有这种权力。康德特别强调个人没有这种道德权利，因为这种权利只能恰当地赋予某个正式确立的法律权威，即政府。在这一点上，康德同洛克形成了鲜明对照。洛克把人人拥有实施惩罚的自然权利作为其整个政治理论的基石，而康德则认为，在自然状态下无法实现惩罚的公正要求。他指出：“这种无司法状态，是没有任何分配的法律公正的状态，可以叫做自然状态。……你若处于这种状态，就应该抛弃自然状态，随同其他所有人一起进入司法状态，即分配的法律公正状态。通过分析在处理外部关系方面同暴力相对照的公正概念，可以找到这种假说的根据。谁都无义务自我抑制不去侵占别人的财产，除非别人也以同样的方式保证不会侵占他的财产。”②

洛克主张人们有实施惩罚的自然权利，而进入公民社会是为了更有效地惩罚。但康德主张，我们有惩罚的自然需要，却没有惩罚的自然权利；我们只有一种天赋的或自然的权利，这就是自由。在康德看来，惩罚（广义的执法）的权利是政府的固有职能。我们对政府的需要，正是对确认权利的制度的需要，而宪法是最符合公正原则的制度。他认为，政府及其法治，通过行使惩罚权利从而扩大人的自由，因而至少具有部分正当性。在自然状态下不允许我做的事，在由政府管理的社会中，我在道义上是有权做的，这就是按照我和所有其他理性人都视之为公平因而具有约束力的原则，寻求对不公正的合法矫正。对政府和法律的理性主义设想，是康德社会公正思想的基本内容。

在康德看来，为了实现社会公正，需要一套一切有理性的人可能同意的社会裁决程序。公民政府正是这样的程序，因而成立这样的政府是很有必要的（不仅是可以允许的）。只有通过公民政府，社会公正的这一要求才有保障：只有每个人都会视之为公平的考虑，才能限制每个人的自由。在有效运转的公民社会里对自由的限制，实际上是扩大自由，因为人人都会承认这种限制是公平的。因此，

① Carl J. Friedrich's anthology, *The Philosophy of Kant*, New York, 1949, pp. 421—422.

② Kant, *The Metaphysical Elements of Justice*, pp. 70—71.

在自然状态下无法保障的权利，在公民社会里则可以得到保障。

康德认为，好社会的标准就是实现自由，在人类社会这个目的王国中，任何自由人都不得被贬低为手段而受到羞辱。这一思想表达了其政治自由的一个方面。另一方面则体现在个人意志的和谐原则中，由此导致每个人的自由和一切人的自由相一致。康德的政治理想是以人民主权和代议制为基础的共和政府，它赋予公民以自由人的尊严，使之能够在自治中实现自己的自由。自治是好政府的实质，无疑也是包括康德在内的18世纪启蒙思想家所说的“自由政府”的标志。康德认为，自由政府之下的公民身份有三个不可分离的特征，即宪法自由权、政治自主权和公民平等权。所谓宪法自由权，也就是每个公民只服从自己所同意之法律的权利；所谓政治自主权，也就是政治上有权不把自己的生存和生命延续托付于别人的专断意志，而使之植根于自己作为社会共同体一员、因而作为公民人格所有者的权利和权力。公民的一切平等的自由权利，决不能由任何他人代为行使。相反，在任何集权统治或专制政府下的臣民，必定缺少在宪政下公民所拥有的自由，而这种自由正是社会公正的保障。

正是基于对自由的关切，康德指责功利主义的这一主张：为了大多数人的利益而惩罚无辜者，或者为了人民的自身利益而干涉其自由，这在道德上是允许的。康德认为：“所有这些善良意图都无法洗刷此类手段所造成的不公正的污点。”① 功利主义可能同公正发生冲突，从而造成明显的不道德后果；功利主义可能把人们只当作手段，使之受到不公正对待，——这些都是对功利主义的经典批判。而康德关于自由和公正的思想，则是这些批判的最早的理论根据。康德的重要论点是，再多的快乐和自身利益都不能赋予法律和政府以道德价值，除非这些制度符合自由和公正的要求。这就是说，自由和公正（而不是功利）才是对政府和法律的道德要求。

康德认识到，“人们如何证明政府的正当性”这一问题，本质上等同于“人们如何证明法治的正当性”。他认为，宪法和法律能够为最终解决某些类型的冲突提供非暴力的方式：在道德上之所以有必要制定这样的规则，是为了克服不公正而不是为了功利。为此，康德同大多数启蒙思想家一样，不但为共和政体辩护，而且为代议制政府辩护。他说，“共和政体是惟一持久的政治体制，这种政体下的法律是自主的、不依存于任何个人的。共和政体是一切政府法律的最终目的，也是个人决定性地‘得其应得’的惟一条件”②，也是实现公正的惟一条件。

---

① Kant: *The Metaphysical Elements of Justice*, p. 126.

② Ibid., p. 86.

虽然康德为共和政体的即代议制的政府给定的条件较为宽泛，但他强调必须以同意为基础。这种同意，不是见之于某种社会契约论的明确的同意，而要按照康德理性决定的基本模式加以解释。这就是说，如果一个政府可能被一群理性存在物选择为解决其冲突的公平途径，那么这个政府就可以说是得到同意的。

那么，对待“得到同意”的政府和法律，人们应取何种道德态度呢？康德所提供的答案，既强调服从的道德义务，也承认反抗和革命的道德权利。这是康德社会公正思想的一个重要特色。

康德认为，在道德上我们之所以有义务服从法律，是因为我们已经同意了这个法律。所谓同意，如前所述，康德首先指的是，如果在先前的选择阶段，一个政府可能得到理性的同意，那么我们就算同意这个政府了。其次，他还指的是，我们因享受了政府提供的好处而表示了同意，而这些好处很可能是他人做出牺牲的结果，所以轮到我们牺牲时，为了公正，我们也只好牺牲（服从是一种牺牲）。由法律提供保障的社会和谐，正是公民们相互容忍的结果。换句话说，法律和政府组成了只有相互容忍才可能实现的社会利益体系。惟有别人服从法律和政府，我才能得到好处。对于我指望别人服从的规则，我自己却不服从，这是不公正的行为。很明显，康德的基本思想是，政治义务本质上是一种互惠，即“公平交易”。因此，服从政府和法律的道德义务，在一定程度上说，是以互惠为条件的。这就为康德证明反抗和革命的正当性做了理论铺垫。一方面，康德指出：“人们有义务忍受哪怕是最难以忍受的对最高权力的滥用，其理由是反抗最高立法本身就是非法的；实际上，反抗必须被认定为破坏整个合法宪政。这是由于为了使反抗得到批准，就要有允许反抗的政府法律。这就是说，最高立法必得包含这样的法律条款，即它不是最高的，而且根据同一条款，作为被统治者的人民应当统治他们所必须服从的统治者。这是自相矛盾的。如果我们追问在人民与统治者（从司法上说，他们仍然是两个独特的道德主体）之间的争吵中谁是法官的话，这里的矛盾就十分明显了。在此类争吵中，很明显，人民想充当自己事业的法官，而这是荒谬的。”①

这段论述是以最高权力的“公正”性为前提的，似乎证明了革命或反抗的非正当性。它还包含了这样的公正诉求：作为有理性的人，我不会主张有做某事的道德权利，如果我不打算让别人在类似境遇下有类似行为权的话。既然我不会认为仅仅由于某种原因而憎恶政府的人试图以暴力推翻政府是正当的，那么我就不会主张自己有这样的权利。因此，在康德看来，革命者的活动，如同义务警员一样，虽然

---

① Kant：*The Metaphysical Elements of Justice*，p. 86.

有时候会产生良好结果，但决不能成为权利。同时，他认为对政府的不服从也是一种类型的暴力，可以运用他的反对非制度化强制以免酿成不公正的观点加以谴责。

然而，另一方面，根据康德关于服从法律和政府的义务是一种互惠——我的服从旨在换取包括政府在内的所有他人的服从——的论点，非暴力反抗甚至暴力革命在道德上又可能是正当的。如果政府无视自身的法律界限，不是实施法治化的管理，那它事实上就成了纯粹地行使权力，理所当然地就会遭到反抗。反对纳粹德国的政府就是这样的实例。因此，康德认为，尽管革命常常是错误的，但在受到极端压迫的情况下，却是可以谅解的，“通过必然地诉诸权利，人民可能至少有被迫革命的某种理由”①。康德还明确指出，某些类型的非暴力反抗（例如“消极不服从”）可能是正当的。当政府开始以不公正的方式——通过纯粹专断地行使权力而非通过公正规则和公平程序——控制其公民时，政府要求其公民服从的道德权利似乎也就丧失了。

既然政府和法律是以理性存在物的同意为基础的，那么，反抗、甚至革命在道德上为何又是可以理解的或正当的呢？其原因之一或许是，程序性的制度当然还要由人来执行，这就不能确定无疑地保证公正。康德对程序性的形式持有坚定的信念，相信所有的不公正都能按照公平的法律体系得以解决。这无疑是深刻的见识，但也包含着严重疏忽。程序公正仅仅是形式保证而已，其本身必然忽略了某些实质性内容。作为法律原则的公正好比游戏规则，对于社会体系中受形式限制的掌权者是有作用的。但是，当某些掌权者由于社会的而非法律的原因具有内在弊病时，人们该如何应对呢？这正是马克思后来批判资本主义社会之“形式公正”的缘起。人们对社会的法律体系几乎不加抱怨，但由于某些社会经济因素使之在利用法律程序时处于不利地位，因而其内心充满了对“实质不公正”的道德怨恨。康德对反抗和革命之正当性的“理解”，表明他意识到了这个深层次的公正问题。但其“重形式、轻内容，重理性、轻实践经验”等的理论缺陷，使他不能正视并解决这个问题。历史把这个艰难课题留给了后继的哲学家和伦理学家。

第三节　费希特的知识学伦理思想

费希特是康德的学生中最早显露头角的佼佼者，用黑格尔的说法，他“完

① Kant：*The Metaphysical Elements of Justice*，p. 87.

费希特

成”了康德哲学。费希特从康德的先验统觉原则中发展出自我概念，从康德的自由意志中汲取自我意识的初步规定，创造了一种全新的哲学方法，这就是把自我意识作为绝对原则，从中推演出纯粹的概念性知识，由此创立了“知识学”体系。费希特否定康德哲学中的唯物主义因素的“自我”论及其知识学伦理思想，见之于他的《论学者的使命》(1794)、《全部知识学基础》、《论知识学特征》、《根据认识原理谈天赋人权的基础》(1796)、《以认识科学为基础的伦理科学》(1798)、《人的使命》(1800)、《对德意志民族的讲演》(1807—1808)等著作中。

一、“自我论”的知识学

康德的自由意志论，把自我意识提高到了哲学和道德主体的地位。康德的所谓自我意识，也就是自己规定自己的意识。但他还没有直接从自我意识出发，去演绎出全部的知识内容。从费希特开始，第一次出现了以自我为起点、为基础的哲学，全部哲学的原则和内容都从一个绝对自我推演出来，使哲学第一次变成了研究自我意识活动规律的知识体系。这就是为什么费希特称他自己的哲学为“知识学”的缘故。由于他的知识学体系以自我概念为绝对的最高原则，所以又叫做“自我论”或“自我哲学”。

作为康德的学生，费希特多次谈到，是康德的“自由意志”论，使他在思想上发生了一次“自我革命”。他的原本一直被外在生活条件所限制或支配的自我，经过“革命”，忽然得到了自由，而且是完全不依赖外界条件的绝对自由，自我成为不受任何外物支配的独立意志。这种思想启示他从“自我”出发，建立其哲学和伦理学体系。他再三宣称，正是由于选择了唯心主义自我论哲学，他才克服了精神的奴役而充满生气。由此可见，使人摆脱封建专制主义的精神奴役而获得自由，是费希特创立自我哲学的宗旨和出发点。

费希特在批判康德不可知论的基础上，进一步发展了他的主观唯心主义思想。他认为，康德哲学最不彻底的地方，就在于承认自在之物是客观实在的基础，而他则根本否认自在之物的客观存在。在他看来，康德的“自在之物”纯属虚构，一切的一切只有在人的精神中才有实在性。他把康德的自我意识绝对化，认为一切依据外物说明意识的哲学都是唯物主义的独断论。而要摆脱独断论，只有从纯粹的意识活动开始构造哲学知识体系。因此，他的全部知识学就从“自我”的纯粹的意识活动开始。不难看出，费希特哲学排除了“自在之物”这一康德哲学二元论中的唯物主义因素，走上了彻底的一元论主观唯心主义路线。那么，他的一元论的“自我”概念具有怎样的哲学内涵呢？

费希特的“自我”，不是个别人的自我意识，也不是受他物制约的意识，而是一切人的“普遍意识”，是自在的、绝对的、纯粹本原的意识活动，是第一性的、最高的实在。“自我”不以任何存在为根据，却是一切存在的创造者。这种“自我”的本原活动，在其发展过程中，就是知识学的根据。其基本活动步骤是所谓的自我活动三原理。第一条原理是自我设定自身或自我设定自我。这是最基本的原理。按照费希特的逻辑推论，自我既然是绝对的，不依赖于任何前提而活动，那它在进行一切设定之前，第一个不自觉的行动，必然是设定自身。自我是纯粹的自身设定。自我设定自我，是因为它存在着，而它的存在又是它自己设定的。这就是自我的实在性。费希特说：“设定着自己的自我，与存在着的自我，这两者是完全等同的、统一的同一个东西。自我就是它将自己设定成为的那个东西；而且它将自己设定成为它所是的那个东西。”① 第二条原理是自我设定非我。这条原理从反面进一步说明“自我”的活动，即自我的无条件的自发行动，必然设定非我。“非我”是“自我”的反面，即“自我”的被动方面。由主动活动的自我建立的非我，与自我是同一的，所以非我的设定同时就肯定了自我的存在。第三条原理是自我与非我的统一，即自我在自身中设定一个可以分割的非我与自我相对立，同时又使二者相统一。这就是遵照理性的命令，限制自我与非我，使自我与非我都成为有限的，因而共存于一个绝对的自我中，二者相互对立又相互依存，构成自我的矛盾运动。在这里，费希特从主观唯心主义立场出发，即在精神的自我范围内，肯定了思维与存在、主体与客体的统一性。他从知识学的三条原理推导出这样一个命题：自我与非我互相规定，即自我设定自己是被非我所规定的，自我设定自己又是规定非我的。正如自我是设定的，一切实在同样都是设定的，即一切都应该在自我中被设定。自我应该是绝对独立的，其他一切都应该是依存于它的。因此，客体与自我的一致性乃是一种需要。而提出这种需要的正是绝对的自我，绝对自我为了自己的绝对存在需要客体与自我的一致性。

由此可见，费希特的“自我”，并不是单纯的认识主体，同时也是行动的主体。因为在他看来，自我是能动的，它不但能设定自我，而且能克服同非我的对立，即用主动的行动同非我作斗争。这种斗争就是自我给自己设立一种限制，并用自己的行动去打破这种限制，从而实现自我的实践创造活动。所以，哲学的认识并不是认识客观世界，而是认识自己，即认识自我及由自我设定的非我。费希特告诫说：“注意你自己，把你的目光从你的周围收回来，回到你的内心，这是

① ［德］费希特：《全部知识学基础》，13页，北京，商务印书馆，1986。

哲学对它的学徒所做的第一个要求。哲学所要谈的不是在你外面的东西，而只是你自己。”① 这就是费希特的“行动哲学”，也是他的伦理学的哲学基础。

按照费希特的“自我论”，绝对的自我是一切事物的本原和创造者，是有限的自我和非我的根源，因而它经常地、不断地把自己作为有限的自我表现出来，并以自我限定的方法设定非我。这就是说，有限的自我以非我作为对象，作为自我的对立者而存在。只要自我还是能动的，非我就不能完全限制它和支配它。相反，自我一定要克服非我的限定，逐步实现绝对的自我。这种克服非我的限制、实现绝对自我的能动活动，费希特称之为“实践”。这种抽象思辨语言的涵义是：所谓有限的自我，就是人的精神、意志，就是人作为主体的主体性；“非我”就是人的主体性、主观精神所创造的与人对立并限制着人的外部世界或客体。自我克服非我，就是人从外部世界的限制中解放出来，净化自己，回复到绝对的精神的自我，即实现绝对的独立、自由。这是人类的使命，也是伦理学的主题。

费希特借鉴了康德把纯粹理性分为理论理性和实践理性的研究方法，结合自我发展过程的特点，把自我区分为理论自我和实践自我。所谓“理论自我”，指的是在自我被非我规定中被非我规定的自我；所谓“实践自我”，指的是在自我规定非我中规定非我的自我。简而言之，前者是被非我规定的自我，后者是规定非我的自我，二者都是绝对自我的不同方面或发展过程的不同阶段。与此相应，他把全部知识学也分为两部分，即研究理论自我的理论知识学和研究实践自我的实践知识学。理论知识学的任务，主要是阐明自我如何创造世界（非我）；实践知识学也就是他的实践哲学，其任务主要是阐明自我如何从它所创造的世界重返自身，实现绝对自我。同康德的实践理性相似，费希特的实践知识学也就是他的伦理学，即关于自我实现的主体性道德的理论。

二、自我实现的主体道德论

康德认为实践理性高于理论理性，也就是人的道德活动高于人的认识活动。费希特之区分理论自我和实践自我，具有同样的意味，即强调实践自我的道德活动，强调在道德活动中自我实现。但由于费希特的绝对主观的一元取向，合乎逻辑的是，他比康德更加强调人的主体性，强调主体的能动性和主观性，并在此基础上构建起他认为比康德伦理学更加积极的理论体系。在他的道德体系里，精神的自我要在自己的活动中观察自己本身，要在自己进行理性活动时，对理性活动进行观察和反思。这就是费希特所说的“注意你自己”、“回到你的内心”的意义。这是费希特伦理学体系的基本方法。

① 转引自《十八世纪末—十九世纪初德国哲学》。

费希特认为，理论自我本身包含着矛盾，它受到自我设定的非我的限制或规定。这是自我的本性所不能容忍的。在费希特看来，自我是主动的，自我主体就是活动，是非我的原因，非我的受动是由自我赋予的。自我在多大程度上把自己的活动力赋予非我，非我就在多大程度上具有活动能力，因而自我也就在多大程度上接受非我的规定。非我的活动是自我赋予活动力的结果，自我的受动是自己活动的外化，亦即间接地受自己活动的规定。在这里，自我是主体，自我把自己的活动赋予或外化为对象，即客体。所谓"客体"，并不是与精神对立的物质世界或现实世界，因而它也不是主体之所以受动和被规定的实在根据。客体只是在精神的自我之内被设定的、规定自我的想像的根据，它的实在性只是一种相信，一种信仰。因此，客体作为根据，只是主体想像的结果。这是一种自我返回本身的活动，一种纯粹的精神活动。这种活动就其与可能的客体的关系而言，就是努力。努力是一切客体之所以可能的必要条件。没有主体的努力，就没有客体的存在。这是实践自我的基本特性。

想像力是理论自我的基本能力，是人类精神的机制。一切实在都是由想像力创造出来的。在这个过程中，理论自我是与实践自我紧密联系并从属于实践自我的，经过感觉、直观、想像，达到理解，最后经过反思能力的发展而形成判断力。这种反思判断力就是理性、理智，其本质是纯粹的自我意识。这个过程是一个从无意识达到纯粹意识的过程。自我意识越纯粹，自我就越具有摆脱客体束缚的自由。当它意识到除了受本身规定外不再受任何客观规定时，理论自我就复归于绝对自我，从而实现自我。

从无意识的自我到达理论自我，再从理论自我回复到绝对自我，是一个自我实现、自我完善的过程。然而，要完成这一过程，单有理论自我的理性活动是不够的，是既没有动力又没有实在性的，它必须依靠实践自我，即必须依靠理性的实践能力，依靠实践自我的努力和行动。

实践自我作为规定非我的自我，本身也包含着矛盾，这就是有限和无限的矛盾。有限指的是实践自我规定非我的目的的有限性。但它规定有限目的的同时又显示出无限性，即自我与它规定的非我不能完全一致。从有限性方面说，实践的目的是能达到的；但从无限性方面说，这种目的又是达不到的。因此，实践自我的本性就是一种无限的、永不休止的努力。没有这种无限的努力，就没有自我之中有限目的的实现。

"努力"是费希特实践哲学的重要概念，因为"自我"本性中包含努力的特性和能力，也就是他所说的主体的"内在驱动力"。这种内驱力，是生命体区别于无生命体的根本所在，是一切生命的"命根子"。它是推动自我完成由死到生、由生到死的过程的生命力。所谓自我的主体性，就是这种内在的生命力。自我主体性的本质，就表现为自我主观努力的活动。

实践自我的努力，在反努力的限制面前，一方面感到受限制，有一种被强制感；另一方面又由于超脱限制而感到自己的力量。力量感是一种意识活动，而在意识进行反思时它又是意识的对象。这个在意识内部具有双重性质的力量感，费希特称之为“冲动”。冲动是努力的表现，其根据不在自我之外，而在自我之内。它是主体中固有的长久存在的东西。在这个意义上说，实践自我的本性就是具有双重性质的力量感即冲动。

实践自我的力量的“双重性”，就是指实践自我努力的力量，一方面作为自我意识活动是主观的，另一方面作为自我意识的对象又是客观的。冲动作为主观的意识活动，只是向着自身的，表现为原始的努力、主观的努力；冲动作为客观的意识活动，就是对自己的反思活动。这种对冲动的反思活动就是感觉。感觉就是被意识到的冲动，被反思的冲动。这样，实践自我既被冲动推着前进，又被自身所反思，受到反思的阻止。实践自我不仅本身是冲动，而且通过反思还意识到自己是冲动，观察并限制冲动。这种努力和反思的矛盾，也就是努力和反努力的矛盾。自我冲动总是希望着什么、需要着什么、争取着什么，总是要不受限制地不断努力。但由于自我意识的反思活动即感觉，它又是客观的、被限制的。实践自我的活动在这个阶段上，还只是同感觉相联系，表现为自发性的行为，只是感觉自身希望、需要、争取点什么的冲动。这是一种没有客体但又不可抗拒地去追求某种客体、冲向外在世界的活动。

因此，按照费希特的自我论，自我始终有一种向往绝对的、独立的自我活动的意向。单纯受他物摆布、为他物效劳、由他物支配的生活，对自我来说是难以忍受的。它要成为一种“为我自己，由我自主”的绝对的自我。自我必须是独立的、自由的。这种独立自由的自我，“是主体与客体的统一，是能意识者与所意识者、能直观者与所直观者、能思维者与所思维者的永恒的统一”①。实现这种统一的中介是理想的目的。这种目的不是已有事物的摹本，而是“要被创造的东西的原本”②。对要被创造的目的的确信或信仰，就是伦理的态度。所谓伦理的态度，就是使“自在之物”成为“我们应该使之成为的东西”，就是我们的“意志决断”。只有意志决断，才能义无反顾地冲向善的方向，使实践自我的冲动交替地达到与行动的一致。这样的冲动就是按照义务来追求理想目标而不为其他东

① ［德］费希特：《人的使命》，79页，北京，商务印书馆，1982。

② 同上书，80页。

西所左右。这是道德行为的基本特征。对于作为伦理冲动的实践自我来说，对理想目标的追求就是自由。这就是说，自由不是实践自我的既定事实，而是“应当”的东西。在这一意义上，费希特强调行为的全部根据和条件都在行为本身之中。他把这种行动所遵循的规律称为“为规律而规律的规律”，即“绝对规律”。其形式是绝对命令：“你无条件地应当。”自我全神贯注的问题是：“为了最合乎目的地执行绝对命令，我应当做什么？”这也就是：我怎样才能达到“应当”的自由、达到自我实现？

费希特坚持康德的“自由是人的本质”的思想，认为自由是自我的本质。理论自我经过几个环节达到纯粹的自我，就是先验的自由；实践自我经过冲动和努力而达到意志自由，即宇宙的自由。宇宙的自由是一切自由的基础。由此体现出费希特追随康德的一个重要思想，就是强调伦理的目的高于一切。在费希特看来，人的天性本身是完整的、统一的，因而必须保持自身的独立和自由。不仅自我的两方面即理智和实践必须统一于实践，而且自我本身也必须是绝对统一的、完全独立的。人应当认识到独立、自由对人之为人的意义——没有独立自由，就没有人性的尊严。那么，怎样才能坚持独立自由呢？费希特的“自我论”认为，一切“在我”、“为我”、“由我”，做到“我完全是我自己的创造物”，这样我就完全独立自由了，“自我实现”了，也就是达到了一个理想存在物所要达到的“完全自相一致”，即至善的境地。这时，费希特便可以宣布：“我自由地、自觉地使我自己回到了我的天性也曾经让我依赖的立脚点。我所接受的东西也正是我的天性所宣称的东西。”①

至善由善的行动积累而至，善行则来自良心，真理也只能从良心中产生出来。良心是什么？良心是灵魂深处的呼声。“听从这种呼声，忠诚老实地、无拘无束地、不假思索地服从这呼声，这就是我惟一的使命，这就是我生存的全部目的。”② 费希特把良心提到了绝对的高度。他的良心就是绝对命令，其本身就是绝对真实的，用不着任何检验和论证；它就是原初的真理，是一切真理的确实的基础，因而也是一切善行之所以为善的价值基础。从这一良心论出发，费希特同康德一样，强调不仅要把自己当目的，也要把别人当目的，把别人看作同自己一样的生物，看作自存的、自由的、独立的生物来对待。不仅如此，还要尽可能地帮助别人实现他们设定的目的，尊重他们的自由。这一切都是良心的命令，是“应当这样做”的绝对命令。不用说，费希特同康德一样，主张道德自律，排斥

---

① ［德］费希特：《人的使命》，85 页。

② 同上书，87 页。

他律。所不同的是，他强调良心和绝对命令的自律，目的在于行动。他说，“行动，行动——这就是我们生存的目的”。行动是费希特伦理学的最高原则。在他看来，只有行动才能体现和决定人的尊严，才能履行义务和创造价值。善就是行动，恶就是懒惰。只有通过顽强的意志行动，自我奋斗，使事物同自己的意志相一致，才能实现幸福。幸福不在于物质的享受和快乐，而在于为履行义务、实现自我而努力的行动之中。就这样，在康德陷入德福二律背反的地方，费希特用主体的主观努力和行动，用他的行动哲学化解了困境。

康德伦理学认为，由于客观世界（非我）是由人类精神（自我）所规定的，作为人类精神活动的自由意志是世界生成和发展的根本原因，因而客观世界是为自由意志而存在、为道德活动而生成的；人类通过道德活动克服客观世界对自身的限制，使人和客观世界达到统一。与此不同，费希特固然也从人的主观精神引出道德，却用人的主观精神把人与自然统一起来，主张人们可以在现实世界中不断地接近道德至善，因而就不存在康德实践理性的二律背反了，也就不需要上帝存在和灵魂不朽的道德公设了。[①] 费希特的伦理思想由康德的二元论走向彻底的一元论，适应了当时德国资产阶级革命的迫切要求。这种进步的历史要求，在费希特的社会伦理观中得到了更直接、更充分的表达。

三、“自我论”的社会伦理观

自我（个人）与社会、个体的道德完善即自我实现与社会公正的关系，实质上也就是个体伦理与社会伦理的关系，这是任何伦理学体系都必须认真对待的问题。适应传统社会生活状况的传统伦理学，是以个体伦理为重心展开道德问题研究的；而近代以来，适应大工业社会生活状况的近、现代伦理学，随着社会伦理问题的突显，其研究重心明显地向社会伦理转移。费希特的旨在改变社会现状的行动哲学、行动伦理学，虽则名为“自我论”，但深刻地蕴涵着社会伦理学的发展趋向。“自我论”从绝对自我推导出主体性道德，推崇自由、反对限制，强调自律、排斥他律，但这决不意味着费希特只关注个人伦理而忽视社会生活、社会伦理。相反，费希特认为社会生活对人的自我实现、自我完成是必不可少的社会条件。事实上，作为启蒙思想家和革命活动家的费希特，其生活目标就是要致力于创造社会成员得以自我实现的社会条件，因而不能不强烈地关注社会伦理问题。在社会伦理观方面，费希特延续了康德对意志自由和社会公正的理论关注，而且执著地付诸实践。

费希特认为，意志自由的个人组成合乎目的的共同体——社会，没有社会和

① 参见章海山：《西方伦理思想史》，447页。

适当的社会制度，人的自我本性就不可能实现，因此，"人注定是过社会生活的；他应该过社会生活"①。

那么，在社会生活中，个人与社会的关系如何呢？费希特认为，人对于社会来说就是目的。在社会生活中，人人借助于社会提供的各种条件和手段，发展自己的才能，不仅自己享受自由，而且也使别人自由；不仅自己完善，也促进他人完善。在社会道德生活中，"一切社会成员都完全平等"②，社会就在全体成员的不断努力、不断完善中前进。但是，费希特清醒地指出，这样的公正社会还只是一种单纯的向往。在现实中，文明社会的人们仍然利用法律所赋予的权力互相攻击，用战争消灭同类；即使在所谓平等的国度里，以法律名义窃取统治权的东西也还是暴力与诡计，大多数人愚昧无知、软弱无能，一小撮人耀武扬威、兴高采烈，力图永远奴役那沉默的大多数。统治者为维护既得利益，竭力压制思想启蒙，反对任何改良社会的方案。费希特深刻地批判说，在这样的社会中，"善总是比较软弱的，因为它很单纯，只能因其自身而讨人喜欢；恶则以最诱人的许诺吸引着每个人。作恶的人们彼此之间始终战争不断，一旦有善出现，他们就签订停战协定，以便用他们联合起来的为恶的力量来对抗善"③。因此，他认为必须改变社会现状，并坚信现状一定会得到改变。在他看来，现实的国家只是完善社会的手段，它只有向着更好的社会前进，对人才有价值，也才能为人所忍受。但是，人一刻也不能安于现状，而应当将整个生命不可阻挡地指向未来更好、更公正的社会。

何谓更好、更公正的社会呢？在这个问题上，费希特再次表现出不同于康德的较为正视现实的特点。他更多地接受了法国资产阶级革命的影响，以其改造德国社会现状的巨大热情，描绘了未来国家和社会的蓝图。他认为，国家应该是一个保证个人自由的法权共同体，同时又能够执行组织、管理社会的职能。劳动是每个公民的基本权利和义务，国家应该保证每个公民都有工作，都能得到应得的劳动报酬，不劳动者不得食。在国家中，农民、工人和商人，各依其职分为不同等级，分别从事生活、生产资料的生产和交换。其他从事文化、保卫、管理工作的人们，都按社会分工而服务社会。鉴于国难深重、世风日下的现状，他痛切地感到伦理精神的重要，自认为有义务唤醒德意志民族，建立起理想的"伦理世界秩序"。为此，他从法国人那里接受了契约论的国家学说，又按照德国小资产阶级的要求，赋予理想国家以浓厚的伦理色彩。按照他的理想，"在这个惟一真正

① ［德］费希特：《论学者的使命》，16～17页，北京，商务印书馆，1980。

② 同上书，25页。

③ ［德］费希特：《人的使命》，97页。

的国家里，一切作恶的诱惑，甚至按照理智决意为恶的可能，都被消除殆尽了，而且人只要可能，就会把自己的意志指向善”①。于是，在这种理想国家的土地上，善得以孕育、成长起来。在消除了把人分离、使人彼此争斗的各种自私目的之后，人类的使命就是联合起来，结成一个遵从同一精神原则的友爱共同体。费希特相信道德进步的这一必然规律，相信人类的道德信念和理性的力量，认为依靠人类的信念和科学文化的进步，人类终将掌握自己的命运，实现公正社会的理想，自由地实现要做的一切。在这里，费希特从唯心主义的自我论出发，聪明地猜测到了历史发展和道德进步的总趋势，并且骄傲地宣布：人类的“目的是能够达到的，因为我存在”②。

在考察费希特的社会伦理观时，要特别注意他对社会、国家、政府等社会伦理概念的正确区分。关于社会和国家的不同，他强调指出：“国家生活不属于人的绝对目的，相反地，它是一种仅仅在一定条件下产生的、用以创立完善社会的手段。”③ 他认为，只有通过行使革命权利，改造国家和国家职能的行使者——政府，建立起正义国家、民主政府，人们之所以结成社会共同体的本来目的才能实现，才有社会的公正和进步。费希特伦理学的哲学基础——“行动哲学”，在改造国家和政府、推动社会公正的社会伦理问题上，充分显示了它的革命性。难怪梅林不无赞赏地评价说，“费希特从头到脚全是革命者。费希特毫不掩饰地宣扬无神论和革命的权利”，“声称德国人的天职在于建立一个真正的正义的国家，其基础是：只要是人，就一律平等”④。这是对费希特社会伦理观的高度概括。

在实践上，费希特是一位热忱的爱国主义者，一生为资产阶级自由民主而斗争。在当局和教会的迫害下，在穷困潦倒的生活条件下，费希特坚持著述和演讲，宣扬激进的民主思想和革命精神，深受青年的爱戴和欢迎。在拿破仑侵占德国期间，他积极参加争取民族独立和解放的战争，冒着生命危险到处进行爱国演说，发表了著名的《对德意志民族的讲演》。康德为“反抗和革命的权利”所做的理论辩护，在他的学说中得到了展开和升华。但康德仅仅停留在思辨的“应当”领域，而费希特则知行统一地投身于改变现状的社会革命。正是有感于费希特强烈的实践精神，德国伟大诗人海涅写道：“关于康德，我们只要考察一本书就行了。但对费希特，除了书以外还要观察他这个人；在这个人身上思想和信念

---

① ［德］费希特：《人的使命》，102 页。

② 同上书，104 页。

③ ［德］费希特：《论学者的使命》，17 页。

④ ［德］梅林：《中世纪末期以来的德国史》，119 页，北京，三联书店，1980。

是统一的，并且以这种伟大的统一性作用于同时代的人们。”① 仅此一点，就足以使费希特有资格跻身于18、19世纪的伟大哲学家和伦理学家之列。

“康德、费希特和黑格尔发展了一种新哲学，想要在18世纪末叶的破坏学说中保卫知识和道德。”这是当代著名哲学家罗素对费希特理论贡献的确认。事实上，正是由于费希特“知识学”的盛极一时，“自我意识”遂成为18世纪末19世纪初德国主流哲学的中心原则。他以高明的辩证方法和论证技巧，把康德的唯理论主体性道德推向了自我论主体性道德的极端。然而，物极必反。随后，他的学生谢林起而批判他的自我论的极端性，推动了德国古典思辨哲学的重心由主观唯心主义向客观唯心主义的转移，也推动了主体性道德的历史转向。无论如何，费希特的知识学体系和自我论伦理学，在德国思辨哲学和伦理学史上，是前承康德、后启黑格尔的重要环节。正是费希特的学生谢林，接受了他的自我意识原则，并把自我的主观性发展为绝对精神的客观性，把作为意识对象的非我演化为客观存在的自然，实现了唯心主义哲学由主观向客观的转变；黑格尔又在自我意识的原则中发展出庞大的客观唯心主义体系，把自我意识从人这里完全过渡到作为最高实体的绝对精神中去，达到了德国古典哲学的巅峰。

思考题：

1. 康德的伦理学通常被称为“义务伦理学”或“善良意志伦理学”，为什么？
2. 康德首创了哪些伦理学范畴？试分别说明之。
3. 什么是“绝对命令”？什么是“实践命令”？你同意康德的这两条道德法则吗？为什么？
4. 康德的哲学伦理学是如何影响费希特的？又是如何影响黑格尔的？

参考文献：

1. 罗国杰，宋希仁. 西方伦理思想史. 下卷. 北京：中国人民大学出版社，1988
2. 章海山. 西方伦理思想史. 沈阳：辽宁人民出版社，1984
3. 张志伟. 康德的道德世界观. 北京：中国人民大学出版社，1995
4. Cheng Lixian: *Western Ideas of Social Justice*. Wah Ha Publishing Company, Ltd., Hong Kong, 2001
5. ［苏］A. 古谢伊诺夫等. 西方伦理学简史. 北京：中国人民大学出版社，1992
6. ［苏］A. 古留加. 康德传. 北京：商务印书馆，1981

① ［德］海涅：《海涅选集》，305页，北京，人民文学出版社，1983。

第十一章

法哲学体系

法的命令是："成为一个人，并尊重他人为人。"

——黑格尔

关于义务的规定，除了下述以外暂时还没有别的说法：行法之所是，并关怀福利，——不仅自己的福利，而且普遍性质的福利，即他人的福利。

——黑格尔

黑格尔

黑格尔（Georg Wilhelm F. Hegel，1770—1831）一生都重视对精神世界的研究，重视伦理学。青年时期写过《伦理学体系》，老年时期写了《法哲学原理》。他的《哲学全书》、《精神现象学》、《历史哲学》和《哲学史讲演录》等著作，都包含着丰富的伦理思想。黑格尔的伦理学仅是其整个哲学的一部分，可以视为自我实现论的伦理学。

第一节　自由意志与法

自由意志是法的基础，是法的理念；法是自由的定在，是自由的王国。深入领会和准确把握自由意志的概念，才有希望步入法哲学体系的深奥的殿堂。自由意志是个体意识发展到主观精神的最后阶段的结果。个体意识的发展过程，是个人成长的描绘，是社会进化的缩影。了解主观精神的演化过程，是进入法哲学体系的序幕。自由意志在法的第一阶段（抽象法），只是自我意识的和要求所有权的个体。它此时是一个且还又是一个抽象的“人格”。抽象人格与所有权的矛盾，贯穿于抽象法的所有环节。

一、主观精神与客观精神

精神在德文中是Geist，它是黑格尔精神哲学中的基本概念，在黑格尔的哲学体系中具有绝对的意义。“精神的本质在于自我意识，自我意识的本质在于理性、生命和思维。”① 实际上，黑格尔所谓的精神的自我意识就是人，就是人的精神和精神的人；只有人才是精神，才具有理性和创造性的生命力。精神在前进过程中创造的具体内容就是现象。精神与现象是紧密结合不可分割的，它们的矛盾贯穿精神向前发展的始终。精神与自我意识是同步的，随着自我意识由个体的自我意识，走向群体的自我意识，终于绝对的自我意识；精神从主观精神出发，经由客观精神，最后达到绝对精神。

“主观精神”是《精神现象学》的研究内容。黑格尔所以称之为“主观精神”，是因为精神在这一阶段，还未把自己设定为客观性的东西。精神尚处于其未展开的概念里。它的内容从最低级形式的本能、感觉和知觉，到最高级形式的理性、理智和实践行为，都没有超越心灵的实体的边界。“主观精神”分为“灵魂”、“意识”、“精神”三个阶段。“灵魂”是“人类学”研究的对象；“意识”是“现象学”研究的对象；“精神”是“心理学”研究的对象。“主观的”是“主观精神”各阶段的共同特点。黑格尔在《精神现象学》中展现的就是精神或心灵的辩证运动。它是由人的精神与社会存在之间的矛盾推动的，是一部人类心灵的展开史，也是一部人类社会的发展史，因而不能等同于抽象的唯心主义。

“灵魂”（Die Seele）是主观精神之“在自身中”，是尚未分化的原始统一中

---

① 高全喜：《自我意识论——〈精神现象学〉主体思想研究》，23页，上海，学林出版社，1990。

的主观精神。灵魂的出现意味着："灵魂"包括一切，没有外在于"灵魂"的对象。"灵魂"不是独立于自然之外的另外的实体，身体与灵魂不是绝对对立。黑格尔确认精神为自然的真理，在伦理学史上具有重要的意义。既然灵魂与身体相互渗透，长期争论的身心如何发生关系的问题便是假命题。黑格尔反对二元论，具有其合理之处。在黑格尔的体系中，作为人类学研究的主题，灵魂经过三个阶段：一是自然的灵魂；二是感觉的灵魂；三是真实的灵魂。"自然的灵魂"是"直接的具有自然规定性的灵魂"，其惟一特征就是单纯的存在。除了说它存在，别无其他可言。"感觉的灵魂"，是指灵魂自身在感觉着，与其内部规定性相交流。黑格尔称之为"单纯的理想性"、"感受性的个体性"。"真实的灵魂"是"自然的灵魂"和"感觉的灵魂"的统一，是普遍性的自我和它的各种特殊感觉的统一。他把普遍性认作为"内"，特殊的内容认作为"外"，"外"从属于"内"，"内"支配"外"，"内"与"外"相统一。于是"灵魂"过渡到"意识"。

"意识"（Das Bewusstseyn）是主观精神之"超出自身"，是设置自身为其他者的主观精神。在灵魂阶段暗含的灵魂及其内容的区别，在意识阶段明朗开来。它现在认识到它的内容的外在性，自觉到有一个客体外在于它。由于灵魂的内容跑出灵魂之外，精神自身便成了毫无内容的东西，成了"形式的同一性"。它是抽象的同一的普遍，觉察到所有这些变化好像只是"对象的变换"，而没有落入"自我"之中。所以，"意识"是处于精神的现象阶段，是"现象学"的研究对象。它经历三个阶段：一是意识本身；二是自我意识；三是理性。"意识本身"是指意识的对象从"灵魂"自身的深处完全独立出来，成为某种异己之物、与主体相对立的绝对的他者。此时对象的独立性得到承认，但精神还不知道对象不过是自我本身的投影。"自我意识"则在对象中看到的不是一个异己的存在，而不过是它自己。意识认识到对象就是它自身，即自我意识。"理性"是前两个阶段的统一，意识本身和自我意识的同一。在理性环节，对象既与主体区别又与主体相同一，因而也就是主客的对立同一。

"精神"（Der Geist）是主观精神之"在自身并为自身"，它规定"其自身为灵魂与意识的真理"。在黑格尔哲学中，"精神"有广义与狭义之分，前者表示贯穿整个精神哲学的精神存在，后者指主观精神的最高阶段，即在此讨论的内容。"精神"从"理性"过渡而来，因而是完全普遍的、彻底摆脱对立的自我确定性。"精神"的具体形式是"知晓"，其目的是认识到"实在即理性，理性即实在"，客体即主体，主体即客体。"精神"是"心理学"研究的对象，它的发展经历三个阶段：一是理性的精神；二是实践的精神；三是自由的精神。"理性的精神"就是"认识"（Erkennen）。它是处于直接性中的精神。它的活动是"发现"这个内容现成地存在着。此时精神仍处于概念的普遍性的基地上。“实践的精神”就是意志，它“决定”内容和对象，使之成为己有的活动，以自己的活动给世界赋形。在此“精神才进入实在性”。“自由的精神”，是意志以自己为对象，自己决定自己，不受他物限制。这样它就是自由的和无限的。因而它是“意愿自己成为自己的对象”的主观精神。它要自己表现于外，从而过渡到“客观精神”。

“主观精神”是个人内部的精神，“客观精神”则是个人内部精神的外部表现。它是形体化了的自身的精神，是精神为自身创造出来的一个世界。一般地说，这个世界就是制度的世界，即法律、社会、国家、风俗、习惯、伦理道德构成的世界。

客观精神全部建立在“自由意志”基础之上，因为主观精神的最高阶段是“自由的精神”、“自由的意志”。意志与思维，是一而二，二而一的关系，意志只是特殊的思维方式。作为自由的“意志”，是能思维的理智，是把自己变为定在的那种思维。这一点对于理解意志自由很重要。这种能思维的意志的本质规定才是自由。意志与自由密切相连，甚至可以相等同，正如物体与重量一样。“自由是意志的根本规定，正如重量是物体的根本规定一样。……重量构成物体，而且就是物体。说到自由和意志也是一样，因为自由的东西就是意志。意志而没有自由，只是一句空话；同时，自由只有作为意志，作为主体，才是现实的。”① 讲“自由”指的是意志的自由，但不是意志的既定事实，而是精神自我实现的结果；讲“意志”指的是自由的意志，但不是形式的意志，而是理智的意志。整个法哲学体系描述的就是“自由”概念发展所经由的各个环节，即意志发展的各个环节。法是自由意志的定在，自由构成法的实体和规定性；法的基地是自由意志，法的体系就是自由的王国。法与自由意志也可以比作肉体与灵魂的关系。②“法”是黑格尔伦理学的总纲、总题目，是意志的更为现实的形式，或者是自由各个阶段的体现。各个阶段上都有其独特的法，道德、伦理、国家利益等都是独特的法的体现，因为它们都是自由的定在。

深入理解意志自由，是真正把握法哲学体系的基础。意志自由不是抽象自由。抽象自由是通过对特殊性、规定性的绝对否定而抽象出来的绝对可能性。它摆脱一切东西，包括直接存在的本性和冲动、需要和欲望，所以是纯无规定性的，是彻底无规定性的无限性。它追求纯理论上的空虚的自由和现实中抽象的观念，所以它产生的是理智的自由、否定的自由。或者说，它不是没有规定性，成

① ［德］黑格尔：《法哲学原理》，11～12页，北京，商务印书馆，1961。

② 参见侯成亚等编译：《张颐论黑格尔》，99页，成都，四川大学出版社，2000。

为抽象的东西，便构成了它的规定性。抽象的自由源于意志与思维的分离，或者意志的纯反思、纯思维，即抽象理智，是片面、有限、残缺的自由，在实践中往往表现为政治狂热或宗教狂热。

意志自由也不是有限自由。有限自由的意志区分、规定自己，希求某事物，扬弃无差别的无规定性。希求即界限、否定，是在自身中反思着的特殊化。特殊化称之为有限性，它属于自由，但不构成自由的全体。意志自由的内容都源于意志的合理性，但没有取得合理性的形式。于是，特殊化的过程便构成主观意志与客观意志的对立。它暴露出有限自由的缺陷：直接的实存的仍是外在的它物，而不是自我设定于自身的东西。有限的自由与抽象的自由一样，是抽象的、片面的自由。作为自在的小孩子的自由就是这样的有限自由。专断所能获得的也是有限自由。对于有限自由，黑格尔着重辨析了任性。任性对意志自由的理解是，一个人只有当他可以随意选择、随心所欲时，他才是自由的。黑格尔批评这种任性是"完全缺乏思想教养"[①]，指出不自由恰好就在任性之中。

真正的意志自由是具体自由。具体自由的意志设定自己作为它自身的否定的东西。在真正的自由中意志通过自我中介的活动，把自己作为对象加以规定，自我既是对象，又是主体，因而是真正无限的；它扬弃最初目的的内在性和主观性，使之变成为外在的、客观的东西，因而是主观和客观的统一。真正自由的意志既是在它物中，又守在自己身边，是它的概念与它的定在的相一致。在他物中意志是特殊的，在主体中意志是普遍的，是特殊性与普遍性二者的统一，即"符合它的概念的单一性"。因为自由的意志把自己提高为思维，或者"作为思维在意志中贯彻自己"；它在扬弃自然的直接性和形式的普遍性中，把自己的种种目的规定为内在的普遍性。真正的意志自由，正是经过在自身中反思而返回到普遍性的特殊性；"特殊物通过在自身中的反思而与普遍物相一致"[②]，就是具体的自由。所以，具体的自由是自在自为地存在的自由。具体自由的意志希求的东西，是与它自己同一的东西。它是"自由希求自由"，是"希求自由意志的那自由意志"。具体自由是通过意志的决断实现的。意志是精神的决断功能，只有做出决定，意志自由才能由可能性上升为现实性。

自由是黑格尔哲学的根本，如果说在主观精神阶段，自由还是狭义的自由意识，那么在客观精神阶段，自由则展现出了它的现实本质。自由是人的本质，是人类通过实践不断加以实现的根本目的。"主体方面所能掌握的最高的内容可以

---

① ［德］黑格尔：《法哲学原理》，25页。

② 同上书，18页。

简答为‘自由’。自由是心灵的最高定在。”① 自由的本质在于它是普遍与个体现实的统一，“自在自为的本质和目的自身就是直接的实在的确定性自身，就是自在存在和自为存在、普遍性和个体性的渗透或统一”②。黑格尔之所以关注自由，不仅因为他一生对政治感兴趣，主要是因为自由是黑格尔时代的精神。法国大革命的爆发像春雷般震撼着当时落后德国人的心灵，黑格尔与他的同时代人一样，为法国大革命的自由精神而欢呼。但思辨的黑格尔深刻觉察到了法国大革命的片面性及随之而来的内在矛盾。所以他把法国大革命称为绝对自由，认为这是不能实现的自由，甚至是带来恐惧的自由。黑格尔热情追求真正自由，反对绝对自由，主张真实的自由既是自由又是受限定的。如果除去其唯心的外表，仍然不失为当今社会关于自由的现实原则，与马克思主义的自由理论是一致的。

二、抽象法与人格

自为的自由的意志，最初是不发达的、潜在的东西，它的能力尚未实现出来，仍然是形式的东西，具有直接性这一规定。所以，法的发展首先是自由意志以直接方式给予自己的直接规定。这就是黑格尔在《法哲学原理》第 40 节所描述的抽象法的三种形式或三个环节③，即：

（一）占有，就是所有权。在这里的自由是一般抽象意志的自由，或者，是仅仅对自己有关的单个人的自由。

（二）人使自己区分出来而与另一人发生关系，并且一方对他方只作为所有人而具有定在。他们之间自在地存在的同一性，由于依据共同意志并在保持双方权利的条件下将所有权由一方转移于他方而获得实存。这就是契约。

（三）在自身中区分的意志。其区分是像（一）那样在对它自己相关中，而不是像（二）那样与他人区分中发生的，这种意志，作为特殊意志，是与自身，即作为自在自为地存在的自身相殊异而对立的。这就是不法和犯罪。

黑格尔对以上抽象法的三个环节，又作了进一步的考察，在各个环节上又区分了三个更小的环节。所有权首先表现为占有，然后是使用，最后为转让；契约又分为赠与、交换、担保三个环节；不法又分为不意不法、诈欺、犯罪三个小环节。这些“权利”都是“法”。这种“权利”是伴随自由意志而俱来的，因此人人都有意志，人人都有自由，人人都有权利。它是作为单纯的人所具有的“权利”，而非作为具体的国家公民所享有的“权利”，所以称之为“抽象的权利”。

---

① ［德］黑格尔：《美学》，第 1 卷，124 页，北京，商务印书馆，1979。

② ［德］黑格尔：《精神现象学》，上卷，261 页，北京，商务印书馆，1981。

③ 参见［德］黑格尔：《法哲学原理》，48 页。

抽象法的领域就是抽象地考察那些只是作为人，而不是某一国家公民来看待的人的权利与责任的领域。黑格尔的抽象“权利”的思想，颇似“自然权利”、“天赋人权”的资产阶级启蒙思想，但又有明显的区别。

“抽象法”讲的是抽象的“人格”，其中的每一环节都涉及“人格”问题。在抽象法这一阶段，自为地自由的意志具有直接性的、无规定性的、单纯存在的形式。它是抽象的自我，单纯自我相关，排他的单一性。一句话，“我就是我”①。这是个纯粹的自我同一，排除了所有的他者。它是一个自我封闭的东西，一个个体，一个单一的自我。但它又不是赤裸裸的自我，而是自我相关的；它能把自己与自己相区别，它知道它自己是自我，具有自我意识。所以它是“在意志单一性中的自我意识着的此外便无内容的单纯自我相关”②。自为地存在的意志即抽象的意志就是人。人格就开始于对自身具有自我意识的时候；从一个个体达到以它本身为对象的认识开始，它就是一个人。一个个体如此，一个民族亦然。在这个意义上，并非每一个有意识者都是一个人。动物具有意识，但动物不是人。作为一个人，它是意识到外部世界和意识到一个自我的单一的个体。

在抽象法阶段，抽象的“人格”本质上就是物权。物权就是人格本身的权利。物权首先表现为所有权，而且始终表现为所有权。黑格尔的“人格”建立于所有权的基础之上，所有权是抽象“人格”的定在。柏拉图认为人格没有能力取得私有财产，是对自由意志的误解。因为人惟有在所有权中才是作为理性而存在，自为的意志必须给他的自由以外部的领域，这是个可以与其意志相分离的东西。人把他的意志引入所有权，所有权就是他的个人自由的外在表现。而且通过取得对物的占有，让他人承认我对该物的所有权。由于自由意志的客观化，抽象的“人格”远离了纯粹主观性。所以所有权的合理性，相对于人而言，“不在于满足需要，而在于扬弃了人格的纯粹主观性”③。但把某物置于自己外部力量的支配之下，是因为人自在的自然需要、冲动和任性。它使人把某物变为自己的东西，变成自己占有的特殊利益。这种特殊利益，使人作为自由意志要在占有中成为自己的对象，从而它的意志在占有物中初次成为现实性的意志。就是说从自由的角度看，财产就是自由的最初定在，因为它本身是本质的目的。抽象法讨论“人格”始终是与所有权结合在一起的；但抽象法的规定仅仅是一种许可或能力。

（1）所有权面前人格是高贵的。人格当然是低微的，因为人格是单纯的自我

① ［英］W. T. 斯退士：《黑格尔哲学》，345 页，石家庄，河北人民出版社，1986。

② ［德］黑格尔：《法哲学原理》，45 页。

③ 同上书，50 页。

相关，它排除了所有的他者。它被他者排除，就是完全有限的东西。人的低微之处就在于他是被规定了的存在。比如人的年龄、身高都不服从于自己的自由意志。在伟大的自然面前，人是微不足道的，应该谦虚卑恭。

人作为人不会满足于低微，相反他要成为高贵的东西。“人间最高贵的事就是成为人。”① 仅仅成为无限的普遍的主观人格，是矛盾的和无意义的，他要使自然的定在成为自己的定在。因为在自我相关中，他知道自己又是某种无限的、普遍的、自由的东西。他的无限性来源于他的单纯自我相关性、他的自由意志。作为无限性的东西，他本身就是绝对目的。这里可以看到康德“人是目的”的影子。所以，人是高贵的东西，其高贵在于他的无限性和无界性。人格的高贵并非与人格的低微相对立。承认人格的低微正是人格的高贵；保持高贵和低微的矛盾和平衡是人的智慧的表现。企图用人的主体性驾驭、控制自然，就会走向极端而导致失衡。

人的高贵体现在与自然界的相互关系之中。与物权相比较，人高贵无比。他能使其意志变成物，使物变成他的意志。他能把物扬弃而改变为自己的东西。他能直接占有某物、使用某物、转让某物。物是某种不自由的、无人格的以及无权的东西，它只能从我的意志中获得它的规定。“惟有人格才能给予对物的权利”，这是人对一切物据为己有的绝对权利。它表示人的意志对物的优越性，黑格尔称之为“意志的理想主义”。

(2) 所有权面前人格是平等的。人是一个封闭单位。一是个体，一也是普遍。自我作为人是高贵的，是绝对目的；他我作为人也是高贵的，也是绝对目的。自我在他我面前不更高贵，不能把他我当作实现自己目的的工具。反之亦然。这就是黑格尔讲的人格之法的命令：“成为一个人，并尊敬他人为人。”② 成为一个人是自己的权利；尊敬他人成为一个人是自己的义务。如果人格不是同样的高贵，人格平等就不会产生。罗马法规定奴隶是物，罗马的人格就只是特殊人的权利。黑格尔“人格平等”的思想，受“人生而平等”的启蒙思想的影响，又不满足于形式主义的“人生而平等”。他认为这“包含着真理的绝对出发点”，但只有出发点而已。所以辩护和诅咒奴隶制都不符合真理。黑格尔用历史的眼光考察奴隶制有其合理之处。

人格的平等是从人格的高贵推演而来的。既然人人都是绝对目的，人格平等，它们在所有权上也平等。这是人在物权占有上的平等，它是以物权为中介的人与人的关系。因为我的意志作为人的意志，是单个人的意志；我的意志引入所

---

①② ［德］黑格尔：《法哲学原理》，46页。

有权，所有权获得的是私人所有权的性质。这样人人都有权占有财产。他们作为人，在财产的占有来源上应该是平等的。但是这是物权面前的人格平等，仅此而已。财产占有多少，完全是偶然的事情。希求财产占有平等、财产分配平等，反而是不正义的。

(3) 所有权面前人格是完整的。人格是自由意志与所有权的同一。离开了所有权作为定在，人格不复存在。作为一个直接的个人，人格在其有机身体中活着。身体是在他自身中的所有物，是他人格普遍的、不可分割的、外部的定在。身体是人的身体，有人的意志在其中，所以僵尸不是身体。同样，毁坏人的身体，实质上是侮辱人的人格，因为对身体所施加的暴力现实地而且现在地直接触动到他的自我。认为身体受他人的暴力的虐待，而作为人的人格不会受到伤害，是缺乏理念的诡辩的理智。所以一般说来，我没有任何权利可以放弃生命。生命并不是与人格相对的外在的东西。在人之内没有比人格更高的东西，我作为这个人不是我生命的主人，不具有支配其生命的权利。黑格尔认为作为一个人个人没有自杀的权利，其原因就在于此。

如果说身体是人格在自身中的定在，那么所有物就是人格在自身之外的定在。在这个意义上，所有物的运动不可避免地影响人格的完整。所有权本质上是自由的、完整的所有权。完全使用一物则该物属于我，我是该物的所有人，因为"'完全使用'与'抽象所有权'是具有同一性的"①。但完全使用权与抽象所有权往往分离：全部使用范围属于我，而抽象所有权属于他人。全部使用表明该物为我的意志所贯穿；抽象所有权表明该物又为他人的意志所贯穿。我的个别意志和他人的个别意志，在同一物中相互排斥。黑格尔称这种矛盾为"人格的疯狂"。这当然是那时的黑格尔不懂产权理论所致；产权是允许所有权和使用权相分离的。如果该物指精神产品，则黑格尔的这种讽刺却不可忽视。

既然某物是我的，我的意志贯彻于该物之中，我就可以自由转让该物。我也只有作为所有权来转让，我的意志作为定在的东西对我才是客观的。契约是转让的一种形式。契约双方当事人要达成共同意志，彼此就要承认对方与自己人格平等。契约包含双方的"共同意志"，"以当事人双方互认为人和所有人为前提"②。从而借契约的中介，双方意志各自获得转让所有物和占有所有权的实现。在契约过程中，我是而且始终是排除他人意志的独立的所有人。我的人格通过所有物的契约仍然是完整的。

---

① 张世英：《论黑格尔的精神哲学》，100页，上海，上海人民出版社，1986。

② ［德］黑格尔：《法哲学原理》，80页。

学问、科学知识、才能是人的精神所固有的内在的东西，虽然可以通过表达给它们以外在的定在。倘若我把它们全部转让，这简直就是人格的丧失，就是我把我的精神、我的人格都让给他人所有了。所以，剽窃作品是对其发明者人格的侵犯；保护产权是维护其发明者人格的完整。

至于人的整个人格、普遍的意志自由、伦理和宗教，黑格尔认为是不可转让的。这是人格最隐秘的财富和实体性规定。它是使人成为一个具有权利能力和责任能力的人，成为一个具有道德原则和宗教信仰的人。假使这些东西被转让，就是黑格尔所说的"人格分裂"。像奴隶制、农奴制、无取得财产的能力、没有行使所有权的自由、迷信等，都是人格分裂的实例。人格所以会分裂，在于人既是自在地存在的东西，又是自为地存在的东西。人是自在与自为的矛盾体，矛盾使人可能产生人格分裂。消除人格分裂，需要人自己以自己为对象，把自己身上的潜能转化为现实。这样一来，他就有能力取得物的形式。

三、契约伦理

财产是自由人格的定在；人格概念包含拥有财产的权利。既然财产为我所有，我就有权把它作为所有权来转让。通过转让贯穿于财产中的我的意志，对我来说就变成了客观的意志。所以，"拥有财产的权利必然包含转让财产的权利，从而也就必然包含缔结契约的权利"[①]。契约来源于财产的转让，并且就是财产的转移。我从物中收回自己的意志，并将此物转移给别人，使之成为他人的财产。这样，财产作为意志的定在，作为他物而存在的东西，完成了它作为物的使命。我的意志在财产的转移之中，具有了普遍的规定性。

财产只是为了他人的意志而存在的。财产是属于我所有的，他人欲获得我的财产，于是发生了两个单一意志的交互关系。契约是"意志与意志间的相互关系"，是围绕财产而作为必然结果出现的两个意志的中介。凭借契约关系，两个不同的意志统一起来。双方当事人达成共同意志，各自放弃一个且是单一的所有权，同时接受一个属于对方的所有权。在契约过程之中，双方都终止为原来财产的所有人，然而都是而且始终是所有人。即，"在与他人合意的条件下终止为所有人时，我是而且始终是排除他人意志的独立的所有人"[②]。这种契约黑格尔称之为"实在的契约"。它包括两个同意和两个物，双方当事人既欲取得所有权，又欲放弃所有权。如果一方让与而不接受某物，另一方只接受而不让与，则该契约是形式的契约。契约发生于双方意志在同一中联系的情况，它规定契约的客体

---

① 张世英：《论黑格尔的精神哲学》，107页。

② ［德］黑格尔：《法哲学原理》，81页。

只能是个别外在物。婚姻和国家不是个别外在物，所以二者都不能归属于契约的概念。

契约以当事人互认为人和所有人为前提，人格平等是契约得以建立的基础。这是前面作过论述的。在实在契约中惟有人格平等，双方放弃对原来所有权之后，才可能保持同一所有权。所谓"同一"，不是同一外在物，而是同一的价值。价值同一是缔结契约的基本规定。价值是物的普遍性、一般性，也就是物的实体性，它是由物的"质的规定性所产生的量的规定性"①。考察价值时，物的质暂时被排除了，只把它当作所值来看，它是可以计算的量。所以，价值不仅是"物的内在普遍性"，而且是物在比较中的同一性、可通约性。事物的这种规定性，为契约制度奠定了客观的比较基础。我作为物的完全所有者，既是该物本身的所有者，又是它的价值所有者。我让与一定价值的物，目的是为了获得同样价值的物。这样我所接受的与所转让的价值相等。亚里士多德称其为"交换的公正"。如果一方明显不利，所让与的多于所接受的，则是不公正的契约，不符合契约的理念。这种契约不能缔结而应该撤销。契约中客体的等价性，是市场经济的通用原则。

契约是一个过程，必须建立共同意志，以约定形式达成合意。合意既表明形成契约共识，又是一种被表象的契约客体。约定是合意的形式规定，它使合意中被表象的契约物获得定在。约定意味着一方同意给付某物，他方同意接受某物并回以等价物。由于双方当事人的约定，双方各自放弃所有权和在所有权中的特殊任性，并且该物的所有权马上就属于对方的了。这里关键是按约定给付。给付是对契约的履行，是契约双方的共同义务。既然共同表达了约定，就转让了该物的所有权，且承认该物为对方所有。如果不按约定给付，合意仍然只是一种主观规定，不能获得现在的和现实的规定性。但是给付不予以实施常见于诸事实。契约中虽然建立了共同意志，当事人的意志是并且始终是特殊意志。特殊意志表现为任意而偶然的见解和希求，所以契约就从任性出发。契约中的合意固然产生了请求给付的权利，然而给付又依附于特殊意志。其结果，作为未来之事的给付，永远存在于未来之中。不法的产生就在于，契约中的特殊意志和普遍意志不一致，与法本身背道而驰；契约难以摆脱任性，必然陷入不法之中。黑格尔强调按约给付，强调按约履行契约，正中了契约行为要害，值得每一位契约人重视。

契约是建立在共同意志基础之上的，它是共同设定的契约的自在之法。契约中的共同意志不是绝对的普遍意志，而是相对的普遍意志，是双方的任性和特殊

---

① ［德］黑格尔：《法哲学原理》，71页。

意志的共同的东西。特殊意志虽然为了各自的所有权制定了契约之法，但他的特殊意志是否与该共同意志相一致，则纯属偶然。个人特殊意志与其相一致，从而履行了共同意志，可以称之为法的现象。契约人是有其本能、私人的利益、特殊的欲望的存在，他有可能为了私人的目的而违背共同意志。契约中这种特殊意志和普遍意志不一致的行为，黑格尔称之为“不法”。在不法中法的现象变成了假象。“假象是不符合本质的定在，是本质的空虚的分离和设定。”① 因而不法是与法相冲突的表现，是与法的原则相分离的表现。不法的形式有三种：无犯意不法；诈欺；强制和犯罪。

无犯意的不法经常发生在占有和契约之中，因为物原是多种多样而且相互外在的。每个人会根据其特殊权原而认该物为其所有，这样同一物就可能属于不同的人，权利冲突也由此而生。无犯意的不法是承认法的普遍原则的，它的产生只在于他以他所意愿的为法。“某一特殊的物被这些个人中的特殊意志包摄在法之下。”② 我以此物为我所有，你以此物为你所有，民事权利争讼就是如此。无犯意的不法是一种单纯否定的判断，它只不过否定了特殊意志。同时它也只是否定了某一特定法律条文，而对普遍的法还是尊重的。对于民事权利争讼之类的不法行为，需要第三者作公正判断，但不规定任何刑罚。

诈欺总与契约相连。一个人取得某物的所有权，乃是由于该物的特殊性具有使用价值。同时他对该物的取得受制于其内部普遍性，或者说受制于该物的交换价值。该物权原为他所有，他知道其交换价值的量，而与之交换的对方不知。假如物主任性，给对方虚伪的假象，他就在诈欺对方。这种自愿的契约形式上是十分正当的，但是“其中欠缺自在地存在的普遍物这一方面”③。它违反客观的交换价值，从而是“肯定的无限的判断”。所以黑格尔所说的诈欺就是法的外部的承认与法的价值相分离，并且欺诈者的特殊意志受到重视，而普遍的法却遭到否定。这里的个人声称是按照权利的法来行动，事实上则违背权利的法而行动。黑格尔认为，诈欺破坏了法，欺骗了他人，要处以刑罚。

犯罪是一种暴力强制，是公开反对法。它不是直接强制个人的自由意志本身，意志本身是绝对不可能受到强制的，除非意志自愿受制于外物。它是通过强制体现我意志的外在物，而间接地强制我的自由意志。可见犯罪才是真正的不法，是一个否定的无限判断。犯罪的人完全不承认权利的法，甚至他也不打算按

---

① ［德］黑格尔：《法哲学原理》，91页。

② 《黑格尔全集》，第10卷，388页，斯图加特，1833。

③ ［德］黑格尔：《法哲学原理》，95页。

权利之法来行动。犯罪不仅否定了特殊的法律，而且否定了普遍的法。所以黑格尔说，犯罪简直是把主体化为乌有。由于自由意志受到犯罪的强制，它必须收回自身，所以这种不法的强制必然被合法的强制所扬弃。

通过对犯罪的强制的合法扬弃，个人意志的特殊性变成了意志的一个成分。这样，法与不法的矛盾、犯罪与复仇的矛盾，就成为了意志自身普遍与特殊的矛盾。这对矛盾的扬弃就是道德。

第二节　道德

《法哲学原理》的第二篇讲道德（die Moralitaet）。如果把“抽象法”看作道德发生论，那么，这一部分可以看作个体道德论。黑格尔把道德与伦理分开，缩小了道德的含义。黑格尔仅在主体意志的内在状态意义上使用道德一词，认为道德是“主观意志的法”或“主观意志的内部规定”、“自由意志在主体内部的规定”。道德的这些规定，把“抽象法”中的人格提升为主体。抽象法与道德都是法的规定，区别在于一个是外在的规定，一个是内部规定；一个是强制的规定，一个是自我的自觉的规定。道德是关系的、应然的或要求的观点，因为在道德阶段，特殊意志可能与普遍意志不相符，主观性与客观性尚未统一。它的任务就是要扬弃其自身的有限性以达于伦理。道德的发展过程，是一个向善的过程，即提高的过程。这个过程经过三个环节：故意、意图、良心，以及与此相应的责任、福利和善。它们都是道德意志的法。

一、故意与责任

意志作为主观的或道德的意志表现于外时，就是行为。行为者的行为造成外在材料的变化，这一变化就带着我的故意（der Vorsatz）。故意是和对物的占有相联系的。它是对物的一种希求、欲求、蓄意，主体想到“那是我的东西”，就表现了一种主观意志的故意。故意是“个别的、直接的东西”。以黑格尔所举的为报复邻居而放火烧了邻居的房子这件事为例，从故意的观点看，只能说放火者意识到或知道他点燃了邻居房屋这一个体的直接的事实。就是说故意只关涉行为的个体性、直接性。由于自由的人在道德阶段被规定为主体，行为的直接性事实是他所知道的，他对行为定在的各种情况具有表象，所以应该对这一行为负责。

作为道德行为，它首先跟行为者的故意是相一致的。故意是道德行为的必要条件。这种故意是一种外求的意向。既然道德行为是行为者有意为之的，行为者对该行为就负有责任。责任是故意的规定。“凡是出于我的故意的事情，都可归责于我。”① 行为只有意志的过错才能归责于行为者，责任只是与故意相联系，非故意行为没有责任。超出故意之外的事情，行为者不承担责任。因为行为处于各种各样的联系之中，行为者的意志受到被给予的、既定的外部复杂世界的限制。行为者认识这些客观现象，才能做出行为，使行为带有主观的故意。否则，非出于行为者的故意，亦不负有责任。所以按照意志的法，意志只对最初的后果负责；我只对属于我的表象的东西负责。

行为由因果性和必然性与外部世界联结起来。外部世界是偶然性的、无理性的领域，它可能把行为推向“遥远的生疏的后果”。行为按照外部世界的联系，可能产生多种多样的结果。这些后果都是属于行为的，表面上都带有行为者的故意。但是这些后果包含“外边侵入的东西和偶然附加的东西”，从而是行为者不能预见的与行为无关的后果。对此行为者不负有责任。作为道德的基础的主体的权利，就是主体只对那些在他的意图中的东西负责任。因为道德意志是自我决定的，不允许任何不是发自我自己的东西来束缚我。“我不能把所有我的行为的预见不到的后果归罪于我自己。”② 不然就是对自我决定的违反，就是对主体权利的侵害。

在人类历史上，对道德责任的认识有一个过程。在古代，主体与环境直接联系在一起，所以往往要求个人对自己的行为后果负完全责任。现代人则要求区分主体的行动和他完成行动的环境条件。如果行为环境条件不属于主体活动直接结果的就不负责任；如果是由于无知而做出与意志相违背的事，也不能要求他负责任。个人行为的责任只限于他认识清楚的、下决心蓄意做的行为和后果。按照现代人的看法，古人要对行为的全部后果负责就是“逞能”。古代人认识不到主观故意与客观行动及其后果三者之间的矛盾。近代人比古代人明智、公正多了。但是，又出现了推脱责任、不负责任的现象。这也是造成社会腐败的重要原因之一。

这里可以看到黑格尔关于行为与后果的关系的深刻思想。后果既是行为者的故意的希求，也是行为发展的逻辑必然性。行为必然产生后果，后果是行为本身的最重要部分。所以黑格尔说：“后果是行为特有的内在形态，是行为本性的表现，而且就是行为本身。”③ 从这个方面说，论行为而不问后果，否认或轻视后

① ［德］黑格尔：《法哲学原理》，118页。

② ［英］W. T. 斯退士：《黑格尔哲学》，360页。

③ ［德］黑格尔：《法哲学原理》，120页。

果，不是对待行为的正确态度。同时，后果并不等于行为本身。行为的外部世界，把行为的必然后果推向偶然后果，把偶然后果推向必然后果，使行为的后果脱离行为者的故意。这种情况下，如果只谈后果而不问行为，就不是在论行为的后果。这两种态度都是抽象的理智，缺乏辩证的思考。

二、意图和福利

行为带有我的故意，我应该对此行为负责。然而作为能思维的人，我应该能知道某种行为必然产生某种普遍性后果，因为单一物的真理是普遍物。我不但应该知道我的个别行为，而且应知道与它有关的普遍物。这就使道德领域的第一个阶段“故意”，过渡到了第二个阶段“意图”。

与故意作为个别的、直接性的东西相比，意图是普遍物，是必然与行为相联系并构成行为的特殊品格的后果。“一个能思维的故意不仅包含单一，而且包含普遍方面，或普遍物。这就是意图。”再以“放火”为例，纵火者决不是为放火而放火；他必然有一个特殊的肯定目的。从“意图”的观点看，决不会仅意识到点燃房屋这一事实，还意识到放火一定会给人造成灾害。造成灾害就是放火行为的意图，就是放火行为的实质。当这一实质为放火者意欲着的时候，就是黑格尔所谓的意图。可以说故意包括的是行为的所有可预见的后果，而意图则只包括那些必然性的后果。纵火者是为了特殊的肯定内容而放火的，这个内容本身不包含于故意之中。故意只涉及行为直接的定在，而“意图则涉及此定在的实体性的东西和此定在的目的”①。所以，意图是道德行为的特殊方面，是行为者实施该行为的理由，而且是行为的价值所在。

黑格尔在论述意图时谈及动机问题。他说人希求某种东西，其希求的理由是在他自身之中的。在这个意义上，“行动的动机就是我们叫做道德的东西”②。意图同时包含着的动机、目的的特殊物，即通过活动所要达到的结果，就是福利。意图的满足就是福利。这样，意图就有两个方面：一方面是故意中的普遍物，另一方面是意图的特殊物。行为通过特殊物而具有主观价值，通过普遍物而具有客观价值。这就是道德的东西的相互斗争的两个方面，两者是统一不可分割的。黑格尔批评康德的唯动机论，反对在两者之间划一条鸿沟，并且把两者归结为行为本身。“更高的道德观点在于在行为中求得满足，而不停留于人的自我意识和行为的客观性之间的鸿沟上。”③由于主体就等于他的一连串行为，因此，只要对行为进行系统、全面的考察，就不难找出行为的真正动机。

---

① 《黑格尔著作》，理论版，第10卷，314页，美茵法兰克福，祖尔坎普出版社，1970。

②③ ［德］黑格尔：《法哲学原理》，124页。

意图的特殊物就是福利（sein Wohl）。福利是意图的肯定性的特殊目的。这些主观目的可以通过协调达到一致。当它们被包括在一个单一的总的目标之下时，它们就构成了福利。所以黑格尔说，行为的内容，作为我这个特殊个体存在者的“特殊目的”，作为我的特异主观定在的目的，就是福利。作为福利的东西乃是行为者直接存在的意志的内容，它是需要、利益、倾向、热情、私见、幻想等的总和。这些东西是行为者所认为的目的，是他所感兴趣的和要促进的东西。但是它们又经过了行为者意志的反思，被提升为福利或幸福这种普遍目的，而不再停留于自然的和现成的东西。可见，在这里黑格尔不仅反对禁欲主义，而且充分肯定了人的需要、福利和幸福的合理性。他认为人有权追求自己的福利，有权把自己的需要作为目的。“生活不是什么可鄙的事，除了生命以外，再也没有人们可以在其中生存的更高的精神生活了。”[①] 追求幸福，这是从动物、自然人提高到人的自觉意志，使人成为一个人的必要环节。否则，人就只是一种精神、范畴。然而黑格尔认为，人是生物，又不是纯粹的生物。仅仅停留于追求个人“福利”的阶段并不能得到真正的自由，人应该把现有的东西提升为某种创造的东西，在“善”中达到更高境界。

福利作为在自身中反思着的东西，同时也是他人的福利。全体人的福利一般地也是主观性的目的，但是作为“一切人”的抽象共同性，还只是初步肤浅地了解为“法”。它同人的具体普遍还有区别和距离，因而可能符合也可能不符合普遍物。所以黑格尔认为，个人的特殊“福利”，同作为抽象的普遍性的“法”相比，只能居于从属地位。举个例子说：圣克利斯宾偷了皮替穷人制鞋，其行为是道德的，但毕竟是不法的，从而是不能容忍的。这就是说，个人的“福利”从属于“法”。另一方面，在一定限度内，特别是在紧急情况下，可以为了个人“福利”而违“法”。黑格尔称之为“紧急避难权”。比如，为了保全生命而偷面包，损害了别人的所有权。生命作为各种目的的总和，具有与抽象法相对抗的权利。生命是个人自由的定在，否定生命是最严重的不法。“法”与“福利”的冲突说明，两者都是片面的和非理想性的；它们的结合和同一，必须要过渡到下一阶段才能解决。

三、善和良心

与法和福利相比，善（das Gute）是一个更高的阶段。在善中前面各个阶段的内容都保持着，但其独立自主性被扬弃了。善是某种其实质由法和福利所构成的、内容充实的东西。善是福利，但它不是个人的福利，不是作为单个特殊意志

① ［德］黑格尔：《法哲学原理》，126页。

的定在，而是普遍福利。善也是法，但已不是抽象的法，而是通过特殊意志成为现实必然性的东西。所以善是与福利和法相对抗的“绝对法”。不仅福利和法仍然含蓄于善之中，而且福利和法不相分离才是善。“福利没有法就不是善。同样，法没有福利也不是善。”① 所以善是福利和法的统一，是特殊意志与普遍意志的统一。黑格尔把善称之为被实现了的自由，世界的绝对最终目的。善的发展是个理解和提高的过程，包含三个环节，即知道善是特殊意志；知道善的内容；知道善的规定者。这是本节的主要内容。

善是主观意志的目的，是特殊意志的真理。而善本身也只能通过主观意志来实现。善只有以主观意志为中介，才进入现实，才不是抽象的、空洞的。作为个人要意识到善、知道善，要理解善作为普遍物，是以特殊意志的形式呈现于个人的愿望之中的。主观意志应该以善为目的，通过自己的劳动使善全部实现。这是主观意志的使命、价值和尊严所在。主观意志只有在见解和意图上符合于善，才具有道德的价值和尊严，其人也才能成为主体。黑格尔把善作为主观意志的本质，而不使之分居于两个相隔离的领域，比康德把“善良意志”放在思维达不到的领域，无疑更具有现实合理性。

特殊意志知道善、追求善、实现善，善对特殊意志来说就是义务。义务对于个人不是普遍抽象的，而是具有特定内容的。对于任何行为，个人都要清楚它的内容和目的何在。这是义务究竟是什么的问题。从善与福利和法的关系可知，所谓义务就是福利；不是特殊福利，而是普遍福利。所以关于义务的规定，黑格尔的说法就是：“行法之所是，并关怀福利，——不仅自己的福利，而且普遍性质的福利，即他人的福利。”② 这里可以看出他与康德的区别。康德特别强调义务的价值，提出为义务而义务，是一个卓越观点和重要功绩。而康德仅知道善是我的义务，却是停留在抽象的义务上；义务就变成了无内容的同一和无规定的东西。黑格尔批评他的义务观是空虚的形式主义；他“固执单纯的道德观点”，把道德科学贬低为关于为义务而义务的修辞或演讲。黑格尔明确把义务和福利结合起来，是他的辩证法贯穿其中的体现，充分显示了他对自然意志的强调和对现实利益的重视。所以关于义务道德，在康德那里强调的是特殊服从形式普遍，而在黑格尔那里则是强调特殊上升为具体普遍。

使普遍的善本身具体化、特殊化的是个人的良心。良心是善的设定者、规定者和决定者。黑格尔把良心分为真实的良心和形式的良心。真实的良心是希求自

① ［德］黑格尔：《法哲学原理》，132 页。

② 同上书，136 页。

在自为的善的东西的心境，属于伦理的范畴，这里不予以论述。在道德的领域讲的是形式的良心。形式的良心是在自身中被反思的普遍性，是纯属个人主观的东西。所以它是内部自为的、无限的、形式的绝对自我确信。“良心表示着主观自我意识绝对有权知道在自身中和根据它自身什么是权利和义务。”① 形式良心的本质就在于，其真理性就在它的自身直接确定性那里。黑格尔称之为形式良心，是因为它是抽象的内心的，是完全不受约束的，是毫无特殊内容的。所以它是意志活动的“自大狂”，是脱离思维和真理的纯粹的判断活动。在它看来，“规律为了自我而存在，而不是自我为了规律而存在”②。一般人所说的“凭良心说话”、“凭良心做人”等，就是这种抽象的、主观的良心。情感主义、康德主义的良心观也是如此。这些都是黑格尔极力反对的。国家不能承认作为主观意识的形式良心；谁若是把国家看作是由道德构成的，他就是把国家的治理放到糨糊里面了。

形式良心的否定的主观性，使它成为了善转换为恶的中介。形式良心把一切有效性蒸发为空虚，又把一切内容重新发展起来。它把自己的任性和特殊的情欲当作普遍性的东西，以主观的、抽象的普遍性为原则来实现它，就有可能为非作歹。所以黑格尔说：“良心如果仅仅是形式的主观性，那简直就是处于转向作恶的待发点上的东西。”③ 盖然论、唯目的论就是形式良心导致的恶果。恶的根源就存在于作为主观意志的形式良心的无限自由之中。意志的自然性是包含对立面于其自身的、自相矛盾的实存。一方面是意志的自然性，一方面是意志的内在性。如果意志坚持特殊性和普遍性相分裂的观点，即是说死抱住特殊性，或者停留在两者的对立上，就是恶。这种恶行是个别主体绝对要负责的。性善说和性恶说都是主观任性的理论；自然的东西既不善也不恶。它只有与作为自由的和认识自由的意志相关时，才是恶的。意志的内在反思本身也并不是恶的，它只有固守与自然本性的对立状态，才是恶的。就是说人有了自由意志，他就可以为善和为恶。善与恶是不可分割的，两者都导源于意志。意志在其概念中既是善的又是恶的，它本质上具有区分自己，并否定地设定自己的因素。“惟有人是善的，只因为他也可能是恶的。”恶的意志希求跟意志的普遍性相对立的东西；善的意志则是按它的真实概念而行动的。黑格尔强调为善和作恶与意志相关联，明确指出善与恶不可分割，既批判了康德，又坚持了辩证法。恩格斯曾经肯定黑格尔关于人

① ［德］黑格尔：《法哲学原理》，140页。

② ［德］黑格尔：《精神现象学》，下卷，152页，北京，商务印书馆，1981。

③ ［德］黑格尔：《法哲学原理》，143页。

性善恶的深刻分析，指出：在黑格尔那里，恶是历史发展的动力借以表现出来的形式。① 黑格尔不但看到了善恶的辩证关系，而且注意到了恶在历史上的肯定的积极的作用，这不能不说是黑格尔独到的贡献。

黑格尔对善与良心的分析表明，善和良心都是片面的和有局限性的。善是自由的实体性的普遍物，但仍然是抽象的东西；它离开了个人的特殊意志，就无法得到实现。善需要各种规定以及决定这些规定的原则。良心就是决定善的诸规定的原则，它能决定什么是善。但它的规定是特殊的、主观的，它所作的各种规定应具有普遍性和客观性。善与良心各自的特点充分说明，两者都不是真理；如果两者独立自主、相互分离，则都是无规定性的东西。惟有两个相对整体彼此融合，才能使它们成为有规定的、具体的同一。这种具体的同一就是伦理。伦理是善和主观性的真理，是主观性和法的真理。法和道德只有在伦理中才具有现实性。

第三节　伦理

在法的领域，自由体现于法中，只有外在的客观性；在道德领域，自由体现于善中，只有内在的主观性。只有伦理（die Sittlichkeit）才是自由的理念，才是真实的自由。自由的理念乃是自我意识和伦理性存在的统一，两者不可分割，不可缺少。前者是主观方面，它使伦理性的存在成为“活的善”；后者是客观方面，它使主观意识在此绝对基础上追求善。伦理是自在自为地存在的“神”，个人不能驾驭伦理。黑格尔把个人与伦理实体的关系，比作偶性与实体的关系。同时，个人与伦理实体的关系，又如自己对自己一样。所以，伦理是普遍性与个体性的结合，是法与福利的结合，是义务和权利的合而为一。这是黑格尔关于伦理的精髓。个人在伦理性存在中负有客观义务，伦理性存在在个人性格中的体现便是德。伦理性的东西具有强烈的现实性，并通过辩证运动而表现为“必然性的圆圈”。其中的各个环节是：家庭、市民社会、国家。这些都是调解个人行为和个人生活的力量。

一、家庭伦理

家庭（die Familie）作为较小范围内的单个人的联合体，是直接的或自然的

① 参见《马克思恩格斯全集》，中文1版，第21卷，330页，北京，人民出版社，1965。

伦理精神。家庭以爱为其基本规定，体现着自然的和谐。爱是精神对自身统一的感觉，这种感觉只能从他人身上找到；孤单的个人是残缺不全的，他要获得他人对他自己的承认。爱的第一环节就是停止成为独立的、孤单的个人；第二个环节是在另一个人身上找到自己。所以爱是意识到我和别一个人的统一，并且知道别一个人同自己之间的统一。简单地说“爱就是伦理性的统一”①。爱是感觉和感情的东西，因而是自然形式的伦理。家庭以爱为规定的伦理精神，是从婚姻、财产、子女教育三个方面完成的。

婚姻（die Ehe）的实质是伦理关系。婚姻作为直接的伦理关系，首先包括自然生活的环节，即类及其生命过程的现实。这种自然性别的统一，在婚姻中转变为精神的统一并以之为灵魂。黑格尔批评了关于婚姻的种种观点。一是自然法著述的肉体观，把婚姻看成是一种性的关系。二是康德的民事契约观，把婚姻降格为按照契约而互相利用的形式。三是建立在主观的爱的感觉之上的偶性观。黑格尔认为这些意见都是片面的。婚姻的本质是伦理性，而不是自然性；婚姻的成立依据是法，而不是任性的契约；婚姻的基础是有客观内容的爱，而不是主观抽象的爱。所以黑格尔对婚姻作了自己的规定：“婚姻是具有法的意义的伦理性的爱。”② 婚姻作为伦理是神圣的。它的伦理性在于双方人格的同一化，以及家庭成为其实体性的目的。这种同一化就是伦理的精神；它决定了婚姻的神圣性。神圣的婚姻以一夫一妻制为绝对原则，反对蓄妾和血缘通婚。神圣的婚姻以理性为精神纽带，不应该离异并且使之难以实现。就是说以爱为基础的婚姻，自身包含着离异的可能，但离异不能听凭任性，而只能通过伦理性的权威来决定。神圣的婚姻要求举行婚礼，正是它把夫妇的结合确认为伦理性的东西。黑格尔对婚姻的论述，由于是对婚姻概念的剖析，时代价值犹存，当为世人铭记。当然他对父母安排婚姻的偏向，对妇女地位的贬低，应视为封建主义赘瘤舍弃。

财产（das Vermoegen der Familie）是家庭作为人格的外在定在，它是家庭持久的稳定的产业。如果说在抽象法中，财产为具有独立人格的人所有，在家庭中财产则成为了共同的财富。所以黑格尔说：“这里，在抽象所有物中单单一个人的特殊需要这一任性环节，以及欲望的自私心，就转变为对一种共同体的关怀和增益。”③ 在家庭中个体利益转化成了共同利益，家庭成员都没有特

---

① ［德］黑格尔：《法哲学原理》，175 页。

② 同上书，177 页。

③ 同上书，185 页。

殊所有物。个人谋取财富变为了对共同体的责任，主观的利己心转化成了对满足家庭成员需要的利他心。由于家庭成员对家产共享权利，这种权利可能与家长的支配权发生冲突。但家产是建立在伦理性实体基础之上的，与它有本质联系的不是宗族或家庭，而是直接性的婚姻关系。这同时也就包含了共同家产分离的可能性。

子女是夫妻之间爱的关系的客观体现。如果说在财产中，夫妻关系只体现在外物的统一上，在子女身上则体现了相互之间精神的恩爱。夫妻相互恩爱，他们共同爱护自己的子女；父母在子女身上找到他们结合的整体。父母把子女作为他们的爱，即他们的实体性的定在加以爱护。这就是父母扶养和教育子女的义务，或者说子女被扶养和受教育的权利。子女扶养的费用由家庭共同财产负担。父母教育子女的途径多种多样。劳动能培养子女独立的能力，但仅以一般性照顾家庭为基础和限制。教育包括正面教育与反面教育，前者主要是灌输伦理原则，让他们学会做人的道理；后者主要是教训惩罚，破除子女的主观意志。教育的目的是使子女成为伦理的人，而不是为自己服务。即扬弃子女的自然天性，塑造其精神的天性。以子女的偏好为依据，是有违子女伦理教育的，其结果是唐突孟浪，傲慢无礼。黑格尔强调儿童教育，强调母亲教育的重要性。母亲要让孩子在爱、信任和服从中度过他的生活的第一个阶段，这样他们的心情就有了伦理生活的基础。但是不能把教育本身降格为稚气的形式，这种游戏论的教育只会导致孩子长大不成人。黑格尔关于家庭子女教育的思想，是从伦理的方面进行论述的。加强子女伦理性的教育，不能不说是现代家庭义不容辞的重任。

子女经教养，成为自由的人格，被承认为成年人。此时他有能力拥有自己的财产和组成自己的家庭。于是作为伦理实体的家庭，解体为多数家庭，从而进入差别的阶段，即市民社会。

二、市民社会伦理

直接伦理实体的解体，产生了独立的人们的多样性，产生了一切人对一切人的相互依存。这种独立的人的相互依赖的状态，黑格尔称之为市民社会（die buergerliche Gesellschaft）。按照黑格尔的体系，市民社会又有三个环节：第一，通过个人的劳动以及通过其他一切人的劳动与需要的满足，使需要得到中介，个人得到满足——即需要的体系。第二，包含在上列体系中的自由这一普遍物的现实性——即通过司法对所有权的保护。第三，通过警察和同业工会，来预防遗留在上述两体系中的偶然性，并把特殊利益作为共同利益予以关注。市民社会就是通过这三个环节，一步一步上升为真正的普遍性。

作为家庭成员，个人追求普遍目的，个人目的尚在潜在之中；当他走出家庭成为社会原子时，他不再有其他目的，他的目的就是他自身。就是说，他的特殊目的取代普遍目的，成为了他的惟一追求。这可以称为个人的特殊性原则。个人追求特殊目的，为他人实现其特殊性做贡献，又依赖于他人的需要及其满足。这可以称为形式的普遍性原则。市民社会是这两条原则的矛盾统一体，这是了解黑格尔市民社会理论的关键。

耶拿城角

市民社会是“现代世界”的产物，实际上指近代的资本主义社会。市民社会中独立的个人，是“各种需要的整体以及自然必然性与任性的混合体”。为了满足自身目的，他把别人都当作手段和虚无。黑格尔说：“在市民社会中，每个人都以自身为目的，其他一切在他看来都是虚无。”① 市民社会就是个人追逐私利的战场或中介，每个人在这里都追求自己的目的而排斥其他人。受到普遍性限制的特殊性，是衡量一切特殊性是否促进它的福利的惟一尺度。特殊性本身是没有节制的，激情、欲望等一场汹涌的巨浪，排山倒海。满足特殊性的方式是没有尺度的，癖性、禀赋等一切幸运的偶然性，为所欲为。从而，个人与社会的矛盾展开并突出出来，市民社会表现为伦理精神的丧失。从一方面说，特殊性本身既然尽量在一切方面满足了自己的需求欲望、偶然任性和主观偏好，它就在它的这些享受中破坏本身，破坏自己实体性的概念。从另一方面说，必然需要和偶然需要的满足是偶然的，因为这种满足会无止境地引起新的欲望，而且它完全依赖外在偶然性与任性，同时它又受到普遍性的权力的限制。“市民社会在这些对立中以及它们错综复杂的关系中，既提供了荒淫和贫困的景象，也提供了为两者所共同的生理上和伦理上蜕化的景象。”② 对于这些问题，市民社会无能为力。

每个市民以追求自身为目的，但他的自我意志是与他人的自我意志相关的。在市民社会中，每个特殊的人都是他人的普遍形式的中介，并且通过他人之中介满足自己的需要。如果他不同别人发生关系，他就不能达到他的全部目的。“特殊目的通过同他人的关系就取得了普遍性的形式，并且在满足他人福利的同时，

① ［德］黑格尔：《法哲学原理》，197页。

② 同上书，199页。

满足自己。由于特殊性必然以普遍性为其条件，所以整个市民社会是中介的基地。"[①] 黑格尔说，市民社会是个"精神运动的王国"，是一个追求利己目的的商品生产者社会。个别的人作为特殊的目的，在这里是以普遍物为中介的，因而在他们看来普遍物只是一种实现个人利益的手段。所以，如果他们要达到这个目的，就只能按普遍方式来规定他们的知识、意志和活动，并使自己成为社会联系之锁链中的一个环节。但是"理念的利益"即普遍利益，是市民社会的一般成员所意识不到的。要使人们认识到理念的利益或普遍利益，就必须把人们的单一性和自然性，提高到知识和意志形式的普遍性，把特殊性教养得与普遍利益相一致。"有教养的人"的特殊性是经过教养的琢磨的，所以他的举止行动能够遵循普遍性。

黑格尔认为，在市民社会中特殊性和普遍性虽然是分离的，但它们仍然是相互束缚和相互制约的。其中一个所做的虽然看起来同另一个相对立，并且以为只有同另一个保持一定距离才能存在，但是每一个毕竟要以另一个为其条件。他举纳税为例，如果从个人方面看好像是损害了特殊性，妨碍了目的的实现，但从国家方面看，没有普遍性，特殊性也就不能实现。同样，如果否认了特殊性，把特殊性的力量都吸收到国家方面，景况也不会好。因此，黑格尔说："普遍性和特殊性两者都只是互相依赖、各为他方而存在的，并且又是相互转化的。我在促进我的目的的同时，也促进了普遍物，而普遍物反过来又促进了我的目的"[②]。市民社会仅仅是国家的一个抽象因素，它不曾也不能离开国家单凭自己存在和发展。换句话说，在市民社会中起作用的不是特殊性一个原则，而是特殊性和普遍性两个原则。只是它们仅仅折中地捏合在一起，还不是一个真正的有机统一体。

黑格尔在法兰克福时期（1797—1800），特别注意研究了英国经济学。休谟、斯密、斯图亚特（1712—1780）的著作，直接影响着他关于需要的体系的思想。他把劳动过程分为三个环节："需求——劳动——享受"，或者：目的——手段——被创造出来的现实。黑格尔认为，特殊的个人需要最初是主观的，它是与意志的普遍物对立的。这种需要只有通过外物的手段，靠别人的需要和产品；同时把劳动活动作为主观性和客观性的中介，才能得到满足和客观化。需要的目的是满足主观特殊性，但同时也实现了普遍性。这种合理性的表现就是理智（这是理智的利己主义理论）。"在需要的领域中认识这种包含在事物中而且在起作用的

---

① ［德］黑格尔：《法哲学原理》，197 页。

② 同上书，199 页。

合理性的表现，一方面是为了要找到调和的东西，但从相反的观点看，这又是主观目的和道德意见的理智发泄它的不满情绪和道德上愤懑的场地。”① 这就是说，这里不仅存在着客观的经济规律，有一只“看不见的手”，同时还是表现道德关系和行为、进行道德评价的现实基础（场地）。经济行为与道德行为，经济关系与道德关系，在这里是密切联系的，前者给后者提供场所，后者对前者给予评价和干预。

黑格尔特别强调需要及其满足的相互依赖性。他从需要及其满足的方式上区别人与动物。动物的需要是有限的，满足其需要的手段和方法也是有限的。人则能超越这种限制，证明其需要和满足手段的殊多性。人的能理解差别的理智，把具体的需要分解为不同的方面。攀比与个性化是需要多样化和扩张的现实源泉。与此相适应，满足特异化需要的手段和方法也细分起来，变为相对的目的和抽象的需要。而这些殊多的需要及其手段，在劳动过程中相互交织在一起，就成为一种为他人的存在。所以在市民社会中，一个人的需要和劳动，就是大家彼此满足的条件；满足需要的可能性，被放在社会的普遍联系之中。我在促进我自己的目的中，也在促进普遍的目的。因此，我必须配合着别人而行动，必须接受别人的意见。我从别人那里取得满足的手段，同时也不得不生产满足别人的手段。普遍性形式中介就是由此而生，一切个别的东西就这样地成为社会。黑格尔的上述思想反映了私有制基础上商品经济中劳动的私人性和社会性的矛盾，但同时也反映着在劳动实践中个别性和一般性的相互联系。劳动实践就是个体的“要求”向“外在现实”的转化，它是从个别向普遍的转化。道德的观点是关系的观点、应然的观点、要求的观点，在这里也体现得很明显。黑格尔提出的“他们为我，我为他们”的公式，就是这一思想在他的整个伦理学说中的推演。

黑格尔非常强调劳动的价值。劳动是需要和满足需要的手段之间的中介。人们通过劳动过程，加工于自然界所直接提供的物资，使之合乎预先的目的。劳动是一项创造性工作，人们消费的正是人的劳动的产品。尤其是劳动具有理论教养和实践教养的巨大功能。马克思所说的劳动创造了人的著名思想，就是直接源于黑格尔的劳动观。劳动所包含的“解放的环节”，就在于人在自然所提供的物质条件中，“同他自己所有的东西发生关系”②。所以，黑格尔批评卢梭回到自然的观点，批评他没有考虑劳动包含的解放性质。同时，黑格尔高度赞扬劳动的尊严，指责资本家是单纯的消费者、社会的蜂虫；他们拥有手段，却不事生产，不

---

① ［德］黑格尔：《法哲学原理》，204～205 页。

② 伊尔亭编：《黑格尔法哲学》，第 4 卷，500 页，转引自张世英：《论黑格尔的精神哲学》，150 页。

制造出任何东西。黑格尔明确提出劳动的尊严，强调劳动创造价值，认为人们依靠劳动改变自然、改造自己，这些都是永不泯灭的光辉思想。

黑格尔还论述了劳动的社会性，特别是技能和劳动工具的社会性。劳动只有在社会的联系之中，在各个成员的相互依赖之中，才能得以有效实行。人们彼此配合，相互联系，一切个别的东西就这样地成为社会的。在劳动过程中，人们的技艺水平不断提高，从而工具不断得到发明。工具是一切人的直接的普遍的财产，发明某种有效的工具，是发明一种普遍的东西。因为欲望者和被欲望的事物是要消逝的，而工具则在传统中被继承下来。工具的创新是与劳动分工密切相关的，并且最终与需要的日益分化相联系。“由于劳动随着理智造成的需要的划分而划分，同时它又使自己向着满足这些特殊化的需要而特殊化它自己，于是我们就得到劳动分工的原则。”① 需要的殊多化引起手段的细致化，从而也引起生产的细致化。分工就是这样产生的。劳动分工使个人的劳动更加简单，结果个人的技能提高了，生产量增加了。同时，相互依赖性和相互关系日益成为必然性，并且在需要和满足需要的劳动过程中得以完成。值得重视的是，黑格尔还注意到了分工的消极后果。黑格尔说：“劳动分工越广泛，就变得越缺乏精神，越机械，越加贬低人的地位。”② 劳动分工使旧的工具得到革新，新的工具得以创造出来。结果劳动越来越机械化，最终人的劳动位置被机器代替。这就是黑格尔尚未表达的资本主义失业危机的根源。

需要及满足需要的劳动的相互依存，是每个人的工作目的，甚至当他仅仅是为了他自己，他也不可避免地在为普遍的东西而工作。“在劳动和满足需要的上述依赖性和相互关系中，主观的利己心转化为对其他一切人的需要得到满足是有帮助的东西，即通过普遍物而转化为特殊物的中介。”③ 这是一种辩证运动。其结果是，每个人在为自己取得、生产和享受的同时，也正为了其他一切人的享受而生产和取得。“个体满足他自己的需要的劳动，既是他自己的需要的满足，同样也是对其他个体的需要的一个满足，并且一个个体要满足它的需要，就只能通过别的个体的劳动才能达到满足的目的。——个别的人在他的个别的劳动里本就不自觉地或无意识地在完成着一种普遍的劳动。”④ 在一切人相互依赖全面交往中所含有的必然性，现在对每个人说来，就是“普遍而持久的财富”。这个过程

① ［英］W. T. 斯退士：《黑格尔哲学》，377 页。

② 伊尔亭编：《黑格尔法哲学》，第 1 卷，314 页，转引自张世英：《论黑格尔的精神哲学》，152 页。

③ ［德］黑格尔：《法哲学原理》，210 页。

④ ［德］黑格尔：《精神现象学》，上卷，234 页。

在从个人财产向家庭财产的转变中，已表现为个人欲望的自私心向对共同体利益关心的转移，即伦理性扩展。这种财富对他说来包含着一种可能性，使他通过教育和技能分享到其中的一份，以保证他的生活；另一方面他的劳动所得又保持和增加了普遍财富。这样，私人利益就可以在那有利于普遍物的劳动中得到满足。

各种需要细分为更小的需要体系，那些致力于满足每一类需要的东西的生产的人，就组成一个等级。这就是黑格尔从市民社会这种表面上"乱纷纷"的混沌局面中看到的不平等和阶级分化。黑格尔认为等级对于个人而言是必然的。他所谓的人必须成为某种人物，意思是指人应隶属于某一特定等级。不属于任何等级的人是一个单纯的私人，他不处于现实普遍中。他逻辑地论述了直接的等级、反思的等级和普遍的等级。黑格尔把等级放在相对普遍的地位，所以他说："国家的第一个基础是家庭，那末它的第二个基础就是等级"①。等级划分的结果是这种财富的不平等，黑格尔进一步把它引申为道德的不平等。他反对自然平等论，认为自然就是不平等的，在市民社会不但不扬弃不平等权利，而且从精神上把它提高到技能和财富的不平等，甚至还提高到理智、教养和道德的不平等。他认为提出平等要求来对抗这种不平等的法权，是"空洞的理智"，它是把"抽象平等"和"应然"的东西当成实在的和合理的东西了。这样，黑格尔就论证了等级道德的合理性。道德伦理的本质就在于维护私有制和等级特权。黑格尔虽然使用了"阶级"这个概念，但是并不很明确，基本上是在"等级"意义上使用的。黑格尔自觉地把不平等引入伦理观念，认为这种不平等、阶段分化是必然的、合理的。这样，他就把他的伦理学提高到比较自觉地为资本主义制度辩护的伦理学。

市民社会由独立的人组成，他们追求个人的客观权利，而不满足于纯粹的权利，不满足于"抽象法"中仅在自身反思的权利。这种以主观的方式存在的权利，在司法阶段就转变为法，前进到客观性，达到它的有效的现实性。司法之所以产生，是由于到了市民社会阶段，人们的需要及其满足，既具有独立性又具有社会性，或者说人们发现了许多需要，并且所得到的这些需要跟满足交织在一起之后，他们才能为自身制定法律。正是法律的出现，需要与劳动之间的关联性，才具体展现出来，成为普遍地被承认、被认识和被希求的东西。因为司法是社会的一种客观组织，是一种普遍有效的东西，具有现实性所拥有的力量。法对保护特殊性是有用的必要的东西，个人的权利在法的面前获得了有效性和客观现实性。司法的建立要求人们具有法的思想，学会按法的普遍性思维，铭记予对象以普遍性的形式。这里黑格尔提出"法律面前人人平等"的思想是伟大的。他说人

① ［德］黑格尔：《法哲学原理》，212 页。

之所以为人，正因为他是人的缘故，而并不是因为他是犹太人、天主教徒、基督教徒、德国人、意大利人等等不一。“自我被理解为普遍的人，即跟一切人同一的，这是属于教养的问题。”① 法律是普遍性的存在，法律只认这个或那个市民为人，而不管你是东方人或西方人，南方人或北方人。法律本身被当作普遍的东西，是司法正常运作的前提。

法律是理性的产物，是普遍性的存在，它自在地是法的东西而被设定在它的客观定在中。能否把自在的法设定为实定法，是一个民族文明和它的法学界发达与否的标志。所以黑格尔特别重视编纂法典。这里涉及“法律”与“法”的关系问题。法是作为思想的存在，只有法才能被规定为法律。习惯法和判例法都是主观地和偶然地被知道的，它们汇编而集合起来不是法典。这正是黑格尔反对依靠习惯法和裁判上的先例的原因。法被给予定在，即被设定为法律，成为客观的东西，就获得了对权利以承认的约束力。其中的关键在于把法律提高到思维的高度。理性决定法律，它们的解析、在特殊情况下的运用，它的内容的分条分款、区别和精确化等，都是理智的工作。这样法律才能获得其普遍的形式和内容。普遍性是法律的本质的特征，是法律客观有效的保证。用黑格尔的话说：“只有在自在的存在和设定的存在的这种同一中，法律的东西才作为法而具有拘束力。”② 申言之，立法的目标是作为法律的法，即法律和法的合一。这是立法的难题和问题所在，法需要客观化为法律，而法的客观化过程中，又可能有自我意志和其他特殊性等偶然物加入在内。这些偶然性、特殊性的东西，使法律偏离普遍性，脱离法的性质。因此作为市民，不仅要了解法律，还要了解法。这正是法律要公开的原因。黑格尔关于法律与法的关系的论述，充满着辩证法的精髓，它实质上是法律与道德的关系问题。

黑格尔特别强调司法的公开价值，它包括法律公开和审判公开。法律公开就是作为法律的法必须加以颁布并为众所周知。法律不仅应该与法同一，而且制定之后还要公布于众。法律之所以要公开，是由法律的概念本身决定的。那些以市民无知法的能力为由，主张法律知识为法学家等级独占的人，既不知人也不懂法。法律不过是建立起来的权利，市民无须是个行家才能认识有关普遍利益的问题，正如每个人无须都成为鞋匠才知道鞋子对他是否合穿。市民即使无知也不是法律不公开的原因。法与自由有关，与人的神圣不可侵犯的东西相连。所以从自我意识的权利方面说，法律必须普遍地为人知晓。就是说：“法律是我的自由和

---

① ［德］黑格尔：《法哲学原理》，217 页。

② 同上书，221 页。

人格的实体化。只有这样来认识它，它才是对我有约束力的。知道并承认法律是我自己的，这是我的权利。”① 从法律自身的角度看，法律公开是其具有拘束力的基本前提。法律公开是法律的普遍有效性的宣示，它表明不法行为是对普遍和全体的侵害。而人们只接受那种其理性承认为合理的约束力，要求人们遵守他们不知道的法律，是对主体自由权利的侵害。我知道我的权利得到了客观的普遍性法律的承认，有关所有权的取得和运动，我才采取和完成法律所赋予它们的形式。

黑格尔还主张审判公开。审判是法院的事情。法院所代表的不是被伤害者的个人利益，而是被伤害的普遍性和被侵害的法律。它作为一个有组织的机构，其职责就是在特殊场合认识和实现法，把被作为法律的法保持在世界中。公开审判的原因，在于法律的普遍性和法院的宗旨，用黑格尔的话说就是：“首先，法院的目的是法，作为一种普遍性，它就应当让普遍的人闻悉其事；其次，通过审判公开，公民才能信服法院的判决确实表达了法”②。这说明审判公开同样是建立在法的概念的基础之上的；法律的普遍性要求审判必须公开。人们有权在审判中知道，法律的普遍性是怎样被侵害的，法律是怎样同其自身调和的，法院是否维护法律的普遍性，法院量刑是否严格遵循法的等同性。公开审判是公民对法律的普遍性的信服，是对法院和法官维护法律普遍性的信任。犯罪者同其自身的调和，也只有在公开审判的情况下才能实现；法律对犯法行为的惩罚，就是使犯法行为体现其价值。公开审判的制度，使市民有权利向法院起诉，同时也有义务到庭陈述。黑格尔反对封建制度下有权势的人不应法院的传唤，藐视法院。他认为这样的封建状态是“与法院的理念相违背的”。黑格尔关于法律公开和审判公开的思想，是符合法律和审判的发展规律的。建设法治国家的理想，维护法律的普遍性，首先要做到法治公开。

在市民社会中，普遍性是必然的。这就注定了在司法之后，普遍性必然过渡到警察和同业公会阶段。因为市民社会既然强迫我成为它的一分子，我就有权要求我的特殊福利得到增进。在需要的体系中，司法仅与所有权的保护有关，它仅在个别的场合代表普遍性维护福利。但福利是我的本质规定，所以普遍物必须从个别场合扩大到全部范围。这种相对的普遍物就是警察和同业公会。它们的任务即从正反两方面保障和增进我的福利。

黑格尔所谓的警察比通常的意义广泛得多。在这里它是指就市民社会而言的

---

① ［英］W. T. 斯退士：《黑格尔哲学》，380 页。

② ［德］黑格尔：《法哲学原理》，232 页。

普遍物的活动，指作为外部国家的公共权力的活动；实际上就是我们所说的政府对公共事务的管理活动。其目的是使个人的福利成为普遍可能性，从而保证市民社会秩序良好、繁荣兴旺。警察成为个人与普遍可能性的中介，主要是通过提供和管理普遍性的公共物实现的。比如，保护个人的人身、财产和福利，管理和监督公共目的，调节公共设施的公共运用，监督和影响教育工作，制止社会的挥霍风气，举办公共赈济事业以减少和防止贱民的产生。重要的是如何理解个人的特殊性与警察的普遍性的关系。一方面，这种特殊性包含的普遍性，是处于市民社会阶段，因而是抽象的，它还没有达到国家阶段的具体的普遍性。另一方面，这种普遍性又是市民社会发展的必然产物，它必须满足市民向市民社会提出的权利和请求。所以警察是必须的相对普遍物，不能降格为特殊性环节；而且只是必须的相对普遍物，不能扩张为具体的普遍性。警察不能没有，也不能成为累赘。那些认为警察应对一切事物实行管理，和对一切都不应管理的观点，都是极端的抽象的理智，是任性的行为企图。黑格尔关于警察的辩证思想，既反对行政国家，也反对无政府主义，是公共管理伦理的指针。优良的政府总是以市民独立和良序社会为初衷，总能恰当处理自己与特殊性的关系。

黑格尔所讲的同业公会，主要为反思的等级所持有。它是根据各人的特殊技能成立的“劳动组织”。由于公会成员特殊性的这种自在相等，他们就在相似的利益基础上，建立个人的集团，并被公共权力承认为同业公会。可见同业公会讨论的仍是个人的福利，一种在制度中被建立和客观化的权利，而不是社会的普遍利益。同业公会使其成员得到保证，这是那些非等级的孤立的人所无法获取的权利和光荣。这正是同业公会的伦理性所在。成员在其中承担义务，享受权利，获得尊严，发展技能，俨然就是一个家。黑格尔说：“同业公会是构成国家的基于市民社会的第二个伦理根源”①，是“作为成员的第二个家庭而出现的”。黑格尔主张发展同业公会，指责近代社会废除同业公会，其原因就在于同业公会的伦理价值。他说公民作为伦理性的实体，必须参与普遍活动，而不仅仅关心私人的目的。这种普遍活动恰好能由同业公会提供，因为参加国家普遍事务的机会是有限度的。诚然个人在照顾自己时也为别人工作，但这种不自觉的必然性是不够的。作为市民社会整体，必须达到自觉的和能思考的伦理，这就只能到同业公会中去找。黑格尔从伦理的视角思考同业公会是正确的，实际上同业公会的发展也合乎社会进化的规律。现代社会中第三部门的迅速发展，就是来迟了的有力证明，因而有的国家领导人赞誉它为“第三条道路”。

---

① ［德］黑格尔：《法哲学原理》，251页。

同业公会是有其真理性的，其局限是囿于某一行业，因而是有限的。警察又仅是维护市民社会的外部秩序，它与市民社会仍然是分离的，两者只能达到相对的统一。警察和同业公会的有限性，决定了它们必须超出自身，从而过渡到比市民社会更高的阶段。这一过程的完成就是国家。

三、国家的伦理精神

市民社会通过发展进入到国家阶段。国家是家庭和市民社会的统一，是普遍性与特殊性结合而产生的个别性环节，因而是一个现实的有机体，一个处于最高阶段的自觉的伦理实体。黑格尔对国家给予了至高的评价，说它是“伦理理念的现实”，是“伦理精神”的“完成”，等等。黑格尔在这里不是宣扬国家主义，因为他谈论的是国家的理念，而不是特殊的国家、特殊的制度。他的意思是，国家是最具体的合理性的东西，国家理念的精髓是个人与国家的相同一。正是由于这种合理性，所以它才是现实的。国家理念发展经历三个环节：第一，直接现实性，它是作为内部关系中的机体来说的个别国家——国家制度或国家法；第二，它推移到个别国家对其他国家的关系——国际法；第三，它是普遍理念，是作为类和作为对抗个别国家的绝对权力——这是精神，它在世界历史的过程中给自己以它的现实性。本教材把第三个环节放在“历史的道德法庭”部分阐述。

黑格尔讲的国家法指内部国家法。国家是普遍性与特殊性的统一，这是现代国家与古代国家的区别所在，也是了解黑格尔的国家法的关键所在。这里有两个极端，一是特殊性或个人利益；一是普遍性或国家利益。就国家而言，国家是个人之自身，普遍性没有特殊利益就不能完成。对于个人，他潜在地就是普遍的东西。特殊性被国家承认并在其中完全发展；他除追求特殊利益外，尚以普遍利益为其最终目的。其结果是普遍物得到促进，主观性得到充分而活泼的发展，两者完全相互贯通。这就是黑格尔国家理念的本质：“在国家中，一切系于普遍性和特殊性的统一。”① 现代国家的特征在于：普遍物是同特殊性的完全自由和私人福利相结合的。现代国家既强调“独立的个人特殊性的极端”，又把这种特殊性保持在实体性的统一之中。并且它们的每一个发展得越远，它们间的对立越深，则它们所达到的统一也就越加丰富，具体国家也就更为坚固和真实。

正是由于国家是普遍利益与特殊利益的统一，所以它是具体自由的现实。国家与家庭、市民社会有对立的一面。国家是它们两者的外在权力；它们从属于、依存于国家权力。国家作为内在目的，又意味着国家离不开家庭和市民社会。家庭是单一性原则，市民社会是特殊性原则，两者都是国家自我分化的规定和方

---

① ［德］黑格尔：《法哲学原理》，263 页。

式。国家“只有在两个环节，即家庭和市民社会，都在它内部获得发展时，才是有生气的”①。所以黑格尔说，普遍物同时就是每个人作为特殊物的事业；国家不能成为他们主观目的满足的中介，就会站不住脚。由此可见，黑格尔在申明“国家是达到特殊目的和福利的惟一条件”时，是多么重视个人的主观目的和特殊利益。国家作为最高伦理实体的这个规定，正是政治情绪的来源和爱国主义的基础。

国家作为个别性环节，它是一个机体。国家的机体就是政治制度，即国家权力和职能的内部区分。政治制度导源于国家，而国家通过它来保存自己。这正是机体的本性：“如果所有部分不趋于同一，如果其中一部分闹独立，全部必致崩溃。”② 黑格尔认为，国家权力的划分是必然的，包含实在合理性的环节。但是他一再强调，各种权力只应看作概念的各个环节而被区分着；每一种权力本身必须各自构成一个整体，并包含其他环节于其自身之中。所以他反对各种权力的绝对独立和彼此限制。政治制度不是单纯被制造出来的，也不能强加于他国，它是民族精神的体现。这样的国家制度才符合该国家人民的自由主观性的成长，因而是合乎理性的良好的制度。

黑格尔对行政权论述得最简单，马克思曾说：黑格尔关于“行政权”所讲的一切都不配称为哲学的分析，但其中也不无尊贵的思想。黑格尔认为行政权是执行已经决定了的东西，其目的是使特殊的利益服从于普遍的利益。而同业公会和地方自治是作为汇合两者的纽带，行政的任务就是使集中与自治相结合。自治可以把群众组织起来，这是一个社会的伦理标志和合法权力的力量之源。所以黑格尔批评只把行政机关组织起来，而听任群众无组织的做法。自治并非与集中相对立；自治总在统一之中。集中则需要建立行政机关的体系，包括官僚组织的建设和行政官吏的选拔。黑格尔很重视国家官吏，他说他们是中间等级的主体，是民众的高度智慧和高度教养的集中，是国家在法制和知识方面的支柱。因而官吏的选拔，只能根据知识和本身才能等客观因素决定，而不由本身的自然人格和出生来决定。行政官吏担任公职，不是一种契约关系，亦非为谋利和掌权。奉诏任职之人必须恪尽职守，贡献他的全部精神和兴趣，而不能任性服务和滥用职权。他说这一切都依赖于官吏的责任心，依赖于自上而下和自下而上的全方位监督。同时对官吏进行直接的伦理教育和思想教育也是重要的，这样他们才能养成大公无私、奉公守法及温和敦厚的习惯。黑格尔关于行政权的阐述包含着合理的伦理思想。

---

① ［德］黑格尔：《法哲学原理》，265 页。

② 同上书，268 页。

立法权的论述是黑格尔最保守的方面。立法权的内容涉及法律本身和普遍性的国内事务，也就是个人的权利和义务。关于立法权他主要发挥其等级要素的思想。他的等级要素实际上就是私人等级，只是在立法权中获得了政治意义和效能。他认为等级要素对行政权所起的作用是有限的，即只是补充高级官吏的见解和公众监督，这样大大降低了立法权的地位。黑格尔把等级要素放在整个法的链条上分析，以突显其伦理意义。他认为等级要素是联结普遍性与特殊性的桥梁，并且连同行政权一起构成王权和人民的中介。同时人民只有通过等级要素，才能发挥自己的主体性和自由。等级要素又分为实体性等级和产业等级，其中只有前者真正能起到中介的作用，而后者是市民社会的不稳定方面。黑格尔强力保留地主等级组成贵族院，暴露了他的理论的保守性质。产业等级选派代表组成平民院。黑格尔对议员的选派作了深刻剖析。他主张议员只能选派而不能由选举产生。他说国家是各种特殊集团的整体，国家的成员是这种等级的成员；原子式的人民“不知道自己需要什么”①，一切人单独参与国家事务是抽象的规定。他指出选举不是完全多余，就是拿意见和任性当儿戏，结果造成选举被少数人（派）操纵。在黑格尔看来，立法权实行代表制，选派议员的意义是由于信任。而信任不等于要本人亲自投票，只要选派的议员能代表共同利益就行。所以重要的是，选派的议员具有品质、能力去商讨和决定普遍事务。从黑格尔对议员的产生，可以看出他对人民的轻视和对直接民主的全盘否定，这是应该批判的。但是黑格尔关于民主的实践性、议员的代表性等思想，却不能不予以重视。

黑格尔还着重分析了公共舆论的自由和价值。他认为公共舆论是个人享有的形式的主观自由；通过公共舆论个人表达其对普遍事务所持有的判断、意见和建议。黑格尔充分估计了公共舆论的价值，把它视为人民表达他们意志和意见的无机方式，说：“无论哪个时代，公共舆论总是一支巨大的力量”②。黑格尔认为公共舆论自由是不足为患的，因为有警察防范和法规处罚的直接保证，有合理宪法和巩固政府的间接保证。而且公共舆论自由有很多好处，它使人们藐视肤浅和可憎的发言，让人们的主观性有“一个出口”，而不“扼在心头”。所以他说，这种意见和清谈不仅不受处罚，而且要予以高度尊敬和重视。公共舆论只要是纯粹的主观性，则无意义而不重要，不值一提，不予处罚。同时它又混杂着真理，映现着本质基础，却又值得重视。它的价值不是通过习惯，而是通过判断；不仅包含着真正的需要，而且体现着实体性的正义原则。公共舆论的价值，正在于它体现

---

① ［德］黑格尔：《法哲学原理》，319 页。

② 同上书，332 页。

着“国家的普遍情况和真实内容”。作为时代的伟人，就是要从公共舆论中找出真理，并以成就实现出来。黑格尔的公共舆论观，体现了其保守的开放。他的公共舆论的自由，不是出于人民的言论自由的权利，而是为统治和君主着想，比起斯宾诺莎、伏尔泰等人来，毋宁说是一种退步。

黑格尔认为，国际法是从独立的国家间的关系中产生出来的，国际惯例是在一切情况下被保存着的、行为的内在普遍性。由于国家不是私人，而是独立自主的有机整体，国与国之间的关系，就与单纯的道德的和私法的关系有别。在国家的伦理实体中，私人处于法庭管辖之下，法院使自在的法成为实在。国与国之间的关系的确也应自在地合乎法。但国家享有独立的主权，它们之上没有更高的权力，所以这种法必然一直停留在应然上。于是国与国之间只能有契约关系。国际法的内容的素材少得多，且与实定条约的特殊内容有别：“国际法的基本原则在于，条约作为国家彼此间义务的根据，应予遵守”①。国家间应该绝对有效的普遍的法只不过是一条基本原则，即各国之间有义务遵守按契约关系商订的条约。

国际法的遵守出自各国的义务，这使国际法永远处于应然之中。之所以如此，是因为国家是无限否定的自我相关。国家本身的主权就是最高权力，没有任何权力能凌驾于国家之上。这种状况导致的国际法的结果是：“它们的权利不是由被组成为超国家权力的普遍意志来实现，而是由它们的特殊意志来实现的。”②这就是国际的“自然状态”，国家之间没有裁判员。如果特殊意志之间不能达成协议，国际争端只有通过战争来解决。在这个意义上，康德试图成立国际联盟，调停每一争端，以维护永久和平，是一个来自彼岸的想法。这种以各国一致同意为条件的观念，是以道德的、宗教的或其他理由和考虑为依据的。因此国际法的基本原则总是停留在“应然”上，实际的情况是守约与毁约相互更替。

国际法无约束力的更深入的原因在于，国际关系的最高原则是国家的福利。“由于各国都是以作为特殊意志的独立主体相互对待，又由于整体的特殊意志完全以它自身的福利为内容，所以福利是国家在对别国关系中的最高法律。”③国家福利具有与个人福利完全不同的合法性。个人作为国家的公民，必须讲道德守法律；国家作为伦理整体，它必须是具体的而不是抽象的。个人的法被伦理关系决定，国家的法则是它自身。对于国家而言，没有比这更高的法；它行动和行径的原则，只能是这种具体实存。因而黑格尔说，政府对其他国家关系中的目的，不是一种普遍的思想，而是它的特定的和特殊的、实际受到分割或威胁的福利。

---

①② ［德］黑格尔：《法哲学原理》，348 页。

③ 同上书，349 页。

那种把政治与道德对立起来，并把政治斥责为不法的观点，乃是对道德、国家本性、国家与道德关系的浅见。

由于国家在它们的相互关系中都是特殊物，民族精神就在这种特殊性中完全受到限制。但精神是不受限制的，它要创造自己。这种从民族精神中辩证发展出来的普遍精神，即世界精神。

四、历史的道德法庭

普遍精神超越国家的特殊性，在世界历史（Die Weltgeschichte）中找到自己的定在。黑格尔认为世界历史是“精神的历史”，而不是单纯的“权力的判断”。世界精神产生于有限的民族精神的辩证现象，它是自在自为的理性，而不是无理性的必然性。它作为理性能意识到自己，能认识和解释自己，从而能把握自己。这种把握是它的存在和原则；完成这一把握就是它的外化和过渡。外化是超出自身，过渡是进入更高阶段，因而也是由外化返回到自身。世界历史就是普遍精神在自我把握中的自在存在和自为发展。黑格尔这种历史观是完全唯心主义的。剥去其唯心主义外衣，则可以说黑格尔在人类历史的长河中发现了基本的规律。他的历史观体现了历史不断完善的思想。这种思想比起康德的历史观——“历史则是偶然的、所谓单纯人类努力和激情的浅薄嬉戏”[①] ——无疑更具有历史的合理性，给人类以主体性的自信。

普遍的世界精神以民族、国家为负荷者，它的发展阶段采取自然的直接现实性的形式。每个阶段归属于一个民族，这些阶段就是各民族精神，它们的继续构成世界历史。“每一民族精神，作为单个的东西，作为在质的规定性方面是自然的东西，被规定为仅仅占据一个阶段，仅仅完成全部事业中的一项工作。”[②] 世界历史的每个阶段都是世界精神的必然环节，每个阶段都有执行该时间段历史使命的担当者。这个担当者就是该历史时期的“统治的民族”。因为它支配当时的世界，它的事业必然获得成功，必然获得幸运和光荣，并在世界历史中“创立新纪元”。此时其他民族、国家没有同样的权利。但是这个民族只执行世界精神的此一阶段的历史使命，因而它只拥有一次这种机会。当它盛极而衰时，另一个民族就会代之而起，显示世界精神发展到了更高阶段。世界精神的这一前进过程说明，世界历史是由低级到高级发展的，所以它的担当者无不由民族转化为国家，由野蛮民族进化为文明民族。民族如果不过渡为国家，就不会具有主权，它的法律、制度就不会得到承认。“在一个民族的定在中，实体性的目的是要成为一个

---

① ［德］黑格尔：《法哲学原理》，352页。

② 《黑格尔著作》，理论版，第10卷，347页。

国家和保存其本身；一个民族而没有形成国家，真正讲来，是没有历史的。”[①]世界历史实际上就是国家的历史，没有过渡为国家的民族是野蛮民族，严格地说是没有历史的。

在世界精神产生之前，国家、民族和个人各行其道。在世界精神的事业中，它们不知不觉成为了它的工具和机关。世界历史是一个法庭，它作为目的决定手段，因而是国与国之间“惟一最高裁判官”[②]，各个民族、国家虽然没有更高的现实的权力机关，但世界历史发展的长河会对它们作出评判。不仅如此，正义和德行、不法、暴力和罪恶、才能及其成就、强烈的和微弱的情欲、过错与无辜、个人生活和民族生活的华美与独立、国家和个人的幸与不幸，所有这些都能在世界历史面前，找到它们判决的全部正当性。千秋功过，史外谁说？

思考题：

1. 怎样理解黑格尔伦理学的“法”的概念？
2. 怎样理解黑格尔所讲的道德？
3. 怎样理解黑格尔所讲的伦理？
4. 黑格尔论市民社会伦理的意义是什么？
5. 怎样理解黑格尔所说的“国家伦理”？

参考文献：

1. 张世英. 论黑格尔的精神哲学. 成都，四川大学出版社，2000。
2. 肖焜焘. 精神世界掠影. 南京：江苏人民出版社，1987
3. ［苏］阿尔森·古留加. 黑格尔小传. 北京：商务印书馆，1978
4. ［苏］A. 古谢伊诺夫. 西方伦理学简史. 北京：中国人民大学出版社，1992
5. ［美］W. T. 斯退士. 黑格尔哲学. 石家庄：河北人民出版社，1986
6. Allen W. Wood. Hegels · Ethical · Thought. Cambridge：Cambridge University Press，1990.

① 《黑格尔著作》，理论版，第 10 卷，350 页。

② ［德］黑格尔：《法哲学原理》，351 页。

第十二章 进化论伦理学

道德感"作为人类行动的一个原则，理应居于其他一切原则之上"，有一个简短而专横的字眼或词可以把它概括起来，就是"应"或"应该"，这真是一个充满着崇高意义的字眼。

——达尔文

在一个社会中，每个人的行为必须与别个人的行为有某种一致。

——斯宾塞

19世纪中叶至20世纪前期，随着现代生物学、生理学、社会学和心理学等现代科学的发展，以英国为主在英俄兴起了进化论学说。这种学说从整个宇宙的进化过程中寻找社会进化的有机关系和人类道德情感、道德意识和道德行为生成和发展的原因。从达尔文开始，中经赫胥黎、斯宾塞、海克尔，直到克鲁泡特金，逐渐形成了进化论伦理学思想体系，成为西方伦理学由传统经验主义向现代科学主义转折的关键环节。

第一节　达尔文进化论道德观

查尔斯·罗伯特·达尔文（Charles Robert Darwin，1809—1882）是英国伟大的自然科学家，生物进化论的奠基者。1859年发表的惊世之作《物种起源》，为其伦理思想的形成奠定了自然科学基础。1871年发表的人类学巨著《人类的由来》，集中阐发了他的伦理思想。达尔文把自己的进化论与伦理学的研究结合起来，创建了进化论伦理学说，揭示了道德产生的自然前提，肯定了道德前进上升的总趋势，摧毁了基督教道德的立论基础，为进化论伦理学确立了进化论的前提。

一、进化与道德的由来

达尔文的进化论伦理思想是在科学对宗教道德批判的背景下产生、发展起来的。在他之前，牛顿通过他所创造的天界构架，以关于神的第一次推动的假说，在很大程度上恢复了哥白尼和伽利略从根本上动摇过的神定方案之可信。达尔文的进化论则重新改变了这种状况。他通过对生物的历史与现状的研究发现，包括人类在内的一切生物，都是自然界自身进化的产物，而不是由上帝意志所创造和推动的。他说，“新约在伦理方面写得是漂亮的，但几乎无法否定它的完整性是靠隐喻和寓言所做的部分解释来完成的”①，达尔文否定了基督教伦理学的科学性，也就是否定了人类道德来自上帝启示的观念。用生物进化论研究道德的起源，赋予道德以科学性成为达尔文进化论伦理学的首要任务。

达尔文

达尔文用进化论研究了人类的理智能力和道德感情等问题，得出一个结论：“所有道德都是由于进化而发展起来的”②。达尔文认为，人与动物之间并没有一条不可逾越的鸿沟，而是通行着相类似的一些遗传法则。人类的智力、社会道德和感情等精神特性，也像人体结构的起源那样，可以返溯到比较低等的动物阶段。“高等动物的心理能力，和人的比较起来，尽管在程度上如

① 《达尔文生平》，48～49页，北京，科学出版社，1983。

② 同上书，54页。

此高下不齐，在性质上却同属一类，因此，低的就有向高处推进的可能。”① 同样，人的道德品质的基础，就要到动物的社会性的一些本能中去寻找。在达尔文从事理论活动的时期，包括达尔文在内的很多思想家都认为，在人的一切属性中，道德感是最为高贵的，它使人毫不踌躇地为他的同类去冒险，或者在经过深思熟虑之后，在正义或道义的感召下为某种伟大的事业而献出生命。道德感是人同低等动物间最重要的差别。但人类的道德感不是如穆勒所认为的，“一些道德的感觉不是天赋而固有的，而是后天获得的”，而是从动物那里进化而来的。他根据动物进化的考察指出：“不论任何动物，只要在天赋上有一些显著的社会性本能和一些必要的理智能力，包括亲慈子爱的感情在内，而同时，又只要一些理智的能力有了足够的发展，或接近于足够的发展，就不可避免地会取得一种道德感，也就是良心，人就是这样。”② 总之，人的社会性本能是道德感产生的最深刻的基础。

达尔文认为，动物也有一定的社会性本能。它们同样具有社会性或合群力、互相性、性爱与亲子之情、同情心、自制力、模仿性、好奇心、爱美心、荣誉心等一些基本的感情。这种社会性本能使一个动物在它的群体中会感到舒服，产生乐群之感；会对同类产生一定的同情心，并进而愿意给它们提供服务。在达尔文看来，动物的社会性也就是一种合群力。这种合群力中有着情感的纽带，并随之产生一些相关的品质。如合群的高等动物在失群的情况下会表现出苦恼情感，而在相会时又会表现出强烈的情谊。这种情感也会使动物之间产生互助行为，如互相提供危险的警示，彼此进行必要的服务和保卫等。由此，达尔文认为凡属社会性动物都具有一些与其社会性本能相联系的品质，如彼此之间的恩爱、同情和互助能力，必要的自制能力，某种程度的忠诚相见，对领导的一定程度的服从，并能遵守群居的纪律，等等。所有这些社会本能，“对有关的物种有着很大的好处”，因而能被高等动物通过自然选择而遗传下来。人既然是社会的动物，可以肯定必会遗传这种倾向，一方面对自己的同伴表示同情，一方面对社群的领导表示服从。就具有社会性的动物来说，这些品质是共同的。只是这些品质在一般动物身上不叫做道德，而在人身上才配得上“道德的”这个形容词。③

达尔文认为，这种社会性本能的形成所遵循的就是自然选择的规律：一种本能的冲动比起与它有些抵触的其他本能冲动来，只要在任何方面对有关物种有更

① ［英］达尔文：《人类的由来》，924页，北京，商务印书馆，1983。

② 同上书，149页。

③ 参见上书，156页。

多的好处，物种就会通过自然选择而变为两个之中更为强劲有力的一个。其原因在于，在这种本能上越是发达的个体就越有机会存活下来，而在数量上也会越来越占优势。① 他举例说，野蛮人对行为的判断，哪些行为是善，哪些行为是恶，完全要看它们是不是影响到部落的福利，而不是整个人种的福利，也不是部落中个别成员的福利。由此证明，所谓道德感原本是从一些社会性本能中派生发展而来的。

但是，人类的道德感虽然植根于动物社会性本能的土壤里，但却是在人类社会生活中形成的。动物的这种心理能力一旦发达之后，过去的动机和意向就会不断地在个体的头脑里浮出，形成比较稳定的社会性情感。当这种情感被其他本能战胜时，一想到这种屈从就会感到难过，从而产生悔过的心理。这就是良心的倾向。达尔文指出，如果他的行为是为着他人的利益，他就会赢取伙伴们的称赞，并且会得到那些生活在一起的人们的钟爱；得到这种钟爱无疑是世界上最大的愉快。如果遵从感觉上的情欲，而不遵从那些更高级的冲动，他就会渐渐感到难过，当这种冲动变得习以为常时，就可以把它们称为本能了。就社群生活的人来说，在用语言表达出群体的意愿和对公众有利的意见后，这种共同的意愿和意见就会成为每个成员应该如何行动的共同的指针。在这种社会性意愿的指引下，个体成员的社会性本能和同情心，会通过行为习惯而得到加强，以至于最终顺从社群的共同意愿和原则。当这些行为习惯，一旦成为行为所遵循的“内心最高指针，即良心时”，人的道德感也就确立了。

人的道德产生后要经过不断的发展。在发展过程中，人的社会本能，而不是自然本能，仍起着重要作用。人的一些社会性本能虽然来源很早，可追溯到和猿猴难以分辨的远祖时代，但是直到今天它还在对他的一些最好的行为提供动力。道德的发展表现在道德标准的提高和具有优良道德品质的人数的增加这两个方面。达尔文把道德标准分为高级准则和低级准则，其中，比较低级的主要是关涉到个人的那些准则；高级的准则，是建立在一些社会性本能之上能照顾到旁人的福利的那些准则，是“受到旁人所赞许和理性所支持的那些准则”。道德准则是从低级逐渐向高级发展的。达尔文说，当人类进展得越来越文明、小部落结合成更大的社群的时候，每个人都会明白应该把社会本能和同情心扩充到社群或民族的全体成员，对自己不认识的人也是一样。在人类历史上，这种人道感情虽然经过了漫长的道路，但总还是有进步，以至晚近超越人世以外的同情心把人道推向低于人类的动物。他认为，人道的观念是一个新鲜的东西。这个美德是人类所被

① 参见［英］达尔文：《人类的由来》，163页。

赋予的最为崇高的美德之一，看来是在我们的同情心变得越来越细腻柔和、越来越广泛渗透的过程中偶然兴起的，而其发展的结果，终于广及一切有知觉的生物。[①] 在这样一个道德准则的不断发展中，社会本能的作用在日益减弱；人类越走向文明，后天的因素如社会生活、教育、习惯等，它们所起的推动作用就会越来越大。他相信，通过教诲和示范的作用，这种美德会从起初实行的少数人很快传播到年青一代，最终成为公众信念的一个组成部分，以至于使人类的道德文化达到最高阶段，自觉地控制自己的思想，从内心深处完全消除罪孽的“习惯思想”[②]。达尔文理想中的人类最高道德境界，是一种自由、自律的境界。这种理想境界的设想，是他追随康德道德理想的表现，不过他们的起点和根据不同。康德是从善意志出发的，达尔文是从本能出发的；康德坚持理性主义、纯粹理性，达尔文走着经验的道路，只是在后半世传播唯理主义，还伴随着怀疑主义。[③]

达尔文还进一步列举了文明时期“道德所由进展”的六种重要原因，即：“旁人的毁誉——同情心通过习惯而得到的加强——榜样与模仿——推理的能力——经验教训，乃至单纯的个人的私利——幼年所受的教诲和宗教感情”，并认为“进入文明以后，这些原因，而不是自然选择，就越来越见得关系重大了”[④]。可见，达尔文虽然认为基本的社会本能最初是通过自然选择而获得的，而人类道德与动物的社会本能行为又有着不可分割的联系，但他并未把这两者等同起来，没有将道德只归结为来自自然选择，而认为它主要与后天的社会生活、教育、习惯等有关。对于文明民族来说，就道德的先进标准以及优秀人士的数量增加而言，自然选择所起的作用显然是不大的。

达尔文的“真正的人道概念”，是同他对道德由来和发展问题的回答相联系的。也可以说，从对道德起源的探究到“真正的人道概念”的得出，达尔文的思想有其内在的逻辑圆圈。人的道德来自于人和动物共同具有的社会本能，这种社会本能的“基石”——同情心和爱，也是人和动物所共有的。人类的同情心，爱，是所有低于人类动物的母与子之爱的延伸。而当人们把这种同情心加以强化、习性化并遗传下来，达到高级程度时，就必然扩大、广施到动物身上，阔及于“一切有感觉的生物”。这就回到了出发点。这种思路表明，他的“人道”概念虽然是抽象的、宽泛的，但毕竟是时代精神的反映，对现代生态伦理的兴起同样是一个重要的激发力量。

---

①② 参见［英］达尔文：《人类的由来》，185页。

③ 参见［英］达尔文：《达尔文回忆录》，57页，北京，商务印书馆，1982。

④ ［英］达尔文：《人类的由来》，185页。

达尔文在确证进化之于道德的重要作用的同时，也肯定了道德之于社会发展的重要价值。他肯定勇敢、服从、忠诚、献身、人道、仁爱、爱国、爱真理、敢怀疑等美德对社会的重大作用，认为“在人的一切属性之中，它是最为高贵的，它导致人毫不踌躇地为他的同类去冒生命的危险，或者在经过深思熟虑之后，在正义或道义的单纯而深刻的感受的驱策之下，使他为某一种伟大的事业而献出生命”①。达尔文认为，一个文明的民族国家勃然兴起与迅速发展的主要原因，是“由于总的实际人口数量有了增加，由于拥有足够数量的赋有高度理智与道德能力的人，同时也由于他们对所谓美好的标准有了提高”。若那些“冒失、淫恶或在其他方面品性低劣的社会成员”，在数量方面一直在“比品性比较良好的那一类成员用更快的速率增加着，那末，有关的民族与国家就要衰退，而这在世界史上已经是屡见不鲜的事，并且可以说是见得太多了的事”②。达尔文在这里虽犯有道德决定论的错误，但他重视道德作用的观点，是有其合理因素的。

达尔文在伦理思想发展史上第一次用科学事实揭露了道德起源问题上神启论的荒谬性，指出了人类道德产生的自然前提，具有划时代的意义。贝尔纳说：“作为一个革新者，把达尔文比之于哥白尼，这是完全正当的。……在达尔文之后，创世纪作为历史的征信记载就所余无几了。”③ 达尔文把进化论与伦理学联系起来的做法，为进化论伦理学奠定了理论基础，对赫胥黎、海克尔、克鲁泡特金等人的进化论伦理思想的产生起了重要影响。他在论述“同情心”和“人道”精神演进过程时指出：“超越人世界以外的同情心”，即“把人道推向低于人的动物的这一看法，那是人类在道德领域里最晚近才取得的一种东西”；它作为人类“最为崇高的美德之一”，“广被到一切有知觉的生物”，是人类道德发展到高级阶段的产物。这实际上已提出了生态伦理学的基本观点，具有重要的理论价值。但是，达尔文没有完全揭示出人类道德与动物社会本能的本质区别，认为两者仅仅是数量或程度的不同，“人用来夸耀自己的仁爱、记忆、专注、好奇、模仿和推理等，在低于人的动物身上，都可以找到一些，有的只是一些苗头，有的甚至已经很发达”④。他未能进一步从经济关系中探求道德产生和发展的深刻根源。

二、本能的作用和智力的影响

达尔文把人的道德追溯到动物的合群性、互助性等社会本能。对动物而言，

---

① ［英］达尔文：《人类的由来》，218页。

② 同上书，216页。

③ ［爱尔兰］贝尔纳：《历史上的科学》，386页，北京，科学出版社，1981。

④ ［英］达尔文：《人类的由来》，189页。

凡进行一种近乎本能的动作，动物就会感到满意或愉快；反之，这种动作受到阻碍，它们就会感到失意或痛苦。这种本能在很大程度上决定着动物的行为选择，通过自然选择进化为人的社会性本能。达尔文强调，人的道德观同样受到人类的强烈的本能冲动的支配。但这种本能已不同于低级动物的自然本能，而具有了更强烈的社会性特征。

在人类世界，人会自觉地服从自身的社会性本能，而拒绝自然本能的诱惑。例如，一个人往往会满怀激情牺牲自己，保全族类，如果他屈从了保全自己生命的情感冲动而没有冒险去营救同类，必定会感到苦恼和遗憾；一个人因为饥饿而偷吃了别人家的东西，事后又往往会追悔莫及。这就是因为这类行为是人的社会性本能力量大于其他本能或动机力量的结果。而这种冲动行为就属于道德的领域。因而，达尔文认为，即使是野蛮人，因为他们同样具有人的社会性本能冲动，也可以做出非常崇高的行为，他们做出这种行为的意识活动是极其简单的，或许仅仅出于冲动，但不能因为他们是野蛮人就把他们的行为划出道德领域之外。而且，通过长期的社会生活，人类的社会本能比起自我保全、饥饿、性欲等本能具有更大的力量，因此能在做出单纯听从自然冲动的行为后感到有所遗憾。这是由于人的心理能力活跃，必然要思考过去生活中的种种印象。因而一定的道德行为能够从社会性本能产生出来，而不需要得到快乐的欲望刺激。

但由于行为动机是隐藏在内而无法加以划分，因而要在冲动行为和经过思虑的行为之间划出清楚的界限几乎是不可能的。达尔文强调，人的道德观受人类的强烈的本能冲动所支配，但他同时又指出，人们的道德观念和行为同人的智力的进步有着紧密的联系。这种密切联系表现在智力对道德评价等所发挥的重要作用上。达尔文认为，人的智力越进步，就越能正确地评判别人的行为，正确地对待社会舆论对自己的称赞或谴责。智力的进步当然包括人们的经验和理性的增长。由于经验和理性的增长，人们就可以意识到自己行为的后果，因而也就能够正确地对待自己的眼前利益和长远利益，使行为的动机和效果统一起来，在行为之前就会想到别人会怎样评价。因此，社会舆论制约着人们行为的一定方向和行为路线。在一定的社会舆论下，人们就会向着一定的方向、遵从一定的路线去行动，以至在热爱人的尊严的人们当中，道德观念会化作一种强制的力量，使他们能够做出自我牺牲，撇开自己的快乐而使他人快乐和幸福。

道德的行为在舆论中产生，舆论是道德力量得以实现的重要手段。而这种由舆论来承担的道德评价又来自人们的智力的进步。达尔文看到了智力对道德评价的意义，同时也指明了道德评价对道德行为的意义，这是非常可贵的。他指出："我们的道德感或良心，始于一些社会性的本能，中途在很大程度上受到了旁人毁誉的指引，又受到了理性、个人利害的考虑以及在更后来的一些时代里一些深刻的宗教情绪的制裁约束，而终于，通过教诲与习惯，取得了稳定与巩固。”①

不仅如此，在这个问题上，他还表现出深厚的道德进步的信念。他认为，由于智力的提高，就会出现对人们行为评价的或称赞或谴责的舆论。每个人都天性爱称赞、厌谴责。这种情感不是一成不变的，而是随着别人称赞的程度不断加深的。每个人对别人的称赞重视到怎样的程度，决定于其内在的或后天获得的同情感，而且还决定于其对行为遥远后果的理解力。达尔文认为，自重的美德在人类的早期就存在，但那时人们并不珍重这种美德，而在现代人看来它是如此自然，以至被认为是“天生的”了。人们的智力发展了，就能够正确地对待这种“自重的美德”，对它做出高度的评价，这样人们就理所当然地会重视人们对“自重”美德的称赞。自重的美德是这样，其他一系列美德也都是如此。这样一来，智力水平的高低对美德和道德评价的作用，也就有助于美德的提高和评价的公正。可见，道德文明是随着人类理性的发展而不断进步的。他说，就文明较低的诸民族来说，理性常常会出现错误，许多坏风俗和愚蠢的迷信也会放在同情的舆论中，于是这等风俗和迷信就作为高度的美德而受到尊重，违反它们就罪莫大焉。② 例如，一个印度教徒被诱惑吃了“不洁净”的食物，他后来的悔恨比犯了偷窃罪后所感到的悔恨还有过之而无不及。这是因为吃了不洁净的食物是受舆论谴责的不光彩的事。尽管如此，由于人类智力的不断完善，在经验和理性有所增加后，人们对自己行为的后果看得更远了，考虑到个人和社群的利害得失，因而对个人德操更加重视和推崇，注重社会性的道德感和良心的培养。同时，通过宗教情绪的约束、教育和习惯，使获得的品质得到稳定与巩固。总之，道德向前发展总会克服愚昧状态，最终达到它的完善水平。

三、一般利益和行为

达尔文认为，无论是冲动以后的悔恨，还是对别人评判的重视，都有一个内在的东西在起作用，这个内在的东西就是“人类的真正利益和幸福”。不过，他反对功利主义者把“最大幸福”作为行为的标准，认为标准应该是利益，而不是幸福。他针对功利主义原则，提出了“一般利益”标准。

以边沁为代表的功利主义，用“最大多数人的最大幸福”这一概念代替“公共福利”概念，认为人的每一行为总是出于自私的动机去追求自己的快乐，所谓

---

① ［英］达尔文：《人类的由来》，204页。

② 参见上书，183页。

"最大幸福"就是最大多数个人快乐的总和。实际上是把个人的快乐作为道德的标准。达尔文认为，从这种利己主义的道德动机出发，无法正确解释自我牺牲的高尚行为。他用动物和人的活动证明，互助或自我牺牲行为不是出于自己是否快乐的考虑，而是出于社会性的本能冲动和长期实践的行为习惯。例如，面对火灾，赴汤蹈火的人当时是没有时间考虑自己快乐与否的，而只是出于社会性的本能去挽救生命或抢救财产。当他回想起自己的行动时，他会感到那时毫不犹豫地赴汤蹈火，完全是出于本能的冲动。这种存在于他自身之中的冲动力量，显然不同于追求什么愉快或幸福的意识，而是"根深蒂固"的社会性本能发展的表现。

达尔文认为，把动物社会性本能的发展说成是为了物种的"一般幸福"，莫如说是为了物种的"一般利益"，对于人类也是这样。他主张用"一般利益"原则取代"最大幸福原则"。所谓"一般利益"，就是指社群诸成员的"共同利益"或"群体利益"。从进化的一般原理来看，无论是人类还是低于人类的动物，其社会本能都是以大致相同的步骤发展的。所以这个"一般利益"也适用于人类场合。在人类场合，一般利益也是社会本能发展的目标。冲动作为社会本能，其行为目的当然也应该是一般利益，而不是个体的快乐或幸福。由此，达尔文明确地提出：人类的道德标准就是"一般利益"，一般利益是"第一位的冲动和指针"。当一个人冒着生命危险去救自己的同伴时，说他这种行为是为了"人类的幸福"莫如说是为了"人类的利益"。[①] 当然，所有成员无不希望幸福，"最大幸福原则"也就成为"第二位的指针和目的"。正如英国学者格斯曼先生所评论的那样，在群体利益中个人并不重要，为了整个有机体的生存，"数千，甚至数百万个细胞的牺牲是值得的"[②]。达尔文认为，只有这样才能消除人们对把高尚的道德建筑在利己原理基础上的指责。

在这里，达尔文又把"一般利益"标准划分出高级道德准则和低级道德准则。所谓"高级准则"，就是建筑在社会性本能之上的，并且是照顾到他人福利的，也是受到旁人所赞许和理性所支持的。所谓"低级准则"，主要是涉及个人的，它也是由长期经验和文化熏陶形成的公意所判定的。[③] 相对而言，低级道德准则更大程度上仍然是个体社会本能的体现，而高级道德准则则体现了"一般利益"的要求，它要求个体关照社会福利，为社会整体的进化发展作出奉献。高级道德准则是低级道德准则的延伸。"一般利益"并非在一开始就植根在人们的头

① 参见［英］达尔文：《人类的由来》，182页。

② Gasman, *The Scientific Origins of National Socialism*, Macdonald, London, 1971, p. 180.

③ 参见［英］达尔文：《人类的由来》，184页。

脑中，它的实现需要经过一个发展进化的过程。正如达尔文所指出的，在蒙昧初开的部落里，人们并不是根据这些准则办事的，是在后来随着社会性本能的发展才逐渐明确的。他说："最后，人们所以取得一些社会性本能，和动物的所取得一样，既然是为了社群的利益，则这些本能一开始大概也就把一些帮助旁人的意愿，把一些同情心的感觉，交付给他，并且迫使他重视旁人对他的毁誉。"① 上文所提到的"人道主义"就是由此而形成的。当个体能够自觉自愿地为同类、族类的"一般利益"而行为时，人类的道德就意味着发展到了高级阶段。

第二节　宇宙进化论伦理思想

达尔文伦理思想问世后，很快得到学术界的支持和响应。对达尔文思想最忠实、传播最有力的是达尔文的挚友、杰出的生物学家赫胥黎（T. Huxley，1825—1895）。他用通俗演讲、科普文章和参与论战等形式，为进化论的传播作出了杰出的贡献。他的思维敏捷得像电火石光，思想锐利得像钢刀利刃，被誉为"英国最热烈捍卫生物进化原理的主将"。1893 年发表的《进化论与伦理学》集中阐释了他的宇宙进化论伦理思想。

一、宇宙过程与伦理过程

赫胥黎旗帜鲜明地坚持达尔文的进化论，但不拘泥于达尔文从进化的一般原理揭示道德由来的自然主义。达尔文，包括此后的斯宾塞等许多进化论伦理学家都认为，人的道德由自然生物的进化行为产生，社会进化是自然进化的一个环节和表现，两者并无质的区别。与此不同，赫胥黎认为，自然进化与社会进化是两个本质不同的过程。自然进化是自发的、以"自然选择"和"生存竞争"为基本特征的自然运动过程；而社会进化则是一种人为的、有目的的"理想选择"和"享乐选择"，是对自然过程的超越，是一种文明化的发展过程。这样，赫胥黎把自然进化和社会进化区分对立起来，从而使社会文明过程获得了超越自然进化过程的特殊意义。赫胥黎的这一观点为他的"宇宙过程"和"伦理过程"的伦理观奠定了基础。

赫胥黎

① ［英］达尔文：《人类的由来》，187 页。

根据“社会进化”与“自然进化”相对立的思想，赫胥黎很自然地把“伦理过程”视为“宇宙过程”的对抗力量，并从“宇宙过程”与“伦理过程”的比较中分析、揭示人类的伦理过程和道德现象。

赫胥黎赞成达尔文的进化论观点，认为宇宙是不断变化的过程，各种生命的结合形式不过是宇宙进化过程的暂时表现。在生物界，这种宇宙进化过程最大的特点之一就是生存竞争。生存竞争的结果就是选择，即适者生存。可见，这一宇宙过程实为在自然进化过程中适者生存的生存竞争过程，体现着自然进化中的客观规律。宇宙进化作为自然过程，具有像种子发育成为一棵树或从卵发育成一只家禽那样的性质。其每个阶段（无论是潜在的阶段或显现的阶段）都是依据一定规律而起作用的原因而造成的结果。因此，宇宙进化排除了创世说和超自然力量的干涉，也排除了偶然性。宇宙过程的动力就是生存斗争。

宇宙进化的形式既可以用来说明一般的物质、生命现象，也可以用来说明社会的兴衰存亡。为了在对抗中生存和消除内争，人类选出强有力的领导，建立相应的社会制度，甚至设计出“各尽所能，按需分配”的共产主义理想制度。但是，人类有一种天赋欲望，即贪图享乐和逃避痛苦，只愿做自己喜欢的工作，自行其是，而不去考虑自己所在的社会的福利；这种本性是与自然状态斗争取胜的条件相一致的，但任其在人类内部自由发展，就会成为破坏社会的必然因素。那么，人类要生存和发展，就必须要靠人类自身长期遗传延续下来的相互之爱和同情心来制止这种“自行其是”状态。因为这种互爱以及同情的本能和共同倾向，人类社会中就必然有不可忽视的舆论存在。在一个社会里，对反社会倾向约束力最大的不是对法律的畏惧，而是对同伴舆论的畏惧，是传统的荣誉感、羞耻心约束着人们的行为。在这里，赫胥黎身上明显地表现出了亚当·斯密的情感共鸣观点的影响。他认为在社会生活中，人们之间由于长期用同情心去判断别人和自己的行为，表示赞许或者表示非难，形成了不可分割的联系。没有什么行为会逃脱人们的赞许或非难。人类越是从无政府状态进到有社会组织的状态，随着文明价值的提高，那种粗暴、凶猛的生存斗争就越会成为缺陷，或越来越不起作用。这个过程在赫胥黎看来，就是人类社会原始结合的情感进化成良心的过程，是有组织的和人格化了的同情心的进化过程。在这个过程中，人们在天然的人格之上又形成了一种人为的人格，即“内在人”，也就是亚当·斯密所说的“良心”。赫胥黎说：这种良心就是“社会的看守人，负责把自然人的反社会倾向约束在社会福利所要求的限度之内”①。赫胥黎把人类从原始情感进化到良心的过程叫做伦理过程。

---

① ［英］赫胥黎：《进化论与伦理学》，21页，北京，科学出版社，1971。

赫胥黎认为，伦理本性虽然是宇宙本性的产物，但它必然是与产生它的宇宙本性相对抗的。[1] 伦理过程是以社会人为主体的，因此它无疑是受宇宙过程支配的。伦理过程在促使人类社会的每一个阶段更有效地同自然状态或其他社会状态进行生存斗争方面，与宇宙过程的作用是相辅相成的。但是，由于道德是对社会组织中人们之间生存斗争的遏制和约束，而伦理过程通过法律和道德对人们之间生存斗争的约束与宇宙过程发生对抗，因而，伦理过程所起的作用与宇宙过程形成了鲜明的对照，二者的原则也发生了对抗。赫胥黎以人工建设的植物园不同于自然状态的植被为例，说明两种过程在宇宙秩序中的区别和对立。人为状态虽然也是宇宙过程的组成部分，但它是通过人的能力和智力活动作用的结果，它与自然状态始终处于对抗之中。

赫胥黎把这两个过程区分对立起来，并不是说人和社会是超宇宙的存在，其目的在于表明，社会文明越幼稚，宇宙过程对社会进化的影响就越大；反之，伦理过程的影响就越大、越深刻。赫胥黎指出："社会进展意味着对宇宙过程之每一步的抑制，并代之以另一种可称为伦理的过程。"[2] 他相信，随着文明的进展，有组织的和高度发展的科学艺术，已经赋予人类对宇宙过程的更大的支配权。在人的内部蕴藏着丰富的能量，只要勤奋地运用，就能影响和改变宇宙过程。但是人类对宇宙过程的理解还只是曙光初现。因此，人类社会的科学还必须努力。不过，赫胥黎申明，进化论并不鼓励对千年盛世的预测；他告诫人们，如果幻想几个世纪就能使宇宙过程的主宰势力屈从于伦理目的，那是愚蠢的。"只要世界存在下去，伦理本性就可以预计到必须对付一个顽强而强有力的敌人。但是，另一方面，智慧和意志倘若以正确的研究原理作指导，并且在共同努力下组织起来，那将能够改变生存的环境使之持续比现在历史所经历的更长远的时期。"[3]

二、"自行其是"与"自我约束"

伦理过程与宇宙过程的对立，其实质是自然性的宇宙过程的社会伦理化。这一点表现为"自行其是"与"自我约束"的相互关系上，即，以"自我约束"的伦理行为代替"自行其是"的自然竞争。

所谓"自行其是"，就是一种为了求生存而个人奋斗，独断独行，甚至有损人利己的反社会倾向。如果要在芸芸众生的千差万别中找到一致的东西，那就是人都贪图享乐和逃避生活上的痛苦等天赋欲望。人的本性就是为所欲为的"自由"者。

---

① 参见［英］赫胥黎：《进化论与伦理学》，21页。

② 同上书，57页。

③ 同上书，60页。

这种天赋欲望或本能的“自行其是”的力量，既是人的祖先在生存斗争中取得胜利的条件，又是今天为追求享乐而贪得无厌的原因。“自行其是”是人的天然人格，“它构成生存斗争的本质”，“表明不择手段攫取一切所能抓到的东西和顽强地把持着一切所能保持的东西等特性”①。这种“自行其是”如果任其发展下去，就必然恶化成为破坏社会的重要因素。因此，人类又需要对这种“自行其是”进行自我约束。如果说“伦理过程”是“从利己到献身的过程”②，那么，“自我约束”就是实现从利己到献身的途径、手段。所以“自我约束”是“伦理过程的要素”③，又是每个社会存在的基本条件。社会的存在和发展，意味着“伦理过程”对“宇宙过程”的制约，意味着“内在人”对“自然人格”的制约，意味着“自我约束”对“自行其是”的制约。适合社会发展的理想人格，在赫胥黎眼里就是“自我约束”的“内在人”。因而在他所谓的争取享受的竞争中，在社会进展中，“那些伦理上最优秀的人得以继续生存”④。可见，伦理过程超越宇宙过程之初，在于伦理过程以“自我约束”为前提，以此消除人类社会无情的自然竞争，实现大多数人的共同生存和发展。

但是，在社会现实生活中，“自我约束”制约“自行其是”的动因何在？也就是说，人何以能够做到用“自我约束”来制约“自行其是”呢？赫胥黎认为，这在于人具有的一种天赋需要。他说：“每一个降生到世界上的人都有天赋需要，就是去发现一种‘自行其是’和‘自我约束’之间与他的气质和环境条件的中庸之道，这种需要就是人生这个戏剧中的动因。”赫胥黎认为，“自行其是”必将使人类社会堕落为动物世界；而自我约束作为伦理过程的要素，虽然是社会存在的基本条件，但也不能过分，不然也会破坏社会存在，阻碍伦理过程，泯灭人的天赋需要。应该寻找无过而无不及的中道。寻找这种“中道”的参照物就是每一个人的不同的“气质”和所处的环境。换句话说，环境和气质决定人们在“自行其是”和“自我约束”之间把握自己的行为。

据此，赫胥黎对人的行为提出了几条道德要求：（1）要用自我约束来代替自行其是；（2）每个人不仅要尊重而且要帮助他的伙伴，以此来代替践踏竞争对手；（3）个人的影响所向不仅在于使适者生存，而且在于使更多的人适于生存；（4）要否定格斗的生存理论；（5）每个享受社会利益的人都不要忘记

---

① ［英］赫胥黎：《进化论与伦理学》，36页。

② 同上书，31页，附注。

③ 同上书，22页。

④ 同上书，57页。

它的创立者所给予的恩惠；（6）注意自己的行为不致削弱自己生活于其中的组织。在这里，赫胥黎批判了个人主义。按照赫胥黎的理论，个人主义只看到个人在与自然关系中的作用，用宇宙自然的关系代替人类社会关系。因此，他们只知道个人“自行其是”，而忽视对社会、国家的义务。他把这种主义称为“合理的野蛮行为”。

“伦理过程”与“宇宙过程”、“自我约束”与“自行其是”的思想使赫胥黎的伦理学表现出了明显的情感利他主义的倾向。总的来看，赫胥黎的伦理思想秉承并发展了达尔文的进化论伦理学，在一定程度上揭示了人类道德文化发展的一般规律。但他的伦理学并不十分系统，对诸多重要的伦理学范畴和道德问题显然缺乏缜密的分析。在进化论伦理学的发展道路上，建立系统而严格的伦理学体系的任务是由斯宾塞来完成的。

三、一元论伦理学

进化论伦理学的一个重要命题就是利己与利他的相互关系。进化论伦理学家们大都致力于论证这一问题，并提出了不同见解。达尔文以动物及人类的互助、合群等“社会性本能”，确证了以“一般利益”为标准的、建立在利己原理基础上的利他主义道德；赫胥黎则通过对“两个过程”的论证，对个人主义进行了批驳。围绕这一问题，英国进化论伦理学家海克尔以其一元论伦理学作了更深入的探索。在《宇宙之谜》一书中，他把他的研究规定为“关于伦理学基本规律的一元论研究”，用一元论的理性世界观，探求“人的统一性的道德”。

在海克尔从事理论活动的时代，“意识”还是正处于争论之中的宇宙之谜。在理论界，还流行着有机界和无机界、物力和智力互不相干的二元论，存在着机械论和目的论的对立。海克尔反对这种二元论和目的论，坚持达尔文的进化论的选择论，并在此基础上提出了一元论。按照一元论，整个宇宙是一个巨大的整体，自然界是一个统一的过程，人类的精神生活与伦理生活只是这个宇宙的一部分，因而同样要受到至高无上的实体定律的制约。不存在两个相互分离的世界，即肉体的物质世界和道德的非物质世界。

海克尔“关于伦理学基本规律的一元论研究”，着重研究的是自爱与博爱、利己与利他的关系。海克尔在批判基督教伦理学的基础上，提出了一个正确的原则，认为一定的伦理要求是实际生活向人们提出的，同时这些要求要符合理性的世界观，它们才能合理地得以实现。根据这个原则，他提出伦理学要从属于一元论世界观，反对康德把物质世界和道德世界完全分开的二元论，认为康德伦理学的严重错误，“带来了无穷的祸害，直至今天还流毒很深”，他的三个假设在现实中根本找不到合理的证明，只是把神从前门赶出去，又用荒谬的信仰从后门请进来。①海克尔正确地指出，一元论宇宙学根据实体定律证明，并没有什么人格化的上帝；比较心理学和个体发生心理学表明，不存在什么不死的灵魂。但是他又简单地否定自由意志，认为那是“虚妄的假说”；认为铁的自然规律也适用于道德领域。他坚持达尔文的理论，认为人类的责任心并非依据虚妄的绝对命令，而是立足于所有群居高级动物所共有的社会性本能的现实基础之上的。这就使他的一元论伦理学带上了机械论的性质。

值得注意的是，海克尔明确地把一元论伦理学体系，奠定在宇宙学、生物学、生理学、解剖学、心理学、灵魂学等研究的基础上。他认为，道德的最高目标是要建立利己主义和利他主义、自爱和博爱之间的健全的和谐。在海克尔看来，人类作为社会性的动物，具有双重的责任，一是对自己的责任，一是对其所属社会的责任。前者是自爱的戒律，即利己主义；后者是博爱的戒律，即利他主义。它们是两条对等的天然戒律，对人同样不可缺少。因为，人要想在社会中生存，不仅要追求个人幸福，而且要为其所从属的集体、为他人的幸福努力工作。集体的发展也是他个人的发展，集体的灾难也是他个人的灾难。这是明显的、自然而必然的社会法则。

海克尔说：“两种自然本能的并重，自爱和博爱的道德平衡，是我们道德最重要的基本原则。按照这一原则，所有合理的伦理学的最高目的非常简单，就是建立‘利己主义和利他主义、自爱和博爱之间的自然平衡’。”② 在这个问题上，他与赫胥黎的观点不同，不是反对“爱人如己”的黄金律，而是申明“你们愿意人怎样待你们，你们也要怎样待人”的黄金律，认为根据这一最高原则，对人和对己同样都有神圣的责任。他强调了三个重要论点：

第一，两种相互竞争的本能都是自然法则，对家庭和社会都同样重要和必需。利己主义使个体的保存成为可能，利他主义使由个体组成的族和种得以保存。第二，社会组织使合群的人们负起了社会责任，社会组织就靠这种社会责任才得以保存。社会责任是所有高级动物所共有的社会性本能的更高进化形式。第三，对文明人类来说，一切伦理学——理论的和实践的伦理——作为规范科学，都与世界观和宗教有着密切的关系。③

海克尔虽然也常常光顾宗教道德，借鉴如道德原则等他所需要的东西，但他

① 参见［德］海克尔：《宇宙之谜》，330页，上海，上海人民出版社，1974。

② 同上书，331～332页。

③ 参见上书，332页。

同时批判了基督教伦理学过分强调博爱，轻视自我，鄙弃利己主义的错误。他认为，利己主义是人的自我保存本能，这种本能对于人类的生存和发展而言，是绝对不可少的。他甚至说，利他主义不过是改良了的利己主义。他说："没有利己主义，没有使我们做出重大牺牲的热情，任何时候也不会有伟大高尚的事业。只是应该鄙弃那种过度的利己主义。"① 海克尔还指出，基督教所宣扬的道德"爱人如己"，是很理想的，但实际上它的价值很值得怀疑。在理想的利他主义和现实的利己主义之间存在着很多的矛盾。事实上，一方面在国内，有法律保护公民的生命，杀人者偿命；另一方面，在国际冲突中又互相厮杀，把人的生命看得一钱不值，把发明杀人武器看作文明的进步。这样下去，利他主义只是在一定的群体范围内的利他主义，超出这个范围就会变成它的反面，即变成国家和民族的纯粹利己主义。

此外，海克尔还试图确证伦理学的基本原则，为人类的精神寻找一个理想的家园。虽然与赫胥黎、斯宾塞等伦理学家的伦理学体系相比，无论是结构还是具体论证，都显得过于单薄；但是，海克尔在达尔文进化论的基础上，主张实现利己与利他、自爱与博爱的"和谐"，强化了进化论伦理学寻求两者"和解"的方向。

第三节 斯宾塞伦理思想

斯宾塞

进化论伦理学在19世纪的发展到斯宾塞算是一个高峰。斯宾塞是进化论的传播者，也是进化论伦理学的集大成者，虽然几个世纪以来对他的成就和为人褒贬不一。赫伯特·斯宾塞（Herbert Spencer，1820—1903）作为实证主义哲学家，以把进化论法则运用于生物以外的其他理论为荣。他的著述涉及范围广泛，卷帙浩繁，以其庞大而完整的"综合哲学体系"，在19世纪的英国哲学大厦中独占一隅。斯宾塞主要的伦理学作品有他早年的《社会静力学》和《伦理学原理》，其中后者最为重要。

① ［德］海克尔：《宇宙之谜》，334页。

一、生命决定论的道德观

坚持从生物进化论到社会进化论的自然主义原则，用“社会有机体”的进化来说明人类道德是进化论伦理学的一般理论特征。进化论伦理学有着鲜明的自然主义道德观，因此可以归于自然主义伦理学谱系。所谓自然主义道德观，就是主张“自然进化过程”与“社会进化过程”的连续性、同一性，用自然的发展过程去解释和证明人类道德现象。它认为传统的伦理学理论都缺乏充分的经验基础，没有找到行为与结果之间的自然因果关系，因而都不可能科学地揭示人类道德现象的起源与发展。斯宾塞的伦理学体系正是从寻找科学的伦理学研究方法开始的。

斯宾塞试图从对行为的多学科的综合研究中，找到说明人类行为的动机与结果之间的自然因果关系。斯宾塞认为，伦理学是以人的善恶行为为研究对象的，因而，这种伦理学往往围绕人的行为，以生物学、生理学、心理学原理为根据，说明人类道德的起源、发生和发展。据此，斯宾塞首先确立自己伦理学的出发点和指导原则，即生物进化论，然后运用“解释任何问题的演绎法”或“演绎的据理法”来解释道德。他提出“道德起源于普遍的行为”的观点，认为要理解道德行为的意义，就必须了解全部行为，包括物理现象、生物现象乃至生物本能驱使的一切行为。在他看来，道德就是从所有这些行为及其演化中来的，“普遍行为”演化的过程就是由低级向高级的进化过程。人类的道德只不过是这一演化过程中的一个较为高级的阶段而已。所以，伦理学的研究不能单独研究人类仅有的行为，而必须研究这个“普遍行为”及其演化过程。无机界的运动遵循进化规律从而演化出有机界，有机界继续演化产生有感觉的生物，直至进化到人类，产生有意识的行为。所以，道德是自然进化的产物。在这里，斯宾塞以达尔文的进化论为基础，把多门自然科学运用于道德领域，不仅有助于把自然主义道德原则贯彻到底，而且也使进化论伦理学的方法论达到了超越传统的高度。但是，斯宾塞的这种思想并没有多少创新，只是把进化论学说的传统观点加以细化，建构了一个先验的发展框架，带有浓厚的目的论色彩；他强调了自然生物进化和人类道德文化现象之间的同一性，而忽略了两者的差异性和发展的间断性。这样，他就在总体上否认了道德起源和发展的社会基础，抹杀了人类道德的社会性和特殊性。

在对物理学、生物学等共有的“普遍行为”进行研究的基础上，斯宾塞提出了生命决定论的思想。他认为，宇宙之初是分散的星云，逐渐凝聚集中，而后又不断地分化出来各种动植物，经过漫长的岁月终于确定下来。但是，宇宙的演化并没有就此而终止，仍然继续进行着。只不过这时的宇宙具有一定的确定性，宇宙和宇宙的万事万物都在努力保持自己的存在，防止自身的毁坏。这就是万事万物的自我保存。自保的能力或本能，是生物不息的保障。然而，无论怎样自保，终不能遏制演化的进行，所以万物总不能一成不变，保持其原有的状态，总要发生这样或那样的变化。环境变化了，在变化的环境中存在物如果原封不动是难以活命的。生命要得以存在，就必须不断地进化，适应环境。人类就是在这种“物竞天择”的进化中产生的。人类活动也像人类的祖先一样，为了延长自己的生命也必须自保。由此，斯宾塞认为，自我保存就是人类行为的目的。所谓行为的善恶，都是由行为能否有利于生命的自保和繁衍决定的，一切生物行为善恶的道德标准就在于此。对生命的利害就是行为善恶的尺度，利生命者谓之善，害生命者谓之恶。

当然，斯宾塞用生物界的进化规律对人类生活并不能作出正确的解释。人类毕竟与一般动物有着本质的区别。人类的生活并不像自然界那样经过“物竞天择”而实现互动发展，而是在社会不公、弱肉强食中进行着不断的斗争。对此，美国学者帕尼考克先生深刻指出：“人类之间的矛盾斗争并没有导致最好和最优，恰恰相反，许多强壮和健康的人由于贫穷而遭淘汰；而同时许多富裕的人，尽管他们体弱多病，却得以生存”①。由于历史条件的限制，斯宾塞过分强调了自然生物进化和人类道德文化现象之间的同一性，而忽略了两者的差异性和发展的间断性，因而无法看到人类挣脱自然进化的链条而成为社会人的深刻变革，这正是斯宾塞进化论伦理学最大的问题所在。

二、调和功利主义和直觉主义

斯宾塞的生命决定论的自然主义道德观，还具有调和功利主义和直觉主义的特点。进化论的伦理学和功利主义伦理学，从理论体系上说，都是可以归之于自然主义伦理学派的。功利主义伦理思想是快乐主义的一种形式，快乐主义的特点就在于把行为的目的与快乐或幸福看成一回事，同时把促进幸福生活的行为描述为道德行为。功利主义作为享乐主义的一种形式，不能在社会历史中解释道德，相反却要在人的自然本性中，在人感受和追求幸福中，在避免痛苦的挣扎中，寻找道德的起源和根源。尽管进化论伦理学的始祖达尔文反对功利主义把“最大幸福原则”作为道德的根本目的和第一标准，但他是用抽象的“一般利益”来代替“最大幸福原则”的，也没有看到利益归根到底是社会经济关系的产物。“一般利益”的出发点同样是自然主义的。所以，进化论的伦理思想同功利主义并无本质区别。

---

① Pannekoek: *Marxism and Darwinism*, Chicago, Charles H. Kerr & Company Coperative, 1912, p. 33.

斯宾塞的进化论伦理学是对功利主义伦理学的补充和发挥。

首先，斯宾塞认为，快乐就在于生命获得扩充和延伸，快乐之时就是生命蓬勃之时；痛苦是对生命衰退的一种感受或标志。斯宾塞说：“每一种快乐都增加生命力，每一种痛苦则减弱生命力。每一种快乐都升高生命的潮水，而每一种痛苦则降低生命的潮水。”既然人们追求自保，渴望扩充、延伸生命，那么人们就不能不去追求快乐。

其次，斯宾塞认为，既然快乐和痛苦是生物对外界刺激的一种感受，那么不同物种的身体结构和器官不同，其感受能力和为自保而需要的方式也不同，因此不同物种便有不同的快乐和痛苦。动物有动物的痛苦和快乐，人有人的痛苦和快乐。即使在同一个身体的不同发育阶段，其苦乐感受也是不同的。由于环境的变化，场所的变更，就会产生不同的快乐或幸福。

最后，斯宾塞认为，既然生物的身体结构不断进化，既然环境或场所不断变更，那么，人们的快乐和痛苦的感觉也是不断变化的，即所谓“意随境适”。而且，生物在竞争中是按照优胜劣汰、适者生存规律发展的，因而快乐终将战胜痛苦。换句话说，越进化人类就越幸福，幸福就在进化之中。由此，斯宾塞认为，“道德科学的任务就是要从生命律法和生存条件中演绎出结论：什么样的行为必然有助于产生幸福，什么样的行为必然会带来不幸。由此演绎出的结论应当被公认为行为律法；而且，不论对行为后果将要产生的幸福或不幸的直接评估如何，这些行为律法都必须得到遵守”①。也就是说，既然一种行为的道德价值的最终标准在于它是否有助于自我、后代和族类的生存与发展，那么，促进生命力增长就是人的道德义务。

为什么生命的向上与减退以快乐与痛苦为标志呢？斯宾塞认为，这个标志不是被给予的，而是生命自创的。快乐和痛苦这个生命的标志，就像有眼是为了看，有耳是为了听一样，是生存所必需的。这种感觉又像是天赋的，它能有利或有害于生命，一切生物具有趋乐避苦的能力，就在于有这种快乐和痛苦做标志。“无论从什么假定出发，一切道德的理论都只认一种行为，如果它当时的和日后的整个结果是有益的，就是好行为，而一种当时的和日后的整个结果是有害的行为，就是坏行为。”归根到底，人们是从结果的愉快或痛苦来判断行为的好坏的，但它不简单地苟同于快乐论。斯宾塞指出，快乐论只知道快乐是人生的目的，却不知道为什么快乐是人生的目的；即只知其然不知其所以

---

① Herbert Spencer: *The Principles of Ethics*, Vol. 1, introd. By Tibor R. Macham, D. Appleton and Company, New York, 1897, p. 37

然。他认为，说快乐是人生目的就在于快乐是有利于生命的行为，而痛苦是不利于生命的，所以人们要逃避它。因此，快乐并非最终目的，追求快乐无非是追求生命的扩充和延长而已。

斯宾塞把人的快乐和痛苦感受，作为生命的扩充和延长的符号或标志，这又使他陷入直觉主义的先天论。事实上，斯宾塞曾把传统伦理学归结为目的论伦理学、政治伦理学、功利主义伦理学以及直觉伦理学四种基本类型。其中，所谓直觉主义，就是认为道德概念无法用理性和经验来把握。人们有一种道德直觉，这种道德直觉就是对行为善恶的反应、感觉能力。按生命决定论来说，也可以说是一种快乐或痛苦的情绪。斯宾塞认为，直觉伦理学借助于某种自然的意识来判断人们行为的是非善恶，这既不具备必然的因果关系，也不能最终指望从这些逻辑上的推理中得出客观的结论。因此，直觉主义没有也不能否定正当与错误最终从快乐和痛苦中推导出来。

功利主义以增加快乐、减少痛苦以及增强生命力作为道德善恶的判断标准，而所谓“正确行为”，就是有利于生命的扩充、延长的行为，这就是快乐。但在斯宾塞这里，快乐和痛苦的感受又不是功利的经验，而是先天的或遗传的，作为自明的真理而存在的。他是用先天的或自创的符号或标志来调和功利主义和直觉主义的。这样，斯宾塞首先用人类相通的“快乐和痛苦”的感受能力弥补了功利主义无确定性的道德标准的缺陷，然后又用直觉主义关于“快乐和痛苦”的自明性取代了功利主义的经验基础。所以说，斯宾塞的伦理思想具有调和功利主义和直觉主义的特点，使两个不同的伦理学说融合在进化论伦理学之中。

三、利己和利他的“和解”

在西方伦理思想史上，利己与利他的关系是一个长期聚讼不决的重要问题。在英国，从以霍布斯为代表的经验主义伦理学到以亚当·斯密为代表的情感主义伦理学，都从不同的前提出发，得出了不同的结论。但是，甚至到了以边沁、密尔和葛德文为代表的功利主义伦理学提出“最大多数人的最大幸福”原则，来调和利己和利他之间的对立和矛盾，这种理论分化仍然没有得到最后的解决。进化论伦理学自然也要面对这一伦理学的根本问题。斯宾塞沿着调和论的轨迹，采取了折中调和的立场，系统论述了利己和利他的内在关系，以期达成两者的“和解”。

利己与利他的关系究竟是怎样的？斯宾塞企图根据进化论的一般原理从两方面来回答这个问题。他认为，一方面，人是生物，没有生命就一切皆无，所以行为的意义或行为的善，根本的和首要的就在于维持个人的生命，也就在于利己。

人之利己，是由其生命本身决定的。斯宾塞认为，任何人首先必须能维持自身的生存，满足基本的生存需要，实现自我保存，此后才有可能有利于他人的生活，才能为同类的快乐和幸福作出贡献。斯宾塞认为，利己和利他的行为本质上都是在消耗生命力，但是，利他的行为必须以个体本身具有足够的生命力量为前提，否则，就谈不上利他。从进化论的角度来看，个体的生存是最优先的，最基本的。没有个体的基本存在，就没有种族的保存和发展。只有当个体自身发展到一定阶段，有了足够的生命力量后，才能产生利他的行为。从这一层面上说，利己优先于利他。另一方面，人不能离开种族而单独存在，个人要想保存自己的生命就必须维护他人和种族的利益。斯宾塞从进化论的角度揭示了利己与利他两者产生和存在的客观必然性，论证了两者相互依赖、相互渗透的关系。斯宾塞说："存在在其最简单的物理形式中，绝对需要一开始就能生活——它是在其自动的形式下扩张着的存在，它对于各种种族的可欲求的维持是不可缺少的，它是在其半意识和意识的形式中发展着的存在——并沿着连续和复杂的为不断成熟的更高同类的后代所加入的路线而持续发展下去，利他主义同时也就包含了利己主义。能够使个人更好地保存自身的优越性，也就能够使个人由此而来的种类得到更好的保存，每一个较高级的物种利用它增长的能力，首先是为利己主义的利益，并随着它对它们的利用而获得延伸，然后为利他主义的利益。"① 个人与种族同类之间的这种自然联系，决定了利己与利他之间相互包含的关系。可以说，能够保护自己的行为也必定是能保护种族的行为，利己也就是利他。

斯宾塞指出，人类的利他行为却经历了一个从无意识的血亲利他主义到有意识的血亲利他主义的进化过程。利他的行为是在人类之前就存在的。从生物本能上说，动物为自己的雏婴觅食哺育，甚至为了保存后代不惜牺牲自己，这是出自自然本能的、天然的利他行为。人类的利他行为是动物的天然利他行为的延伸，人类传宗接代，保护婴儿幼子，同动物一样，具有天然本能的性质，只不过人类的利他是有目的有意识的。也就是说，人类凭借理性，深刻地认识到，利他的同时也就是在利己。不利他就无所谓利己，只有利他才能更进一步利己。人类认识到，保护婴儿不仅是个人的自然本能需要，而且也是一种族类保存和发展的需要。从社会进化过程来看，人处在生存竞争之中，在竞争中求生存，在竞争中争利益。一切所谓利他之举无不是以利己为出发点的，而利己又集中表现在有益于自己的生命。由此，无意识的血亲利他就进化为有意识的血亲利他，亲子关系中

① ［英］斯宾塞：《伦理学材料》，203～204页，转引自万俊人：《现代西方伦理学史》，122页，北京，北京大学出版社，1990。

的利他就转变为社会的利他。

人类社会生活中，天生的保存生命的利己和利他是不可分割的两个方面。那么又怎样解释人的“自我牺牲”呢？斯宾塞认为，自我牺牲的行为也是生物自然本能的延伸，并不是人类独创出来的特殊行为。生物为了繁衍其种族不能没有牺牲，人类为了发展自己的社会也不能没有牺牲，这完全是进化的结果，而不是人类智慧的产物。因此，无论是利他或是自我牺牲，无一不是顺应利己而产生的派生物或结果。

据此，斯宾塞反对利己与利他的绝对化。他一方面批判功利主义者所谓最大多数人的“最大幸福原则”，认为这一原则忽略了个人，轻视每个社会成员的利己行为，因而不是必然的道德原则。另一方面，斯宾塞也反对宗教所宣扬的“自我牺牲”，认为那是绝对利他主义，而绝对利他主义对人对己都不利，最终会使所有的社会组织解体。他作了如下的推理：在一个社会里，假如A不关心自己，只关心B、C、D的幸福，而他们都不注意自己的需要，都忙着满足别人的需要；这个间接的过程不但麻烦，而且也难以满足每个人的要求。认识到这一点之后，必然会得出这个结论：利己主义和利他主义相比占有一定的优势是有益的，而且实际上也没有其他办法能解决问题。假如在A、B、C、D等人中，人人都不愿意满足自己的欲望，都认为他人应当得到满足，而他人出于对同伴的同情又坚决拒绝，那会出现什么情况呢？那就会由此产生混乱，产生目的之间的矛盾，人人也都不能得到满足，整体也就不能发展。这就是说，纯粹利他主义同纯粹利己主义一样，会使事物处于停滞状态。① 他还证实说，当时的贵格会教徒计划完全接受基督教的教规，自我牺牲，并付诸实践，但实际上他们和邻人一样，依照利己主义的规律办事。他们对自己未来的筹划表现出同样鲜明的利己主义。因为，他们清楚地意识到，如果他们对别人和自己的未来作同样的考虑，必定会对自己不利，而最终对谁都不利。实际上，没有人相信完全利他的生活是可行的，纯粹利他主义伦理学是错误的。斯宾塞的结论是：绝对利他主义是自欺欺人。只为自己活着是错误的，只为别人活着也是错误的。和解是惟一的可能性，即为自己和别人活着。②

依据上述调和利己与利他的道德观念，斯宾塞又引申出对“公正”的观点。在斯宾塞看来，既然人的行为从利己必定产生利他，利己与利他不可分割，那么离开利己的利他和离开利他的利己，就都不可能是道德的；单纯的利己行为或单纯的利他行为，都不是公正的。行为的公正应当既包含利己，也包

---

① 参见［英］斯宾塞：《社会学研究》，158页，北京，华夏出版社，2001。

② 参见上书，173页。

含利他。从利己和利他的不可分中引申出来的道德行为，就是善行；否则，就是恶行。所以斯宾塞认为道德的一般原则就是公正和行善。“我们所理解的公正，意味着行为和行为结果之间的正常关系——每个人的利益所得同他的努力相当，既不多也不少。……公正要求每个人分别取走自己行为的结果，既不增加也不减少。”公正是每个人绝对自由的权利。这种自由之所以是个人绝对自由的权利就在于他的自由是与别人的自由并存的，如果自己的行为只考虑为己，而不考虑利他，那么他既无法利己又不能自由，不自由就不能行为。所以，必须行善，既利己又利他。行善就是不计报酬地给其他人带来享受，不计报酬地维持种族或社会的利益。这种行善，也是个人逐渐适应环境和保护人类存在的需要。归根到底是由生命决定的。利己和利他在斯宾塞看来是不断进化的，包含着利己与利他的公正，是个人行为自由的尺度和体现，道德就是在这种进化的过程中表现出来的。

总之，斯宾塞在利己主义与利他主义道德原则的现实生活基础上，依照进化论的科学依据，为利己与利他的关系问题找到了一个“和解”的折中主义的途径。这一点远远超越了17世纪的经验论者和18世纪的功利主义者的论证方法。在这方面，斯宾塞的思想常有惊人的闪光点，以至达尔文说，“读了他著的任何一本书，通常对他非凡的天才感到欣喜非常，钦佩不止”。然而，尽管斯宾塞坚持要调和利己主义和利他主义，但如果把问题追问到底，人讲道德、行善，到底是为了什么？按照斯宾塞的伦理学回答，那就是为自己，讲道德、行善不过是为自己的存在而有益于他人罢了。自己是目的，他人和社会都是手段。人生要自由，就得公正，要公正就要行善，而这一切都发自于自我保存之本能，以利己为前提和最终目的。因而，这种人生观，说到底还是利己主义的人生观。

综上所述，斯宾塞以进化论法则说明伦理道德问题，比较充分地论述了进化论伦理学思想，在西方伦理学思想史上，特别是在英国19世纪伦理学思想的发展中，具有承前启后的意义。他补充和发挥了功利主义，调和功利主义和直觉主义，调和利己主义和利他主义，对后来的自然主义伦理思想发展具有重要的影响。承袭他的进化论伦理思想的主要代表人物是史蒂芬（Leslie Stephen，1832—1904），他发挥了斯宾塞关于社会有机体的思想，提出“社会健康为道德判断标准”的思想。其实，史蒂芬并没有跳出功利主义所谓最大多数人“最大幸福原则”的窠臼，也没有超出进化论伦理学思想体系，而不过是把社会比喻为有机体，然后按生物进化原则来说明社会生活的“最大幸福”。他的这种生命决定论的自然主义道德观尽管与斯宾塞的观点略有不同，但实质还都是一脉相承的。

第四节 互助论伦理思想

进化论伦理学的形成和发展大致可分为两个阶段：以达尔文、赫胥黎、海克尔和斯宾塞为代表的伦理思想，是进化论伦理学的发展前期，而以俄国克鲁泡特金为代表的伦理思想，则是进化论伦理学思想发展的后期。因而，要完整地呈现进化论伦理学思想的全貌，以克鲁泡特金为代表的互助论伦理思想则是不容或缺的。克鲁泡特金的《互助论》(1902) 是"一本论述互助法则的书"①，集中体现了互助论伦理学说的基本性质和特点。

一、动物的社会性和互助

如前所述，进化论认为生物进化的规律是物竞天择，适者生存。克鲁泡特金在基本观点和方法上与达尔文主义者一样，都是引用生物进化的规律来观察人类社会生活，所不同的是，他不同意达尔文主义者把"生存竞争"看作进化的主要因素的观点。他提出了相反的论点，认为"互助"才是一切生物进化的真正因素。他的《互助论》全书贯穿着一个重要的伦理思想，那就是："互助"是生物的本能，"互助法则"是包括人类在内的一切生物的进化法则。

达尔文主义一向认为，动物界必定是弱肉强食的世界，但克鲁泡特金不同。他首先肯定，一切动物都不是营个体生活的，而是营群居生活的；动物求得生存不是靠竞争，而是靠患难相扶。他断言，在一群动物之内，各单个动物之间只有互助，而没有竞争。他发现，无论不同的种之间的斗争是多么厉害，也无论在战争时有着什么样的暴行，但机体内部的互助、已成习惯的自我献身和经常为了共同福利而自我牺牲，都已经成为法则。他对动物的群居生活作了细致的观察，认为这一自然现象证实了动物所具有的社会性的一面——合群互助。他发现，在一个庞大的蚁巢中，每一种工作（如生育子孙、寻找食物、建筑巢穴和饲养幼虫等）都是按照自愿互助的原则进行的。如果其中有一个蚂蚁渴了或者饿了，它就会立即向另一个嗉囊很饱满的蚂蚁索取食物。而嗉囊饱满的蚂蚁从来不会拒绝。为了养活饥饿的同伴和幼虫，它们经常地相互求助。不仅仅是蚂蚁和蜜蜂，甚至更高级的动物也是如此，哪怕是最凶残的动物，它们在群内的联合方面也会表现出温和的情感。在动物的世界，同猎同食，以强扶弱，以大卫小，以健全者救疾

① ［俄］克鲁泡特金：《互助论》，14 页，北京，商务印书馆，1963。

病者是非常普遍的现象。

克鲁泡特金并不完全否认动物之间存在竞争，但他只承认在群与群之间才有生存竞争，而竞争的抉择也不是取决于什么“适”与不“适”，而是取决于群的互助性之强弱。合群生活是广义的生存竞争中的最有力的武器，它在个体安全、生活享受和智力发达方面都起着重要的作用。他说：“合群生活使最弱的动物个体能抵抗最可怕的猛禽和猛兽，保护自己不受伤害。合群生活能使动物长寿；使动物能消耗最少的精力来养育后代，并且能在生殖率很低的情况下保持它们的数目；它使合群的动物能迁移到其他地方去寻找新居。”① 所以说，生命的扩延，种族的保存不在于竞争而在于互助。任何一种动物越能患难相扶，对其中的弱者越能加以保护，这个种族就越能得到孳殖。也就是说，互助性强的生物群就能生存延续下来，而互助性弱的生物群就要被淘汰。经过世代相传今天存续下来的生物，都是互助性很强的生物。

但是，动物的合群生活并不是简单的联合。在动物的合群生活中，存在着丰富的合群感情和某种集体正义感。如果每一个个体经常滥用它的个体优势而没有别的个体来替受害者出面干涉，那么，合群生活就没有可能。所有的合群动物或多或少都养成了正义感。他举例说，不论燕子或鹤是从多么远的地方飞来的，它们每一个都将回到它前一年建筑和修补的窠中。如果一只懒惰的鸟企图占据同伴所筑的巢，或甚至企图从巢中偷几根草，那么，集体都将干涉这个懒家伙。② 显然，如果没有这种已成规律的干涉，那么，它们的联合营巢也就不可能存在了。克鲁泡特金认为，正是这种合群性限制了体力的竞争，使更好的道德感情有了发展的余地。

克鲁泡特金关于动物互助的理论，与达尔文、斯宾塞等所主张的生存竞争显然是有差别的，但作为一名进化论伦理学者，克鲁泡特金的理论在一定程度上也有和达尔文主义相一致的地方。例如，克鲁泡特金首先肯定生存竞争的观点。他说：“没有一个博物学家怀疑在整个有机的自然界中进行着生存竞争的这一观点是本世纪所归纳的最伟大的概念。生活就是竞争；而在这场竞争中只有最适者才能生存。”③ 也就是说，在生存竞争这一基本点上，两者是一致的。但是，在“这场竞争主要是用什么武器来进行”和“在竞争中谁是最适者”这两个问题上，他们的观点有了分歧。克鲁泡特金虽然承认生存竞争的存在，但是，他认为，不

① ［俄］克鲁泡特金：《互助论》，62页。

② 参见上书，63页。

③ 同上书，65页。

论是在动物界还是在人类中，竞争都不是规律。[1] 它在动物中只限于个别的时期才有，而自然选择也不需要它而另有更好的用武之地。以互助和互援的办法来消除竞争，便能创造更好的环境。在生存的大竞争中，自然选择正是在不断地寻找能尽量避免竞争的道路，这就是合群互助，动物通过种内的合群互助避免了竞争，实现了“花费最少的精力以取得生命的最大程度的充实和强度”，从而在大竞争中成为“最适者”而获得生存。克鲁泡特金相信，竞争永远是有害于物种的，自然的倾向就是要找到许多避免竞争的办法，那就是团结互助。所以克鲁泡特金总结说：“团结起来——实行互助吧！这是给个体和全体以最大的安全，给他们以生存、体力、智力、道德和进步的最有保证的最可靠办法。”[2]

二、人的互助性

像所有的进化论伦理学家一样，克鲁泡特金坚持从生物进化论到社会进化论的自然主义原则，认为人类社会并无独立于宇宙自然之外的生存和发展过程，它不过是自然进化的高级阶段，正如人类本身是动物高级进化的产物一样。因此，当考察了动物界进而考察人类的时候，他就自然地发现，霍布斯把原始人视作互相吞食的野狼的主张是“大错特错”的。实际上，即使在狼与狼之间也实行着互助。人类脱离了合群和互助，能生存下来的可能性更小，所以，团结互助对于人类的存续发展来说更为重要。克鲁泡特金认定，“互助法则”是一切生物包括人类在内的进化法则。他对人类社会的不同历史时期的考察就是为了证明这一点。

“互助本能”是克鲁泡特金关于人类互助行为理论的一个中心概念。克鲁泡特金宣称，从蒙昧人、野蛮人、中世纪及近现代人之间找出了一种天生的、不变的、共同的人性——互助本能，即人与人之互助互卫、患难相扶的本能。在他看来，互助作为人的一种本能，不是静止不变的，而是在人类进化的长河中存在并不断发展着的。他认为，在人类还处在最低级的几个阶段的时候，社会的本能便已经深深植根于他们的天性之中了。原始人有着固有的互助的社会本能，这种本能在长时间的进化中伴随着社会生活而得到发展。基于这种本能，在原始社会就已经有了十分优美的社会样式与伦理形态。一个蒙昧人能够在这个复杂的组织中生活，并且能自愿地服从和他个人愿望不断冲突的规则。他们共同生活在一起，共同劳动，互帮互助，患难与共。在这些最早的部落里产生的风俗习惯是人类各种制度的胚胎，而这些制度在以后便成了不断进步的主导力量。从蒙昧人的部落中，产生了野蛮人的村落公社，而一系列新的、范围更广泛的社会风俗习惯和制

① 参见［俄］克鲁泡特金：《互助论》，78页。
② 同上书，77页。

度，按照一定的原则，在村落联盟中发展起来。随着人类不断地向前发展，城市——地域单位——行会依次出现；这些组织的产生，在克鲁泡特金看来，其目的就是为了实现互助和互卫。因为这种互助的倾向是深深植根于人性之中的，所以它才能贯穿于整个人类社会的发展史。

克鲁泡特金指出，人类的互助本能是人类的道德的起点。他认为，道德是适应着人类的知识与生活方式而不断向前发展的，虽然在各个时代各部族中道德概念是不同的，但基于同样的互助本能，它们的道德原理却是一致的。原始人的伦理在大体上可以区分为两大类：一类是义务的，另一类是可愿望的。所谓义务的，就是指对于社会生活最重要的道德，所以带有义务的性质。例如，在部族内部的共同劳动和互相援助，给予一个需要帮助的人以最大的帮助，甚至不惜牺牲自己的财产和生命。所谓可愿望的，则是指在日常生活中随着个人的自由意志而行的。在克鲁泡特金看来，第一类道德要优于第二类道德。这两者都是从人类的社会本能，即互助的原理中衍生出来的。而且，人们的生活方式和认识水平虽然互不相同，不同历史发展时期的道德概念也各有异，但是这种道德的原则却是同一的，它们都是本着互助的原理树立起来的，保存着有利于社会生活的种种行为习惯，这一点对于所有时期和所有地区的人类来说，都是共通的。显然，克鲁泡特金的这一观点和达尔文"社会本能是一切道德所从出的共同的源泉"的思想，是一脉相承的。

不过，再进一步，克鲁泡特金从互助本能的观点得出了自由的无政府主义的结论。他认为，人类如果能顺应本能的要求发展，就能够建立和谐的社会生活，无须借助权威和强制，而没有权威、没有强制的社会才是保障人人自由的完美社会。现实的社会，其之所以还存在权威，仰赖政府，原因就在于两个弊害：一是国家，一是私有财产。由此，克鲁泡特金对资本主义制度作了尖锐的批判。他揭露了资本家剥削的贪欲，谴责私有制带来社会的恐慌，使广大劳动者陷于贫困。他特别责难资本主义社会道德堕落的现象。有鉴于此，克鲁泡特金提出，应该顺应人的互助本能，以各种社团的自由联合代替滥施权威的国家，以共产代替束缚自由的私有财产。反对一切权威，建立无政府的社会，取消私有财产，实行共产共有。这些观点在克鲁泡特金的思想中是融合在一起的，而主导思想是政治方面的无政府主义，他自己把它称之为"自由共产主义"。

就进化论伦理学本身的发展来看，克鲁泡特金仅从生物进化现象中找到了不同于"生存竞争"的另一种进化因素——互助性，并在此基础上演绎出他的伦理学体系，尽管有失偏颇，但在一定意义上弥补了达尔文主义伦理学的不足和偏颇。但他用"互助本能"这一共同本性来解释人类社会生活，在科学上显然是站不住脚的，因此他的理论同样也成为人们批判的焦点。

三、合作与竞争

合作在本质上具有人类互助性的特点，克鲁泡特金也并没有完全否认竞争。那么，在他的伦理学学说中，合作与竞争是什么关系呢？既然克鲁泡特金极力宣扬合作互助，那么，在人类社会生活中，合作究竟发挥着什么作用呢？

按照进化论的一般理论，人类的进化动力在于残酷的生存竞争，合作和互助只起着辅助的、不稳定的作用；生存竞争的原因在于人口滋生过度，而物质生产有限。马尔萨斯的人口律认为，人口是按照二、四、八、十六的积数等级增加的，而食物则是按照一、二、三、四、五的基数来增加的。以有限的食物供无穷的消费者，岂能不起竞争？于是，有力者得食，无力者饿且死。克鲁泡特金反对这一理论。他指出，迄今为止，人类发展史上还从未有过食物不敷的时候，而且随着科学的发展，物质的生产将更加丰富。克鲁泡特金的这一辩解难免有失，但他辩解的目的却是一以贯之的，那就是：合作，而不是竞争，推动着人类社会的发展。

首先，合作通过培养合作者之间的团结互助精神，使人类在经济关系上达到更和谐的境地。克鲁泡特金在对英国、荷兰、丹麦、俄国的合作组织、友谊团体、秘密互济社团、乡村和城镇的医疗互助会、制衣和殡葬互助会，尤其是“救生船会”等类似组织做了详细的考察后指出，大量技术熟练、生活节俭的家庭往往会以合作社或互助社的形式创造某种协会，相互帮助，救危济困，以增强抗拒困难和危险的力量。人们的合作互助为经济的改善提供了有效的途径，同时也培养了人们良好的品德。他们通过合作的制度来经济、有效地安排集体经济生活，合作使得这一做法不断扩展和变得强而有力。处境最艰难的人通过财富的联合与互相帮助能够以多种方式来克服贫困的压力，改善生活状况，促进社会的发展。

同时，克鲁泡特金也看到了在人类社会发展中竞争的事实存在及其造成的危害。单单是一次战争在当时和以后所造成的罪恶，就可能超过互助这个原则几百年无休止的活动所造成的善举。但是，人们发现，在动物界中进步的发展和合作互助是齐头并进的，而物种内部的竞争则是和倒退的发展相伴随的。就人类来说，甚至在竞争和战争中所取得的胜利也是和每一个参与冲突的国家、城市、党派和部落中的合作的发展成比例的，而且在进化的过程中竞争本身也是为国家、城市或氏族内部的合作达到进步的目的服务的。由此可见，互助作为进步的一个促进因素具有压倒一切的影响力量。正是互助的实践和它的连续发展，创造了人类能在其中发扬其艺术、知识和智慧的社会生活条件。克鲁泡特金说，“以互助倾向为基础的制度获得最大发展的时期，也就是艺术、工业和科学获得最大进步的时期”[①]。克鲁泡特金反对那种把19世纪工业的突飞猛进归结为个人主义和竞争胜利的主张。他认为社会工业的发展有着更为深远的根源，那就是人们之间的共同协作。他说，“如果我们把这个世纪的工业的进步归功于现实所宣称的个人对整体的竞争，就如同不知道下雨原因的人把下雨归功于他所供献给泥偶像的牺牲一样。工业发展方面，也和其他方面征服自然的行动一样，互助和紧密的联系肯定是、也一向是比互争更有利得多”[②]。

事实上，无论什么时代，社会的存在和发展，离不开合作和协力。现代社会的一切优越的知识、发明、便利，无一不是社会共同生活的结果，都是社会全体分子之合作、协力造成的；而且，社会愈进化，个人的孤立的生存愈成为不可能，人们间的关系也就愈加密切，彼此依赖愈深。这期间，社会的感情，即互助之本能当然愈加发达，这就推动着道德进入一个更高的阶段。这个阶段是以社会互助本能为基础，同时又超越本能的，而且，当同情与仁慈等感情逐渐随着互助生活而发展时，道德阶段也就以同比速度向前进化，进化的结果就是道德规则的产生。在这种规则的基础上，就存在着正义和公平的观念。这就是初步的道德，日常的道德，为各个人类社会之存在所不可缺少的道德。

四、正义和利他主义

如上所述，在克鲁泡特金这里，互助是道德的第一原理。互助的根本之义就是承认人皆有生存之权利，而要保证人人都有生存权利，就意味着人在最初必定要平等，即人人彼此一样，而无天生高下之别。因此，在这种平等观念的基础之上就引发出正义的概念。这表现出克鲁泡特金与斯宾塞思想的不同之处。斯宾塞主张，只要正义，不必平等；而克鲁泡特金认为必须以平等为基础，才能有正义，换言之，正义是建立在平等的基础上的，没有平等，就谈不上正义。所以，在克鲁泡特金的思想体系中，互助为第一原则（所谓互助，是以平等的生存权为基础的），正义为第二原则，由正义而演绎出的宽容大量和自我牺牲为第三原则。

关于正义的观念，早在古希腊的道德思想中就有所表述。依克鲁泡特金所见，以往古老的见解虽然涉及了行为正当性问题，但是，它们并没有真正认识到正义的本质和来源。如有人认为正义存在于功用（即对于个人的社会的利害关系的考量）之中；有的则认为正义乃是人所固有的神秘力量。克鲁泡特金认为，前者根本不懂正义的概念，即道德的概念；而后者又对自然界的事实过于无知。他指出：第一，道德观念来源于道德感情，道德感情要比一切功利的计较高深丰富

---

① ［俄］克鲁泡特金：《互助论》，262页。

② 同上书，264页。

得多。人类互助的社会生活产生了同情、怜悯、仁慈的深厚感情，正义的概念就存在于这种道德感情之中，而非功利的考量之中。第二，人类的道德感情与动物的道德感情是同质的，只有程度高低之分而已。克鲁泡特金认为，正义是人固有的本来的东西，但它的终极根源不是来自上天，也并非宗教或形而上学，它是动物从长期社会生活中自然地积累起来并遗传下来的固有感情。它活动的方式就是平等。

关于正义观念的起源和发展，克鲁泡特金作了精彩的论述。他认为，道德观念的进化与物种组织的进化是相辅相成的。在人类的蒙昧阶段，就产生了最初的正义（公正）观念，即血仇血报。所有的人都认为，血仇必须要用血来还。如果有谁被杀了，凶手必须偿命；如果有谁受伤了，伤人者也必须流血。这种同态报复原则是没有例外的，这就是原始人的公正观念。他们把每个人的行为都看作部落的事情，以眼还眼、以牙还牙、以血偿血的报复行为是他们对自己部落应尽的道德义务。随着组织的进化，法律和权利成为少数权威的需要。人们对维持和平、树立正义的愿望，使他们获得了自己的权力。“在部落时期养成的正义观念——对损害进行适当的报复——现在像一根红线似的贯穿于以后所有制度的历史中，并且比军事和经济的原因更重要的多，它变成了国王和封建主的权威基础。”① 正义的观点随着社会的进化而不断发展。克鲁泡特金的这一观点有它的合理性，表现出他的伦理学的积极意义；但是他同时又认为，无论在社会发展的何种阶段，正义的内涵都是一致的。因为第一，正义的根源来自人类的互助本能；第二，正义的基本要求是平等，即生存平等、报偿平等；第三，正义观念的进化与物种组织进化相辅相成。这种解释的每一条都是抽象的，脱离社会实际生活和历史发展的，因而同他的无政府主义一样是消极的。

值得注意的是，在斯宾塞激烈批判纯粹利他主义几十年之后，克鲁泡特金又回到了那一点上。他认为，在正义之外，还存在着道德的第三要素，也就是互助伦理学的第三条原则：自我牺牲的纯粹利他主义。

克鲁泡特金认为，人并不是仅有着非常强烈的利己倾向的动物，他的天性并非除了自身的利害以外就不会想到别的一切。因为如果事实真是这样，那么人决不会营社会生活了，社会的进步也是不可能的了。克鲁泡特金并不是一个性善论者，并不否认人的利己倾向，他认为，无论何种行为，如果它不能给人以某种满足，人决不肯去做，在一定时间里人们都是向着会得到最大满足的方向而行为的。但是，他仍然坚持认为，在人类中间除了这种利己的本能外，还有一种社会

---

① ［俄］克鲁泡特金：《互助论》，146 页。

的本能。这种社会的本能乃是亲子间的感情，乃至兄弟姐妹及同伴的感情的扩大。有了这种感情，每个人在满足自己的需要外，还要无报酬地给予他人。因为人类不营社会生活，就无法生存。所以，利他的本能就逐渐发展到一定高度，远远超过了利己的本能，以至比后者更强固，更恒久。他认为，这种行为就是自我牺牲的纯粹利他行为。克鲁泡特金认为这种“自我牺牲”就是生命的完满。他甚至对这种“自我牺牲”的利他精神，不分什么内容地一概誉为“包含着人类心灵的精髓”。在他看来，人心中的自私情感抵抗不住互助的情感，因为这种情感是几千年的人类社会生活和几十万年人类出生以前的生物世界所培养起来的。

当然，克鲁泡特金也没有完全忽视现实生活与他的理论相悖之处。谈到社会生活种种见死不救、见义不为的现象，他是这样解释的：人类是他先天的本能和教育的产物。在那些具有自我牺牲精神的人中间，有着一种休戚与共的情感，而生活环境培养了他们英勇的精神；相反，在那些漠不关心的人之间，没有共同的利益，而且，教育也往往是苍白无力的。也就是说，自我牺牲的纯粹利他主义有两个根本的动因：互助本能和后天教育。克鲁泡特金的伦理学力图向人们证明：幸福并不在于个人的快乐，也不在于利己的或最大的欢喜；真正的幸福是从与民众共同为着真理和正义而奋斗中得来的。

综上所述，进化论伦理学者们虽然都在不同程度上批判和矫正了英国近代功利主义的道德学说，但从根本上看，他们并没有最终脱离功利主义伦理学的传统。事实上，他们大多精心于论证利己主义与利他主义的相互协调，并提出了各自有所侧重或不同的见解，但归根结底，又绕回到功利主义或情感主义的老路上来。斯宾塞反对霍布斯的极端利己主义，主张实行利己主义和利他主义的和解，但最终仍偏向于以利己主义为出发点的社会功利主义。克鲁泡特金的社会进化论伦理学则与之不同，他主张道德的基础在于社会正义和人与人之间的天然的互助关系，并以此为基点，提出纯粹的利他主义道德原则，以求实现所谓真正自由的社会主义伦理思想。但是，他的伦理学说一旦与他的无政府主义思想联系在一起，就难以同利己主义、个人主义完全脱离掉关系。

思考题：

1. 试论在达尔文伦理思想中，进化与道德的来源、发展的关系。
2. 简述赫胥黎的“两个过程”的伦理思想，以及它与达尔文相关思想的比较。
3. 简评斯宾塞关于利己与利他的道德观。
4. 试评互助论伦理思想。

参考文献：

1. [爱尔兰] 贝尔纳. 历史上的科学. 北京：科学出版社，1981
2. 达尔文生平. 北京：科学出版社，1983
3. Gasman：*The Scientific Origins of National Socialism*，Macdonald，London，1971
4. Pannekock：*Marxism and Darwinism*，Charles H. Kerr &Company Co-operative，Chicago，1912

第十三章 实用主义伦理思想

集体的能率和力量的最好的保证是解放和利用创造、设计、先见、气力和坚忍中所存在的个人的种种能力。

——约翰·杜威

自我有这样一种性质，像个性的任何一方面一样，表现了深远的遗传和社会因素，不把它和普遍的社会升华联系起来，就不能够理解和掌握。

—— 查·霍·库利

百余年来，作为一个年轻的民族，美国通过对欧洲大陆民主传统的继承，对清教精神的弘扬，逐渐形成了它丰富而充满活力的民族文化精神。美国伦理思想同样是继承和环境交互作用的产物。以继承而论，美国继承了以英国为主的欧洲的伦理学传统；以环境而论，辽阔的土地、独立流动的气氛，以及乐观进取的精神等，为美国伦理思想注入了鲜明的美国特征。随着美国现代政治经济的发展，这一伦理思想越来越成为西方文化阵营中最重要的组成部分。

第一节　欧洲传统和美国精神

美国文化和美国精神的渊源在欧洲。美国哲学天然地受惠于英国近代经验主义、特别是功利主义的滋养，它追求的是一种永恒运动和变化的价值。清教主义也是美国哲学的来源之一。美国精神是继承和环境交互作用的产物，来自欧洲的源远流长的传统文化与美国独特的整体环境一起，造就了美国社会的整体风貌，决定了美国人的性格，培育了独特的美国精神。这种精神的核心是个人主义。

一、欧洲传统与美国化

美国学者康马杰说："美国不仅继承了英国的传统，也继承了欧洲的传统。美国是英国的产物。……美国的文化和制度的渊源可以追溯到希腊、罗马和巴勒斯坦……美国人所保持的国家、教会和家庭的基本制度以及他们所珍惜的基本价值观念都表明了这种悠久的来源和关联。"①

美国旧移民时期"五月花"号

来到美国的移民从欧洲大陆带来了资本、探险和开拓精神，同时也带来了欧洲传统的古典哲学和伦理价值观念。美国文化的发祥可以追溯到欧洲的文艺复兴运动。14 至 16 世纪文艺复兴的核心是人文主义。它把人看作世界的主人，看作个人命运的主人，肯定和赞扬人的创造精神和自由意识，崇尚理性，重视科学与教育。人文主义使哲学、文学、艺术、科学与广泛的现实生活紧密地联系起来，

① ［美］H. S. 康马杰：《美国精神》，4 页，北京，光明日报出版社，1988。

并极大地推动了个人进取精神，这成为美国文化的出发点。清教主义的精神、经验主义的生活方式，以及理性主义的人生哲学，这些成为美国文化的历史传统和理论来源。

然而，这种继承是高度选择的继承。移民们来到了一个全新的世界。这里土地辽阔，便于流动，充满了独立的气氛，崇尚乐观进取的精神。在欧洲，有着悠久的封建主义和民族主义传统，而这些对于美国而言都是陌生的。在美国，由于在工业革命时期已经形成了比较成熟的民族精神和性格反差强烈的地方性，因而地方性的传统渐渐失去了影响力。美国人种族血统异常复杂，气候和土壤条件各地不同，从而形成了鲜明而稳定的民族性格。早期移民从欧洲带来的传统文化在这样的环境中毫无例外地美国化了，而且这种演化逐渐变得越来越彻底。古典的欧洲文化在传统上依赖少数人的不朽伟绩，贵族文化一直占据着欧洲文明的领袖地位。而在美国较新的文化中，更多的是寻找多数人殊途同归的发展途径。相对于喜欢详细阐述"真理"的欧洲人，美国人更感兴趣于详细讨论经验。这使美国人在政治上极善于吸取经验，改造自我；在科学上注重实验和应用；在经济上追求利润；在文学上少浪漫主义而多现实主义。与英国人研究"共相问题"相比，本杰明·富兰克林从不参与学术争论。在他看来，如果他的观点是正确的，就不难从别人的实践中得到证实；如果他的看法不正确，就不可避免地被时间所摒弃。他以这一简单而质朴的思想成为美国人心中的思想家。他的《穷查理的历书》和韦伯斯特的《读本》以及托马斯·潘恩的《常识》完全取代了晦涩艰深的哲学书，进入了社会实际生活，奠定了美国文明的基础。

美国哲学天然地受惠于英国近代经验主义、特别是功利主义的滋养，但它不再试图寻求固定不变的规则，不再只追求可见的物利，它追求的是一种永恒运动和变化的价值。这种价值崇尚新奇、偶然、创造和进取、冒险，这与欧洲贵族绅士的道德风范显然是格格不入的。清教主义也是美国哲学的来源之一，但是，美国的清教主义已经不是16、17世纪英国意义上的清教主义了。它不再是一种神学思想，而是渗透了世俗思想；它不再是一个教派的挑战，而成为哲学的工具。这同样是美国化的一个重要内容。罗杰·威廉斯领导的清教运动，以及清教徒们在北美艰苦环境中培养和发展起来的面对现实、注重实际的精神以及勤俭的生活作风，对美国人民生活方式的形成以及美国文化的形成产生了深远的影响。

北美清教徒居住在荒芜之地，他们远离学术研究的中心，每天面对的是生存的巨大压力，这使他们无暇参与学术细节的辩论和浸入"乌托邦"的幻想。他们提供给人们的不是书本理论知识，而是丰富的亲身经历，这使得"美国人对全人类所作的启示不是空洞的告诫而是实际的行动，不是口头的教诲而是如何生活的楷模”。在这里，人们急于要做的不是争论教义而是建设天国。早期的美国人在开拓荒野、开发西部的过程中，逐渐形成了外向、冒险、进取的性格和强烈的自我意识。本杰明·富兰克林能干的“商人态度”就是通过衡量由诚实和苦干得到的物质成功来看待人的价值，正是这种态度使富兰克林如此典型地代表了他的时代，并受到后人的爱戴。此后，从法国和德国传播来的“灵魂自有”的民主哲学以及孵生的“大觉醒”运动，带来了人们的思想解放，使民主、平等、自由的观念深入人心，也使宽容成为美国文明的重要内容。就这样，启蒙运动在美国平静而普遍地进行着，它把对立的事物融为一体，融会了清教主义的美德，排除了它的虚无，融会了启蒙运动的智慧而不流于激进。

正如美国学者康马杰所总结的那样，欧洲传统文化在美国遭遇的本土化是大有教益的。这类文化要为人们所接受，就必须从旧世界的繁琐费解的语言中解放出来，符合美国人的现实经验。美国人在新世界实现了自由，唤醒了自我意识，他们的哲学就必须容许打破常规和提倡民主，必须容许进行试验和创造；他们是讲求实际的，他们的哲学就必须有功利主义的目的；他们是一帆风顺的，他们的哲学就必须容许发挥自由意志和经过努力取得报偿；他们是质朴率直的，他们的哲学就必须避免高深莫测的细微思辨。① 随着移民的大量涌入，环境的变化要求人们更加有效地应付客观现实，以实事求是的态度对待一切。这样，在美国，自然科学和应用科学迅速地发展起来，求实精神更加浓厚。可以说，美国人是一个“新人”，带着新的思想，依据新的生活准则，过上了新的生活。

二、美国精神的特征

美国精神是继承和环境交互作用的产物。来自欧洲的源远流长的传统文化与美国独特的整体环境一起，造就了美国社会的整体风貌，决定了美国人的性格，培育了独特的美国精神。

美国个人主义在不同历史时期，有着不同的含义。在殖民时代，强调反抗束缚、控制和压迫，追求个人自由；独立革命时期则倾向于“个人的自由平等和尊严”；拓荒时期冒险的个人主义，其主要特征是自主冒险和不断地改变自己命运的愿望，锻炼和塑造了美国人敢于冒险，不畏艰难的顽强性格；等等。虽然个人主义的核心概念随着历史的发展而不断变化，其核心内容却始终如一，这就是：每个人都有权利和自由选择自己的生活，个人的尊严和价值应受到尊重。托克维尔说，美国个人主义是民主主义的产物，是身份平等的结果，是对贵族等级制度的否定和超越。他们认为，个人是社会和历史的中心，每个人都有一种不可估量

---

① 参见［美］H. S. 康马杰：《美国精神》，35 页。

的性格和无限的可能性，每个人都应该充分实现自己的潜能，展示最充分的自我。爱默生的“按照自己的本能生活”的宣言，已经深入美国人的心灵，成为其人格的一部分。他们尊重个性，崇尚自立。个人主义好比在一幕戏剧中给每个人都安排了一个主角，让他们在实现自己认为最有效的活动中自由发挥，努力表现，并承担责任。它否认人可以无条件地依赖上帝和大自然，而认为一个人的成败取决于自身的努力。它强调个人的特立独行，而不是百般屈从，并鼓励他将自己的信仰付诸检验。

美国人虽然是个人主义者，但并不妨碍他们从事合作事业。他们为某种共同的目的而联合起来，组成各种联合会。他们在保持个人独立的同时，也在致力于使不稳定的社会保持稳定，使无序变得有序。这也说明“他们对共同事业取得成效充满信心，对人们制定自己的制度的能力充满信心，对博爱和民主的威力充满了信心”①。

平等自由是美国夸耀于世界的“民族特点”。在创业之初，几乎所有的美国人除了力量和坚强的意志之外都一无所有，因而，家庭出身和承袭的社会地位变得无足轻重。在19世纪，平等的观念就已渗透到美国人的生活和思想领域，他们的行为、工作、娱乐、语言和文学、宗教以及政治，无不体现着平等的观念，现实生活中的各种关系无不受到这种观念的影响。在美国，平等首先是社会性的、文化性的和心理上的，此后才是经济上和政治上的。美国的典型集会，无论在什么地方，人们都能以平等的身份参加；职位的高低变迁更多地取决于本人的能力，而不是由先前的社会地位决定；公立学校不分高低贵贱，人人都可以入学；体育运动的规则受到最大限度的尊重；等等。平等观念使人与人之间的关系减少了许多无谓的形式和程序，变得随和、融洽而诚恳。

美国有着与欧洲不同的自由观念。康马杰说美国人在新世界找到了自由，因而他们的哲学必须容许他们打破常规，实现民主。美国人的自由精神和美国的历史一样在不断地发展。相对于欧洲“做自己想做的事”的自由观，美国的自由是思想上和精神上的自由，也是政治上的自由。这种自由精神表现在美国人对权威的蔑视，对既定规则的怀疑和破坏，对民主的追求。在美国人心中，自由是天赋的、神圣不可侵犯的权利。“不自由毋宁死”是每个美国儿童都熟记的宣言。但这种自由是以尊重他人权利为条件，以“服从法律”为前提的。美国人对法律的尊重是公认的，他们认为只有在他们的国家，宪法才是至高无上的法律。对自由的崇尚与对法律的理性遵从在美国人身上实现了统一。

① ［美］H. S. 康马杰：《美国精神》，28页。

美国的文化同样是物质性的。美国的创业史使人们坚信，坚忍不拔加上勤劳，终会使人获得成功。他们的信条是艰苦工作，并认为偷懒是一种罪恶。崇尚节俭和勤奋的观念，大大激发了人们无止境地创造财富的“获取之欲望”，从而成为资本主义经济成长的“精神刺激”。富兰克林告诫年轻人，时间就是金钱。如果一个靠劳动一天挣十先令的人，用半天时间到处闲逛或无所事事，那么，他就等于扔掉了五先令。节俭和勤奋极大地影响着美国人的生活态度，如美国社会对继承家产的百万富翁不屑一顾，而对白手起家者推崇有加。一个出身贫寒卑微的男孩儿，依靠诚实、勤奋和简朴，走上了富裕之路，赢得了社会的尊重，这种“美国梦”所传递的主旨精神，从来都被誉为美国精神的经典。

此外，美国人的乐观进取、冒险、富于创造、规则意识等特征都像印记一样，使他们明显地与其他民族区别开来。它们和上述的“民族特点”一起构成了美国精神的基本内容，塑造着美国人的气质。正是从美国精神的根基上，生长出了美国本土的文化和哲学。和欧洲人对绝对、原因、目的、第一原理、抽象和严密的兴趣与探索热情相比，美国人赞赏的是多元、不确定性、切实可行、通情达理、冒险精神和机动灵活。美国人继承了经验主义的思想，用效用消解学术争论，以权宜之计取代形而上的思辨，以自由意志反对宿命的思想。他们相信经验的确定性，崇尚实践效用。美国的哲学实用主义就是美国精神的浓缩。实用主义的特点是切实可行、民主作风、个人主义、机会主义、天然不事雕琢，乐观进取，所有这一切都同美国人的气质一拍即合。美国精神培育了美国的哲学，而美国哲学又拨开了神学、形而上学和宿命论的迷雾，让常识的温暖阳光激发美国精神。“从某种意义上说，美国过去的全部经历为美国哲学的诞生做好准备，如今又为它的存在提供基础和依据。”①

第二节　个人主义道德观

美国个人主义道德观同样来源于欧洲道德哲学。个人主义的思想萌发于15世纪意大利文艺复兴运动。人道主义者在反对封建神学统治的过程中提出了张扬人性，解放个性的口号，从而为个人主义打开了由神走向人的第一道缺口。到16—17世纪，英国资产阶级革命时期的思想家们明确地提出了个人与

---

① ［美］H. S. 康马杰：《美国精神》，142页。

社会、肉体与灵魂、利己与利他的关系。霍布斯提出了人的本性是利己的这一个人主义的重要命题。孟德维尔则论证人的私心不仅是必然的而且是有益的，这标志着个人主义作为一个思想价值观念已经基本形成。后来经过18世纪法国启蒙思想家们的进一步论证和宣传，个人主义逐步成为欧洲资本主义社会占主导地位的价值观念。然而，在欧洲萌发和开放的个人主义的思想之花，却在远隔重洋的美洲大陆结出了丰硕的现实之果。18世纪以后，是美国而不是其发源地欧洲，成为个人主义最理想的实验基地和最广阔的表演舞台。西方学者也一致认为"个人主义是美国文化的真正核心"。纵观个人主义在美国产生、发展的历史，可以清楚地看到，它经历了由经济个人主义到伦理个人主义的转变，历经超验主义的个人主义体系的长足发展，直到新个人主义的提出这一历史发展过程。

一、伦理个人主义

英国工业革命使经济法则迅速地侵入社会生活的各个领域，促成了道德价值观的转变，使经济个人主义转向伦理个人主义。首先，它将个人的追求转向世俗社会，将重心从农业转向工业，从而瓦解了顽固的封建主义财产观。但个人的私有财产观念还是保留了下来。这种个人观念在资本主义时代以天赋权利的名义得到了进一步的发展。早期的经济个人主义有明确的信条与功能。它寻求从法律的束缚下解放人的需要，鼓励个人的谋利动机和行为。它相信这种解放将激发人们的潜在能量，使个人工作的努力程度和他应得的报酬结合起来，使个人的才能得到比较合理的发挥，并且通过个人的努力和服务于他人，促进社会的普遍利益。这种经济个人主义，在亚当·斯密的伦理思想中得到了经典的表述，这就是：在社会化生产和市场经济中，由于看不见的手的作用，每个追求自己的利益的行为，往往能更有效地促进社会利益。这一思想至今在西方经济伦理思想中仍然有着深刻的影响。

从经济个人主义转向伦理个人主义，经过了漫长的道路。实际上，这种伦理范围扩大，是伴随着资本主义经济发展的迫切需要，要求个人发挥积极性和创造性，发挥个人的进取心和展现个人的活力，在各方面都能适应新经济体制的需要。在道德上，它主张重视个人价值、个人权利、个人需要，同时要求个人尊重他人追求幸福的权利。这种伦理的个人主义在18世纪的欧洲得到了广泛的发展，在英国、法国和德国，都形成了系统的理论或道德哲学体系。杜威对这种历史性变化概括说，"在现代商业所到的地方，一切权力已由土地转移到金融资本，由乡村转移到城市，由农场转移到工厂，由基于私人的忠顺、侍奉和护卫而得来的社会名位转移到基于物质交换和劳动支配而来的社会名位上去。政治重心的转移从阶级和习惯的羁绊解放了个人，而产生出自愿选择重于上级权力的政治组织。换句话讲，近代国家已非天工而是人事，已非至上原理的必然的表现，而是男女自身的欲望的实现手段”①。这就是政治个人主义产生的必然性的社会背景。与这种政治个人主义相伴，产生了宗教的和道德的个人主义。

实际上，与美国独特的地理环境与历史条件相结合，美国早期伦理个人主义的产生有着具体而独特的过程。19世纪的美国，由于经济、政治上的巨大变化，新的社会发展方向在确定的历史条件下，一开始就显示了它的典型资本主义的制度特征和个人主义精神。首先是拓荒时期冒险的个人主义，其主要特征是自主冒险和不断地改变自己命运的愿望。19世纪长达半个世纪向西开拓的历程，锻炼和塑造了美国人敢于冒险、不畏艰难的顽强性格。美国历史的真正基点是辽阔的西部和西进疆界，它是野蛮蒙昧与文明开化的交汇点。持续不断的西部开发运动赋予美国人以一种合成式的民族特点，而这一点又形成了他们的政治体制，并推进和发展了民主与个人主义。哈佛大学教授内森·格莱泽（Nathan Glazer）指出，“个人主义的积极形象强调美国人是拓荒者，他向荒原迁移，与蛮夷做伴，用步枪和斧子独辟蹊径”，他给个人主义描绘的积极图画是，“它给人以机会，赋予自由，鼓励多样性”②。杜威则把这一时期的个人主义称之为旧个人主义，他指出，“在美国，旧个人主义采取了罗曼蒂克的形式”，“实际情形的需要呼唤着在所有迫切的工作中发挥个人的首创性，进取心与活力，而个人的活动又促进了国家生活”③。也正如恩格斯在1886年的一封信中所说，“这里每一个人如果不能成为资本家，也一定能成为独立的人，可以用自己的资金从事生产或商业，由自己承担一切责任”④。

个人主义的发展是美国资本主义历史发展的必然。但对这种个人主义的认识却成为此后思想家们孜孜探求的问题。19世纪30年代，当法国政治思想家托克维尔（1805—1859）访问美国时，个人主义对他来说还是个新词。他在《论美国的民主》一书中说：“个人主义是民主主义的产物，并随着身份平等的扩大而发展。”⑤ 又说，“个人主义（individualism）是一种新的观念创造出来的一个新词。

---

① ［美］杜威：《哲学的改造》，23页，北京，商务印书馆，1989。
② ［美］卢瑟·S·利德基：《美国特性探索》，126～127页，北京，中国社会科学出版社，1991。
③ ［美］杜威：《新旧个人主义——杜威文选》，84～85页，上海，上海社会科学出版社，1997。
④ 《马克思恩格斯全集》，中文1版，第36卷，481页，北京，人民出版社，1974。
⑤ ［法］托克维尔：《论美国的民主》，下卷，626页，北京，商务印书馆，1988。

我们的祖先只知道利己主义（egoism）”[①]。然后，他对个人主义和利己主义作了区分，认为“利己主义是对自己的一种偏激的和过分的爱，它使人们关心自己和爱自己甚于一切。个人主义是一种只顾自己而又心安理得的情感，它使每个公民同其同胞大众隔离，同亲属和朋友疏远”[②]。

托克维尔在《论美国的民主》一书第八章中，用了这样一个标题：“美国人是怎样以‘正确理解的利益’的原则同个人主义进行斗争的。”托克维尔在这里着重说明了美国人赖以做到这一点的一般原理，这个原理就是“正确理解的利益”。什么是“正确理解的利益”？这就是：每个人为他人服务也就是在为自己服务，个人的利益在于为善。这个原则不是以达到伟大目的为宗旨，而是要达到自己所追求达到的一切。这个原则虽然不足以使人养成美德，但是它能使公民自我克制、温和稳健、深谋远虑、严于律己。推行这个原则虽然不能出现太多的德行，但是它会使恶行减少。这个原则可能使少数人的德行下降，但它却可以使整体道德水平上升。托克维尔认为，“正确理解的利益”这个原则是一切哲学学说中最符合当代人的需要的理论，当代的道德家应当注意的主要是这个理论，即使它还不够完美，也应把它视为必要的加以采纳。

托克维尔的意思是用合理利己主义代替个人主义。他比较赞赏美国人公开主张利己主义的坦白，而对法国人口头上反对利己主义实际上奉行利己主义的虚伪感到厌恶。他认为，世界上没有任何力量可以阻止日益发展的身份平等，不能阻止人们追求功利和囿于自己的小天地。因此，他认为，必须承认个人利益即使不是人的行为的惟一动力，至少也是现有的主要动力。当然还要有个人对利益的正确理解。托克维尔经过对美国的考察，得出了这样的结论：“我不认为美国人所宣扬的‘正确理解的利益’的原则的所有组成部分都已明明白白，但是，其中所包含的大多数真理都是清清楚楚的，只要对人进行启发教育，人人都可以理解。可见，只要不遗余力地进行教育就可以了，因为盲目的献身和本能地为善的时代已经成为遥远的过去，而自由、公共安宁和社会秩序本身通过启蒙和教育可以实现的时代即将来临”[③]。

一般说来，个人主义是与18世纪的资本主义相适应的。在比18世纪欧洲资本主义更典型化的19世纪的美国，个人主义与特定的历史阶段和自然环境相联系，充分发挥个人积极性和创造性，发挥个人的进取心和活力，大大推动了社会及国家生活，这不能说个人主义完全不适应社会而成为消极的东西。

---

①② ［法］托克维尔：《论美国的民主》，下卷，625页。

③ 同上书，655页。

二、超验主义的个人主义

爱默生

当美国正高举个人主义的旗帜胜利进军之时，美国出现了这一新思想最杰出的代表，那就是爱默生。在爱默生这里，个人主义超出了政治、社会和经济的范畴，进入道德、哲学和形而上的层次，从而被铸炼成了一种民族的文化精神。因此可以说，爱默生的个人主义代表着美国个人主义发展的最高辉煌。

19 世纪美国文艺复兴领袖拉尔夫·瓦尔多·爱默生(Ralph Waldo Emerson，1803—1882）是美国近现代思想史上的中心人物，其思想代表了美国文化的精髓，因而也是了解美国伦理文化的钥匙。爱默生的思想代表了一种新的世界观，它是对 18 世纪牛顿的世界物质性的宇宙观念的一种反抗。在 19 世纪上半叶，诞生已近半个世纪的美国，开始向西部扩张，正在大踏步地走向工业化，爱默生以其先知的敏锐洞察现代工业文明下人在精神上的异化，看到了当时资本主义工业化和社会大生产已经开始拉平和吞没个人。而且，随着美国民主进程的发展，出现了民主制中多数专制对个人的压迫。对此，爱默生叹息说，人一度被精神渗透，并且使自然为人类的精神所浸染，人的身上迸发出太阳和月亮，可现在，人却成了太阳和月亮的追随者。但他对人的未来持乐观的态度，他满怀信心地预言：如果人类能够让精神实现对灵魂的救赎，那么“自然中的肮脏与污秽都将被太阳晒干，随风而逝”，他就犹如一个“失明的人渐渐恢复完好的视觉”。从欧洲移植过来的僵化的加尔文教及其清教精神已经不能承担救赎灵魂的使命，要满足当时人们精神的需要，就必须寻找一种新的思想和新的精神。

爱默生发起了一场观念革命，向世人宣布：“我要重新掂量一切”①。他要对既定价值进行一次全面的批判，把被束缚的思想解放出来。他要用全新的眼光观察世界，用个人的活的灵魂衡量事物。他告诉人们：“相信你的直觉，学会把你周围的一切，把观念体系，把你所有读过的文字，把你目前行程中的伙伴，都视为可能有用然而却会变化的形式，适合的便是有益，奴役心灵的便是有害。”②爱默生对加尔文教进行了批判，他认为宗教不能成为道德的基础，而道德却是宗教的基础。趋善抑恶的道德是一切宗教的本质。道德是对人而言的，上帝是在人之外的，因而也是在道德之外的。世界是为人而存在的，不是为上帝而存在的。只

①② “Circles”，Selections，p. 176，转引自钱满素：《爱默生和中国——对个人主义的反思》，2 页，北京，三联书店，1996。

有当人成为被关注的中心，道德真理才可能成为宗教的本质。他反对把上帝人格化，反对把上帝描绘成控制人类的绝对权威。对人来说，上帝也就是真理、生命、良心、道德理想、自我的必然和纯粹精神，而上帝作为一种道德体系，“它向人们展示真理，而这真理正是他们自己的理性；它责成行动，而这行动正是他们自己的判断”①。爱默生在肯定了上帝万物皆爱又无所不在的同时，认为人心与宇宙之间有一种对应关系，而宇宙则是人洞察神圣的一种意象，人凭内心的体验就可以认识自然和历史的真理，并因此倡导人的自主独立精神。爱默生思想的宗旨是反对一切教条，相信活的灵魂，其本意就是使宗教变为纯个人的伦理，从以上帝为中心变为以个人为中心；从依赖人类变为个人自立。

由此，爱默生建立了超验主义的个人主义体系，他强调个人的主观精神，并将个人从经验的层次上升到超验的层次。一个人衡量自己的尺度不再是其他人，而是潜在于他自身的抽象的个人。爱默生强调了个人的四个方面：神圣性、特殊性、个人的无限潜能和个人的自足以及自治权。爱默生坚持认为，把个人视为社会和历史的中心，每个人都有一种不可估量的性格和无限的可能性，他号召个人在各方面都充分实现自己的潜能，尤其是智力的潜能，实现最充分的自我。个性又是一个人的价值所在，因此无论何时，他都不应该牺牲自己的特性去迎合社会，只有这样才能不被社会所奴役和吞没，而保持大写的人的精神品格。他相信“如果一个人毫无畏惧地按照自己的本能生活并坚持下去，这庞大的世界将要为着他”②。随着个人成为他自己的主人，他必须成为一个独立的、有尊严有价值可完善的道德使者，这就意味着他必须是一个自立的人。

自立是爱默生伦理思想的精髓。他以自立思想宣告人对上帝的独立，人对社会的独立。一方面，自立把人的真理置于上帝的真理之上，为后宗教社会提供了信仰的选择；另一方面，自立又寄希望于个人，以与专制制度抗衡。自立包含着个人的自足和个人的自治。这一点是美国开拓西部时产生的边疆个人主义的独特品格。在边疆，文明人被置于半野蛮的境地，孤身面对荒蛮的大自然和印第安人。他们远离社会，必须完全靠自己的努力来获得生存的权利，自足、不依赖成为他们必需的生存条件和基本的精神品格。在这个从头开始的社会，人们还逐渐形成了一套自己的道德法规去适应那里的形态，自己成为执法人，而不是寻求政府或权威者的裁判。以自己愿意的方式来生活，这是个人最根本的自由和权利。因此，爱默生认为，只有基于自立，人才能在精神上从有形无

① 转引自钱满素著：《爱默生和中国——对个人主义的反思》，23 页。

② 同上书，209 页。

形的各种桎梏中解放出来，其中包括上帝、教会、政府、历史、形式、陈规、习俗等。能自立，人就可以不去盲从任何既有的规范、教义和原则。爱默生反对加尔文主义，即人类彻底堕落，无望被拯救；同时也反对美国的工业化把人变成非人，使人失去个性，变得雷同。他认为，人要贴近自然就必须去除非本真的生活方式——即依赖性的生存方式，这也是他强调自立的原因。他认为个人是社会的最重要的成分，社会的新生只能通过个人的新生、个人的自我完善和提高而完成，最为理想化的人是那些自立的人。至于自立原则与上帝原则的悖论，爱默生从超验主义之中找到了解决的办法，他说："上帝就在你的心中"。他既肯定了上帝是最高原则，又肯定了个人对上帝的虔诚所能达到的高度。这样，他就在尊重个人价值与现实生活的同时，又融进了个人灵魂与上帝的合二为一的精神升华，把上帝的主权合理地同化到人的自立、自由之中。在这一点上，他同欧洲特别是黑格尔主义解体之后的个人主义、自由主义思潮所使用的方法是一致的，它们要放弃基督教道德的他律，但又由于种种原因而不能否定上帝，于是就把上帝请到人的心中，把反对个人主义的上帝变为支持个人主义的上帝。爱默生的自立伦理精神，是注入正值时代转折时期的美国民族精神的一剂良药。它肯定了个人和个人主义精神，解放了一个民族的思想，为国力的强盛创造了虽然混乱但却有活力的生机。

如果把爱默生与尼采的思想比较一下，可以更清楚地看到两个人的思想的异同。尼采和爱默生都主张个人主义，都提出要对传统价值进行"重新掂量"或者"重新估价"，都是对传统的叛逆。但是两者却有很大的不同。爱默生激烈地批判基督教道德，但他区分出历史的基督教和精神的基督教，主要抨击前者，并把他的批判建立在保护民主的基础上；而尼采在爱默生反基督教讲演之后半个世纪更加猛烈地抨击整个基督教，从根本上否定基督教道德，同时敌视任何民主的倾向。爱默生否定上帝的权威，但他赋予"上帝"一种新含义，保留了它在人们心目中的精神象征的意义；尼采则宣布"上帝死了"，完全否定上帝，代之以具有绝对权力的"超人"，哪怕人类因此失去精神的平衡，成为疯子。爱默生的"自立的人"，是一种自主、自律、自立的人，是权利与义务统一的人；而尼采的"超人"，则是一种特殊的人，其自我实现要以其他人的付出、毁灭为前提。爱默生继承了清教精神和美国革命传统，反对基督教而维护人民的权利；而尼采不仅反对旧的基督教，而且反对一切进步的革命，根本否定人民的权利。所以，尼采主义与后来兴起的法西斯主义相通，并被法西斯势力所用，而爱默生则成为美国民主的代言人，被尊为美国精神的代表，都不是偶然的了。

三、新个人主义

约翰·杜威

19世纪末20世纪初是美国社会发生巨大变化的时期。在这一历史时期中，最出风头的当数飞速发展的科学技术。其时，美国的第一次工业革命方兴未艾，第二次工业革命又悄然而至。科学技术的发展应用不仅给美国人民带来了丰裕的物质财富，而且使美国社会发生了前所未有的变化。按照杜威的观点，此前美国经历了农业时代和早期工业时代（即自由竞争的资本主义时代）两大阶段。在农业时代，人们在土地上独立劳作，过着自给自足的田园生活；在早期工业时代，人们也是独立地生产劳动产品，自由地参与交换，过着自食其力的生活。这两个阶段有一个共同的特征：人们基本上都处于独立劳作的生产方式之中，个人的意志、价值和力量很容易溶入自己的生活，个人的自身价值与社会价值是同一的。这就是产生于中世纪而成熟于自由资本主义时期的个人主义，杜威称之为“旧个人主义”（the old individual）①。到了19世纪末的后期工业时代（即垄断资本主义时代），大机器生产取代了小手工业，规模庞大的企业、流水线式的操作，使得工人沦为机器的奴隶，丧失了独立的力量，最终成了“失落的个人”（the lost individual）②。美国生活的现实发生了变化，科学技术的发展使得美国“已经稳步地从早期开拓者的个人主义进入了占统治地位的联合化时期”③。在实际生活中的各个方面已表现出合作、组合的趋势，生产的社会化，资本的积聚和集中，共同市场的形成，报纸、制造厂、公用供电公司、动力与地方运输业、商业、银行和娱乐业，都加入了合并的潮流。早期拓荒者的个人行动已被组织和合作的趋势所代替。在这样的联合趋势中，个人主义行为的动机同一些非人的力量相比，几乎算不了什么。这直接导致了旧个人主义的衰落。而同时，组织与合作的趋势影响着每个人的观念、信仰和行为，联合体这一新事物在社会中起着越来越重要的作用，它创造着新的个人价值。可见，在杜威从事理论活动的时代，关于个人主义的争论似乎已经过时了。这是一个前所未有的新时代，它必然要求个人有一种“新型的理智、新型的情绪和新型的个性”④与之相适应。杜威提出，“改造社会以利于一种新型个人的成长”的思想。

---

① 参见 John J. Mcdermott: *the Philosophy of John Dewey*, the University of Chicago Press, 1985, p. 620。

② Ibid., p. 598.

③ 赵祥麟、王承绪编译：《杜威教育论著选》，287页，上海，华东师大出版社，1981。

④ 同上书，288页。

这表明美国道德文化的发展已经到了新个人主义代替旧个人主义的阶段。

杜威（John Dewey，1859—1952）是美国著名的哲学家、教育家，有着丰富的伦理思想和著述。按照时间来说，他属于现代人物，但从伦理思想的逻辑演变来说，这里是单就其新个人主义思想来延伸美国伦理精神特征的分析。杜威的新个人主义是在对旧个人主义的深刻反思的基础上提出来的。杜威认为，道德和哲学的个人主义，是在现代工业和机器时代就已经存在的。它是工业化和机器时代活动的背景。个人对既成制度的从属，常常掩盖了个人主义在深层的顽强的存在。在中世纪，个人主义就已经存在，它的终极意图是确保个人得到拯救。个人被看作一个灵魂，天国的得救掩盖了潜在的个人主义。资产阶级工业革命的早期，使个人主义追求转向尘世，将重心从农业转向工业从而瓦解了封建主义财产观，但是把财产和报偿私有观念保留了下来。早期的个人主义与晚期的个人主义，或说封建的个人主义与资本主义的个人主义虽然有着某种不可调和的因素，但是，资本主义的天赋权利、个人价值观和个人道德等观念的混合物在清教主义中得到了保留和发展。

杜威认为，早期的经济个人主义有明显的信条与功能。它寻求从法律的束缚下释放人的需要以及满足这些需要的努力。它相信这种释放将激发个人潜在的能力，将自动地把个人的能力组织到各种适当的工作中去，并确保他应得的地位和报酬。与此同时，个人的能量与储蓄将服务于他人的需要，并因此而促进普遍福利，实现个人与社会的和谐。但是在20世纪到来之时，这种个人主义已经不能适应时代的需要，即使是最坚定的个人主义者也不能再对那种旧个人主义抱乐观主义态度了。它们至多也不过是宣称不变的人性，强调个人追求私利的一致性。杜威在《新旧个人主义》中不无感慨地说："我们的法律、政治与人们之间的联合行动，均取决于机器与金钱的一种新型组合，其结果便是我们时代所特有的金钱文化。我们传统的精神因素即机会平等、自由联合与相互交流，便因此而黯然失色，销声匿迹。它所宣称的个性并未得到发展；相反，整个个人主义理想误入歧途，去迎合金钱文化的一举一动。它已成为不平等与压迫的源泉与辩护。"①杜威的这段精彩言论，可谓资产阶级学者对个人主义所做的深刻的反思。

杜威认为，旧个人主义的欧洲形式曾有其价值与暂时的合理性，因为新技术需要从旧法律的束缚下解放出来。但是，旧个人主义的破产并不等于个人主义本身就一去不复返了，而是在新形势下将发展出一种新型的个人主义。不能把个人主义当作稳定的有一致内涵的东西，因为个人的精神与道德、欲望与目的，都要

① ［美］杜威：《新旧个人主义——杜威文选》，62页。

随着社会的每一次大的变化而变化。杜威不赞成把社会主义与个人主义完全对立起来的主张，他不赞成社会主义，但也不赞成与社会主义对立起来的个人主义。他说："不受团体组织——无论是家庭的、经济的、宗教的、政治的、艺术的，还是教育的——约束在一起的个人只是些怪物。"① 但是，在他看来，社会主义那种对各个人的约束也是不利于个性的丰富和社会发展的。杜威对个人主义的态度，大体上反映了当时美国人对伦理个人主义和伦理社会主义的困惑。

从根本上看，这种困惑在本质上与 19 世纪末 20 世纪初美国社会所面临的问题，即个人不知如何处理与社会或大规模的社会组织之间的关系，是相通的。而这正是旧个人主义所没有回答的问题，也是杜威的新个人主义所要解决的关键问题。杜威发现，在个人与社会的关系上有三种理论观点：极端个人主义（认为社会必须为个人而存在）、极端社会主义（认为个人必须遵奉社会为他所设定的各种目的和生活方法）和有机体论（认为社会和个人是相关的、有机的）。这三种理论都存在一个重大的缺陷，即"以一般的概念概括特殊的情景"②。由于一般概念是理想的、完满的，而特殊情景总是不完善的，所以上述做法很容易导致一个错误——以概念的完满性掩盖了现实生活的缺陷，这事实上是在美化现实，也是在逃避现实，在现实生活中有人将个人与社会对立起来，正是这一做法的具体体现。个人与社会对立的观念，形成于传统的贵族社会，在那样的社会里，国家是贵族用来剥削人民、维护自身利益的工具，在这种条件下形成这一观点是应当的。而进入民主社会后，国家由压迫人民的工具变成维护人民利益的共同体，在这种条件下仍将个人同社会对立起来则是完全错误的。批判了旧个人主义的观点之后，杜威对"个人"与"社会"这两个概念进行了重新界定。他认为个人"代表那些在共同生活影响下产生和固定的各种各样的人性的特殊反应、习惯、气质和能力"③。这里，他认为个人在本性之中就离不开共同生活（即社会），他进一步指出："只有在人性的诸因素参与管理公共事务，和男男女女为此而结成家族、商行、政府、教会和科学团体的诸事物时，人性方遂得其发展"④。而社会则"包括人们由分解而共同享受经验和建立共同利益和目的的一切方式"⑤，这里包含有两个方面：一方面，社会除了满足个人需要外，别无目的。"政府、实业、艺术、宗教和一切社会制度都有一个意义、一个目的，那个目的就是解放和发展

① ［美］杜威：《新旧个人主义——杜威文选》，87 页。
② ［美］杜威：《哲学的改造》，101 页。
③ 同上书，107 页。
④ 同上书，112 页。
⑤ 同上书，113 页。

个人的能力（不问其种族、性别、阶级或经济状况如何）。换句话说，它们的价值标准就是它们教育个人使他达到他的可能性的极致的那个界限。”另一方面，社会的发展又离不开个人。“集体的能率和力量的最好的保证是解放和利用创造、设计、先见、气力和坚忍中所存在的个人的种种能力。”① 这样，个人与社会之间便是一种互相需要、互相满足、互相促进的关系。杜威的这种分析方法完全不同于英国早期资本主义的思想家。霍布斯和洛克都从人性恶（即如果完全放任人性发展的话，必将给社会和个人自身带来毁灭性的后果）出发，认为社会正是因人性的不足而出现的，它一开始就是用来限制人性、与个人作对的。所以，尽管人们自愿签订契约以组成社会，但个人与社会之间在根本上仍处于一种相互对立的关系。而杜威则把人对共同生活的需要纳入了人性之中，从而在根本上清除了个人与社会对立的根源。在个人与社会二者的地位上，霍布斯、洛克认为社会是个人满足的工具和必要条件，它在最根本上服从于个人的利益；而在杜威那里，二者完全是互为手段、互为目的的关系，不存在孰优孰劣的问题。到此，个人与社会便完全融合为一了。

杜威的新个人主义理论，适应了美国向垄断资本主义转变的社会现实，将科学技术、垄断组织纳入到价值系统之中，赋予这些新生事物以新的意义，从而在保证整个社会的顺利发展，保证个人的精神面貌在新社会条件下不断充实等方面，起到了很大的作用。而且，杜威试图将个人与社会统一起来，这为伦理思想的发展作出了很大的贡献。当然，杜威的思想亦有很多不足之处，其最大的不足在于：尽管他十分重视社会现实情况，但他仍然未能准确、全面地把握住现实社会的特征。正因为有这些不足，杜威所提出的理想——“伟大的共同体”（the great community）只能是可望而不可实现的空中楼阁，它有待于整个社会的进一步发展。

第三节　实用主义伦理思想

实用主义伦理思想脱胎于传统的“美国精神”，并给它以哲学的规定，使之具有了哲学的根基。它的产生使美国思想界进而使整个美国社会发生了深刻的变化，并逐渐被抬高到美国国家哲学的地位，因此，“在最新的美国哲学中，‘最时髦的东西’可以说是实用主义了……在哲学杂志上谈得最多的恐怕也要算是实用

① ［美］杜威：《哲学的改造》，111页。

主义了”。一时间，实用主义成了美国思想界的宠儿，“美国精神”的代表，进而传遍了整个世界。可见，实用主义是时代精神的代表，是社会发展的产物。它迎合了历史，把握了时代，与美国特殊历史条件下资产阶级的主观愿望相吻合，最终为美利坚民族所接受。正如黑格尔所言：“就个人来说，每个人都是他那时代的产儿。哲学也是这样，它是被把握在思想中的它的时代。”

一、实用主义道德观的演变

19世纪90年代是美国文化发展的一个分水岭。90年代之前的美国在物质和社会方面尚处于发展过程中。在美国精神的指引下，美国资产阶级开始了艰苦而有成效的创业之路。他们几乎是毫无约束和顾忌地从事商业投机和产业竞争，丰满自己的羽翼；他们贪婪地发动了令人触目惊心的西进运动，扩张自己的地盘；他们坚决地废除了与精神文明相悖的南方奴隶制，从而建立起世界上最完备的资产阶级民主制度；他们以“美国精神”为导向，完全超越了国家、君主、教皇及其他超乎个人之上的力量的限制和旧传统的束缚，从而自由放任地追求国家、民族和个人的发展、成功和效用，客观上使美利坚这个年轻的国家在短短一百年的时间里成功地征服了一个新大陆，创造了充满生机的民族文化。虽然美国在这段时期经历了从旧世界向新世界的迁徙、经历了南北战争，但是，政治和道德体制大体上仍然是稳定的，它在理智上遵守着17、18世纪承袭下来的政治、经济和道德原则，家庭、学校、教会和国家等机构虽不断受到冲击，但从未遇到真正严重的威胁。人们虽然必须寻求新的施政方略，但民主制度的基本成规仍被认为是普遍适用的。人们所遵循的道德准则也很少受到怀疑。在19世纪90年代，美国社会的发展，包括分裂和统一的过程都是按照一个熟悉的模式进行的。托克维尔曾经感叹，美国是“世界上最少研究哲学的国家”①，这正是对17、18世纪形成的美国传统下美国现代文化前夜所发出的喟叹。

美国人空前的创造力和开拓精神，使近代资本主义迅速建立。然而，尽管美国精神激励了美国人民创造了工业现代化发展的奇迹，但事实并非万事如意。到19世纪90年代，美国社会跨过了一道分水岭：随着美国由一个“农业的美国”向一个现代工业国家的转变，超速度的工业化和城市化也带来了令人头疼的副产品：贫富悬殊的日益扩大，公平竞争的逐渐丧失，商务和政治腐败、种族偏见问题涌现，道德领域的江河日下，自然资源的掠夺式开发，犯罪形式的五花八门以及外来移民的文化干扰等，都使社会处于严重的失控状态。与此同时，在大洋的

① ［美］H. S. 康马杰：《美国精神》，36页。

彼岸，自由资本主义的发展已如强弩之末，传统自由主义的意识形态已不再是欧洲社会的灵丹妙药，垄断代替了自由竞争，强权代替了社会公正，帝国主义以其强劲的发展方式取代了自由资本主义的发展，吞并着世界市场。“新移民时期”来到了。随着政治、经济领域的巨大变化，美国社会在文化观念上也开始了新的转型。康马杰深刻地指出：“到19世纪末叶，人们所熟悉的那种模式已完全改观，变化的速度迅猛异常而且捉摸不定。变化本身既是量变又是质变。……美国人不仅要适应突然发生而且随处可见的经济和社会变化，而且在他们国家的经历中第一次面临哲学观念上的挑战。……他们不仅要让经济适应新技术的发展，让他们的社会适应新的生活方式——这方面的任务他们是熟悉的——而且要在政治和道德方面符合新的科学和哲学原理。”① 这一时期，很多根本的问题受到了前所未有的质疑，个人在社会中的地位受到考验，传统的道德观念遇到挑战，长期以来鼓舞人们行动的乐观主义精神逐渐被一种科学的怀疑态度取代。社会发展的复杂性使美国人逐步懂得：一味追求进化规律，在传统资产阶级意识形态后面循规蹈矩的做法已不合时宜，美国人民需要采取更为积极有效的行动，在一种完备的思想体系的指导下重新建构美国精神才能更有效地改造这个世界，以保障社会的继续发展。他们需要一种具体有效的哲学体系，以便获得行动的指导和精神慰藉。对于美国资产阶级而言，社会若能产生一种既与传统的民族精神相联系，又与时代精神相吻合的哲学体系，将有利于他们研究现实、制定对策，以便有效地控制社会，消除弊端，保证资产者的既得利益，安抚广大的无产者；对于美国的知识分子和其他具有忧患意识的中产阶级而言，他们同样渴求一种价值体系，以消除发自内心的焦躁与不满，更好地修葺社会，营造家园。于是，美国资产阶级开始了对传统美国精神的反思与升华，力争建构一种崭新的价值体系和哲学体系，顺应时代的需要，为资本主义的经济发展服务。于是，一种崭新的资产阶级意识形态——实用主义哲学便产生了。

实用主义是由皮尔士（Charles Sanders Peirce，1839—1914）最早提出来的。1878年1月，皮尔士在《通俗科学月刊》上发表论文《怎样使我们的观念清楚明白》，最早确定了实用主义的实践性主旨。他提出用试验的方法来了解事物的意义，验证人们的观念。皮尔士形象地称这一方法为“科学实验室的态度”。这种方法，其主旨就是强调实验。皮尔士说：“你对一个科学实验家无论讲什么，他总认为你的意思是说某种试验法若实行时定有某种效果。若不如此，你所说的话他就不懂得了。”这即是说，要弄懂你所说的话的意思，只有通过试验。实验

① ［美］H.S.康马杰：《美国精神》，64～65页。

的效果，便是观念的意义。这就是著名的“效用原则”，也被称为“皮尔士原则”。他在《怎样使我们的观念清楚明白》一文中说：“试考虑一下我们认为我们的概念的对象所能有的效果，那我们关于这些效果的概念就是我们关于对象的整个概念。”他进一步说：“一个观念之意义完全在于那观念在人生行为上所发生的效果。凡实验不出效果来的东西，必定不能影响人生的行为。……除掉这些效果外，更无别种意义。”① 这就是说，通过实践和试验，在人生行为上所发生的效果，就是观念之全部意义。举例来说，“硬的东西”这一观念，就包含着“一种不能被许多其他的物体所打破的东西”的检验的效果，而“某物体是重的”，仅仅意味着，“在缺乏相反力量的情况下，它将跌落下来”，这种种可以检验的效果，便是观念的全部意义。总之，实在就是有效，这就是皮尔士判断事物的实在性的根本原则。皮尔士所说的试验与效用，最早是作为科学家们的方法来使用的。后来为詹姆士进一步扩充和发展，成为哲学意义上的实用主义。

詹姆士是实用主义的文化价值观系统的奠基者。他最早将皮尔士所提出来的实用主义的实践、效用原则系统理论化，并把它和社会现实生活相结合。在詹姆士这里，实用主义乃是一种关照世事的态度和解决哲学争端的方法。它不谈第一原理，也不讲“范畴”，而只论事功。詹姆士认为，真理要用行动的后果来证实，并要受未来事实的校正。不管什么观念，只要它在实际上有用或具有当时的“现金价值”，都是真理。因此，世界上没有永恒的、绝对的真理，而且真理本身没有任何价值，它的价值取决于能实现什么目的。阐释、完善和宣传实用主义新哲学是詹姆士毕生的事业，1907年，詹姆士《实用主义》一书出版，标志着美国实用主义的正式创生。

从上述皮尔士和詹姆士的基本观点我们可以看到，实用主义理论体系并不是铁板一块，它基本上是一种强调行为结果的哲学思维方法和哲学态度。“在实用主义演化的不同阶段，在它的各个代表人物之间，都存在着不少差异。于是，它又获得了一些其他名称。”例如，最先使用“实用主义”这个名词的皮尔士后来避免使用这个词，而采用“实效主义”或“实用化主义”；詹姆士则称自己是经验主义者；而实用主义哲学集大成者杜威则更喜欢用“工具主义”、“试验主义”或“经验自然主义”。这些不同的称号，自然不是简单的文字游戏，而是反映了他们富有差别的哲学观。

杜威对实用主义发展的作用在于，他不仅综合了其他人的思想使之成为一个完整的思想体系，而且还将这种思想体系运用于各个领域。他反对那种以固定不

---

① 转引自赵修义著：《现代西方哲学纲要》，191页，上海，华东师范大学出版社，1986。

变的原则为基础的哲学方法，而采用从经验出发的、实验的或工具的方法。杜威的工作使实用主义这一本土哲学从理论走向了实践，极大地推动了美国实用主义哲学运动的发展。但这都是20世纪的事情了。

二、詹姆士实用主义伦理思想

威廉·詹姆士

威廉·詹姆士（William James，1842—1910）是美国开国以来蜚声世界的思想家。他从18岁开始，先后学习艺术、化学、医学、生理学、心理学，1869年获哈佛大学医学博士学位。他个人情趣的多样性和涉猎学科的广泛性，无疑为他的哲学生涯奠定了坚实的基础，而自由民主的、独具特征的时代气息对他的思想发展也不无影响。詹姆士进行理论活动的年代正处在美国社会的分水岭上，如何把18世纪和19世纪的那种个人主义道德准则应用于面前复杂的经济秩序的现实，成为当时代美国伦理学亟须解决的重要问题。詹姆士以其完整的实用主义哲学体系承担了这一时代课题。1898年，他在加利福尼亚大学发表的题为《哲学概念和实际的结果》的讲演，成为把他推向哲学辉煌顶点的第一个契机。这篇讲演阐释和弘扬了美国的实用主义创始者皮尔士的哲学，使这种哲学在美国沉睡了20年后终于被美国社会所承认和接受。詹姆士不仅把皮尔士的抽象的实用主义方法论原则发展成系统的实用主义理论体系，而且开创了美国的实用主义哲学运动；他的哲学及伦理学观点成为其后杜威实用主义道德观的直接来源。因此，在当时把实用主义视为国家哲学的美国，作为实用主义理论承前启后的詹姆士，被誉为"合众国所产生的一位最重要的学术人物"，他的哲学"表达了一个时代的独特的趋势"。1907年詹姆士发表了《实用主义：某些旧思想方法的新名称》文集，阐述了实用主义哲学的要义；后来又出版了《彻底的经验主义论文集》(1921)，詹姆士的伦理学著作主要有《信仰意志》(1897)，另外还有重要的伦理学论文《道德哲学家与道德生活》等。

如果说皮尔士首次从一般理论上提出了实用主义的根本原则，那么，詹姆士则是最早将这一新型哲学原则系统理论化，并确定了实用主义的基本原理的人。皮尔士提出了实用主义的两个基本观点，即人的主观信仰决定实在，对人有功用的概念才是有意义的概念。詹姆士则把上述两个观点系统化、理论化，并把它从理论王国推向了社会实际生活。后来塞耶曾对实用主义这样评价："实用主义作为一种运动，一方面是对传统学院哲学的批判否定，另一方面是对建立一定的积极目标的关切。正是由于这些方面，而不是因为它是一种什么思想或是一种独一无二的理论，实用主义才成为美国对哲学界的一项独特而重要的贡献。”[①] 可以说，詹姆士在“实用主义对哲学界作出的独特而重要的贡献”中发挥着至关重要的作用。

詹姆士首先对实用主义作了基本的解释，确证了实用主义的基本性质。他说：“‘实用主义’这个名词是从希腊的一个动词‘πραγμα’派生出来的，意思是行动。‘实践’和‘实践的’这两个词就是从这个词来的。”他不仅肯定实践是了解事物、观念之意义的惟一可行的方法，而且特别强调实践对真理的作用，即认为惟有实践才是判别观念真伪的可靠途径。在詹姆士那里，对“这一观念是真的吗”这一问题的回答就是：“用实践去证实它！”因为观念之成为真理，必然是一个实实在在用行动即实践去证实的过程。“观念的‘真实性’不是它所固有的、静止的性质。真理是对观念而发生的，它之所以为真，是由许多事件造成的。它的真实性实际上是个事件或过程，也就是它证实它本身的过程。”[②] 这就是说，事物所固有的性质，只是观念的“原料”，至于观念表达得是不是正确，是不是真的，就必须要通过实践去验证。“真的”观念并不仅仅在于临摹了实然的存在，而是我们“能确定，能核实”。詹姆士说：“要弄清楚一个思想的意义，我们只需断定这思想会引起什么行动，对我们来说，那行动是这思想的惟一意义。”

与实践观念紧密相连的是詹姆士提出的效用原则。他认为，思想产生行动，行动必有效果。要研究思想的正确与否，不能从思想本身来辩论，而要看依照这种思想来行动所产生的效果如何。这样，作为一种哲学方法，实用主义把第一原理转移到了具体经验，把哲学范畴转移到了实践效果。它不关注“最先的原则、范畴和假定，而是去看最后的事物、收获、效果和事实”[③]。由此，詹姆士把“皮尔士原则”作了更进一步的发挥，并提出了真理就是有用，有用就是真理的著名公式，从而把观念的真理性与观念的主观效用直接等同了起来。“它是有用的，因为它是真的”，“它是真的，因为它是有用的”[④]。这个著名的等式鲜明地表明，实用主义完全摒弃了形而上学的抽象思维的方法和虚幻空洞的超经验封闭的理论体系的建构，开始转向经验、事实、行动和效用。这一点正如美国学者所说：“美国人的哲学就像他们的性格一样，乃是继承与经验的混合物；如果说继承看起来更为明显，那么，经验却更引人注目。”[⑤]

---

① 转引自洪谦主编：《近现代西方主要哲学流派资料》，158页，北京，商务印书馆，1981。
② ［美］詹姆士：《实用主义》，103页。
③ 同上书，31页。
④ 同上书，104页。
⑤ ［美］H. S. 康马杰：《美国精神》，33页。

如果说实践效用原则是詹姆士实用主义哲学体系的方法论，那么，这一方法论所产生的结果就是价值真理观的果实。詹姆士的真理观可以用他的话来概括："只要观念有助于使它们与我们经验的其他部分处于圆满的关系中，有助于我们通过概念的捷径，而不用特殊现象的无限相继续，去概括它、运用它，这样，观念就成为真实的了。譬如说，如果有一个概念我们能驾驭，如果一个概念能够很顺利地从我们的一部分经验转移到另一部分经验，将事物完满地联系起来，很稳定地工作起来，而且能够简化劳动，节省劳动，那么，这个概念就是真的。……从工具的意义来讲，它是真的。"① 这样，詹姆士就把"稳定工作、简化劳动、节省劳动"等实际的效果与真理等同起来。用詹姆士自己的话说就是，实用主义的方法论意义就是：真理必须具有实际的效果。② 正是由于实用主义的真理不关注事物本身，而只关注事物之于个人的实际意义，因此，实用主义的真理观实际上是一种价值观。只有真理才具有价值意义，也正是由于真理具有这种价值意义，才使得人们对真理的追求成为道德伦理的要求。詹姆士说："真理所要求的和使人担负的责任，与健康、富裕所要求的和使人担负的责任一样。所有这些要求都是有条件的；我们所获得的具体利益，就是我们把追求真理叫做责任的意思。……抽象地说来，'真'的性质可以说是越来越绝对地宝贵，'不真'的性质是越来越绝对地可恶：无条件地，一个可以叫做好的，一个可以叫做坏的。无可异议，我们必须想真的，我们必须避开假的。"③ 真理即有用，追求真理即追求善的价值，也就具有了实际的伦理责任的意味，其中蕴涵着道德责任和人生价值的必然性。

詹姆士的实用主义方法论和他的真理观是相互统一的。实践、效用和满足不仅是其哲学方法论的基础，也是其真理观的基础和价值观取向。但是，人是特殊和有限的存在，人的差异性决定了实用主义真理观的相对主义性质。事物对于人的有用性是千差万别的，因而人的道德生活也就只能是无限多样和相对的。实用主义真理观以个人的有限经验为真理的依据，所谓的善和真理，就是"在该时刻他所感到最满意的"④。这样，实用主义伦理学从来不追求绝对永恒的境界，而是旨在构建一个相对开放的、变动不居的经验世界。詹姆士认为，由于人们生活经验和境遇的特殊性和有限性，由于人的心理意志的变动性，在人类生活和行动

① ［美］詹姆士：《实用主义》，152页。

② 参见上书，188页。

③ 同上书，41页。

④ 同上书，206页。

中，不存在任何绝对的恶，也不存在任何非道德的善。可见，实用主义伦理学是一种相对主义的、人本主义的伦理学，它反对的是理性主义的“一般原理”。詹姆士指出，以往的伦理学往往是一部抽象评价原则或规范的理论体系，给人们制定出抽象的、不变的道德原则或规范。从实用主义的角度来看这是无效的。因为人的道德生活是特殊的、经验的、变动不居的，人的感受、观念和行动都是和特殊境况息息相关的，所以，任何寻求永恒道德法则的企图都是徒劳的。

总之，实用主义是一种以个人的具体行为经验为基础的意义或价值哲学。实用主义实践和效用的思想虽然最早是由皮尔士提出的，但到了詹姆士这里才有了长足的发展。皮尔士强调的主要是科学概念、科学实验的可感觉的效用，即以科学实验效果确定科学概念的具体含义。这种方法论更多地适用于自然科学家的工作。詹姆士不仅对此作了详细的论证，而且更加注重事物对人生有用的效果，即用对人是否有好处来判明理论、概念的价值。他把真理的价值标准扩大到了人的道德领域和情感领域，并最终确定了实用主义突出具体经验，注重实际效用，反对抽象理性的哲学方法论，最终确立了一种适应美国国情的哲学态度。

这种美国哲学对人们的现实生活的影响是巨大的。这种以“有用”为核心的道德哲学虽然不具备形而上的思考，但它使美国人对于宇宙秩序及其重要意义有了一致的看法。康马杰称它不仅是经验的实录和美国精神的反映，还是一种理性的概括，一种哲学态度和规则，更是一种积极的手段，“它使美国人坚定地面向未来……它证明人类的幸福是依靠美德、实干、自由获得的。……它是一项行动的理论概括，在无限的未来中仍将继续发挥作用”①。

三、社会自我论

在19世纪末20世纪初美国哲学思想风起云涌的时代，美国的社会学家查尔斯·霍顿·库利（Charles Horton Cooley，1864—1929）从社会学和社会心理学的角度，对个人与社会、利己与利他、竞争与协作等伦理学基本问题进行了系统阐述。库利的社会伦理思想的视野极为广阔，他从英国人那里接受了达尔文的进化论，从法国人那里接受了孔德的社会学说，又从德国人那里吸取了叔本华的同情说，并将它们与美国实用主义思想融合为一。他在这些思想资料的基础上，结合世纪之交的美国社会生活情况，建立了独特的、统一的带有折中性的社会伦理学。库利一生著述甚丰，主要的社会伦理著作有：《社会过程》和《人类本性与社会秩序》。库利的理论主要涉及以下几个方面：

第一，社会与个人的关系。从研究人的本性着手，说明人的行为及其相互关

① ［美］詹姆士：《实用主义》，35～36页。

系，以此解释社会现象，以及社会与个人的关系，这是近代西方社会哲学传统的研究路向。库利对社会伦理的研究也是从“人类本性”开始的。库利认为人的社会生命起源于与他人的交流，人在历史的社会遗传中，通过选择接受各种影响。在个体生命发展的过程中，遗传和社会环境作为一个整体对人起作用，个体则依据经验和习惯作出选择，接受这种影响。遗传和社会环境是互补的和相互依赖的。个体的发展一方面受遗传影响，一方面受环境影响。自然性的遗传是难以改变的，社会性的遗传是可以改变的。由此，他综合人的遗传特性、社会本质和关于本性善恶的哲学讨论，认为就最一般的意义而言，人最基本的特性就是可教育性。

从这样的观点出发，库利提出了社会有机论的思想方法。他认为，无论在现在还是在历史上，社会是一个由相互作用的各部分组成的不断进化的整体，并且，任何事物都不是固定不变的或孤立的，任何一个部分既是结果也是原因。社会有机论蕴涵着社会和个人之间的有机的关系。所谓“有机的关系”，就是个人与人类整体是不可分割的，个人是社会的一分子；个人通过遗传的渠道从社会吸取生命的养料，遗传因素和教育就构成个体的生命。另一方面，每个人都为社会整体生活贡献了不可代替的部分，因此社会整体也在某种程度上依赖于每一个个人。人类社会生活永远包含着这样两个方面。任何社会或群体都是众多个人的集体表现，任何个人都应被看作社会或群体的特殊表现。社会和个人并不代表两个事物，而只是同一事物的个人方面和集体方面。孤立的个人是不存在的抽象物。就思想和感情来说，人人都有个性和社会性两方面，抽象地说没有哪一方面显得更重要。如果社会性达到最高程度，那么个性也就同样达到最高程度。他不赞成爱默生认为社会扼杀个人独立性的观点，强调任何个人代表的特殊性与众多人所代表的社会性，都同样具有社会性；而任何众多人的社会性也都具有与个人同样的特殊性。一千个人同一个人一样地富有个性。他说：“创新和保守、天才和平庸都是同等程度社会性的。区别不在于个性和社会性之间，而在于普遍和个别、必然和偶然之间。换句话说，你在社会生活中发现社会性的时候，也就是你发现个性的时候；反之亦然。”①

据此，库利对当时流行的种种社会道德观逐一进行了反思和批驳。首先，他用有机论反对孤立论。孤立论认为社会和个体是分离的，各自都是独立的原因，都是始动因。库利认为，这种观点主观确定了一个固定不变的出发点，把自我看作是没有原因的原因。其次，他反对纯粹个人主义的观点。他指出，这种纯粹个

① [美] 查尔斯·霍顿·库利：《人类本性与社会秩序》，26页，北京，华夏出版社，1989。

人主义把个人从集体中分离出来，看作独立的、惟一的源泉，而把集体看作第二位的、附带的；这违背了社会有机论的规律。再次，他对原始个人主义观点进行了深刻反思。他认为，这种观点实质上在主张，在历史的发展上，社会在个人之后，是个人发展的附属品。人是纯粹的个体，社会只是个体的集合。个体社会化了之后才进一步形成一个社会整体。从道德上说，个人是坏的，社会性是好的。道德必须作克服前者推行后者的工作。库利认为，这种观点是前一种观点的变相，是个人主义偏见和粗糙的进化论的混合体。最后，他批判的靶子是社会官能论观点。这种观点认为，社会仅仅包括个体的一部分，并且常常是相当固定的一部分。人类的本性被分为社会性的、个体的或非社会性的倾向和官能。如爱情是社会性的，智力不是社会性的，只是个体的官能。与之相对，库利认为，人类的情感表现不能分为社会性的和非社会性的。人之为人是社会性的。一个人也是社会生活的一部分，他的社会的和道德的进步是由为了适应进步的生活结构而在意识中产生的理智促成的。

库利以有机论来反思以上几种观点，鲜明地突出了他在社会与个人的关系问题上折中调和的特征。不过，库利在对社会与个人的关系作进一步分析时却说，“我们发现人的观念其实就是真正的人。这就是说，只有在观念中，一个人对他人来说才存在并直接对他人的意识起作用。我和你的联系很明显就是我对你的观念与我意识中的其他部分的联系。如果你完全在我的意识之外，对我不产生影响，那么我们的关系就没有社会的存在”①。他一再强调，“真正的社会存在是人的观念”。由此，他在这一问题上又陷入了混乱的泥潭。人和人的社会关系，固然是有意识的人之间的关系，有些关系是通过思想而形成的关系，在这种意义上也可以叫做思想关系；但并非所有的关系都是通过思想而形成的，如经济关系，男女两性关系，都不是通过思想而存在的关系。无论是哪种关系，作为人与人的社会关系都有客观的物质关系作基础，也都是客观存在的关系。不能说没有进入个人的观念这种关系就不存在了，人的关系只在观念中存在。他过分夸张了人的关系的主观意识性，而忽视了人的关系的客观存在性。这同样是违背经验事实的。

而且，库利认为，社会有机地形成一个统一整体，其内在根据是由于人的同情感。他认为，通过人际交往而发展的对他人的观念是一种同情的能力，即是进入他人意识和共有他人意识的能力，这种共有的能够交流的情感就是同情。这种同情中没有怜悯和柔情的意思，也不同于纯粹的感觉或原始的感情。在这个问题

---

① ［美］查尔斯·霍顿·库利：《人类本性与社会秩序》，76页。

上，也与对待社会与个人的关系问题一样，他特别强调个人情感和社会情感的一致性、同一性。同情产生于普遍的社会生活。他说："一个人的同情作为一个整体反映了他面临的社会秩序，或者说他的同情是社会的一个特殊部分。他作为一个成员并有效地参与活动的任何一个组织必定在他的同情之中，所以他的意识是他真正从属的社会的那一部分的缩影。"① 这样，库利把建立在交流或意识共有基础上的同情，看作社会形成有机整体的内在根据。交流行为的特点反映出社会的整体，社会正是由这样一些行为的总和构成的。从中可以看出库利想通过同情的扩大使个人和社会融为一体，使社会的发展不致受到任何片面性或极端行为的损伤和破坏的道德理想。但是，正如他处理个人与社会的关系一样，把个体道德意识当作社会秩序和道德的根据，同样是"与经验不符的"②。

第二，利己主义与利他主义。康马杰曾经这样形象地描述美国哲学："美国人没有哲学头脑……他们掠夺过去的哲学宝库……无论是英国的、法国的、德国的甚至是东方的哲学，它们混在一起像磨荞麦面粉一样造出一个美国哲学来。美国人是形而上学的抽象思考的死敌。"③ 美国哲学的这种继承性和经验性在库利的社会伦理思想上体现得非常充分，这一点也是我们把库利的社会伦理思想归属于美国实用主义伦理学体系中的原因。

库利对"自我"的探讨就表明了这一点。库利认为"自我"这一概念被形而上学家和道学家在许多意义上使用，偏离了日常用语和通常思想的意义，变得晦涩难懂了。与之相对，他坚持讨论心理学家所使用的经验的"自我"，即能够用日常观察来证实和理解的"自我"。从经验上说，本能的自我在进化和发展中，起着统一个体的专门活动的重要作用。它在个体意识中的观念主要是"我的"意识与其他人的意识对立的观念。幼儿虽然没有形成"我"的观念，没有自我意识，但是他有自我感觉，他的自我意识就是与这种自我感觉相联系的意识，而且人的自我意识随着这种自我感觉范围的扩大而扩大并趋于复杂。社会自我也是从这种自我感觉发展来的。它本质上不过是意识对自身产生于交流生活的某种思想的认识和感觉。"自我"一词的意义反映着人与人之间的交流现象，这本身就证明，没有想到别人，不在意识中有联系到别人的观念，是难以形成自我观念的。没有交流的事物，就不可能有名称，人类就没有多极的思维活动。

库利强调，自我意识产生了个体的差异。正是这种自我感觉产生的差异，促

---

① ［美］查尔斯·霍顿·库利：《人类本性与社会秩序》，92页。

② ［美］查尔斯·霍顿·库利：《社会过程》，36页，北京，华夏出版社，2000。

③ ［美］H.S.康马杰：《美国精神》，36页。

使个体去表现自己的特殊功能和才华，努力追求和实现自己的目标，从而促进了社会的发展。自我意识的产生是普遍生活意识的前提。只有有了“专有感”，才能产生与他人联系起来的强烈的本能和经验。库利把自我意识比作一个细胞的细胞核，它虽然不是意识的全部，但它是全部意识的中心。它并不是与其他部分分离的，而是与其他部分相融合，并具有更活跃的力量。这就是说，“我”、“我的”、“我自己”并不是独立于普遍生活之外的，而是普遍生活的最重要的组成部分，其重要性就在于它既是普遍的又是个人的。按照库利的说法，“自我”是一种好战的社会倾向，在总的倾向之流中努力扩大和巩固自己的地盘，它像生命一样，只要有可能就扩张和追求。这种扩张和追求意味着创造。可以说，自我追求是人类本性的健康、可敬的特点。在这种意义上，他认为把“自我”限制在个性的较低层次，是不正确的；自我的行为常常是与高尚的动机、成就感和责任意识联系在一起的，忽视自我的个性化功能的发挥，对于社会的发展来说也是不利的。

在对“自我”进行的独具特色的解释的基础上，库利提出了“社会自我”的概念。所谓“社会自我”，就是处在与他人关系中的自我。他引用歌德的诗句说，“人们彼此都是一面镜子，映照着对方”。社会自我就是镜中的自我，或反射自我。具体说来，人的自我意识是在与他人的互动过程中通过想像他人对自己的评价而获得的。在与他人的交往中，人们首先想像自己在他人眼中形象如何，其次想像他人对自己的形象如何评价，最后根据他人对自己的评价形成自我感。犹如人在镜子中看到自己的形象，人们从他人对自己的判断和评价这面“镜子”中发展出自我意识。库利提出“社会自我”概念来限定“本能自我”，并不意味着还有非社会的自我，只是意味着自我的社会方面，即人的属性不是遗传而来的本能，而是在社会互动过程中逐步习得、形成的社会性产物。库利说：“自我有这样一种性质，像个性的任何一方面一样，表现出了深远的遗传和社会因素，不把它和普遍的社会升华联系起来，就不能够理解和掌握。”① 库利还特别说明，自我意识的形成受到历史进程的影响，受民族、阶级、职业的特殊发展和其他条件的影响。因此，他认为不能把“自我”、“自我追求”笼统地看作自私，只能说“自我”的某一类表现是不好的，即“自我”的应该受指责的方面。

库利认为，一个人坚持自我并不等于自私自利或利己主义。经验事实证明，那些非常好的人、最受崇敬的人，他们的自我感往往极强，相信自己的判断，并固执己见。这也是他们成功的一个主要原因。因为，他们的自我不是孤立的自我

① ［美］查尔斯·霍顿·库利：《人类本性与社会秩序》，119页。

感觉，而是与唤醒民众的热情、领导时代前进相联系的。他们用“自我”的观念代替善的观念，用“自我”去创造事业。因此，绝不能把“我的”事业与社会的事业分割开来；也绝不应当把对事业有强烈的自我感觉的人看作自私。坚持自我并顾及他人利益在现实生活中可以表现出惊人的一致。而对于“自私”，库利又作了别具一格的解释。他指出，自私作为意识特征，事实上是狭隘、渺小或某种心理缺陷，是想像官能的不健全。利己主义有无数的变种，但重要的区分可能在于自私者的性格的稳定程度。性格稳定的人就不会自私，性格不稳定的人就必然会自私。他说，“利己主义并非照通常所说的是什么附属于人性的东西，而是人性的缺乏。自私的人并不比一个普通人多点什么，而是少点什么”。缺乏什么呢？库利认为，最根本的就是“缺乏能深入他人生活的同情能力”，“缺乏能使同情取得成效的坚定性和自持力”。利己主义是同情能力发展的障碍。

由此，库利对利己主义与利他主义就有了独特的见解。库利认为，自我和他人并不是互相排斥的社会现象。包含互相排斥意义的“自我主义”或“利己主义”和“利他主义”，是含义模糊的词组。他认为，把人的行为动机划分为利他的和利己的，是没有意义的。首先，库利认为这种观点分离了自我和他人的统一关系。“我”和“他”的观念是在交流过程中形成和发展的，想不到他人就不可能想到我，没有升华的自我意识并不比动物的感觉具有更多的自我意义。事实上，人的感情的发展融合着许多人的形象，因此动机不能属于某一个个人，而是属于交流双方的共同领域，产生于交流双方的联系。如果不从感情的联系上去看自我和他人的关系，而只看个体的物质表现，那就不是伦理学，而是生理学。他认为，在人的意识中，并没有利己和利他两种动机供人选择。在意识中自我和他人是分不开的，因此利己和利他也是分不开的。促使一个人做出无私行为的正是他的意识中的包含自我情感的社会情感，以及对自我的理解，库利特别赞赏爱默生的自立思想，认为自立是高级的自我即社会的自我的体现。

在西方伦理思想史上，调和利己主义和利他主义的研究并不少见，但是，库利从社会学和心理学的角度，运用实用主义的方法论原则，找到利己与利他之间共同的内在心理基础，从而论证了利己与利他之间相互统一的关系，不能不说是独树一帜的。而且，在库利进行理论活动的时代，美国社会传统的道德原则正遭受新时代的挑战，库利寻求两者和解的努力，可以看作新个人主义产生的前奏。

第三，竞争与协作。竞争与协作也是库利社会伦理思想中的一个重要论题。19 世纪的美国社会是充满激烈竞争的社会。库利清醒地关注着美国的现实生活，主张积极地参与社会竞争，反对逃避现实的消极态度；主张自我奋斗，反对自暴自弃。他对竞争作了精彩的解说。他说：“所有的生活都是一种竞争，认识到任何一种有活力且能不断进步的系统在某种程度上必然是竞争性的，认识到真正的问题只是它属于哪一种竞争，是自由的、公正的、仁慈的，有好的规则和有价值的竞争目标所规范的竞争，抑或是相反。”① 竞争并不像以往人们所认为的那样，在我们期盼和平时却出现了战争，期盼同情和爱时却体会到了敌视，竞争本身在激发个人生命力方面发挥着巨大的作用。一个人的生活如果缺乏严格的个人考验，就无法形成真正的个性和自立气概，还最终“导致相对静止的社会和阶级趋于没落”②。而竞争的社会环境，使人们学会了自己选择行动的方向，学会了计算实际的效果，从而获得了自我认知。库利说：“即使是最普通的劳动者，在习惯了竞争之后，也可能成为善于交涉的人……一个现实的人。”③也就是说，正是通过竞争，人才开始认识世界，了解个人内心深处的想法，形成了各种形式的同情。

但是，在社会现实生活中，竞争似乎更多地带来了残酷、冷漠和敌视。库利认为，竞争究竟会不会损害同情和个人的健康生活，取决于其他因素。如竞争是否公平；规则是否得到很好的理解和执行；所追求的目标是否正当等。库利指出，好的竞争本身就是一种合作，通过选择，个人的能力在一个共同体中得以发挥。而不公正、缺乏准则、低级目标和不适应会带来社会的不安定，因为它们无法给个体带来归属感和价值感。

由此，库利认为，真正的进步不在于排除竞争精神，而在于把它从低层次的竞争提升到一个更高的层次。库利对这两个不同层次的竞争进行了区别。低层次的竞争是惟利是图的竞争，而高层次的竞争被称为“奉献性竞争”。低层次的竞争包括纯生理的冲动，如饥饿、喜好；某些动机，如对贫困的恐惧、对获得的贪婪；对权力的钟爱；表现的欲望、竞争的兴奋甚至对荣誉的喜爱；等等。它们的共同点就是都是纯个人性的，不包括对共同理想的奉献和忠诚。而奉献性竞争并不排除这些动机，而是把它们指向了对更大整体的关注。高层次的竞争同样包含对荣誉等的追求，但是，在“团队工作”时，个人在需要的时候，总是能将整体的利益置于个人荣誉之上。个人可以为满足其个人及家庭的利益而奋斗，同时，更多和更大的竞争所带来的则是对某种长期存在的公众价值观的奉献感。④ 然而，库利倡导奉献性竞争的同时，并不忽视或贬低实际利益的动机。他只是认为，这种动机对人类本性的高层次的意义是不够的。他说：“如果允许金钱动机诱导而不是跟随我们人格中深层次律动的话，它将使我们降格为贪婪者和物质主

---

① ［美］查尔斯·霍顿·库利：《社会过程》，103 页。

②③ 同上书，104 页。

④ 参见上书，106 页。

义者。……他将缺乏高层次的人格活力，像一个军队中被金钱驱使的新兵，而不是为爱和荣誉而斗争的爱国者。”[1] 可见，库利的奉献性竞争实质上是“对集体的热爱”，它要求“每个人都觉得团体的成功比个人的荣誉更为重要”[2]，从而也表达了库利“全社会培养出一种为整体乐意奉献的精神”的道德理想。

那么，要使与利己的竞争不同的贡献性动机成为人类的主要动机是切实可行的吗？他的回答是：如果我们能够提供适当的条件，就能够使这种高层次的竞争普遍化。他指出，在社会的某些领域，在没有金钱报酬的情况下，靠忠于群体的理想和得到赞赏的希望，完全能够把自身的全部精力投入到某种追求中去。但在一般情况下，缺乏这种崇高精神，则不应归咎于人性，而应归于缺乏形成这种高层次竞争的条件。这样的条件就是可以把个人融于群体的精神和观念。在这里，库利以经验主义和实用主义的态度，敏锐地反映了美国当时代自由竞争日渐式微、垄断资本勃兴、物质主义兴盛的时代弊病。他指出，经济上的冲突，并不是竞争导致的，而是因为缺乏健全的法律、条规和常规，无法确立正确和公正的原则。但这种缺乏又是经济迅速发展所不可避免的。其原因主要是：第一，在商业和工业中的传统动机和观念不是贡献，而是个人赢利，是自私自利；第二，现在的经济组织实际上是专制性的或者是寡头政治式的，这样的组织盛行着漠视社会自我的狭隘经济手段模式，根本无法升华和激励个体心灵，在这样的经济体制中，人们奉行追求金钱利润的宗旨，而不考虑其他因素，因而无法培养忠诚和为集体奉献的精神。据此，合理的推理必然是：如果有了这些条件，贡献性动机就会成为主要的动机，高层次的竞争就会普遍化。显然，这正是当时的社会主义者旨在改造社会经济、政治制度的理想。

第四，良心和自由。库利同意当时一些伦理学家的观点，认为判断正确的就是合理的。所谓正确的，也就是得到检验的东西。良心的约束力只适用于那些思想，即最终能维持其作为心理本能所要求的有序整体的部分的那些思想，而这种心理本能一般又是能够成功地建立起这种有序的整体。经过检验的正确的东西是人们的心理需要，否定这种需要就会使精神遭到破坏。根据这种观点，库利认为，关于是非的判断不是孤立的，在性质上也不是完全不同于其他判断的。这种判断的特点是与人们的先在心理状况相联系的。换句话说，“感觉正确的就是正确的，‘正确’这个词就是这个意思”[3]。对于考虑自己行为的人来说，他的良心是惟一可能的道德向导，即使与别人的判断不同，但对他自己来说却是惟一正确

①② ［美］查尔斯·霍顿·库利：《社会过程》，107页。
③ ［美］查尔斯·霍顿·库利：《人类本性与社会秩序》，237页。

的，违背它就是道德上的自杀。另一方面，正确的观念是依具体人、具体时间、地点和原因为条件的。因此，正确的观点也是发展的观点。

在对事物的判断中，存在着逐渐变化的过程，即从任何人都认为是不道德的判断，经过有些人认为是道德的而另一些人认为是不道德的，直到被普遍理解为是道德的判断。同样，道德情感在个人之间是有很大差别的，即使同一个人在不同的情况下，其道德情感也会有不同。被人们视为道德的判断，只限于这类判断，即它们表现为一种激烈的和持久的思想斗争，通过想像去平衡各种互相冲突的观念。人们必须找出一个行为原则，因此必须进行选择，于是就有了义务感和责任感。所谓不道德，实际上就是意识就某一问题作了充分检验后，表现为心理的孤立和不协调。不道德的，就是不能遵循的，否则就会产生自欺感和自损感。违背良心意味着对完整活动的否认和分裂，并使人格分裂。良心的结果只不过被当作是一种较为全面的判断，获得这种判断与获得其他判断一样，涉及判断的传统观念、思想基础和社会问题，它的背后还有一个总的问题，就是关于组织和重大程序问题。

由此，库利认为把自由看作没有限制的观点是错误的。他批评流行的个人主义：把社会秩序看作个人发展的障碍，以为个人在大多数方面是可以自我完善的，认为这些都是没有根据的。他说，“没有限制的自由肯定是不存在的；脱离了社会秩序就没有人的存在，人只能通过社会秩序来发展自己的个性，并且随着社会的发展而发展”①。他一再强调，没有限制性的自由是不可想像的。要使这个词获得明确的意义，就必须抛弃社会和个人根本对立的观点。自由不是别的，它只是获得正确发展的机会。任何一个人，在他发展的各个阶段上，都可以按照他周围环境有利于个人发展的完满与和谐的程度，而被称为是自由的或不自由的。应该把自由看作是发展的事物，看作是一种过程，而不是一种状态。它体现着个人方面的进步，同时也表现着个人和社会的关系。从这方面来说，自由绝不是对纪律的排斥，而是它的更高级、更理性的形式。自由的纪律是通过付诸理性、良心和自尊而对人起作用的，是合乎理性的约束。只有糟糕的社会秩序才是与自由对立的。

库利认为，自由只有通过社会秩序才能存在，而且只有当社会秩序得到健康的发展，自由才可能增长。只有在构造较为全面和较为复杂的社会秩序中，较高层次的自由才有可能实现。社会的复杂性与自由并不矛盾。虽然高层次的自由只有通过复杂的社会秩序才能存在，但这绝不是说复杂的社会秩序都是自由的。由于自由不是固定的事物，而是一种发展。他完全同意杜威的说法，所谓“个人的

---

① ［美］查尔斯·霍顿·库利：《人类本性与社会秩序》，275页。

自由就是发展，就是在必须变时立刻就变”，“个人的自由表示一个积极的进程，即能力从障碍脱出的那个进程”①。因此，任何社会都是部分的自由，部分的不自由。他认为，未来的自由应该创造更加丰富多彩并且宽容的环境，允许不同的人通过选择的发展塑造他们自己。教条主义和强制集中的时代已经过去，让人民按照自己的良心来指导自己的行为是可行的。这种良心反映着他们愿意归属的群体的道德准则。库利也看到，自由的增加，同时也伴随着某些退化和道德败坏现象。尽管这种退化永远不可能被全部排除，但在很大程度上是可以矫正的，伦理学应在这方面作出贡献。

尽管在西方思想史上，库利从来都是作为美国早期著名的社会学家受到人们的关注，但是，毋庸置疑，库利的社会伦理学思想给我们提供的东西是十分丰富的。他关于个人与社会、竞争与协作的详尽论证，对“自我”的独到见解以及关于利己主义和利他主义的缜密分析，都给我们留下了值得珍惜的道德理论财富。如果说，詹姆士确定了实用主义的方法论和基本原理，那么，库利则把实用主义的哲学方法论及原理和当时代的美国社会紧密结合起来，比较彻底地运用到对人与社会的分析之中；因而，如果说詹姆士是实用主义文化价值观系统的奠基者，那么库利就是美国实用主义一个不可缺少的发展环节。

思考题：

1. 结合欧洲传统文化美国化的进程，试论美国精神的形成及其特征。
2. 评述美国个人主义。
3. 简述美国实用主义道德观的产生及发展。
4. 评述库利的“社会自我论”。

参考文献：

1. ［美］H. S. 康马杰．美国精神．北京：光明日报出版社，1988
2. ［美］卢瑟·S·利德基.美国特性探索.北京:中国社会科学出版社,1991
3. 钱满素．爱默生和中国——对个人主义的反思．北京：三联书店，1996
4. 侯鸿勋，郑涌编．西方著名哲学家评传．济南：山东人民出版社，1985
5. John J. Mcdermott：*the Philosophy of John Dewey*，the University of Chicago Press，1985

---

① ［美］杜威：《哲学的改造》，111～112页。

第十四章 空想主义和现实主义

过去对道德科学表现了惊人的冷淡；人们从来没有研究过它们究竟是为谁服务的，原来是由于他们的方法的微不足道，它们成了多余的东西，更由于他们的庸俗道德的不准确性，它们还是危险的东西。

——傅立叶

给人类确立了一套新的生活准则的18世纪消失在遥远的地平线之后，使人类获得解放和自由的“理性王国”并没有随着19世纪的降临和新的生产方式的完全胜利而出现。启蒙哲学家们的华美约言遭到现实生活的强烈讽刺，普遍幸福的愿望仍然是渺茫的愿望，触目惊心的是“旧秩序”之下也未曾达到的贫富悬殊和人们对社会现实的不满和失望。在这样的现实土壤中，多个世纪以来的空想主义理想开始凸显，带着对资本主义社会的批判和对未来社会的展望，形成了空想社会主义伦理思潮，相继出现了以圣西门主义、傅立叶主义、欧文主义为典型的空想社会主义道德观。

第一节 空想主义伦理思潮

从体系的完备程度和社会影响来说，19世纪是空想社会主义伦理思潮的顶峰。但是，人们对理想社会的探索从人类文明的童年就开始了，从希伯来的先知者到柏拉图的理想国，我们都能看到乌托邦精神的涌动。这种探索在资本主义社会确立的初期更加理论化和系统化，这是与资本原始积累时期尖锐的社会矛盾状况相适应的。这些思想家们都从某种抽象的原则出发，来建构自己理想的社会体系。正是从这种意义上，我们称他们为空想主义者。

一、空想主义伦理思想发展的阶段

从资本主义生产关系确立支配地位开始，思想家们在反封建的人道主义基点上就分成了两大营垒，代表了人类在探索现代性问题上的两种路向。一是继续站在反封建的立场上，把人道主义发展为资产阶级思想体系，为发展资本主义进行论证，力图通过发展资本主义的途径，实现普遍的社会幸福和当初的人道理想。另一种路向是社会主义，其最初的表现形式就是空想社会主义。人道主义思想家中那些非常先进的人物看到个性自由发展和个人欲望得到满足的约言与广大人民群众的处境发生尖锐矛盾的现实，希望通过取消个人主义、财产社会化等措施超越资本主义，重新建立一种理想的社会制度，以社会主义作为实现普遍幸福的途径。

1516年莫尔（Thomas More，1478—1535）的《乌托邦》是系统的空想社会主义诞生的标志。此后，空想社会主义经历了四个发展阶段。第一阶段是16、17世纪早期空想社会主义，莫尔、康帕内拉、闵采尔（Thomas Münzer，1490—1525）是其杰出代表。这是资本主义原始积累时期。资产阶级用暴力手段迫使生产者和生产资料分离，并把社会的生产资料和生活资料转化为资本归少数人所有，使广大生产者脱离生产资料而被迫出卖劳动沦为雇佣工人。早期空想社会主义就是对这一段用“血和火的文字载入人类编年史”的原始积累过程中所进行的残酷剥夺的理论批判，是迅速沦为雇佣工人的无产者的反抗情绪的理论表达。他们借用理性主义这个武器，站在维护无产者利益的立场上，为没有剥削、没有压迫、财产公有、按需分配的未来理想社会的合理性进行论证。莫尔在社会主义史上第一次指出私有制是一切社会罪恶的根源，主张在公有制的基础上组织社会生产，与古希腊时期一些思想家和原始基督教社会主义者单纯对私有制进行批判而忽略社会生产、宣传禁欲主义的思想相比，是一个了不起的进步。莫尔认为，极少数人享乐，大多数人痛苦的资本主义社会是不公正的，它完全违背了人类道德。基于对底层劳动人民的苦难的同情，莫尔指出，人人都有过快乐生活的权利，他甚至把追求快乐当作社会的道德准则，表明了穷苦劳动人民希望过上快乐幸福生活的愿望。此外，莫尔还提出了一个迄今为止依然正确的见解，那就是机会均等理论。莫尔对自由和平等并不十分关注，但他希望除了国王这一职位，其他职能都能向有才能、有雄心、有高尚品德的人开放。康帕内拉第一次提出了"劳动光荣"的思想，在他理想的太阳城中实行义务劳动制，希望以此来消灭寄生现象，从而消灭压迫和剥削。这一时期的空想社会主义者一致希望在有组织的生产和普遍劳动的基础上建立一个理想社会，并力图消灭城乡差别、工农差别、体力劳动和脑力劳动的差别。尽管这些思想只是以文艺作品的形式表现出来，并带有浓厚的宗教色彩和平均主义特点，只是原始的、粗糙的、单纯的幻想，但他们奠定了空想社会主义的理论基础。我们看到，大多数空想社会主义者都是主张对社会进行和平改造的，但还是有一股主张通过革命实现社会改造的小小的细流。这股细流的源头在这一时期也已经清晰可辨了，那就是闵采尔。尽管闵采尔没有像莫尔和康帕内拉那样写出《乌托邦》、《太阳城》那样的著作，系统地阐明自己的理想，但他天才地预见了当时平民中刚刚开始发展的无产阶级因素的解放条件，闪耀着共产主义思想的微光。更为可贵的是，他开启的革命传统通过梅叶和巴贝夫主义者一直薪火相传，鼓舞着广大人民群众为争取幸福生活而抗争的意志。在17世纪后半期，英国的温斯坦莱（1609—1652）和法国的维拉斯（约1630—1700）是空想社会主义思潮由第一阶段向第二阶段过渡的代表人物，他们继续批判私有制，提出财产公有。难能可贵的是，温斯坦莱在社会主义史上第一次把生产资料和生活资料分开，主张土地、耕具等生产资料公有而消费品等生活资料则保持个人性质，这就把所有制的中心问题转移到生产方面来，认为"真正的共和国的自由就是使用土地的自由"①，为实现自由设想了必要的经济基础。

空想社会主义的第二阶段是18世纪的直接共产主义的理论，以梅叶（1664—1729）、马布利（Gabriel Mably，1709—1785）、摩莱里（Morelly，生卒年不详）、巴贝夫（1760—1797）为代表。这一时期的空想社会主义者们突破了游记和小说等文学形式，直接从理论上探讨了社会改造问题。这时的平等要求从政治权利方面扩大到个人社会地位方面，不仅仅是阶级特权被这些空想社会主义者们所诟病，他们还幻想消灭阶级差别本身。与不发达的生产力水平和资本主

① ［英］《温斯坦莱文选》，108页，北京，商务印书馆，1965。

义生产关系在法国还不够充分的现状相联系，这一时期的空想社会主义者们带有普遍的平均主义和禁欲主义倾向。杜绝一切奢侈的生活享受、苦修苦炼的斯巴达式的共产主义是他们大多数人的重要标记之一。摩莱里、马布利表现得尤为明显。摩莱里在《自然法典》中除了提出公有制和平均主义、禁欲主义的空想主张外，同时还提出了"每个公民都要根据自己的力量、才能和年龄促进公益的增长"① 的原则，这一思想包含了"各尽所能"这一原则的萌芽。梅叶是18世纪法国第一个战斗的无神论者和唯物主义思想家，他对空想社会主义的贡献在于他沿着闵采尔的道路又一次提出了共产主义的革命纲领，同时在理论上发挥了康帕内拉"劳动光荣"的思想，揭示了劳动在锻造品格、培养新社会的新人中的作用。他说："谁想成为具有完善品质的人，必须劳动出众，因为流汗是道德之源，而劳动是光荣之本。"② 巴贝夫是18世纪法国最后一位空想社会主义者，也是空想社会主义的转折点，他的理论因为他的现实主义和革命主张而带有"超出整个旧世界秩序的思想范围"的特征。

以法国的圣西门（Henry Saint-Simon，1760—1825）、傅立叶（Charles Fourier，1772—1837）和英国的欧文（Robert Owen，1771—1858）为代表的思想是空想社会主义思想发展的第三阶段。这一时期的空想社会主义在理论体系上更加完备了，尽管依然是空想的，但幻想色彩大大减弱，现实主义的因素大大增强。因此，这一时期空想社会主义已经不满足于提供一个未来美好社会的图景了，它还从政治上、经济上、文化上对这个理想社会进行了系统建构，具体而明确地提出了实现这个理想社会的途径。这一时期的空想社会主义带有更强烈的批判色彩，同时，由于这一时期的空想社会主义是人们反对资本主义压迫的抗争的文字表现，因而其批判的锋芒更明确地指向了资本主义制度。思想家们直接从启蒙哲学的基本原则出发，把资本主义置于理性的法庭上进行审判，得出了必须建设一种新的社会制度，保障社会上所有成员的幸福，尤其是最底层劳动人民福利的结论。就其理论形式来说，它起初表现为18世纪伟大启蒙学者所提出的各种原则的进一步、似乎更彻底的发展。

19世纪30年代，以法国的布朗基（1805—1881）、德萨米（1803—1850）和德国的魏特林（Wilhelm Weitling，1808—1871）为代表的空想共产主义是空想社会主义的最后阶段。这一阶段继承18世纪的革命遗训，具有非常强烈的革命气质，强调在政治改造之后的社会改造，但他们在理论上都没有跳出空想主义

---

① ［法］摩莱里：《自然法典》，123页，北京，商务印书馆，1959。

② ［法］梅叶：《遗书》，第2卷，99页，北京，商务印书馆，1960。

的圈子。几乎所有的空想社会主义者都要求改变现有的所有制形式，从而改变一般人的生活状况，改变社会伦理关系，使这个社会符合它本身的目的。即使是圣西门、傅立叶这些保留私有制看法的空想社会主义者，也力图对现存的所有制关系有所改变，倾向于财产社会化的主张。但是，他们都没有真正发现资本主义运动的矛盾规律，他们的批判更多只是局限于伦理道德的视野，因而只是表面的。也正是因为这种批判的表面性，他们尽管希望为社会提供治病的药方，但却无法对症下药；他们尽管预言了资本主义必然被另一种新的社会制度所取代，但却找不到实现的途径，因而只能流于空想。

二、理想主义道德观的特征

人道主义是空想社会主义非常鲜明的特色。启蒙哲学家们把社会改造成为一个为全体社会成员谋利益的联盟的努力失败之后，空想社会主义者们继承了这一伟大事业。正是个性自由发展和个人需要自由满足的人道理想与资本主义的社会结构发生了尖锐的矛盾，才促使空想社会主义者们坚定地站在维护底层人民生存权、劳动权的立场上。只不过他们的人道主义是通过与个人主义和私有制决裂的形式出现的。在《乌托邦》中我们可以看到那儿的居民对人类幸福问题的哲学思考和对人类幸福的不懈追求。在圣西门、傅立叶、欧文以及此后的大多数空想社会主义者的著述中，我们都能看到他们是如何在为人的世俗本性恢复名誉、坚持在世俗享乐上的平等权利、歌颂人的理性与经验、探求个人利益与全人类利益的统一、追求人的真正自由而全面的发展等方面所做的努力。我们还能看到他们对被剥削者的真诚的同情，对消灭人剥削人的关系的社会制度的探索，这一切都是对人道主义的忠实履行。此后的德萨米更彻底地贯彻和发展了现实的人道主义传统，在他的体系中“一切都贯穿着幸福是人的社会生活的目的的思想，一切都是从这种思想出发的；一切都是为了实现人的个性的自由和全面的发展，一切都是为了建立一个真正的人的社会制度”①。

空想社会主义伦理思想的哲学基础是人性论。大多数空想社会主义者都是从“永恒的理性”和人的“自然权利”出发来构建自己的思想体系的。从人的自然本性中看到理性的光芒，确定理性命令对人的行为的引导，再从理性判断中引申出社会生活原则。这些基本原则就是自然法，它是一些永远可以适用而且到处可以适用的原则。它既限制了人们对自然权利的滥用，又保障了自然权利的不可侵犯。如果社会法律同人的天赋权利脱节，违背自然法的要求就会给社会带来灾

---

① 转引自［苏］维·彼·沃尔金等：《论空想社会主义》，中册，30～31页，北京，商务印书馆，1982。

难。这是18世纪许多启蒙思想家的思想，这一思想也同样深深根植于空想社会主义者心中。尽管空想社会主义者们对人的本性的看法可能会略有差异，但他们认为资本主义制度，尤其是私有制和不平等的社会关系是违背自然法和人的自然本性的，是不合乎理性的。因此，必须以合乎理性和合乎人类本性的社会制度代替它。巴贝夫主义者就是在这样的立场上对资本主义进行批判的。自然权利理论可以说是他们学说的基础。他们认为人的本性是平等的，社会契约的任务就在于实现这个自然权利。但现存的社会制度并没有保障人民的这一自然权利，私有制是一种祸害，民法只是保护普遍的掠夺。在这种推论中，巴贝夫主义者逻辑地得出了废除当前的社会契约，改造当前的社会制度的结论。葛德文则把理性万能的思想加以贯彻，认为人的全部精神活动都可以归结为理性活动，它决定着人的一切行为，主宰着人的本性。理性是惟一的立法者，是道德的基础，并为每个个人树立起为社会谋幸福的目标，负有指导人的行为的使命。从理性的观点和人性的本质来看，普遍幸福的原则是人类社会生活的最高准则。因此，追求社会的普遍幸福，保障社会上人与人利益的一致性是理性为我们所立之法。一切成文法都是暂时的、相对的，而理性的法则是永恒的。成文法不能违背理性的法则或者说不能违背自然法则，否则就是邪恶的。这样，葛德文就把他政治上的个人主义和道德上的高尚的人道主义奇妙地结合在一起，并为改造资本主义制度提供了理论依据。这样，从自然权利出发，大多数空想社会主义者都认为一个符合理性的社会是必定存在的，问题在于什么时候去发现它。只要发现了这个理想社会制度，人们就会趋之若鹜，人类幸福就会到来。但是，何时发现、由谁发现都是偶然的、不确定的。

正是对人类理性的乐观看法，空想社会主义者都相信人类能够不断进步和不断自我完善，都相信教育的力量，因而也相信他们能够消灭三大差别，相信完美社会必将到来。他们都是乐观主义者。由于空想社会主义的和平性质，他们实现理想社会的途径只能要么是教育，要么是宗教，或者相互为用。空想社会主义者们对人性尤其是人的理性都寄予非常高的期望，他们认为人类理性能够指引人不断从进步走向进步，人类理性从本性上都有追求幸福的欲望，都有尊重他人幸福的意愿。可悲的是环境，人不断陷于迷误也是环境的因素，人的性格是环境的产物。因此，一方面必须改造环境，也就是建立理想的社会制度，另一方面必须依靠教育。空想社会主义者们提出了许多迄今为止依然非常有效的教育思想，例如教育要尊重人的天性，因势利导；教育要与生产劳动相结合等。培养德智体全面发展的"新人"思想是欧文思想非常杰出的一面。他认为这种新人不再是残缺不全的碎片而是恢复了自己的完整性。

马克思曾经指出，空想社会主义者的历史功绩是和历史的发展成反比的。但是，尽管他们的追求带有"幻想"性质，人道主义的要求在他们的体系内不可能科学地解决，而且越来越不适应他们所同情的工人阶级的需要，但他们就像带电的火花，让一种新的精神迅速在人民心中燃烧起来。

第二节　圣西门的伦理思想

"起来吧，伯爵，伟大的事业在等着您！"在昂利·圣西门青年时期，他让仆人每天清晨用这句话来唤醒他，同时也唤醒他追求荣誉，向着伟大目标前进的热情。这位贵族议员兼公爵的后裔，昔时的贵族、后来的平民，昔时的百万富翁、后来的一贫如洗者，以他的热情和幻想终生在为建立一种新的社会制度，为保障最多数人的利益而奋斗。在病笃弥留的时刻，他对他的门徒说："为了完成一件伟大的事业，需要有锲而不舍的精神……我生平创作的目的，就是要给社会的全体成员创造发挥他们才能的广阔机会"①。这句临终遗言为我们提供了一把解读圣西门伦理思想的重要钥匙。

一、人类文明的发展规律

圣西门是百科全书派达兰贝尔（D′alembert）的学生，他深受资产阶级启蒙思想家的影响，把理性主义作为自己学说的基础，并通过人类理性的进步论证了人类历史是一个不断向前发展的、有规律的过程，论证资本主义并不是一个永恒的社会制度，不是人类的理想社会状态。在圣西门主义的学说中，文明"一方面是指人类理性的发展，一方面又指由此而来的人们对自然的影响的发展"，其"构成要素是科学、美术和实业"②。可见，人类文明是人类理性的发展状况和在此基础上征服自然的状况。同时，文明一词还指作为其发展结果的社会组织体系，也就是社会制度。圣西门通过对人类理性发展和人类社会组织形式的变迁的考察，得出了人类文明的发展是遵循必然的规律前进、服从一个自然的不可逆转的过程，并在所有方面都在不断发展进步

圣西门画像

① ［苏］阿·列万多夫斯基：《圣西门传》，232页，北京，商务印书馆，1983。

② 《圣西门选集》，第2卷，170～171页，北京，商务印书馆，1982。

的结论。

圣西门首先考察了人类理性成长史，并因此而认为整个人类社会与宇宙一样，是一个连续的、上升的、进步的过程。他借用数学上的“数列”和“项”的概念，把人类理性走过的道路列为含有若干个项的一个数列，认为“已经发生的一切和将要发生的一切，形成一个数列，这个数列的前几项是过去，后几项是未来”①，而且“在数列的前一项内产生的一般科学思想，经常被下一项所采用”②，所以，“每一代人的文明状态，只是前一代文明状态的直接继续，并直接产生下一代的文明”③。可见，人类历史是一个按一定顺序、从低级向高级连续发展的过程。在圣西门看来，人类理性的发展在于改进一般观念，然后通过一般观念的改进，改变人与人的关系和人的生存环境，这种环境既是物质的，也是精神的，既是伦理的，也是政治的，包括社会组织形式的改变。社会组织形式的改变反过来又促进科学艺术的繁荣，进而推动理性继续向前发展。所以，文明发展史就是人类理性的进步史，理性的进步决定了文明的上升。当然，圣西门偶尔也看到了经济因素在文明成长过程中的作用，但是在他的观念中，经济的发展同样是人类理性发展的结果。

圣西门还通过对历史上已经出现和将要出现的五种社会组织形式的考察，同样得出了人类文明是一个不断进步的连续过程的结论。这五种社会组织体系其实也就是五种政治制度，与之相联系的是人类文明要经过的五个不同的发展时期：原始社会、古希腊罗马的奴隶社会、封建神学体系、从 15 世纪开始的破坏封建神学体系的时期以及未来实行实业制度的美好社会。圣西门的学生孔德则把文明史简化为三种形态，即神学和军事时代、形而上学和法学家时代、科学和实业时代。他们都认为这几种社会形态是一个由低级到高级的发展过程，每一个过程都是对前一社会类型的超越和进步，都是在前一种文明类型的母体中发展起来的，因而是连续的、上升的。与卢梭念念不忘原始社会相反，在圣西门的观念中，原始社会只是野蛮的象征，因而并没有给予相当的注意。他认为奴隶社会“建立的初期曾经有过慈善性质，因为它拯救了数十亿人的生命……它促进了教化的进展，使军人阶级有了从事发展自己智力的工作的可能”④，因而奴隶社会取代原始社会是人类的伟大进步。同样，封建社会代替奴隶社会也是人类了不起的进

① 《圣西门选集》，第 1 卷，42 页。

② 同上书，65 页。

③ 《圣西门选集》，第 2 卷，217 页。

④ 同上书，234 页。

步，中世纪社会有力地促进了文明的繁荣。圣西门认为，15世纪以后，科学冲击了信仰，人类理性进步到物理主义和实证科学阶段，生产者开始登上历史舞台，社会伦理关系要重新安排了，或者说，已经改变了。这要求社会制度也随之变化，建立一种促进人类普遍幸福的实业制度以取代当前的社会制度。他认为这个责任历史地落到了实业阶级的肩上。

只有适应人类理性和教化现状的制度才是实现人类和平、促进发展的好制度，这只是一个笼统的说法。圣西门还提出了四条衡量社会制度优良与否的标准："首先，它尽可能使社会上的大多数人过着幸福的生活，拥有最多的资料和便利条件来满足自己的日常生活的需要；其次，在这个社会组织中，最有才能和最有德行的人，拥有最多的机会居于社会的前列，而不管他们出身于什么家庭；再次，这种社会组织能把数量最多的人团结在一个社会里，使他们拥有最多的手段来抵御外敌；最后，这种社会组织能鼓励劳动，因而可以出现重大的发明，导致文明和教化的最大进步。"① 用这四条标志衡量当前的社会制度，圣西门得出了否定性的结论。尽管圣西门没有形成科学的"资本主义"概念，但他把当前的制度视为由封建制度向最合乎人类理性的实业制度发展的"过渡时代"，断然否定资本主义制度继续存在的合理性和历史必然性，在当时具有相当进步的意义。尽管是适应不成熟的资本主义生产状况和不成熟的阶级状况的理论，却反映了无产阶级和劳动人民对资本主义的不满，因而成为无产阶级的"象征、表现和先声"。

人类社会是向前发展的，人类文明是不断进步的，但是，发展和进步的连续过程并不是平稳进行的。圣西门相信精神和理性的力量在历史发展中才是最根本的决定性力量，但它是通过解脱危机而上升的。圣西门认为解脱当前危机的出路就在于建立起一种新的社会制度即实业制度，推动人类社会向前发展，并真正走向人类的"黄金时代"。人类文明通过危机而上升的思想被圣西门的弟子巴札尔、安凡丹、罗德里格等人进一步发挥，成为圣西门主义的一个重要思想。圣西门主义笔下的历史是危机时代与有机时代有规律地交替出现的世界图景。在有机时代，社会得到发展，人类社会在一切领域都实现了和谐和一致，人们被共同的观念维系着，个人的活动能服从整体利益。因而有机时代是从事建设的和平时期，具有宗教性质。与此相反，危机时代，圣西门主义者也称之为批判时代，却充满着批判、非难和破坏，人们失去了共同观念的维系，没有了信仰，没有了牺牲精神，没有了共同的目的，整个社会呈现出无政府状态，充斥着利己主义、个人主

① 《圣西门选集》，第2卷，253～254页。

义和怀疑论，这是一个旧的哲学体系已经过时而新的哲学体系尚未建立，对抗压倒协作的破坏时代。这个时代要一直延续到新制度的原则出现才会结束。有机时代与危机时代的交替也是协作和对抗这两者力量此消彼长的结果。可见，在圣西门主义看来，人类历史也是向前发展的，尽管在发展的过程中会出现短暂的中断，但辩证地进步却是绝对的。

二、人类的协作与对抗

圣西门对人类文明发展规律的探索更大大激发了他对既存社会制度的批判性情绪和建立新的社会制度的热情。他有感于人类文明中曾经出现的各种制度尤其是他眼前的资本主义制度的对抗性质，有感于资本主义社会的无政府状态，把他未来理想社会采用的制度称作协作制。① 这种协作制既是经济活动的计划性和组织性，也是政治生活中由统治转向管理、由政务制度转向实业制度的人道主义，更是伦理生活中的劳动义务制、才能等级制和全体人民利益的协调。圣西门的著作中并没有出现"对抗"这个词，但却表达了这一思想，并把它归为资本主义社会的一个特征。

把国家变成社会性、生产性、协作性的劳动组织，制定整个社会的工作计划，克服经济生活中的无政府状态，是圣西门协作思想非常独特的一面。圣西门认为国家是一个大的实业组织，在公益原则的指导下组织实业活动。政府应该制订明确的、合理的工作计划，使每个实业家的活动服从统一的计划，纳入一定的轨道。实业家可以借助王权的力量，通过自己组成的政府实现对社会的组织管理。具体做法是由国王在内阁之上设立一个由最卓越的实业家组成的最高财政委员会，每年编制国家预算草案并监督这个草案的执行情况。同时，实业家也可以建立一个实业家委员会，负责"社会的最高管理工作，包括创制、审查和实行有利于居民的各种工作计划"②。为此，圣西门甚至不惜动用宗教的力量，希望能够以宗教的名义命令"学者、艺术家和实业家拟出一个行动计划，以便把人类的地产利用得最有生产效率，使生活的一切方面得到最大的舒适"③。圣西门认为，在 18 世纪以前，农民、工厂主和商人还是一些孤立的集团，分散经济的性质使得人类征服自然的努力在很大程度上相互抵消了。即便如此，在文化发达的国家里，人类的康乐和繁荣还是达到了相当的高度。如果人类能够克服这种对抗性和

① 协作必然包含着社会上各种阶级各种社会力量的协作，但是，圣西门并没有形成一个科学的阶级概念。在他的学说中，实业阶级既包括无产者，也包括企业资本家和商业资本家，他把他们同归于劳动者阶级，与食利者、游手好闲者对立。

② 《圣西门选集》，第 2 卷，293 页。

③ 《圣西门选集》，第 3 卷，185 页。

分散性，联合组织起来共同开发地球，那么人类就更能实现惊人的繁荣。所以，圣西门坚决主张国家制订合理的、统一的工作联合计划，以代替空许的造福目的，从而实现最大多数阶级的福利。这个思想暗含着把整个世界作为一个协作工厂和建立新的国际伦理准则的愿望。在这个大的协作工厂里，没有敌视和战争，只有共同发展和共同繁荣。这一思想变成了他的弟子们的夸张言语：联合起来，开发地球。在经济伦理观上，圣西门批评和否定一切生产资料私有制，主张财产公有，并提出了绝对平均主义、以实物为对象的分配思想。他认为，生产资料所有制是社会大厦的基石，“必须使所有制方面的革命带来使大多数无产者拥有财产的结果，以使无产者能够出色地管理财产”①。圣西门认为只有兼顾财富与自由，又造福于整个社会的所有制才是合理的。正是因为看到了财产关系在社会发展中的重要作用，圣西门对所有权的民法规定进行了广泛批评，并试图通过所有制的内部调整，实行所有权和经营权的分离，达到使管理者和生产者能够充分有效地利用物质条件，给社会大多数带来福利的目的。圣西门对私有制的批判无疑是深刻的，但是他没有看到私有经济的积极作用，没有预见到公有经济可能存在的问题，他由于不理解生产资料的占有是生产资料支配和使用的基础，因而通过使用权与经营权的改革来变革所有制是不可能的。就分配观念而言，圣西门的绝对平均主义虽然维护了无产者的利益，但却是有局限的，他以实物来分配、取消财产继承权的主张也是偏颇的，平均主义和禁欲主义并不是实现平等的正确道路。

在社会政治生活中实现由统治向管理、由身份特权向才能定等级的转变是圣西门人类协作思想的又一方面。他认为整个现代政治的基础应该建立在下述真理上：“社会的普遍利益，无论是物质方面的，还是精神方面的，都应当由能力最有用、最全面和最实际的人士来主持。”② 圣西门认为，现代政治应该是排斥特权的，是引向社会公益和普遍幸福的，是有组织的分工和所有人的联合，是按照原则来管理而不是受人来统治，是以生产而不是以剥削为目标的。

圣西门确立了尊重生产和生产者的政治伦理原则，他认为这比尊重占有和占有者的原则有益得多。在未来理想社会中，实业阶级是第一等级，他们是生产者，创造着社会的物质财富和精神财富，与不劳而获的食利者对立。实业阶级不仅仅因为劳动被置于社会的首位，它还因为它的文明状况和教化水平堪称是人类的精英。圣西门断言，“从道德、正义和良知方面讲，只有劳动人民可以拥有政

① 《圣西门选集》，第2卷，311页。

② 同上书，229页。

治权利”[①]，可见，实业阶级才是整个社会的中流砥柱，他们应该当仁不让地成为社会的领导者。普遍劳动的观点是贯穿着圣西门著作的一条重要线索，他对“劳动者”的歌颂和对“游手好闲者”的抨击是一以贯之的。圣西门认为，“一切人都应当劳动，都要把自己看成属于某一工厂的工人”[②]，而“游手好闲者”由于家庭出身、阿谀逢迎、阴谋诡计等不光彩的手段而享有特权，成为统治者，这是社会的一种病入膏肓的政治病，给法兰西民族带来了悲惨的后果，因此，必须改革现存的政治制度，推翻“游手好闲者”对“劳动者”的统治，确立实业阶级最崇高的地位，使得最有益的劳动受到尊重，使得所有人都为着共同的目的即人类的幸福共同劳动。

在确立实业阶级的领导地位的基础上，圣西门还论述了“按原则而管理”这个政治活动的组织原则。这个原则同样是协作制度的生动体现，是人类社会由对抗向协作的过渡，由“政务的、封建的或军人的制度向管理的、实业的、和平的制度过渡”[③]，它再次确立了尊重生产者的伦理原则，体现了圣西门增强政治的道德性的努力。在圣西门看来，人类的政治还未处于非道德的状态，要增强政治的道德性，政府应当以服务于实业的发展为目的，以改进大多数人的福利为目的，其组织行为应该从过去的针对“人”转移到针对“物”上来。一言以蔽之，就是变统治为管理，其所遵循的原则是“应根据被管理者的利益办事，以便尽量增殖社会资本，得到大多数社会成员的赞同和支持”[④]。根据这个原则，圣西门批判了资本主义社会对人民的暴虐统治，认为统治者和被统治者的关系是统治和服从的关系，而维系这种关系的手段是暴力和欺骗、雇佣军和警察。他认为在当前的统治下，整个社会是一副颠倒了的世界图景：政府把国家的绝大部分财富用于对社会无益的工作上，听任贵族和官宦拥有巨大的政治势力；不得温饱的人每天要省出一部分生活资料为富人的阔绰生活锦上添花；人民被当作工具；法庭上是重大罪犯惩罚那些犯有轻微罪行的小罪犯；等等。这种状况表明“社会组织还不够完善，人们还任凭暴力和奸诈支配自己，人类就政治方面而言还处在没有道德的状态”[⑤]。要改变这种状况，“为了满足社会的迫切需要，为了建立适应教化现状的社会组织，必须把管理活动置于统治活动之上”[⑥]。圣西门认为只有变

---

① 《圣西门选集》，第2卷，15页。

② 《圣西门选集》，第1卷，24页。

③ 《圣西门选集》，第2卷，101页。

④ 同上书，296页。

⑤ 《圣西门选集》，第1卷，238页。

⑥ 《圣西门选集》，第2卷，300页。

"统治"为"管理"，才是一条坚定的、直接的、正直的道路。这种管理所用的手段是和平的，因此，它不是人对人的压迫，而是人和人的协调；它不是依靠出身获得特权，而是凭借能力为社会指明发展方向，并因此而获得荣誉。

为了把管理原则贯彻到底，圣西门还提出了"有限政府"的观念。这一观念蕴含着"国家消亡"的萌芽，更为可贵的是，这一观念确立了"人民意志至上"这一伦理原则，人的解放，人的自由与人驾驭物而不是物驾驭人的思想被再次强调。他在对实业体系和封建体系进行比较时指出："在旧体系下，政府的权力是无限的，可以为所欲为；而新体系只赋予政府非常明确和非常有限的权力。"① 他认为决定社会前进方向这种重要的政治行动，不再由身居公职的人员来完成，而是由社会组织本身来实施。只有这样，一个由集体掌握的社会，才能真正行使主权。这种主权不是被群众尊为法律的专横意见，而是来源于事物本质的原则。人们只需承认原则的正确性，宣布实施它的必要性。在原则面前，任何担任公职的公民，即使是担任最高职务的公民，也只起着从属作用。圣西门认为，在这个政治体系下，专横武断、玩弄权术和腐败无能这三个现有政治体系的主要弊端都将消失，人民将享有与社会现状相适应的最大自由。社会组织按照原则来管理自己，是对政府权力的某种削弱，因为当政府违背原则时，人民只承认原则的权威。考察过去的历史，圣西门认为统治者和被统治者只是一种金钱关系，政府是一种需要付款的服务机构，其合理的职能仅在于维持社会的秩序和安宁。展望未来，圣西门认为社会公共事务的管理由实业家完成，"政府只对行为不端而威胁社会秩序的人采取治安措施就可以了"②。政府尽管是必需的，但在新的制度下，其职能已经大大削弱了，他甚至断言"政府是必要的东西，即必要的灾祸"③。圣西门认为这种状况是实业制度发展的结果，因为在实业制度下大多数人都已经成熟，不需要受人监护就能过渡到新制度，因为这个新制度的目的是为了大多数人的福利，所以能得到大多数人的拥护，从而使得维持秩序的职能缩小到最低限度。恩格斯曾经这样评价这一思想："如果说经济状况是政治制度的基础这样的认识在这里仅仅以萌芽状态表现出来，那么对人的政治统治应当变成对物的管理和对生产过程的领导这种思想，即最近纷纷议论的'废除国家'的思想，已经明白地表达出来了。"④

---

① 《圣西门选集》，第 2 卷，47 页。

② 同上书，283 页。

③ 《圣西门选集》，第 1 卷，175 页。

④ 《马克思恩格斯选集》，2 版，第 3 卷，726 页，北京，人民出版社，1995。

圣西门的以协作取代对抗的思想还包含着从奴役到自由的追求。他认为法国大革命这一争取自由的伟大事业只是产生了新的奴役形式，只有实业制度的建立和完善才是通向自由之路，因为“自由的基础是实业”①。圣西门分析了历史上存在的各种奴役形式，对资本主义人剥削人的现象提出了更严厉的批评，希望以实业精神取代封建精神对社会伦理关系的支配。他认为法国实业界尽管取得了相当的自由，但依然听任封建精神的支配，而“封建精神，实质上就是侵略精神”②。因此，欧洲革命还远未完成，而完成它的光荣任务就落在法国实业界了。在封建精神支配下的法国社会，劳动者与游手好闲者、食利者尖锐对立。圣西门是一个精细的观察家，他看到遍布法国城乡的悲惨情景，看到雇佣工人物质上惊人的贫困和精神生活的悲惨，沉痛地抨击了资本主义社会对劳动者的压迫，并把资本主义社会这种人压迫人、人剥削人的现象归结为封建精神对人与人的关系的支配。与封建精神相反，圣西门鼓吹的实业制度所奉行的伦理精神是联合、团结、和平和共同进步。圣西门认为，在新的社会体系下，政府不再具有掠夺性质和军事性质，而只是为科学、艺术和经济的繁荣提供服务。人与人之间的关系也不再是压迫和被压迫的关系了，社会不再是一部分人反对另一部分人、一个国家反对另一个国家的社会。一切特权都被废除，“全人类只有一个共同的目的和一些共同的利益，所以每个人在社会关系方面只应把自己看成是劳动者社会的一员”③。所有的人都参加劳动，在实业、科学和艺术等方面互相竞赛而不是彼此械斗，并在这共同劳动中促进公益的发展。在新体系下最受尊敬的人是在实证科学、艺术和实业方面最有才能的人，不管他们出身如何。

只有实业制度才能实现自由和平等。圣西门认为对自由的需要和热爱是随着实业并通过实业而产生起来的，自由只能通过实业而扩大，只能通过实业而加强，因为“实业制度是一种可以使一切人得到最大限度的全体自由和个体自由，保证社会得到它所能享受到的最大安宁的制度”。它与封建制度对立，因为封建制度“极力要在人们中间建立尽可能大的不平等，把人们分成统治者和被统治者两个阶级，使统治者的权力变成世袭的权力，把惟命是从的义务从父亲传给儿子”，而“实业制度则建立在完全平等的原则上，它否认一切以出身为基础的权力，不承认种种特权”④。因此，投身于实业体系的建设就是自由和平等的实现。

① 《圣西门选集》，第1卷，183页。

② 同上书，221页。

③ 同上书，168页。

④ 《圣西门选集》，第2卷，80页。

也正因为如此，圣西门和当时的一般思想家不一样，他很少向社会呼吁自由和平等。他认为新的社会组织体系无论在世俗方面还是精神方面都会导致最高的社会自由，人们不必进行干预。圣西门认为，无论是政治自由，还是个人自由都不应该是社会契约的目的，而是文明的结果。真正的自由在于尽量广泛地和毫无障碍地发展人们在世俗方面和精神方面有利于集体的才能。所以，空谈自由是无益的，关键是建立起保障自由得以实现的文明条件，这个条件在他看来就是实业制度。同样，圣西门在学理上也未对平等有过多的要求，尽管实业制度会导向平等，成为人类历史上一种最大限度实现平等的制度，但圣西门对平等是颇有戒心的。他曾经指出无产者被追求平等的激情所支配而参加革命，那么他们夺取政权后的情况将比旧体制下更糟。平等是有限的，其实现途径是在实业制度下通过普遍劳动的原则，消灭旧制度下的寄生现象，把社会变成劳动者的联合。此外，按照圣西门的看法，未来社会依然是一个金字塔式的结构，只不过每个人在社会上的地位不再由出身决定，而取决于个人的才能和贡献。其弟子把这一思想发挥为"按能力计报酬，按功效定能力"，为"各尽所能，按劳分配"的社会主义分配原则作出了重要贡献。不管圣西门对平等的看法如何，关怀无产阶级的权利和福利却是他思想中最感人至深的篇章。他以极其令人钦佩的毅力和热情始终坚持解放人类的理想，这是符合当时成长着的无产阶级的利益的，也有助于无产阶级更好地了解自己在社会中的处境和自己的权利。

三、人类爱与道德教育

圣西门认为为了实现社会改造，就必须在所有可以感受高尚情操的人们中间大力培养博爱精神，攻击和粉碎利己主义，并在他们的宣传和说服下，使整个社会接受实业原则。圣西门的博爱观念来自宗教。他认为宗教是人类的一大发明，是人类进入大同的惟一的政治组织，因此，被改造过的基督教应该成为社会道德生活的指导原则。圣西门认为这个新宗教为人类确立的最高道德准则源自"人人都应当兄弟相待"这一基督观念，并在此基础上演变为"宗教应当引导社会走向最迅速地改进最穷苦阶级的命运的伟大目的"①。这就是圣西门所理解的博爱原则，也是实业制度下社会世俗权力和精神权力的总的指导思想，而他的道德教育也是这一原则的实现。

为人类的幸福而劳动是圣西门博爱思想的核心。圣西门认为每一个人都有义务经常以自己的力量为人类造福；每一个人都应该通过劳动，生产精神产品和物质产品，以满足人类的需要。这是人类接近神最近的途径。他指出，一切思想和

① 《圣西门选集》，第3卷，167页。

理论所追求的惟一目的，就是合理的组织实业，它包括一切有益的工作，包括理论和应用，包括脑力劳动和体力劳动；一切社会组织和政治机构都应该致力于改进所有人的福利；一切政治行为都为着通过和平劳动繁荣社会这个目的服务，并让和平劳动部门的领导者对国家事务发生最重要的影响。

为他人造福是实现个人幸福的途径。这是博爱原则的重要体现。圣西门认为每个人都不应该在追求个人幸福时妨碍他人的幸福，通过伤害别人而获取利益的人最终是不幸的。道德的目的在于将人类组成社会，"使每个人有最大可能将自己的精神力量和物质力量最有益地贡献于社会和大多数同胞"①，而政治只是道德的应用。因此，"凡是在有害于社会的活动方面寻找幸福的人，必然要受到社会组织规律的惩罚"②，"凡是不以有利于自己同类的方式寻找幸福的人，不管他的前途怎样光明，也不会是幸福的"③。正是在这种观点上，圣西门盛赞基督教"人人都应当兄弟相待，互爱互助"的道德准则。同时，他也指出，基督徒建立这一道德基础时只具有思辨性质，现在应该按照这个原理建立起世俗权力，即制定一部可以直接改善人数最多的阶级的社会状况的宪法，要求所有政治行为都服从于这一道德体系，始终不渝地维护穷人的事业，改进社会最下等阶级的身心状况。

圣西门的博爱原则还主张个人利益与公共利益的协调。他认为个人利益是能够指导公共利益的惟一动因，有才能的人的个人利益尤其能为全体利益服务。因此"我要激发最有能力的人士关怀他们的个人利益，因为我认为这种方式最能取得有利于公益的结果"。但是，这并不意味着个人利益具有优越于社会公共利益的地位。社会要通过合理的途径使个人利益促进公共利益的实现，个人则需通过增进公共利益以谋求个人利益。圣西门认为，在理想社会中，"人们只有一个目的、一个志向和一个希望，那就是使人人幸福。人们下定决心，不管要付出任何代价，都要使个人利益服从全体的利益"④。在此基础上，圣西门批评法国不改进下层人民的福利而致力于侵略的政治策略，认为旧体系下的统治者是一群"真正吸血鬼"，批判了笼罩着整个资本主义社会的利己主义。这无疑是对资本主义社会的深刻体察。

圣西门受启蒙哲学的影响，认为人是环境的产物。他说："人，甚至是最精

---

① 《圣西门选集》，第2卷，11页。

② 《圣西门选集》，第1卷，76页。

③ 同上书，134页。

④ 《圣西门选集》，第2卷，33页。

明强干的人，都是环境的产物。”① 所以，每一个人的美德和恶习，都受环境的影响。要提高人的道德水平，完善人的精神生活，必须从改善环境入手。他认为实业是一切文明的发源地和核心，因此，发展实业是道德教育最根本的手段。一方面，在实业体系下，掌握精神权力的学者们可以为国民教育体系制订计划和目标，并有效组织道德教育；另一方面，发展实业，促进下层人民的福利，改变人剥削人人压迫人的现状，这本身就是最大的道德。此外，贫苦人民由于在实业体系下生活得到保障，精神得以发展，因而他们自然就成为社会秩序忠实的维护者，就不会为生活所迫，铤而走险，做出破坏社会安宁、违反社会道德的事情。因为贫穷是一切罪恶的根源。

在此基础上，圣西门提出了“教养”重于“教育”的思想。他认为国民教育应该分为两部分，即教育和教养，“对于增进社会福利来说，改进教养比改进教育更为重要”。这里所说的教养在很大程度上是指一个社会对它的成员在生活准则上潜移默化的塑造和影响，因此，它实质上是一种道德教育。圣西门指出：“教养就是培养习惯，陶冶情感，锻炼一般的预见能力。”②

道德教育的内容主要是实业精神的教育。圣西门认为在当前的文明和教化现状下，实业精神和科学精神应该取代封建精神和神学精神，成为社会生活的主导原则。所以，道德教育当然也应该贯彻这一原则。他说：“应当推广的教育，应当在人们头脑中加深的并使之到处都占统治地位的思想，就是要促使每个人提高生产的积极性和尊重别人的生产。”③ 培养公民的生产积极性，养成他们热爱劳动、尊敬劳动的观念，是实业制度下道德教育最核心的内容。

第三节 傅立叶的伦理思想

傅立叶画像

在三大空想社会主义者中，傅立叶对资本主义社会的批判是最为杰出的。他神秘主义的甚至是极端的狂想和天才般的猜测交织在一起，优秀的讽刺才能和心理社会学分析交织在一起，使这位眼光远大的思想家在19世纪独树一帜。尽管

① 《圣西门选集》，第1卷，99页。
② 《圣西门选集》，第2卷，285页。
③ 《圣西门选集》，第1卷，168页。

他的理论带有小资产阶级的特征，但他对资产阶级内部相互关系的批判以及对资产阶级和无产阶级的批判使他得出了必须改造社会的结论，他对资本主义压迫的抗议，以及为底层劳动人民利益服务的立场，对启发人民群众的阶级觉悟和利益觉悟具有非常重要的意义。

一、人的天性和社会伦理

傅立叶认为每个人都天生爱好或者喜欢某种活动，这些人的爱好和活动的总和必然会形成一个能够满足社会需要的力量。傅立叶由此推断，如果社会能使每个人的爱好得到满足，每个人都做自己喜欢做的事情，那么即使没有现代社会的所有强制手段，也同样可以满足人的一切需要。这样，他就得出了必须改造社会，从而实现自由劳动和协作，促成社会和谐的结论。

天性在傅立叶的学说中又叫"情欲"，偶尔也叫"性格"。多种多样的情欲的协调运动叫"情欲引力"，它是人类一切活动的原动力，是推动人类历史前进的力量，是上帝的意旨。傅立叶认为，情欲是上帝赋予人类的。因此，尽管情欲一再为哲学家所贬低和鄙视，但它"在宇宙运动方面却发挥了仅次于上帝所发挥的作用"，是"仅次于上帝的最可宝贵的东西"①。情欲本身并不是邪恶的，邪恶的是既不同意发展又不同意利用上帝所赋予的性格的文明制度，傅立叶主要是指资本主义制度。傅立叶认为，所有的性格都是善良的，而且恰如其分地分配在每一个人身上。我们应该"发展天性，而不是矫正天性"②。那些所谓的恶习，比如说儿童的贪食、捣乱等，都是上帝经过慎重考虑，并且在制定了性格分配计划之后赋予每个儿童的。在协调制度下，这些天性都能成为一种积极创造的力量。所以，我们不能克制情欲，而应当发现人类的情欲，引导人类的情欲，满足人类的情欲，并通过人类情欲的满足达到上帝向人类提出的目的，实现人类的命运。但是，现在人类还没有达到自然所期望于人类的目的。因为人类带着适应协调制度的情欲出现在地球上时，经历了乐园时期、蒙昧时期、宗法时期、野蛮时期和文明时期后，还没有过渡到协调社会。这个社会将摆脱前几个社会的人与人的无联系状态和奴役状态。它将是一个产品极大丰富，足以满足所有人的情欲，舒张所有人的情欲的自由社会，是一个所有人的天性都能开花结果的社会。傅立叶的这种见解表现了他的唯心史观，表明了他的目的论和理性主义特征。但同时，他在考察各个不同的社会历史时期时又把它们和不同的生产特征相联系，看到社会是在它的需要和资源的矛盾的压迫下前进的，又表现出一定的唯物主义和辩证法的色彩。

---

① 傅立叶：《傅立叶选集》，2版，第1卷，赵俊欣等译，29页，北京，商务印书馆，1982。

② 同上书，51页。

傅立叶还具体地描画了他所理解的人类情欲之树，分析了作为人类心灵主要动力的12种情欲。在这棵情欲之树上，其总干是统一欲，即“每个人要把自己的幸福同周围的一切以及全人类的幸福协调起来的意向”，它是“无限的博爱，是宇宙的善举”①。总干之上有三个次一级的情欲策源地，即奢侈主义或者奢侈欲，合群主义或合群欲，谢利叶主义或谢利叶欲。奢侈欲包括五种肉体欲或者感官欲，它倾向于健康和财富，其高涨会带来五种感官的逐步丰富。合群欲是被称为情谊的爱恋欲，共四种，即人都倾向于建立家庭、热衷于恋爱、追求友谊、并希望加入某一荣誉小组或者行会以实现自己的雄心，这四个小组会在爱恋欲的高涨中绝对自由。谢利叶欲包括三种分配性情欲即计谋情欲、轻浮情欲以及组合情欲，它倾向于把五种感官情欲和四种依恋动力（友爱、雄心、爱情、父子关系）协调一致，致力于建立一个在文明制度下从未见过的家庭和社会的机构，重新获得人类失去的幸福的秘密，实现公正的分配。由于情欲引力的作用，这12种主要情欲能够保持内部和外部的和谐，使每个人在追求个人利益时，都总是在为大众的利益服务。傅立叶认为，这12种根本情欲又可细分为无数大同小异的情欲，它们或多或少地支配着每一个人。因此，人的性格变化无穷，但可归纳为810种主要性格。大自然随便把它们分配在男女儿童身上。这样每个儿童都有堪与有史以来最杰出的人物相媲美的天赋，社会应该把这些天赋萌芽发展并改善到最完美的地步。但这只有在谢利叶制度下才能办到，因为只有在谢利叶制度下，人的一切情欲才会得到满足和发扬，而在文明制度下，人们往往在和自我作斗争，和他人作斗争，把这12种情欲从属于利己主义。

在傅立叶关于人的天性的看法中，最基本的情欲是统一欲。也就是说，人的天性是趋向于和谐和协调的，趋向于把自己的利益和他人与集体的利益统一的。傅立叶认为每个人在追求自己幸福的同时都不会妨碍他人的幸福，而只会促进共同幸福的增长。由此引发他的社会伦理思想，就是要建立一个符合人类这种天性的理想社会，保障社会上所有人处于普遍联系和团结协作状态，保障最穷苦的人的幸福。他认为，一个合理的社会组织不应当建立在压制人类自然欲望的基础上，而应当以一种足以导致和谐、避免倾轧的方法来满足这些欲望，他不同意把理性与情欲对立的观点，也反对把社会组织作为迫使人们勉强为善的工具。在他看来，社会应该为个人情欲的高涨、天性的发扬开辟道路，尊重人的欢乐（不管是物质的还是精神的），因为真正的协作是一种把一切情欲、性格、嗜好和本能都应用于生产的艺术。只有这样才能结束文明制度下经济上的无秩序、政治上的

① 《傅立叶选集》，2版，第1卷，赵俊欣等译，60页。

不公和堕落、道德上的强制和压迫，才能进入真正和谐、人人幸福的新社会。他把他的新的社会组织叫法郎吉，新制度叫谢利叶制度。

社会和谐是傅立叶社会伦理思想的中心。傅立叶认为在自然体系内一切都是有联系的，那么在社会体系内也同样应该是有联系的。为了建立这种联系，就必须使人民都能分享幸福，使幸福不为富有阶级所独占。但事实上，现有的文明制度是无联系性的。傅立叶认为分崩离析的社会关系已经在所有生产劳动者之间散布了普遍的不和，因而"使每个人对别人的劳动漠不关心"①，穷人和穷人之间因为工作权得不到保障而在工作上的竞争带来政治上的相互损害，富人和穷人之间只有憎恨、掠夺和欺诈。所以，"我们现在的社会关系是一切纠纷的根源"，因为"它们到处都是为了少数人的享乐而压迫大多数人"②，造成了贫困、欺诈和压迫这三种主要的社会罪恶。这种状况引起傅立叶的极大愤慨，他严厉谴责他所处的社会是"人间地狱"、"颠倒了的世界"、"罪恶的渊薮"，认为资本主义社会是复活了的奴隶制度。他对"为了几个富人，就必须有许多穷人"的论调也予以严厉批评，提出"为了使富人幸福，就必须让穷人享受各种不同程度的幸福"③，否则，文明制度下的两个痼疾、两个必然的罪恶即贫穷和战争就会成为人类永远的噩梦。

这种社会和谐和普遍联系遍及社会经济、政治、文化生活的方方面面。从经济上讲，这种社会和谐是建立在生产的组织性之上的。傅立叶把资本主义的生产方式称为"无联系的大生产"。在这种资本主义的生产方式之下，实行简单所有制、雇佣劳动制、不公正分配，它以分散性的经营、欺骗性的商业和个人无秩序竞争为特征。这种经济制度造成了"过剩"引起的经济危机和富裕引起的贫穷，造成了人与人的敌对状态，造成了个人利益和他人利益的冲突，造成了道德上的堕落和政治上的混乱。与此相反，和谐社会的生产方式却是有联系的，有组织的，它废弃了商业精神的欺诈和虚伪，废除了工业封建主义造成的简单垄断，以农业为主，工业为辅，商业则是集体的事而不是私人行为。工农差别和城乡对立也随之消失。

傅立叶批判了以个人利益为轴心的资本主义简单个人所有制，认为资本主义关于所有制的一切问题都笼罩着骇人的黑暗，是支配群众利益的暴政，要求代之以内外复杂所有制。这种所有制是以承认社会利益为前提的个人所有制，它要服

---

① 《傅立叶选集》，第 2 卷，赵俊欣等译，28 页，北京，商务印书馆，1981。

② 同上书，137 页。

③ 《傅立叶选集》，第 2 册，汪耀三译，136 页，北京，商务印书馆，1959。

从“共同的方便”。傅立叶的所有权观念并不是要求废除私有制，在法郎吉内实际上是存在着私有财产的，资本家是法郎吉的股东。但是，傅立叶认为，在私有财产的占有和使用上不能服从个人的任性，“绝不容许，像在文明制度下那样，某一个人建造一座石灰窑和小石砾工厂而导致向几千户邻居散布传染病，甚至不允许有碍整齐壮观方面的布置”①。在协调的生产方式下，资本主义世界欺骗性的自由竞争也被集体竞争和劳动竞赛所取代。各个法郎吉之间是一种平等友好的关系。同时，在法郎吉内，个人服役中止了，因为雇佣劳动是可耻的，它既奴役人民的身体，也奴役人民的精神。旧式分工也取消了，每个人都可以自由选择加入任何一个劳动小组，这种按照个人天性而选择的自由性，使得劳动成为一种乐趣和需要。傅立叶还反对平均主义的分配理念，认为任何平均主义都是政治毒药。法郎吉的财富的分配是按照劳动、才能和资本三种因素来成比例进行的，这就确立了“按比例分配”的原则。为了在分配问题上取得一致，傅立叶还认为法郎吉必须具备把自私自利心理改造成保证公共分配的手段和激发人慷慨大度的手段，以实现他所设计的公平正义的和谐社会。

傅立叶批判了资本主义政治的残酷和不公，批判了社会契约论的虚妄，提出了尊重人们的劳动权、最低限度的生活权的伦理原则。他敏锐地看到资本主义社会所谓的人权和义务都只是空中楼阁，博爱和平等是十足的欺骗，因为它无情地剥夺了人民的劳动权和生存权。傅立叶不无嘲讽地写道：“我们的社会契约在给予穷人以应有的和适合于他们教育的生活资料，保障他们最主要的天赋人权——劳动权方面是多么无能啊！”② 他一再警告，如果不解决下层人民的福利，不解决日益尖锐化的社会矛盾，那么潘多拉的盒子就会开启，革命将如火山般爆发。他认为解决问题的关键是必须摆脱当前的这种制度，发明一种新的社会结构，结束贫困、欺诈、压迫和屠杀这种毁灭性灾难。要做到这一点，必须首先有一个最低限度的要求，那就是改善人民的命运，停止对人民的掠夺，使工作成为引人入胜的事情，保障大众特别是劳动人民最低限度的生活，然后是保障这个社会所有阶级的福利。

解放妇女是傅立叶伦理思想中非常光辉的一页。在法郎吉中，家务劳动社会化了，儿童教育也由专门的机构完成，家庭失去了作为一个经济单位的性质，妇女也从繁琐的家务劳动中解放出来。由于“自然界平等地赋予两性从事科学和艺

① 《傅立叶选集》，第2册，汪耀三译，108页。

② 同上书，7页。

术的能力，只是分工有所不同”[1]，在新的社会制度下的妇女，与男性一样可以自由地参与任何一个谢利叶的劳动，她们与男性一起平等地分享这个世界，创造这个世界。男女的结合也完全是基于相互的爱慕而摆脱了经济的因素，因此，在未来社会，妇女是男性的对手和伴侣而不是仆人。傅立叶认为解放妇女和解放奴隶是建设新社会的必由之路，他牢牢地确立了这样一种思想，即妇女权力的扩大是一切社会进步的基本原则，某一时代的变迁和进步是与妇女走向自由的程度相适应的，而社会秩序的衰落则与妇女自由减少的程度相适应。恩格斯高度评价了这一观点，并赞扬他巧妙地批判了两性关系的资产阶级形式和妇女在资产阶级社会中的地位，赞扬他把妇女解放的程度作为人类文明进步的一个尺度。以现代的眼光来审视19世纪初的这种思想，并与傅立叶之后妇女解放运动的艰辛历程以及傅立叶之前的女性观进行比照，我们不能不叹服这位空想主义者的天才眼光。

傅立叶社会和谐思想的最终目的是要在社会利益与个体利益一致的基础上建立各阶级的融合。他认为在资本主义的经济制度下，人的天性被压抑，个人利益和集体利益是冲突的，每个人都处在蓄意与群众战斗的状态中。因为在这种经济体系中，劳动人民越来越贫困，越来越厌恶工作，进而更加贫困，更加得不到一份生活必需品，一切都是恶性循环。但是，在协作制度下，“个人只有在全体群众的利益中才能找到自己的利益”[2]。这种利益的一致性来自于联系的众多性、公平的分配、共同的和自由劳动的喜悦、公正和诚实的谋利方式、符合本性的联系体系和复合的生活方式，也来自法郎吉内部成员相互依恋的情感。法郎吉的繁荣和发展成为每个人幸福的源泉，不管是富人还是穷人都是如此，因为富人可以赚取更多的资本红利，穷人可以获得更多的生活保障和生活享受。这种利益的一致贯穿于物质、精神、日常生活制度等方方面面，满足着社会成员对集体友谊的需要，也满足着他们依恋欲的发扬。正是在这种利益的一致中，三个阶级，即富人阶级、平民阶级和穷人阶级衷心和解，真正实现人类自由。傅立叶认为，这才是人类精神的最终归宿。

傅立叶的社会伦理思想并不直接论述社会和个人的关系问题，但他强调社会与个人的相互服务，并且更加侧重社会为个人天性的张扬提供条件，尽可能满足人民群众的需要，因为这是社会进步和繁荣的必由之路。他认为如果一个社会制度能够容纳人的所有欲望，那么在这个社会制度之下个人利益和社会利益、个人利益和他人利益自然是相互统一的，因为统一欲是人之最根本的天性。但是，在

① 《傅立叶选集》，第2卷，赵俊欣等译，41页。

② 《傅立叶选集》，2版，第1卷，赵俊欣等译，122页。

他美妙的法郎吉这个新的"耶路撒冷"之中，既然还保存着富人和穷人的等级关系，还保存着剥削，个人与他人的利益如何一致，阶级的融合又如何能够实现呢？在任何一个社会中阶级利益的差异都是存在的，尤其是在19世纪无产阶级与资产阶级的阶级斗争日趋尖锐的情况下，人的天性如何带来社会和谐呢？如果说傅立叶这一思想与当时无产阶级不成熟的状况相联系，而且他重建社会制度的思想还具有一定的革命性质，那么他的学生孔西得朗继续鼓吹阶级调和，幻想通过政治改良来实现无产阶级的解放就与傅立叶的革命精神背道而驰了。

二、物质利益和情感平衡

从傅立叶关于人的天性的看法，我们可以看出，他对人的生命、肉体与情感给予了充分的尊重。或者说，他在反对当时弥漫于法国社会的小商贩气息时，对个人物质利益的满足寄予高度的期望，对个人享乐给予热情的鼓励。但这并不意味着他是一个享乐主义者，也不意味着他怀有利己主义的主张，因为，他为之摇旗呐喊的享乐既是物质的，也是精神的；既是肉体的，也是情感的；既是功利的，也是审美的。

傅立叶对个人物质利益的关心也是建立在对人的天性的理解上的。他认为上帝赋予了人类奢侈欲，就应该促进这种情欲的高涨和满足。奢侈欲既需要有健康的身体，也需要有财富做支持。傅立叶认为协调制度之所以引人入胜，能够吸引人们去创建它，在很大程度上也是因为它能创造巨大的物质财富，能够保障所有阶级情欲的满足。另一方面，法郎吉保持协调一致的第一途径，或者说社会和谐的前提条件也是发财致富。傅立叶说："在协调制度的十八个社会里，真理之所以能够胜利的最基本条件是'人人爱财'。"① 正是人们对财富的渴望，为协调制度的实现提供了强大的动力，也正是财富的丰富，使得协调制度对人们形成强大的吸引。因此，不能鄙视人们热爱财富的愿望，财富是对人们劳动的报偿和奖励。"如果没有这种获得财富的希望，生活对人来说便成了沉重的负担。"② 为此，他严厉地批判了资本主义所造成的人民的绝对贫困，也严厉批判了资产阶级的哲学、道德学说，因为"道德家希望在给人们面包以前，先使他具有美德"③，哲学家则虚构理性的神话。他指出："不论理性如何夸耀自己的进步，只要它不能向人类提供人人需求的社会财富，它就对幸福毫无贡献可言。所谓'社会财富'的意思，是指穷人不虞匮乏的那种不同程度的富裕，它至少能保证人类享有

① 《傅立叶选集》，2版，第1卷，赵俊欣等译，49页。

② 《傅立叶选集》，第4册，汪耀三译，14页，北京，商务印书馆，1964。

③ 《傅立叶选集》，第4册，汪耀三译，161页。

通常称之为市民生活水平的那种极其平常的生活水平。”[①] 正是对利益和道德的这种看法，傅立叶偶尔还露出这样的倾向，如果爱美德的幸福只是为了美德本身而没有与实践这种美德相联系的收入、光荣和崇敬，这种行为是与人的本性不合的，这种道德观是卑劣的。

傅立叶对物质利益的捍卫，并不是鼓吹利己主义。恰恰相反，傅立叶严厉谴责了被商业精神所笼罩的资本主义社会的极端利己主义，指责生意经精神为犯罪开辟了新的道路，颂扬了协调制度下人们慷慨大方与忘我精神等美德。傅立叶认为，在协调制度下，儿童队是一切美德的发源地，他们通过从事吸引力最小的又脏又累的劳动，掌管由于其性质过分令人厌恶而势必要恢复雇佣工人和受人轻视的阶级的劳动部门，维系着各阶级的融合，维系着温存的博爱和社会的善行，但他们获得的报酬却最少。但他们并不是鄙视财富，而是“鄙视在使用财富上的利己主义”[②]。傅立叶还阐述了自私心和利己主义的区别。他认为在文明制度下，人的自私心是简单的、利己主义的，与他人利益相抵触的。但是，在协调制度下，被道德家所唾弃的自私心将获得重大凯旋，因为它能促进公正分配。傅立叶认为协调制度下富人和穷人的利益是一致的，所以，各阶级深知，只有在未来财源的发展中，在法郎吉的繁荣中才能实现自己的个人利益。这种见解使得协调制度下人们的自私心不同于文明制度下的简单性而变得复杂，能够“既为我们的利益也为他人的利益服务”[③]，能够在分配的时候考虑公正，能够使利己主义失去存在的必要，辉煌的诚实在一切经济关系方面将占统治地位。

物质利益是幸福的重要因素，但并不意味着幸福。只有物质利益和情感的平衡才是人类幸福的源泉。因为人的情欲有很多种，因为幸福是多样化的，也因为人类精神要走向完善。傅立叶一再强调幸福不仅仅是靠财富就能得到的，幸福在于情欲的全面发展，劝告人们不能因为土豆而轻视鲜花，社会要实现美善相兼的使命。在讨论什么是真正的幸福时，他认为历史上的相关争论中，除了边沁稍微接近关于真正幸福的定义外，其余人都不值得讨论。他批评了学术界讨论幸福问题遵循的两条途径，一是宣传轻视财富，宣传热爱住在茅屋里所体会的那种满足；一是鼓励毫无限制的爱财欲望。傅立叶认为这两种路径都不可取，真正的幸福在于上帝赋予我们的 12 种情欲都能得到满足，否则我们的心灵和肉体就会陷于苦恼。尽管没有物质财富人的幸福会受到影响，但仅仅拥有物质财富的人也是

① 《傅立叶选集》，2 版，第 1 卷，赵俊欣等译，16 页。

② 《傅立叶选集》，第 2 卷，赵俊欣等译，56 页。

③ 《傅立叶选集》，第 4 册，汪耀三译，10 页。

不可能幸福的。这就是文明世界那些得天独厚的富人们的生活状况，尽管他们很富有，但他们距离真正的幸福却很遥远。

在傅立叶幸福哲学中，享乐是一个重要概念，它是人类心灵世界的丰满，是对美的不懈追求，因而必须有心灵和情感的参与。劳动作为一种游戏带来的心灵愉快是人生极大的享受之一，在傅立叶的描绘中，它几乎具有审美的性质。因为所有的人都是出于情欲而工作，作为劳动尺度的不是贫困，而是心灵的需要，是天性使然，是自由选择。恩格斯高度评价了这一思想，认为他“确立了劳动和享受的同一性，指出现代社会制度把这两者分裂开来，把劳动变成痛苦的事情，把欢乐变成大部分劳动者享受不到的东西，是极端不合理的”，认为傅立叶的自由劳动思想值得引起人们的注意。傅立叶还认为，享乐是多样化的、精细的、复杂的。协作社提供了上千种娱乐，每种娱乐给人带来的享受都是心灵和肉体的双重娱乐。即使是聚餐这样的活动，也不纯粹是一种物质享受。餐桌上人们的感官和心灵都能全部调动起来，既享受美味的色香味，也享受就餐气氛的美好，享受与就餐伙伴的交流。爱的慰藉和餐桌上的慰藉一样，也具有无限丰富的可能性。甚至是文明社会不可想像的对妇女忠诚的男子也将在协调社会出现。

傅立叶一再强调享乐，但这并不是享乐主义，更不是纵欲。恰好相反，他认为这种享乐因其多样化而成为抵抗纵欲的最可靠的保障。它是精神能力和感官能力的全面发展，是人的感受性在情欲导引下的无限舒张，是对生活的审美体验。他反对享乐主义，并指责文明制度下的人们既缺少欢乐，也缺少利用欢乐的艺术，因而把一次欢乐或者一种欢乐迫不及待地耗费殆尽。与此相反，协调制度下，人们的心灵和感官的触角伸向生活中的方方面面，具有无限发展的空间，因而只是从一种欢乐跃向另一种欢乐，而不会产生享乐主义带来的倦怠和颓废，更不会步向纵欲的深渊。

在审美问题上，傅立叶还批评了文明制度培养出来的“人面兽心的人”只是“强烈地渴求味觉享受和金钱利益”，而对“视觉、听觉、嗅觉和触觉的精致细腻之处完全漠然不解”，指责他们粗俗的实利主义的审美观，因为在这些人眼中，“一大堆有肥力的粪堆”比“不提供任何利益的春天的花卉更加美妙”，“最美丽的景色在他们的心目中抵不上一顿丰盛的晚餐”①。他甚至愤慨地发出让这粗鄙的一代都死绝了的呼喊，因为他们是美好社会的敌人。

物质利益与情感的平衡必然包含着人类最基本的感情的满足。尽管傅立叶

① 《傅立叶选集》，第2卷，赵俊欣等译，115页。

对资本主义制度下的家庭关系、婚姻关系、阶级关系以及其他一切人与人的关系的虚伪、强制和压迫极尽讽刺挖苦之能事，但他并未放弃相爱的喜悦，并未否定温情的慰藉，并未讥讽真正的友情和真正的博爱对人类幸福的价值。因为在协作制度下的感情超越了经济关系的强制与制约，具有了独立和自由的特质，所以它唯美、真诚而坚定。这种爱的需要往往具有战胜自私心理，促成社会和谐的力量。

傅立叶把审美的享乐和无边的博爱同样归结为人之天性，即统一欲引领的五种肉体欲和七种心灵欲。五种肉体欲与物质利益相关，而七种心灵欲牵系着情感和道德。在其中心灵欲中包含着三种依恋欲或者叫合群欲，轻浮情欲则产生了多样化的享乐需要，即"需要周期性的变化，需要形成对照的情况，需要景象的改变，需要有趣的事件，需要能够产生幻想同时又激发人们的感情和心灵的新鲜事物"①。这12种情欲形成一种引力，使各种情欲达到内部和外部的和谐，也只有达到了这种和谐，幸福才成为可能。也就是说，只有当物质世界和情感世界和谐一致，当集体的友谊代替人对人的压迫，当家庭关系摆脱强制和虚伪，当诚实成为发财致富的途径，当公正主宰着分配的时候，幸福才可能降临。

傅立叶把物质利益和情感的平衡视为善和美、有益和愉快的关系。他认为一切都是有联系的，如果人类在实践美的方面遭到失败，那么在善的方面必然也遭到失败。也就是说，如果没有享乐的愿望、美好的情感 、高尚的道德和良好的生活方式，那么社会终究会难以维持长久的繁荣。此外，物质利益和情感的平衡又表明物质和情感不可离解的关系，就像善即为美，美中有善一样。物质的追求中实现情感的价值表明了生活的高远，情感的追求并不排斥人们的物质欲望表明了社会的健康和豁达，对人民劳动的尊重和利益的维护，也预示着社会的进步。因此，傅立叶极力强调社会要实现自己的使命，这个使命就是"善和美的结合"。他认为任何时候人们的观点都不能使愉快和有益的东西分开，否则就会两头落空。因此，"社会应该同时追求美和善，而不能单独地获得某一种"，"希望只想到善的，只想到有益的，而不去追求美和愉快的那种道德，乃是科学中最骗人的东西"②。傅立叶一再强调幸福的"复杂"、感觉的"复杂"、甚至自私心的"复杂"，并把它和"简单"相对照。这种"复杂"实际上就是有益和愉快、美和善的结合，是通过集体的方式、全面的方式而不是个体的方式、不全面的方式满足自己的各种情欲，实现物质利益和情感的平衡。

① 《傅立叶选集》，2版，第1卷，赵俊欣等译，160页。

②《傅立叶选集》，第2册，汪耀三译，116～117页。

三、制度文明与道德发展

傅立叶认为，协作制度是普遍的完美。大大增加的个人享受，物质世界的普遍繁荣，人的精神能力的提高，劳动成为游戏，生活成为审美，在这样的制度下，个体道德也发生了根本性变化，这一方面是因为协作制度真正实现了德福一致的主张，另一方面是因为在这个自由世界里，人的依恋欲得到发扬，人和人真正实现了普遍联系和自由联合，虚伪和强制失去容身之地。可见，傅立叶对文明制度的否定实际上是对资本主义世界人与人的压迫关系和虚伪道德的批判。他实际上表达了这样一个思想，即一个好的制度能让坏人变好，而一个坏的制度却足以毁掉一个善良的人的道德良知。因此，重建制度文明是道德发展的重要条件，是走出现代文明制度的迷宫的重要路标。

傅立叶认为资本主义社会充满罪恶，而这些罪恶都是文明制度的产物。他指出，尽管文明制度在出现之初，在取代野蛮社会时具有一定的自由性质，但是，到了资本主义社会，文明制度本身却在走向衰落。资本主义制度只不过是恢复了的奴隶制度。在这种充满强制的社会里，商业精神笼罩了一切，使得人与人的关系被经济关系所支配，从而失去了道德家们所宣扬的温情脉脉的性质。所谓的父慈子孝是虚伪甚至是不可能的，婚姻也只是一种买卖关系，所以婚姻中并无爱情。通奸、背叛、相互欺骗在资本主义文明下是必然的现象。在社会关系上，穷人全体都是富人的奴隶，何来博爱可言！但这种状况在协调制度下发生了根本的改变。在协调制度下由于每个人都能够自由地通过自己的劳动获取生活资料，因而经济关系对人与人的关系失去了强制性质，无论是父子之间，夫妻之间还是三大阶级之间，人的依恋欲这种天性都能在这种制度下发挥出来，从而实现社会的和谐。在这个社会里，继承人对被继承人有一种真诚的依恋情感；夫妻之间因为爱情而结合，男子将对妇女忠诚；穷人、富人和中产阶级之间实现了阶级融合，普遍的博爱真正实现。

傅立叶认为，资本主义经济制度，尤其是商业制度是文明制度罪恶的核心体现和主要根源。商业制度的罪恶也是文明制度的产物，因此，商业在协调制度下将焕发不同的面貌。正是在对资本主义工商制度的考察基础上，傅立叶得出了犯罪是文明制度的灵魂，必须改造社会经济结构的结论。商业制度的罪恶在于无政府主义的、欺骗性的自由竞争，这种自由竞争的恶果是人民的生活质量愈来愈恶劣，虚伪和欺诈日益成为发财致富的惟一途径。傅立叶认为资本主义的经济结构不可能保障公正的分配，社会不能为底层劳动人民提供最基本的生活保障，因而永远无法鼓励、促进人民为社会服务，永远不能制止穷人对富人的仇恨和反抗。富人的掠夺行为和穷人的偷盗与犯罪也不会停止，除非有一种新的社会制度代替现有的资本主义。他认为工业主义也是一切罪恶的渊薮，弄虚作假、垄断、破产、证券投机、囤积居奇、重利盘剥等都是工业主义的产物。傅立叶说："文明制度正在不断改进工业，但它却随着工业的发展也在不断败坏着习俗。因而，为了获得幸福，就必须发现另外一种对习俗发生影响的、并且从工业中产生出正义和真理的社会结构。"① 傅立叶认为协作制度就是这种能够克服文明制度种种弊端的制度，因为这种制度能够"保障一无所有的阶级得到工作、谋生和幸福的手段，保障中产阶级和富有阶级在社会关系上采取诚实的态度"②。他认为这是协作制度在经营上极其光辉的一面，因为它将集体的、团结的、诚实的、简单的和有保障的竞争代替个人的、不团结的、欺诈的、杂乱的和任意的竞争，使得诚实和公正成为发财致富的惟一途径，人与人的压迫和分离不复存在，而社会习俗和道德风貌也将大为改观。

尽管德福一致是人类社会的道德梦想，但德福不一致却是资本主义社会的常态。正是资本主义制度造成的这种德福不一致的状况，使得道德无可避免地堕落了。因为德福一致不可能时，人们就会接受道德家们虚伪的蛊惑，而走向道德的反面。傅立叶认为，文明制度是欺骗的王国，而道德是它的工具。在文明制度下，道德科学也堕落了，它向商业精神投降，为欺骗掠夺让路，它毫不客气地挑剔弱小者小的错误而对有权有势的人的大的犯罪装聋作哑，它与商业一起共同败坏着社会的道德状况，阻碍着社会的进步。商业和道德答应多少善举，就会产生多少灾难。越是诚实的人，越是道德高尚的人，就越容易失败，人们"只有依靠狡黠欺诈才能发财致富"，因而诈骗和掠夺这种不道德的经济行为就贯穿于整个资本主义社会之中。傅立叶反复强调资本主义制度"是一种能够建筑在强制和不信任上，而一旦离开强制便会产生罪恶的制度"，资本主义制度下的人们如果不是有钱有势，"实行自由和真诚待人，必然会使他趋于死亡"③。可见，在资本主义社会，人们奉行诚实和正义所收获的绝不是幸福。但是，在协调制度下，德福却是一致的。在这种制度下，除了自由和真诚，人们不用别的动力，因为"诚实的实践能保证每个人得到更多的利益"④。在良好的制度下，美德不仅仅是获得财富的必经之道，而且美德是促进财富增长的手段。傅立叶设想的法郎吉中，凡是富有牺牲精神、富有自尊心、很少考虑物质利益的谢利叶都是收人最多、创造

① 《傅立叶选集》，第4册，汪耀三译，131页。

② 同上书，144页。

③ 《傅立叶选集》，第2卷，赵俊欣等译，93页。

④ 《傅立叶选集》，2版，第1卷，赵俊欣等译，49页。

价值最大的谢利叶，他们“对获利问题考虑得愈少，所赚得的报酬就愈多”，相反，“他的爱财欲愈盛，他获得的报酬就愈少”①。因此，在制度保证美德能获得利益的奖赏的情况下，不管是善人或者恶人，都喜欢把诚实作为发财致富的途径，并且加以实践。

协作制度不仅仅靠良好的制度保障了良好的道德风俗，它还通过改革教育制度直接促进了道德的发展。傅立叶关于协作教育和自由教育的观念有许多闪光点，其目的是实现智力和体力的全面发展，使人的全部精力，甚至娱乐都用在生产劳动上。教育应该尊重儿童的天性和本能（即使是人们一般认为的贪食爱脏等恶习，傅立叶认为在协作制度下，这种恶习也能成就美德），使儿童在生产劳动中发挥自己的天性，并大胆发展他们的天赋和个性，让他们的天赋开花结果。教育还应该“要求儿童从小就养成重视金钱并力求通过诚实的做法来获得钱财的习惯”②。傅立叶认为这样的教育培养出来的人是天性都能自由挥洒的人，他们在成长的过程中能够创造劳动生产的奇迹和美德奇迹。不过，他认为只有在良好的制度下，人的善良天性才能发挥作用，才能实现社会的道德目标。

第四节　空想主义与现实主义

由于英国资本主义的发展较之于欧洲大陆更为充分，因而英国社会经济关系的变动较之于欧洲大陆也更为深刻。这种深刻变动不能不反映到英国的思想领域，使英国的空想社会主义思潮有了更多的现实因素，使得英国的政治经济学家更为清晰地看到资本与劳动的矛盾，从而为剩余价值的发现、科学社会主义的产生奠定了重要的基础。

一、社会伦理改造的探索

在19世纪的英国，古典政治经济学已经相当发达了。亚当·斯密、大卫·李嘉图确立了劳动是价值的源泉这一思想。尽管这一思想的创始人对资本主义社会使劳动者处于贫困和从属地位不以为意，没有得出改造社会的结论，但却深深启示了为劳动者悲苦命运而上下求索的空想社会主义者们。欧文、葛德文、汤普逊、格雷等人都立足于这一思想，认为价值既然是由工人创造的，剩余价值是工

① 《傅立叶选集》，第2册，汪耀三译，131页。

② 《傅立叶选集》，第2卷，赵俊欣等译，45页。

人创造的价值的一部分，资本家不参与劳动、不参与价值的创造而占有工人的剩余价值违背了公平交换的价值规律。他们还从“法学世界观”出发，认为剥夺劳动者违背了自然法则，侵犯了人的天赋权利。因此，这种现象得以存在的土壤即资本主义制度违背了人类最大幸福的原理，辜负了社会的使命，应该予以改造。在这一思潮中，威廉·汤普逊（1785—1833）是典型代表。

汤普逊是欧文的信徒，他为英国社会的繁荣和劳动者的极度贫困并行不悖，为劳动者的劳动果实被莫名其妙、无缘无故地拿走而惊讶不已。由此，引起他关注社会分配问题的兴趣，提出了劳动创造的价值归于劳动者的主张。他继承边沁功利主义哲学和欧文的空想社会主义思想，力图通过分配方式的变革来改变整个社会，建立起最终实现最大多数人最大幸福的社会伦理原则。

功利主义的原则是汤普逊分配学说的基础，在其代表作《最能促进人类幸福的财富分配原理的研究》第一章中，他开宗明义地指出：“功利主义，或者说尽可能谋求人类的最大幸福，是本书中时时刻刻记住的、凌驾于一切其他原则之上的指导原则。”① 他同边沁一样，把最大幸福作为人们行为的普遍标准，把尽可能谋求人类最大幸福视为社会和个人的使命。和边沁不一样的是，这一原则在汤普逊这里被赋予了明确的社会主义色彩。“最大多数人的最大幸福”不是少数人的幸福，而是社会上90％的人的幸福，是“社会的幸福”和“全体的幸福”，尤其是他倾心关注的生产阶级的幸福。谋求生产者的利益是汤普逊功利原则的一个鲜明特色，也是他全部学说的出发点。

正是从生产者的利益和幸福出发，他开始关注财富分配，因为在他看来，财富是人们欲望的对象和幸福的基础，创造丰沛的财富是实现幸福的重要手段，但财富并不等于幸福。只有财富的公平分配才是实现最大多数人最大幸福的前提条件，所以它是政治经济学乃至全部社会科学的中心问题，是整个社会的根本问题。

为了实现财富的正确分配，汤普逊首先考察了财富的生产和创造过程。受李嘉图的启发，他认为财富是生产者的劳动创造的。他说：“财富是由劳动产生的；除了劳动外没有别的要素能使任何欲望的对象成为财富品。劳动是财富惟一的普遍的衡量标准，也是财富的典型特征。”② 至于生产资料，如原料、厂房、机器等都不能改变原有的价值量，增加的价值完全是劳动创造的。这样，他就否定了边沁关于资本家是生产和价值的真正创造者的见解，得出了广大群众即积极的、

---

① ［英］威廉·汤普逊：《最能促进人类幸福的财富分配原理的研究》，25页，北京，商务印书馆，1986。

② 同上书，29页。

熟练的工人是社会财富创造者的结论。既然财富是劳动者创造的，既然生产某一产品的劳动量决定了该产品的价值，那么劳动者就应该拥有享有他们的劳动产品的绝对权利，社会分配也只有保障劳动者占有劳动产品的绝对权利时才能促进社会的普遍幸福，现有保障资本家不劳而获的权利的分配制度是违背人类幸福原则的。尽管汤普逊一直把“劳动是价值的源泉”和“劳动是财富的源泉”这两个命题混为一谈，把劳动视为财富的惟一源泉与配第“劳动是财富之父，土地是财富之母”的观点相比是一种倒退，但他对资本主义不劳而获现象的批判是有其积极意义的。

汤普逊认为，物质财富的分配应该实现双重目的，即最大可能促进享受上的平等和最大可能促进生产。为此，汤普逊提出了三条分配原则，即一切人自由劳动、一切劳动产品应该为产品的生产者所有和一切财富产品的交换都应该是自由自愿的。这三个方面是相互依存互为条件的。劳动者享有劳动产品是自由劳动的保障，而自由交换则是享有劳动产品的条件。自由劳动的观点是空想社会主义者一以贯之的主张，从早期空想社会主义者劳动光荣的主张到傅立叶对劳动富有诗意的描绘中，我们都能听到自由的、快乐的劳动在歌唱。不同的是，汤普逊对自由劳动的强调是与社会结构的改变和生产力的发展相联系的。汤普逊认为，用痛苦的恐怖和强迫来勉强人所从事的劳动从经济学上看是代价最高的劳动，从道德上看，它减少了人类幸福的总和。因此，社会应该刺激人的自愿动机，使勤劳成为一种习惯，从而引导人们不断地创造财富。只有在自愿劳动的基础上，社会财富才可能极大增长，社会幸福才能迅速增加。为了实现这个目标，汤普逊认为必须保障劳动者从生产中获得应得的收益，因为“根据自然之理，对于生产的最强有力的刺激，是劳动生产者在完全享用他们的劳动产品上有‘保障’”①，建立这种劳动保障其实就意味着社会结构的变化，他认为这是社会的责任，贤明的立法者应该促进分配的公正，保障劳动者能够占有自己的劳动产品，这也是分配的自然法则的第二条。自由交换是第三条分配的自然法则。汤普逊认为没有交换就没有生产，也就不能继续生产社会财富，不能使人超越自我感情的天地。因此，交换既是财富的基础，也是道德的基础。他说：“一切劳动产品的交换不仅能增加幸福，从而增加生产财富的动机，而且是社会道德和生产的基础，如果没有交换，劳动本身就不会有多大用处。”② 因此，自由交换的原则“应该指导人类的

① ［英］威廉·汤普逊：《最能促进人类幸福的财富分配原理的研究》，58页。

② 同上书，64页。

一切交往和渗透到人类的一切制度当中去”[①]。这种交换是福利的交换，是每一个人都为每一个人劳动，每一个人都给每一个人以福利，并从每一个人得到福利，因而是人们从平等和保障的原则得到最大幸福的惟一方式。

正是在这三条分配原则的基础上，汤普逊批判了资本主义社会是虚伪的保障制度，主张以“同等的保障制度”取而代之。他认为，资本主义实际上是靠强力来统治的，社会上盛行的是“强迫劳动制度”和“个人竞争的劳动制度”，而未来理想社会则是“互助合作的劳动制度”，它能够实现“资本、劳动和知识的重新结合”。汤普逊敏锐地看到资本主义社会资本和劳动的对立，看到生产资料和劳动力的分离，并从经济和道德各方面分析了这种分离所造成的可怕后果，指出资本是被用来剥削劳动者的根源，揭露了资本家超额利润的剥削性质，认为只要有纯粹的资产阶级存在，社会就会停留在病态之中。他指出：“只要那个靠强力来支持的组织制度继续存在，因而使社会上分成两种人，一种人只有劳动力，另一种人却拥有使这些劳动力在生产上起作用的物质资料，后一种人，资本家，就会用他们所有的这些资料使劳动和一切劳动者的幸福服从于他们的最大利益。”[②]因此，只要社会上已经积累起资本，就会被用来破坏分配的自然法则，剥夺生产者享有其劳动产品的权利。汤普逊认为，劳动者为了使用资本家的生产资料进行生产，挣得工资，就不得不把一部分劳动产品偿付给资本家。但资本家在“抽取”或者说“掠夺”这一部分劳动产品时却完全是专断的，而且没有任何限制。这种抽取往往降低了生产者的积极性，使得劳动变成一种强迫，这无疑会降低社会幸福的总量。为了克服这种弊端，就必须“使社会的每一个成员都成为资本家兼劳动者，成为共同幸福的贡献者，并且为此设想出一种安排，在这种安排下，既可以顺利实现上述伟大目标，又尽可能不给人和人带来不便”[③]。同时，新创设的“一切制度和法律的惟一目的应该是增进社会全体的幸福；而发生矛盾时，多数人的幸福应该优先于少数人的幸福”[④]。可见，汤普逊敏锐地把握到了私有制与道德的关系，看到了财富分配不公对道德的损害。因此，汤普逊寄希望于伟大的改革，克服资本同劳动分离造成的极端不平等，使所有工人都成为资本家，使劳动力和资本为同一个人所有，从而重新实现资本、劳动和知识的重新组合。

可见，汤普逊改造社会伦理的探索是为了通过制度的变革重新分配社会财

---

① ［英］威廉·汤普逊：《最能促进人类幸福的财富分配原理的研究》，68页。

② 同上书，155～156页。

③ 同上书，7页。

④ 同上书，232页。

富，这种财富既是消费资料，也是生产资料。重新实现社会分配的最根本目的是为了实现普遍的平等和同等的保障，从而实现全社会的幸福。在汤普逊看来，任何时候平等都是分配的根本原则，除非暂时的不平等能够促进更大的社会福利。同时，平等权利要受到保障的限制，所谓保障就是自由劳动、完全占有劳动产品和自由交换。这种保障是同等的保障，是公平地针对所有社会成员的保障，是解放未来生产力的保障。只有在实现了保障时才能实现社会再生产，才能增加财富从而增进幸福。因此，保障是对平等的惟一合理的限制，两者的关系是："在平等与保障不是不相容的情形下，平等应该永远是分配的原则；而当保障和平等的要求都指向同一方向时，平等就更应该是分配的原则"①。

尽管汤普逊只是研究社会分配问题，但他的思维并不仅仅局限于分配领域，而是在整个社会生产关系之中。他在现存的社会生产关系乃至整个政治法律制度中寻找资本主义财富分配不平等的原因，并在对未来的社会生产关系的安排中设计"理想"的分配制度。围绕着公平分配这一主题，汤普逊探讨了资本的本质、利润的来源甚至剩余价值，尽管他没有得出科学的结论，但他坚持资本不能创造新价值、利润是劳动创造的等观点，初步洞察到了分配和社会生产力之间的矛盾关系，看到了资本主义剥削既是靠经济强制又凭强力支持，强烈谴责了资本对劳动的剥削，这种思想在当时是非常进步的。他努力摆脱资本主义社会劳动的雇佣性质，力求通过资本与劳动的结合实现自由劳动，并实现有利于劳动者的财富分配，这也是非常积极的。但遗憾的是，他没有看到资本的生产关系性质，没有看到资本家就是这种生产关系的反映，而把资本看作纯粹的物，甚至希望在未来理想社会中劳动者兼做资本家，这是荒谬的。也正是因为他没有看到资本的生产关系性质，因而认为劳动者的劳动产品被大量"抽取"是因为资本和劳动的不等价交换，破坏了价值规律，这也是错误的。

二、空想的道德与道德的空想

道德属于社会的意识形态，它要从一定的社会关系状况出发，要反映人们社会生活的要求和社会历史发展的要求。只有从一定社会关系状况出发并正确反映了社会历史发展要求的道德，才能起到调节利益冲突、和谐人际关系、规范人们行为的作用，这样的道德才不至是空想的道德，按照这样的道德去改造社会，才不至于变成道德的空想。

空想社会主义的道德，带有浓厚的道德理想成分，就其内容而论，也即就其本质而论，它是一种"空想的道德"，也是一种理想道德。这种理想道德不仅向

---

① ［英］威廉·汤普逊：《最能促进人类幸福的财富分配原理的研究》，440页。

世人展示了自由、正义、高尚的未来社会的道德，而且以其抨击社会弊端的勇敢精神鼓舞人们为理想而奋斗，表达了一种可贵的改造世界的愿望。但是，它们的理想道德都带有空想的性质。就是说，空想主义者的道德缺乏一个真实而现实的社会历史基础，真实而现实的社会历史在空想主义那里只不过是“永恒的正义”、先验的“理性”等抽象力量寻求其实现的历史。面对社会的种种苦难、剥削、非正义，所有的空想主义者都提出过未来社会的规划以及现实社会的改造方案。但由于空想主义道德之基础的不真实，道德主体的不确定，关于未来社会的种种设想、关于现实社会的改造方案就都是一些不切实际的“道德的空想”。

“空想的道德”和“道德的空想”是空想主义者道德观的总特征，也是空想主义在道德基础和道德使命两方面的根本缺陷。

首先，以先验“理性”作为道德基础是其理论的主要缺陷。任何道德观都有一个社会学前提问题，也即它如何看待、把握社会的本质，它要回答：人类社会在本质上是物质的、是以物质资料的生产为基础呢，还是本质上是意识的、是以思想动机、理性意志为基础？空想主义道德观的回答是后者。它把人们的思想动机、意识观念、理性精神等因素看成是社会的本质以及社会发展的决定性力量。

18世纪的启蒙思想家，用先验的“理性”即思维产生的原则为武器，向封建迷信、偏见、特权和压迫宣战，从“思维着的悟性”出发去论证资本主义必然代替封建主义。这些做法就其揭露封建主义统治的意识根源，加深人们对封建主义思想奴役的认识而论，确实起到了解放人们思想、树立进步观念的积极作用。但是，启蒙思想家在社会历史观上是唯心主义的，他们将头脑发现的真理看作社会存在的基础，认为先验的理性是衡量一切事物的惟一尺度，认为永恒的正义、永恒的真理必然克服人类经历的各种邪恶和谬误，“理性的王国”必然战胜封建帝国。启蒙思想家没有看到，理性、正义都是历史具体的，是一定生产方式条件下的人们利益要求的反映，理性、正义的实现都有其社会物质基础。

19世纪的空想主义者同样秉承了启蒙思想家的社会历史观。所不同的是，历史发展到资本主义时代，资本主义的生产方式已经取得了统治地位，随之，资本主义固有的矛盾已充分地暴露出来。但空想主义者并没有正确地指认这一矛盾，也就是说，没有正确地看到这一矛盾是资本主义生产方式所固有的矛盾，相反，他们将这一矛盾归结为启蒙原则的内在矛盾。认为资本主义现实中出现的不正义、不公平、不自由和不平等，或者是启蒙原则没有得到真正贯彻，或者是启蒙原则还不是真正的“永恒理性”、“永恒正义”原则的结果。因此，空想主义者的任务是继续寻找、发现这样的理性或正义原则，以此来克服资本主义社会的矛盾，并以此来指导未来社会的设计。空想主义者认为，启蒙思想家并没有发现真正的“理性”，资本主义也无法实现“永恒的正义”，惟有社会主义才是“永恒的正义”和“永恒的真理”。可以看出，空想社会主义思想并不是建立在对人类历史的客观规律、对资本主义社会基本矛盾正确认识的基础上的，社会主义思想也仍然是“头脑的产物”。欧文认为，资本主义之所以产生不正义、剥削和压迫，是由于人的性格中还缺少理性的缘故。资本主义就是建立在私有观念、宗教偏见、旧的婚姻制度等非理性东西的基础上的，要消除资本主义的罪恶，就必须培养人们共同劳动、共同占有、权利平等和义务平等思想性格，也就是要以“理性（意见）支配世界”，因此，“我们要像追求自己的幸福那样去追求‘理性’”①。恩格斯曾经批评这种看法，认为其片面性在于只承认心理的发展，只承认和过去毫无联系的抽象的人的发展。在欧文这里，其道德目标是通过培养国民性格，以实现“理性时代”和“理性王国”。而圣西门直接以“理性”的发展解释人类历史。他认为，历史是随着人类理性的发展而展开的。每一时代的社会政治制度，是由当时的哲学体系或宗教决定的。知识、理性是政治制度的先决条件。比如，古代的多神教造就了古希腊的奴隶制度，基督教的一神教造就了封建农奴制度。圣西门也承认经济发展对社会变革的作用，但他认为经济发展本身只是人类知识和智力发展的结果，是理性进步的现象之一。

既然在空想主义者这里，社会生活被理解为先验理性追求并实现“永恒正义”王国的表现形式，则空想主义者的道德就不是对现实的社会生活的反映。它既没有反映物质性的社会结构的内容，也没有看到人们满足自身利益的社会物质生活条件，因而难以真正包含人们现实的物质利益要求。我们能够见到的只有空洞的理性和毫无力量的理性诉求。按照这样的理性设计所建构的社会改造方案，就注定了它只是一种缺乏现实依据的“道德空想”。

其次，是实践主体的虚位和改造方案的空洞。空想主义者依据抽象的理性原则提出了关于改造未来社会的各种构想。由于只能借助理性的力量，由于看不到正在成长的劳动人民的阶级自觉和利益自觉，因而缺乏一个实现这些构想的实践主体，按照这样的原则改造社会就成为一种“乌托邦”幻想。

关于改造社会的方案，空想主义者提出了各种各样的设想。如欧文提出改变人们的性格以达到理想社会。圣西门认为他的“实业制度”能够带领人类社会走出罪恶。傅立叶认为他的“情欲引力说”和“社会法典”的发现，找到了引领人类走向理性王国的钥匙，人类可以由此踏上“和谐社会”的坦途。应该说，这些改革社会的方案是直接针对资本主义的种种不平等、不自由和不公正而提出的，

① 《欧文选集》，上册，363页，北京，商务印书馆，1965。

表达了思想家们追求自由、平等和正义的努力。但是，除了对资本主义各种现象的批判外，我们看不到他们对资本主义社会的实质性批判。他们没有告诉人们，资本主义社会制度是如何发生的，包含着什么样的历史必然性，其存在的合理性和历史局限性是什么。他们猛烈地批判了资本主义生产方式的后果，但是没有说明资本主义生产方式本身。他们将资本主义生产方式看作与理性原则相违背的东西，因而只能被当作坏东西抛弃。

空想主义者有着未来社会的美好蓝图，却没有实现这一美好蓝图的社会力量和现实途径。他们真诚地同情普通劳苦大众，并倾心帮助他们，但却不信任他们。他们不知道在这些普通人身上蕴涵着多么强大的改造社会的能量。他们能够做的就是向全人类、全社会呼吁，希望借助宣传和舆论的支持，通过个别实验，使人们接受他们的改革主张。他们也相信这一点能够成功。因为，他们自认为发现了人类社会的真理，这是人类社会的共同财富。他们的改革方案是不偏不倚的，照顾到所有人的利益。这种方案可以调和劳动者阶级与资本家阶级的冲突，使无产者摆脱压迫，而资产者的利益也不受损害。这样的改革方案显然脱离现实因而是无法实现的。在空想主义产生的时代，社会已经存在着利益的大分裂，劳动者和资本家的利益是截然对立的。与之相应的是各个阶级为各自的利益和阶级地位进行道德辩护和道德批判。而空想主义者还执迷于普遍的人性和共同的理性，希望以此设计出的改革方案能够得到所有社会阶级、各种社会力量的支持。结果只能是流于空想。这正如恩格斯指出的：空想社会主义者企图发明一套新的更完善的社会制度，并且通过宣传，可能时通过典型示范，把它从外面强加于社会。这种新的社会制度是一开始就注定要成为空想的，它愈是制定得详尽周密，它愈是要陷于纯粹的幻想。①

三、从空想到科学

马克思主义的创始人在深入研究资本主义社会经济结构、政治体制和法律制度的基础上，把唯物史观确立为道德的基础。在唯物史观基础上的对空想主义的批判，使社会主义由空想变成了科学。

马克思主义创始人揭示出人类社会的本质结构和历史发展规律，从而科学地解决了道德的基础和内容问题。马克思主义认为，社会的本质在于物质资料的生产活动。社会就是由生产力和生产关系、经济基础和上层建筑所组成的一个结构。生产力和生产关系、经济基础和上层建筑的矛盾运动使社会由一种形态转变为另一种形态，这就是社会历史发展的基本规律。

---

① 参见《马克思恩格斯选集》，2版，第3卷，299页。

道德属于社会意识形态，它必须反映现实社会的内容，表达一定时代的人们的利益需要。惟有这样的道德才是现实的道德。人们对未来美好社会的向往使道德具有理想性和对现实的批判性。但道德对现实的批判必须建立在对社会现实之本质的科学把握上。道德的理想性也只有在正确地反映了社会历史发展的规律和人们合情合理的愿望的基础上才能实现。

空想主义者将社会历史的本质归结为“永恒正义”和“普遍理性”的发展。道德是“永恒正义”和“普遍理性”的表达方式，或者说，道德发展过程就是寻求“永恒正义”和“普遍理性”的过程。这样，在空想主义这里，道德是不受社会物质生产条件制约的，人们物质利益的需要也没有被看作道德必须反映的基本内容。马克思主义认为，我们并不否认“正义”和“理性”是道德发展的一个重要目标。但是，按照唯物史观的理解，“正义”、“理性”并不是空洞的抽象的概念，而是包含着社会历史的内容。这就是说，正义、理性作为道德的目标是一个历史的进程，包含着社会历史的具体规定性。正义、理性确实是道德历史发展的一个向度，但是，正义、理性的发展从而道德的发展本质上是人类社会历史发展的客观内容的主观反映。空想主义者首先将正义、理性同它们所依据的社会物质生产条件分割开来，再依据正义和理性等主观目标的实现程度来说明道德的发展，这势必只能使正义、理性及道德都变成一种空洞的抽象。

空想主义是在批判资本主义社会制度的种种弊端的基础上，着眼于美好的未来社会设计的一种学说。资本主义自诞生之日起，就一直伴随着种种社会弊端，如不自由、不平等、不正义等。空想主义者相信人类社会历史是不断进步的，在批判资本主义种种弊端的同时，有着对美好未来社会的热切展望。但是，由于空想主义者将人类历史的发展归结为理性的进步，因而他们无法看到造成资本主义社会弊端的真正根源。对这些弊端的克服就只能寄望于更高明的理性设计和人道规划上。

马克思主义继承了空想主义者关于历史进步的信念，秉承了空想主义者的人道主义关怀。为此，马克思主义深刻地批判了资本主义的种种非人道、奴役、剥削和压迫的罪恶。但是，在马克思主义者看来，资本主义的产生有其历史必然性，资本主义社会解放和发展了生产力，使人类社会的物质财富得到空前的增长。资本主义废除了封建等级制和人身依附制度，建立了人与人之间在形式上的平等。这些基本方面说明，资本主义带来了人类历史的大进步。因此，马克思主义者并不像空想主义者那样认为资本主义的产生是人类理性的迷误。

马克思也对资本主义进行了批判，但马克思首先是在充分肯定资本主义的历史功绩的前提下对资本主义进行批判的。这是真正唯物辩证法的观点，既充分肯定资本主义的成就，又深刻揭露资本主义的种种不足。马克思主义者认为，资本主义的种种问题均是由资本主义社会结构的基本矛盾引起的，要推进人类进步，必须改变资本主义的社会结构，马克思将希望寄托在社会主义制度的建立上。可以看出，马克思主义的社会变革方案是如何不同于空想主义者的。马克思不企望种种绚烂夺目的理性设计，而是着眼于社会结构的改变；马克思不认为正义只是某一个精英阶级的事情，而将正义看作广大劳动人民和整个人类必须争取的事业；马克思并不排斥而是高度重视进步的道德对社会改革和历史进步的积极作用。但是，马克思也深刻地认识到，“批判的武器当然不能代替武器的批判，物质力量只能用物质的力量来摧毁”。

马克思主义一诞生，以唯物史观为基础的，革命的、批判现实的，以人民群众为实践主体的新道德观就产生了。这是人类道德观发展的一个重大成就。

思考题：

1. 空想主义道德观的特点是什么？
2. 道德观上的空想主义与理性主义有什么区别？
3. 圣西门、傅立叶对伦理学的发展有什么主要贡献？
4. 怎样理解空想社会主义道德观的空想性？

参考文献：

1. 恩格斯．社会主义从空想到科学的发展．见马克思恩格斯全集．中文1版．第20卷．北京：人民出版社，1971
2. [俄] 普列汉诺夫．论空想社会主义．上册．北京：商务印书馆，1980
3. [苏] 维·波·沃尔金．论空想社会主义．中册．北京：商务印书馆，1982
4. [英] 巴扎尔．圣西门学说释义．北京：商务印书馆，1986
5. 章海山．西方伦理思想史．沈阳：辽宁人民出版社，1984
6. [美] 乔·奥·赫茨勒．乌托邦思想史．北京：商务印书馆，1990

后　记

本书是作为大专院校的专业教材设计的。承担本书的写作，是一个艰巨的任务，也是一份光荣的工作。多年来，国内缺少内容和分量均适当的西方伦理思想史教材，曾几次想组织编写，但或因时间难得，或因力量不足，都未能如愿。感谢中国人民大学出版社和中国人民大学人文学院哲学系提供了适当的时机和支持，使多年的梦想变成现实。本书虽然是由主编提出总体设计和写作提纲，但全书的完成则是由众多作者和协助工作者集体努力的成果。参加本书写作的作者除主编是已近七旬的老人之外，都是学有专长、中外兼通的中青年。在此特别感谢参加本书写作的廖申白教授（博士）、程立显教授（博士）、王淑芹教授、魏峰教授、李萍博士后、卫建国教授、林美茂博士、王文东博士、牛京辉博士、王彩玲博士、胡真圣博士、胡林英博士和在读博士黄显忠；感谢协助主编统稿的卫建国教授和参加本书编辑工作的柴艳萍副教授和在读博士关洁、李志强。本书有关章节的写作参考了罗国杰、宋希仁著《西方伦理思想史》（上、下卷），并运用了部分资料。在此一并说明。

本书具体分工如下：导言：宋希仁（中国人民大学）；第一章：林美茂（中国人民大学）；第二章：廖申白（北京师范大学）；第三章：李萍（中国人民大学）；第四章：王文东（中央民族大学）；第五章：魏峰（山西师范学院）、卫建国（中国人民大学）；第六章：胡真圣（中南财经政法大学）；第七章：王淑芹（首都师范大学）；第八章：卫建国；第九章：牛京辉（《求是》杂志）；第十章：程立显（北京大学）；第十一章：宋希仁（中国人民大学）、黄显忠（中国人民大学博士生）；第十二章：胡林英（北京大学）、宋希仁；第十三章：胡林英；第十四章：王彩玲（中央社会主义学院）。

本书编写工作量大、要求高、时间短，不足之处和失误在所难免，敬请读者批评指正，以求再版改进，诚以致谢。

宋希仁

2003 年 8 月 14 日

图书在版编目（CIP）数据

西方伦理思想史／宋希仁主编．—2版．
北京：中国人民大学出版社，2010
（21世纪哲学系列教材）
ISBN 978-7-300-12104-8

Ⅰ.①西…
Ⅱ.①宋…
Ⅲ.①伦理学—思想史—西方国家—高等学校—教材
Ⅳ.①B82-091

中国版本图书馆CIP数据核字（2010）第078256号

21世纪哲学系列教材
西方伦理思想史（第2版）
宋希仁　主编
Xifang Lunli Sixiangshi

出版发行	中国人民大学出版社		
社　　址	北京中关村大街31号	**邮政编码**	100080
电　　话	010－62511242（总编室）		010－62511398（质管部）
	010－82501766（邮购部）		010－62514148（门市部）
	010－62515195（发行公司）		010－62515275（盗版举报）
网　　址	http://www.crup.com.cn		
经　　销	新华书店		
印　　刷	北京捷迅佳彩印刷有限公司	**版　　次**	2004年1月第1版
开　　本	720 mm×1000 mm　1/16		2010年5月第2版
印　　张	32	**印　　次**	2024年1月第7次印刷
字　　数	584 000	**定　　价**	49.80元